編輯代表　郭　潤　直

民 法 注 解

第Ⅳ卷

物　權　(1)

第185條～第210條

博　英　社

머 리 말

「民法注解」는 民法 전체를 그의 條文順序에 따라 敍述하는 이른바 「코멘타르」(Kommentar)이다. 「코멘타르」에는 그 內容과 目的에 따라 여러 種類의 것이 있다. 이 注解書는 각 條文마다 관련되는 중요한 判決들을 引用해가면서 確定된 判例理論을 밝혀주고, 한편으로는 理論 내지 學說을 모두 그 出典을 正確하게 표시하고, 또한 論據를 客觀的으로 敍述하여 民法 각 條項의 具體的 內容을 밝히려는 것이므로, 獨逸學者들이 말하는 이른바 wissenschaftlicher Großkommentar라고 말할 수 있다. 그 目的하는 바는, 위와 같은 敍述을 통해서 우리의 民法學의 現在水準을 浮刻시키고, 아울러 우리 民法 아래에서 생기는 法的 紛爭에 대한 올바른 解答을 찾을 수 있게 하려는 데 있다.

위와 같은 內容과 目的을 가진 「民法注解」가 우리의 法學發展을 위하여 필요하다는 確信에서 그 刊行을 企劃하게 되었는데, 그 理由는 다음과 같다. 우리의 民法學이 獨自의 길을 걷기 시작한 지 近 50年이 되어간다. 또한 現行 民法이 制定·公布된 때로부터 따진다면 30餘年이 된다. 이 期間 동안에 民法을 研究하는 데 가장 基本的인 道具의 역할을 하는 法律文獻으로서 民法의 각 分野에 관한 體系的 解說書 내지 一般研究者를 위한 이른바 教科書(Lehrbuch)가 相當數 나와 있고, 또한 個別的 問題에 관한 論文도 적지 않게 發表되어 있다. 그러나 一般研究者를 위한 教科書라는 것은 著者의 主觀이 크게 作用하여, 著者에 따라 敍述에 起伏이 심하고 不充分한 점이 많다. 한편, 論文에서 표시되는 見解가 반드시 確實한 것은 아니다. 確實한 見解가 담겨진 論文이란 매우 적다고 하여도 過言이 아닐 것이다. 一般研究用 教科書나 論文이 상당히 있다 하여도 여전히 있게 마련인 空白이나 不充分한 점을 研究者 個個人이 그때 그때 自力으로 채워나간다는 것은 보통 어려운 일이 아니며, 또한 많은 時間과 精力을 쏟아야 하는 힘든 일이다. 만일에 學說·判例를 網羅的·客觀的으로 敍述하고 있어서 모든 研究者가 마음놓고 信賴할 수 있는 것이 하나 있다면, 各自 그것을 바탕으로 해서 獨自의 理論이나 見解를 펴나가는 데 集中할 수 있을 것이다. 그런데 그러한 學界 共有의 資産이라고 할 수 있는 것을 우리는 아직 가지고 있지 않다. 바로 그러한 구실을 할 수 있는 것 하나를 마련해 보겠다는 생각에서 이「民法注解」의 刊行을 꾀하게 된 것이다.

民法은 매우 큰 法律이어서, 그 전체에 관한 大「코멘타르」를 어느 特定人이 單獨으로 지어낸다는 것은 발달된 現代 民法體系 아래에서는 期待하기 어렵다. 多數의 硏究者가 共同으로 協力해서 마련하는 것이 가장 적절한 방법이다.「民法注解」도 그런 방법으로 만들기로 하였다. 그 筆陣을 정하는 것은 매우 어려운 일이었으나, 여러 사정을 고려하여 앞으로 우리의 民法學을 이끌어 갈 비교적 젊은 硏究者들을 많이 포함시켜서 筆陣을 구성하였다.

「民法注解」의 刊行은 우리의 法學史上 劃期的인 事業이라고 自負하고 있다. 그러나 처음으로 試圖하는 일인데다가, 또한 多數의 執筆者를 動員하여야 했기 때문에 均衡 있는 叙述을 期待할 수 없었다. 時間이 흐르면 法令은 變動되고 새로운 理論과 判例가 出現하게 됨은 필연이다. 그러한 變化는「民法注解」의 改訂을 불가피하게 할 것이다. 여러 가지 不充分한 점이나 흠은 改訂版을 낼 때에 是正·補充할 豫定으로 있다. 그러한 改訂을 거듭하면서「民法注解」는 더 滿足스러운 것으로, 또한 우리 나라에서 매우 값진 法律文獻의 하나로 發展할 것이다.

全部 15卷 정도로 豫定하고 있는 이 尨大한 出版을 快히 맡아 준 博英社에 대하여 깊은 謝意를 表示한다.

1992年 2月 20日

編輯代表

郭 潤 直

物權編 執筆者

權五坤(대법원 재판연구관)
金相容(한양대학교 법과대학 교수)
金滉植(법원행정처 법정국장)
南孝淳(서울대학교 법과대학 전임강사)
閔日榮(법원행정처 송무심의관)
朴炳大(대구고등법원 판사)
朴在允(광주고등법원 부장판사)
朴海成(서울고등법원 판사)
徐廷友(서울고등법원 부장판사)
梁承泰(법원행정처 송무국장)
梁彰洙(서울대학교 법과대학 부교수)
柳元奎(대법원 재판연구관)
尹眞秀(대법원 재판연구관)
李東明(법원행정처 법정심의관)
李仁宰(법원행정처 인사관리심의관)
李在洪(서울고등법원 판사)
田桂元(법원도서관장)
鄭東潤(고려대학교 법과대학 교수)
曺大鉉(대구지방법원 김천지원장)
崔秉祚(서울대학교 법과대학 부교수)
胡文赫(서울대학교 법과대학 부교수)

(가나다順. 現職은 1992년 10월 31일 기준)

物權編 執筆內容

前　　論 …… 金 滉 植
第185條, 第186條 …… 金 滉 植
第187條 …… 李 在 洪
第188條～第191條 …… 李 仁 宰
明認方法 …… 李 在 洪
第192條～第195條 …… 崔 秉 祚
第196條 …… 李 仁 宰
第197條～第200條 …… 崔 秉 祚
第201條～第203條 …… 梁 彰 洙
第204條～第210條 …… 崔 秉 祚
第211條, 第212條 …… 金 相 容
第213條, 第214條 …… 梁 彰 洙
第215條 …… 金 滉 植
第216條 …… 金 相 容
第217條 …… 柳 元 奎
第218條～第244條 …… 金 相 容
第245條～第248條 …… 尹 眞 秀
第249條～第251條 …… 李 仁 宰
第252條～第261條 …… 權 五 坤
名義信託 …… 權 五 坤
第262條～第278條 …… 閔 日 榮
共同所有 後論 …… 李 東 明
用益物權 前論 …… 朴 在 允
第279條～第301條 …… 朴 在 允
第302條 …… 閔 日 榮
第303條～第319條 …… 朴 炳 大

第320條～第328條 ………………………………………………………… 胡 文 赫
第329條～第344條 ………………………………………………………… 梁 承 泰
第345條～第355條 ………………………………………………………… 鄭 東 潤
第356條 ……………………………………………………………………… 南 孝 淳
第357條 ……………………………………………………………………… 朴 海 成
第358條～第367條 ………………………………………………………… 南 孝 淳
第368條 ……………………………………………………………………… 曺 大 鉉
第369條, 第370條 ………………………………………………………… 南 孝 淳
第371條 ……………………………………………………………………… 曺 大 鉉
第372條 ……………………………………………………………………… 田 桂 元
擔保物權 後論 ……………………………………………………………… 徐 廷 友

凡　　例

1. 條　　文

民 §49 Ⅱ iii ← 民法 第49條 第2項 第3號

民 §312-2 ← 民法 第312條의 2

民 附則 §10 ← 民法 附則 第10條

2. 判　　例

(1) 一　　般

大判 80.7.8, 79다1928(集 28-2, 101) ← 大法院 1980年 7月 8日 宣告 79다1928判決(대법원판결집 제28권 2집 민사편 101면)

大決 76.11.24, 76마275(公 551, 9634) ← 大法院 1976年 11月 24日 告知 76다275決定(법원공보 551호 9634면)

大判 80.9.24, 80다1220(要集 民 I-1, 161) ← 大法院 1980年 9月 24日 宣告 80다1220判決(大法院判決要旨集 民事·商事編 I-1卷 161면)

서울高判 72.12.30, 72나1357등(高集 72-2, 521) ← 서울高等法院 1972年 12月 30日 宣告 72나1357, 1358判決(고등법원판결집 1972년 민사편 제2권 521면)

(2) 기타의 裁判法院 및 裁判種類의 表示

大判(全) ← 大法院全員合議體判決

大邱高判 ← 大邱高等法院判決

서울民地判 ← 서울民事地方法院判決

密陽支院判 ← 馬山地方法院密陽支院判決

(3) 判例의 出典

集 ←「大法院判決集」(또는「大法院判例集」)

全集 ←「大法院全員合議體判決集」

公 ←「法院公報」

高集 ←「高等法院判決集」

下集 ←「下級審判決集」
月報 ←「判例月報」
新聞 ←「法律新聞」
總覽 ←「判例總覽」
要集 ←「大法院判決要旨集」

3. 法令略語

(1) 法　律

假登記擔保等에 關한 法律	假擔
家事審判法	家審
家事審判處理規則	家審規
建築法	建築
競賣法(폐)	競
古物營業法	古物
公益法人의 設立, 運營에 關한 法律	公益法人
工場抵當法	工抵
供託法	供
供託事務處理規則	供規
鑛業法	鑛業
鑛業財團抵當法	鑛抵
國家賠償法	國賠
國稅基本法	稅基
國稅徵收法	稅徵
國籍法	國籍
國土利用管理法	國土管
歸屬財產處理法	歸屬
勤勞基準法	勤基
勞動組合法	勞組
農地改革法	農改
農地賃貸借管理法	農賃
農村近代化促進法	農近
道路法	道
都市計劃法	都計
獨占規制 및 公正去來에 關한 法律	獨占
民法	民
民事訴訟法	民訴
法人稅法	法人
法院組織法	法組
辯護士法	辯
不動產登記法	不登
不動產登記特別措置法	不登特措
不在宣告等에 關한 特別措置法	不在特措
不正競爭防止法	不正競
佛教財產管理法(폐)	佛財
非訟事件節次法	非訟
私立學校法	私學
山林法	山林
商法	商
相互信用金庫法	信金

船舶法	船舶
涉外私法	涉私
所得稅法	所稅
訴訟促進等에 關한 特例法	訴促
水難救護法	水救
水產業法	水業
手票法	手票
身元保證法	身保
信託法	信託
約款의 規制에 關한 法律	約款
漁業法	漁
어음法	어음
溫泉法	溫泉
外國人土地法	外土
外國換管理法	外換
遺失物法	遺失
利子制限法	利制
人事訴訟法	人訴
立木에 關한 法律	立木
自動車管理法	自管
自動車抵當法	自抵
自動車損害賠償保障法	自賠
傳統寺刹保存法	寺保
著作權法	著作
住宅賃貸借保護法	住賃
重機管理法	重管
重機抵當法	重抵
證券去來法	證去
地方稅法	地稅
集合建物의 所有 및 管理에 關한 法律	集建
土地區劃整理事業法	區整
土地收用法	土收
特許法	特許
破產法	破
河川法	河川
航空法	航空
行政訴訟法	行訴
行政審判法	行審
憲法	憲
憲法裁判所法	憲裁
刑法	刑
刑事訴訟法	刑訴
戶籍法	戶籍
會社整理法	會整

(2) 法律의 施行令 또는 施行規則은 法律略語에 「令」 또는 「規」를 붙인다.

(3) 外國法律

獨民 ← 獨逸民法

佛民 ← 프랑스民法

瑞民 ← 스위스民法

瑞債 ← 스위스債務法

日民 ← 日本民法

墺民 ← 오스트리아民法

伊民 ← 伊太利民法

希民 ← 그리스民法

4. 文獻略語

(1) 教科書：著者名만으로 인용한다.

郭潤直, 物權法(1990)

金基善, 韓國物權法(1985)

金相容, 物權法(1991)

金容漢, 物權法論(1985)

金曾漢, 物權法講義(1984)

金顯泰(上), 新物權法(上)(1963)

金顯泰(下), 新物權法(下)(1964)

方順元, 物權法(全)(1960)

李根植, 民法講義(上)(1977)

李英俊, 物權法(1991)

張庚鶴, 物權法(1987)

崔　栻, 新物權擔保物權法(1960)

玄勝鍾, 民法(總則・物權)(1975)

黃迪仁, 現代民法論(1987)

(2) 定期刊行物

法學 ←「서울大學校 法學」

民判研 ←「民事判例研究」

諸問題 ←「民事裁判의 諸問題」

新聞 ←「法律新聞」

司論 ←「司法論集」

司行 ←「司法行政」

月報 ←「判例月報」

(3) 기　　타

註釋民總 ← 金曾漢・朱宰璜 編輯代表, 註釋 民法總則

5. 外國文獻(기타는 그 각 本國에서 통용되는 方式에 의함)

(1) 獨 逸

Staudinger ← Staudingers Kommentar zum BGB, 12. Aufl.

MünchKomm ← Münchener Kommentar zum BGB, 2. Aufl.

Erman ← Handkommentar zum Bürgerlichen Gesetzbuch, 8. Aufl.

Baur ← F. Baur, Lehrbuch des Sachenrechts, 15. Aufl.(1989)

Westermann ← Harry Westermann, Sachenrecht, 5. Aufl.(1966)

(2) 日 本

日注民 ← 有斐閣 刊行, 注釋民法

차 례

第2編 物 權

前 論 ……………………………………………………… (金 滉 植) … 1

第1章 通 則

第185條(物權의 種類) ……………………………… (同) … 117
第186條(不動産物權變動의 效力) ………………… (同) … 130
第187條(登記를 要하지 아니하는 不動産物權取得) …… (李 在 洪) … 163
第188條(動産物權讓渡의 效力, 簡易引渡) ……………… (李 仁 宰) … 184
第189條(占有改定) ………………………………… (同) … 234
第190條(目的物返還請求權의 讓渡) ……………… (同) … 236
第191條(混同으로 인한 物權의 消滅) …………… (同) … 238
明認方法 ……………………………………………… (李 在 洪) … 251

第2章 占 有 權

前 論 ……………………………………………………… (崔 秉 祚) … 267
第192條(占有權의 取得과 消滅) …………………… (同) … 286
第193條(相續으로 인한 占有權의 移轉) ………… (同) … 305
第194條(間接占有) ………………………………… (同) … 310
第195條(占有補助者) ……………………………… (同) … 317
第196條(占有權의 讓渡) …………………………… (李 仁 宰) … 321
第197條(占有의 態樣) ……………………………… (崔 秉 祚) … 326
第198條(占有繼續의 推定) ………………………… (同) … 336
第199條(占有의 承繼의 主張과 그 效果) ……………… (同) … 338
第200條(權利의 適法의 推定) …………………… (同) … 343

占有者와 回復者와의 關係 前論 ………………………… (梁 彰 洙) … 350
第201條(占有者와 果實) ………………………………………… (同) … 364
第202條(占有者의 回復者에 대한 責任) ……………………… (同) … 401
第203條(占有者의 償還請求權) ………………………………… (同) … 408
第204條(占有者의 回收) ………………………………………… (崔 秉 祚) … 432
第205條(占有의 保有) …………………………………………… (同) … 432
第206條(占有의 保全) …………………………………………… (同) … 432
第207條(間接占有의 保護) ……………………………………… (同) … 455
第208條(占有의 訴와 本權의 訴와의 關係) …………………… (同) … 457
第209條(自力救濟) ……………………………………………… (同) … 460
一人占有와 多數占有 後論 ……………………………………… (同) … 466
第210條(準占有) ………………………………………………… (同) … 470

事項索引 …………………………………………………………………………… 475

前　論

차　례

Ⅰ. 物權法·物權
1. 物權法의 意義
2. 物權法의 機能
3. 物權法의 性格
4. 物權法의 法源·內容
5. 物權의 意義·本質
6. 物權의 客體
7. 物權의 效力
8. 物權의 種類
Ⅱ. 物權變動論
1. 物權變動의 意義
2. 物權變動의 種類
3. 物權變動과 公示
4. 公示의 原則과 公信의 原則
5. 物權變動에 관한 立法例
Ⅲ. 物權行爲
1. 序
2. 適用法規
3. 物權行爲의 獨自性
4. 物權行爲의 無因性
5. 物權行爲와 公示方法의 關係
Ⅳ. 不動產登記制度概觀
1. 不動產登記制度의 意義
2. 우리 不動產登記制度의 成立과 特色
3. 不動產登記의 意義
4. 登記所와 登記公務員
5. 登記簿와 臺帳
6. 登記事項
7. 登記의 種類
8. 登記와 權利의 順位
9. 登記의 節次
10. 登記請求權
11. 登記請求權의 特殊問題
12. 登記의 效力

Ⅰ. 物權法·物權

1. 物權法의 意義

인간의 생활에 있어서 財貨가 필요불가결한 요소임은 더 말할 나위가 없다. 이러한 財貨의 取得·利用에 관한 인류의 역사는 自給自足(原始取得)에서 시작하여 物物交換을 거쳐 賣買 등을 중심으로 한 契約時代로 진전되어 왔다. 이러한 財貨의 取得·利用을 합리적으로 規律할 法體系의 확립이 필요하게 되는데, 이 法體系의 일부를 이루는 것이 物權法이다.

즉 物權法(Sachenrecht)은 인간의 物件에 대한 支配關係(Beherrschung der Person zur Sache)에 관한 사항을 規律하는 法이다. 그 규정하는 바의 내용은 憲法이 정한 基本原理와 經濟秩序의 모습에 영향을 받아 이루어진다. 따라서 우리 物權法은, 모든 국민은 인간으로서의 尊嚴과 價値를 가지며, 幸福을 追求

할 權利를 가지며(憲 §9 前文), 財貨의 자유로운 取得과 使用을 허용하는 私有財產制度가 인정되며(憲 §22 I 前文), 職業選擇의 自由 등 각종 關聯基本權이 인정되는 우리 憲法의 토대 위에 형성되어 있다. 그러므로 위와 같은 원칙들을 허용하지 아니하고 國家가 모든 經濟運用을 통제하고 物資를 분배하는 體制下에서의 物權法의 內容은 우리의 것과 달라질 수밖에 없음은 당연하다.

그러나 우리 憲法과 같이 個人의 自由와 創意가 최대한으로 존중되고 私有財產制度가 인정된다 하더라도 個個人의 利害가 국민 전체의 福祉와 상충되는 경우를 상정하지 않을 수 없다. 그러므로 財產權의 行使는 無制限일 수 없고 거기에는 일정한 制約이 내재하고 있다고 할 수밖에 없다. 그리하여 憲 §22는 모든 국민의 財產權을 保障하면서도 그 行使가 公共福利에 적합하여야 하며 公共必要에 의하여 財產權을 收用·使用 또는 制限할 수 있음을 規定하고 있다.

그런데 財產權 특히 所有權에 내재하는 「自由와 制約」(Freiheit und Bindung)의 緊張關係는 시대에 따라, 특히 國家가 담당하는 機能의 정도에 따라 달라질 수밖에 없다. 國家가 국민 전체의 福祉를 위하여 적극적인 機能을 담당하는 現代社會에 있어서는 財產權 특히 所有權이나 制限物權에 관한 具體的 內容이 民法 등 私法에서 뿐 아니라 公法에 의하여 規制되는 경우가 생기고 그 정도가 심화되어 가는 경향을 보이고 또한 物權法定主義, 特定의 原則, 公示의 原則 등이 相對的으로 약화하는 현상을 보이고 있다.[1] 여기에서 物權法의 연구에 있어서 公法과의 聯關關係를 고려할 필요가 생긴다.[2]

2. 物權法의 機能

(1) 所有權 등 財產權의 無制限的인 行使는 人間共同生活에 있어서 平和를 해치므로 그에 대한 合理的 制限이 필요하게 된다. 그러므로 法律은 다수의 所有權者의 평화로운 共同生活을 가능케 하는 방향으로 규정되어야 한다. 物權法도 이와 같은 機能을 담당하는 것이며, 그와 같은 平和維持(Friedensschutz)의 기능은 動產에 있어서 보다 不動產에서 더욱 강하게 나타나며(예컨대, 相隣關係에 관한 規定), 所有權에서 뿐만 아니라 制限物權에서도 나타난다.[3] 또한 物權法은 통상의 物權과는 성격을 달리하는 占有權을 규정하여 占有保護(Besitzschutz)를 기하고 이

1) MünchKomm, 3.

2) 公法에 의한 私法關係의 規制는 物權法分野에 한하는 것이 아니라 債權法分野에서도 規制가 증가하는 경향을 보이고 있다(예, 約款의 規制에 관한 法律).

3) Baur, 3(1978).

를 통하여 共同生活에 있어서의 平和維持를 도모한다.

(2) 所有權은 그 내용이 多層的(aufspaltbar)인 점에 그 특색이 있다. 즉 하나의 物件에 대하여 複數의 法律關係가 형성된다. 예컨대, 동일한 不動產이 동시에 傳貰權의 目的物이자 수 개의 抵當權의 目的物이 될 수 있다. 이 때문에 制限物權者에 대한 所有權者의 權限과 義務의 내용 및 그들과의 相互關係가 명백히 규정될 필요가 생긴다. 이와 같은 필요에 따라 物權의 定型化가 강제된다. 그 정형화는 種類와 內容의 兩面에서 이루어지게 된다(Typenzwang und Typenfixierung). 物權法은 이를 規律하는 기능을 가진다.

(3) 所有權과 制限物權은 去來의 목적이 된다. 이 去來關係를 적절하게(rechtlich) 규율함이 物權法의 임무이기도 하다. 去來當事者 특히 物權取得者의 利益이 충분히 고려되어야 한다. 즉 所有權 또는 制限物權을 취득하는 者는 그들이 取得하는 權利의 내용이 무엇인가를 알아야 함은 물론이다. 그 내용을 파악하기 위하여 일일이 契約內容을 상세히 검토하여야 한다면, 이는 去來의 迅速이나 確實을 저해하는 것이 된다. 이 때문에도 物權의 종류와 내용을 定型化하여 取得하는 權利內容의 윤곽을 迅速·容易하게 파악하게 할 필요가 생긴다. 뿐만 아니라 物權은 絶對的 效力을 가져 누구나 이를 존중하여야 하므로 누구나 그 내용을 容易하게 알게 할 필요가 있으므로 物權의 종류와 내용은 定型化되어야 할 필요도 있는 것이다.

3. 物權法의 性格

(1) 物權法은 債權法과 아울러 民法 중의 財產法(Vermögensrecht)을 이루고 親族法·相續法으로 이루어진 家族法(Familienrecht)과 대응하는 위치에 서게 된다. 근대사회 내지 자본주의사회는 財貨에 대한 私的支配와 그의 자유로운 交換을 전제로 하여 형성·운영되는바, 이를 위한 法的 制度가 「所有權」과 「契約」으로서, 財產法은 이들을 규율하는 것이며, 그 중 前者를 중심으로 한 法이 物權法이며, 後者를 중심으로 한 法이 債權法이다. 그러므로 物權法은 物件에 대한 法律關係를 규율하는 法律이라 할 수 있다(그러나 예외적으로 權利質權의 경우처럼 物件이 아닌 債權에 대한 支配關係를 규율하는 대목이 있다). 그 내용은 정지상태(in der Ruhelage)에 있어서의 法律關係(예, 所有權·制限物權의 내용)뿐만 아니라 변동상태(im Stadium der Änderung)에 있어서의 法律關係(예, 所有權·制限物權의 讓渡 등)를 아울러 규율한다.[4] 이에 반하여 債權法은 사람과 사람 사이의

4) Baur, 6.

法律關係를 규율하는 法律이다. 債權法은 본래 債權者와 債務者 사이의 相對的인 關係, 즉 직접 제3자에게는 영향을 미치지 않는 관계를 규정하는 것이 많으므로 私的自治가 인정되는 범위가 대단히 넓고 그 法規는 대체로 任意規定임에 반하여 物權法은 排他性을 가지는 物權에 관하여 규정하는 것이고, 제3자의 利害에 직접 영향을 미치게 되므로 私的自治가 인정되는 범위가 좁고 그 法規는 대부분 強行規定이다.[5] 그러나 物權이 침해된 경우에 생기는 請求權은 그 침해자를 상대로 하게 되고 그 한도에서는 債權的 性格을 갖지 않을 수 없다. 民 §213 이하의 物權的 請求權이 그 예이다. 다만 이는 物權에서 파생된 것이고 또한 그와 결합되어 존속하는 것이므로 그 請求權만이 분리되어 讓渡될 수는 없는 특성을 지닌다. 또한 相對權인 債權도 많은 경우 物件의 直接占有와 결합되고(예컨대, 賃借權者가 그 목적물을 引渡받은 경우) 그 權利者는 直接占有로 말미암아 「物權的」·「絶對的」인 權利者의 지위를 향유하게 된다.[6] 뿐만 아니라 物權의 취득은 債權關係를 바탕으로 하여 이루어지지 아니할 수 없다. 위와 같은 연유에서도 物權法과 債權法은 서로 밀접한 관련을 맺지 않을 수 없다.

(2) 物權法은 私法(Privatrecht)의 일부를 이루는 것이고, 따라서 物件과 관련된 대등한 國民相互間의 法律關係를 규율한다. 따라서 國家 기타의 公共團體와 個人과의 관계 및 公共團體相互間의 關係를 규율하는 公法關係와는 사뭇 다른 法原理가 적용된다(公法과 私法의 區別 및 關係 등에 관하여는 總則編 §1 참조). 그러나 物件에 대한 法律關係가 公法에 의하여 영향을 받는 경우가 증대하고 있음은 앞서 지적한 바와 같다(前論 I.1.).

(3) 物權法은 實體法(materielles Recht)이고 節次法(Verfahrensrecht)은 아니다. 物權의 保護 및 그 實現은 궁극적으로는 節次法 특히 民事訴訟法에 의하여 이루어진다. 물론 物權法에도 節次法的 規定이나 節次法關聯規定이 포함되어 있다. 立證責任이나 推定力에 관한 規定들(民 §§197, 198)이 그 예이다.

(4) 物權法은 각국에서의 歷史的·社會的 發展이 상이하였던 탓으로 각국에 따라 그 내용을 달리하며, 따라서 여러 法領域 가운데서도 비교적 普遍性을 가지지 않는 부문이다. 즉 財貨의 流通過程에 관한 法律關係를 규율하는 債權法은 財貨의 流通이 세계적 규모로 행해져감에 따라서 세계적으로 普遍化하는 경향이 짙음에 반하여 物權法은 각국의 특유한 慣習과 傳統에 얽매여 特有

5) 郭潤直, 9.
6) Baur, 7.

한 형태를 취하는 수가 많다.[7] 그러나 우리 物權法은 獨逸法을 繼受한 것인 만큼 위와 같은 설명은 傳貰權制度를 제외한 우리 物權法에 타당하지 아니하다.

4. 物權法의 法源 · 內容

(1) 成文法

(가) 物權을 규정하는 法律 가운데에서 가장 기본이 되는 것은 民法典의 第2編인 物權編(§§185-372)이다. 物權法이 규율하는 物件은 크게 不動産과 動産으로 나눌 수 있는데, 不動産과 動産은 그 본질적 성격, 人間生活에 있어서 가지는 機能 등에서 차이가 있다. 우리 民法의 物權編은 양자의 차이를 인정하면서도 양자를 분리하여 규정하지 아니하고 가능한 한 많은 공통요소를 추출 · 일반화하여 규정하는 입장을 취하고 있다. 즉 占有權, 所有權의 內容, 所有權의 保護 등은 공통적으로 규정하고, 양자의 차이에서 오는 부득이한 사정에 따라 物權變動의 要件, 物權의 種類 등은 별도로 규정하고 있다. 그 주요한 內容을 살피면 다음과 같다. ① 「總則」(民 §185 이하)에서는 物權法定主義(民 §185), 物權의 變動(民 §§186-290), 그리고 物權의 消滅原因 중의 混同(民 §191)에 관하여 규정하고 있다. 그 중 物權의 變動에 관한 規定, 즉 物權行爲와 公示方法에 관한 것이 가장 중요한 意義를 가지나 條文이 불과 5個條뿐이어서 多數의 判例가 그 不備를 메우고 있다. 民法 중 判例法의 활동이 가장 왕성한 분야이다. ②「占有權」(民 §192 이하)에서는 占有權의 取得 · 消滅, 占有에 부여되는 각종의 效果에 대하여 규정하고 있다. ③ 「占有權」(民 §211 이하)에서는 所有權의 內容, 所有權의 限界(土地所有權의 範圍 및 相隣關係), 所有權의 保護, 所有權의 取得 및 共同所有에 대하여 규정하고 있다. ④「地上權」(民 §279 이하), 「地役權」(民 §291 이하), 「傳貰權」(民 §303 이하)에서는 所有權의 내용을 이루는 使用 · 收益의 權能이 所有權으로부터 分離되어 獨立한 權利가 된 用益物權인 이들 權利의 내용을 규정하고 있다. ⑤「留置權」(民 §320 이하), 「質權」(民 §329 이하), 「抵當權」(民 §356 이하)에서는 所有權의 내용을 이루는 交換價値에 대한 支配權能의 전부 또는 일부만이 所有權으로부터 분리되어 獨立한 權利가 된 擔保物權인 이들 權利의 내용을 규정하고 있다.

(나) 民法의 物權編 외의 總則編의 物件에 관한 규정(§90 이하), 債權編의 法定擔保物權에 관한 규정(§648 이하)도 物權에 관한 것이다. 그 밖에 物權法에 속하는 特別法이 많이 있다. ① 物權一般 및 用益物權에 관한 것으로서는 不動産登記

---

7) 郭潤直, 10.

法, 不動產登記特別措置法, 地籍法, 宅地所有上限에 관한 法律, 共有土地分割에 관한 特例法, 外國人土地法, 土地收用法, 公共用地의 取得 및 損失補償에 관한 特例法, 國土利用管理法, 集合建物의 所有 및 管理에 관한 法律, 立木에 관한 法律, 遺失物法, 水難救護法, 古物營業法 등이 있고, ② 擔保物權에 관한 것으로서는 假登記擔保 등에 관한 法律, 工場抵當法, 典當鋪營業法, 鑛業財團抵當法, 自動車抵當法, 航空機抵當法, 重機抵當法, 農地擔保法 등이 있고, ③ 一般物權法과 밀접한 관계가 있는 것으로는 鑛業權·粗鑛權을 정하는 鑛業法, 漁業權을 정하는 水產業法 등이 있고, ④ 商事에 관한 것으로는 留置權·質權에 관해 民法에 대한 特則을 정한 商法이 있고, ⑤ 이밖에 物權法이 有體物에 대한 支配權을 규정하고 있음에 반하여 非有體的 利益에 대한 排他的 支配關係를 규정한 著作權法, 特許法, 商標法, 意匠法, 實用新案法 등도 넓은 의미에서는 物權法에 속한다 할 것이다.

(2) 慣 習 法

成文法主義를 취하는 法制에 있어서도 慣習法에 補充的 效力이 부여되며 그 한도 내에서 慣習法도 物權法의 法源이 된다. 그러나 法律이 따로 규정한 경우에는 慣習法이 成文法에 우선하여 適用되고 일정한 범위에서 成文法의 規定을 排除하거나 변경하는 效力을 가진다. 民法의 物權編에도 이와 같이 慣習法에 優先的 效力 또는 變更的 效力을 인정하는 규정이 적지 않다(§§ 224, 229 234, 237, 290, 302 등). 物權의 종류나 내용에 관한 이른바 物權法定主義에 있어서의 慣習法의 效力을 民 §185에서 따로 살핀다.

(3) 判 例 法

英美에서는 判例拘束性(stare decisis)의 原理가 확립되어 있어서 法院은 法律上 判例에 구속된다. 그러나 우리 나라에서는 裁判은 當該事件에 한하여 下級審法院을 法律上 拘束할 뿐이고 다른 사건에 관하여는 法院을 拘束하지 않는다(法組 § 7-2). 따라서 判例의 法源性은 부정된다 할 것이다.[8] 그러나 裁判은 法官 개인의 恣意的인 견해가 아니라 동종의 다른 事件에도 적용될 성질의 것이라는 기대하에 행하여지고 下級法院은 上級法院의 先例를 사실상 존중하기 때문에 이 사실상의 힘에 의하여 통일된 判例法이 形成되고 成立됨을 부정할 수 없다. 우리 物權法 분야에서 상당한 判例가 집적되고 判例理論이 형성되어 사실상 法源의 역할을 담당하고 있다.

---

8) 郭潤直, 8.

5. 物權의 意義 · 本質

物權은 特定 · 獨立된 物件을 직접 支配해서 利益을 얻는 것을 내용으로 하는 排他的 權利이다. 이를 分說하면서 그 意義와 本質을 구체적으로 검토한다.

(1) 物權은 獨立 · 特定된 物件을 客體로 하는 權利이다.

物權은 일정한 財貨, 즉 「物件」에 대한 支配를 통하여 利益을 얻는 權利이므로 어떠한 人格的 利益이나 일정한 身分關係에 따르는 利益을 내용으로 하는 權利와 다르다. 따라서 「財産權」으로서의 성격을 갖는다. 債權도 物權과 같이 財産權으로서의 성격을 갖지만 物件을 객체로 하는 物權과는 달리 特定人의 行爲를 客體로 하는 점에서 차이가 난다. 그러므로 債權을 「對人權」이라고 부르는 데 대하여 物權은 「對物權」으로 불리운다.

物權은 物件을 客體로 함이 原則이나 예외적으로 財産權을 客體로 하여 성립하는 物權도 있다. 權利質權(民 § 345) · 財産權의 準占有(民 § 210) · 地上權 또는 傳貰權을 목적으로 하는 抵當權(民 § 371) 등이 그것이다. 이들 財産權을 객체로 하는 財産權이 과연 순수한 物權이냐에 관하여는 論議될 여지가 있으나, 民法의 규정에 따라서 物權으로 보는 것이 일반적이다.[9)]

財産權은 통상 讓渡性(Übertragbarkeit)을 갖는다. 따라서 財産權의 일종인 物權도 讓渡性을 갖는다. 그러나 일부의 物權은 讓渡性이 제한되고 있다. 예컨대, 通行地役權은 그것을 필요로 하는 土地의 所有權과 분리되어 讓渡될 수 없음이 그것이다.

物權은 獨立 · 特定된 物件 위에만 成立된다. 이러한 物權의 特定性(Spezialität)을 통하여 法的 安定性 또는 法的 明確性이 확보된다. 물권이 성립되는 物件이 구체적으로 特定되지 아니하면 排他的 權利를 인정할 여지도 없기 때문이다. 같은 이유에서 현존하지 아니하는 物件에 관하여도 物權은 성립되지 못한다. 物件의 特定 · 獨立에 관하여는 物權의 客體로서 따로 살피기로 한다.

(2) 物權은 物件에 대한 直接的 支配(unmittelbare Herrschaft über eine Sache)를 내용으로 하는 權利이다.

(가) 「直接」 支配한다는 것은 타인의 行爲를 기다리지 않고서 직접 物件으로부터 일정한 利益을 얻는다는 것을 의미한다. 이 점에서 權利의 내용을 실

9) 郭潤直, 13.

현하는 데 있어서 타인의 行爲를 필요로 하는 債權과 구별된다. 즉 債權은 物件의 支配取得을 목적으로 하는 경우에도 타인의 行爲를 仲介해서 物件의 支配에 도달할 수 있음에 그친다. 그러므로 物權은 支配權, 債權은 請求權으로 대비된다. 그러나 物權의 本質에 대한 이와 같은 견해에 대하여는, 權利란 사람과 사람과의 사이에 성립하는 것이고 사람과 物件과의 사이에는 성립할 수 없다는 비판이 있기도 하다. 이러한 입장에서는 物權의 本質을 모든 사람에 대한 관계에 있어서 保護되는 權利라는 측면에서 파악하고 있다.[10)]

(나) 物件을 「支配」하는 것은 두 가지의 방향으로 나타난다. 하나는 物件을 그의 經濟的 效用에 따라서 그대로 利用하는 것, 즉 使用價値를 얻는 것이고 다른 하나는 財貨가 가지는 交換價値를 취득하는 것이다. 이 두 가지의 支配內容은 物權의 종류에 따라 다르다. 가장 완전한 物權인 所有權은 물건의 使用價値와 交換價値의 전부를 支配하는 것임에 반하여, 地上權·地役權·傳貰權 등의 用益物權은 物件의 使用價値의 일부나 전부를, 留置權·質權·抵當權 등의 擔保物權은 물건의 交換價値의 전부 또는 일부를 支配함에 그친다.

(다) 物件을 支配한다고 하여 반드시 物件을 현실적으로 支配하는 것을 의미하지는 않는다. 近代社會에 있어서 個人主義·民主主義의 발전이나 科學의 발달은 人證이나 書證 등의 證據에 대한 信賴性을 높이고 裁判制度를 완비함에 따라 現實的 支配를 수반하지 아니하는 所有, 즉 觀念的 所有도 法律上 保護할 수 있게 되었다. 이 점에서 占有와 所有가 分離될 수 있는 토대가 마련되고 所有는 觀念的 支配權으로서 인정되기에 이르러 所有權 기타의 物權의 觀念性이 확립되었다. 이러한 점에서 게르만 固有法의 Gewere的 物權과 대비된다. 中世封建社會에서는 人證·書證 등의 증거에 대한 信賴度가 낮고 裁判制度도 극히 不備하였으므로 現實的 支配를 수반하지 않으면 所有를 보호함이 심히 곤란하였다. 따라서 法律上 보호되어야 할 所有는 現實的 支配와 合體된 것이 아니면 아니되므로 現實的 支配인 Gewere는 동시에 所有 그 자체로 이해되었다. 즉 所有에는 반드시 現實的 支配가 수반됨이 요구되고 所有와 占有와의 分離 내지 所有權은 관념성과 같은 것은 인정될 여지가 없었다.[11)] 그러므로 우리 民法이 占有라는 現實的 支配의 사실을 기초로 하여서만 인정하는 物權인 占有權은 近代物權 일반의 觀念性과는 동떨어진 것이고, 여기에서 占有權은

10) Kommentar zum schweizerischen Zivilgesetzbuch Ⅳ. 1, 27.
11) 日注民(6), 8.

과연 物權인가 하는 의문도 생긴다. 그러나 民法이 占有權을 物權으로 인정하고 있는 한 특수한 物權으로 인정되어야 할 것이다.

(3) 物權은 物件에 대한 排他的 支配를 內容으로 하는 權利이다.

(가) 物權은 物件을 直接支配하여 그것으로부터 利益을 얻는 것을 내용으로 하므로, 하나의 物件에 物權이 성립되어 支配가 확립되면 같은 物件에 이와 兩立하지 아니하는 支配를 내용으로 하는 物權은 성립할 수 없다. 이것을 物權의 「排他性」 또는 「獨占性」이라 한다. 그러므로 物權은 특정의 相對方이 아니라 一般人 모두를 義務者로 하여 주장할 수 있는 權利로서 필연적으로 絶對性(Absolutheit)을 가진다. 그 결과 絶對權인 物權은 논리필연적으로 万人에 의하여 침해될 수 있으므로 物權을 가진 者 이외의 不特定多數의 一般 제3자에 대해서 이를 침해해서는 아니된다고 하는 不可侵義務를 지워 不可侵性을 갖게 된다. 이에 반하여 債權은 사람의 行爲를 통하여 物件을 간접적으로 밖에 支配할 수 없어 排他性을 갖지 아니하며 특정의 相對方에 대해서만 주장할 수 있는 權利로서 相對性을 가진다. 그 결과 相對權인 債權은 논리필연적으로 特定義務者에 의해서만 침해될 수 있고 일반적인 不可侵性을 갖지 아니한다. 그러나 이에 대하여 相對權도 權利인 이상 不可侵性을 가지며 제3자에 의한 侵害는 不法行爲를 성립케 한다고 하여 絶對權·相對權의 구별을 부인하는 입장이 있다. 日本의 判例·通說의 입장이며 우리 나라의 다수의 학자가 이 견해에 따르고 있다.[12] 그러나 物權에 있어서는 不可侵性이 論理必然的임에 반하여 債權에 있어서는 그렇지 아니한 본질적인 차이를 인정한다면 絶對權과 相對權의 구별은 의미가 없다 할 수 없다.[13] 獨逸에서는 제3자의 債權侵害가 不法行爲 내지 不當利得으로서 損害賠償義務를 발생시킨다는 것을 인정하면서도 絶對權과 相對權을 구별하고 物權을 絶對權, 債權을 相對權이라고 하고 있다.

이러한 絶對權은 더 나아가 物權의 내용은 원칙적으로 對人 별로 구분될 수 없는 성질의 것임을 의미하기도 한다. 예컨대, 甲이 所有權者로서 所有權 중의 특정한 權能만을 행사하고 乙이 所有權者로서 나머지의 특정한 權能만을 행사한다든지 혹은 甲이 일정한 對人範圍에 한하여만 所有權者이고 乙이 나머지 對人範圍에 대해서만 所有權者가 되는 것과 같은 현상은 허용되지 아니한다.[14] 물론 處分禁止假處分이나 信託 등 특별한 法的 制度에 의하여 그러한 현

12) 崔栻, 28; 金顯泰, 11; 金基善, 31.
13) 郭潤直, 14; 金曾漢, 11; 金容漢, 40; 李英俊, 10.
14) Baur, 28.

상이 예외적으로 인정될 수 있음은 별문제이다.[15)]

(나) 物權의 排他性·絶對性은 동일 物件에 이미 성립된 物權과 兩立되지 않는 物權을 취득하려는 제3자에 대하여 중대한 영향을 미치므로 이러한 제3자를 보호하기 위하여 物權의 現狀을 제3자가 알 수 있도록 法的 手段인 公示方法을 강구할 필요가 있다. 그리하여 動産의 경우는 所有者가 통상 그 物件을 占有하는 事實關係로부터 法律은 占有를 所有權의 公示方法으로 삼고 있으며, 不動産의 경우는 登記라는 제도를 창안하여 이를 公示方法으로 삼고 있다. 그러므로 物權은 債權과 달리 公示性(Publizität)을 갖는다 할 수 있다. 이러한 占有와 登記는 그 公示機能에 터잡아 物權變動의 내용을 外部的으로 인식시키는 작용을 하며(Übertragungswirkung) 나아가 그에 따른 논리적 귀결로서 占有와 登記에는 그에 상응한 權利가 있는 것으로 推定시키는 작용을 한다(Vermutungswirkung). 또한 動産의 경우에는 占有에 公信力(Gutglaubenswirkung)을 인정하여 去來安全을 도모토록 한다.

6. 物權의 客體

物權의 客體가 되는 것은 원칙적으로 「特定된 獨立한 物件」이다.

(1) 特定·獨立의 物件

(가) 物權의 客體는 원칙적으로 物件이어야 한다(民 §§ 192, 211, 279). 따라서 그것은 "有體物 및 電氣 기타 管理할 수 있는 自然力"이어야 한다(民 § 98. 物件의 意義에 관한 자세한 설명은 總則編 § 98 참조). 그러나 民法은 債權 기타의 權利 위에 物權이 성립하는 경우를 인정함으로써 위의 原則에 대한 일정한 예외를 규정하고 있다. 특히 문제가 되는 것은 아래와 같다.

(a) 自然力 管理할 수 있는 自然力(電氣·冷氣·熱·原子力 등)은 民法上 動産이다(§§ 98, 99 II). 다만 그것에 대한 排他的 管理·支配가 가능한 경우에 한하여 그 위에 所有權 내지 物權의 성립을 인정한다.

(b) 債權 기타의 權利 民法은 財産權의 準占有(§ 210)·財産權을 목적으로 하는 權利質權(§ 345 이하)·地上權과 傳貰權을 목적으로 하는 抵當權(§ 371 I)을 인정함으로써 예외적으로 財産權을 物權의 객체로 하고 있다.

(c) 發明·著作 등의 非有體的 利益 이들 知能的 創作物에 대하여도 排他的 支配는 가능하지만 物件이 아니므로 物權의 客體가 되지는 못하

15) 李英俊, 6.

며 일종의 支配權(無體財產權)의 客體가 된다.

(d) 鑛區·漁場　　鑛區에서 일정한 鑛物을 採掘·取得하는 權利인 鑛業權·租鑛權(鑛業 §5)은 物權으로 정하여져 있고, 不動產에 관한 民法 기타의 法令이 준용된다(鑛業 §§12, 52). 鑛業權의 法律的 性質에 대하여는 다툼이 있지만 鑛區에 대한 支配權이라고 이해해야 할 것이다. 따라서 통상의 土地가 地表의 통상의 이용에 제공됨에 대하여 鑛區는 鑛物의 採掘·取得에 제공되는 것이다. 같은 土地가 이와 같이 二重의 목적으로 區劃되고 그에 따라 각각 다른 權利의 성립을 인정하고 있는 셈이다. 鑛區를 有體物로 볼 것인가는 用語의 문제에 지나지 않지만(어떻게 보든 不動產에 관한 規定이 준용되므로 結果에 차이는 없다), 土地를 有體物로 한 것은 연혁상 地表의 通常的 利用을 前提로 하여 그렇게 된 것이므로 鑛物採取라는 특수한 利用에 제공되는 土地 내지 地殼은 有體物의 관념에는 포섭될 수 없다. 그렇다면 鑛業權은 本質上 物權은 아니라고 할 것이다.[16] 漁業權은 일정한 水面을 區劃 또는 專用하여 水產動植物의 採捕·養殖을 獨占的·排他的으로 할 수 있는 權利이고(水業 §§8, 2 VI) 거기에도 土地에 관한 규정이 준용된다(水業 §15 II). 漁業權의 本質에 대하여도 위에 본 鑛業權에 관한 설명을 같이 할 수 있다.

(나) 物權의 客體는 「特定」되어야 한다. 맥주 한 상자 등과 같은 種類物 내지 不特定物 위에는 債權은 성립할 수 있어도 구체적으로 어느 맥주 한 상자인지를 알 수 없어 그 위에 排他的 支配를 인정할 수 없기 때문이다. 같은 이유로 「現存」하지 않는 物件에 관하여서도 物權은 성립하지 못한다. 요컨대, 物權의 目的物은 반드시 「現存·特定」되어 있어야만 한다. 그러나 이 原則에도 예외는 있으며, 각종의 財團抵當에 있어서와 같이 集合物 위의 物權에 있어서는 그 構成部分에 변경이 있더라도 特定性을 잃지 않는다. 工場抵當法, 工場財團抵當法, 鑛業財團抵當法이 규율하는 것이 그 예이고 判例는 나아가 그 內容物이 수시로 변동하는 集合物에 관하여도 讓渡擔保를 인정하고 있다.[17]

(다) 物權의 客體는 「獨立」한 物件이어야 한다. 바꾸어 말하면 物件의 一部나 構成部分 또는 物件의 집단은 원칙적으로 하나의 物權의 客體가 되지 못한다. 이것을 一物一權主義라 한다. 公示가 곤란하고 직접 支配함으로써 얻는 利益이 적기 때문이다. 이를 項을 달리하여 살핀다.

---

16) 日注民(6), 13.
17) 大判 88. 10. 25, 85누941(公 837, 1484).

(2) 一物一權主義

하나의 物件 위에는 그 內容이 서로 용납되지 않는 物權은 하나밖에 존재할 수 없는, 바꾸어 말하면 하나의 物權의 客體는 하나의 독립한 物件이어야 한다는 것이 이른바 「一物一權主義」이다. 物權의 絶對性·排他性의 당연한 귀결로서 인정되는 원칙이다.

이 原則의 根據는 ① 物件의 一部나 集團 위에 物權을 인정하여야 할 社會的 필요나 實益이 없다는 것과 ② 物件의 一部나 集團 위에 하나의 物權을 인정한다면 그 公示가 곤란하거나 또는 公示를 혼란케 한다는 데에 있다고 일반적으로 설명된다. 一物一權主義와의 관계에서 문제가 되는 점을 살펴보면 다음과 같다.

(가) 獨立한 物件, 즉 하나의 物件인가를 정하는 표준은 따로 없으며 결국 社會通念 또는 去來觀念에 의할 수밖에 없다. 특히 문제가 되는 것은 土地와 建物에 관하여서이다(하나의 物件으로서의 土地와 建物에 관하여는 Ⅳ. 6. (1) 참조).

(나) 物件의 「一部」나 「構成部分」은 이른바 一物一權主義를 관철한다면 物權의 客體가 되지 못하는 것이 원칙이다. 그러나 위에 본 一物一權主義의 두 근거에 비추어 볼 때에, 物件의 일부에 대한 物權을 인정하여야 할 社會的 必要性이나 實益이 있는 또한 어느 정도 公示가 가능하든가 또는 公示와는 관계없는 範圍에서는 예외를 인정하여도 무방할 것이다. 특히 문제가 되는 것은 다음과 같다.

(a) 一筆의 土地의 일부만은 物權의 客體가 되지 못한다. 物權變動에 관하여 意思主義를 취한 舊民法과 달리 形式主義를 취한 현행 民法下에서는 分筆節次를 밟아 登記가 행해져야 비로소 物權變動이 발생하기 때문이다. 그러나 用益物權의 設定만은 分筆節次를 밟지 않더라도 一筆의 土地의 일부 위에 設定할 수 있는 예외가 있음을 주의하여야 한다(不登 §§ 136, 137, 139 Ⅱ). 一筆의 土地라고 할 때에, 그것은 平面的으로 地表上의 區劃된 범위만을 가르키는 것이 아니라 立體的으로 그 上下의 空中·地下를 포함하는 것이므로 地中의 土砂·岩石 등은 모두 土地의 構成部分으로서 그 일부를 이룬다. 따라서 獨立性이 없다. 採掘 기타의 방법으로 土地로부터 分離된 때에 비로소 獨立한 動産이 될 뿐이다. 그러나 地中의 일정한 鑛物은 그것이 아직 採掘되지 않았더라도 土地所有權의 客體는 아니며 鑛業權이라는 별개의 배타적인 權利의 客體이다.

(b) 一棟의 建物의 일부가 독립하여 所有權의 客體로 될 수 있음은 民

§215와 특히 集建法이 이른바 建物의 區分所有로서 인정하고 있다. 한편 舊民法下에서의 判例는 앞에서 설명한 一筆의 土地의 일부의 讓渡의 경우와 마찬가지로 一棟의 建物로 登記되어 있는 것의 일부를 區分 또는 分割의 登記를 하기 전에 讓渡할 수 있다고 하였으나, 土地의 경우와 마찬가지로 현행 民法下에서는 구분 또는 분할의 登記節次를 밟기 전에는 物權의 客體로 삼을 수 없다고 하여야 한다. 一棟의 建物의 일부에 대하여 傳貰權을 設定할 수 있는 예외가 인정되는 것도 土地에 있어서와 같다. 그러나 그 일부는 독립한 建物과 마찬가지의 經濟的 效用을 다하고 區分·分割의 登記를 할 수 있는 실질을 갖춰야 할 것이다.

(c) 「樹木」은 그것이 附着하고 있는 土地의 定着物이며, 獨立하여 物權의 客體로 되지 못하는 것이 원칙이다. 그러나 다음과 같은 두 예외가 인정되어 있다. 첫째로 「立木에 관한 法律」에 의하여 登記된 樹木의 집단, 즉 「立木」의 地盤인 토지를 떠나서 독립한 不動產으로 다루어지며(§3 I), 그것만을 讓渡할 수 있고 또한 抵當權의 목적으로 할 수 있다(§3 II). 둘째로 위의 登記를 하지 않은 樹木의 집단도 明認方法이라는 公示方法을 갖춘 때에는 獨立한 不動產으로서 去來의 목적으로 할 수 있다는 것이 종래 判例에 의하여 인정되어 있다. 그러나 明認方法은 불완전하고 所有權 이외의 權利를 公示하는 데는 적당하지 않기 때문에 抵當權의 목적으로 하는 것은 인정되지 않는다.

(d) 「未分離의 果實」은 樹木의 일부를 이루고 따라서 土地의 일부를 이룬다. 그러나 이에 관하여도 明認方法을 갖춘 때에는 독립한 物件으로서 去來의 목적으로 할 수 있다. 그러나 그것은 動產으로 보아야 할 것이고, 引渡가 있었음을 타인에게 明認시키는 方法을 강구하여야 한다. 또한 이 경우에 인정되는 權利는 所有權에 한한다.

(e) 播種 후 數個月만에 收穫할 수 있는 「農作物」은 土地所有者의 所有에 속하지 아니하고 언제나 耕作者의 所有에 속한다는 것이 判例의 입장이다.[18] 즉 土地의 定着物 중 農作物만은 土地와는 따로이 독립한 物件이 되며, 이 경우에는 별다른 明認方法도 갖출 필요가 없다는 것이다. 이에 대하여 農作物은 원칙적으로 土地에 附合되는 것으로 보아야 하고, 다만 土地所有權과 다른 權原에 의한 경우에만 독립한 所有權을 인정함이 타당하다는 견해가 있다.[19]

㈐ 一物一權主義의 原則上 物件의 「集團」 내지 「集合物」 위에 하나의

18) 大判 63. 2. 21, 62다913(集 11-1, 119).
19) 郭潤直, 319.

物權이 성립할 수 없음은 당연하다. 보통은 하나 하나의 物件 위에 각각 하나의 物權을 인정하면 족하고 集合物이라 하여 그 위에 하나의 物權을 인정할 필요가 없고 또한 物件의 集團 내지 集合物은 特定性과 獨立性이 결여되어 있어서 그 위에 하나의 物權을 인정하여 이를 公示하는 것이 기술적으로 곤란하기 때문이다. 그러나 이 때에도 이를 필요로 하는 社會的 要請이 강하고 또한 어느 정도의 特定性과 獨立性이 인정되어 적당한 公示方法을 갖출 수 있다면 그 한도에서 하나의 物權의 성립을 인정하여도 좋다 할 것이다. 特別法 즉 工場抵當法・工場財團抵當法・鑛業財團抵當法 등에 의한 경우가 그 예이고 判例는 더 나아가 그 內容物이 수시로 변동하는 集合物에 관하여도 讓渡擔保를 인정하고 있다.[20]

7. 物權의 效力(物權의 保護)

(1) 物權은 絶對性을 가져 누구에게나 對抗할 수 있음은 위에서 보았다. 이는 다시 말하면 私人에 의하건 公權力에 의하건 누구에게든지 침해될 가능성이 있음을 의미하며, 따라서 物權은 광범위하게 보호될 필요성을 띄게 된다. 그리하여 法律은 物權의 保護를 위하여 각종 制度와 規定을 두고 있다. 그러한 내용 중 일반적인 것이 權利의 推定力, 不當利得이나 損害賠償制度에 의한 物權의 保護이다. 權利의 推定力에 관한 制度는, 物權은 그 존재가 證明되어야 그에 따른 權限을 행사할 수 있는데, 그 證明이 구체적인 경우에 쉽지 아니하므로 그 證明을 용이하게 하기 위하여 占有나 登記 등이 있으면 그에 대응하는 實體的 權利關係가 존재하는 것으로 推定하는 것이다. 民 §200가 인정하는 占有物에 대하여 행사하는 權利의 適法推定이나 獨逸이나 瑞西와 같은 明文의 規定은 없으나 學說・判例가 인정하는 登記의 推定力이 그것이다(占有의 推定力에 관하여는 §200, 登記의 推定力에 관하여는 Ⅳ.12. (1)(라) 각 참조). 그 밖에 物權도 權利인 이상 그 侵害가 損害賠償請求權의 發生原因이 됨으로써 保護받게 되며, 損害賠償의 要件을 갖추지 아니한 경우라도 物權을 가진 자는 그 物權에 터잡아 不當利得返還請求權을 행사할 수 있음으로써 保護받게 된다.

그러나 이상과 같은 일반적인 제도 외에 物權에 특유한 效力을 인정하여 物權을 保護하는바, 그것이 바로 物權의 「優先的 效力」과 「物權的 請求權」이다. 이들을 차례로 검토한다.

---

20) 前述(註 17).

(2) 優先的 效力

㈎ 物權相互間의 優先的 效力　同一物 위에 성립한 서로 兩立하지 아니하는 物權 상호간에 있어서는 시간적으로 먼저 성립한 物權이 뒤에 성립한 物權에 우선한다. 物權은 物件을 排他的으로 支配하는 것을 내용으로 하기 때문에 同一物 위에 같은 종류의 物權이 동시에 성립할 수 없다. 예컨대, 同一物 위에 두 개 이상의 所有權이나 地上權이 동시에 성립하지 못한다. 그러나 종류가 다른 物權이 동시에 성립할 수 있음은 물론이다. 所有權과 抵當權 또는 地上權과 抵當權이 성립하는 것이 그 예이다. 그러나 抵當權은 目的物에 대한 交換價値의 支配를 그 목적으로 할 뿐 目的物을 현실적으로 支配·利用하는 것이 아니기 때문에 同一物 위에 두 개 이상 성립될 수 있다. 위와 같이 同一物 위에 同種 또는 異種의 物權이 두 개 이상 성립하는 경우에 그들 상호간에서는 먼저 성립한 物權이 후에 성립한 物權에 우선한다는 것이 物權相互間의 優先的 效力이다.

우리 民法은 占有權을 物權의 일종으로 구성하고 있지만 占有權은 物件에 대한 事實的 支配로서 성립하는 것이므로 그 得失은 占有라는 外形的 事實과 운명을 같이 하는 것이기 때문에 두 개 이상의 占有權이 동시에 생긴다는 문제가 생길 여지가 없다.

㈏ 債權에 優先하는 效力　어떤 物件에 관하여 物權과 債權이 성립하는 경우에는 그 성립의 先後에 관계없이 物權이 優先한다. 債權에 대한 物權의 優先的 效力에는 다음과 같은 예외가 있다. ① 不動産物權의 변동을 請求하는 債權이 假登記되면 物權에 우선하는 效力이 인정된다(不登 §§3, 6Ⅱ. 그러나 假登記에 기하여 뒤에 本登記가 행해져야 한다). ② 不動産賃借權은 債權이지만 公示方法(登記)을 갖추고 있는 때에는 그 후에 성립한 物權에 우선하는 效力을 취득한다. ③ 法律이 특별한 이유로 일정한 債權에 대하여 抵當權 등의 物權에 優先하는 效力을 인정하는 경우이다. 勤勞基準法의 賃金優先特權(§30-2)·住宅賃貸借保護法의 少額保證金(§§8, 12)·商法의 優先特權(§§468, 866 이하) 등이 그 예이다.

債權에 대한 物權의 優先的 效力의 실익은 債務者가 破産한 때 또는 強制執行의 경우에 가장 두드러지게 나타난다. 즉 債務者의 一般財産을 이루고 있는 物件에 관하여 物權을 가지는 者는, 一般債權者가 破産 또는 強制執行의 수단을 취하여도, 一般債權者에 우선한다. 즉 그 물건에 관하여 所有權을 가지는 者는 還取權(破 §79 이하) 또는 제3자 異議의 訴를 提起할 權利(民訴 §509)를 가지며, 擔保

物權을 가지는 者는 別除權(破 §84 이하) 또는 優先辨濟請求의 訴를 提起할 權利(民訴 §526)에 의하여 우선적으로 辨濟를 받을 權利가 인정되어 있다.

(3) **物權的 請求權**

(가) 意 義

(a) 物權的 請求權이라 함은 物權의 내용의 實現이 어떤 事情으로 말미암아 방해당하고 있거나 또한 방해당할 염려가 있는 경우에, 物權者가 妨害者에 대하여 그 妨害의 除去 또는 豫防에 필요한 일정한 行爲(作爲 또는 不作爲)를 請求할 수 있는 權利를 말한다. 物上請求權이라고도 한다. 物權的 請求權이라는 用語 안에는 絶對權을 상징하는 物權과 相對權을 상징하는 請求權이 함께 포함되어 있어 이상스럽게 보이지만 物權의 妨害가 구체화된 상태의 존재를 전제로 하여 物權的 請求權이 현실화됨을 고려한다면 이를 이해할 수 있는 노릇이다. 民法은 占有權과 所有權에 관하여 각각 規定을 두고 또한 所有權에 기한 物權的 請求權에 관한 규정을 다른 物權에 준용함으로써 物權的 請求權을 物權의 效力으로서 인정하고 있다. 그리고 民法이 정면으로 규정하지는 않았지만 登記簿의 내용이 진실한 權利狀態와 일치하지 아니하는 경우에 物權者가 그 登記의 抹消나 訂正을 구하는 登記請求權도 物權的 請求權의 일종으로 이해된다(이에 관하여는 後述하는 登記請求權 참조).

(b) 沿革的 根據 로마法은 本權의 保護를 위한 訴權과 占有訴權을 구별하여 인정하고 있었다. 獨逸普通法時代의 學說은 로마法의 繼受를 통하여 本權的 請求權에 의하여 역사적으로 保護되어온 諸權利를 債權과 대비되는 物權의 카테고리로 묶어 理論的으로 정리하였다. 이러한 영향으로 獨逸民法(§§985, 1004, 1005 등)이나 瑞西民法(§640 II 등)은 物權的 請求權을 명문으로 규정하였다. 이에 반하여 中世게르만法은 Gewere를 中核으로 하는 權利保護의 체계를 취하였으며, 따라서 本權인 物權과 占有權을 명백히 구별하지 못하였다. 우리 民法은 舊民法과 달리 獨逸民法을 본받아 物權的 請求權을 정면으로 규정하고 있다.

(c) 理論的 根據 物權的 請求權의 이론적 근거로서 종래 ① 物權과 債權을 絶對權·相對權으로 파악하는 전통적 입장에서 物權은 絶對權이므로 物權的 請求權이 생긴다는 說, ② 物權이 가지는 排他性으로부터 物權的 請求權이 생긴다는 說, ③ 物權·債權을 불문하고 權利가 가지는 不可侵性으로부터 物權的 請求權이 생긴다는 說 등이 있다.[21] 그러나 物權은 物件을 直接支

---

21) 日注民(6), 29.

配하는 權利이므로 그 支配의 실현이 妨害되고 있는 경우, 自力救濟가 금지되는 이상, 그러한 妨害의 제거를 위하여, 즉 物權의 완전한 실현을 위하여 인정되는 것이라 할 것이다.[22] 舊民法은 占有權에 관해서만 物權的 請求權을 인정하고 있었기 때문에 所有權을 비롯한 그 밖의 物權에도 해석상 物權的 請求權을 인정하기 위하여 그 理論的 根據를 찾는 것이 필요하였으나 現行法은 明文規定을 두었으므로 그 이론적 근거를 論할 필요는 없어졌다 할 수 있다. 다만 현재에도 物權이 아닌 權利 등에 物權的 請求權에 의한 保護를 확대할 필요가 있으므로 그러한 한도에서만 의미가 있다 할 것이다. 鑛業權・漁業權・無體財産權과 같이 特別法에 의하여 보호되는 權利에도 物權的 請求權에 준하는 保護가 행해져야 하기 때문이다.[23]

(나) 種　類

(a) 物權的 請求權은 그 기초가 되는 物權이 무엇이냐에 따라서 占有權에 기한 物權的 請求權(Possessorische Ansprüche, actionspossessories)과 그 이외의 物權, 즉 本權에 기한 物權的 請求權(Petitorische Ansprüche, actionspetitories)으로 나누어진다. 그러나 통상 物權的 請求權이라고 할 때에는 後者를 의미한다.

(b) 物權的 請求權은 그 侵害의 모습에 따라 다음과 같은 세 가지로 나누어진다.

(i) 物權的 返還請求權(rei vindicatio, dinglicher Herausgabeanspruch, action en revendication)　타인이 權限없이 物權의 目的物을 占有함으로써 物權이 방해되고 있는 경우에 인정되는 것이다. 目的物에 대한 支配, 즉 占有를 전부 빼앗긴 경우에 이를 占有하는 者에 대하여 그 返還을 請求해서 빼앗긴 占有를 회복하는 것을 내용으로 한다.

(ii) 物權的 妨害除去請求權(actio negatoria, negatorischer Anspruch, action négatoire)　目的物에 대한 支配가 부분적으로 침해되고 있는 경우에 그 侵害者에 대하여 妨害를 제거할 것을 請求하는 것을 내용으로 하는 權利이다. 物權的 返還請求權이 動産・不動産 어느 것에 대해서도 발생할 수 있는 데 비하여 妨害除去請求權은 주로 不動産에 관하여 생긴다.

(iii) 物權的 妨害豫防請求權　物權이 현재 방해당하고 있지는

22) 郭潤直, 38.
23) 質權 및 不動産賃借權에 관하여 物權的 請求權을 인정할 것인지 여부와 인정하는 경우의 理論的 根據에 관하여는 郭潤直, 38 참조.

않지만 장차 妨害가 생길 염려가 있는 경우에 그 방해의 危險을 갖고 있는 者에 대하여 그 방해의 예방을 請求하는 權利이다. 그리고 妨害의 위험은 주로 不動産에 관하여 생긴다. 占有權과 所有權에 기한 物權的 請求權에 있어서는 위에서 설명한 세 가지가 모두 인정되지만 그 밖의 物權에 있어서는 그 物權의 내용에 따라서 다소의 差가 있다. 이는 관계부분에서 설명될 것이다.

(다) 性 質

(a) 物權的 請求權은 物權의 보호를 위하여 物權의 效力으로서 부여된 權利이고, 그것은 物權이 侵害되는 구체적인 경우에 특정한 相對方을 향하여 인정되는 權利이다. 종래 우리 나라가 學說로서, ① 獨立한 請求權이지만 순수한 債權은 아니라는 說,[24] ② 「物權의 效力」으로서 생기는 請求權이라는 說,[25] ③ 物權의 效力으로서 발생하는 請求權이지만 債權에 준하는 특수한 請求權이라는 說[26]이 있으며, 이밖에 日本에서는[27] ④ 物權의 效力, 一作用에 불과할 뿐 독립한 權利는 아니라고 하는 物權效力說, ⑤ 債權이라고 하는 說이 있다. 物權的 請求權도 하나의 請求權이므로 이에 대하여 어느 정도는 같은 請求權인 債權과 같이 다루어야 할 것이므로 物權的 請求權의 獨立性을 부정하는 物權效力說(物權作用說)은 취할 것이 못되고 또한 보통의 債權과는 달라서 物權과 밀접한 관련이 있으므로 債權과는 다르게 다루어야 하기 때문에 債權說도 부당하다 할 것이므로 부득이 나머지 세 學說과 같은 折衷說을 취할 수 밖에 없으며, 어느 說에 의하든 物權的 請求權의 法律的 處理에 있어서는 차이가 없다.[28]

(b) 위에 설명한 바를 토대로 物權的 請求權의 特異性을 살핀다.

(i) 特定人에 대하여 行爲를 請求하는 것이 그 내용이므로 이 점에서 物權과 다르고 債權과 비슷하다. 따라서 債權에 관한 一般的 規定이 준용된다. 예컨대, 債權의 履行遲滯에 관한 民 §387 이하의 規定이나 債務의 辨濟에 관한 民 §460 이하의 規定이 그것이다.

(ii) 物權的 請求權은 物權의 效力으로서 생기는 것으로서 순수한 債權은 아니므로 그 준용이 일부 제한될 수밖에 없다. 예컨대, 物權的 請求權의

24) 金曾漢, 22; 金基善, 56; 金顯泰, 27.
25) 張庚鶴, 125; 金容漢, 48.
26) 方順元, 8.
27) 日注民(6), 31.
28) 郭潤直, 41; 金容漢, 48.

讓渡에 관한 것이 그 예이다. 즉 物權的 請求權은 財產權으로서의 성격을 가지므로 讓渡性이 인정됨은 물론이나 物權의 保護를 위하여 인정되는 것이므로 物權과 分離되어 讓渡될 수 없으므로 債權讓渡에 관한 民 §499 이하의 규정은 준용되지 아니한다.[29] 그러므로 物權的 請求權은 物權이 양도되면 그에 수반하여 讓渡될 뿐이고 物權과 독립하여 讓渡될 수 없다.[30]

(iii) 物權은 債權에 우선하므로 物權的 請求權은 債權的 請求權에 우선한다. 따라서 破產의 경우에는 還取權에 의하여 우선적으로 보호된다(破 §79).

(iv) 物權的 請求權은 消滅時效에 걸리는가? 이에 관해서는 消極說[31]·積極說[32]·折衷說[33]이 대립되고 있는데, 消極說이 通說이다. 消極說은 物權的 請求權은 「物權의 作用」이지 독립한 權利가 아니라고 보는 입장과 物權的 請求權은 物權의 效力으로서 생기는 請求權이라는 입장에 선 學說이다. 그 주장근거로서, 첫째는 民法이 所有權에 대한 時效消滅을 인정하지 않는데도 불구하고(§162 II) 그로부터 파생되는 物權的 請求權에 대하여 時效消滅을 인정한다는 것은 모순이고, 둘째는 物權的 請求權은 物權의 원만한 상태와 현재의 상태가 일치하지 않는데서 생기는 것이므로, 이러한 상태가 계속되는 동안은 끊임없이 이 請求權이 발생하고, 따라서 消滅時效에 걸릴 여지가 없다는 점을 든다. 이에 대하여 積極說은, 所有權에 기한 物權的 請求權이 消滅時效에 걸리지 아니한다고 하는 것은 所有權의 恒久性에 연유하는 것일 뿐, 다른 한편 時效制度의 취지에서 보면 所有權侵害가 適法한지 여부는 시간이 오래 되면 不明確해지므로 物權의 裁判上의 주장인 物權的 請求權도 통상의 請求權과 마찬가지로 時效에 걸린다고 해석하는 것이 論理的으로나 政策的으로나 理由가 없는 것은 아니라는 것이다. 또한 獨逸民法의 해석에 의하면 所有權에 기한 物權的 請求權은 30년의 消滅時效에 걸린다는 점(獨民 §195)을 인용하기도 한다(이 경우의 時效消滅은 所有權의 喪失을 의미하지 아니하고 다만 특정한 占有者에게 占有할 권리가 있다는 抗辯權을 부여한 것이라는 것임).[34] 다만 이 경우 時效消滅하는 物權的 請求權은 구체적인 侵害에 터잡은 특정의 것이라 할 것이고 그 物權 자체에 터잡은 抽象的인 物權的 請求權은 時效消滅의 여지가 없으며, 따라서 어떠한 사정에 의하여 特定의 侵害로부터 회복되면 所有權은 전면적인 기능을 회복하

29) Baur, 92.
30) 大判 69. 5. 27, 68다725(集 17-2, 103).
31) 金曾漢, 19; 張庚鶴, 119; 方順元, 8.
32) 日注民(6), 33; 李英俊, 56.
33) 郭潤直, 42; 金容漢, 50.
34) Baur, 93.

는 것으로 될 것이다. 折衷說은, 所有權에 기한 物權的 請求權은 所有權 자체가 소멸시효에 걸리지 아니하기 때문에 消極說이 지적하는 바와 같은 부당한 점을 고려하여 消滅時效에 걸리지 않는다고 할 것이고, 다만 所有權 이외의 制限物權에 기한 物權的 請求權은 消滅時效에 걸린다고 해석하여야 한다는 것이다.

(라) 發生要件 物權的 請求權은 物權의 내용이 침해당하거나 또는 침해당할 염려가 있는 경우에 발생하지만, 그 구체적인 發生要件은 각종의 物權에 있어서의 物權的 請求權에 따라 달리한다. 그러므로 이는 각 해당부분에서 설명될 것이고 여기에서는 일반적인 사항만을 적어둔다. 物權을 侵害하거나 侵害할 염려가 있는 사실은 반드시 어떤 者의 故意·過失로 인한 사실일 필요는 없고 그와 같은 客觀的인 상태에만 있으면 족하다. 그러나 한편 物權이 침해당하는 것과 같은 外觀을 지니고 있어도 그것이 正當한 權原에 의한 것인 때에는 物權的 請求權은 발생하지 아니한다. 예컨대, 相隣關係에 의거하여 타인의 土地에 대한 使用權(民 §216)이나 通行權(民 §219)을 가지는 경우에는 使用 또는 通行을 할 수 있는 적극적인 權利를 가지기 때문에 相對方의 物權的 請求權은 성립될 수 없다. 또한 物權的 請求權의 행사가 현저하게 公共의 利益에 반하거나 社會通念上 부당한 부담을 상대방에 부과시키는 경우에는 그 請求權의 행사는 權利濫用이 논의될 여지가 있다. 요컨대, 物權的 請求權의 발생에는 物權者가 침해를 忍容할 의무를 부담하지 않는다는 消極的 要件이 필요한 것이다.[35]

(마) 內容(費用負擔의 問題) 物權的 請求權은 物權이 있어야 할 상태를 회복하기 위하여 相對方의 積極的인 行爲 내지 作爲를 請求하는 것인가, 아니면 請求者가 스스로 행하는 回復行爲를 相對方이 소극적으로 忍容할 것을 請求하는 것이냐가 문제된다. 만약 相對方의 積極的 行爲를 請求하는 것이라면 그것을 위한 費用은 相對方이 부담하게 되므로 이 문제는 物權的 請求權을 行使하는 경우에 그 費用을 어느 쪽에서 부담하느냐라는 것이 된다. 이는 物權的 請求權은 請求者가 자기의 노력과 비용으로 妨害를 排除하는 것을 相對方이 忍容할 것을 청구할 수 있는 權利(忍容請求權)이냐 또는 相對方의 노력과 비용으로 妨害를 排除할 것을 請求할 수 있는 權利(行爲請求權)이냐가 문제된다. 이 문제는 모든 物權的 請求權에 있어서 생기는 문제이다. 이에 관한 學說을 검토하면 다음과 같다.

35) Baur, 81.

(i) 第一說[36)] 物權的 請求權은 근본적으로 目的物의 返還 또는 妨害除去를 청구하는 權利이기 때문에 相對方은 그 책임의 유무를 묻지 않고 그의 費用으로 請求에 응해야 한다는 입장이다. 그러나 이 見解에 의하면 返還請求權과 妨害除去請求權이 競合·衝突하는 경우(예컨대, 장마로 돌담이 무너져서 이웃 土地에 떨어진 경우에는 돌담의 所有者는 返還請求權을 가지며 土地의 所有者는 妨害除去請求權을 가지게 된다)에 어느 쪽이든지 먼저 請求權을 행사한 者(原告)가 相對方에게 費用을 부담시킬 수 있다는 불합리한 결과가 된다.

(ii) 第二說[37)] 이 견해는 第1說의 불합리를 제거하기 위하여 원칙적으로 第1說의 입장을 취하면서도 返還請求의 경우에 한해서는 예외를 인정하고자 하는 修正說이다. 즉 返還請求의 相對方인 현재의 占有者가 자기의 意思로써 占有를 취득하지 않은 경우(예컨대, 前例에서 돌담을 자기의 意思로 取得하지 아니한 土地所有者)에는 費用을 부담케 하는 것이 公平하지 아니하고, 뿐만 아니라 이러한 경우에는 그 相對方은 物權者가 자기의 物件을 가져가는 것을 忍容하는 것만으로서도 物權者의 목적을 달성할 수 있기 때문에 이 경우에는 예외적으로 物權者는 相對方에 대하여 忍容만 청구할 수 있는 데 그치는 것으로 해석하여야 한다는 것이다. 그러나 이 見解에는 返還請求와 妨害除去請求를 구별하여 다루어야 할 合理的인 근거가 없고 또한 妨害除去請求의 상대방인 物件의 所有者(前例에서 돌담의 所有者)에게는 언제나 費用을 부담케 하는 것이 되어 부당하다는 것이다.

(iii) 第三說[38)] 이는 妨害狀態가 相對方의 歸責事由로 인한 것인가의 여부에 따라 구별하자는 입장이다. 즉 妨害狀態가 相對方의 歸責事由로 인한 경우에는 相對方에 대하여 적극적인 排除行爲, 따라서 그 費用負擔도 청구할 수 있으나, 그렇지 않은 경우(天災 또는 제3자의 行爲로 인한 경우)에는 物權者 자신이 그 排除를 하는 것을 相對方에 대하여 忍容하도록 하는 데 그치고 그 費用도 物權者가 부담하여야 한다는 것이다.

(iv) 第四說[39)] 이는 第3說의 物權的 請求權의 理論的 要請에 따른 것이기는 하지만 실제적인 문제로서 物權者를 불리하게 한다는 비판에 선 입장이다. 이는 物權的 請求權은 客觀的 違法狀態를 배제하기 위하여 相對方에 대하여 忍容을 請求할 수 있는 權利이긴 하지만, 費用負擔의 문제는 不法行爲·契約法 기타의 責任原理에 의하여 결정되어야 한다는 것이다. 그리하여 當

36) 金基善, 43.
37) 金曾漢, 212; 方順元, 108; 黃迪仁, 31-3.
38) 郭潤直, 44; 金顯泰, 265.
39) 金容漢, 54.

事者 一方에게 歸責事由가 있는 경우에는 그 當事者가 비용을 부담함으로써 적극적으로 방해를 除去할 義務가 있고 兩當事者 모두에게 歸責事由가 없는 경우에는 그 費用은 公平의 原理에 비추어 共同負擔으로 하는 것이 타당하다는 것이다. 그러나 이에 대하여는 公平만을 내세워 費用을 共同負擔시킨다는 것은 理論的으로 근거가 약하다는 비판이 있다.[40][41]

8. 物權의 種類

이에 대하여 民 §185 참조.

Ⅱ. 物權變動論

1. 物權變動의 意義

物權變動이란 物權의 發生·變更·消滅을 말한다. 이를 物權의 주체를 중심으로 하여서 말한다면 物權의 得失(取得·喪失)과 變更을 말한다. 이를 分說하면 다음과 같다.

(1) 物權의 發生

物權의 발생에는 絶對的 發生과 相對的 發生이 있다. 前者는 이 社會에 새로운 物權이 하나 새로이 발생하는 것이며, 主體를 중심으로 하여 말하면 原始取得에 해당한다. 後者는 기존의 物權이 承繼되어 어떤 主體에게 權利가 생기는 것, 즉 承繼取得을 말하며 이를 다시 移轉的 承繼와 設定的 承繼로 나눌 수 있다. 移轉的 承繼란 賣買·相續 등에 의한 取得과 같이 前主가 갖는 物權이 그대로 승계되는 것을 말하고, 그 중 意思에 기한 것을 讓渡라 한다. 또한 設定的 承繼란 地上權이나 抵當權 등을 設定받는 것과 같이 前主가 갖는 權利內容의 일부를 承繼하는 것을 말한다(地上權의 取得은 所有權의 내용인 使用價値支配權能의 일부를 讓受하는 것이고, 抵當權의 取得은 所有權의 내용인 交換價値支配權能의 일부 또는 전부를 讓受하는 것이다).

---

40) 日注民(6), 72; 張庚鶴, 134.

41) 그 밖에 物權的 請求權은 物權의 一作用일 뿐으로서 物件에 대한 追及權이지 사람에 대한 權利는 아니라는 기본입장에서, 물권적 청구권은 物權者가 物權의 회복을 위하여 相對方에게 忍容할 것은 請求할 수 있는 權利에 지나지 않으며, 따라서 費用은 物權的 請求權者가 부담한다는 學說도 있다. 日注民(6), 760.

(2) **物權의 消滅**

物權의 소멸에는 絶對的 消滅과 相對的 消滅이 있다. 前者는 이 社會에서 하나의 物權이 없어지는 것으로서 目的物의 滅失·物權의 拋棄·物權의 混同 등이 이에 해당한다. 後者는 物權 그 자체는 존속하지만 物權이 타인에게 承繼됨으로써 종래의 主體가 物權을 잃는 것을 말한다. 移轉的 承繼를 前主의 입장에서 본 것이다.

(3) **物權의 變更**

主體의 변경은 物權의 移轉으로 파악되므로 이를 除外하고 그 밖에 物權의 內容 또는 作用이 변화하는 것을 말한다. 目的物의 增減·抵當權에 있어서의 被擔保債權의 利率의 變更 등이 이에 속한다.

2. 物權變動의 種類

(1) 變動하는 物權이 不動產物權이냐 動產物權이냐에 따라서 物權變動은 不動產物權의 변동과 動產物權의 변동으로 나눌 수 있다. 원래 不動產과 動產은 그 本質的 性格과 社會에서 담당하는 機能 내지 作用에 있어서 차이가 있다. 不動產은 動產에 비하여 去來가 빈번하지 아니하고 社會에서 담당하는 機能이 훨씬 중요하다. 이 때문에 우리 民法은 動的狀態인 不動產物權去來와 動產物權去來를 구별하고 전자를 후자보다 신중히 다루고 民 §186 내지 §190에서 不動產과 動產을 각 구분하여 그 去來關係를 규율하고 있으며, 그 중 가장 중요한 내용이 公示方法의 차이이다. 그러나 靜的狀態에 있어서의 不動產物權과 動產物權, 즉 그 權利의 내용에 있어서는 아무런 차이를 보이지 아니하며 民法은 이를 함께 규정하고 있다.

(2) 物權變動은 그 변동되는 物權을 기준으로 할 때 所有權의 변동과 制限物權의 변동으로 나눌 수 있다. 物權 중에서 所有權이 가장 완전한 物權이고 따라서 所有權의 변동에 관한 理論이 制限物權의 변동에 관한 理論보다도 훨씬 중요하다고 할 수 있다. 立法例에 따라서는 不動產所有權의 變動에 관하여는 여러 신중한 규정을 따로두어 취급하는 것도 있지만(獨民 §§ 313, 925A), 그러나 우리 民法은 兩者 사이에 어떠한 차이를 두고 있지 아니하다.

(3) 物權變動은 그 원인되는 法律要件에 기하여 그의 法律效果로서 발생한다. 法律效果의 발생에 필요한 法律要件에 따라 物權變動의 종류를 分說하면 다음과 같다.

(가) 絶對的 變動의 原因　　絶對的 發生原因으로서는 所有權의 原始取得, 즉 取得時效(民 §245 이하)·無主物先占(民 §252)·遺失物習得(民 §253)·埋藏物發見(民 §254)·添附(民 §256 이하) 등이 있다. 絶對的 消滅原因으로서는 목적물의 滅失·所有權의 抛棄 등이 있다. 그 밖에 所有權 이외의 物權의 消滅時效(民 §162), 所有權의 取得時效의 反射的 效果로서의 舊所有者의 所有權의 消滅 등도 이에 속한다. 絶對的 變更原因으로서는 목적물의 增減이 있다.

(나) 相對的 變動의 原因　　相對的 發生(取得) 및 消滅(喪失)의 원인으로서는 法律行爲에 의한 物權變動, 예컨대 所有權讓渡契約·制限物權設定契約·制限物權의 抛棄 등이 있고, 그 밖에 法律行爲에 의하지 아니한 경우로서 相續 등이 있다. 위에 본 物權變動原因을 두 가지로 나눈다면 그것은 當事者의 의사에 기하여 일어나는 物權變動과 그러한 意思와 관계없이 주로 法律의 規定에 의하여 일어나는 物權變動이 된다. 前者를 일반적으로 「法律行爲에 의한 物權變動」, 後者를 「法律行爲에 의하지 않는 物權變動」 또는 「法律의 規定에 의한 物權變動」이라고 부른다.

3. 物權變動과 公示

(1) 物權公示의 必要

物權에는 排他性이 있기 때문에 어떤 物件 위에 하나의 物權이 성립하면 그것과 兩立할 수 없는 내용을 가진 物權은 성립할 수가 없다. 그러므로 어떤 物件을 取得하거나 그 위에 抵當權을 設定하거나 그 밖에 物權變動의 當事者가 되고자 하는 者는 그 變動을 원하는 物權의 성립을 방해하는 物權이나 物的支配가 이미 성립되어 있는 지를 알아야 할 필요가 있다. 그런데 近代法에 있어서 物權은 觀念性을 띠어 그 物件에 대한 現實的 支配를 반드시 수반하지 아니하므로 위의 필요에 따른 판단은 용이하지 아니하다. 그래서 어떤 物件 위에 누구가 어떠한 내용의 物權을 갖고 있는가를 外部에서 認識할 수 있는 일정한 表象·表識에 의하여 公示하는 것이 필요하다. 近代法은 이러한 요청에 따라 物權去來를 보호하기 위하여 物權公示制度·公示方法을 정하였는바, 일반적으로 不動産物權에 관하여는 登記, 動産物權에 관하여는 占有를 그 公示方法으로 인정하고 있다. 判例는 또한 본래 土地의 일부인 樹木의 集團이나 未分離果實 등에 관하여 慣習的으로 성립한 明認方法을 公示方法으로 인정하고 있다.

(2) **不動產物權의 公示方法**

不動產物權을 公示하는 제도는 登記이다. 登記는 不動產에 관한 物權狀態를 登記簿라는 公簿에 記載하여 公示하는 것이다. 公示方法으로서의 登記制度는 近代社會 내지 近代法의 소산이며 抵當權制度의 발달과 밀접한 관련을 맺고 있다. 즉 近代社會의 초기에 農業金融을 위한 土地抵當이 사회적으로 강하게 요구되었는데, 設定者가 스스로 不動產을 利用·占有하면서 이를 擔保로 제공하는 抵當權에 있어서는 그 公示를 公簿에의 記載에 의할 수밖에 없었다. 그런데 다른 한편 近代國家의 발전의 기초가 된 地稅制度는 地籍·土地臺帳의 정비를 완성시켰다. 그러므로 정확한 地籍을 전제로 하여서만 성립할 수 있는 登記制度는 그 성립이 가능하게 되었다. 즉 土地抵當에 대한 社會的 要求와 土地物權을 公簿에 登記할 수 있는 가능성이 결합하여 抵當權公示를 위한 登記制度가 창설되기에 이르고, 이것이 더 나아가 不動產所有權이나 그 밖의 物權의 公示에로 확장되기에 이른 것이다.[42] 우리 나라에서는 日本을 통한 大陸法의 繼受로 舊韓國時代의 不動產證明制度를 근대적 등기제도로 대체하여 현재 상당히 정비된 登記制度를 갖고 있다.

(3) **動產物權의 公示方法**

古代로부터 引渡, 즉 占有의 移轉이 物權移轉의 表象으로서 이용되어 왔지만, 近代 이전에 있어서의 引渡의 성격은 현재와 같이 物權去來의 安全을 보장하기 위하여 제3자에 대하여 物權의 상태를 公示하는 것을 主眼으로 한 것인지는 의심스럽고, 오히려 證據制度 내지 裁判制度가 불비한 까닭에 當事者間에 실제로 物權變動이 있었는지 여부를 引渡라는 外形的 事實로서 명확히 하려는 데, 그 목적이 있었던 것으로 생각된다. 그러므로 현실의 引渡가 필연적으로 요구될 것이지만 차츰 社會가 확대되고 物件의 去來가 많아짐에 따라 現實의 引渡로써 當事者間의 去來行爲의 성립을 명확히 할 수는 없게 되고, 현실의 引渡를 요구하는 것은 오히려 절차를 번잡하게 하는 것으로 인식되기에 이르렀다. 여기서 物件의 현재의 占有狀態를 그대로 두고 意思表示만으로 행하는 간편한 引渡方法이 인정되게 되었다.

動產 위의 權利關係를 公示해서 物權去來의 안전을 보장하기 위하여 不動產의 경우처럼 公簿에 記載(登記·登錄)하는 것은 불가능하므로 占有, 즉 現實의 支配를 公示方法으로 하는 수밖에 없다. 그러나 위에 본 바와 같이 占有, 즉

42) 日注民(6), 20.

현실의 引渡조차도 去來의 障害가 되고 그에 따라 다른 引渡方法이 고안됨에 따라 占有는 公示方法으로 더욱 불완전한 것이 되어 있다. 물론 動產이라도 특수한 것(船舶·自動車·航空機·重機 등)은 公簿에의 등록으로서 그 公示方法을 삼고 있다.

4. 公示의 原則과 公信의 原則

(1) 公示의 原則(Grundsatz der Offenkundigkeit)

物權變動은 언제나 외부에서 인식할 수 있는 表象, 즉 公示方法을 수반하여야 한다는 原則이다. 이는 當事者間에 權利變動에 관한 意思의 합치가 있었다 하더라도 公示方法이 갖추어지지 아니하면 物權變動의 효과가 否認된다는 원칙이며, 去來의 안전을 위하여 인정되는 것이다. 이 公示의 原則은 두 가지 방향으로 실현될 수 있다. 하나는 公示方法을 갖추지 아니하면 제3자에 대한 관계에 있어서는 물론이며, 當事者 사이에서도 物權變動은 생기지 않는 것으로 하는 것이고(成立要件主義), 다른 하나는 當事者 사이에서는 物權變動이 일어나지만 公示方法을 갖추지 않는 한, 그 物權變動을 제3자에게 대항하지 못하는 것으로 하는 것(對抗要件主義)이다. 우리의 현행 民法과 獨逸民法은 前者의 主義를 취하고 있고 佛蘭西民法과 日本民法은 後者의 主義를 따르고 있다.

不動產物權은 登記라는 완비된 公示方法 때문에 公示의 원칙은 거의 완전히 그 기능을 다하고 있으나, 動產物權은 그 公示方法인 占有의 移轉(引渡)이 公示로서 대단히 불완전하기 때문에 公示의 원칙은 거의 그 기능을 발휘하지 못하고 있다. 그럼에도 불구하고 動產物權의 거래가 안전하게 행하여지는 것은 주로 다음에 보는 公信의 原則에 의한 것이다. 이와 같이 일반적으로 公示의 原則이 그 기능을 잃고 있는 動產物權에 관하여 특히 公示의 原則을 관철하는 방법으로서 現行法이 이용하는 제도에는 다음과 같은 두 가지가 있다. 그 하나는 일정한 商品上의 權利를 證券化하여 그 證券의 背書·交付로써 公示方法으로 하는 것이고(商法이 규율하는 貨物相換證·船荷證券·倉庫證券 등), 다른 하나는 특수한 動產物權에 관하여 公的帳簿에 의한 公示, 즉 登記·登錄을 인정하는 것이다(船舶·自動車·航空機 등).

(2) 公信의 原則(Grundsatz des öffentlichen Glaubens)

현재의 權利狀態로서 公示된 바가 실제로는 사실과 달라 그러한 權利가 존재하지 아니한 경우 그 公示를 신뢰하여 거래한 當事者를 위하여 그 公示된 대로의 權利가 존재하는 것으로 다룬다는 것이 公信의 原則이다. 公示의 原則이 관철되어 있으면 動產의 占有者는 그 物件에 관하여 物權을 가지는 것으로

推定되고 登記된 權利는 존재하고 抹消된 權利는 消滅하였다고 推定될 것이지만, 만약 登記 또는 占有와 진정한 權利關係가 符合하지 아니하여 그것을 信賴하고 去來한 者가 보호받지 못한다면 物權去來의 안전과 신속을 害하는 결과가 된다. 이를 구제하려는 것이 이 原則의 목적이다.

이 原則을 인정하면 物權去來의 안전은 보호되지만, 그 반면에 眞正한 權利者는 그 權利를 침해당하게 된다. 즉 靜的安全을 희생하여 動的安全을 보호하는 결과가 된다. 따라서 公信의 原則은 動的安全·靜的安全의 어느 쪽을 보호하여야 할 것인가를 비교·검토하여 前者가 중요시되는 경우에 한하여 인정하여야 하는 소위 立法政策決定에 속하는 사항이다. 動産과 같이 去來가 빈번하고 그의 원활한 流通에 全社會經濟가 의존하고 있는 것과 같은 것은 公信의 原則을 채용하는 것이 절대 필요하겠지만, 去來가 빈번하지 아니하고 眞正한 權利關係에 부합하는지 여부를 조사하는 것이 반드시 어렵지만은 아니한 不動産에 관하여는 公信의 原則을 채용하는 것에 신중을 기하지 아니할 수 없다. 물론 不動産에 관하여도 公信의 原則을 인정하여 去來의 安全과 迅速을 도모하는 것이 이상적이기는 하나, 이를 위하여는 登記簿와 眞正한 權利關係가 합치하도록 制度가 완비됨이 선행되어야 한다. 그러므로 그 채용여부는 각국의 형편에 따라 다를 수밖에 없다. 獨逸民法은 動産·不動産에 관하여 모두 이 原則을 채용하고 있지만 佛蘭西民法에서는 不動産에 관하여는 채용하지 아니하고 動産에 관하여서만 인정한다. 우리 나라의 현행 民法도 舊民法과 마찬가지로 佛蘭西民法의 태도에 따르고 있다.

5. 物權變動에 관한 立法例

物權行爲는 物權의 변동을 목적으로 法律行爲이지만 그 物權行爲, 즉 當事者의 意思表示만으로 物權變動이 일어나는 것으로 할 것인가 또는 그 밖에 다른 요소, 즉 不動産에 관하여는 登記, 動産에 관하여는 引渡라는 公示方法을 갖춘 때에 비로소 物權變動이 일어나는 것으로 할 것인가는 立法政策의 문제이다.

이에 관한 立法主義는 크게 佛蘭西가 취하는 對抗要件主義(意思主義)와 獨逸이 취하는 成立要件主義(形式主義)로 나눌 수 있으며, 그 밖의 많은 나라도 부분적인 차이를 보이면서도 대체로 위 兩者 가운데 어느 한쪽을 따르고 있다. 이들을 순차로 살피기에 앞서 近代 이전의 法制에서의 이 문제를 먼저 보기로 한다.

(1) **近代 以前의 法制**

로마法은 所有權의 移轉에 있어서 엄격한 方式을 요구하였다. 즉 動產·不動產을 막론하고 所有權의 이전에는 當事者의 단순한 合意뿐만 아니라 mancipatio(握手行爲) 등과 같은 특수한 形式이 요구되었다. 이러한 요구가 다소 완화된 Iustinianus大帝 이후에도 traditio(占有의 引渡)가 所有權의 移轉을 위하여 요구되었고, 이것이 物權變動에 있어서의 公示方法으로 기능하였다. 그러나 로마法에 있어서도 후기에 이르자 去來實情上 현실의 引渡가 불편함을 느끼게 되고 目的物에 대한 현실의 引渡가 따르지 않는 占有改定이나 簡易引渡 등에 의한 traditio가 등장하게 된다.

한편 게르만法에 있어서 不動產物權의 移轉에 物權讓渡契約인 Sala와 그 履行行爲로서 讓受人으로 하여금 Gewere를 취득케 하는 Investitura가 요구되었다. 그러나 現實的 履行行爲인 Investitura의 불편함이 인식되자 그에 갈음하여 象徵的 Investitura, 즉 讓渡人의 引渡約束(Se exitum dicere)이나 占有拋棄行爲(Verlassung)가 행하여졌고, 여기서 이른바 Auflassung이 나타난다. 이 象徵的 Investitura로서의 Auflassung에 의하여 讓受人은 단지 觀念的인 Gewere를 취득한다.

이는 곧 抽象的·觀念的인 所有權 내지 物權制度의 확립을 의미하며 또한 物權變動에 있어서의 公示方法의 形骸化를 의미한다. 그 결과 18세기의 個人主義思想에 입각하여 국민의 私生活에 있어서 國家의 介入·關與를 기피하였던 佛蘭西에서는 意思表示만으로 物權變動이 일어나고 그 밖에 公示方法을 필요로 하지 않는 立法主義를 취하게 되었다. 이에 반하여 그 후에 성립한 獨逸民法은 다시 公示方法을 物權變動의 요건으로 하여 物權行爲와 登記 또는 引渡가 있어야만 物權變動이 일어나는 것으로 하였다. 이는 當事者의 意思表示와 근대법의 所產인 公示制度, 특히 不動產登記制度를 결부시킴으로써 法律關係를 명확하게 하고 去來의 安全을 확보하려는 데 있었다.

(2) **對抗要件主義**(佛法主義, 意思主義)

物權變動은 당사자의 意思表示만으로서 발생하고 그 밖에 어떠한 公示方法도 필요로 하지 않는 것으로 하는 立法主義이다. 佛蘭西民法이 이 입장을 취하고 있기 때문에 佛法主義라고 한다.[43] 佛蘭西民法의 規定에 의하면, 所有權

43) 日本, 벨기에, 룩셈부르크, 덴마크가 佛法主義를 따르고 있다. 伊太利 및 스페인도 기본적으로 佛法主義를 취하고 있으나 抵當權에 관하여는 公示方法을 갖추어야 그 效力이

은 「債權의 效力으로서」(par l'effet des obligations) 移轉한다고 하고(§ 711) 物件을 引渡하여야 할 債務도 「當事者의 合意만에 의하여」(par le seul consentement des parties contractantes) 완성되어 債權者를 所有者로 만든다는 것이다(§ 1138). 즉 物權變動을 일으키는 의사표시는 채권을 발생시키는 意思表示와 구별되지 않으며, 하나의 法律行爲로서 채권의 발생과 물권변동의 兩者를 모두 일어나게 한다. 그러므로 물권행위의 獨自性이 인정되지 아니하며, 物權行爲의 效力이 原因行爲에 의하여 어떤 영향을 받느냐 안 받느냐의 문제(物權行爲의 無因性)도 일어나지 않는다. 그런데 이와 같이 物權變動이 당사자의 意思表示만으로 생기면 제 3 자에게 損害를 줄 염려가 있게 되므로 去來의 安全을 위하여, 動産物權에 관하여는 公信의 原則에 의하여 보호하고(佛民 §§ 2279, 1141), 不動産物權에 관하여는 公示方法(抵當權과 優先特權에 관하여는 inscription, 기타의 物權에 관하여는 publicité)을 갖추어야만 그 變動을 가지고 제 3 자에게 對抗할 수 있는 것으로 하고 있다. 따라서 不動産物權變動에 있어서 그 法律關係가 당사자 사이의 法律關係와 제 3 자에 대한 法律關係로 분열하는 문제가 생긴다.

(3) 成立要件主義(獨法主義, 形式主義)

物權變動은 당사자의 意思表示 이외에 登記 또는 引渡라는 公示方法을 갖추어야만 비로소 物權變動이 일어나는 것으로 하는 立法主義이다. 獨逸民法이 이 입장을 취하고 있기 때문에 獨法主義라고도 한다.[44] 獨逸民法의 規定에 의하면 물권변동은 物權變動을 목적으로 하는 意思表示인 物權行爲(不動産所有權移轉의 경우에는 Auflassung이라고 하고 그 밖의 경우에는 Einigung이라고 하며, 이들은 債權만을 발생케 하는 原因行爲인 債權行爲와는 구별된다) 외에, 不動産物權에 관하여는 登記(Eintragung)(§§ 873, 928)를, 動産物權에 관하여는 引渡(Übertragung)(§§ 929-931, 1032, 1205, 1206)를 하여야만 일어나게 된다. 物權行爲와 債權을 발생케 하는 원인행위인 債權行爲는 區別・分離되어 있으며, 따라서 그것은 따로이 행하여야만 한다고 한다(物權行爲의 獨自性). 그리고 物權行爲의 독자성이 인정되므로 物權行爲의 效力은 비록 그 原因行爲인 채권행위가 無效이거나 失效하더라도 영향을 받지 않는다고 한다(物權行爲의 無因性). 이와 같은 成立要件主義 내지 獨法主義에 있어서는 物權變動은 公示方法이 갖추어져야 일어나므로 對抗要件主義 내지 佛法主義에 있어서와 같이 物權變動의 효과가 당사자 사이와 제 3 자에 대한 關係에서 분열되는 결과

생기도록 한 점에서 차이가 있다. Wilhelm Löscher, Grunduchrecht, 12.

44) 우리 나라, 墺地利, 瑞西가 獨法主義를 따르고 있다. 네덜란드는 佛蘭西法의 영향을 강력히 받고 있지만 物權變動에 관하여는 登記를 요하도록 하고 있다. Wilhelm Löscher, Grundbuchrecht, 13.

는 생기지 아니한다.

(4) 이상과 같은 두 立法主義 가운데 어느 것이 더 우수한 것인가가 논의된다. 不動產物權에 관하여는 당사자의 意思表示가 있은 후 登記가 있기 까지의 사이에 物權變動의 效力이 당사자 사이와 제3자와의 관계에서 분열되는 佛法主義보다는 法律關係가 그와 같이 분열되지 않고 일원화되어 복잡한 문제가 생길 여지가 없어 法律關係가 명확하고, 따라서 去來의 安全을 도모할 수 있는 獨法主義가 더 우수하다.[45] 그러나 社會一般의 관행이 登記를 등한히 하는 경우에는 當事者가 꾀한 法律效果와 法律上 인정되는 法律效果 사이에 많은 거리가 생길 염려가 있음을 부정할 수 없다.[46]

한편 動產物權變動에 관하여는 「引渡」가 公示方法으로서 극히 불완전한 것이라는 점을 생각하면 引渡를 動產物權變動의 成立要件으로 하지 않음은 물론 對抗要件으로도 하지 않은 佛蘭西民法의 立法例가 현명한 것이라고 한다.[47]

Ⅲ. 物權行爲(Das dingliche Rechtsgeschäft)

1. 序

어떤 法律關係의 변동은 利害當事者의 法律行爲가 전제되어 이루어짐은 당연하다. 物權關係의 변동의 경우도 마찬가지이다. 이와 같은 物權關係의 變動을 목적으로 하는 法律行爲를 가르켜 物權行爲라 한다. 物權行爲는 債權·債務를 발생시키는 法律行爲인 債權行爲에 대립하는 개념이다. 債權行爲와 物權行爲는 무엇보다도 그것에 의하여 발생하는 法律效果에 있어서도 다르지만 債權行爲에 있어서는 그 발생한 債務의 履行이라는 문제가 남지만 物權行爲에 의해서는 별다른 義務의 履行이라는 문제가 남지 않는다는 점에서 크게 다르다.

物權行爲에 관하여, 특히 債權行爲에 관련하여, 종래 문제되는 바는 다음과 같은 점이다.

첫째, 物權行爲와 債權行爲는 논리상·실제상 서로 구별되는 개념이지만 法律이 兩者를 따로 구별하여 규정하고 있지는 않다. 그러므로 物權行爲의 成立과 效力 등을 어떤 규정을 토대로 하여 판단한 것인가가 문제된다. 즉 法律

45) 郭潤直, 69.
46) 金容漢, 69.
47) 郭潤直, 69.

行爲에 관한 總則編이나 契約에 관한 債權編의 규정이 준용되는가가 문제된다.

둘째, 物權行爲는 관념상으로 그 原因(Causa)이 되는 債權行爲의 존재를 전제로 하여 행하여지는 것으로서 양자가 별개의 행위이지만, 物權行爲는 債權行爲와 현실적으로도 별개의 행위로서 행해져야 하는가가 문제된다(소위 物權行爲의 獨自性의 문제). 또한 物權行爲는 대부분의 경우 債權行爲의 履行으로 행해지는 경우가 많다. 누구도 아무런 原因이나 動機가 없이 物權行爲를 하지 않을 것이기 때문이다. 여기에서 物權行爲가 債權行爲의 성립·효력에 의존하는 관계에 서는가 여부가 문제된다(소위 物權行爲의 無因性의 문제).

셋째, 우리 民法은 成立要件主義를 채용하고 있으므로 法律行爲에 의한 物權變動은 그것을 목적으로 하는 法律行爲, 즉 物權行爲와 登記 또는 引渡라는 公示方法의 두 가지를 갖추는 때에 일어나게 된다. 여기서 物權行爲와 公示方法은 서로 어떤 관계에 있는 것으로 보느냐가 문제된다.[48] 이상의 문제들을 차례로 살펴본다.

그리고 物權行爲도 그 요소인 意思表示의 모습에 따라서 單獨行爲와 契約行爲로 구분할 수 있음은 당연하다. 특히 物權에 관한 契約行爲를 債權契約과 구별하기 위하여 物權的 合意라고 주로 사용된다. 그리고 物權的 單獨行爲에도 상대방이 있는 것과 없는 것이 있다. 制限物權의 拋棄는 전자의 예이고, 所有權의 拋棄는 후자의 예이다.

2. 適用法規

(1) 物權行爲도 法律行爲이므로 民法 總則編의 법률행위에 관한 規定이 모두 이에 적용된다. 즉 당사자의 權利能力과 行爲能力·意思表示·代理·無效와 取消·條件과 期限 등에 관한 규정은 물론 法律行爲의 成立과 解釋, 法規違反法律行爲의 效力에 관한 民法 總則編의 基本原理들이 모두 物權行爲에도 適用이 있다.[49] 주의할 점을 살펴본다.

㈎ 立法例에 따라서는 物權行爲의 종류에 따라서 特定方式을 요구하는 것이 있다. 獨逸民法의 경우 통상의 物權行爲(Einigung)에 관하여 특별한 방식

48) 物權行爲와 公示方法의 관계는 物權變動에 관한 立法主義, 즉 成立要件主義와 對抗要件主義의 차원의 문제로도 논의될 수 있다. 그러나 이는 Ⅱ.5.에서 설명하였다.

49) 信義誠實의 原則(§2)이 物權行爲에 적용됨은 물론이나, 善良한 風俗 기타 社會秩序(§103)나 暴利行爲(§104)에 관한 규정이 物權行爲에도 적용되는지에 대하여는 다툼이 있다. 이에 관하여는 後述 4.(物權行爲의 無因性)(3)㈐(6) 참조.

을 규정하고 있지 않으나, 不動産所有權移轉의 合意만은 일정한 방식에 따라 행할 것을 요구하고 있다. 그리고 이 「不動産所有權移轉의 合意」만은 이를 Eingung이라고 부르지 않고 Auflassung이라 한다. 즉 同法 §925에 의하면 Auflassung은 雙方 當事者가 동시에 公證人 앞에 나아가서 행하여야 한다. 또한 Auflassung은 法院에서 裁判上 和解의 방법으로도 행하여질 수 있다. 우리 民法은 특정한 方式에 의한 物權行爲를 알지 못한다. 즉 無方式으로 행하여지며 默示的으로도 행하여질 수 있다.

(나) 立法例에 따라서는 일정한 物權行爲에 條件이나 期限을 붙이는 것을 禁하는 것이 있다. 獨逸民法의 Auflassung의 경우가 이에 해당한다(§925 II). 이는 不動産의 所有者를 언제나 명백히 해두기 위함이다. 그러나 우리 民法에는 그러한 特別規定이 없으므로 모든 物權行爲에는 條件과 期限을 붙이는 것이 허용된다.

(다) 代理에 관한 규정은 物權行爲에도 적용된다. 그러나 占有의 移轉, 즉 引渡는 事實行爲이고 意思表示가 아니므로 代理가 있을 수 없다. 즉 動産讓渡나 質權設定을 위한 物權行爲를 代理한 者가 引渡까지 받는다 하더라도 그 引渡에 관하여는 단순한 占有補助者 또는 占有媒介者로서 관여할 뿐, 本人은 이들을 통해서 占有를 取得 또는 移轉하는 것으로 해석할 것이다.[50] 그러나 이에 반하여 현실의 引渡가 아닌 簡易引渡·占有改定·目的物의 返還請求權의 讓渡에 의한 引渡는 意思表示에 의하여 占有移轉의 효력이 발생하므로 이러한 경우에는 代理人에 의한 占有移轉이 가능하다는 견해도 있다.[51] 登記申請行爲는 私法上의 法律行爲가 아니므로 民法의 代理의 규정이 막바로 적용되는 것은 아닐 것이나, 不動産登記法이 代理人에 의한 登記申請을 明文의 규정으로 인정하고 있다(不登 §28).

(라) 權利能力을 가진 者는 모두 物權을 取得할 수 있다 할 것이나 경우에 따라서는 그 權利를 保有하는 것이 禁止되기도 한다(外土 §§2, 5). 또한 物權行爲는 處分行爲이고 그것이 有效하기 위하여서는 處分權限이 있어야 한다. 그러므로 處分權限이 없는 者가 타인의 物件을 처분하여도 그 處分行爲는 無效라고 하여야 한다. 그러나 이러한 경우라도 處分權者가 사후에 追認하면 그 處分行爲는 行爲時에 遡及하여 有效한 것으로 된다고 해석할 것이다. 獨民 §185는 이

50) 郭潤直, 59.
51) 方順元, 總則, 226; 李英俊, 86.

를 규정하고 있다. 그리고 物權者라 하더라도 當該物權을 處分하는 것이 制限된 者가 있다. 예컨대, 破産者(破 §7), 抵當權을 설정한 地上權者나 傳貰權者가 이에 속한다. 이 경우에는 事後追認이 운위될 여지가 없다.

(마) 債權은 履行期에 있어서의 給付를 내용으로 하므로 債權發生時에 給付의 對象物이 현존하지 아니하여도 履行期에 이행이 가능한 한 債權의 사명에는 부족함이 없다. 따라서 이와 같은 債權의 발생을 목적으로 하는 法律行爲도 有效하다. 이에 반하여 物權은 목적물을 直接支配하는 것을 내용으로 하므로 그 대상이 존재하지 아니하면 支配權의 성립을 인정할 수 없다. 따라서 이와 같은 物權의 設定을 목적으로 하는 法律行爲는 效力을 발생할 수 없다. 目的物이 특정되지 아니하는 경우에도 支配가 성립할 수 없으므로 그 상태에서는 法律行爲는 효력을 발생할 수 없다. 또한 法律上 讓渡 또는 擔保의 提供이 禁止되어 있는 物件에 대하여는 物權의 設定·移轉을 목적으로 하는 法律行爲는 效力을 발생할 수 없다.

(2) 物權行爲는 직접으로 物權變動을 목적으로 한 것이고 履行이라는 문제를 남기지 아니한다. 그러므로 物權行爲에는 원칙적으로 債權編의 규정이 적용될 여지가 없다.[52] 다만 物權行爲 중 物權的 合意는 일종의 契約이라 할 것이어서 債權編의 契約의 成立에 관한 규정이 준용된다. 몇 가지 주의할 점을 든다.

(가) 物權法에서도 일정한 경우에는 債權法에서 다루는 것과 같은 類型의 法律關係가 성립한다. 物權的 請求權의 關係當事者間의 관계 또는 所有權者와 制限物權者間의 관계가 그것이다. 이러한 關係에서는 物權法의 特別規定에 의하여 또는 物權法上의 法律關係라는 特殊性으로 말미암아 그 적용이 특히 排除되는 경우를 除外하고는 債權法의 규정이 적용된다.[53]

(나) 立法例에 따라서는 契約의 請約에 원칙적으로 拘束力을 인정하고(獨民 §145), 物權的 合意에 있어서는 일정한 방식에 의한 경우에만(그것이 公證되거나 登記所에 提出되거나 登記承諾書가 交付된 경우) 拘束力을 인정하고 그 나머지의 경우에는 拘束力을 인정하지 아니하는 별도의 취급을 하고 있다(獨民 §873 II). 그러나 우리 民法은 그러한 구별을 인정하지 아니하므로 物權的 合意에도 民 §527가 준용된다 할 것이다.

(다) 제 3 자를 위한 物權行爲는 有效한가? 民法은 제 3 자를 위한 債權契

52) Baur, 36.
53) Baur, 37. 同書는 그 예로서 §242가 규정하는 信義誠實의 原則을 들고 있다.

約을 인정하고 있는바(§§ 539-42), 이것이 物權行爲에도 적용되는가에 대하여 다툼이 있다. 우리 民法이 物權變動에 관하여 成立要件主義를 취하고 있다는 점을 들어 反對하는 說[54]과 이를 인정함이 타당하다는 說[55]이 있다. 獨逸에 있어서도 이 문제는 심히 다투어지고 있다. 判例는 제3자를 위한 契約에 관한 獨民 §328는 處分行爲에는 적용이 없다는 이유로 그 有效性을 부정하고 있으며,[56] 學說은 전면적으로 有效性을 인정하는 입장(Westermann § 3 Ⅱ 4; Heck § 10, 7 Ⅱ)과 한정적으로만 有效性을 인정하는 입장(Wolf-Raiser § 38 Ⅱ 3)이 있다.[57] 원래 近代民法에서 제3자를 위한 契約이 인정되는 것은 當事者가 제3자의 權利取得을 원하는 意思를 존중하는 이른바 私的自治 때문이다. 民 §539도 이러한 私的自治의 표현이며 이를 굳이 債權契約에 한정할 이유는 없다. 제3자를 위한 物權契約이 社會秩序에 반하거나 제3자의 利益을 해하지 아니하므로 그 效力을 부인할 것은 아니다. 다만 民 §§186, 188 등과의 관계에서 公示方法은 직접 受益者인 제3자에게 갖추어져야 함은 물론이다. 예컨대, 請約者가 要約者와 제3자에게 不動産所有權을 移轉할 것을 약정한 때에는 제3자가 受益의 意思表示를 하고 諾約者와 登記를 共同申請하여 所有權을 이전할 것이며, 諾約者와 제3자 사이의 物權契約은 따로 필요하지 아니하다.[58]

3. 物權行爲의 獨自性

(1) 意 義

物權行爲와 債權行爲는 이론상 별개의 法律行爲이고 관념상으로도 物權行爲는 그 원인이 되는 債權行爲의 존재를 전제로 하여 행하여진다. 그러나 物權行爲와 債權行爲가 현실적으로도 별개의 행위로서 행하여지는 것이 원칙인가 아니면 위 양 행위가 하나의 행위로서 행하여지는 것이 원칙인가 하는 것이 논의된다. 이것이 物權行爲의 獨自性의 문제이다.

이를 肯定하는 것이 物權行爲의 獨自性을 인정하는 견해이며, 否定하는 것은 獨自性을 인정하지 않는 견해라 할 수 있다. 주의할 것은 物權行爲의 독자성을 부정한다고 해서 物權行爲라는 개념 자체를 부정한다든가, 債權行爲를 전

54) 崔栻, 新債權法各論(1961), 120.
55) 金曾漢, 49; 郭潤直, 61; 金容漢, 77.
56) RGZ 66, 99; 124, 221; BGH JZ 1965, 361.
57) Baru, 37.
58) 郭潤直, 61.

제로 하지 않고 物權變動만을 일으키는 法律行爲의 존재를 부정하는 것은 아니며, 또한 債權行爲와는 따로이 뒷날에 다시 履行行爲로서 별개의 독립한 物權行爲가 행하여지는 것을 부인하는 것도 아니다. 한편 獨自性을 인정한다고 해서 債權行爲와 物權行爲가 하나의 행위로 합체되어서 행하여질 수 없다고 하는 것도 아니다. 결국 物權行爲의 獨自性의 문제는 당사자가 債權의 발생뿐만 아니라 物權變動의 效果도 발생시키기를 원하고 있다는 사실은 인정되지만 物權行爲를 뒷날에 따로이 한다는 特約이 따로이 존재하지 않는 경우에, 物權變動은 언제나 처음의 契約과는 따로이 독립한 物權行爲를 하고 公示方法을 갖추는 때에 일어나느냐 또는 처음의 契約 속에 物權行爲는 포함되어 있는 것으로 보아서 公示方法만을 갖추면 일어나느냐가 다투어짐에 따른 것이라 할 수 있다. 우리의 民法體系는 物權行爲와 債權行爲를 준별하면서도 뒤에 살피는 바와 같은 立法例와는 달리 兩者의 관계에 대하여 아무런 규정을 누지 아니할 뿐만 아니라 物權行爲의 性格이나 形式에 관하여 다른 法律行爲와 구별지울 특별한 사항을 법률로서 규정하지 아니하였기 때문에 이 문제가 생기는 것이다.

(2) 外國法에서의 이 문제

(가) 獨　逸　　獨逸에서는 物權行爲의 독자성을 인정하는 것이 通說이다. 그 이유는 獨逸民法은 債權契約을 Vertrag라고 하면서 物權的 合意는 Einigung이라고 불러 用語上 양자를 구별하고 있기 때문이다. Einigung이 행하여지는 時期나 존재여부는 언제나 명확한 것은 아니지만 不動產所有權移轉의 合意인 Auflassung은 兩當事者 또는 그 代理人이 公證人 또는 法院에 출석하여 행하여야 하기 때문에 그 존재와 시기는 늘 뚜렷하다. 그리고 無方式으로 행하여지는 Einigung은 登記에 필요한 書類(Eintragungsbewilligung, 登記承諾書)를 交付하는 때에 있었던 것으로 해석된다.

(나) 瑞　西　　瑞西民法은 物權變動에 관하여는 成立要件主義를 취하고 있으므로 當事者間의 原因契約(Grundgeschäft) 이외에 登記가 있어야 物權變動이 생긴다(§ 656). 이 原因契約에서는 物權變動에 대한 債權的 請求權(Obligatorischer Anspruch)만이 발생한다. 그리고 이 請求權은 獨逸法에서와는 달리 兩當事者의 物權行爲에 의해 이행되는 것이 아니라 讓渡人의 처분에 의해 행해지며 이 처분은 書面에 의한 意思表示(Schriftliche Erklärung)로서 행해진다(瑞民 § 963). 이는 契約行爲가 아닌 單獨行爲인 점과 有因行爲인 점에서 獨逸民法의 Auflassung과 구별된다. 그러므로 이 Erklärung은 實體法上의 處分行爲

(materielle Verfügung)로서의 성질을 갖지만 통상 讓渡人에 의한 登記申請行爲(grunduch-liche Anmeldung)와 결합되어 행해진다고 해석된다. 그러나 위 Erklärung이 Grundgeschäft에 포함되어 행해질 수도 있다.[59] 따라서 瑞西에서는 物權行爲가 獨自性을 갖는다고 단정할 수가 없다. 다만 動産의 경우에는 引渡時 物權行爲가 있는 것으로 해석하므로 그러한 한도에서는 物權行爲의 獨自性을 인정하고 있는 셈이다.[60]

(다) 佛蘭西 物權變動에 관하여 對抗要件主義를 취하는 典型的인 佛蘭西民法에서는 立法的으로 物權行爲의 獨自性을 부정하고 있다. 즉 所有權은 「債權의 效力으로서」(par l'effet des obligations) 取得되고 移轉되므로(佛民 §711) 債權契約이 있으면 物權行爲도 그 속에 포함되는 것으로 보게 된다. 따라서 佛蘭西民法 아래서는 物權行爲의 獨自性을 인정할 여지가 없다.

(라) 日 本 日本民法은 物權變動에 관하여 佛蘭西民法에서와 같이 對抗要件主義를 취하면서도 物權行爲와 그 원인이 되는 債權行爲와의 관계에 대하여 佛蘭西民法과는 달리 아무런 규정도 두지 않고 있기 때문에 학자들 사이에서 物權行爲의 獨自性을 인정하느냐 부정하느냐를 둘러싸고 크게 다투어지고 있다.[61]

(3) 學 說

(가) 우리 民法은 物權變動에 관하여 成立要件主義(獨法主義)를 明定하고 있지만, 獨逸民法과 달라서 債權行爲와 物權行爲의 관계에 관하여는 침묵을 지키고 있기 때문에, 物權行爲의 獨自性을 인정할 것인가에 대하여 學說은 대립하고 있다. 이를 인정하는 見解가 多數이고,[62] 否定하는 見解가 少數이며,[63] 判例는 少數說에 따르고 있다.[64]

이 論議는 佛蘭西民法과 같은 意思主義를 취하면서도 佛蘭西民法과 달리 債權의 效力으로서 物權變動을 가져오는 입장을 취하는 것이 아니라 物權變動

59) Kommentar zum schweizerischen Zivilgesetzbuch Ⅳ. 1, 207.

60) 形式主義를 취하는 墺地利民法(Allgemeines Bürgerliches Gesetzbuch für Österreich)에서도 物權行爲의 獨自性은 立法的으로 부정되고 있다(同法 §§431, 432).

61) 英美法系國家에서는 大陸法系國家에서와 같은 債權行爲와 物權行爲의 槪念 및 物權行爲의 獨自性의 인정에 관한 문제가 꼭 같이 생기는 것은 아니나, 機能的으로 보면 債權行爲와 物權行爲의 개념은 존재하며 物權行爲의 獨自性도 인정된다 할 것이다. 즉 物權變動은 契約締結(Contract)과 讓渡(Conveyance)의 과정을 거쳐 생기고, 兩者는 異時에 별개의 방식으로 행해지기 때문이다.

62) 金曾漢, 57; 金容漢, 85; 金基善, 71; 金顯泰, 57; 黃迪仁, 54.

63) 郭潤直, 83; 李英燮, "物權行爲의 獨自性", 法曹 9-7.

64) 大判 77.5.24, 75다1394(集 25-2, 44).

을 직접의 목적으로 한 意思表示, 즉 債權行爲와 구별된 物權行爲에 의하여 物權變動이 생긴다는 입장을 취하는 日本에서 활발히 행하여졌다. 獨自性을 긍정하는 通說的 입장은 "物權的 意思表示는 항상 債權的 意思表示로부터 독립한 독자의 것으로 不特定物을 대상으로 하는 경우는 물론 特定物의 경우에도 賣買·贈與·交換 등은 항상 債權契約에 머무르고 이것에 의하여 바로 物權變動이 생기는 것은 아니다. 物權은 이러한 契約과는 별도로 物權變動을 직접으로 목적으로 하는 특별한 意思表示에 의하여 변동한다. 그래서 이 意思表示가 언제 존재하는가는 각 경우에 있어서 따져야 할 事實問題이지만 통상은 物件의 引渡나 登記節次開始, 代金支給時에 존재한다고 해석할 수 있다. 그러나 債權契約의 체결과 동시에 當事者가 明示 또는 黙示的으로 物權을 변동시킬 意思를 表示한 때에는 이에 따라 변동하지만 이 경우에도 債權契約 외에 物權的 意思表示가 존재한다고 해석할 필요가 있다"는 것이다.[65] 이에 대한 반대의 입장은 "物權變動을 발생시킬 것을 目的으로 하여 法律行爲가 행해진 경우에는 특별한 반대의 事情이 인정되지 않는 한 그 一個의 행위 속에 債權的 效果의 발생과 동시에 이에 의하여 바로 物權變動까지도 생기게 할 意思가 있다고 해석하여야 한다. 그와 같은 경우에 특별한 物權行爲를 요한다고 해석할 것인지 여부는 法律이 物權變動에 관하여 특별한 公示方法을 필요로 하는지 여부와 분리하여 생각할 수 없는 것인데, 意思主義는 形式主義에 대한 반동으로 생긴 것이고 또한 실제상 公示를 物權變動의 요건으로 하지 않는 意思主義下에서는 특별한 物權行爲를 요구할 필요는 없기 때문"이라는 것이다.[66]

日本의 判例態度는 일관하여 賣買·贈與·交換 등 物權變動을 종국적인 목적으로 하는 契約에 있어서는 當事者間에 物權變動을 위한 또 다른 意思表示를 필요로 한다는 특약이 있으면 그에 따른 것이지만, 그와 같은 특약이 없으면 ① 物權變動이 곧 바로 발생하는 것을 피해야 할 특별한 사정이 없는 한 그 契約의 效力發生과 동시에 物權變動의 효력이 생기며, ② 效果의 卽時發生을 피해야 할 특별한 사정이 있으면 그 사정이 해소된 때에 별도의 새로운 意思表示가 없이 막바로 物權變動이 생긴다고 하고 있다. 즉 判例는 物權變動을 종국의 목적으로 하는 契約에 있어서는 특별한 반대의 사정이 없는 한 그 契約 중에는 이미 無條件的으로(上記의 경우①) 또는 條件的으로(上記의 경우②) 행하여진 物權變

65) 日注民(6), 120.
66) 日注民(6), 120.

動의 意思表示를 포함하고 있어 별도의 독립된 意思表示의 존재를 필요로 하지 않는다고 하여 원칙적으로 物權行爲의 獨自性을 부정하는 태도를 취하고 있다.[67]

日本民法에서는 物權行爲時에 物權變動이 일어나므로 獨自性의 인정의 여부가 物權變動의 시기와 관련하여 중요한 의미를 갖지만 形式主義를 취하는 우리 民法에서는 그렇게 중요한 의미를 갖지 않는다. 그럼에도 불구하고 日本의 영향으로 크게 논란되는 것이다.

(나) 學說의 具體的 檢討 우리 나라의 學說이 物權行爲의 獨自性을 인정하는 근거로 내세우는 바와, 이에 대한 反論들을 차례로 살핀다.

(a) 民法은 物權變動에 관하여 成立要件主義를 취하고 있기 때문에 인정하여야 한다는 견해가 있다. 그러나 이는 부당하다. 物權行爲의 獨自性을 인정할 것인가의 여부는 債權行爲와 物權行爲와의 관계를 어떻게 설정하느냐의 문제이고 物權行爲와 公示方法과의 관계에서 결정되는 문제는 아니기 때문이다.

(b) 民 §186와 §188 I 의 규정상 物權行爲의 獨自性을 인정하고 있음이 명백하다는 견해가 있다. 즉 이들 규정은 모두 物權變動에 관한 것이므로 §186에서 말하는「法律行爲」와 §188 I 에서의「讓渡」는 각각 物權行爲를 가리키는 것으로 보아야 하며, 따라서 이들 條項은 物權行爲의 獨自性을 인정할 것으로 볼 수 있다는 것이다. 그러나 이는 論理의 飛躍으로 부당하다. 民 §186와 §188 I 의「法律行爲」와「讓渡」가 각각 物權行爲를 가르킨다고 보는 것은 옳지만 그렇다고 이로부터 독자성을 인정한 것이라는 결론을 내릴 수 없다. 왜냐하면 이들 條項이나 기타의 어느 條文에도 物權行爲와 債權行爲는 따로이 행하여져야만 한다든가 또는 物權行爲와 합쳐서 행하여져도 상관없다든가에 관하여 규정하고 있지는 않기 때문이다.

(c) 物權行爲의 獨自性을 인정하지 않으면 債權이 발생함과 동시에 履行되는 것이 원칙이라는 결과가 되어 債權의 性質에 반한다는 것이다. 그러나 獨自性을 부인하여 債權行爲 속에 物權行爲도 포함되어 있다고 해석하더라도 그것으로 債權의 履行이 완전히 끝난 것이 되지는 않는다. 왜냐하면 成立要件主義를 취하는 현행 民法下에서는 登記 또는 引渡라는 公示方法을 갖추어야 완전히 履行된 것이 되며, 物權行爲를 한 것만으로는 일부의 履行이 있게 될

67) 日注民(6), 122.

뿐이기 때문이다.

(d) 物權行爲의 無因性을 인정하는 전제로서 獨自性을 인정하여야 한다는 것이다. 이는 登記의 公信力을 인정하지 않는 우리의 法制에 있어서 物權行爲의 無因性을 인정함으로써 去來의 安全을 확보하여야 하며, 이를 위하여 物權行爲의 獨自性을 인정하여야 한다는 것이다. 그러나 物權行爲의 獨自性의 인정여부는 法論理·法體系에 터잡아 판단되어야 할 성질의 것이지 어떤 목적을 위하여 獨自性을 인정하여야 한다는 것은 검토의 순위를 뒤바꾸어 놓은 감이 있다. 뿐만 아니라 物權行爲의 無因性을 인정할 필요가 없다는 입장에 서면 위 주장은 무의미해진다.

(e) 不動產去來에 있어서 代金을 支給하였으나 아직 登記를 하지 않았기 때문에 不動產을 明渡받아 사용하고 있지만 所有權을 취득하지는 못한 者를 보호하기 위하여 獨自性을 인정하자는 견해가 있다. 즉 債權行爲와는 별도로 物權行爲까지 하였지만 아직 登記는 하지 않았을 때에 그 物權的 合意로부터 物權的 期待權이라는 일종의 物權에 가까운 權利가 생긴다고 보고 보호하자는 것이다. 그러나 이는 부당하다. 物權變動에 관하여 成立要件主義를 취하고 있는 우리 民法下에서 當事者內部關係에서의 발전된 관계가 제3자에 대하여 어떠한 차등적 영향을 미친다는 것이 불합리하기 때문이다. 當事者 사이에 債權行爲만 있었든 物權行爲까지 있었든 登記를 하지 않는 한 對外關係에 아무런 영향을 미치지 않는다고 함이 成立要件主義를 채택한 우리 民法의 장점을 살릴 수 있기 때문이다.

(f) 民 §565가 物權行爲의 獨自性을 인정하는 實定法的 根據라는 견해도 있다.[68] 즉 民 §565는 賣買契約時에는 契約金 등을 授受하는데, 이때 當事者는 다른 一方이 履行에 착수할 때까지 賣渡人은 倍額을 상환하고, 買受人은 이를 포기하고서 契約을 解除할 수 있다고 규정하고 있다. 이때 契約金授受를 하면서 이루어지는 賣買契約은 債權行爲이고 바로 履行의 착수라는 것은 物權行爲라고 볼 수 있다는 것이다. 履行의 着手가 있기 전까지는 買受人은 契約金을 포기하고, 賣渡人은 倍額을 상환하고 解約할 수 있는데, 이와 같은 상태에서 賣渡人이 買受人에게 物權의 변동을 목적으로 하는 意思表示를 과연 하겠는가가 의문이기 때문이라는 것이다. 그러나 이는 動產에 비하여 막대한 財產的 價値를 가지는 不動產에 대하여 當事者로 하여금 일정 時期까지 그 契約

68) 黃迪仁, 54-5.

을 존속시킬 것인가를 재고하여 신중한 결정을 하도록 하기 위한 기회를 허용한 것일 뿐으로 해석할 것인지 中途金의 授受 등 履行의 着手가 있을 때 비로소 物權行爲가 있는 것으로 해석할 것은 아니다.[69]

이상에서 검토한 바와 같이 物權行爲의 獨自性을 인정하는 입장이 내세우는 근거는 모두 납득할 만한 것이 되지 못하며, 한편 獨自性을 부정하는 입장이 위와 같이 그 잘못을 지적하였다 하여 적극적 근거를 제시하지 않는 한 그것이 반드시 옳다고 할 수는 없다. 요컨대, 兩者의 대립은 우리 民法이 債權行爲와 物權行爲의 관계를 立法的으로 명백히 해두지 아니한 이상 피할 수 없는 난형난제의 문제라 아니할 수 없다. 그러므로 兩立場은 마지막으로 物權去來의 實情을 두고 대립된다.

(다) 去來의 實情에서 본 이 問題 物權行爲의 獨自性을 인정하는 입장에서는, 不動産去來에 있어서의 우리 나라의 慣行을 생각하면 家屋·土地에 대한 賣買行爲는 단순한 賣買契約의 체결만으로써 곧 所有權이 買受人에게 移轉되는 것이라고 볼 수 없으며, 후일에 賣渡人이 賣買代金의 完給을 받고 賣渡證書를 買受人에게 交付하고 當事者雙方 또는 買受人이 法務士의 事務所에서 一件書類를 구비하여 移轉登記의 신청을 의뢰할 때 비로소 賣渡人은 買受人에게 所有權을 이전한 것으로 의식하고, 買受人은 賣渡人으로부터 所有權을 이전받은 것으로 의식하는 것이 보통이며, 위와 같은 賣渡證書의 交付時 當事者 사이에 物權行爲가 행해졌다고 볼 것이라 하여 일반사회의 法的 意識이 物權行爲의 獨自性을 인정하고 있다고 설명한다.[70]

이에 대한 反對의 입장은, 去來의 實際에 있어서는 債權行爲 외에 物權의 移轉만을 목적으로 하는 意思表示, 즉 物權行爲를 의식해서 따로 행한다는 일은 없다는 것이다. 즉 不動産의 賣買에 있어서 賣買契約과 登記만 하면 그것으로 去來는 끝난 것으로 아는 것이 일반의 관념이며, 그 밖에 賣買契約과 登記와의 중간에 物權行爲를 따로이 하여야 한다고 생각하지 않는 것이 去來의 實情이라는 것이다.[71]

위와 같은 견해의 대립은 去來의 실정을 보는 시각의 차이로서 兩者가 모두 성립할 수 있는 것으로 보인다. 그러나 현행 民法이 舊民法과 달리 物權行爲만으로 物權變動이 생기지 아니하고 登記나 引渡가 있어야 비로소 물권변동이

69) 註釋民法(物權法), 114.
70) 金容漢, 85.
71) 郭潤直, 83.

생기는 것으로 하는 입장을 취하여 物權行爲의 時期가 별다른 意義를 갖지 않는 현재에 있어서는 當事者가 債權行爲와 따로 物權行爲를 의식하여야 한다고 평가하기 보다는 債權行爲時에 物權行爲도 함께 행하여진다고 평가하여야 할 것이다. 物權行爲의 獨自性을 인정하는 입장이 지적하는 바와 같은 賣渡證書의 작성이 꼭 필요한 것이 아니며 또한 賣渡證書의 交付 등의 행위는 物權變動의 요건인 登記를 갖추기 위한 債權行爲에 터잡은 履行行爲로 볼 것이지 그 자체를 物權行爲로 볼 필요는 없다. 登記實務에 있어서 登記原因으로서 債權契約日의 法律行爲를 기재하고(특히 制限物權의 設定에 있어서는 그 設定契約 자체가 바로 登記原因이 되며, 移轉에 있어서의 賣渡證書交付에 유사한 어떠한 행위도 찾아볼 수 없다), 訴訟實務에 있어서도 反對債務의 不履行을 抗辯事由로 삼는 것으로 보아도(즉 賣買契約의 성립만으로 買受人은 所有權移轉登記請求權을 행사할 수 있으며, 다만 賣渡人이 買受人의 代金不支給 등을 抗辯事由로 내세워 이를 阻止할 수 있을 뿐이므로 物權行爲가 따로 행해지는 것으로 볼 수 없다) 그러하다. 더욱이 지금은 賣渡證書가 아닌 檢印契約書를 登記原因을 證明하는 書面으로 하여 登記를 신청할 수밖에 없으므로(不登特措 §3) 賣渡證書의 작성을 들어 物權行爲가 따로 행해지는 것이 去來의 실정이라고 하는 설명은 불가능하게 되었다.

그러므로 많은 경우에 物權行爲는 債權行爲에 따른 義務의 不履行을 解除條件으로 하여 債權行爲와 함께 행하여진다고 볼 것이지 物權行爲가 債權行爲와 독립하여 따로 행해진다고 볼 것이 아니라고 생각된다.

4. 物權行爲의 無因性

(1) 意　義

物權行爲가 그 原因行爲인 債權行爲와 따로 독립해서 행하여진 때에 그 原因行爲인 債權行爲가 존재하지 않거나 무효이거나 取消 또는 解除된 경우에 物權行爲도 무효가 되는가가 문제된다. 物權行爲의 效力은 그 원인인 債權行爲의 不存在·無效·取消·解除 등으로 당연히 그 영향을 받는다고 하는 것이 物權行爲의 有因論이고, 이에 반하여 物權行爲의 效力은 그 原因行爲인 債權行爲의 운명에 의하여 아무런 영향을 받지 않는다고 하는 것이 物權行爲의 無因論(Abstraktheit der dinglichen Rechtsgeschäfte)이다. 예컨대, 甲이 어떤 物件을 乙로부터 贈與받는다는 의사하에 引渡받았음에 반하여 乙은 消費貸借의 목적으로 引渡한 경우 兩者 사이에 所有權移轉에 대한 合意라는 物權行爲는 존재하지만 그 原因關係에 대한 합치된 意思가 없다든가, 限定治産者인 甲이 法定代理人의 同意없이 乙과 어떤 物件에 관하여 賣買契約을 체결하고 그 履行行

爲인 物權行爲는 甲이 能力을 회복한 후에 한 경우 등에 그 不存在하는 債權行爲 또는 取消된 債權行爲가 物權行爲에 어떤 영향을 미치는가? 物權行爲의 無因論의 입장에서는 物權行爲의 效力에 영향이 없으므로 物權變動이 생긴다는 것이고, 物權行爲의 有因論의 입장에서는 物權行爲가 效力에 없으므로 物權變動도 생기지 않는다는 것이다.

즉 앞에서 든 예를 가지고 살피면, 有因論에 의하면 所有權의 變動은 생기지 아니하므로 원래의 所有者는 所有權에 기한 物權的 請求權을 행사하여 相對方으로부터 그 物件을 찾아올 수 있게 되나 無因論에 의하면 원래의 所有者는 不當利得返還請求權을 가지게 될 뿐이다. 따라서 目的物이 아직 相對方의 手中에 있는 한 위의 두 가지 請求權 중 어느 것에 의하여도 目的物을 회수할 수 있어 有因論·無因論의 차이에 따라 結果에 있어서 차이를 보이지 않지만, 目的物이 다시 제3자에게 讓渡된 경우에는 큰 차이가 생긴다. 즉 有因論에 의하면 원래의 所有者가 의연히 所有權을 가지므로 物權的 請求權을 행사하여 제3자로부터 目的物을 찾아올 수 있으나, 無因論에 의하면 원래의 所有者와 相對方間의 物權行爲의 효력은 의연히 존속하므로 相對方은 정당한 所有者이고 또한 그의 제3자에 대한 讓渡 또한 有效하므로 원래의 所有者는 제3자로부터 目的物을 찾아올 수 없으며, 다만 애당초의 相對方에 대하여 目的物의 價額의 반환만을 請求할 수 있을 뿐이다. 이 경우 제3자가 善意이든 惡意이든 차이가 없다.

物權行爲의 有因·無因의 문제는 物權行爲의 獨自性을 인정하는 경우에 비로소 일어나는 문제이다. 왜냐하면 物權行爲의 獨自性을 부정하는 경우에는 物權行爲와 債權行爲는 하나의 法律行爲로서 合體되어 행하여지는 것으로 보게 되므로 物權行爲는 당연히 有因性을 띠고, 따라서 無因性이 논의될 여지가 없기 때문이다. 그러나 物權行爲의 독자성을 부정하는 입장에서도 當事者의 명백한 意思下에 物權行爲와 債權行爲가 따로 행해지는 것을 예외적으로 인정하는바, 그러한 경우에는 有因·無因性이 논의될 수 있음은 물론이다.

(2) 外國法에서의 이 문제

이 문제가 가장 활발히 논의된 곳이 獨逸이므로 먼저 獨逸의 경우를 살펴본다. 物權行爲의 無因性·抽象性의 문제는 보통법시대의 로마法源의 해석론에 관한 논쟁을 중심으로 하여 이루어졌다. 즉 萬民法上 所有權移轉의 형식으로 채택된 引渡(traditio)를 단순한 事實行爲로 보고, 따라서 그 밖에 所有權移轉의

效果를 생기게 하는 요소로서 소위 iusta causa가 필요하다고 보면서, 이 iusta causa를 여하히 해석하느냐를 둘러싸고 이 문제에 관한 논의가 행해졌다.

普通法時代의 初期學說은 所有權移轉에는 賣買·贈與 등의 Titel과 引渡인 Modus acquirendi를 필요로 한다고 보았다. 그러나 이들은 한 개의 法律行爲를 구성할 뿐이며, 그 중점은 取得權原인 Titel에 존재하며 取得方法인 Modus acquirendi는 단지 物權性을 부여하는 것에 지나지 않는다고 해석되었다. 따라서 引渡가 있더라도 그 기초를 이루는 賣買·贈與 등의 取得權原이 존재하지 아니하거나 어떤 이유로 그 效力이 상실되면 物權變動의 效力은 생기지 않는다고 보았다. 이 學說은 로마法의 소위 iusta causa를 有效한 賣買·贈與 등의 契約에서 찾았으며, 自然法學說의 지지를 받아 프로이센, 佛蘭西 등의 民法에 의해 채택되었다. 그러나 후에 이 學說은 로마法源의 오해에 기한 것이라는 공격을 받게 되고, 특히 債權的인 不當利得制度(Condictio system)과 調和되지 않는다는 비판을 받게 되어 19세기 초에 支持者를 잃게 된다. 그리하여 物權行爲의 無因性을 인정하는 學說이 지배하게 되는데, 이는 로마法의 不當利得制度가 所有權移轉에 관하여 原因을 客觀化(Objektivierung der Causa)함을 허용하지 아니하는 것을 기초로 한다. 즉 引渡만으로는 物權變動이 생길 수 없으므로 그 밖에 物權的 效果를 부여할 요소가 필요하나, 로마法에 있어서 원인에 관한 不合致가 영향을 미치지 아니함(Irrevalenz des Dissens)을 고려하면 그 요소는 所有權移轉 자체를 목적으로 한 意思일 수밖에 없다는 것이다. 當事者 사이에 합치된 이러한 意思는 引渡와 결합하여 所有權移轉의 效果를 가져오는 것이고 抽象的인 것으로 족하다는 것이다. 그러므로 iusta causa는 賣買·贈與 등의 契約과는 다른, 所有權移轉을 목적으로 한 物權行爲 그 자체를 의미할 뿐이라는 것이다. 사비니(Savigny)·푸흐타(Puchta) 등에 의해 대표되는 이 學說의 영향하에서 獨逸民法은 성립되었다. 第一草案은 物權契約의 抽象性을 明文으로 규정하였으나(§829), 第二草案은 이를 삭제하였다. 그러나 削除의 이유는 결코 物權契約의 抽象性을 부정함에 있는 것이 아니고 오히려 이를 규정하는 것은, §§873, 925 등의 규정과 중복되므로, 불필요하다는 데에 있는 것이다. 즉 앞에 본 예에서와 같이 當事者雙方이 贈與·消費貸借 등 각기 다른 원인을 예정하여 引渡가 행하여진 경우라도 所有權移轉 그 자체는 원인에 관한 Dissens와 무관계하게 성립할 수 있으며, 限定治産狀態에서 債權行爲가 행해졌어도 能力回復論에 物權行爲가 행해진 한 物權行爲는 有效하고 이에 따른 登記가 되면

物權變動은 생긴다는 것이다. 그리고 이와 같이 함에 따라 입게 되는 一方當事者의 不利益은 不當利得制度에 의하여 塡補·調整된다는 것이다.

이에 대하여 物權行爲의 無因性을 비판하는 입장도 적지 아니하다.[72] 그 주요한 지적을 들어 보면 다음과 같다.

原因에 관한 Dissens가 所有權移轉의 效力에 영향을 주지 않는다는 것은 法的感情에 맞지 않다는 것이다. 예컨대, A가 B의 店鋪에서 物品을 買入 이를 送達케 하였으나 B가 제3자인 C를 買受人으로 오인하여 그에게 送達하고 C는 이를 贈與받는 것이라고 생각하여 受取한 경우에도 所有權移轉의 效果를 발생시킨다는 것은 명백히 부당하다는 것이다. 또한 原因의 欠缺 또는 失效의 경우에 債權的인 不當利得返還請求權에 의하여 當事者間의 衡平을 기한다고 하지만, 예컨대 讓受人이 破産한 경우에 讓渡人은 단순한 債權者로서 破産財團으로부터 配當을 받음에 그치고 否認權을 행사할 수 없어 충분한 保護를 받지 못한다는 것이고, 특히 이러한 원인의 欠缺 또는 無效를 알고서도 讓受人으로부터 目的物을 轉得한 제3자에 대하여도 讓受人이 返還請求를 할 수 없다는 것은 부당하다고 한다. 또한 無因論은 그 근거를 로마法源의 해석에서 구하고 로마法의 이 문제에 대한 立場은 去來安全의 도모를 위한 것이지만, 로마法에서는 公信制度가 존재하지 아니하여 그러한 法律構成이 필요하겠으나 公信制度가 존재하는 獨逸民法에서는 필요치 아니하다는 것이다.

한편 物權行爲의 獨自性이 인정되지 않는 佛蘭西民法이나 墺地利民法에서는 物權行爲의 無因性은 인정될 여지가 없다. 日本民法의 해석으로는 學說이 대립하고 있으며 判例·通說은 有因論을 취하고 있다.

(3) 우리 나라의 學說

判例는 物權行爲의 無因性을 인정하고 있지 않지만 學說은 크게 대립하고 있다. 物權行爲의 獨自性을 인정하는 學者들은 모두 無因性도 인정하고 있다.[73]

㈎ 無因論 物權行爲의 無因性을 인정하여야 할 근거로서 드는 주된 理由는 다음과 같다.

(a) 物權行爲와 債權行爲를 별개의 行爲로 생각한다면 그 有效性의 여부도 따로 정하여야 한다.

(b) 物權的 法律關係는 모든 사람에 대하여 명백함을 理想으로 하므

72) 物權行爲의 抽象性을 批判하는 獨逸學者들은 Heck, Kriegsmann, Gierke 등이다.
73) 金曾漢, 63; 金容漢, 91; 金顯泰, 64.

로 物權行爲의 效力을 當事者 사이에서만 效力을 가지는 原因行爲의 有效性 여부에 의하여 받게 하는 것은 부당하다.

(c) 無因性을 인정함으로써 登記에 公信力을 인정하지 않는 民法의 제도상의 缺陷을 補救하여 거래의 안전을 보호할 수 있다.

(나) 有因論　物權行爲의 有因性을 인정하여야 한다는 견해는 無因論에 대하여 다음과 같이 비판한다.[74]

無因論의 根據 (a)에 대해서는, 個人意思自治의 도그마(Dogma)와 槪念法學의 結合이라고 지적하고, 모든 出捐行爲는 반드시 일정한 法律原因에 의거하여 행하여지는 것이기 때문에 原因 또는 出捐의 목적이 법률상 존재하지 않는 경우에는 出捐行爲도 效力을 발생하지 않는다고 하는 것이 當事者의 意思에 合致하는 것이라고 한다.[75]

無因論의 根據 (b)에 대해서는, 法律關係를 명확하게 한다는 것은 法律制度의 理想의 하나이고 無因論을 취하는 경우가 有因論을 취하는 경우보다 法律關係가 명확하게 되는 경우(登記와 實體關係가 符合하는 경우)가 많음은 인정되지만, 無因論者들은 다음에 보는 바와 같이 相對的 無因性을 인정함으로써 物權的 法律關係가 不確定한 상태에 있게 되는 경우가 적지 않게 되므로 그것이 도모하는 이점의 폭이 그다지 넓지도 아니하다. 또한 法律關係를 명확히 하여 法律上의 다툼을 감소시킨다는 것도 의미있지만 正當한 利益을 보호하는 것도 높게 평가되어야 한다.

無因論의 根據 (c)에 대해서는, 통상 債權行爲와 物權行爲가 거의 동시에 행하여지거나 두 行爲 사이의 時間的 間隔이 그다지 멀지 않으므로 無因論을 통하여 제3자를 보호한다는 것은 예외적인 것에 불과하며, 또한 有因論에 의하더라도 善意의 제3자는 보호된다고 한다. 즉 錯誤·詐欺·強迫에 의한 意思表示의 取消에 관하여는 民 §§109 Ⅱ, 110 Ⅲ 이 "取消는 善意의 제3자에게 대항하지 못한다"고 규정하고 있으므로 이에 따라 有因性을 인정하더라도 善意의 제3자는 保護되며, 無因性을 인정하는 경우에는 惡意의 제3자까지 보호하는 결과가 되어 法律政策上으로도 바람직하지 못한다고 한다. 또한 無能力에 의한

74) 郭潤直, 92.

75) 이에 대하여, 出捐行爲는 債權行爲로서 뿐 아니라 物權行爲로서도 할 수 있으므로 物權行爲가 있는 이상 出捐行爲의 原因·目的이 없다할 수 없고 따라서 當事者의 意思에 合致하지 않는다고 할 수 없다는 反論(金容漢, 91)이 있으나, 이는 履行行爲인 物權行爲를 原因行爲로 오해함에 기한 지적이다.

取消의 경우에는 善意의 제3자 보호를 위한 §§109 Ⅱ, 110 Ⅲ과 같은 규정을 두고 있지는 않지만 §15 내지 §17에서 相對方의 보호를 위한 여러 制度를 두고 있고, 특히 §145에서 法定追認制度를 두어 相對方을 보호하고 있다. 그러므로 無因論·有因論의 어느 쪽을 취하든 제3자의 保護에 관하여 생기는 차이는 거의 없다는 것이다. 한편 民法은 §548 Ⅰ 但書에서 解除의 遡及效도 이를 제한하고 있으므로 債權行爲가 解除되고 有因性으로 物權行爲도 그 效力을 잃게 되더라도 제3자는 역시 保護된다는 것이다.

㈐ 無因說을 취하여도 物權行爲가 有因性을 띠는 경우 物權行爲의 無因性을 인정한다고 하여 債權行爲가 失效되어도 物權行爲는 언제나 有效한 것은 아니라고 한다. 즉 일정한 경우에는 原因行爲인 債權行爲가 失效하는 때에 物權行爲도 失效하게 된다. 이 경우에는 有因性을 인정하는 것과 같은 결과가 된다. 그러한 경우로서 無因論者가 드는 것은 다음과 같은 것이 있다.

(a) 無能力·詐欺·強迫·錯誤 등의 原因行爲의 취소의 원인이 物權行爲에도 공통되는 경우. 이 경우에는 取消原因이 債權行爲와 物權行爲에 공통하므로 物權行爲가 有因性을 띠는 것과 같은 결과가 된다.

(b) 反社會秩序 또는 不公正에 의한 無效 또는 그 밖의 無效原因이 物權行爲에 공통하는 경우. 위에 본 取消原因에 관한 설명이 이 경우에도 해당한다. 그러나 民 §§103, 104에 의한 無效에 관하여는 獨逸에서 크게 다투어지고 있다.

通說은 社會秩序違反은 원칙적으로 債權行爲에 관해서만 있을 수 있고 物權行爲에는 있을 수 없다는 것이다. 그 근거로서는, 物權行爲는 性質上 論理的으로 中立的(Sittlich neutral)이고 無色의 것이기 때문이며,[76] 또한 不法原因給付에 기한 不當利得返還請求를 거부하는 獨民 §817의 규정 때문이라는 것이다. 만약 不法原因이 讓渡人側에도 존재하는 경우에도 物權行爲를 社會秩序違反이라 하여 그 效力을 부정하면 讓渡人은 所有物返還請求權(rei vindicatio)을 행사해서 목적물의 返還을 請求할 것이고, 그렇게 되면 §817의 규정은 實質的으로 意義를 잃게 될 것이기 때문이라 한다.

그러나 暴利行爲(Wucher)에 관해서는, 所有權移轉行爲 자체에 Wucher 行使의 상태가 계속하는 때에는 物權行爲도 無效라고 보아야 할 것이고 또한 그와 같이 해석함이 §138 Ⅱ의 條文('… gewähren läßt…')에 비추어도 타당하다는

76) Baur, 42; BGH NJW 1973, 613, 615.

것이다. 그러나 이에 반하여 物權行爲의 목적과 그 結果에 의하여 社會秩序에 위반하는지 여부가 평가되어야 한다는 견해도 있다. 즉 物權行爲의 價值合致性이 따져야 한다는 것이다. 그리하여 債務者의 經濟的 活動을 극도로 제약하는 결과를 가져오거나 다른 債權者를 도외시하는 擔保提供行爲[77]와 같이 物權變動 그 자체가 社會秩序에 반하거나, 相對方으로 하여금 어떤 犯罪行爲를 하게 할 목적으로 物權을 移轉하는 것과 같이 物權의 移轉 그 자체가 社會秩序에 반하지는 않으나 그 物權變動으로 社會秩序에 反하는 결과를 초래하는 경우에는 物權行爲도 社會秩序違反을 이유로 無效가 될 수 있다고 한다.

(c) 債權行爲의 有效를 物權行爲의 條件으로 하는 경우(相對的 無因說). 物權行爲는 원칙적으로 無因이지만 특히 當事者가 有因으로 하려는 意思表示를 한 때, 즉 債權行爲의 有效를 物權行爲의 조건으로 한 때에는 有因이 된다. 우리 나라의 無因論者들은 모두 이 입장에 선다.[78] 그리고 그 條件은 默示的으로도 할 수 있다고 한다.

(d) 債權行爲와 物權行爲가 외형상 하나의 行爲로 행하여지는 경우. 債權行爲와 物權行爲가 하나의 행위로서 행하여지는 겨우에는 有因論·無因論의 어느 것을 따르든 차이가 없게 된다. 즉 위에 본 (a)(b)(c)의 한 유형으로서의 결과를 가져오고 말 것이기 때문이다.[79] 그러나 이론상으로는 일방의 行爲에만 無效·取消의 원인이 있는 경우가 있을 수 있으며, 이러한 경우 民 §137(獨民 §139)가 적용되는지가 문제될 수 있다. 원래 §137는 하나의 法律行爲의 일부가 無效인 경우에 관한 것이나 내용적으로 연결·결합된 여러 개의 法律行爲들 중의 일부가 無效인 경우에도 적용될 수 있기 때문이다. 獨逸의 경우는 物權行爲인 Auflassung에 관하여는 條件과 期限을 붙일 수 없음에 반하여 原因行爲인 債權行爲에는 그러한 制限이 없으므로 위와 같은 경우를 쉽게 상정할 수 있으나, 物權行爲에 관하여도 위와 같은 制限이 없는 우리 나라에서는 현실적으로 쉽게 상정할 수 없는 문제이기는 하다. 아무튼 獨逸의 學說로서는 債權行爲의 無效가 物權行爲를 포함한 전체의 行爲의 無效로 영향을 미치면 궁극적으로 物權行爲의 無因性을 통하여 去來安全을 도모하고자 하는 목적에 흠이

77) RGZ 136, 247; BGHZ 7, 111; 10, 228.

78) 相對的 無因說에 관한 批判的 指摘에 관하여는 郭潤直, 90 참조.

79) 이에 대하여 物權行爲의 無因性을 주장하는 입장에서 이를 物權行爲가 有因性을 띠는 경우라고 볼 것이 아니라 오히려 物權行爲의 無因性을 전제로 하여 債權行爲와는 별도로 物權行爲 자체로서 無效 또는 取消의 사유가 있는지 여부에 따라서 物權行爲의 效力이 獨自的으로 결정되어야 할 경우라고 주장하기도 한다. 金容漢, 97.

가므로 이를 피하기 위하여 그 적용은 부정되어야 한다고 한다.[80]

(4) 結 語

物權行爲의 無因性은 獨逸民法에서 허용되어 있으나 본래 그것은 去來의 安全을 보호하려는 데 있었던 것은 아니며, 登記公務員이 實質的으로 審査하여야 할 범위를 物權行爲에만 制限함으로써 物權去來를 간편하게 하려는 데 있었으며, 去來의 보호를 위하여는「公信의 原則」을 인정하는 것이 正道이며, 物權行爲의 無因性을 인정함으로써 去來의 安全을 확보하려는 것은 너무 프리미티브한 방법이라는 지적[81]은 적절하다. 앞서 獨逸에서의 批判的 見解를 보았듯이 當事者의 總體的意思(Gesamtwille)를 目的意思(Zweckwille)와 手段意思(Mittelwille)를 구분하여 따진다는 것은 너무 技巧的이고 우리의 자연적인 感情에도 맞지 않는다. 굳이 無因論을 취하지 아니하더라도 無因論이 노리는 去來安全의 效果는 상당한 범위에서 달성되고 있으며(더욱이 無因論者들이 相對的 無因性에 서므로), 또한 無因論에 의하는 경우 惡意의 제3자까지를 보호하게 되고 그에 따라 當事者의 利益의 희생을 가져오는 폐해를 염두에 두어야 한다.

獨逸民法의 경우 物權行爲의 獨自性과 無因性이 立法的으로 인정되어 있어 부득이하겠지만, 우리 나라의 경우는 그와 같은 立法的 態度를 취한 것도 아니고 더욱이 獨逸에서도 有因論의 正當性이 강력하게 주장되고 立法的·實務的으로도 有因論에 접근하는 경향이 있음에 비추어 볼 때,[82] 우리 民法의 해석으로 物權行爲의 無因性을 고집할 필요는 없다.

5. 物權行爲와 公示方法의 關係

우리 民法은 成立要件主義를 취하고 있으므로 法律行爲에 의한 物權變動의 경우에 物權行爲 외에 登記 또는 引渡라는 公示方法을 갖추어야 物權變動이 생긴다. 이와 관련하여 문제되는 것이 物權行爲와 公示方法의 관계이다. 즉

80) Baur, 44.

81) 郭潤直, 96.

82) 獨民 §313는 不動產所有權의 讓渡 또는 取得을 목적으로 하는 契約은 公證을 요한다고 규정하고, §925는 不動產所有權移轉의 合意인 Auflassung은 公證人의 면전이나 法庭에서 表示되어야 함을 규정하고, 1940년의 개정으로 신설된 §925a는 §313에서 요구하는 방식에 따라 작성된 原因證書에 관한 證書가 제시되거나 또는 동시에 작성된 때에만 Auflassung은 성립될 수 있음을 규정함으로써, 獨逸의 實務慣行은 債權契約(§313), 物權的 合意(§925) 및 登記承諾書(GBO §19)와 登記申請書(GBO §13)가 한꺼번에 公證하고 있다. 이에 관한 자세한 說明 및 위와 같은 公證實務에 따라 생기는 賣渡人의 地位不安의 제거를 위한 實務慣行에 대하여는 拙稿, "獨逸의 公證制度에 관한 考察" (1982. 7. 韓獨法學) 참조.

物權行爲는 物權的 意思表示와 公示方法을 합한 것이냐 아니면 物權的 意思表示만으로 物權行爲를 이루느냐가 문제되며 또한 後者의 입장에 서는 경우 登記나 引渡라는 公示方法은 어떠한 法律的 性質을 갖느냐가 문제된다.

第一說은, 物權的 意思表示와 公示方法을 합친 것이 物權變動이라는 法律效果를 발생케 하는 法律行爲, 즉 物權行爲라고 본다.[83] 이는 物權的 合意만에 의하여서는 아무런 法律效果도 발생하지 않는데, 법률효과를 발생시키지 않는 法律行爲라는 것은 있을 수 없고, 契約은 私法上의 意思表示의 합치라고 하지만 登記라는 公法上의 國家行爲를 그 요건으로 할 수도 있음을 근거로 한다.

第二說은, 物權的 意思表示만으로 物權行爲는 성립되고 다만 公示方法이 갖추어지지 않으면 物權變動은 일어나지 않는다고 본다.[84] 이는 登記는 公法上의 國家行爲인데, 그것이 私法上 계약의 일부를 이룬다는 것은 부당하며, 物權的 意思表示에 관한 契約이나 法律行爲에 관한 규정은 登記에 대해서는 적용될 여지가 없으며, 合意와 登記 사이에 시간적 간격이 있을 수 있고 合意가 있은 후 登記가 있기 전에 어떠한 瑕疵가 있음이 발견될 때에는 登記 전에 그 無效 또는 取消를 주장할 수 있다고 하여야 하는데, 合意만으로 法律行爲가 되지 않는다고 한다면 그러한 無效 또는 取消를 주장할 수 없게 되어 부당하며, 物權的 合意 그것만으로 物權變動의 效果를 가져오지 않지만 그것이 公示方法이라는 다른 요건과 결합하여 物權變動의 效果를 가져오는 한 物權的 合意만이 物權行爲를 이룬다고 하여 부당할 것이 없음을 근거로 한다.

第二說을 취하는 경우 物權行爲와 公示方法의 관계를 어떻게 이해하느냐에 관하여 다시 學說이 나뉜다. 그 하나는 登記나 引渡라는 公示方法은 物權行爲의 效力發生要件이라는 입장이다.[85] 이는 法律行爲는 成立要件과 效力發生要件으로 나누어지는바, 物權的 意思表示만을 物權行爲라고 보는 이상 登記는 이를 物權行爲의 效力發生要件으로 보아야 한다는 것이다. 또한 民 §186가 "……登記하여야 效力이 생긴다"고 규정함을 근거로 삼기도 한다. 그러나 다른 하나는 物權變動은 각각 독립된 요소인 物權行爲와 公示方法이 결합해서 일어나는 것일 뿐이므로 登記 등의 公示方法은 物權行爲로부터 독립한 것이며, 物權行爲 이외에 法律에 의하여 요구되는 物權變動의 또 하나의 요건이라는 것

83) 崔栻, 76; 方順元, 25; 李英俊, 84; Wolft-Raiser, 75.
84) 金曾漢, 47; 金容漢, 75; 金基善, 69; Lent-Schwab, 6; Westermann, 371.
85) 金基善, 69; 金容漢, 75; 金顯泰, 47; 金曾漢, 47.

이다.[86] 前者의 견해는 公示方法을 物權行爲의 한 부분으로 끌어 넣는 경우에 성립될 수 있을 것이므로, 物權的 意思表示만이 物權行爲를 이룬다는 것을 전제로 하면서도 그와 같이 주장하는 것은 모순이 아닌가 생각된다. 物權行爲의 效力發生要件이란 것도 論理上 어디까지나 物權行爲 자체 내에 존재하는 것이어야 하므로, 物權行爲와 독립하여 존재하는 公示方法은 成立要件主義의 立法體制下에서 物權變動의 발생을 위하여 요구되는 또 하나의 要件이라고 해석할 수밖에 없을 것이다.

物權的 意思表示만이 物權行爲라고 보느냐 또는 公示方法까지 합한 것을 物權行爲로 보느냐에 관한 논의는 단순한 이론적 흥미에 지나지 않는다는 견해가 있으나, 物權行爲의 時期, 物權行爲의 瑕疵와 登記의 관계 등에 관련하여 어느 說을 취하느냐에 따라 적지 않은 차이가 있어 그 논의의 실익이 있다 할 것이다.[87]

Ⅳ. 不動産登記制度概觀

1. 不動産登記制度의 意義

不動産登記制度는 絶對的 效力을 갖는 不動産物權의 내용을 正確·迅速하게 公示하여 不動産物權에 관한 거래의 迅速 및 圓滑을 기하기 위한 제도이다.

그러므로 不動産登記制度는 不動産物權의 적정한 公示와 登記事務의 簡易·迅速한 운영이라는 두 개의 이상을 갖는다. 그러나 위 두 개의 理想은 서로 상충되는 성질을 가지며, 따라서 양자는 서로 조화되는 가운데 그 理想이 실현될 수밖에 없다. 결국 위 理想의 調和的 實現이 不動産登記制度의 具體的 內容을 이루며, 이는 각국에 따라 相異하다. 이하 우리 不動産登記制度의 구체적 내용을 살피는바, 그에 앞서 우리 不動産登記制度의 성립과 특색을 간단히 살핀다.

2. 우리 不動産登記制度의 成立과 特色

現在와 같은 우리 不動産登記制度는 日本의 韓國 支配로부터 비롯된다. 즉

86) 郭潤直, 74.
87) 郭潤直, 74; 註釋民法(Ⅱ), 103.

1910년 8월 29일의 合倂條約으로 韓國을 支配하게 된 日本은 民事에 관하여는 1912.3.18 制令 제7호로 「朝鮮民事令」을 發布하여 日本의 民法 기타의 法律을 韓半島에서 「依用」하기로 하였으며, 또한 同日字 制令 제9호로 「朝鮮不動產登記令」을 發布하여 不動產登記에 관하여 同令에 特別規定이 있는 경우를 제외하고는 日本의 不動產登記法에 의하기로 하였다.

1945년 8월의 해방 후의 美軍政 3년간에도 日本法令은 계속 效力을 가졌으며, 1948년의 憲法도 §100에서 "現行法令은 이 憲法에 저촉하지 아니하는 한 效力을 가진다"고 함으로써 登記制度에 관한 朝鮮民事令과 朝鮮不動產登記令 및 同施行規則은 그대로 效力을 지속하다가 우리의 民法과 不動產登記法이 1960년 1월 1일부터 施行됨으로써 우리의 不動產登記制度를 갖게 되었다. 그러나 그것도 日本의 制度·法令에 터잡은 것이었으며, 한편 日本의 不動產登記制度는 유럽대륙의 近代的 登記制度를 모방한 것이었으므로 우리의 不動產登記制度도 유럽대륙의 그것에 의하여 영향받은 것이라고 할 수 있다. 그러나 우리의 不動產登記制度는 상당부분에 걸쳐 日本 또는 유럽대륙의 制度와는 차이를 보이고 있다. 그 차이에 관한 자세한 내용은 각 해당부분에서 살필 것이지만 아래에서 그 내용을 간략히 살핀다.

(1) **登記事務의 管掌機關** — 法院

登記事務의 管掌을 司法府가 하느냐 行政府가 하느냐는 각국에 따라 차이가 있다. 日本은 行政府에 속하는 法務省의 管掌事務로 함에 대하여 獨逸은 法院(Amtsgericht)의 管掌事務로 한다. 우리 나라는 法院이 管掌하도록 하고 있다.

(2) **登記簿의 組織** — 物的編成主義와 土地·建物登記簿의 二元化

登記簿의 編成方法으로서는 人的編成主義·物的編成主義·年代的編成主義의 세 가지가 있다. 人的編成主義는 개개의 所有者를 중심으로 해서 登記簿를 편성하는 제도이고, 物的編成主義는 개개의 不動產을 중심으로 해서 登記簿를 편성하는 제도이며, 年代式編成主義는 어떤 특정의 기준을 두지 아니하고 申請의 時間的 順序에 따라서 順次로 登錄해 나가는 제도이다. 우리 나라는 物的編成主義를 취하며 또한 한 개의 不動產을 중심으로 하여 그에 관한 權利關係를 기재하는 1不動產 1登記用紙主義를 취하고 있다. 또한 유럽대륙의 여러 나라와 英美의 나라들은 모두 土地만을 독립한 不動產으로 하여 登記簿를 편성함에 반하여 우리 나라는 日本의 영향으로 土地 외에 建物도 이를 독립한 不動產으

로 하고, 따라서 土地登記簿와 建物登記簿를 따로 두고 있다.[88]

(3) **登記簿와 臺帳의 二元化**

登記簿가 不動產에 관한 權利關係를 公示하여 去來安全을 도모하는 것임에 반하여, 臺帳은 不動產 자체의 事實狀態 내지 現況을 파악하여 課稅關係 등 行政目的에 供하기 위한 것이다. 그러나 登記簿의 表題部에는 해당 不動產의 事實狀態 내지 現況이 표시되며 이는 성질상 臺帳과 일치되어야 한다. 이 점에 착안하여 臺帳을 따로 두지 아니하고 登記簿의 表題部가 臺帳의 역할을 하도록 하자는 것이 登記簿와 臺帳의 一元化의 문제이다. 日本은 1960년 不動產登記法을 改正하여 이를 채택하였다. 이에 반하여 우리 나라는 登記簿와 臺帳을 따로 併置시키고 있다. 이에 따라 登記簿와 臺帳의 一元化의 필요성이 논의된다. 위는 뒤(5. (3))에서 살핀다.

(4) **登記節次** — 共同申請主義의 原則

現代의 각국의 登記制度는 원칙적으로 登記는 當事者의 申請에 의하여 이루어지도록 하고 있으나, 申請權者를 누구로 하느냐에 대하여는 共同申請主義와 單獨申請主義가 대립하고 있다. 獨逸·瑞西 등은 單獨申請主義를 취하고 있음에 대하여, 우리 나라는 共同申請主義를 취하고 있다. 共同申請主義와 單獨申請主義에 관한 자세한 내용과 문제점에 관하여는 뒤(9. (1), (4))에서 살핀다.

(5) **登記公務員의 審査權** — 形式的 審査主義

登記申請이 있을 때 이를 審査하는 登記公務員에게 그 審査의 범위를 登記節次上의 適法性 여부에 한정하는 形式的 審査主義와 登記申請의 실질적인 理由 내지 原因의 존재와 효력까지도 審査할 수 있도록 하는 實質的 審査主義가 있다. 우리 不登 §55는 申請을 却下할 사유를 제한적으로 열거하고 있으며, 그 중에는 實質的·實體法的인 사항도 포함되어 있으나 모두 書面審理에 의존하고 있고 또한 그 書面審査도 주로 節次上 요구되는 書面이 갖추어져 있는지의 여부를 심사하는 것이어서 우리 不登法은 形式的 審査主義를 취하고 있는 셈이다. 다만 區分建物에 있어 表示事項에 관하여 登記公務員의 調査權을 인정하여 實質的 審査主義의 예외를 인정하고 있다(不登 §56-2). 獨逸의 경우에도 登記公務員은 形式的 審査權만을 갖지만 登記申請에 첨부하는 書類인 登記承諾書(Eintragungsbewilligung)나 所有權移轉의 合意(Auflassung) 등의 公證을 요구함

88) 土地·建物을 별개의 不動產으로 보고 따른 登記簿를 두는 제도의 不當性에 관하여는 郭潤直, 不登, 60 참조.

으로써 實質的 審査主義를 채택한 것과 같은 성과를 거두고 있다 할 수 있다.

3. 不動産登記의 意義

(1) 不動産登記라 함은 登記公務員이라고 불리우는 國家機關이 法定節次에 따라 登記簿라고 불리우는 公的帳簿에 부동산의 狀況과 權利關係를 記載하는 것, 또는 그러한 記載 자체를 말한다.

(2) 不動産登記 중 不動産의 狀況(位置·面積 등의 表示)에 관한 登記를 「事實의 登記」, 不動産의 權利關係(權利의 保存·設定·移轉·變更·消滅 등)에 관한 登記를 「權利의 登記」라 한다. 不動産登記法上의 登記는 위 兩者를 모두 포함하고, 따라서 이를 節次法上의 登記라 할 수 있다. 그러나 臺帳과 登記簿가 一元化되지 아니한 우리 法制에 있어서 사실의 登記는 權利의 대상을 명확히 하기 위하여, 즉 權利의 登記의 전제로서 행해질 뿐이므로 實體法上으로 의미를 갖는 것은 權利의 登記이고 物權法編에서 논의되는 登記라 함은 바로 이를 말한다.

(3) 登記라는 용어는 일정한 事項을 登記簿에 「記載하는 것」 또는 그러한 「記載 自體」를 가리키는 것이나 法令이나 規則에서 登記라고 할 때에 그것이 어느 것을 뜻하는 지는 구체적인 경우에 따라 판단하여야 한다. 예컨대, "接受番號의 順序에 따라 登記를 하여야 한다"라고 할 때의 登記(不登 §54)는 前者의 것이고, 「登記를 移記 또는 轉寫」한다고 할 때의 登記(不登 §87)는 後者의 것을 가리킨다.

(4) 登記는 登記公務員이 登記簿에 일정한 事項을 記載하고 捺印함으로써 성립한다(不登 §57).[89] 그러므로 설사 登記의 申請이 있었고 나아가서 비록 登記畢證까지도 交付되었다고 하더라도 登記簿에 記載가 없으면 登記가 있다고 할 수 없다.[90] 이 점에서 登記는 戶籍法上의 申告, 특히 創設的 申告와 크게 다르다. 예컨대, 婚姻申告는 그것이 受理되면 그것이 戶籍簿에 記載된 여부에 불문하고 바로 效力이 생기나, 登記의 경우에는, 그것이 法律의 規定에 의해 생긴 物權變動을 登記簿에 反映·記載하는 것이 아닌 한, 登記簿에 記載가 되지 아니하면 登記가 있다 할 수 없어 그에 따른 物權變動의 效力은 발생하지 아니

89) 다만 捺印이 단순하게 漏落된 경우에는 登記의 效力에 영향이 없다. 大決 77.10.31, 77마262(公 574, 10383).

90) 이 경우에는 登記公務員의 錯誤로 인하여 登記遺漏가 발생한 것으로서 不登 §72의 更正登記節次에 따라 登記의 記載를 할 수 있을 뿐이다. 法院行政處 81.2.10. 登記 제91호 통첩.

한다.

(5) 登記公務員은 申請書 등의 接受順序에 따라 부여되는 接受番號의 순서에 따라 登記하여야 한다(不登 §§53, 54). 그러나 同區에 할 登記에 관하여 接受番號의 순서와 다른 순서로 登記가 되더라도 그 登記의 순서에 따라 權利의 順位가 결정되는 것이며, 接受番號의 순서에 의해 결정되는 것이 아니다. 즉 동일한 不動産에 관하여 登記한 權利의 순위는 法律에 다른 規定이 없는 때에는 登記의 前後에 의하고, 그 登記의 前後는 登記用紙 중 同區에서 한 登記에 대하여는 順位番號에 의하고 別區에서 한 登記에 대하여는 接受番號에 의한다(不登 §5).

(6) 登記는 不動産의 權利關係 또는 表示에 관한 記載이므로 이와 직접 관계가 없는 단순한 節次的 記載에 지나지 않는 것은 登記가 아니다. 예컨대, 不登 §86 Ⅱ, Ⅳ의 기재와 같은 것은 登記가 아니다. 그러므로 不動産에 관한 權利關係가 登記簿上 記載되어 있으면, 위와 같은 登記公務員의 節次的 記載가 없더라도 登記는 있는 것이 된다.

4. 登記所와 登記公務員

(1) 登 記 所

(가) 登記事務를 담당하는 國家機關을 登記所라고 한다. 登記事務를 담당하는 국가기관은 法院이며(法組 §2 Ⅲ), 法院 중에서는 地方法院과 同支院이 管轄區域 내의 登記事務를 管掌한다(法組 §3 Ⅱ; 不登 §7 Ⅰ). 한편 地方法院은 그 管轄區域 내에서 그의 登記事務의 일부를 처리하게 하기 위하여 따로 登記所를 둘 수 있다(法組 §3 Ⅱ). 이 登記所의 設置·廢止 및 管轄은 大法院規則으로 정하는바, 이에 관한 現行規則이 "登記所의 設置와 그 管轄區域에 관한 規則"이다. 또한 地方法院이나 支院의 登記課 또는 登記係는 등기소의 명칭을 갖지 아니하나 登記所의 역할을 한다. 1990.3.1 현재 登記所는 186개에 이르고 있다(登記課 19개, 登記係 29개, 登記所 138개).

(나) 具體的인 登記節次에 있어서 그 사무를 현실적으로 다루어야 할 登記所가 정하여져야 한다. 이것이 登記所의 管轄의 문제이다. 원칙적으로 登記할 權利의 목적인 不動産의 所在地를 管轄하는 地方法院·同支院 또는 登記所가 管轄登記所이다(不登 §7 Ⅰ). 현재 우리 나라의 登記所의 管轄區域은 약간의 예외를 제외하고 대개 1個郡을 管轄하는 것을 원칙으로 하고 있다.

(다) 同一 不動産이 여러 개의 登記所의 管轄區域에 걸쳐 있을 때에는 管轄登記所를 따로 정할 필요가 생긴다. 이것이 管轄指定의 문제이다. 다만 이

문제는 土地의 경우에는 생기지 아니하며, 建物에 있어서 兩登記所의 管轄에 걸쳐 건축한 경우와 財團抵當設定登記에 있어서만 생길 것이다. 管轄登記所의 指定은 동일 地方法院의 管轄區域 내에 있어서는 그 地方法院의 長이 이를 指定하는 것이며, 동일 高等法院의 管轄區域 내에서 地方法院을 달리하는 두 개 이상의 登記所일 경우에는 그 高等法院의 長이 이를 指定할 것이다. 管轄指定의 申請은 각 登記所를 관할하는 上級法院에 하는 것이다(不登 §7). 管轄의 指定으로 인하여 그 지정된 登記所에 登記를 申請할 때에는 申請書에 指定이 있음을 證明하는 書面을 첨부하여야 한다(不登規 §47 I).

(2) **登記公務員**

(가) 登記에 관한 事務를 담당하는 國家公務員을 登記公務員이라 하고, 이는 地方法院·同支院과 登記所에 근무하는 法院書記官·法院事務官·法院主事 또는 法院主事補 중에서 地方法院長이 指定한다(不登 §12). 예전에는 一登記所에 一登記公務員을 두어 이들을 登記課長·登記所長으로 補하여 指定하였으나 事件輻輳로 인한 사무집행의 번잡을 피하기 위하여 大法院은 1973.7.23 법정 제421호 例規로 一登記所에 數人의 登記公務員을 둘 수 있도록 하였다.

(나) 登記事務는 성질상 準司法事務에 해당하는 것이므로 公平·嚴正하게 執行되어야 한다. 그러므로 일정한 登記事務에 관하여는 登記公務員이 除斥된다(不登 §13). 즉 登記公務員은 자기와 일정한 신분관계에 있는 자가 登記申請人인 때에는 일정한 參與人의 참여하에서만 登記를 할 수 있다. 이러한 경우 登記公務員은 所定樣式의 參與調書를 작성하여야 한다. 그러나 參與調書없이 행해진 登記라 하여 이를 無效라 할 것은 아니며, 그 登記는 登記公務員의 처분에 대한 異議의 대상이 될 수 없다 할 것이다.[91] 登記公務員은 본래 法官과 같은 自由心證的인 審査權을 행사할 수 없기 때문이다.

(다) 登記公務員의 責任　　登記公務員이 登記事務를 처리함에 있어 故意 또는 過失로 부당한 處分을 하여 私人에게 損害를 준 경우에 관하여는 登記公務員에 대한 特別賠償責任規定은 없고 國家賠償法의 규정에 의하여 國家가 賠償責任을 지고 公務員에게 故意 또는 중대한 過失이 있는 경우에 國家가 求償權을 행사할 수 있을 뿐이다(國賠 §2). 이와 같은 國家賠償責任과는 별도로 民法의 規定(§750)에 따라 登記公務員이 被害者에 대하여 직접 賠償責任을 지게 됨을 물론이다.

---

91) 이에 대하여는 異說이 있다. 舟橋諄一, 不動產登記法(日本評論社), 92.

5. 登記簿와 臺帳

(1) 登 記 簿

(가) 登記簿라 함은 不動産에 관한 權利關係와 權利의 객체인 부동산의 상황을 記載하는 公的帳簿를 말한다. 登記簿에는 土地登記簿와 建物登記簿의 2種이 있다. 다만 一筆의 土地 또는 一棟의 建物에 대하여 一用紙를 사용하므로(소위 1不動産 1登記用紙主義. 不登 §15 I 本文) 登記簿는 개개의 不動産單位로 편성되는 셈이나 登記用紙의 管轄上의 편의를 위하여 30 내지 50개의 不動産의 登記用紙를 한 개의 바인더(保管綴)에 編綴하여 이를 통상 登記簿라 부르기도 한다.

(나) 위와 같이 不動産을 단위로 하여 登記簿를 편성하는 원칙을 物的編成主義(Realfolium)라 하며, 獨逸이나 瑞西가 이를 채택하고 있다. 이에 대하여 權利의 주체를 단위로 하여 登記簿를 편성하는 원칙을 人的編成主義(Personalfolium)라 한다. 어떤 不動産에 착안하여 그 所有者 및 權利關係 등을 조사하고자 하는 경우에는 物的編成主義가 편리하고, 어떤 사람에 착안하여 그와 거래하고자 하는 者가 그의 財産에 관한 權利關係를 조사하고자 하는 경우에는 人的編成主義가 편리하다. 그러나 現代社會에 있어서의 財産去來는 개별의 不動産을 중심으로 행해지므로 前者가 적절한 제도이다. 다만 人的編成主義가 갖는 편의점 때문 獨逸法은 제한적으로 人的編成主義를 加味하고 있다(GBO § 4).[92] 즉 獨逸에서는 同一所有者에게 속하는 두 개 이상의 土地를 한 개의 登記用紙에 登記하는 것을 허용하며, 이는 그에 따른 혼란의 염려가 없는 경우에 登記公務員이 職權으로 할 수 있다.

(다) 우리 나라의 登記簿는 物的編成主義에 따라 한 개의 不動産에 一用紙를 두는 것이 原則이나 一棟의 建物을 구분한 建物에 있어서는 一棟의 建物에 속하는 전부에 대하여 一用紙를 사용하는 예외를 두고 있다(不登 §15 I 但). 이는 아파아트먼트나 聯立住宅 등과 같은 集合建物에 있어서 區分建物 전체의 位置, 共用部分에 관한 權利關係를 명백히 하기 위한 制度上의 필요성 때문에 그렇게 하는 것이다. 그리고 그 用紙는 一棟의 건물의 表題部 및 區分建物의 表題部, 그리고 각 區分建物에 관한 甲區·乙區用紙로 구성된다(不登 §16-2).

(라) 一登記用紙의 構成　　한 개의 不動産을 一登記用紙에 登記한다

92) 예컨대, 일정한 區域 내에 同一人이 數個의 不動産을 所有하고 있고 그들이 사실상 一體로서 去來될 가능성이 큰 경우에는 이들에 대해 따로 登記用紙를 編成하지 아니하고 1登記用紙에 편성함으로써 登記事務의 簡明化를 기할 수 있게 된다.

고 하지만 여기에서의 一登記用紙는 물리적인 의미의 한 장의 用紙를 뜻하는 것은 아니다. 一登記用紙는 表題部, 甲區, 乙區의 세 부분으로 구성되고 각 用紙도 필요에 따라서는 여러 장이 될 수 있으며, 이들을 통틀어 一登記用紙라고 부르는 것이다. 다만 集合建物의 表題部用紙는 一棟의 建物의 表題部와 구분한 建物의 表題部를 따로 둔다(不登規 §4). 또한 表題部에는 登記番號欄이 따로 있다.

(a) 登記番號欄　　각 土地 또는 建物垈地의 地番을 기재하는 欄이다(不登 §16 Ⅱ). 과거에는 登記簿가 簿冊式으로 고정되어 있어 用紙의 加除가 자유롭지 아니하여 부득이 登記申請에 따른 登記順序로 登記番號를 정하였다. 그러므로 어떤 不動產에 대한 登記番號를 알지 못한 경우에는 그 登記簿를 용이하게 찾아낼 수 없으므로 따로 地番順에 따라 登記番號를 기재해 두는 별도의 索出帳이라는 장부가 필요하였다. 이러한 불편을 덜고 또한 登記用紙가 카드化 되면서 그 加除가 자유롭게 됨에 따라 登記用紙를 地番順으로 編綴할 수 있게 되어 登記番號를 위와 같이 地番으로 바꾸었다(1983년 改正法律 제3692호). 따라서 이제는 登記番號도 地番의 변경에 따라 변경될 수 있게 되었다. 또한 建物이 數筆地의 垈地에 걸쳐 존재하는 경우 등에는 地番이 數個에 이르므로 登記番號를 정하는 방법을 상세히 정할 필요가 있다. 法院行政處 1984.6.19 등기 제222호 통첩이 이를 규정하고 있다.

(b) 表題部　　表題部에는 表示欄과 表示番號欄이 있으며, 表示欄에는 不動產의 상황과 그 변경에 관한 사항을 記載하여 目的不動產의 同一性을 表示하고, 表示番號欄에는 表示欄에 등기한 순서를 記載한다(不登 §16 Ⅰ, Ⅲ). 集合建物의 表題部는 共通表題部(여기에는 1棟의 建物을 表示함)와 區分建物의 表題部(여기에는 1棟의 建物에 속한 區分建物들을 각 따로 表示함)로 나누어 두며, 共通表題部에는 垈地權의 목적인 土地의 表示를 위한 欄을, 각 區分建物의 表題部에는 각 區分建物이 딸린 垈地權을 表示하는 欄을 둔다.

(c) 甲　區　　甲區에는 事項欄과 順位番號欄이 있다. 甲區 事項欄에는 「所有權에 관한 事項」을 記載하고, 順位番號欄에는 각 事項欄의 記載의 順序를 表示하는 番號를 기재한다(不登 §16 Ⅰ, Ⅳ, Ⅵ). 集建 §3 Ⅱ, Ⅲ의 규정에 의한 建物의 共用部分에 관한 用紙는 表題部만을 두므로(不登 §16-3) 規約上 共用部分에 대하여는 甲區用紙가 없게 된다.

(d) 乙　區　　乙區에도 事項欄과 順位番號欄이 있다. 乙區 事項欄에는 「所有權 이외의 權利에 관한 事項」을 記載하고, 順位番號欄에는 그 記

載의 순서를 表示하는 番號를 기재한다(不登§16 I, II, III). 그리고 乙區는 이에 기재할 사항이 없는 때에는 이를 두지 아니할 수 있다(不登§16 I但).

㈎ 登記簿의 公開 登記制度는 不動產에 관한 權利關係를 公示하여 不動產去來의 안전을 도모함에 그 목적을 두고 있다. 따라서 不登法은 누구라도 원하는 경우에는 所定의 手數料를 納付해서 登記簿의 謄本 또는 抄本의 교부를 請求하고 또는 利害關係있는 부분에 한하여 登記簿 또는 附屬書類의 열람을 請求할 수 있으며, 또한 어떤 登記事項에 대한 登記가 없다는 사실 등의 일정사실에 대한 證明書의 교부를 請求할 수 있는 것으로 하였다(不登§21). 이들 謄·抄本의 교부나 證明書의 교부, 그리고 열람에 관한 적법한 신청이 있음에도 登記公務員이 소정의 處分을 하지 않는 때에는 異議申請의 사유가 된다.

(2) 臺 帳

登記簿는 不動產에 관한 物權變動을 公示하는 帳簿로서 私有財產權의 保護 및 去來安全의 도모를 위한 것임에 반하여, 臺帳은 不動產 자체의 현황을 명확히 파악하기 위한 帳簿로서 租稅의 賦課 및 徵收를 위한 것이다.

臺帳에는 土地에 관한 것으로서 「土地臺帳」과 「林野臺帳」이 있고, 建物에 관한 것으로서 「家屋臺帳」이 있다.

㈎ 土地臺帳 · 林野臺帳 이들은 地籍法에 의하여 規律된다. 臺帳에는 토지의 所在 · 地番 · 地目 · 面積 · 所有者의 住所 · 住民登錄番號 · 姓名 등이 登錄된다(地籍§9). 臺帳의 所管廳은 地方稅인 財產稅 · 登錄稅 등의 賦課官廳인 市長 · 區廳長 · 郡守이다(地籍§2ii). 또한 臺帳은 원래 課稅 등의 行政目的을 위한 것이므로 所管廳의 職權으로 所定事項을 조사하여 登錄을 한다(地籍§§3 II, 36, 38). 즉 臺帳登錄에 관하여는 申請主義가 아니라 職權主義가 원칙으로 支配한다. 다만 臺帳의 正確性과 整理의 迅速性을 기하기 위하여, 土地에 관하여 새로이 登錄할 사유 또는 기존의 登錄을 변경할 사유가 생긴 때에는 所有者 등에게 申告義務를 과하며, 이 義務를 懈怠하거나 虛僞申告를 하면 制裁를 가한다(地籍§§15-24, 46, 49). 그리고 臺帳은 소정의 手數料를 납부해서 所管廳에 申請하여 이를 閱覽하거나 그 謄本을 교부받을 수 있다(地籍§3 II, 地籍令§67).

㈏ 家屋臺帳 建物에 대한 家屋臺帳에 관하여는 이를 規律하는 根據法律이 없다. 다만 각 地方自治團體가 地方稅의 徵收上의 편의를 위하여 建物에 관한 課稅臺帳을 作成 · 備置하고 있으며, 條例 등으로 이를 規律하고 있다. 그 명칭도 地方自治團體에 따라 구구한 형편이다. 물론 地稅 §196는 「市·郡

은 財產稅課稅臺帳을 備置하고 필요한 사항을 登錄하여야 한다」고 하고 있으나 이를 家屋臺帳 등의 根據法律이라 할 수 없다. 土地에 대한 地籍法과 같이 독립된 法律로서 作成·備置에 관한 사항을 상세히 규정하는 法律이 제정되어야 할 것이다. 다만 1984.4.10 制定된 集合建物의 所有 및 管理에 관한 法律은 區分建物의 家屋臺帳에 관하여 상세히 규정하고 있어(集建 §§ 53-64) 區分建物에 한하여 根據法律이 마련된 셈이다.

(3) **登記簿와 臺帳의 關係** — 兩公簿의 一元化

登記簿의 表題部에 記載하는 不動產의 표시나 臺帳上의 不動產의 표시는 모두 동일한 不動產의 현황을 表示하는 것인 만큼 그것이 정확하여야 하고 또한 兩臺帳의 記載가 일치되어야 한다. 그러나 실제로는 兩公簿의 관리에 관한 支配原理가 다르고 管掌機關도 달리함으로써 兩帳簿의 表示가 상이한 경우가 많으며 이에 따른 불편도 적지 아니하다. 그러므로 不登法은 兩帳簿의 일치를 도모하기 위하여 登記簿에 揭記한 부동산의 표시가 臺帳과 符合하지 아니한 경우에는 不動產의 소유권의 登記名義人은 부동산의 표시의 變更登記를 하지 아니하면 당해 不動產에 대하여 다른 登記를 申請할 수 없으며(不登 § 56 I), 또한 登記簿에 揭記한 登記名義人의 表示가 臺帳과 符合하지 아니하는 경우에는 그 登記名義人은 登記名義人表示의 變更登記를 하지 아니하면 당해 不動產에 대하여 다른 登記를 申請할 수 없다고 하고 있다(不登 § 56 II). 또한 土地의 分合, 滅失, 面積의 增減 또는 地目의 변경이 있는 때나 建物의 分合, 番號·種類 또는 構造의 변경, 그 滅失, 그 面積의 增減 또는 附屬建物의 新築이 있는 때에는 所有權의 登記名義人은 1월 이내에 그 등기를 申請하도록 하고 이를 위반할 때에는 過怠料에 처하도록 함으로써(不登 §§ 90-2, 186-3) 그 일치를 강제하며 일정한 경우 登記公務員이 職權으로 表示變更登記(不登 §§ 90-2; 不登規 §§ 112, 114)를 행하도록 규정하였다. 뿐만 아니라 未登記 土地 또는 建物에 대한 保存登記申請時 각각 臺帳謄本을 첨부토록 하고(不登 §§ 130, 131), 土地의 分合·滅失, 建物의 分合, 番號·種類 또는 構造의 變更, 滅失 등의 登記申請時에 臺帳謄本을 첨부토록 하고 있다(不登 §§ 91, 102 II).

그러나 위와 같은 兩帳簿의 일치를 위한 補完裝置에도 불구하고 不一致事例가 많이 있으며, 業務의 二重處理에 따른 管掌機關 및 國民의 불편이 큼도 부정할 수 없다. 그리하여 兩帳簿를 합하여 하나로 만들어 현행 登記簿의 表題部로 하여금 臺帳이 갖고 있는 목적과 기능을 할 수 있도록 하기 위하여 논의되는 것이 '登記簿와 臺帳의 一元化'이다. 日本의 경우는 1960년 登記簿와 臺帳

을 一元化하였으나 獨逸은 登記簿와 臺帳을 併置시키고 있다. 一元化가 바람직하다고 하나 그에 따른 많은 문제가 있으므로 신중을 기하여야 한다.[93)]

6. 登記事項

어떤 事項에 관하여 登記를 함이 不動産登記法上 허용되고, 그 登記에 權利 또는 法律關係의 효력의 發生이라든가 제3자에 대한 對抗力 등 어떠한 法的效力이 부여될 때, 그러한 사항을 登記能力이 있는 事項 또는 登記事項이라 한다. 이 登記事項에는 實體法上의 것과 節次法上의 것이 있다. 前者는 登記를 필요로 하는 事項, 즉 그것을 登記하지 않으면 權利變動 등 私法上의 효력이 생기지 않는 事項이고, 後者는 當事者가 登記를 申請할 수 있고 또한 登記公務員이 登記할 職責과 權限을 가지게 되는 事項이다. 따라서 節次法上의 登記事項은 實體法上의 登記事項을 포괄하는 보다 더 큰 개념이다. 不動産登記法이 허용하는 登記事項은 登記되어야 할 物件, 登記되어야 할 權利, 登記되어야 할 權利變動의 세 가지 측면에서 논의될 수 있다.

(1) 登記되는 物件

(가) 登記되어야 할 物件은 不動産이다. 즉 土地와 建物이 登記의 目的物이다. 建物 이외의 土地定着物은 特別法에 의한 예외를 제외하고는 독립하여 登記의 대상이 되지 않는다. 土地·建物이라고 해서 모두 登記의 對象이 되지는 않는다. 登記의 대상이 되는 것은 그 중 私權의 目的이 되는 것에 한한다. 본래 登記는 私權을 公示하는 것이기 때문이다. 河川法에서 말하는 河川의 敷地는 私權의 목적이 되지 못하므로(河川 §3) 登記의 목적이 되지 아니한다. 그러나 私權의 목적이 되는 不動産은 비록 그것이 公用制限을 받고 있다하더라도 그 不動産에 관한 私權의 變動에는 登記를 필요로 하며, 登記의 目的物이 된다.[94)]

(나) 土 地 土地는 物理的으로는 구분할 수 없으나 人爲的으로 地表에 線을 그어서 境界를 삼고 區劃하여, 이를 단위로 하여 登記를 한다. 다만 그 단위를 이루는 土地는 市長 또는 郡守가 관리하는 地籍公簿에 登錄된 一筆의 것이어야 한다. 따라서 一筆의 토지를 數筆로 分割하거나 또는 數筆의

93) 拙稿, "우리 不動産登記制度의 問題點", 郭潤直紀念論文集, 286.

94) 獨逸의 경우에는 聯邦·州·地方自治團體·敎會·學校의 所有의 土地, 公水路, 公路로 사용되는 토지는 所有者 등 權利者의 申請이 있는 경우에만 登記簿를 두게 된다(GBO §3 Ⅱ). 그 밖의 不動産에 대하여는 모두 登記簿를 두어야 한다. 소위 登記强制主義가 채택되어 있다(GBO §3 Ⅰ).

토지를 一筆의 土地로 合併하려면 먼저 地籍法에 따른 分割·合併의 절차를 거쳐 分筆·合筆의 登記를 하게 된다. 그러나 土地의 合併에는 制限이 있으므로(地籍 §18 Ⅲ) 그 한도 내에서는 合筆登記가 제한될 수밖에 없다. 一筆의 土地의 일부만을 分筆節次를 밟기 전에 物權去來의 客體로 할 수 있느냐가 문제된다. 物權變動에 관하여 意思主義를 취하였던 舊民法 아래에서는 이를 인정할 것이나 形式主義를 취한 現行法 아래서는 이를 부정할 것이다. 登記없이는 物權變動의 효력이 생기지 아니하고 土地의 일부만을 登記할 방법이 없기 때문이다. 그러나 예외적으로 地役權·傳貰權은 分筆節次를 밟지 않더라도 一筆의 土地의 일부 위에 설정할 수 있고, 그 登記時 그 목적이 되는 범위를 圖面으로 표시하여 이를 圖面編綴帳을 통해 公示하게 된다(不登 §§137, 139 Ⅱ). 또한 土地의 地下 또는 地上의 공간도 上下의 범위를 정하여 地上權을 설정할 수 있다(民 § 289-2).

(다) 建 物 建物은 土地와는 별도의 不動產이나, 구체적으로 무엇을 建物이라 할 것인가가 문제된다. 즉 다른 土地定着工作物과 어떠한 기준에 의하여 구별할 것인가가 문제된다.[95] 建物이란 일응 지붕, 壁 또는 이와 유사한 것을 가지고 土地에 定着한 建造物이라 할 수 있으나 구체적으로는 社會의 一般去來觀念에 따라 판단할 수밖에 없다. 짓고 있는 建物은 建築過程 중 어느 단계에 이르렀을 때 獨立한 不動產으로서의 建物이 되며, 또한 헐고 있는 建物도 그것이 어느 단계에 이르렀을 때 建物이 아닌 것으로 되느냐의 문제도 社會通念에 따라 판단할 수밖에 없다.[96] 建物에 관하여 또 다른 문제는 同一性에 관한 것이다. 즉 修繕이나 增·改築 등으로 物理的 變更이 생긴 경우에 변경 전의 建物과 변경 후의 建物은 同一性이 유지되고 同建物에 대한 物權關係가 변동이 없는가 하는 점이다. 만약 동일성이 유지되지 않는다고 한다면 旣存建物에 대한 登記는 無效이고 새로운 保存登記를 하여야 할 것이나, 동일성이 유지된다면 旣存建物에 대한 登記는 有效하고 다만 變更登記만이 문제된다. 同一性 判斷의 기준으로서는 修繕이나 增·改築에 의하여 부가된 것이 종전의 建物에 종속되어 附合한다고 할 정도인가, 아니면 그 정도를 넘어 별개의 建物이 建築된 것으로 보아야 할 것인가 하는 점을 들 수 있다. 또한 종전의 建物은 전부 撤去하고 그 材料를 써서 같은 곳에 새로운 建物을 건축하는 소위 再築

95) 용도가 撤物을 저장하는 것인 싸이로 시설은 建物에 준하여 登記할 수 있으나(法院行政處 83. 3. 4. 登記 제81호), 地稅 §104 iv에 의한 構築物은 建物이 아니므로 登記할 수 없다(法院行政處 84. 8. 17. 登記 제335호).

96) 大判 66. 5. 31, 66다551(要集 民 Ⅰ-1, 98); 大判 86. 11. 11, 86누173(公 791, 35).

의 경우는 원칙적으로 新·舊建物 사이에 동일성은 유지되지 않는다고 볼 것이다(既存建物이 社會通念上 일단 不動産이 아닌 것으로 된 때가 있었기 때문임).

建物의 個數는 社會通念에 의해 정할 것이다. 社會通念上 一棟의 建物이 한 개의 建物을 이루고 이것이 一登記用紙에 기재된다. 그러나 그와 같은 物理的 構造만이 아니라 去來 또는 利用上의 편의를 고려하여 物理的으로 數棟인 建物을 한 개의 建物로 취급하여 一登記用紙에 登記하는 경우도 있으며(附屬建物의 경우) 一棟의 建物을 구분한 建物을 한 개의 建物로 취급하되 登記만은 一棟의 建物에 포함된 모든 區分建物을 위하여 一登記用紙를 두어 登記하는 경우도 있다.

한 개의 建物에 해당하는가를 판단하는 기준에 관한 判例를 보면 “物理的 構造뿐만 아니라 去來 또는 利用의 目的物로서 관찰한 建物의 상태도 그 個數 判斷標準의 중요한 자료가 될 것이며, 이러한 상태를 판별하기 위하여는 周圍建物과 接近의 정도, 周圍의 狀況 등 客觀的 事情은 물론 建築한 者의 意思와 같은 主觀的 事情도 고려하여야 할 것으로서 단순히 物理的 構造로서만 그 個數를 判斷할 수는 없는 것”[97]이라 하며, “本建物의 使用에만 제공되는 附屬建物이라 하여도 附屬建物이라는 이유만으로는 그 자체를 독립된 하나의 건물로 登記할 수 없는 것이라 할 수 없고, 所有者의 申請에 따라 本建物과 합하여 한 개의 建物로 登記할 수도 있고, 또는 그 附屬建物을 本建物과는 별도로 한 개의 獨立建物로 登記를 할 수 있다 할 것이다”[98]라고 하여 所有者의 意思도 建物의 個數를 정함에 하나의 기준이 된다고 하고 있다.

(2) 登記되는 權利

현행법상 登記가 가능한 權利는 원칙적으로 土地 및 建物에 대한 物權, 즉 不動産物權이다. 그러나 不動産物權 중 占有權·留置權, 그리고 民 §302의 特殊地役權은 性質上 등기를 요하지 아니하므로 登記能力이 없다. 따라서 所有權·地上權·地役權·傳貰權·抵當權이 登記能力이 있는 物權이다(不登 §2). 不動産物權은 아니지만 公示의 원칙을 관철하기 위하여 특히 登記能力이 인정되는 權利가 있다. 民 §348가 규정한 權利質權, 不動産傳貰權(民 §621), 不動産還買權(民 §592, 不登 §43)이 그것이다. 그 밖에 物權變動을 목적으로 하는 請求權에 관하여는 假登記能力이 인정된다(不登 §3).

---

97) 大判 61.11.23, 4293民上623, 624(集 9, 90).

98) 大判 74.12.24, 74다1163(集 22-3, 199).

(3) 登記되는 權利變動

登記能力이 있는 權利變動은 不動產物權의 得失變更, 즉 不動產物權의 設定, 保存, 移轉, 變更, 處分의 制限, 그리고 消滅이다. 登記를 함으로써 비로소 權利變動이 생기는 實體法上의 登記事項뿐만 아니라 登記와 관계없이 權利變動이 생긴 경우라 하더라도 그 法律關係를 일반에게 公示하기 위하여 필요한 사항이면 登記가 허용된다.「設定」은 物權 위에 所有權 이외의 새로운 物權 또는 賃借權을 창설하는 것이며,「保存」은 未登記의 不動產에 관하여 이미 가지고 있는 所有權을 公示하기 위하여 처음으로 하는 登記이며,「移轉」은 어떤 사람에 속하고 있던 權利가 다른 사람에게 轉屬되는 것을 말하며,「變更」은 權利의 主體와 관계없이 權利의 내용에 생긴 變動을 말하며,「處分의 制限」은 所有權者 그 밖의 權利者가 통상으로 갖는 權利行使의 權能을 제한하는 것을 말하고,「消滅」을 어떠한 物權이 原始的 또는 後發的인 사유로 인하여 없어지는 것을 말한다.

「處分의 制限」과 관련하여 登記를 금지하는 내용의 假處分 특히 假登記에 기한 本登記를 금지하는 假處分이 가능한 것인지가 문제된다. 우리 判例는 "假登記에 터잡아 本登記를 하는 것은 그 假登記에 의하여 順位保全된 권리의 取得(權利의 增大 내지는 附加)이지 假登記上의 權利 자체의 處分(權利의 減少 내지 消滅)이라고는 볼 수 없으므로 그러한 本登記를 금하는 假處分은 權利 자체의 處分의 制限에 해당되지 아니하여 不動產登記法 제2조 所定의 登記할 事項이라 할 수 없고 이를 접수하여 登記事項이 아닌 것을 登記簿에 記入하였더라도 그 기재사항은 아무런 效力을 발생할 수 없다"고 하였다.[99] 만약 이를 處分의 制限이라 하여 허용하면 假處分만으로 당해 不動產의 流通性을 부당하게 沮害하게 될 것이다.

7. 登記의 種類

(1) 事實의 登記·權利의 登記

事實의 登記는 不動產의 表示에 관한 登記로서 登記用紙 중 表題部에 하는 登記이다. 따라서 事實의 登記는 臺帳에 터잡아 이루어진다. 權利의 登記는 不動產의 權利關係에 관한 登記로서 登記用紙 중 甲區欄과 乙區欄에 하는 登記이다. 따라서 權利의 登記는 利害當事者의 意思合致 또는 이에 준하는 法律關係의 존재를 전제로 하여 이루어진다.

---

99) 大判 78.10.14, 78마282(集 26-3, 153).

(2) 保存登記·權利變動의 登記

(가) 保存登記 未登記의 不動產에 관하여 최초로 행해지는 所有權의 登記가 保存登記이다. 保存登記 그 자체는 權利變動을 가져오는 登記가 아니라 기존의 所有權을 登記簿에 반영하는 登記인 것이다. 保存登記를 함으로써 그 不動產의 登記用紙가 새로 開設되고 이후의 그 不動產에 관한 權利變動은 모두 이 保存登記에 터잡아 행하여진다. 所有權의 保存登記는 所有權의 移轉에 의하지 않은 取得(建物의 新築이나 土地의 埋立 등)의 경우에 하는 것이므로 時效取得에 의한 所有權取得은 그 성질상 保存登記이어야 하나 形式上 移轉登記의 방식으로 한다. 保存登記의 申請書에는 登記原因의 기재가 필요하지 아니하므로(不登 § 132) 保存登記에는 단지 權利가 公示될 뿐 權利取得의 원인은 公示되지 아니한다.

(나) 權利變動의 登記 所有權의 保存登記를 기초로 하여 그 후에 행하여지는 權利變動의 登記를 말한다.

(3) 登記의 內容에 의한 分類

(가) 記入登記 새로운 登記原因에 기하여 어떤 事項을 登記簿에 새로이 記入하는 登記를 말한다. 所有權保存登記, 所有權移轉登記, 制限物權의 設定·移轉登記 등이 이에 속한다.

(나) 更正登記 어떤 登記를 함에 있어서 申請人 또는 登記公務員의 故意·過失에 의하여 登記가 잘못 이루어진 경우 이를 시정하기 위한 登記이다. 權利의 登記나 事實의 登記 모두에 관하여 행해질 수 있다(不登 §§ 71, 72).

(다) 變更登記 어떤 登記가 행해진 뒤 登記된 事項에 변경이 생겨서 그 登記의 일부를 변경하는 登記이다. 更正登記나 變更登記는 모두 登記와 實體關係가 不合致하는 경우에 행해지는 것이나 前者는 그 사유가 原始的임에 대하여 後者는 그 사유가 後發的임에 차이가 있다. 土地의 分筆·合筆과 같은 事實의 登記와 抵當權의 利率變更과 같은 權利의 登記의 모두에 관하여 행해질 수 있다.

(라) 抹消登記 旣存의 登記의 전부를 抹消하는 登記이다(不登 § 166 이하). 登記된 權利가 일단 유효하게 성립한 후에 不適法하게 된 경우(예컨대, 辨濟에 의한 抵當權의 消滅)이거나 또는 처음부터 不適法한 경우(예컨대, 賣買 등의 登記原因의 無效)이거나를 가리지 아니한다. 이와 같은 抹消登記는 기존의 어떤 登記의 전부를 消滅케 하는 점에서 기존의 어떤 登記를 存續시키면서 그 일부만을 補正하는 變更登記와는 구별된다. 抹消登記는 抹消의 登記(이러한 登記를 抹消한다는 취지의 登記)를 한 후에 抹消될 登記를 朱抹하여야 한다

(不登 § 172). 즉 抹消登記라고 해서 단순히 기존의 登記를 朱抹하는 것에 그치지 아니하고 登記簿에 일정사항을 적극적으로 기재하는 登記인 것이다. 朱抹은 抹消登記節次의 일부일 뿐이고, 變更登記나 滅失登記의 경우에도 朱抹이 행해진다(不登 §§ 64, 74, 112 등).

(마) 回復登記 　既存의 登記가 부당하게 消滅한 경우에 이를 原狀으로 回復하는 登記이며 登記를 實體關係에 合致하게 하기 위하여 행해진다. 既存의 登記의 消滅原因이 무엇이냐에 따라 다음 두 가지로 나누어진다.

(a) 抹消回復登記 　舊登記의 전부 또는 일부가 不適法하게 抹消된 경우(예컨대, 所有權移轉의 原因이 없었음에도 불구하고 不適法하게 所有權移轉登記가 행해진 때)에 행해지는 回復登記이다(不登 §§ 75, 76).

(b) 滅失回復登記 　舊登記簿의 전부 또는 일부가 滅失한 경우에 舊登記簿를 대체할 새 登記簿를 편성하기 위한 回復登記이다(不登 §§ 24, 79~81).

(바) 滅失登記 　不動產이 滅失한 경우에 행해지는 登記이다(不登 §§ 112, 113). 따라서 滅失登記는 事實의 登記에 속하다고 할 것이나 不動產이 滅失한 때에는 不動產上의 權利도 모두 消滅한다. 滅失登記를 하는 때에는 表示欄에 滅失原因을 기재하고 不動產의 表示와 表示番號를 朱抹하고 그 登記用紙를 閉鎖하여야 한다(不登 § 112 I). 다만 土地나 建物의 일부가 滅失한 때에는 表示의 變更登記가 행해질 뿐이고 滅失登記가 행해지는 것은 아니다. 不動產이 滅失하지 아니하였는 데도 잘못 滅失登記가 행해진 경우 이를 回復할 方法에 관하여는 규정이 없다. 이 경우 登記公務員은 職權 또는 申請에 의하여 새 登記用紙를 개설하여 閉鎖登記簿上의 登記事項을 轉寫함이 적당할 것이다. 法文에 명백한 규정이 없으나 更正登記에 준한 것으로 이해하여 그렇게 함이 타당하리라 본다.

(4) 登記의 形式에 의한 分類

(가) 主登記 　表示欄에 登記할 때에는 表示番號欄에, 그리고 甲區나 乙區에 登記할 때에는 順位番號欄에 각각 독립의 番號를 붙여서 하는 登記이다(不登 § 59). 登記는 원칙적으로 이 主登記의 形式으로 행하여진다.

(나) 附記登記 　附記登記는 기존의 主登記의 番號를 그대로 사용하고 다만 主登記의 番號 아래에 附記 몇 號라는 番號를 기재하여 하는 登記이다(不登 § 60, 不登規 § 90). 이러한 형식의 登記를 두게 된 이유는 어떤 登記로 하여금 다른 기존의 登記(즉 主登記)의 順位를 그대로 保有케 할 필요가 있는 경우에 대비하기 위하여서이다. 즉 기존의 어떤 登記와 同一性을 유지하면서 그 延長線上에서 행해지는 것임을 나타내려 할 때(예컨대, 變更登記나 更正登記), 또는 表示된 登記가 기존의

登記에 表示되어 있는 權利와 동일한 順位나 效力을 가진다는 것을 登記簿上 명백히 하려고 할 때(예컨대, 所有權 이외의 權利의 移轉登記)에는 附記登記를 하게 된다(不登 §156-2).[100][101]

(5) **登記의 效力에 의한 分類**

(가) 終局登記 登記의 본래의 效力, 즉 物權變動이나 對抗力(民 §§529, 621의 경우)을 생기게 하는 登記이며 보통의 登記는 모두 이에 속한다. 또한 法律의 規定에 의한 物權變動이 생기고 이를 登記簿에 기재하는 登記도 이에 속한다.

(나) 豫備登記 登記의 본래의 效力인 物權變動이나 對抗力에는 직접 관계가 없고 다만 장차 행하여질 登記를 대비하여 행하여지는 登記이다.

(a) 假登記 이는 장차 행해질 本登記의 順位를 保全하기 위한 登記이다. 즉 不動產物權變動을 일어나게 할 請求權을 가지는 자의 보호를 위하여 그 請求權을 公示하여 請求權이 발생하였으나 아직 物權을 취득하지 못한 者의 地位를 확보해주고, 다른 한편 그 후에 그 不動產에 관하여 物權을 취득하는 者에게 자기에 앞서서 어떤 者를 위한 請求權이 있다는 것을 알려 이에 대비하도록 하기 위한 登記가 假登記이다.

위와 같은 假登記를 하려면 보전할 유효한 請求權이 존재하고 있어야 한다. 어떤 請求權이 假登記에 의하여 保全될 수 있는 지는 不登 §3가 규정하고 있다. 즉 ① 장차 權利變動을 발생케 할 請求權을 保全하려 할 때(예컨대, 不動產買受人의 移轉請求權 등), ② 그러한 請求權이 始期附 또는 停止條件附인 때, ③ 기타 請求權이 장래에 있어서 確定될 것인 때(예컨대, 豫約完結權 등)이다. 물론 假登記는 本登記에 의하여 登記할 수 있는 登記를 전제로 하여 이를 할 수 있으며 또한 假登記의 내용은 장차 행하여질 本登記의 내용과 일치하는 것이어야 한다.

「假登記의 假登記」가 허용되는 가가 문제된다. 그 첫째 유형으로, A所有의 不動產을 買受한 B가 그 취득의 移轉請求權의 保全을 위하여 假登記를 한 상태에서 장차 所有權을 取得하는 경우에 그 不動產 위에 抵當權을 설정해주기로 하는 契約을 C와 체결하고, C는 이 請求權을 保全하기 위하여 假登記할 수

100) 그러나 變更登記를 하는 경우라도 變更登記 전에 利害關係가 있는 제3자가 생긴 때에는 그 제3자에 대하여 順位에서 뒤지는 番號로서 主登記가 행해질 수도 있다. 예컨대, 根抵當權設定登記에 있어서 債權最高額을 增額시키는 變更登記를 하는 경우 그 變更登記 전에 제3의 抵當權設定登記가 있으면 원래의 登記와 順位를 같이하는 變更登記를 附記登記의 방식으로는 할 수 없을 것이나 增額된 부분을 제3자에게 대항하지 아니하는 취지에서 後順位의 變更登記를 主登記의 방식으로 할 수 있는 것이다.

101) 制限物權의 讓渡에 따른 登記는 附記登記의 방식으로 행해지고 그 登記는 원래의 登記를 완전히 대체하는 성격을 갖는 것이므로 원래의 登記가 無效임을 내세워 抹消를 구하는 경우에는 讓受人만을 相對方으로 삼을 것이고 讓渡人은 被告適格이 없다. 大判 68. 1. 31, 67다2558(集 16-1, 49).

있는 가이다. 그러나 이는 부정할 수밖에 없다.[102] 假登記는 假登記權者와 假登記義務者의 共同申請이나 假登記義務者의 承諾書를 첨부하여 假登記權者가 단독으로 申請할 수 있다 할 것인데, 이 경우 假登記義務者는 적어도 本登記가 경료된 登記名義者이어야 할 것이고, 위 사안의 경우와 같이 B가 移轉請求權의 假登記權者에 불과하고 所有權者가 아닌 때에는 假登記義務者에 해당한다 할 수 없기 때문이다. 다음 둘째의 유형으로, A로부터 不動產을 買受한 B가 假登記만을 경료한 상태에서 그 請求權을 C에게 讓渡한 경우, C는 그의 讓受債權을 保全하기 위하여 假登記할 수 있는가 이다. 이 경우 C는 B의 假登記에 관하여 債權移轉의 附記登記를 하는 방식으로 假登記할 수 있다 할 것이다.

(b) 豫告登記　　登記原因의 無效 또는 取消로 인한 登記의 抹消 또는 回復의 訴가 제기된 경우에, 이를 제3자에게 警告하기 위하여 受訴法院의 囑託으로 행하여지는 登記이다(不登 §§4, 39). 豫告登記는 어떤 不動產에 관한 既存登記에 관하여 어떤 訴의 提起가 있었다는 사실을 公示함으로써 제3자에게 警告를 준다는 事實上의 效果를 가질 뿐이며, 登記 본래의 效力인 物權變動의 效力發生과는 아무런 관계가 없는 특수한 登記이다. 豫告登記가 있다고 해서 그 不動產에 관하여 處分禁止의 效力이 생기지는 않는다. 또한 訴訟이 반드시 正當한 理由에 기하여 제기된다고도 할 수 없으므로 豫告登記가 있더라도 그 訴訟提起의 이유가 되는 登記原因의 無效 또는 失效가 眞正으로 존재한다는 推定을 생기게 하는 것도 아니다. 다만 登記原因의 取消에 의한 訴에 관하여는 그 取消를 가지고 善意의 제3자에게 對抗할 수 있는 경우이어야 한다(不登 §4 但). 따라서 錯誤나 詐欺·強迫에 의한 意思表示의 取消와 같이 善意의 제3자에게 對抗하지 못하는 경우에는 豫告登記는 허용되지 않는다. 登記原因이 無效이고 그 無效를 가지고 善意의 제3자에게 對抗하지 못하는 경우에도 取消의 경우와 마찬가지로 역시 豫告登記는 허용되지 않는다고 해석하여야 할 것이다.

8. 登記와 權利의 順位

(1) 不動產物權 등의 順位에 관한 原則

동일한 不動產에 관하여 登記한 권리의 순위는 法律에 다른 規定이 없는 때에는 登記의 前後에 의한다(不登 §5 I). 예컨대, 먼저 登記를 경료한 抵當權者는 後順位의 抵當權者에 우선하는 權利를 가지며, 還買特約의 登記 후에 목적물이

102) 이에 대하여 假登記의 假登記를 허용해야 한다는 견해가 있다. 郭潤直, 不登, 291.

제3자에게 讓渡되어 所有權移轉登記가 경료된 경우에도 還買權者는 제3자에 대항하여 還買權을 행사할 수 있다. 還買權의 登記 후 제3자를 위한 抵當權設定登記가 경료된 경우에도 還買權을 행사하여 所有權을 취득한 還買權者는 제3자의 抵當權의 부담을 지지 아니한다.

(가) 同區에서 한 登記의 前後 登記의 前後는 登記用紙 중 同區에서 한 登記에 대하여는 順位番號에 의한다(不登 §5 II 前文). 登記公務員이 申請書를 받았을 때에는 접수장과 신청서에 接受의 年月日, 接受番號 등을 기재하고(不登 §53 I 本文), 接受番號의 順序에 따라 登記를 하지 아니하면 아니되며(不登 §54), 事項欄에 登記를 한 때에는 順位番號欄에 番號를 기재하여야 하므로 順位番號는 接受番號의 순서에 따르게 된다. 그러나 登記公務員이 過失로 接受番號의 순서에 따라 順位番號를 정하지 아니하였다 하여도 順位番號의 순서에 따라 權利의 順位가 정해질 수밖에 없다. 이 경우 登記公務員이나 國家의 賠償責任이 생길 뿐이다.

(나) 別區에서 한 登記의 前後 別區에서 한 登記에 대하여는 接受番號에 의하여 登記의 前後가 정해지고(不登 §5 II 後文), 실제로 행해진 登記의 順序에 의하는 것은 아니다. 따라서 예컨대, 甲區에 된 所有權移轉請求權保全의 假登記의 接受番號가 앞서고 乙區에 된 抵當權設定登記의 接受番號가 뒷서는 경우 실제의 登記의 順序가 거꾸로라고 하더라도 所有權移轉의 本登記가 되면 抵當權은 실행될 수 없다.

(다) 建物登記와 建物의 垈地에 대한 權利登記의 前後 建物의 所有를 목적으로 한 土地賃貸借는 이를 登記하지 아니한 경우에도 賃借人이 그 地上建物을 登記한 때에는 그 登記로서 제3자에 대하여 賃貸借의 效力을 주장할 수 있다(民 §622 I). 따라서 賃借權登記의 效力이 있는 建物登記와 建物의 垈地에 대한 그 밖의 權利(예컨대 抵當權)의 順位는 건물등기와 垈地에 대한 權利의 등기의 前後에 의하여 정해진다. 그 경우에도 登記의 前後는 不登 §5 II 後文을 유추하여 接受番號의 順序에 따를 것이다.

(2) 假登記에 의해 本登記가 된 權利의 順位

假登記를 한 경우에는 本登記의 순위는 假登記의 順位에 의한다(不登 §6 II). 이는 本登記된 權利의 순위는 假登記의 順序에 의해 정해진다는 것을 뜻한다. 즉 假登記가 된 權利 자체는 그 상태에서는 物權 등으로서의 效力을 갖지 아니하나 그것이 本登記되면 그 權利와 登記된 다른 權利의 순위는 假登記와 다른 權利의 登記의 順序에 의한다.

(3) 附記된 權利의 順位

附記登記의 順位는 主登記의 順位에 의한다(不登 §6 I). 이는 附記登記가 된 權利의 順位는 主登記에 表示된 權利의 順位에 의함을 뜻한다. 所有權 이외의 權利의 移轉登記, 예컨대 抵當權讓渡의 登記는 抵當權設定登記(主登記)에 附記해서 행해지므로 抵當權移轉登記에 의해 抵當權을 讓受한 者의 抵當權(附記登記된 權利)의 順位는 主登記에 표시된 抵當權(抵當權設定者인 讓渡人의 抵當權)의 順位에 의한다. 따라서 一番抵當權을 讓受한 者는 一番抵當權을 취득한다.

附記登記相互間의 順位는 그 前後에 의한다(不登 §5 I 但). 이는 附記登記된 權利間의 순위는 附記登記의 前後에 의함을 뜻한다. 예컨대, 甲으로부터 乙에게 抵當權移轉의 假登記가 附記方式으로 되고, 이어서 甲으로부터 丙에게 抵當權의 移轉登記가 附記方式으로 되었다가 그 후 甲으로부터 乙에게 抵當權移轉의 本登記가 附記方式으로 되면 本登記의 순위는 假登記의 순위에 의하므로 乙名義의 本登記는 丙名義의 附記登記에 先行하게 되어 丙名義의 抵當權登記는 抹消되게 된다.

9. 登記의 節次

登記는 原則的으로 當事者의 申請 또는 官公署의 囑託에 의하여서만 이를 할 수 있고, 例外的으로 法律에 다른 규정이 있는 경우에 한하여 할 수 있다(不登 §27 I).

그런데 官公署의 囑託이란 것도 官公署가 지니는 높은 信用度를 바탕으로 하거나 公權力의 주체임을 토대로 하여 官公署가 직접 實體法上의 權利關係의 주체로서 또는 다른 私人間의 權利關係에 介入하여 행하는 것이므로 그 實質은 申請의 한 변형된 모습이라 할 것이다. 當事者의 申請이나 官公署의 囑託이 없더라도 登記節次가 開始되는 例外의 경우는 登記公務員의 職權에 의한 경우(不登 §§72, 94 Ⅲ, 111, 64-2 Ⅱ·Ⅲ, 102-3 Ⅱ, 172 Ⅱ, 173, 174, 134, 57-2, 102-2 Ⅱ·Ⅲ, 102-3 Ⅰ·Ⅱ, 102-4 Ⅱ·Ⅲ, 102-5, 112-3 Ⅲ)와 法院의 命令에 의한 경우(不登 §§184, 185)가 있다. 私權의 實現 및 去來安全의 보호와 관련하여 가장 중요한 것이 當事者의 申請에 의한 登記이므로 아래에서 이를 중심으로 하여 登記節次를 살핀다.

(1) 登記의 申請

(가) 登記申請行爲 　登記申請行爲는 登記申請人이 登記所에 대하여 일정한 내용의 登記를 할 것을 요구하는 行爲로서 登記節次法上 요구되는 意

思表示이다. 그러므로 이는 私法上의 法律行爲는 아니며 私人이 행하는 일종의 公法上의 行爲이다. 登記를 申請하는 當事者가 意思能力을 가져야 함은 당연하지만, 그 밖에 行爲能力을 가져야 하는가가 문제된다. 그러나 登記申請行爲의 결과 私法上의 權利關係에 변동을 가져오므로 行爲能力도 가져야 할 것이다. 다만 그 登記로 인하여 權利를 취득하게 되는 申請人(登記權利者)은 法律上 利益을 얻을 뿐이므로 意思能力만 있으면 족하다 할 것이다. 登記申請에 있어서 요구되는 이상과 같은 能力을 갖추지 아니한 경우로서 適法한 代理人에 의하여 代理되지 아니한 때에는 不登 §55 Ⅲ에 의하여 登記申請을 却下하여야 할 것이다. 그러나 登記申請이 受理되어 登記가 완료되어버리면 그 登記에 대응하는 實質關係가 존재하는 한 그 登記는 有效한 것으로 볼 것이다.

(나) 登記申請의 當事者

(a) 共同申請主義의 原則 登記의 申請은 「登記權利者와 登記義務者」가 共同으로 이를 하는 것이 原則이다(不登 §28). 登記를 함에 있어서 登記의 기초가 되는 實體法上의 權利關係의 證明이 완전하다면 굳이 兩方當事者의 共同申請에 의하지 않고 當事者의 一方의 單獨申請에 의하여도 무방할 것이다. 그러나 實體的 權利關係에 대한 證明이 부족한 日本과 우리 나라는 당해 登記에 관하여 利害關係를 가지는 兩當事者가 공동으로 登記申請을 하게 함으로써 眞正한 登記가 확보될 수 있다고 보아 共同申請主義를 취하고 있다. 共同申請主義와 관련하여 登記權利者와 登記義務者의 개념이 중요한 문제로 등장하는 바, 이에 관한 설명은 별항으로서 登記請求權에 맡긴다.

(b) 單獨申請主義의 例外 共同申請에 의하지 않더라도 登記의 眞正을 보장할 수 있는 사정이 있거나 또는 當該 登記의 性質上 登記義務者의 존재를 생각할 수 없는 경우에는 登記權利者 또는 登記名義人의 단독신청이 인정된다. 예컨대, 判決에 의한 登記(不登 §29), 相續에 의한 登記(不登 §29), 假登記義務者의 承諾書 또는 假登記를 命하는 假處分命令의 正本을 첨부해서 申請하는 假登記(不登 §37), 滅失回復登記(不登 §72) 등은 前者의 이유로 登記權利者만에 의한 單獨申請을 허용하는 경우이고, 未登記不動產所有權의 保存登記(不登 §§130, 131), 不動產의 分合 기타의 變更登記(不登 §§90, 101), 登記名義人의 表示의 變更(不登 §31)이 後者의 이유로 實體上의 權利者 또는 登記名義人에 의한 登記申請을 인정하는 경우이다. 그 밖에 登記權利者와 登記義務者 雙方의 利益의 比較, 當該 登記의 목적의 特殊性 등의 여러 사정을 고려할 때 共同申請을 강요하는 것이 타당하지 않은 경

우에는 登記權利者의 單獨申請을 허용한다. 예컨대, 登記義務者의 行方不明의 경우의 抹消登記(不登 §167), 假登記(不登 §§37, 38) 등이 이에 해당한다.

(c) 相續人에 의한 登記　　登記原因은 이미 존재하고 있으나 아직 登記申請을 하지 않고 있는 동안에 登記權利者 또는 登記義務者에 관하여 相續이 開始된 경우에는 實體法上의 登記權利者 또는 登記義務者로서의 지위는 相續人에 의하여 承繼되고 또한 被相續人이 가지고 있었던 登記申請權도 승계된다. 그리하여 被相續人이 살아 있다면 그가 신청하였을 登記를 相續人이 申請하게 된다. 이는 일단 相續登記를 한 뒤 다시 登記原因에 따른 登記를 하는 번거로움을 피하기 위하여 인정되는 것이다. 그러므로 登記申請을 하는 登記權利者 또는 登記義務者의 相續人은 상속을 證明하는 市·區·邑·面의 長의 書面이나 그 밖에 相續을 證明할 만한 書面을 첨부하여야 한다(不登 §47).

(d) 代位申請　　登記의 申請은 登記權利者·登記義務者 또는 登記名義人이 이를 하여야 하고, 그 밖의 者는 登記申請人이 되지 못하는 것이 原則이다. 그러나 이 원칙에 대한 예외를 인정하는 것이 代位申請이다. 예컨대, 甲의 債務者 乙이 丙에 대하여 登記請求權을 가지고 있고, 丙은 乙과의 登記申請이 協力할 용의가 있으나 乙이 登記申請을 하려고 하지 않고 있는 경우에 乙의 債權者 甲이 自己債權의 保全을 위하여 丙으로부터 乙로의 登記의 實現을 필요로 한다면 甲은 乙의 登記申請權을 代位行使해서 丙과의 申請으로 丙으로부터 乙로의 登記를 실현할 수 있는 것이다. 바꾸어 말해서 債權者는 自己債權의 보전을 위하여 債務者가 가지는 登記申請權을 債務者의 代理人으로서가 아니라 자기의 이름으로 行使하여 債務者名義의 登記를 신청할 수 있다. 이것이 登記의 代位申請이다. 이는 債務者의 제3자에 대한 特定債權을 행사함으로써 金錢債權이 아닌 자기의 特定債權을 보전하려는 것이므로 債務者의 無資力 여부도 문제되지 아니한다. 또한 區分建物의 所有者는 一棟의 건물에 속하는 다른 區分建物의 소유자에 代位하여 그 건물의 표시에 관한 登記를 신청할 수 있고(不登 §131-2 Ⅱ), 建物의 新築으로 인하여 區分建物이 아닌 건물이 구분건물이 된 경우에 建物의 所有者는 다른 건물의 소유자에 代位하여 所有權保存登記 또는 表示變更登記를 신청할 수 있다(不登 §131-2 Ⅳ). 이는 一棟의 건물을 구분한 建物에 있어서 「一棟의 建物」의 表題部와 그 一棟의 建物에 속하는 각 區分建物의 登記用紙를 두도록 하여, 區分建物들을 명확하게 특정하고 一棟의 건물의 전체와의 關係 및 區分建物 상호간의 관계를 명확히 하기 위한 목적을 실현하

기 위하여 法律이 특별히 인정한 것이다.

(e) 代理人에 의한 申請 登記申請은 本人은 물론이며 代理人에 의하여서도 할 수 있다(不登 §28). 代理人에 의한 登記申請에 관하여는 다음과 같은 문제가 있다.

첫째, 登記申請의 代理人은 行爲能力者이어야 하느냐가 문제된다. 登記申請行爲는 實體法上의 權利變動을 위한 法律行爲가 이미 행하여져 있고 다만 權利變動을 위하여 公示의 목적으로 法律이 요구하는 登記를 갖추기 위하여 이를 申請하는 행위일 뿐이고, 또한 實體法上의 權利變動을 위한 法律行爲 자체에 관하여는 代理人은 能力者임을 요하지 않는 점(民 §117)을 고려하면 申請行爲의 代理人은 行爲能力者임을 요하지 아니한다.

둘째, 登記申請에는 이른바 自己契約 또는 雙方代理를 인정할 수 있느냐가 문제된다. 그러나 登記申請은 私法上의 權利變動을 위한 法律行爲가 이미 행하여지고 있는 경우에 그 效力發生을 위하여 法律이 요구하는 또 하나의 요건인 登記라는 公示를 갖추기 위한 행위이므로 自己契約이나 雙方代理를 인정하여도 아무런 폐해가 없다 할 것이다.

셋째, 登記申請의 代理는 登記申請行爲에 관한 代理이므로 代理人이 가지는 代理權은 그의 申請行爲의 종료까지, 즉 登記公務員이 그 申請을 接受하는 때에 있는 것으로 충분하고, 登記公務員이 登記를 완료하는 시기까지 存續하고 있어야 하는 것은 아니다.

(다) 登記申請에 필요한 書面 登記申請은 要式行爲이며 申請書 기타의 法定의 書面을 첨부해서 이를 하여야 한다(不登 §40 I). 登記公務員은 이들을 통하여 登記申請의 適法性을 審査한다. 그 주요한 것은 다음과 같다.

(a) 申請書 登記를 申請하려면 반드시 申請書를 提出하여야 하며, 申請書에는 일정사항을 記載하고 申請人이 記名捺印하여야 한다(不登 §41). 登記하여야 할 權利나 事項이 數個의 不動產에 관한 것인 때에는 그 個數에 따른 數만큼의 申請書를 작성해서 提出하여야 하는 것이 원칙이다. 그러나 동일한 登記所의 管轄 내에 있는 數個의 不動產에 관한 登記를 申請하는 경우에는 登記原因과 그 登記의 목적이 동일한 때에 한하며 동일한 申請書로서 登記를 申請할 수 있다(不登 §51).

(b) 登記原因을 證明하는 書面 申請書에는 「登記原因과 그 年月日」을 기재하여야 하며(不登 §41 I, V), 이는 또한 登記簿의 記載事項이 된다(不登 §57 I).

원래 共同申請에 의하여 이루어지는 登記는 登記權利者와 登記義務者의 共同申請이 있는 한 그 登記의 眞正性이 擔保되는 셈이므로 따로 그 登記原因에 관한 사항을 반드시 證明하게 할 필요는 없다 할 것이나, 그 眞正性을 강화하기 위하여 登記原因을 證明하는 書面을 제출토록 한 것이다. 예컨대, 賣買·交換·贈與 등에 의한 所有權移轉登記의 申請에 있어서는 그 契約書, 그리고 抵當權設定登記를 신청하는 경우에는 抵當權設定契約書가 登記原因을 증명하는 書面이 된다. 그리고 不登 §40 Ⅱ은 賣買나 交換이 登記原因인 때에는 提出할 契約書는 市長, 區廳長, 郡守 또는 그 權限을 위임받은 者의 檢印을 받은 用紙에 작성한 것이어야 한다고 규정하고, 이것이 1988.10.1부터 시행됨으로써 종전에 賣買의 경우에 관행적으로 登記原因證明書面으로 이용되던 賣渡證書는 자취를 감추게 되었다(다만 不登 §40 Ⅱ는 1991.12.14 삭제됨). 뿐만 아니라 不動產登記特別措置法(法律 제 4244호)이 1990.9.2부터 시행됨에 따라 同法 §3에 의하여 모든 契約을 원인으로 所有權移轉登記를 申請할 때에는 當事者, 目的不動產, 契約年月日, 代金 및 그 支給日字 등 支給에 관한 事項 또는 評價額 및 그 差額의 精算에 관한 事項, 부동산중개업자가 있을 때에는 不動產仲介業者, 계약의 條件이나 期限이 있을 때에는 그 條件 또는 期限이 각 記載된 계약서에 檢印申請人을 표시하여 不動產의 所在地를 관할하는 市長(區가 設置되어 있는 市에 있어서는 區廳長), 郡守 또는 그 權限을 위임받은 者의 檢印을 받아 管轄登記所에 제출하여야 하므로 登記原因證明書面은 위와 같은 樣式에 그 절차를 거친 것으로 한정되게 되었다. 判決 또는 相續에 의한 登記와 같이 單獨申請에 의하는 경우에는 眞正性을 擔保하기 위하여 登記原因을 證明하는 書面을 제출하여야 함은 당연하다. 判決의 경우에는 判決正本(和解調書 등 旣判力이 인정되는 것도 이미 준한다)이 이에 해당한다. 다만 不登特措 §3 Ⅱ에 따라 判決書 등에 소정의 檢印을 받아야 한다. 그리고 判決에 의한 登記의 경우에 登記原因은 判決 그 자체가 아니라 判決이 내려진 原因行爲가 이에 해당한다. 다만 判決의 主文에 登記原因의 기재가 없으면 登記原因은 判決, 年月日은 判決宣告年月日로 할 수밖에 없다.[103]

한편 不登 §45는 登記原因을 證明하는 書面이 처음부터 없거나(口頭契約의 경우) 또는 이를 提出할 수 없는 경우(紛失·滅失의 경우)에는 申請書의 副本을 제출하여 登記原因證明書面에 갈음하도록 하고 다만 登記原因이 賣買·交換인 경우에는 그렇게 할 수 없도록 규정하고 있다. 원래 申請書副本으로 登記原因證明書面에 갈

103) 大判 81.3.10, 80다2583(集 29-1, 100).

음하도록 한 취지는 徵稅의 確保를 용이하게 하고 또한 登記畢證의 作成을 손쉽게 할 수 있도록 하기 위한 것이다. 그러나 不登特措 §3에 따라 모든 契約에 의한 所有權移轉登記申請의 경우에는 반드시 檢印契約書를 提出하여야 하므로, 이에 해당하는 경우에는 반드시 書面의 契約書를 작성하여 이를 登記原因證明書面으로 제출하여야 하고 申請書의 副本으로 갈음할 수 없게 되었다 할 것이다. 또 그러한 契約書가 紛失되었다는 이유로 申請書의 副本을 제출할 수는 없는 것이며, 이러한 경우에는 契約當事者는 같은 契約書를 다시 작성하여 提出할 수밖에 없을 것이다. 相續의 경우는 "相續을 證明하는 市·區·邑·面의 長의 書面 또는 이를 證明함에 足한 書面"이 登記原因을 證明하는 書面이 된다.

(c) 登記義務者의 權利에 관한 登記畢證 登記畢證은 어떤 登記의 申請이 있는 경우에 그 登記를 완료한 때에 登記所가 그 登記의 申請人에게 교부하는 登記完了의 證明書이다(不登 §§ 67, 68). 登記申請時 등기의무자의 권리에 관한 登記畢證을 제출케 한 것은, 登記를 申請하고자 하는 權利關係의 起點이 되는 登記義務者가 과연 眞正한 登記義務者인지 여부를 登記公務員이 확인할 수 있게 하고, 그리하여 不眞正한 虛僞의 登記申請을 예방해서 登記의 眞正을 보장하려는 데 있다. 위와 같이 登記畢證을 提出케 하는 이유가 登記義務者 本人의 證明이 있기 때문에 그 證明이 필요하지 않는 경우에는 그 제출을 요구할 필요가 없다. 다음의 경우가 이에 해당한다.

첫째, 登記權利者가 단독으로 申請하는 경우이다. 所有權保存登記 등과 같이 登記義務者가 도대체 존재하지 아니하는 경우와 判決·相續에 의한 登記와 같이 登記義務者는 존재하지만 登記權利者의 單獨申請에 의하더라도 그 眞正性이 擔保되는 경우에는 登記義務者의 登記畢證의 提出이 요구되지 아니한다. 判決에 의하여 登記를 共同申請하더라도 마찬가지이다.

둘째, 登記義務者의 權利에 관한 登記畢證이 滅失되어 이를 提出할 수 없는 경우이다. 종전에는 이와 같은 경우 그 登記所에서 所有權登記를 한 成年者 2인 이상이 登記義務者가 본인임을 보증하는 書面 2통을 申請書에 첨부하도록 하였다. 그러나 이 제도는 登記의 眞正確保라는 그 본래의 기능을 제대로 수행하지 못하면서 국민에게 불편과 부담만을 주어서 1991.12.14 改正法은 이를 폐지하였다. 그 대신 다음 세 가지 중 하나의 절차를 거쳐 登記申請을 할 수 있도록 하였다. ① 登記義務者 또는 그 法定代理人 본인이 登記所에 출석하고, 登

記公務員은 주민등록증, 여권, 자동차운전면허증 등의 증명서에 의하여 그가 登記義務者 본인임을 확인하는 소정의 조서를 작성하는 방법이다(不登 §49 I 本文 II, 不登規 §59). ② 登記申請代理人이 변호사 또는 법무사인 경우에 한하여 그들이 신청서상의 登記義務者 또는 法定代理人 본인으로부터 委任받았음을 확인하는 書面 2통을 작성하여 申請書에 첨부하는 방법이다(不登 §49 I 但 前文, III). ③ 登記申請書(위임에 의한 대리인에 의하여 申請하는 경우에는 그 권한을 증명하는 서면) 중 登記義務者의 작성부분에 대한 公證을 받고 그 副本 1통을 申請書에 첨부하는 방법이다(不登 §49 I 但 後文).

(d) 登記原因에 要求되는 제3자의 許可·同意 또는 承諾을 證明하는 書面　登記原因에 관하여 제3자의 許可·同意 또는 承諾을 필요로 하는 경우에는 이들 제3자의 許可나 同意 또는 承諾이 있었음을 證明하는 書面을 提出하여야 한다. 그 理由는 제3자의 同意·許可 또는 承諾을 有效要件으로 하는 法律行爲를 原因으로 하여 일어나게 될 物權變動의 제3자의 許可·同意 또는 承諾이 없는 한 그 效力을 발생할 수 없으므로 만일에 그러한 許可 등이 있었음을 證明하는 書面없이 登記를 하게 되면 마치 그 效力을 발생하지 못하고 있는 物權變動이 이미 效力을 발생하고 있는 것처럼 公示하는 결과가 되기 때문에 이 弊害를 막기 위하여서이다. 登記原因에 관하여 제3자의 許可·同意 또는 承諾을 요하는 구체적인 경우는 각 法律이 따로 정하고 있다. 문제는 제3자의 同意가 없으면 登記原因인 法律行爲가 取消할 수 있는 것으로 되는 경우이다. 取消할 수 있는 行爲는 取消가 있을 때까지는 有效한 것이므로 제3자의 同意 등을 證明하는 書面을 提出케 함이 없이 登記하여야 한다고 해석할 수도 있을 것이나, 장차 失效될 위험이 많은 登記의 成立을 사전에 막아 去來安全을 도모한다는 뜻에서, 이 경우에도 그 證明書面을 제출케 함이 타당하다.[104]

그러나 登記原因에 관하여 제3자의 許可·同意 또는 承諾을 요하는 경우이더라도 「登記原因을 證明하는 書面이 執行力있는 判決인 때」에는 許可 등을 證明하는 書面의 提出은 필요하지 않다(不登 §40 III). 이는 제3자의 許可 등의 有無가 이미 裁判에서 審査되었을 것임을 전제로 한 것이다. 그러나 제3자의 許可·同意·承諾이 行政官廳에 의한 것인 경우 및 登記原因에 대하여 行政官廳에 申告할 것이 요구되는 때에는 判決에 의한 登記申請에도 그 許可·同意·承諾·申告를 證明하는 書面을 제출하여야 한다(不登特措 §5). 이는 民事訴訟節次上의 辯論主義의 원칙에 따라 行政官廳의 許可 등이 없는 경우라도 所有權移轉登記

104) 郭潤直, 不登, 188.

를 命하는 判決이 내려질 수 있으므로 적어도 公益上의 理由로 그러한 許可 등을 요구하는 경우에는 登記申請節次에서는 이를 제출토록 하여 公益目的을 달성할 수 있도록 하게 하기 위함이다.[105)]

(e) 代理權限을 證明하는 書面 登記申請을 代理人에 의하여 하는 때에는 그 代理人의 권한을 證明하는 書面을 제출하여야 한다. 여기서 代理人이라는 것은 任意代理人·法定代理人은 물론이고 法人의 代表機關도 포함하는 것으로 새겨야 한다. 또한 法人이 아닌 社團이나 財團도 登記申請適格이 인정되므로 그 代表者나 管理人도 여기서 말하는 代理人에 포함된다고 하여야 한다. 代理權限을 證明하는 書面은 委任狀·戶籍謄本·法人登記簿 또는 會社登記簿의 謄本 등을 말한다. 法人이 아닌 社團이나 財團이 그의 代表者 또는 管理人에 의하여 登記를 申請하는 경우에는 그 社團이나 財團의 定款 또는 規約, 代表者 또는 管理人임을 證明하는 書面 등을 제출케 하여 代理權限을 證明한다(不登規 §56).

(f) 申請人의 住所를 證明하는 書面 所有權의 保存 또는 移轉의 登記를 申請하는 경우에는 申請人의 住所를 證明하는 書面을 提出하여야 한다. 申請人이 개인인 경우에는 住民登錄票의 謄·抄本이, 法人인 경우에는 法人登記簿의 謄·抄本이 그의 住所證明書가 된다. 住所證明書의 첨부를 요구하는 것은 잘못된 住所의 登記나 虛無人名義의 登記를 막고 아울러 徵稅의 확실을 꾀하기 위한 것이다. 登記를 함에 있어서는 登記權利者의 姓名 또는 名稱에 倂記하여 住民登錄番號 또는 不動產登記用登錄番號를 記載하게 된다. 個人이나 法人의 경우에는 위에 본 住所證明書에 의하여 記載할 각 番號를 알 수 있으므로 그것으로 족하나, 그 밖에 法人이 아닌 社團이나 財團 또는 外國人이 登記權利者인 경우에는 不動產登記用登錄番號를 證明하는 書面을 제출하여야 한다. 이는 徵稅 등의 行政目的을 달성하기 위하여 電算化를 하기 위한 수단으로 요청되는 것이다.

(g) 印鑑證明書 申請書에는 旣述한 바와 같이 一定事項을 記載

105) 公益上의 이유로 登記原因에 대하여 官公署의 許可 등을 요구하는 경우는 다음과 같다. ① 農地 및 林野의 處分에 관한 所在地官署의 證明(農改 §19 Ⅱ, 山林 §111 Ⅰ), ② 學校法人의 基本財產處分에 대한 監督廳의 許可(私學 §28 Ⅰ), ③ 土地去來規制地域內의 土地去來契約에 대한 管轄道知事의 許可(國土管 §21-3 Ⅰ), ④ 個人의 所有上限超過宅地取得과 法人의 宅地取得에 대한 管轄市長·郡守·區廳長의 許可(宅地所有上限에 관한 法 §10 Ⅰ), ⑤ 傳統寺刹의 不動產處分에 대한 文化部長官의 許可(寺保 §6 Ⅰ ii), ⑥ 鄕校財團法人의 不動產處分에 대한 文化部長官의 許可(鄕校財產 §11 Ⅰ i), ⑦ 外國人과 外國法人의 土地에 관한 權利의 取得에 대한 內務部長官의 許可(外土 §5 Ⅰ).

하고 申請人이 記名捺印하여야 한다. 代理人에 의하여 登記를 申請하는 때에는 그 代理人이 記名捺印하게 된다. 이와 같이 申請人 또는 그의 代理人이 申請書에 捺印한 경우에는 그 捺印한 印鑑이 眞正한 것이라는 證明을 위하여 申請書에 捺印한 印鑑의 證明書를 添附·提出하여야 한다. 그러나 모든 登記申請書에 첨부하여야 하는 것은 아니며 印鑑證明書의 첨부를 요하는 것은 다음의 세 경우이다. ① 所有權의 登記名義人이 登記義務者로서 登記를 申請할 때(不登規 §53 I), ② 所有權에 관한 假登記名義人이 假登記抹消를 申請할 때(不登規 §53 I), ③ 所有權 이외의 權利의 登記名義人이 登記義務者로서 申請書에 不登 §49 I 但書의 규정에 의한 서면을 첨부해서 登記를 申請하는 경우(不登規 §54).

위의 각 경우에 申請人이 자연인이면 住所地의 區廳長·市長 또는 邑·面長의 證明을 얻은 印鑑을, 그리고 法人 또는 外國會社가 申請人인 때에는 法人登記에 관하여 代表者의 印鑑을 제출한 등기소의 증명을 얻은 印鑑을 申請書에 捺印하고 印鑑證明書를 添附·提出하여야 한다(不登規 §53-4). 위와 같이 印鑑證明의 提出을 요구하는 것은 登記를 申請하는 本人이 틀림없는지를 확인하고 또한 登記申請意思가 있었음을 확인함으로써 虛僞의 登記가 생기는 것을 막기 위한 것이다. 提出하는 印鑑證明은 작성 후 3개월 이내의 것이어야 하나 不動産賣渡用의 印鑑證明書의 有效期間만은 發行日로 1개월 이내의 것이어야 한다(不登規 §55; 印鑑證明法施行令 §13 Ⅳ).

(2) 登記申請의 接受 및 審査

登記申請書가 提出된 때에는 登記公務員은 반드시 이를 接受하여 接受帳에 記載하고 接受의 순서에 따라 接受番號를 붙여 그 順序에 따라 모든 사항을 調査 내지 審査하여 登記의 實行 또는 申請의 却下를 하여야 한다(不登 §53). 登記의 申請人은 登記公務員에 의한 登記實行 또는 申請却下의 處分이 있기 전에 한하여 登記申請을 撤回할 수 있다 할 것이다.

登記와 實體的 權利關係가 부합하는 것이 登記制度의 目的이자 理想이다. 이를 위하여 登記公務員은 申請된 登記에 관한 事項을 審査하게 되는데, 이를 신중히 한 나머지 登記節次가 遲延된다면 去來의 迅速을 害하는 것이 되고, 去來의 迅速을 도모하다 보면 登記의 眞正性이 위협받을 수 있다. 아무튼 確實과 迅速이라는 두 목적을 달성할 수 있는 制度가 요청된다 할 것인데, 이를 위하여 審査에 관하여 이른바 實質的 審査主義와 形式的 審査主義가 대립된다. 後者는 審査의 범위를 登記節次法上의 適法性 여부에 한정하는 것이고, 前者는 그 밖에 登記申請의 實質的 理由 내지 原因의 存否와 效力까지도 審査케 하는 立法主義이다.

우리 不動産登記法은 §55에서 申請을 却下하여야 할 경우를 制限的으로 열거하고 있을 뿐이고 審査權限의 범위에 관한 一般的 規定을 두고 있지는 않다. 그런데 위 條項이 열거하고 있는 것은 단순한 形式的·節次的 事項뿐만 아니라 實質的·實體法的 事項도 포함하고 있다. 즉 登記原因을 證明하는 書面 등 實體法的 事項도 審査의 대상으로 하고 있다. 그러나 그 審査는 어디까지나 書面을 중심으로 審査이고 그 書面은 대개 私署證書에 불과하므로 우리 不動産登記法은 形式的 審査主義의 테두리를 벗어나지 못하고 있다고 말할 수 있다. 따라서 절차의 迅速은 도모할 수 있으나 虛僞의 登記가 발생할 위험은 그만큼 크다. 이를 해결하기 위하여 登記原因을 證明하는 書面을 公證하게 함으로써 登記의 確實과 迅速을 아울러 도모함을 연구하여야 할 것이다.

(3) 登記의 實行 및 그에 따른 節次

登記申請을 審査한 결과 申請이 適法하다고 인정되는 경우에는 登記公務員은 그 申請된 登記를 실행한다. 登記의 실행은 接受番號의 順序에 따라서 表示欄 또는 事項欄에 所定의 사항을 記載하고 登記公務員이 捺印함으로써 한다(不登 §§54, 77).[106] 그러므로 설사 登記가 완료된 것을 전제로 登記畢證이 交付되었다 하더라도 위와 같은 記載 및 捺印이 없는 한 登記가 있다 할 수 없다.

登記를 완료한 때에는 登記畢證을 작성해서 이를 登記權利者에게 交付한다(不登 §67 I). 登記畢證은 登記申請時에 제출한 登記原因을 證明하는 書面 또는 申請書의 副本에 申請書接受의 年月日·接受番號·順位番號와 登記畢의 취지를 기재하고 登記所印을 押捺한 것이다. 이를 交付하는 이유는 登記權利者가 장차 登記義務者 또는 登記名義人으로써 登記를 申請하는 경우나 登記簿의 滅失로 回復登記를 하는 경우 등에 있어서 本人證明이나 權利證明의 수단으로 이용하도록 하기 위함이다. 그러나 登記畢證은 어느 시점에 일정한 내용의 登記가 되었다는 證明書에 불과할 뿐 不動産物權의 現狀을 化體한 것이 아님은 물론 不動産의 權利關係에 관한 履歷書도 아니다.

한편 申請書에 첨부한 登記義務者의 登記畢證 또는 不登 §49에 의한 書面의 一通에는 登記의 目的과 登記畢의 취지를 기재하고 登記所印을 押捺하여

106) 우리 不動産登記法은 登記年月日을 登記事項으로 규정하고 있지 아니하나, 物權變動에 관하여 成立要件主義를 취하는 우리 民法上 法律行爲에 의한 物權變動의 시기를 명확히 하기 위하여는 登記年月日도 기재하여야 할 것이다. 郭潤直, 不登, 133.

登記義務者에게 返還하여야 한다(不登 § 67 Ⅱ). 다만 登記畢證에 나타난 登記名義人 중의 一部 또는 數個의 權利 중의 일부만이 權利移轉된 경우에는 그와 같은 취지가 기재되도록 하여 返還하여야 한다. 위와 같이 하는 취지는 이번에 完了된 登記에 의하여 그의 權利의 전부 또는 일부가 상실되었음을 그 書面 자체 위에 명기함으로써 無效化된 舊登記畢證이 장차 濫用되는 것을 방지하기 위한 것이다. 그리고 登記義務者가 登記畢證에 갈음하여 保證書를 제출한 경우에는 그와 같은 登記畢의 취지를 登記義務者에 通知하여야 한다(不登 本文 § 69). 登記義務者 아닌 者가 부정한 保證書를 제출하여 登記를 할 염려가 있기 때문에 이를 대처하기 위한 특별한 절차를 둔 것이다. 그러나 登記實務上 舊登記畢證이 위와 같은 취지의 기재가 되지 아니한 채 그대로 返還되는 경우가 많음을 유의히여야 한다.

登記所가 所有權의 保存 또는 移轉의 登記 또는 所有權의 登記名義人의 表示의 變更 또는 更正의 登記를 한 때에는 그 登記를 완료한 날부터 7일 이내에 申請書의 副本에 일정한 事項을 附記하여 이를 臺帳의 所管廳에 送付하여야 한다(不登 § 11, 不登規 § 104). 이는 登記簿를 토대로 하여 臺帳上의 權利에 관한 사항을 整理하기 위함이다. 또한 登記所가 不動產所有權의 保存登記 또는 移轉登記를 한 때에는 그 登記完了의 날로부터 10일 이내에 그 登記申請書의 副本에 일정한 사항을 기재하여 이를 不動產의 所在地를 管轄하는 稅務署長에게 송부하여야 한다(不登 § 11-2, 不登規 § 105). 그리고 위의 所有權移轉登記가 賣買 또는 交換을 원인으로 하는 것일 때에는 위의 申請書副本에다가 登記申請時에 當事者가 提出한 賣買契約書 또는 交換契約書의 寫本을 첨부하여 송부하여야 한다. 이는 課稅官廳의 徵稅의 편의를 도모하기 위한 것이다.

(4) 登記公務員의 處分에 대한 異議

登記公務員의 부당한 處分·決定에 대하여는 그로 인하여 不利益을 입은 當事者가 그 是正, 즉 부당한 決定이나 處分의 效果를 제거해서 정당한 處分이 있었던 것과 같은 效果 내지 狀態를 이룰 수 있도록 請求하는 제도가 필요한바, 이를 위한 것이 不登 § 178 이하가 규정한 異議制度이다. 물론 登記公務員의 處分이 不法行爲를 구성하는 것이라면 國家賠償法에 의하여 損害賠償도 請求할 수 있다. 異議의 대상이 되는 것에는 登記申請却下決定은 물론 그 밖에 登記簿에 관하여 하는 登記節次 또는 登記簿의 閱覽·謄抄本의 交付 등과 관련한 모든 處分이 포함된다.

登記簿에 관하여 하여야 할 處分에 관하여는 消極的 不當과 積極的 不當을 나눌 수 있다. 消極的 不當, 즉 登記申請을 接受해서 登記를 실행하여야 함에도 불구하고, 申請을 却下하거나 登記의 실행을 게을리하는 등의 경우에는 그 登記를 실행하라는 異議를 申請하여 그 목적을 달성할 수 있다. 그러나 積極的 不當, 즉 不登 §55에 해당하는 것으로서 申請을 却下하여야 하였음에도 불구하고 이를 接受해서 登記를 하거나 또는 하여야 할 登記와 다른 登記를 한 경우에는 문제가 다르다. 즉 그러한 경우로서 不登 §55 i, ii에 위배되는 登記實行處分에 대하여는 그 登記를 抹消하는 異議를 申請할 수 있으나 同條 iii 이하에 違背되는 登記의 實行處分에 대하여는 異議申請이 허용되지 않는다는 것이 判例[107]이다. 그리고 登記가 不登 §55 i, ii에 위배된 것인 때에는 登記公務員이 職權으로 抹消할 수 있다(不登 §§175-177). 登記公務員의 決定 기타의 處分이 부당한 것인지의 여부는 그 處分을 한 時點을 기준으로 해서 判定되어야 한다. 즉 異議는 新事實이나 新證據方法으로써 이를 하지 못하는 것이다(不登 §180). 異議申請은 당해 登記公務員을 감독하는 地方法院에 대하여 한다(不登 §178). 方法은 異議申請書를 당해 登記所에 제출해서 이를 하여야 한다(不登 §179). 登記公務員은 異議가 이유있다고 인정한 때에는 상당한 處分을 하여야 한다(不登 §181 Ⅱ). 그러나 異議가 이유없다고 인정한 때에는 3일 이내에 意見을 붙여서 事件을 管轄地方法院에 送付하여야 한다(不登 §181 Ⅰ). 설사 異議가 이유있다고 인정하더라도 이미 登記를 완료한 후인 때에는 그 登記에 관하여 異議가 있다는 뜻을 附記하고, 이를 登記上의 利害關係人에게 通知하고 3일 이내에 意見을 붙여서 管轄地方法院에 송부하여야 한다(不登 §181 Ⅲ). 管轄地方法院은 異議에 관하여 이유를 붙여서 決定을 하여야 한다(不登 §183 Ⅰ 前段). 이 경우 異議가 이유있다고 인정한 때에는 登記公務員에게 상당한 處分을 命하고 그 취지를 異議申請人과 登記上의 利害關係人에게 通知하여야 한다(不登 §183 Ⅰ 後段).

위의 상당한 處分으로서 일정한 登記를 命할 수 있음은 물론이나 그러한 決定을 기다려서 登記를 하게 되면 異議申請人이 回復할 수 없는 損害를 입을 염려가 있게 되는 경우에 대비해서 管轄地方法院은 異議에 대하여 決定하기 전에 登記公務員에게 假登記를 命할 수 있는 것으로 하였다(不登 §184). 異議申請을 却下하는 決定에 대하여는 異議申請人이 非訟事件節次法에 의하여 抗告할 수 있고(不登 §183 Ⅱ), 抗告法院의 決定에 대하여는 大法院에 再抗告할 수 있다(民訴 §412).

107) 大決 71. 1. 26, 70마812(集 19-1, 16).

10. 登記請求權

(1) 登記請求權의 意義·根據

우리 民法은 不動產의 物權變動에 관하여 形式主義를 취하여 원칙적으로는 登記를 物權變動의 效力發生要件으로 삼고 있으며(§186), 예외적으로 法律의 規定에 의한 物權變動이 생긴 경우에도 그 登記를 하여야 그 不動產을 處分할 수 있도록 함으로써(§187), 登記가 행해질 필요성이 절대적이며 그를 위한 구체적인 절차를 不動產登記法이 규정하고 있다. 그러면 이 登記를 구체적으로 여하히 할 것인가와 관련하여 문제되는바, 그 핵심요소가 登記請求權이다. 즉 登記는 어떠한 當事者 사이에서 어떠한 方法에 의하여 행하여지는가의 문제가 登記請求權의 문제이다. 통상 설명되기를, 우리 나라는 登記申請에 관하여 共同申請主義를 채용하기 때문에(不登 §27) 物權變動에 관련된 兩當事者가 共同으로 등기신청을 하여야 하므로, 登記를 원하는 一方當事者가 他方當事者에 대하여 登記申請에 협력할 것을 요구할 필요가 있으며 이를 위한 權利가 登記請求權이라는 것이다. 즉 不動產登記法上의 共同申請主義가 登記請求權의 一般的 根據라는 입장이다.

登記簿上 甲의 所有名義인 부동산을 乙에게 賣渡한 경우와 같은 통상의 事例를 생각하면 그와 같은 설명은 타당하다. 그러나 單獨申請에 의하여 이루어진 登記의 抹消를 구하는 경우의 登記請求權은 共同申請主義를 근거로 설명할 수 없다. 즉 甲의 所有로 保存登記가 되어 있는 建物이 실은 처음부터 乙의 所有였으므로 乙名義의 소유권을 登記簿에 현출시키기 위하여는 먼저 現在의 甲名義의 所有權保存登記를 말소하는 登記節次가 선행되어야 하며, 학설은 이를 위하여 乙의 甲에 대한 抹消登記請求權을 인정하고 있는바, 이 경우는 甲과 乙은 공동신청하여 당해 登記를 抹消할 관계에 서있지 아니하다. 甲은 단독으로 그 抹消를 신청하여 自己名義의 所有權保存登記를 말소할 수 있으며, 그리되면 乙은 自己名義로 所有權保存登記를 할 수 있게 되므로(甲名義의 所有權保存登記가 抹消되지 않고서는 一不動產 一用紙主義의 원칙상 乙名義의 保存登記가 경료될 수는 없다) 乙의 甲에 대한 協力請求는 「登記를 共同으로 申請하자」는 것이 아니고 「甲 단독으로 抹消登記를 申請하라」는 것이 된다. 登記는 共同申請主義의 원칙하에서만 이루어지는 것이 아니므로 登記請求權의 節次法的 根據는 共同申請主義에서 찾을 것이 아니라 더 나아가 當事者申請主義에까지 거슬러 올라가야 된다. 그러나 當事者申請主義가 단독으로 그 근거가 되

는 것은 아니다. 즉 登記制度는 公的制度로서 국가기관의 관장하에 들어있으나 그것은 어디까지나 私權의 保護를 목적으로 하는 制度이므로 이른바 私的自治의 原則이 여기에 적용되도록 하여 登記는 원칙적으로 當事者의 申請이 있는 경우에만 이루어지도록 하되 이 원칙하에서도 一方當事者만으로는 登記申請을 할 수 없고 他方當事者의 협력이 있어야 登記를 할 수 있도록 하는 公的制度를 형성해두었기 때문에 登記請求權이 비로소 존재하게 된다(예컨대, 登記公務員이 當事者間의 登記原因관계를 實質審査하여 登記하는 형태를 制度內容으로 한다면 登記請求權이 존재할 근거가 없어진다). 그러므로 登記請求權은 그 實現에 있어서 節次法의 도움이 필요하게 되어, 節次法과의 관련성이 아울러 고려되어야 하는 것이다. 그렇다고 하더라도 登記請求權은 본질적으로 私人이 私人에 대하여 登記申請에 관해 필요한 協力을 구하는 實體法的 權利이고, 私人이 登記公務員에 대해 登記라는 行政行爲를 구하는 公法上 權利인 登記申請權과 구별된다. 登記請求權에 實體法的 權利인 것과 그것이 登記節次에 어떻게 반영되는지에 대한 자세한 검토는 登記請求權의 當事者의 項에서 하고자 한다.

(2) 發生原因과 性質

登記請求權이 發生하는 원인과 그 성질에 관하여 民法은 아무런 규정을 두고 있지 않으며(다만 民 §621만이 不動產賃借人의 登記請求權을 규정하고 있다), 그 해결을 學說·判例에 맡기고 있다.

우리 나라의 學說은 登記請求權의 發生原因과 性質을 一元的으로 파악하는 입장은 없고 모두 多元的으로 파악하고 있다. 다만 그 구체적 내용에 있어서 상당한 견해차를 보이고 있으나 다음과 같은 區分下에 검토하는 것이 일반적인 경향이다.

(가) 法律行爲에 의한 物權變動의 경우 法律行爲에 의한 物權變動은 物權行爲와 登記에 의하여 일어나는 까닭에 이때에는 언제나 登記請求權이 문제된다. 이 경우의 登記請求權의 發生原因이 무엇이며 아울러 그 성질을 어떻게 파악하여야 하는가에 관하여는 견해가 다양하게 대립되어 있다. 이를 대별하면 그 發生原因을 原因行爲인 債權契約에서 구하는 제1의 입장과 이와 달리 物權的 合意나 物權的 期待權에서 구하는 제2의 입장 및 이 債權契約·物權的 期待權의 兩者에서 複合的으로 구하는 제3의 입장으로 나눌 수 있다.

(a) 第1의 立場 이에 의하면 登記請求權은 그 原因行爲인 債權契約으로부터 발생하고, 따라서 그 性質은 債權的 請求權이라고 파악하는 것이다. 다만 이 입장에 서면서도 物權行爲의 獨自性을 인정하는 見解[108]와 부정하

108) 張庚鶴, 247; 崔栻, 91.

는 見解[109]가 갈린다. 郭潤直 教授는 "物權行爲는 履行行爲, 給付行爲이므로 物權行爲로부터 어떤 給付請求權이 발생한다는 것은 理論的으로 부당하며, 給付請求權의 원인은 原因行爲에 돌아가서 찾을 수밖에 없다. 또한 登記는 物權行爲의 證明方法은 아니며 그것은 物權行爲와 동등한 價値를 가지는 物權行爲외의 또 하나의 要件인 것이다. 兩者는 다같이 物權變動의 要件이지 한쪽이 다른 쪽을 강제하는 義務를 발생케 하는 관계에 있는 것은 아니다. 物權行爲에서 登記請求權의 원인을 찾는 것은 부당하며 그것은 原因行爲인 債權行爲에서 구하여야 한다. …… 따라서 또한 그 性質은 債權的 請求權이라고 하여야 한다" 라고 설명한다.

(b) 第2의 立場　　이에 의하면 登記請求權은 物權的 合意 또는 이에 따른 物權的 期待權으로부터 발생하고, 따라서 그 성질은 物權的 請求權이라고 파악한다. 前者는 形式主義下에서 物權變動은 物權的 合意와 登記에 의하여 일어나므로 登記請求權이 物權的 法律行爲의 원인행위가 되는 債權契約에서 나온다고 봄은 적당치 아니하고, 登記가 物權變動의 一要素임을 생각하면 物權的 意思表示에 포함되어 거기에서 발생한다고 보는 것이다.[110] 後者는 완전한 物權의 取得을 위한 要件 중 일부는 이미 실현되었으나 아직 다른 要件을 갖추지 못한 者는 物權的 期待權을 갖는다고 파악하고, 物權的 合意가 있으면 取得者에게 物權的 期待權이 생기고 登記請求權은 이 物權的 期待權의 효력으로서 생기며 登記請求權도 物權的인 성질을 갖는다고 보는 것이다.[111]

(c) 第3의 立場　　이에 의하면 登記請求權은 그 原因行爲인 債權契約과 物權的 合意에 따른 物權的 期待權의 兩者에서 複合的으로 발생하고, 따라서 그 성질도 債權契約에서 발생한 것은 債權的 請求權이고 物權的 期待權에서 발생한 것은 物權的 請求權이라고 하여 登記請求權의 發生原因과 性質을 두 단계로 나누어 파악하는 것이다. 이는 金曾漢 教授가 종래의 第2의 立場을 다소 바꾸어 취한 입장이다.[112]

이상의 第2, 3의 입장은, 登記請求權이란 본래 登記所要書類의 交付 등 登記에 필요한 協力을 구하는 權利로서 論理上 登記所要書類의 交付 이전에 성립하고 있어야 하는데, 위 입장에서는 物權行爲의 獨自性을 인정하는 대전제하

109) 李英燮, "物權行爲의 獨自性", 法曹 9-7, 29; 郭潤直, 177.
110) 方順元, 43; 金容漢, 141.
111) 金曾漢, 92.
112) 金曾漢, 90.

에 物權行爲는 통상 登記所要書類의 交付時에 행하여진다고 해석하므로 이렇게 보는 이상 登記請求權의 문제가 통상은 일어나지 않는다는 이상한 결과에 이른다는 점 및 이른바 物權的 期待權의 觀念은 우리 民法下에서는 獨逸民法의 경우와 달리 이를 인정할 수 없으므로 이를 따로 구분하여 인정할 필요가 없다는 점 등에 비추어 타당치 아니하다. 그러므로 어떤 物權의 變動을 목적으로 하는 債權行爲가 있으면, 그 債權行爲에서 登記請求權은 당연히 발생한다고 하여야 하고 또한 그 성질은 債權的 請求權이라고 하는 第1의 立場이 타당하다. 判例도 이러한 입장을 취하고 있다.[113]

(나) 實體關係와 登記가 일치하지 않는 경우　　甲所有의 不動產에 관하여 無權利者 乙이 僞造文書를 사용하여 乙名義로 所有權移轉登記를 한 경우와 같이 登記와 實體的 權利關係가 일치하지 않는 경우에 그 不一致를 除去하기 위하여 登記請求權이 발생한다고 보아야 하고, 이때의 登記請求權은 物權의 效力으로서 발생하는 일종의 物權的 請求權이라고 대체로 설명되고 있다.[114] 判例도 같은 理論을 취하고 있다.[115] 登記와 實體的 權利關係가 일치하지 않는 경우에는, 眞正한 物權者는 物權內容의 완전한 實現을 방해당하고 있다고 할 수 있으며, 그러한 방해를 除去할 것을 妨害者(登記名義者)에게 요구할 수 있다고 하여야 하고, 이를 위하여 그 眞正한 物權者에게는 物權的 請求權을 갖는 登記請求權이 物權의 效力으로서 생긴다고 하여야 한다.[116] 따라서 物權이 없는 者는 설사 自己名義의 登記가 있다 하더라도 다른 登記名義者에게 抹消를 請求할 수는 없다.[117] 그러나 이러한 登記請求權의 문제는 眞正한 物權者가 登記節次上 그 단독으로 登記와 實體關係의 불일치를 除去할 수 있는 경우에는 생기지 아니한다. 즉 民 §187 所定의 相續·公用徵收·判決 등 法律의 規定에 의한 物權變動의 경우에는 登記없이 不動產物權의 變動이 생겨 登記와 實體關係가 不一致하게 되지만 이 경우 相續·公用徵收·判決 등에 있어선 登記節次上 物權取得者 單獨申請에 의한 登記가 경료될 길이 마련되어 있어 그 범위내에서는 登記請求權의 문제가 논의될 여지가 없다. 물론 法定地上權, 法定抵當權 등과 같이 登記節次上 單獨申請의 길이 열려있지 아니한 경우에는 이러

113) 大判 62.5.10, 61民上1232(集 10-2, 300); 大判(全) 76.11.6, 76다148(集 24-3, 277); 大判 76.11.23, 76다342(要集 民 I-1, 260).
114) 郭潤直, 178.
115) 大判 64.11.24, 64다851, 852(集 12-2, 178).
116) 郭潤直, 178.
117) 大判 82.12.28, 82다카349(集 30-4, 195).

한 登記請求權이 문제된다.

㈐ 取得時效의 경우 民 §254 Ⅰ은 "20年間 所有의 意思로 平穩·公然하게 不動産을 占有하는 者는 登記함으로써 그 所有權을 取得한다"라고 규정하여 이른바 占有取得時效에 의한 所有權의 取得에 登記를 갖출 것을 요하게 함으로써 民 §187의 原則에 대한 유일한 예외를 인정하고 있다. 따라서 이 경우에 있어서도 그 登記請求權의 發生原因 및 性質이 문제된다. 物權的 期待權의 觀念을 인정하는 입장에서는 取得時效가 完成함으로써 不動産의 占有者는 마치 物權的 合意가 있은 取得者와 마찬가지의 物權的 期待權을 取得한다고 해석하고 아울러 登記請求權은 역시 物權的 期待權의 效力으로서 생긴다고 본다.[118] 그러나 時效取得者의 地位는 확고하지 못하다. 甲의 不動産을 乙이 時效取得에 필요한 要件을 갖추어 점유하였다 하더라도 登記를 하지 아니한 한 法律上 甲이 여전히 所有者이며, 甲의 處分權이 制限 내지 禁止되지 않기 때문이다. 그러므로 登記請求權은 民 §245의 규정에 의하여 당연히 발생하며 그 性質은 債權的 請求權이라 할 것이다.[119]

한편 判例는 "舊民法上 時效에 의한 所有權取得은 그 登記가 없더라도 時效完成 당시의 所有者에게는 대항할 수 있고 그 所有權은 民法 附則 제10조에 의하여 1966.1.1로 喪失되나 時效完成으로 인한 債權的 登記請求權은 喪失되지 않는다"라고 判示한 바 있고,[120] "民法 제245조 제1항에 20年間 所有의 意思로 平穩·公然하게 不動産을 占有하는 者는 登記함으로써 그 所有權을 取得한다고 규정하고 있으므로 위 所有權取得期間의 滿了만으로는 所有權取得의 效力은 없으나 이를 원인으로 하여 所有權取得을 위한 登記請求權은 발생한다 할 것이다."[121] "取得時效가 完成된 후 그 所有權取得登記 이전에 제3자에게 所有權이 移轉되어 登記가 經了된 이상 그 제3자가 惡意의 取得者라고 하더라도 取得時效를 주장하지 못한다"[122]라고 판시하는바, 이들은 登記請求權의 性質을 債權的 請求權으로 파악하고 있다.

㈑ 不動産賃貸借와 不動産還買의 경우 民 §621 Ⅰ은 "不動産賃借人은 當事者間에 反對約定이 없으면 賃貸人에 대하여 그 賃貸借登記節次에 협

118) 金曾漢, 93.
119) 郭潤直, 180; 李太載, 97.
120) 大判 69.9.30, 68다2215, 2216(集 17-3, 131).
121) 大判 66.9.27, 66다977(要集 民 Ⅰ-1, 481).
122) 大判 67.10.31, 67다1635(要集 民 Ⅰ-1, 481).

력할 것을 請求할 수 있다"라고 규정하여 不動產賃借人의 賃貸人에 대한 登記請求權을 명백히 하고 있는바, 그 性質이 순수한 債權이라는 점은 異見이 없지만 그 發生原因에 관하여는 견해가 갈린다. 즉 法律의 規定에 의하여 發生한다는 說[123]과 賃貸借契約에 당연히 登記請求權에 관한 約定이 포함되고 있는 것으로 풀이하는 說[124]이 대립되고 있으나, 民 §621 I 이 不動產賃借人의 地位를 확보 또는 強化하기 위한 特則인 점을 고려한다면 賃貸借契約 속에 登記請求權에 관한 約定이 당연히 포함된다고 해석함은 무리이다.

그리고 民 §592는 "賣買의 目的이 不動產인 경우에 賣買登記와 동시에 還買權의 留保를 登記한 때에는 제3자에 대하여 그 效力이 있다"라고 규정하고 不登 §43는 그 登記의 길을 마련하고 있는바, 이러한 還買登記에 있어서의 登記請求權은 當事者 사이의 契約에 의하여 發生하고 그 性質은 債權的 請求權이라 할 것이다.[125]

(3) 登記請求權의 當事者와 登記權利者와 登記義務者

앞서 본 바와 같이 登記請求權은 登記制度가 實效性을 거둘 수 있도록 하기 위한 節次法的 必要에 의해 설정된 權利이지만 그 本質은 어디까지나 私人이 私人에 대하여 登記申請에 관해 필요한 協力을 구하는 實體法的 權利이다. 이에 반하여 登記權利者와 登記義務者의 개념은 우리 不動產登記法이 취하는 共同申請主義와 관련하여 성립되는 節次法的 概念이므로, 登記權利者·登記義務者의 관계가 登記請求權의 當事者, 즉 登記請求權者와 그 相對方의 관계가 반드시 일치하지는 않는다. 아래에서 登記權利者·登記義務者의 개념을 명백히 밝히고 登記請求權의 當事者와 登記權利者·登記義務者의 관계를 살펴본다.

講學上 흔히 登記權利者는 "登記될 事項에 의하여 直接的으로 權利를 얻거나 또는 義務를 免하게 되는 者"라고, 登記義務者는 "登記될 事項에 의하여 直接的으로 權利를 잃거나 또는 負擔을 받게 되는 者"라고 각 설명된다.[126] 통상의 경우와 같이 登記權利者·登記義務者의 관계가 登記請求權者와 그 相對方의 관계와 일치하는 경우에는 위와 같은 설명만으로도 共同申請主義의 운영을 둘러싸고 누구가 登記權利者·登記義務者인가를 판정하는 데 의문이 생기지 않는다. 예컨대, A가 그 所有의 不動產을 B에게 賣渡한 경우 B가 登記權利

123) 郭潤直, 181; 金容漢, 143.
124) 崔栻, 91.
125) 郭潤直, 181; 金容漢, 143.
126) 郭潤直, 不登, 144.

者인 동시에 登記請求權者이고 A가 登記義務者인 동시에 登記請求權者의 相對方이 된다. 일단 경료된 移轉登記의 抹消를 구하는 경우 A가 登記權利者인 동시에 抹消登記請求權者이고 B가 登記義務者인 동시에 抹消登記請求權者의 상대방이 된다. 또한 抹消된 登記의 回復을 구하는 경우 B가 登記權利者인 동시에 回復登記請求權者이고 A가 登記義務者인 동시에 回復登記請求權者의 相對方이 된다. 그러나 「甲·乙」의 順으로 경료된 登記가 당해 登記節次上의 當事者가 아닌 제3자인 A 자기가 所有權者라 하여 위 경료된 登記의 抹消를 구하는 訴訟을 제기하고 勝訴하여 抹消執行을 하였으나 그 判決이 再審의 訴에서 뒤집힌 경우에 그 抹消된 登記의 回復을 구함에 있어서 回復登記의 登記權利者가 乙임에는 의문이 없으나 登記義務者는 A가 아닌가하는 의문이 생길 수 있다. A가 乙名義의 移轉登記의 抹消를 구하는 訴訟을 提起·勝訴하고 그 確定判決에 의해 抹消執行을 주도하였을 뿐 아니라 登記簿上에도 그 確定判決에 의하여 抹消執行한다는 취지가 기재되며, 또한 實體法的으로도 위 登記가 회복되므로 인하여 權利를 잃고 不利益을 당할 처지에 놓이는 者가 A인 때문이다. 그러나 위의 경우 抹消回復登記의 登記義務者는 A가 아니라 甲인 것이다. 그것은 登記權利者, 登記義務者는 당해 登記에 의하여 누구가 實體法的인 權利·利益을 얻고 잃느냐, 누구가 實體法的인 利害關係者로서 당해 登記節次를 주도하느냐 하는 實體法的인 權利關係를 중심으로 판정할 개념이 아니고 당해 登記의 形式的 連續性의 유지를 중심으로 하여 판정할 節次法的·形式的인 개념이다. 그렇게 파악해야 할 理由를 살펴본다.

첫째, 크게는 不動產登記法이 갖는 節次法的인 性格에서 이를 찾을 수 있다. 특히 위 개념들은 不登 §28가 규정한 共同申請主義와 관련하여 節次法的인 측면에서 정리된 개념이므로 그러한 것이다. 현대의 文明諸國에서는 不動產에 관한 權利關係 및 不動產現況을 정확히 公示하여 不動產去來의 안전을 도모하고자 登記制度를 두고 있는바, 이 목적을 達城하기 위하여 그 수단인 登記制度를 여하히 구성하느냐 하는 것은 각국에 따라 상이하다. 獨逸·日本 및 우리 나라 등에서는 物的編成主義를 취하여 登記簿는 권리의 客體인 一個의 不動產을 단위로 一用紙를 사용하도록 편성하게 된다. 또한 이 物的編成主義는 登記連續의 원칙과 결합하게 된다. 登記連續의 原則이란 한 개의 不動產을 단위로 한 登記節次는 從前의 登記簿上의 名義를 출발점으로 하여 連續되어야 한다는 원칙으로서 이 原則下에서 登記簿가 그 公示의 기능을 충분히 발휘할 수 있게 되는 것이다. 한편 우리 나라에서는 登記制度의 迅速·圓滑한 운영을 도모하기 위한 방편으로써 登記公務員에게 形式的 審査權만을 부여하고 있다. 따라서 登記의 기초가 되는 實體法上의 권리관계의 證明을 위한 확실한 方法이 마련되어 있지 않은 결과가 되어 實體法上의 權利關係와 부합하지 않는 不實한 登記簿가 성립될 위험이 커지고, 그 위험을 除去하기 위한 한 方法으로서 登記權利者와 登記義務者의 共同申請, 즉 당해 登記에 의하여 權利·利益을 언고 잃는 者의 意思合致만 있으면 登記公務員은 實體的 權利關係를 審査함이 없이 當事者가 원하는 바의 登記를 경료하도록 하였다. 요컨대, 우리 不動産登記制度는 形式的 審査主義를 취하여 登記事務의 迅速·圓滑한 운영을 도모하는 한편 登記連續의 原則과 共同申請主義를 교묘히 技術的·節次的으로 결합시킴으로써 登記簿의 정확성을 유지해보자 하는 idea의 토대 위에 형성되어 있는 셈이다. 그러므로 登記權利者·登記義務者의 개념은 實體的 權利關係와는 다른 측면, 즉 登記簿上에 나타나는 形式的 名義人을 중심으로 하여 파악해야 할 節次的·技術的인 개념이다.

둘째, 위에 본 바와 같은 不動産登記制度의 구성에 관한 基本的 idea는 단순히 그에 그치지 아니하고 현행 不動産登記法에도 구체적으로 나타나 있다. 즉 登記權利者는 신청된 登記가 실행됨으로써 새로이 登記名義人이 되는 者이고 登記義務者는 申請된 登記가 실행되기 전 현재까지의 登記에 있어서 登記名義人으로서 表示되어 있는 者이어야 하는바, 이 점은 登記申請에는 "登記義務者에 관한 登記畢證"이 요구되고(不登 § 40 I iii), 또한 "申請書에 揭記한 登記義務者의 表示가 登記簿와 부합하지 아니하는 때"에 申請이 却下되는 것(不登 § 55 vi)으로 한 규정에 의하여도 명백하다.

위에 살핀 登記權利者와 登記義務者의 개념을 토대로 하여 登記請求權者와 그 相對方과 登記權利者·登記義務者의 관계를 살핀다. 甲名義로 所有權保存登記가 경료된 不動産에 대하여 乙이 아무런 原因도 없이 自己名義의 所有權移轉登記를 경료하고, 이어서 丙에게 所有權移轉登記를 경료한 경우에 甲이 所有名義를 회복하기 위하여 乙·丙을 상대로 抹消를 구하여 한다. 이 경우 丙名義의 所有權移轉登記의 抹消에 한정하여 보면 그 抹消를 위하여는 乙·丙이 登記權利者·登記義務者로서 共同申請하여야 하고 甲·丙의 共同申請에 의하여는 이를 抹消할 수 없다. 그러나 한편 乙은 丙에 대하여 抹消登記請求權을 갖지 못한다 할 것이다. 왜냐하면 乙은 그 名義의 登記에도 불구하고 그 登記가

無效인 이상 아무런 實體法的 權利를 갖지 아니하는 까닭이다. 위의 경우 결국 登記權利者와 登記義務者는 乙·丙이지만 乙은 登記請求權을 갖지 못하고 甲이 實體法的 權利者로서 登記請求權을 가지며 丙이 그 相對方이 되는 것이다. 즉 甲은 丙에 대한 勝訴判決에 의하여 그 登記를 抹消할 수 있게 되는바, 이는 甲이 登記權利者인 乙의 共同申請權者의 一人으로서의 登記申請權을 代位하는 지위에 있기 때문이다. 甲의 丙에 대한 抹消를 명하는 勝訴判決은 登記義務者인 丙의 意思表示를 갈음하는 효력을 갖고, 다른 한편 登記權利者인 乙의 申請에 관해서는 甲으로 하여금 代位申請하는 것을 가능케 하는 代位原因의 證明資料로 평가된다. 甲이 乙의 登記申請權을 代位行使하게 되는 것은 甲이 乙에 대하여 實體的 請求權을 갖기 때문이다. 甲과 丙의 임의로운 共同申請의 경우 登記公務員이 形式的 審査權만을 갖는 현행 법제하에서는 甲이 乙의 抹消登記申請權을 代位行使함에 전제가 되는 實體的 權利에 대한 證明이 불가능하므로 乙의 임의로운 협력이 없이 抹消登記가 履行될 수 없으나, 甲은 訴訟을 통하여 甲·乙間의 實體的 權利關係를 증명하고 登記公務員은 그 判決을 기초로 하여 甲이 乙의 登記申請權을 適法하게 代位하는 것을 인정하여 당해 登記를 말소하게 된다. 다만 이 경우 乙이 丙에 대하여 實體的 權利가 없으므로 甲에 의하여 代位行使될 登記申請權도 존재하지 않는 것이 아닌가 하는 의문이 생기나, 甲이 代位行使하는 것은 乙의 丙에 대한 登記請求權이 아니고 實體關係와 무관하게 파악해야 할 形式的인 節次上의 지위인 登記權利者의 登記申請權에 불과하므로 乙의 丙에 대한 實體的 權利의 有無에 구애될 필요는 없다. 이는 乙의 丙에 대한 實體的 權利의 존재를 전체를 하는 民法上의 債權者代位權의 경우와 다른 점이라 할 것이고, 앞서 본 登記請求權의 節次關聯的性格이란 特殊性이 반영된 결과라 할 수 있다.[127]

(4) 登記請求權이 發生하는 구체적인 경우에 대한 檢討

㈎ 賣買에 의한 所有權移轉登記請求權　甲이 그의 不動產을 乙에게 賣渡한 경우 乙은 甲에 대하여 債權的 請求權으로서의 所有權移轉登記請求權을 가진다. 乙은 登記權利者, 甲은 登記義務者로서 共同하여 登記申請을 할 것이나 甲이 이에 협력하지 아니하면 乙은 甲을 상대로 登記申請意思에 갈음하는 判決을 받아 登記를 하게 된다. ① 甲이 그 不動產을 二重으로 賣渡한 경우 賣買契約의 先後를 불문하고 먼저 所有權移轉登記를 경료받은 者가 所有權

127) 拙稿, "登記請求權에 관한 硏究", 司論 11, 171.

을 취득한다. 그러한 경우에도 登記를 경료하지 못한 買受人의 賣渡人의 登記請求權은 의연히 존속하고 그 履行을 請求할 수 있다. 그 判決이 執行될 수 있는지, 즉 登記가 실행될 수 있는가의 문제를 登記請求權의 단순한 행사의 단계인 裁判에 있어서 문제삼을 필요가 없고 또한 賣渡人이 登記를 自己名義로 회복하면 移轉登記를 할 수 있게 될 수도 있기 때문이다. 그러나 買受人이 履行不能을 訴訟上 抗辯으로 내세우고 賣渡人이 登記를 회복하여 移轉登記를 할 수 있는 특별한 사정이 있지 아니하는 경우에는 買受人의 請求는 인용될 수 없을 것이다. ② 建物의 賣買가 있어도 그것이 買受人이 그 建物을 滅失시켜 그 材料를 얻기 위한 것이라면 當事者間에 登記를 移轉하지 아니하기로 한 特約이 있다고 보아야 할 것이므로 등기청구권은 행사될 수 없다. ③ 未登記不動産을 買受한 경우 賣渡人은 所有權保存登記를 한 뒤 買受人에게 所有權移轉登記를 경료해주어야 할 것이다. 그러나 賣渡人이 이에 協力하지 않아 訴訟을 提起하는 경우라도 買受人은 賣渡人에게 소유권이전등기청구만을 행사하여야 할 것이고, 賣渡人에게 그 名義의 所有權保存登記를 할 것을 따로 請求할 수는 없을 것이다. 買受人은 賣渡人의 所有權保存登記를 代位할 수 있기 때문이다(不登 § 52). ④ 賣渡人이 所有權移轉登記를 아니한 채 死亡한 경우 買受人은 相續人을 상대로 登記請求權을 행사할 수 있으며, 이 경우 相續人은 相續登記를 경료하지 아니하고 막바로 移轉登記를 履行할 수 있다(不登 § 47). 그러나 相續人이 이미 相續登記를 경료한 경우라면 굳이 이를 抹消한 뒤 被相續人名義의 登記로부터 買受人에게 所有權移轉登記가 경료되도록 할 필요는 없을 것이다. 또한 不動産이 未登記인 때에는 相續人名義의 保存登記를 한 뒤 相續人으로부터 買受人에게 소유권이전등기를 하는 수밖에 없다. 또한 共同相續人 중의 一人 또는 數人만을 상대로 登記請求權을 행사할 수 있는가가 문제가 되나 그 請求訴訟은 必要的 共同訴訟은 아니라 할 것이다. 그러나 所有權移轉登記는 共同相續人 전체에 대하여 一擧에 행하여져야 할 것이고 共同相續人별로 분리하여 登記할 수는 없는 것이다. 相續登記는 一擧에 행하여져야 하기 때문이다.

(나) 抵當權의 移轉·消滅의 경우 ① 抵當權附債權이 讓渡된 경우, 代位辨濟에 의해 抵當權이 移轉한 경우에는 저당권자는 舊抵當權者에 대하여 抵當權移轉의 附記登記를 請求할 수 있다. ② 被擔保債權의 辨濟로 저당권이 消滅한 경우에는 저당권설정자는 抵當權者에 대하여 抹消登記를 請求할 수 있다. 抵當權設定者가 抵當不動産을 제 3 자에게 賣渡하여도 舊所有者인 抵當權設

定者가 의연히 抹消登記請求權을 갖는다. 新所有者는 舊所有者를 代位하는 지위에서 抹消登記를 구할 수 있다. 이 경우 그 登記의 抹消에 관하여 登記權利者는 舊所有者이다. 抵當權이 移轉된 뒤 抵當債務辨濟에 의해 저당권이 消滅한 때에는 현재의 抵當權名義者에 대하여 抹消請求를 할 수 있을 뿐이다. 抵當權設定登記 후에 債務가 一部辨濟된 경우 抵當權不可分의 원칙에서 抵當權의 抹消나 變更登記를 인정하지 않는다는 입장과 抵當權은 消滅한 債務에 상당한 담보범위에 減縮을 가져오므로 變更登記가 허용되어야 한다는 입장이 있다. 抵當權設定登記 전에 債務가 一部辨濟된 경우 債權者는 債權全額에 관하여 登記請求할 수 있다는 입장과 抵當權設定登記 당시의 債權額에 관하여 登記請求할 수 있다는 입장이 있다.

㈐ 不法·無效登記가 경료된 경우　① 所有權을 갖지 않은 者가 所有權保存登記를 경료한 경우 眞正한 所有權者는 그 登記의 抹消를 請求할 수 있음은 당연하다. 이 경우 眞正한 所有權者는 登記請求權을 갖고 登記名義人이 그 相對方이 되나, 登記名義人이 登記義務者가 될 뿐 登記權利者의 관념은 존재할 여지가 없다. 甲所有의 不動産에 대하여 乙名義의 所有權移轉登記가 경료된 경우에도 甲이 乙에 대하여 抹消登記를 請求할 수 있음은 물론이다. 丙이라는 제3자가 乙名義로 所有權移轉登記를 경료해 둔 경우라도 登記請求權의 相對方 내지 登記義務者가 乙임에는 변함이 없다. 乙名義의 登記 자체가 甲의 所有權을 방해하고 있기 때문이다. 만일 乙이 虛無人이라면 어떻게 될까? 그 경우에는 실제로 그와 같은 登記를 경료한 者를 乙이라고 보아, 즉 乙은 실제 행위자의 異名 정도로 취급하여 그를 相對로 抹消를 구할 수밖에 없을 것이다.[128] 不法·無效의 登記가 경료된 경우에 眞正한 所有權者가 登記名義者에 대하여 所有權移轉登記를 請求할 수 있는지에 대하여 뒤에 따로 본다. ② 甲·乙·丙의 순으로 所有權移轉登記가 경료되었으나 甲·乙間의 所有權移轉이 無效인 경우 甲이 乙에 대하여 抹消登記請求權을 가짐을 위에 본 바와 같다. 위와 같은 경우 甲은 반드시 乙·丙을 共同被告로 할 것인가, 또한 乙·丙을 共同被告로 한 경우 乙·丙에 대한 判決의 內容이 동일해야 하는가가 문제되나 이는 모두 부정되어야 한다. 또한 乙이 丙에 대하여 抹消登記請求權을 갖는가? 日本의 學說·判例는 이를 긍정하는 입장에 서 있다. 그 이유로서는 乙은 抹消登記義務를 부담하므로 그 履行을 위하여 丙에 대하여 抹消登記請求權을 가지며, 이

128) 大判 90. 5. 8, 90다684, 90다카3307(公 875, 1247).

는 乙이 所有者가 아니므로 物權的 請求權은 아니고 準登記請求權, 物權變動的 登記請求權 혹은 不動産登記法 자체에서 발생하는 독특한 類型의 登記請求權이라고 파악한다. 그러나 乙이 所有權者가 아닌 이상 物權的 請求權을 가질 여지가 없어 그러한 實體的 權利에 터잡지 아니한 登記請求權을 가질 수 없고 또한 登記節次上의 필요에 의하여 막바로 그와 같은 登記請求權이 인정될 수는 없는 것이므로 이를 부정함이 타당하다. 甲이 丙에 대하여 抹消登記請求權을 가짐은 물론이다. 그리고 그 근거와 登記節次에 관련한 문제는 이미 위 (3)에서 보았다. ③ 甲·乙共有의 不動産에 대하여 甲이 單獨名義로 所有權保存登記를 경료한 경우, 甲의 登記는 그 持分에 한하여 實體關係에 부합하므로 乙은 그 登記全部를 抹消請求할 수 없고 自己의 持分에 대해서만 妨害排除請求權을 가지므로 甲·乙名義로의 更正登記만을 청구할 수 있다. 甲名義의 登記가 所有權保存登記가 아니라 所有權移轉登記라고 하더라도 마찬가지이다. 이 更正登記는 본질적으로 一部抹消의 성격을 갖는 것이므로 一部抹消를 명하는 判決이 난 경우라도 그 登記의 실행은 更正登記의 방법으로 행해야 할 것이다.[129] ④ 甲所有의 不動産에 대하여 不法으로 乙名義의 制限物權의 登記가 경료된 경우 甲은 乙에 대하여 抹消登記를 청구할 수 있음은 물론이고 乙名義의 登記에 터잡아 競落을 원인으로 丙名義의 所有權移轉登記가 경료된 경우에도 그 抹消請求를 할 수 있다. 그런데 無效인 乙名義의 制限物權이 移轉되어 丙名義의 附記登記가 된 경우는 어떠한가? 附記登記 후에는 附記登記의 名義人이 主登記의 名義人이 되므로 丙만을 상대로 抹消를 請求하면 족하다는 견해가 있으나, 不法無效의 所有權移轉登記에 터잡은 所有權移轉登記가 경료된 경우와 따로 구별할 이유가 없으므로 乙·丙을 모두 상대하여 抹消를 구해야 할 것으로 생각된다. 移轉의 登記를 主登記로 할 것이냐 附記登記로 할 것이냐에 따라서 抹消請求의 相對方을 달리 할 이유는 없기 때문이다. 다만 적법한 乙名義의 登記에 터잡아 丙名義의 附記登記가 경료되었으나 債務辨濟·地上權消滅 등과 같이 後發的 消滅事由에 의하여 制限物權의 消滅된 경우에는 丙은 완전히 乙을 代替하는 위치에 있기 때문에 丙만을 상대로 抹消請求를 하면 족하다고 생각된다. 前者의 경우에는 乙에게도 利害關係가 있으므로 同人의 意思가 확인되어야 할 필요가 있지만 後者의 경우에는 그러한 필요가 없기 때문이다. ⑤ 適法하게 設定된 地上權 또는 抵當權의 登記를 設定者인 所有者 乙이 不法으로 그 登記

129) 法院行政處 66. 12. 29. 法政 제27호.

를 抹消한 후 다시 그 不動産을 丙에게 移轉한 경우에는 地上權者·抵當權가 請求할 抹消回復登記의 상대방은 乙이지 현재의 所有者인 丙이 아니다. 또한 登記가 不適法하게 抹消되어도 地上權者 등이 갖는 權利는 存續하므로 丙은 위 抹消回復登記에 관한 利害關係者로서 承諾을 하여야 할 의무가 있다.

11. 登記請求權의 特殊問題

(1) 眞正名義回復을 原因으로 한 所有權移轉登記請求權

(가) 實體的 法律關係와 合致하지 않는 無效의 登記가 경료된 경우, 그것이 所有權保存登記이건 所有權移轉登記이건간에 종래에 보통은 그 登記에 대한 抹消登記를 통하여 登記簿記載와 實體的 法律關係의 합치를 도모하였다. 그리나 登記의 原因인 實體關係가 不存在하는 경우 당초부터 實體關係가 無效인 경우나 取消·解除에 의하여 實體關係가 遡及的으로 無效로 된 경우에 그 無效인 登記簿部分을 訂正하여 有效한 登記簿로 하기 위한 방편으로 眞正한 所有者에게 無效登記의 名義人에 대하여 직접 移轉登記를 請求할 수 있는 權利를 인정할 것인가가 문제된다.

우리 大法院判決[130]은 소위 眞正名義의 回復을 위한 所有權移轉登記請求權을 허용하지 아니한다. 그러나 學說上으로나 實務上으로 이를 허용하여야 한다는 주장이 강력히 제기되고 있다. 그러므로 위 兩立場을 살펴본다.

(a) 肯定說　　이는 不眞正한 無效登記가 경료된 경우 登記名義의 回復은 반드시 抹消登記에 의할 필요는 없으며 所有權移轉登記에 의하여도 가능하다는 입장이다. 日本의 最高裁判所判例,[131] 登記實務界[132] 및 우리 나라 下級審의 一部判決[133]들이 이 견해를 취하고 있다. 이 肯定說이 취하는 근거는 다음과 같다.

첫째, 不動産登記制度의 목적은 不動産에 관한 현재의 眞實한 權利狀態를 公示함으로써 不動産去來의 安全을 기함에 있으므로 物權變動의 態樣 및 過程을 그대로 반영하지 않아도 좋다는 것이다.

둘째, 현재의 眞實한 權利狀態를 公示함으로써 登記制度의 立法上 목적이

130) 大判 81.1.13, 78다1916(公 652, 13631); 大判 72.12.26, 72다1846, 1847(集 20-3, 224).
131) 日最判 昭 30(1955).7.5.
132) 日最判 昭 39(1964).2.17, 民三發 125號 民三課長回答(登記硏究 197, 28).
133) 서울高判 81.8.19, 80나4181.

달성된다는 입장에 서면 현재의 不眞正한 登記名義者는 眞正한 所有權者의 公示에 협력할 義務를 지며, 그 協力方法은 抹消登記에 국한할 필요는 없으며, 所有權移轉登記도 무방하다는 것이다.

셋째, 眞正名義의 回復을 구하는 登記請求權은 物權的 請求權의 성질을 갖기 때문에 그 광범한 對世的 效力에 기하여 抹消登記뿐 아니라 移轉登記도 허용된다는 것이다. 또한 현재 判例가 광범하게 수용하고 있는 實體關係에 부합하는 登記의 有效性理論, 中間省略登記請求權의 허용 등과 비교할 때에 眞正名義의 회복은 抹消登記方法에만 국한할 필요가 없다는 것이다.

日本의 경우 判例의 태도를 이어받아 登記實務의 취급도 「眞正한 登記名義回復」을 登記原因으로 하는 移轉登記를 허용하고 原因日字의 記載는 不要한 것으로 한다. 또한 眞正名義回復의 登記請求를 일단 登記名義人이었던 者에게만 국한하지 아니하고 登記없이 所有權을 取得한 者(意思主義下의 物權取得者 또는 法律規定에 의한 物權取得者)에게도 登記請求權을 허용함으로써 그 이용의 폭을 넓히고 있다.

(b) 否定說 이는 眞正名義의 回復을 위한 所有權移轉登記는 허용할 수 없다는 입장으로서 登記簿와 實體的 法律關係의 합치는 無效登記의 抹消登記를 통하여만 허용될 수 있다는 입장이다. 우리 나라의 大法院判決과 日本學界의 多數說이[134] 이 見解를 취한다. 이 否定說이 취하는 근거는 아래와 같다.

첫째, 登記制度는 현재의 權利關係뿐 아니라 物權變動의 과정과 태양까지 여실히 반영하는 것을 理想으로 하기 때문에 이러한 登記制度의 理想으로부터 볼 때, 物權變動의 과정과 태양이 다른 登記를 權利로서 당연히 請求할 수는 없다는 것이다. 즉 不動産登記法은 登記公務員에게 實質的 審査權을 인정하지 않고 또한 登記에 公信力이 없기 때문에 당해 不動産을 去來하려는 者는 登記簿의 記載에 의해 실체상의 權利變動의 效力如何를 조사하지 않으면 안 된다. 하지만 登記簿上의 記載가 실체상의 權利變動의 과정과 태양을 제대로 公示하지 못하면 그 조사는 매우 어려워진다는 것이다. 또한 登記가 物權變動의 과정과 태양까지도 반영해야 함은 不動産登記法이 登記原因의 記載를 요구하고 있는 것을 보더라도 명백하고, 그렇기 때문에 物權變動의 과정과 태양이 다른 登記를 행할 것을 요구하는 登記請求權은 당연히 발생할 여지가 없다는 것이다.

둘째, 肯定說의 입장에 선 判例는 사실과 다른 登記가 이미 행해진 경우에

---

134) 幾代, 不動產登記法, 65; 我妻, 物權, 91.

그 登記를 유효한 것으로 취급할 것인가 하는 문제와 그와 같은 登記를 행할 것을 登記名義人에게 청구할 權利를 허용할 것인가의 문제를 混同하고 있다고 지적한다. 前者는 登記가 公示手段이고 不動產去來의 안전에 기여하는 制度인 이상 현재의 權利關係에 일치하는 한 有效한 것으로 취급하여 주는 有效要件의 문제이지만, 後者는 그러한 登記를 실현시킬 登記請求權을 인정할 것인가 하는 成立要件의 문제이기 때문이라는 것이다.

셋째, 肯定說은 眞正名義回復을 위한 登記請求權의 성질을 物權的 請求權으로 보지만 이는 정당하지 않다는 것이다. 物權的 請求權에 있어서는 物件의 원만한 支配狀態를 회복하기 위해 物件의 返還을 받게 되면 족하지만, 登記請求權에 있어서는 단순한 名義移轉만을 받으면 족하다고 할 수 없고, 그 名義移轉의 실현이 登記制度의 技術性에 의해 그 形態·發生要件이 당연히 制約되지 않을 수 없다는 것이다. 즉 통상의 物權的 請求權과는 다른 節次法的 特性이 加味된 登記請求權을 想定하지 않는 한, 肯定說이 취하는 物權的 請求權의 성질을 갖는 登記請求權은 이해될 수 없다는 것이다. 다만 否定說의 입장에서도 物權變動의 無效·取消·解除를 當該 不動產上에 制限物權을 취득한 제3자에 對抗할 수 없는 경우에는 예외적으로 所有權移轉登記의 方法에 따른 眞正名義의 回復을 허용하고 있다.[135)]

(나) 肯定說의 實用的 側面　　위에 본 肯定說과 否定說 가운데 理論的으로 볼 때에는 否定說이 타당해보인다. 즉 登記制度의 본래의 理想에 더욱 合致될 뿐 아니라 實體法的 性格이 강한 登記請求權에 관한 전통적 이론과도 조화되는 것으로 평가되기 때문이다(實體的 原因이 없는 無效의 登記가 경료된 경우에 所有權移轉登記抹消登記請求權이라는 物權的 請求權이 발생함은 당연하나, 이 경우에 마치 實體的 權利關係의 변동을 가져오는 외관을 지닌 所有權移轉登記請求權이 발생한다는 것은 선뜻 수긍되지 않기 때문이다). 그러나 이 否定說도 物權變動의 無效·取消·解除를 당해 不動產上에 制限物權을 취득한 제3자에게 對抗할 수 없는 경우에는 위와 같은 예외를 허용하고 있는바, 이는 登記制度運營上 實際的 必要에 기한 것으로 보일 뿐이고, 否定說의 理論的 一貫性은 일응 깨지고 만다. 이에 비하면 肯定說은 登記制度의 편의한 운영을 고려하여 登記請求權의 機能的 側面을 強化한 입장으로 이해되나 보다 확고한 理論的 根據를 提示함에 부족하다(眞正名義回復을 위한 登記請求權이 物權的 請求權의 성질을 갖는다하여 또한 진정한 所有權者의 公示에 협력할 의무가 있다하여 막바로 移轉登記請求權이 있다고 할 수 있는 근거가 있느냐가 문제되기 때문이다).

다음에 肯定說을 취함에 따라 登記制度運營實務에 있어 편의한 점을 본다.

---

135) 船越隆司, "眞正登記名義의 回復", 不動產登記法講座, 143.

(a) 多數當事者가 관련된 경우 예컨대, 甲所有의 不動産에 대하여 乙·丙·丁名義의 所有權移轉登記가 경료된 경우 所有者 甲은 乙·丙·丁을 상대로 하여 抹消登記節次를 請求해야 한다면 비상한 勞力과 費用을 필요로 하고 더욱이 中間者가 死亡하여 數人이 共同相續을 한 경우에는 더욱 그러하다. 이에 반해 肯定說에 따라 최후의 登記名義人으로부터 진정한 所有權移轉登記를 허용한다면 간략한 節次에 의하여 所有權回復의 목적이 달성된다.

(b) 無效登記를 제3자에 對抗할 수 없는 경우 無效登記에 의하여 登記名義를 상실한 權利者로서는 登記의 無效를 제3자에게 대항할 수 없어 無效登記를 抹消할 수 없는 경우가 있다. 예컨대, 甲·乙間의 所有權移轉이 通情虛僞表示에 의하여 이루어진 뒤 乙이 善意의 제3자인 丙에 대하여 抵當權設定登記를 경료한 경우에 甲은 乙에 대하여 所有權移轉登記의 抹消請求를 訴求하여 勝訴해도 登記上 利害關係를 갖는 丙의 承諾을 얻거나 抵當權登記의 抹消請求에 勝訴할 수 없어 결국 乙名義의 所有權移轉登記를 抹消할 수 없어 甲名義의 登記回復이 불가능하다는 결론에 이른다. 이 경우 肯定說에 의하면 乙로부터 甲에의 所有權移轉登記를 허용하면 甲은 丙의 抵當權의 부담을 안게 된다 할지라도 所有權名義를 회복할 수 있어 合理的 解決을 도모하는 결과가 된다.

(c) 單獨名義의 所有權移轉登記 중 一部共同持分이 無效인 경우
예컨대, 甲·乙共有의 不動産에 대하여 甲單獨名義의 所有權移轉登記가 경료되어 있는 경우에는 甲名義의 所有權移轉登記 중 乙의 共有持分에 관한 部分만큼은 無效의 登記라 할 것이다. 이 경우 그 부분에 관한 眞正한 所有權者인 乙名義의 回復은 否定說에 따른다면 그 持分에 관한 一部抹消를 하는 수밖에 없다. 그러나 그러한 내용의 勝訴判決이 내려진다 해도 통상의 抹消執行의 방법에 의한 執行은 불가능하게 된다. 따라서 이 경우에 실제상으로 更正登記의 방법에 의하여 甲·乙名義의 共有登記를 한다든가 甲의 單獨名義를 抹消케 한 후 甲·乙共有登記를 하는 등의 우회적인 방법을 취하지 않을 수 없게 된다. 그러나 肯定說에 의하면 眞正한 所有權者는 登記簿上의 所有名義人에 대하여 所有權移轉登記請求權을 가지므로 乙은 甲에 대하여 乙의 持分에 관하여 移轉登記請求權을 행사하고 執行도 持分移轉登記의 방법에 의하게 되므로 일관성있는 해결을 할 수가 있다.

(d) 眞正한 所有者가 旣判力에 의하여 抹消登記를 請求할 수 없는 경

우　眞正한 所有者가 不法으로 경료된 所有者를 상대로 抹消登記請求를 하였으나 訴訟遂行上의 잘못으로 敗訴確定되어 더이상 그 登記를 抹消할 수 없게 되어 實體法上의 所有權者임에도 登記簿에 所有權을 公示하지 못하는 경우가 있다. 이러한 경우 所有權確認判決을 받아 所有者로 행세하지만 登記簿에 公示할 수 없는 사정상 所有權의 행사에 制約이 생긴다. 眞正名義回復을 原因으로 한 所有權移轉登記를 허용하면 眞正한 所有權을 登記簿에 公示할 수 있게 된다.

(다) 結　語　無效登記를 訂正하기 위하여 抹消登記 이외에 所有權移轉登記의 方法을 허용할 것인가의 문제는 登記請求權의 본질을 어떻게 파악할 것인가의 문제와 관련된다. 종래 登記請求權을 實體法的 權利로 파악하여 온 입장에선 登記名義者와 眞正한 權利者間에 所有權移轉의 원인이 될 實體的 關係가 존재하지 아니하므로 이를 肯定하기 어려운 점이 있다. 그런데 獨民 §894는 登記簿의 記載와 實體的 權利關係가 不合致하는 경우 그 不合致로 인하여 不利益을 받게 되는 者는 그 不合致의 제거로 인하여 不利益을 받는 者에 대하여 登記簿의 訂正에 대한 同意를 구할 권리를 인정한다. 그리고 登記簿 訂正에 필요한 同意는 단지 節次法的 根據에서 요구되는 意思表示일 뿐 實體法的인 의미는 없고 處分行爲도 아니라는 것이며, 이 同意를 구하는 登記訂正請求權의 본질은 정확히 記載되지 않은 物權의 流出物(Ausfluß)인 것으로 이해되며, 특수한 節次法的 權利의 성격을 갖는다는 것이다. 우리 民法에는 그와 같은 條文이 없다 하더라도 그와 같은 登記請求權을 상정할 수 있으리라 본다. 즉 實體法的인 權利의 有無와는 차원을 달리하여 登記簿上의 名義者를 登記義務者, 眞正한 소유권자를 登記權利者로 하는 移轉登記請求權을 인정할 수 있다 할 것이다. 이러한 해석은 登記公務員의 形式的 審査權, 共同申請主義 등 不動産登記制度의 기본구조와도 상응한다 할 것이다. 종래의 우리 大法院判決 중에도 肯定說과 軌를 같이 하는 判決이[136] 있음을 유의하면 肯定說이 타당하다.[137]

---

136) 贈與에 의하여 所有權移轉登記가 되었다가 그 贈與가 解除된 경우 贈與者가 所有權移轉登記의 抹消登記節次履行을 訴求하지 아니하고 受贈者에게 所有權移轉登記를 請求하였다고 하여 違法이라 할 수 없다. 大判 70. 7. 24, 70다1005(集 18-2, 199). 債權擔保를 위하여 債權者名義로 所有權移轉登記를 경료한 이른바 讓渡擔保에 있어 債務를 辨濟한 경우나 信託解止의 경우에도 抹消登記나 移轉登記는 모두 가능하다. 大判 65. 6. 29, 65다869(集 13-1, 225).

137) 大判 90. 11. 27, 89다카12398 全員合意體判決은 종전의 判例를 변경하고 肯定說을 취하기에 이르렀다.

(2) **登記受取請求權**

(가) 賣買에 의한 所有權移轉登記, 無效인 所有權移轉登記의 抹消登記, 制限物權設定登記 등에 있어서 당해 登記가 이루어짐에 따라 利益을 얻기 때문에 그 登記履行에 열심인 者는 買受人, 眞正한 所有者, 制限物權者 등이고 각 相對方은 그러하지 못하다. 따라서 登記請求權이란 통상 登記權利者인 前者가 登記義務者인 後者에 대하여 登記의 協力을 구하는 것이라고 생각되어 왔다. 그러나 구체적인 경우에 따라서는 登記實行에 관한 兩者의 태도가 통상의 경우와 다른 경우가 있어, 이 경우에 逆方向의 登記請求權을 인정할 것인가가 문제된다.

(나) 國內의 學說 學者들은 登記名義人이 所有者責任(民 §758) 租稅負擔 등에 의해 不利益을 당할 위험성이 있고 이를 免하게 할 필요성이 있음을 각 인정하여 理論的 根據는 제시하지 아니하면서도 登記受取請求權을 인정하고 있다. 다만 登記受取請求權行使의 경우 "登記簿上의 登記權利者 아닌 登記義務者도 登記權利者로 되는 예외가 된다."[138] 또는 "登記의 記載上 權利를 잃게 되는 者도 또한 登記權利者라고 할 수 있다." "權利變動의 當事者는 相互的으로 登記權利者로서 다른 當事者에 대하여 登記請求權을 갖는 동시에 또 登記義務者로서 다른 當事者에 대하여 登記協力義務를 지는 것", 또는 "登記請求權은 대부분의 경우 登記權利者로부터 登記義務者에 대하여 행사하는 것이지만 登記義務者 또한 登記權利者에 대하여 登記請求權을 행사할 수 있다"[139]라고 각 설명하고 있다. 위 설명을 분석하면 登記受取請求權行使의 경우는 통상의 登記義務者도 登記權利者로 그 지위가 轉換되어 登記權利者의 지위에서 登記請求權을 행사한다고 이해하는 입장과 登記義務者가 登記權利者로 轉換되지 않고 登記義務者의 지위에서도 막바로 登記請求權을 행사한다고 보는 입장으로 나뉜다.

(다) 判例의 推移 이 문제에 관한 국내의 判例는 발견되지 아니한다. 日本에서의 判例推移를 살핀다.

(a) 否定한 判決 甲이 그 所有土地를 乙에게 賣渡하여 引渡까지 하였으나 乙이 移轉登記를 아니하므로 乙에 대하여 移轉登記節次의 履行을 訴求한 事案에서 ① 甲은 賣買에 관해 登記義務者이고 乙은 登記權利者가 된다.

138) 郭潤直, 168.
139) 金容漢, 161.

그리고 不動産登記法에 의하면 所有權移轉登記의 경우 代位登記를 제외하면 同法 §26(우리 不登 §28)에 의해 登記權利者, 登記義務者 또는 代理人이 登記所에 出席하여 登記를 申請해야 하거나 同法 §27(우리 不登 §29)에 의해 登記權利者가 單獨申請하는 외에는 登記義務者가 登記를 申請할 수 있는 절차가 언급되지 않았다. ② 그러므로 甲과 같은 登記義務者도 登記請求權이 있다고 인정된다 하더라도 이를 실현할 節次가 없으므로 결국 그 訴訟은 法律上 보호이익이 없다. ③ 따라서 買受人만이 登記請求權을 갖게 되는 것이고, 그 權利를 행사하는 것도 그의 자유에 속하고 登記義務者로부터 그 행사가 강요되지 않음은 一般債務者가 債權者에 대해 債務履行의 受領을 강요할 수 없음과 마찬가지이다 라는 취지의 이유에서 賣渡人의 請求를 棄却하였다.[140]

(b) 肯定한 判決　　登記受取請求權에 관한 종래의 固定觀念을 정면으로 타파하는 契機가 된 判決은 東京地域의 昭和 14년 5월 22일의 判決이다. 實體上 소비대차계약도 質權設定契約도 존재하지 않는데, 被告先代가 原告名義의 書類를 위조해 被告所有의 不動産上에 原告를 질권자로 한 質權設定登記를 해서 稅務署는 그 登記에 터잡아 原告에 대한 多額의 稅金을 부과하므로 原告는 그 不利益을 면하기 위하여 質權登記의 抹消登記를 구한 事案에서, ① 權利가 없음에도 불구하고 권리가 있다고 登記된 者는 그 登記로 말미암아 公租公課 등의 負擔으로 인한 不利益을 받게 되므로 그 登記의 是正에 의해 直接的으로 利益을 받는다 할 것이고, 따라서 通說에서 말하는 바 登記權利者만이 아니라 당해 登記가 행해짐에 따라 登記上 權利를 상실하는 者도 登記權利者에 해당하고(즉 眞實의 權利關係에 합치시키는 登記가 이루어지는 경우 그 權利變動의 當事者는 相互間에 登記權利者로서 相對當事者에 대해 登記請求權을 갖는 것과 동시에 登記義務者로서 相對方에 대해 登記協力義務를 진다). ② 日不登 §§26, 27(우리 不登 §§28, 29)의 登記權利者·登記義務者는 역시 이러한 의미에서 이해되어야 한다고 하여 原告의 請求를 인용하였다. 그 뒤 最高裁判所도 이를 인정하는 判決을 내고 있다.[141] 즉 賣買에 의한 所有權移轉登記가 행해진 후에 賣渡人의 債務不履行을 원인으로 하여 賣買契約이 해제된 바에 의해 買受人이 賣渡人에 대하여 代金返還과 함께 移轉登記의 抹消登記節次의 이행을 訴求한 事案에서 "眞實의 權利關係에 合致하지 않는 登記가 있는 경우 그 登記의 當事者의 一方은 他方當事者에 대하여 登記가 眞實에 合致하도록 함을 내용으로 하는 登記請求權을 갖는 동시에 他當事者는 그 登記請求에 응

140) 東京控訴院 昭 6(1931). 2. 14 判決.
141) 日最判 昭 36(1961). 11. 24(民集 15, 2573).

해서 이에 협력할 義務를 진다"고 判示하였다.

㈑ 結 語 이상에서 살핀 判例와 學說을 검토할 때 登記受取請求權을 인정하는 중요한 실제적 근거는 이를 인정한 실제적 필요성이라 할 것이다. 그러나 이 필요성만을 내세워 막바로 移轉登記나 抹消登記를 하는 것을 買受人이나 眞正한 權利者의 義務로 인정하는 것은 論理의 飛躍이다. 특히 통상의 경우의 登記義務者가 登記受取請求權의 경우에는 登記權利者로 轉換된다든가 兩者의 지위를 兼有하게 된다는 理論構成은 부당하다. 不登 §28 所定의 登記權利者·登記義務者의 지위는 固定的으로 결정되는 성질의 것이고 그 지위가 轉換·兼有될 수는 없는 것이기 때문이다. 또한 登記義務者가 막바로 登記請求權을 행사할 수 있다는 學說도 이해할 수 없다. 특히 그 입장에서는 法律行爲에 의한 物權變動의 경우 登記請求權은 소위 物權的 期待權에서 발생한다고 하면서도 登記受取請求權의 경우에는 物權的 期待權으로서 일관하여 설명할 수 없게 되므로 결국 登記制度上 불가피하게 인정할 특수한 경우라고만 설명함으로써 그 本質의 규명을 포기한 감이 든다. 그러므로 登記受取請求權의 인정여부는 登記請求權의 本質的 性格에 비추어 일단 節次法的 側面을 유리시키고 兩當事者間의 實體法的 關係를 검토함으로써 결정할 문제라고 생각한다. 兩當事者間에 債權關係가 존재할 경우(讓渡人의 買受人에 대한 登記受取請求의 경우), 登記請求權 有無의 判斷은 債權者遲滯論과 관련하여 債權者에게 債務受領義務가 존재한다고 보아야 할 것인가, 그리고 그것이 존재한다면 그 義務 속에 債權者가 登記名義까지를 受取할 義務가 포함되는가 이다. 통상의 債務의 경우에는 供託 등에 의한 債權者를 위한 解決方法이 있는데, 이 경우에는 그것이 결여된다는 점, 債權債務關係가 權利·義務의 엄격한 對立關係가 아니고 社會生活上의 共同目的의 달성을 위한 有機的 關係로 파악해야 한다는 점, 그리고 登記制度도 단순한 私法關係의 보조적 기능을 넘어 公益과 관련한 公的制度로 형성되어 있다는 점(특히 眞正한 登記簿의 유지의 면에서) 등을 고려하여 積極的으로 이해하여야 할 것이라고 생각한다. 다만 登記受取請求權이 인정된다 하더라도 이것이 登記所에서 실행될 것인가는 의문이다. 왜냐하면 不登 §29에 의하면 判決로 인한 登記는 登記權利者만으로 이를 申請할 수 있다고 규정되어 있는바, 登記受取請求權行使의 경우는 登記義務者가 登記申請을 하게 되므로 정당한 登記申請權者에 의한 申請이 아니라고 해서 登記公務員이 그 신청을 却下할 可能性이 있기 때문이다(그러나 이 문제는 1991. 12. 14. 不登 §29의 改正으로 해결되었을 뿐 아니라, 위 改正法이 登記受取請求權의 근거가 될 것이다).

12. 登記의 效力

登記가 不動產物權의 公示方法이지만 우리 民法이 不動產物權變動에 관하여 法律行爲에 의한 物權變動(§ 186)과 法律의 規定에 의한 物權變動(§ 187)을 나누어 규정하고 있는 한 登記도 그에 따라 두 가지의 성질을 가진 것으로 나누어 볼 수 있다. 즉 法律行爲에 의한 物權變動의 경우에는 登記가 있어야 비로소 物權變動이 생기는 것이므로 그 登記는 權利變動(創設)的 效力을 갖는 것임에 대하여, 法律의 規定에 의한 物權變動의 경우에는 登記와 관계없이 物權變動이 생기고, 다만 그에 따라 이루어지는 登記는 實體的 權利關係에 合致시키기 위한 權利宣言(訂正)的 效力을 갖는 것이라 할 것이다. 그러나 우리 사회에 있어서의 物權變動은 法律行爲에 의한 物權變動이 그 大宗을 이루고 있으므로 중요한 意義를 지니는 登記는 前者의 것이다. 따라서 아래에 그러한 登記를 중심으로 하여 登記의 效力을 살피기로 한다. 다만 아래의 설명 가운데 性質上 法律의 規定에 의한 物權變動에 따른 登記에 적합하지 아니한 것(예컨대, 對抗的 效力, 假登記의 效力 등)을 제외하고는 그 나머지는 모두 權利宣言的 登記에도 해당함을 유의하여야 한다.

(1) 통상의 登記의 效力

(가) **權利變動的 效力** 物權行爲와 그것에 합치되는 登記가 있으면 不動產物權變動의 效力이 생긴다. 따라서 登記에는 物權變動을 일으키는 效力이 있다고 할 수 있고, 이것이 登記의 效力 중에서도 가장 중요한 것이다. 주의할 것은 物權變動은 登記를 신청한 때가 아니라 登記簿에 記載된 때에 일어나게 된다. 따라서 登記公務員이 登記申請을 접수하였고, 登記畢證까지 交付하였더라도 실제로 登記簿에 記載되지 않은 경우에는 登記의 權利變動的 效力은 발생하지 않는다.

(나) **對抗的 效力** 地上權·地役權·傳貰權·抵當權은 登記함으로써 그 權利가 발생하나, 이들 權利에 관한 一定事項(存續期間·地料·利子·支給時期 등)은 그것들이 登記됨으로써 제3자에 대항할 수 있게 되고, 그것들이 登記되지 않는 한 登記當事者 사이에만 效力이 미칠 뿐 제3자에게 주장할 수 없게 된다(不登 §§ 136, 137, 139, 140 내지 142-2). 還買特約이 있거나(不登 § 43), 權利消滅의 約定이 있어(不登 § 43-2) 이를 登記하거나 不動產賃借權을 登記하는 경우도 마찬가지이다.

(다) **順位確定的 效力** 동일한 不動產에 관하여 登記한 權利의 순위

는 法律에 다른 規定이 없으면 登記의 前後 내지 先後에 의하여 정하여진다(不登 §5 I). 그러므로 登記는 登記된 數個의 權利 사이에서 그 순위를 確定하는 效力을 갖는다. 그리고 登記의 前後는 登記用紙 중 同區에서 한 登記에 관하여는 順位番號에 의하고 別區에서 한 登記에 관하여는 接受番號에 의하여 정하여진다(不登 §5 II). 다만 附記登記의 순위는 主登記의 순위에 의한다. 附記登記相互間의 順位는 그 前後에 의한다.

㈑ 推定的 效力

(a) 意義와 認定根據 어떤 登記가 있으면 그 登記가 표상하는 實體的 權利關係가 존재하는 것으로 推定케 하는 效力이 인정되는데, 이것을 登記의 推定的 效力 또는 推定力이라 한다. 이러한 登記의 推定力을 明文으로 규정하는 法制(獨民 §381, 瑞民 §937)도 있으나 우리 民法이나 日本民法에는 그러한 規定이 없다. 그러나 學說·判例가 登記의 推定力을 인정함에는 異論이 없다. 다만 그 근거를 어디서 구하여 할 것인지가 문제되는데, 대략 다음과 같이 설명되고 있다.

첫째, 占有의 推定力을 규정한 民 §200의 규정을 근거로 든다. 즉 動産에 관한 物權變動의 公示方法인 占有에 대하여 權利의 適法推定的 效力이 인정된다면 그 占有보다 한층 더 우수한 公示方法인 登記에 관하여도 占有와 차별을 둘 필요가 없을 것이다. 더욱이 通說 및 判例가 登記된 不動産에 관하여는 民 §200에 의한 占有의 適法推定이 적용되지 않는다고 해석하고 있으므로[142] 不動産에 대한 登記에 관하여 推定力을 인정하는 것은 民 §200의 類推解釋 내지 勿論解釋으로서 긍정되어야 한다.

둘째, 登記가 진실한 權利關係에 합치될 蓋然性이 상당히 높다는 점을 근거로 든다. 부정확한 登記가 이루어질 가능성이 없는 것은 아니지만 登記制度가 國家機關에 의하여 관리되고 登記와 實體關係가 合致되도록 각종의 節次規定을 두어 운영되고 있기 때문이다.

셋째, 立證責任의 分配와 관련하여 登記名義者에게 權利取得原因事實을 證明할 책임을 부담시키는 것이 苛酷하다는 점이다.

(b) 本 質 推定이란 어느 事實로부터 다른 事實을 推認(推測)하는 것을 말하고, 事實上의 推定과 法律上의 推定으로 구별된다. 事實上의

142) 郭潤直, 185. 大判 64.9.22, 64다471(要集 民 I-1, 385); 大判 82.4.13, 81다780(公 682, 499).

推定은 法官이 心證形成過程에 있어서 사실상으로 經驗則을 적용하여 행하는 推定을 가르키는 것으로서 이 推定은 自由心證主義의 범위 내에서 사실상 행해지는 것이기 때문에 立證責任의 문제와는 관계가 없다. 즉 事實上의 推定은 이를 다투는 者의 反證만에 의해서도 쉽게 깨지고 이렇게 되면 推定의 利益을 받고자 하는 者는 다시 本證의 형태로 要證事實은 證明할 책임을 지게 된다. 이에 대하여 法律上의 推定은 推定해야 함이 法規의 내용으로 되어 있는 경우를 가리킨다. 예컨대, "甲事實이 있으면 乙事實이 있는 것으로 推定한다"라는 法律規定이 있는 경우에 그 規定에 따라 행하는 推定을 말한다. 이 推定에 있어서는 위 事實上의 推定의 경우와 달리 立證責任이 轉換된다. 따라서 法律上의 推定을 깨뜨리기 위해서는 상대방이 反對事實에 대한 立證責任을 부담하게 되는데, 이 立證의 정도는「反證」이 아니라「本證」으로서, 상대방은 反對事實에 관하여 法官에게 확신을 일으킬 만한 정도의 證明을 하지 못하는 한 法律上의 推定을 깰 수 없게 된다. 登記의 推定이 事實上의 推定인가 法律上의 推定인가?

우리 民法에 登記의 推定力에 관한 明文規定이 존재하지 않지만, 登記의 公信力이 인정되지 않는 우리 法制下에서 實體上의 權利者일 蓋然性이 높은 登記名義者에게 訴訟上 유리한 지위를 부여하는 것이 去來의 安全에 기여할 수 있고 不動産에 관한 訴訟進行의 간결화에도 도움이 되는 점, 登記의 效力의 면에서도 登記가 物權變動의 對抗要件이 아닌 成立要件으로 되어 있어 登記의 效力이 강화되어 있는 점, 登記의 眞正性의 保障을 위한 각종 절차규정이 마련되어 있어 實體와 부합할 蓋然性이 상당히 높다는 점 등을 고려하면 登記의 推定力을 法律上의 推定으로 보는 것이 타당하다. 通說[143]이며 大法院判例[144]의 입장이기도 하다.[145]

(c) 推定力이 미치는 範圍

(i) 權利의 推定　　登記能力이 있는 權利의 登記에 의하여 그 權利가 登記名義者에게 歸屬되어 존재하는 것으로 推定된다. 뿐만 아니라 그 登記에 의하여 物權變動이 유효하게 成立한 것으로 推定된다. 그 物權變動은

143) 鄭址炯, "不動産登記의 推定力", 司論 3, 51; 李鴻薰, "登記의 推定力", 裁判資料 43, 219; 朴在允, "特別措置法에 의한 所有權保存登記의 推定力", 民判硏 11, 67-68.

144) 大判 79. 6. 26, 79다741(集 27-2, 109); 大判 83. 11. 22, 83다카894(公 720, 97).

145) 日本의 경우는 學說上 兩者가 팽팽한 대립을 보이고 있으며, 判例는 그 입장이 분명하지 아니하다가 最高裁判所 昭 46(1971). 6. 29 判決(判例時報 635, 110)로서 事實上 推定說의 입장을 취하였다.

제3자에 대한 관계에 있어서는 물론 當事者 사이에 있어서도 推定된다.[146] 또한 登記의 推定力이 인정되는 근거가 登記의 物權變動의 成立 내지 效力發生要件으로서의 權利表象的 公示作用에 있다고 한다면 현재의 登記名義者뿐만 아니라 前登記名義者에 대하여서도 登記權利者로서 기재되어 있는 이상 그 登記期間 동안은 정당한 權利者로 推定된다고 할 것이다. 그리고 登記의 推定力은 登記名義者의 利益만을 위하여 推定되는 것이 아니고 登記名義人에게 不利益한 경우에도 인정된다.[147] 한편 登記가 抹消된 경우에는 그 權利는 實體法上 소멸되어 그 權利는 존재하지 않는 것으로 推定되며, 抹消 전의 期間 동안에도 그 權利가 존재하였던 것으로 推定되지 아니한다. 다만 그 登記가 抹消原因이 없이 不法으로 抹消된 것인 때에는 그 登記가 回復되기 전이라도 그 權利는 存續하는 것으로 推定된다. 登記는 物權의 成立 내지 效力發生要件이지 存續要件은 아니라고 보기 때문이다.

(ii) 權利歸屬 이외의 登記事項의 推定 登記簿에 記載된 事項 중 權利의 歸屬에 관한 事項 이전의 것에 대하여도 推定力이 인정될 것인가가 문제된다. 登記原因의 존재 및 有效性에 대하여는 登記의 記載에 대한 權利推定力은 蓋然性, 즉 經驗則에 근거한 것이라고 한다면 마찬가지 이유로 登記原因에 대하여서도 推定力을 인정하여야 한다는 견해와 현재의 權利狀態의 記載가 眞實한 權利狀態에 부합할 蓋然性에 비하여 物權變動의 태양 및 과정의 記載가 實體와 일치할 蓋然性이 적다고 하여 推定力을 인정하지 않는 견해로 나뉜다. 登記의 推定力을 法律上의 權利推定으로 보는 이상 그 權利推定의 效果를 覆滅하기 위하여서는 推定에 의하여 不利益을 받는 當事者가 推定權利의 不存在나 消滅原因 등 일체의 事實을 立證하지 않을 수 없으므로 登記原因의 推定力을 따로 인정할 필요성은 없다 할 수 있으나, 登記節次上 소정의 登記는 登記原因을 證明하는 書面 등을 갖추어 행하여지므로 登記簿에 記載된 登記原因에도 일응 推定力이 미친다고 보아야 할 것이다. 그리고 推定되는 權利를 다투는 者는 위 推定을 깨뜨리기 위하여 登記되어 있는 登記原因(法律行爲)의 不存在 또는 無效·取消를 입증하면 될 것이다. 우리 大法院判例는 登記原因의

146) 日本의 多數說은 物權變動의 當事者 사이에 있어서는 그 登記가 하나의 證據方法 이상의 의미를 갖지 못하고 있기 때문에 當事者 사이에 있어서의 契約의 존재, 有·無效 여부는 登記의 推定力을 배제하고서 일반의 立證責任分配의 원칙에 따라 해결하여야 한다고 한다. 判例도 같은 입장이다. 日最判 昭 38(1963). 10. 15(民集 17, 1497).

147) Lent-Schwab, 67.

推定力을 肯定하는 취지로 일관하고 있다.[148] 民法이나 不動産登記法上 登記事項으로 규정되어 있는 각종의 約定, 즉 登記됨으로써 對抗的 效力을 갖게 되는 사항도 當事者의 合致된 意思에 기하여 登記되는 것이므로 그 推定力을 부정할 이유는 없다. 그러나 登記의 推定力이 인정되는 事項은 權利登記에 관한 것에 한하고 土地의 所在, 地番, 地目, 地積 또는 建物의 種類, 構造, 面積 등 不動産의 物理的 性狀에 관한 사항은 推定力이 인정되지 아니한다.

(iii) 節次의 適法推定　　登記가 있는 경우에는 그 權利가 推定될 뿐 아니라 그 登記는 일응 節次上으로도 有效要件을 갖추어서 適法하게 이루어진 것이라고 推定된다. 우리 大法院判決[149]도 "不動産에 관하여 登記簿上 所有權移轉登記가 있는 이상 일응 그 節次 및 原因이 정당한 것이라는 推定을 받게 되고 그 節次 및 原因의 不當을 주장하는 當事者에게 이를 立證할 責任이 있는 것이다"라고 判示하고 있다. 滅失回復登記에 前登記의 接受年月日 및 接受番號가 「不明」이라고 記載되어 있는 경우에 그 回復登記는 適法하다고 推定할 수 없다고 判示한 大法院判決[150]이 있었으나 大判(全) 81.11.24, 80다3286 (集 29-3, 211)로서 위와 같은 경우에도 登記가 適法하게 受理되어 처리된 것으로 推定할 것으로 되었다. 大法院判決은 登記節次 자체의 適法을 推定할 뿐 아니라 더 나아가 實定法上 또는 理論上 登記를 함에 있어서 필요한 前提要件이나 前置節次를 거친 것으로 推定하기도 한다. 그에 관한 具體的 事例를 보면 다음과 같다.

(ㄱ) 法院의 競落許可決定에 인한 所有權移轉登記가 경료된 경우에는 法院의 適法한 競賣節次에 의하여 정당하게 된 것으로 推定한다.[151]

(ㄴ) 外國人名義로 所有權移轉登記가 경료된 경우에는 다른 특별한 사정이 없는 한 外國人土地法 및 同法施行令에 규정된 절차를 거쳐 合法的으로 所有權을 보유하거나 登記를 경료한 것으로 推定된다.[152]

(ㄷ) 農地賣買證明이 所要되는 농지의 賣買로 인한 所有權移轉登記가 경료된 경우에는 그 賣買에 대한 所在地官署의 證明은 그 移轉登記節次

148) 大判 48.1.23, 4280民上173(要集 民 I-1, 295); 大判 67.10.23, 67다1778(集 15-3, 20); 大判 77.6.7, 76다3010(公 566, 10193).
149) 大判 57.10.21, 4290民上251, 252(集 5-3, 17).
150) 大判 79.11.27, 79다467(公 624, 12366).
151) 大判 56.3.31, 4288民上554(要集 民 I-1, 295).
152) 大判 64.11.27, 64다171(要集 民 I-1, 297).

당시 이미 提出되었던 것이었다고 推定한다.[153]

(ㄹ) 解散한 法人의 財産을 淸算人이 處分한 경우에 있어서 위 淸算人이 適法한 社員總會에서 適法한 決議에 의하여 選任되었는지, 위 社員總會의 決議에 의하여 위 淸算人 등에게 위 法人의 財産處分에 관한 合法的인 권한을 부여하였는지 또는 그 위 淸算人이 主務官廳의 許可를 얻어 위 財産을 處分하였는지 등에 관하여도 일응 그 登記가 경료되어 있으면 그 登記에 이르는 前段階의 節次的 要件을 갖춘 것으로 推定한다.[154]

(ㅁ) 不動産을 買受하여 登記한 者가 그 賣買가 前所有者의 代理人과 사이에 이루어진 것이라고 주장하는 경우 그 代理權의 존재는 일응 推定되고 代理權 欠缺의 점은 前所有者가 立證할 책임이 있다.[155]

(ㅂ) 어떤 土地에 관하여 償還完了에 인한 所有權移轉登記까지 경료되어 있는 경우 그에 관한 農地分配節次는 일응 適法하게 되었다고 推定된다.[156]

(ㅅ) 一般農地의 所有權移轉登記 등에 관한 特別措置法에 의한 所有權移轉登記는 同法 所定의 適法한 절차에 의하여 이루어진 것이라고 推定되므로 그 登記의 抹消를 訴求하려면 그 登記의 原因證書나 登記畢證에 갈음하는 同法 所定의 保證書 및 確認書 등의 虛僞로 작성되었다든가 기타 어떤 사유로 인하여 그 登記가 同法에 의하여 適法하게 이루어진 것이 아니라는 것을 主張·立證하여야 한다.[157]

그러나 이상에서 살핀 判例들과는 취지를 달리하여 贈與 및 償還完了를 원인으로 한 所有權移轉登記에 대하여 그 登記를 위한 前提節次가 경유되었다고 推定하지 아니한 大法院判決도 보인다. 즉 "敎會信徒들의 總有財産인 建物을 財團이 寄附받았다고 하여 그 財團 앞으로 所有權移轉登記가 되었다 한들 그 登記가 되었다는 事實 자체만으로써 그 敎人들의 贈與를 위한 共同會議의 決議가 있은 다음에 所有權移轉登記가 된 것이라고 推定할 수 있는 것은 아니다"라고 判示한 判決[158]과 "國有農地는 財務部長官의 위 法條 所定의 引繼를 받지 아니하면 農林部長官은 이를 分配할 수 없는 것이므로 이러한 分配없이

153) 大判 69. 6. 24, 69나466(集 17-2, 266).
154) 大判 62. 12. 27, 62다630(集 10-4, 378).
155) 大判 65. 8. 24, 65다837(要集 民 I-1, 297); 大判 79. 7. 10, 79다645(集 27-2, 146).
156) 大判 84. 9. 25, 80다610(公 740, 1708).
157) 大判 85. 4. 9, 84다카2107(公 753, 726); 大判 82. 9. 14, 82다카233(集 30-3, 83).
158) 大判 64. 9. 30, 67다758(要集 民 I-1, 297).

이루어진 農地分配는 當然無效이고, 이러한 引繼가 있었다고 주장하는 被告側에서 이에 대한 立證責任이 있다 할 것이며, 이러한 引繼가 없었다는 消極的 事實을 주장하는 原告側에 이에 대한 立證責任이 있다고 볼 수 없다"라고 判示한 判決[159]이 그것이다. 妥當性이 의심스러운 判決들이다.

(d) 登記의 推定力의 覆滅　登記의 推定力은 推定되는 法律關係와 다른 反對事實의 證明에 의하여 覆滅될 수 있다. 그런데 어느 정도의 證明이 있어야 推定의 覆滅을 위한 本證의 成立을 인정할 수 있을 것인지는 문제이다. 엄밀히 말하면 현재의 民事訴訟制度에서는 證明의 대상은 權利 자체가 아니라 그 權利의 發生原因에 해당하는 事實(要件事實)이므로 推定의 효과를 覆滅하기 위한 證明도 推定權利의 發生原因事實의 不存在나 發生障碍事實 또는 消滅原因事實의 존재를 證明하는 방법에 의할 수밖에 없는바, 推定의 利益을 받는 자는 前提事實(즉 登記가 되어있는 사실)에 대한 主張立證責任만 부담할 뿐 그 權利의 發生原因事實(매매·증여 등)에 대한 主張立證責任까지 부담하는 것은 아니므로 상대방은 과거로부터 현재에 이르기까지의 모든 가능한 發生原因事實의 不存在 또는 障碍·消滅事實의 존재를 證明하지 않으면 안 된다. 그러나 이와 같은 不特定的이며 광범위한 證明은 불가능한 일에 속하며 이른바 惡魔의 證明(probatio diabolica)에 해당한다고 할 것이어서 그 立證의 輕減方法이 여러 가지로 고려되고 있으며, 일반적으로 推定權利狀態의 不存在는 이와 相容될 수 없는 權利狀態의 존재의 證明에 의하여 間接的으로 證明할 수 있는 것이므로 推定權利狀態와 相容될 수 없는 權利狀態의 發生原因事實의 證明으로서 權利推定의 覆滅을 인정하자는 견해가 유력하다.[160] 그 推定이 어떤 경우에 覆滅되는가를 判例를 중심으로 살펴보기로 한다.

(i) 所有權移轉登記의 경우

(ㄱ) 前所有者의 死亡 후에 이루어진 경우　所有權移轉登記가 前所有者의 死亡 후에 이루어졌다면 登記節次의 適法 여부와 實體關係에 부합되는지의 여부를 따져보지 아니하고서는 所有權에 관한 推定을 할 수 없으며,[161] 前所有者가 死亡한 이후에 그 名義의 申請에 의하여 이루어진 移轉登記는 일단 原因無效의 登記라고 볼 것이어서 登記의 推定力을 인정할 여지가 없다.[162]

159) 大判 69. 8. 19, 69다797(集 17-3, 19).
160) 李鴻薰, "登記의 推定力", 裁判資料 43, 269.
161) 大判 77. 9. 13, 77다916(要集 民 I-1, 301).
162) 大判 83. 8. 23, 83다카597(公 714, 1417).

(ㄴ) 前所有名義者가 虛無人인 경우 虛無한 加空人으로부터 登記를 이어받은 所有權移轉登記는 原因無效로서 그 登記名義者에 대한 所有權推定은 깨어진다.[163]

(ㄷ) 登記名義者가 買受人이 아님이 判明된 경우 所有權移轉登記名義者가 買受人으로서 賣買契約을 체결한 사실이 없고 다른 사람이 買受人으로서 賣買契約을 체결하였던 사실이 立證되었다면 登記의 推定力은 번복된다.[164]

(ㄹ) 登記節次에 異常이 있음이 判明된 경우 登記節次가 適法하게 진행되지 아니한 것으로 볼만한 의심스러운 사정이 있는 때에는 推定力이 깨진다. 原告로부터 被告에게 所有權移轉登記가 경료된 경우에 被告가 주장하기를 原告의 代理人인 甲으로부터 買受하였다고 하였으나 실은 그 주장의 買受 당시 위 甲이 국내에 없었던 것이 判明된 경우에는 推定力이 깨진다.[165] 또 賣渡人인 原告가 登記畢證을 소지하고 있음에도 불구하고 舊不登 §44에 의한 保證書로써 所有權移轉登記를 하였고 그 所有權移轉登記에 사용된 原告의 印鑑은 1957.5.22 시청에 신고된 것이며, 原告는 1947.10부터 1960.9.16까지 日本에 거주하여 귀국한 사실이 없음이 명백하여 피고는 원고의 사위라는 점 등이 立證되었다면 被告名義의 所有權移轉登記의 推定力은 깨진다.[166]

(ㅁ) 前所有者 아닌 者의 행위로 登記되었음이 明白한 경우 所有權移轉登記가 前所有者 아닌 者의 행위로 경료된 것이 명백한 때에는 取得者가 그 행위자에게 所有者를 代理할 권한이 있거나 그 權限 있음을 믿을만한 사유를 主張·立證하여야 한다고 하며,[167] 前所有者나 그 代理人이 아닌 他人으로부터 買受하였다는 명백한 證據資料가 있어 그대로의 사실이 인정된다면 買受人名義의 所有權移轉登記가 가지는 推定力은 깨진다고 할 것이니 그 買受人이 所有權者나 그 代理人으로부터 適法히 買受하였다는 立證이 없는 이상 그 登記는 眞實에 부합하는 登記로 볼 수 없다고 한다.[168] 그러나 前所有者와 賣渡行爲者 사이에 夫婦 또는 父子 등의 관계가 있는 경우에는 登記의 推

163) 大判 85.11.12, 84다카2494(公 767, 20).
164) 大判 68.8.12, 68다1962(카 8018).
165) 大判 62.1.25, 4294民上437(集 10-1, 50).
166) 大判 62.4.18, 4294民上946(集 10-2, 128).
167) 大判 57.11.4, 4290民上199(카 4691).
168) 大判 78.2.14, 77다2376(要集 民 I-1, 301).

定이 전복되지 않으며,[169] 買受人이 登記의 無效를 주장하는 前所有者에 대하여 그 賣買가 前所有者의 代理人과 사이에 이루어진 것이라고 인정하는 경우에도 登記의 推定力 때문에 代理權 欠缺의 점은 前所有者가 입증할 책임이 있다고 하고,[170] 未成年者 所有의 土地가 未成年者名義의 所要文書에 의하여 他에 移轉登記된 경우에도 登記의 推定力은 유지된다고 한다.[171]

(ㅂ) 登記의 記載 자체에 의하여 不實登記임이 명백한 경우

登記簿上의 共有持分의 合計 결과 分子가 分母를 초과하는 때에는 登記簿의 記載 자체에 의하여 그 登記가 부실함이 명백하므로 그 중 어느 共有者의 어떤 持分이 無效인지 가려보기 전에는 登記簿上에 기재된 共有持分의 비율로 각 共有者가 共有한다고 推定할 수 없다고 한다.[172]

(ii) 所有權保存登記의 경우 所有權保存登記는 어떤 不動産에 대하여 새로 登記用紙를 開設하여 그 所有權을 公示하는 登記로서 所有權이 眞實하게 보존되어 있다는 사실에 관하여서만 推定力이 있고 所有權保存 이외의 權利變動이 진실하다는 점에 관하여서는 推定力이 없다. 따라서 所有權保存登記名義人이 原始取得者가 아니라는 점이 證明되면 保存登記의 推定力은 깨어진다고 보아 所有權移轉登記의 경우에 비하여 용이하게 推定力의 覆滅을 인정한다. 이에 관한 判例를 몇 개 보면, 保存登記名義者가 保存登記하기 以前의 所有者로부터 所有權의 讓渡를 받은 것이라는 주장이 있고 前所有者가 保存登記名義者에 대한 讓渡事實을 否認하는 경우에는 그 推定力은 깨어진다고 보아야 할 것이므로 保存登記名義者가 그 讓受事實을 立證할 책임이 있고,[173] 保存登記名義人도 所有者로 推定받는 것이지만 당해 土地를 査定받은 사람이 따로 있음이 밝혀진 경우에는 그 推定力은 깨어지는 것이므로 登記名義人이 구체적으로 그 承繼取得事實을 主張·立證하지 못하는 한 그 登記는 原因無效이고,[174] 建物의 保存登記는 그 名義者가 新築한 것이 아니라면 그 登記의 權利推定力은 깨어진다 할 것이므로 그 名義者 스스로 適法하게 그 所有權을 讓渡받게 된 사실을 立證할 責任이 있다[175]는 것이다. 그러나 所有權保存登記와 所有權

169) 大判 68. 11. 26, 68다1727, 1728(集 16-3, 249); 大判 79. 7. 10, 79다645(公 616, 12071).
170) 大判 65. 8. 24, 65다837(要集 民 I-1, 297).
171) 大判 69. 2. 4, 68다2147(集 17-1, 162).
172) 大判 82. 9. 14, 82다카707(公 692, 941).
173) 大判 74. 2. 26, 73다1658(集 22-1, 87); 大判 80. 1. 15, 79다1200(公 628, 12583); 大判 82. 9. 14, 82다카707(公 691, 912).
174) 大判 71. 3. 23, 70다444, 445(集 19-1, 175); 大判 83. 2. 22, 82다605(集 31-1, 141).
175) 大判 66. 3. 22, 66다64, 65(集 14-1, 142); 大判 77. 4. 26, 75다2305(要集 民 I-1, 301).

移轉登記는 本質上 차이가 있다고 하지만 所有權保存登記도 不登 §§130, 131에 정한 所定書面에 의한 確認節次를 거쳐 행하여질 뿐 아니라 保存登記名義者와 그 이전의 所有者의 관계에 있어서도 所有權移轉登記에 있어서와 같이 推定力을 인정할 근거와 필요성이 있음을 고려하다면 判例의 위와 같은 태도는 타당한 것인지 의문이 있다.

(iii) 特別措置法에 의한 登記의 推定力 一般農地의 所有權移轉登記 등에 관한 特別措置法(法律 제1657호), 林野所有權移轉登記 등에 관한 特別措置法(法律 제2111호), 不動產登記에 관한 特別措置法(法律 제2221호), 不動產所有權移轉登記 등에 관한 特別措置法(法律 제3094호) 등은 통상의 登記節次와는 다른 簡易한 절차에 의한 登記를 허용함으로써 登記를 실제의 權利關係에 合致시키도록 하였다. 이러한 절차에 따라 행해진 登記가 登記權利者와 登記義務者의 意思合致에 의한 것은 아니지만 그 登記가 진정한 權利變動과 부합되겠금 보장하기 위하여 國家機關의 관여하에 그 절차와 요건이 엄격하게 규정되어 있을 뿐 아니라 詐僞 기타 不正한 방법으로 그 節次를 밟은 사람에 대하여는 刑事處罰까지 과하게 되어 있으므로 登記의 推定力은 인정되어 한다.[176] 그러므로 그 登記의 效力을 다투는 경우에는 마땅히 이를 주장하는 原權利者가 이를 立證할 책임을 진다. 그리고 그 登記는 특별한 節次에 따라 행해진 것이므로 그 推定을 깨뜨리기 위하여는 登記節次上 소요되는 保證書 및 確認書가 虛僞 또는 僞造된 것이라든가 그 밖의 사유로 適法히 登記된 것이 아니라는 主張·立證이 있어야 한다.[177] 그리고 保證書나 確認書가 虛僞라는 것은 그 實體的 記載內容이 진실이 아닌 것을 의미하며, 또한 그것은 궁극적으로 登記名義者에게 所有權이 없는 것을 의미할 뿐 그 밖의 사항에 관한 기재가 일부 사실과 다르더라도 이를 虛僞의 것으로 볼 수는 없다는 입장이다. 그러한 각도에서 보면 特別措置法에 의한 登記의 推定力은 오히려 一般登記의 推定力보다 더 강하게 인정되는 셈이다. 一般登記와의 차이를 別例를 통하여 본다.

(ㄱ) 所有權移轉登記의 경우 일반 所有權移轉登記에 있어서는 그 登記가 前所有者의 死亡 후에 이루어졌음이 밝혀졌다면 그 사유만으로 推定이 깨어진다는 것이 判例임은 앞에서 본 바이다. 그러나 特別措置法에 의한 所有權移轉登記에 관하여는 判例가 다른 태도를 취한다. 즉 "特別措置法에

176) 大判 79.7.24, 79다971(公 617, 12106).
177) 大判 82.4.27, 81다카1036(公 683, 530).

의한 所有權移轉登記는 위에서 본 바와 같이 登記名義人으로부터 직접 讓受하는 경우 뿐만 아니라 제3자를 거쳐 讓受한 경우에도 허용되는 것이므로 위 被告 등의 買受日字가 登記名義人인 망 김해균의 사망간주일자보다 뒤로 되어 있다고 하여 이것만으로 위 被告들 명의의 登記의 推定力이 깨어진다고 볼 수는 없는 것이다"라고 判示한다.[178] 나아가서 移轉登記의 경료일자가 前所有者의 死亡 후라는 점으로서는 登記의 推定力이 깨어지지 않는다고 한다.[179] 일반의 登記에서와 같은 立證의 輕減을 인정하지 않는 것이다.

(ㄴ) 所有權保存登記의 경우　　일반 所有權保存登記에 있어서는 그 不動產이 保存登記 전에 타인의 所有였음이 判明된 경우라면 그 사유만으로 推定이 깨어진다는 것이 判例임은 앞에서 본 바와 같다. 그런데 特別措置法에 의한 所有權保存登記에 관하여 判例는 두 부류로 나뉘어 있었으나[180] 大判(全) 87.10.13, 86다카2928(公 813, 1703)로서 所有權保存登記 이전에 다른 所有者가 있었던 것이 밝혀진 경우라도 그 登記의 推定力은 깨어지지 않는다는 취지로 判例를 통일하였다. 特別措置法의 立法趣旨를 적극적으로 수용하는 태도에서 나온 判決이라 할 것이다.

(e) 登記의 推定力에 따른 附隨的 效果

(i) 占有의 推定力과의 관계　　民 §200는 "占有者가 占有物에 대하여 행사하는 權利는 適法하게 보유한 것으로 推定한다"고 규정하고 있으나 同條의 적용대상이 動產에 한하는지, 動產·不動產 모두인지에 관해 의문이 생긴다. 특히 登記된 不動產에 대하여 登記名義人과 占有者가 일치하지 아니하는 경우 權利推定力을 여하히 인정할 것인지가 문제될 수 있으나 앞서 본 登記가 갖는 推定力의 결과 占有의 推定力은 인정될 여지가 없다할 것이다. 登記된 不動產에 대하여는 占有의 推定力에 관한 民 §200가 適用되지 않는다는 것이 通說[181]·判例[182]이다. 獨民 §1006는 占有의 推定力이 動產에 한정하여 인정됨을 규정하고 있다. 그리고 未登記不動產에 대하여는 占有의 推定力의 규정이 적용

---

178) 大判 82.4.27, 81다카1036(公 683, 530).
179) 大判 83.12.13, 83다카1083(公 721, 164).
180) 그 하나는 保存登記 전에 타인의 所有였음이 판명되었다 하더라도 이것만으로는 推定力이 깨어지지 않는다는 判例이다. 大判 83.12.13, 83다카1083(公 721, 164). 다른 하나는 타인의 所有였음이 판명되었다면 그 사유만으로 特別措置法에 따른 保存登記의 推定力이 깨어진다는 判例이다. 大判 82.9.14, 82다카707(公 691, 912); 大判 83.7.26, 82다카607(公 713, 1325).
181) 郭潤直, 185; 金容漢, 200; 金曾漢, 205.
182) 大判 82.4.13, 81다780(公 682, 499).

된다는 견해[183]도 있으나, 登記의 여부를 불문하고 不動産에 대하여는 占有의 推定力이 작용하지 아니하고 통상의 立證責任의 문제만이 남는다 할 것이다.[184] 大判 76.9.28, 76다431 判決은 未登記土地에 대한 占有者가 있는 경우에도 土地臺帳에 토지의 所有者로 登載된 者가 所有權者로 推定받는다고 判示함으로써 未登記不動産의 占有의 推定力을 배제하고 있다.

(ii) 登記의 信賴와 無過失 登記에 推定力이 인정되는 결과 登記를 信賴하고 去來하는 경우에는 無過失로 推定된다. 즉 登記簿上의 占有名義人이 賣渡人과 同一人인 경우에는 이를 所有者로 믿고 그 不動産을 買受한 者는 登記簿上 賣渡人名義를 의심할 만한 특별한 사정이 없는 한 과실없는 占有者로 推定된다.[185] 반면에 登記內容을 조사하지 않은 경우에는 비록 善意이더라도 과실이 있는 것으로 推定된다.[186]

(iii) 登記의 內容에 관한 惡意의 推定 不動産物權을 取得하려고 하는 者는 미리 登記簿를 조사하는 것이 常例이므로 去來當事者는 反證이 없는 한 그 登記內容을 알고 있었던 것으로, 즉 惡意로 推定된다.[187]

(마) 登記의 公信力 權利關係에 관한 登記簿의 記載는 비록 그것이 실제의 權利關係에 부합하지 아니하더라도 그것이 眞實한 것이라고 信賴하고 去來를 한 善意의 제3자를 보호하기 위하여 登記의 記載에 대하여 인정하는 效力이 登記의 公信力이다.

우리 民法은 登記의 公信力에 관한 규정을 두지 아니하였으나, 이를 인정하지 아니함에는 學說上 다툼이 없다. 그 이유는 첫째, 無權利者로부터 權利를 取得한다는 것은 法理論上 異例의 것이므로 그러한 결과를 인정하기 위하여는 특별한 明文의 規定을 두어야 하며, 둘째는 公信力을 인정하게 되면 不動産去來의 動的安全이 보호되는 반면, 靜的安全(진정한 權利者의 利益)을 害하는 결과를 가져오게 되므로 이러한 결과를 피할 수 있는 制度的 補完이 필요한데, 현재의 실정은 이에 이르지 못하고 있다는 점이다.

大法院判決도 "登記의 公信力이 인정되지 않는 현행 登記制度下에서는 登記의 記載에 부합하는 실체상의 權利關係가 존재함을 전제로 그 登記의 有效

183) 註釋民法(Ⅱ), 200.
184) 李鴻薰, "登記의 推定力", 裁判資料 43, 235.
185) 大判 83.3.8, 80다3198(公 703, 646).
186) 大判 86.2.25, 85다카771(集 34-1, 62); 大判 82.5.11, 80다2881(公 684, 561).
187) 郭潤直, 185.

性이 인정된다"[188]고 判示하는 등 登記의 公信力을 인정하지 않는 것으로 일관하고 있다. 그러므로 甲이 乙所有의 不動產을 買受하여 移轉登記를 한 후에 甲·乙 사이의 法律行爲가 無效이거나 取消되는 경우에도, 甲의 登記를 믿고서 다시 甲으로부터 買受하여 移轉登記를 한 丙은 權利를 취득하지 못한다. 다만 그러한 無效 또는 取消로써 善意의 제3자에게 對抗할 수 없다고 하는 경우(民 §§107 Ⅱ, 108 Ⅱ, 109 Ⅱ, 110 Ⅱ 등)에는, 만일에 丙이 善意이면 丙에 대한 관계에 있어서는 甲·乙 사이의 法律行爲는 有效한 것으로 다루어지기 때문에 丙은 權利를 取得하나 이는 登記에 公信力이 있기 때문인 것은 아니다. 그러나 假擔 §11 但書에 의하면 債權者가 淸算節次를 밟아 완전한 所有權을 取得하기 전에 所有權移轉登記를 경료한 후 善意의 제3자에게 轉賣하여 所有權移轉登記를 하는 경우에는 그 善意의 제3자는 所有權을 取得하게 되는데, 이는 登記의 公信力을 인정하는 셈이 된다.[189]

한편 獨民 §892 I은 登記의 公信力을 規定하고 있다. 그 公信力은 언제나 인정되는 것이 아니다. 取得者가 惡意(bösgläubig)이거나 그 登記의 眞正性을 탄핵하기 위한 異議의 登記(Widerspruch)가 되어 있는 경우에는 公信力이 인정되지 아니한다. 그리고 公信力이 인정되는 것은 權利에 관한 事項에 한하고(所在·面積 등 事實的인 事項은 이에 해당하지 아니함) 그것도 登記되어 公示될 수 있는 事項에 한한다. 또한 法律行爲에 의한 物權變動의 경우에만 公信力이 인정되고 法律의 規定에 의한 物權變動의 경우에는 公信力이 인정되지 아니한다.

(2) 假登記의 效力

㈎ 本登記順位保全의 效力

(a) 假登記를 한 후에 그에 기한 本登記를 하면 "本登記의 順位는 假登記의 順位에 의한다"(不登 §6 Ⅱ). 예컨대, 甲으로부터 乙에게로 所有權移轉에 관한 假登記가 행하여지고, 이어서 甲으로부터 丙에게로 所有權移轉의 登記가 경료된 후 乙의 假登記에 기하여 本登記가 행하여지면, 乙의 本登記는 비록 그것이 丙의 登記보다 늦게 행하여진 것이지만 丙의 登記에 優先하게 되며 丙의 所有權取得은 그 效力을 상실하게 된다. 위의 예에 있어서 乙은 抵當權設定에 관하여 假登記를 하고 丙은 抵當權設定의 本登記를 하고 있다면, 乙의 本登記에 의하여 丙의 抵當權은 後順位가 된다. 이와 같이 假登記에는 후에 될 本登記를

---

188) 大判 69.6.10, 68다199(集 17-2, 157).
189) 郭潤直, 662.

위하여 順位를 保全하는 效力이 인정되는바, 이를 順位保全의 效力이라 한다. 다만 이것은 物權變動은 本登記時에 일어나는 것을 의미할 뿐이고 假登記時로 遡及하여 그 때에 일어나는 것을 의미하는 것은 아니다.[190] 즉 本登記의 順位가 假登記의 順位로 遡及하는 것을 의미할 뿐이다. 그러므로 위의 예에서 乙의 本登記가 경료될 때까지는 丙은 정당한 所有者로서의 權利를 행사할 수 있다.

(b) 假登記에 기한 本登記의 節次 假登記 후에 제3자를 위한 中間處分의 登記가 행하여지지 아니하면 假登記權利者와 假登記義務者는 共同申請하여 本登記를 하게 된다. 그러나 假登記 후에 제3자를 위한 中間處分의 登記가 행하여 있는 경우, 예컨대 甲으로부터 乙에게로 所有權移轉의 假登記가 된 후에 甲의 丙에게로 所有權移轉登記를 하였다면, 乙은 누구를 상대로 하여 本登記를 請求하며 丙의 本登記는 여하히 처리할 것인가가 문제된다.

이에 관한 學說과 判例를 살피면 다음과 같다.

第1說: 乙은 먼저 丙의 本登記의 抹消를 구하여 丙의 本登記를 抹消한 후 甲에 대하여 本登記의 申請에 협력할 것을 요구하여야 한다는 說이다. 이 說은 단순한 假登記權者인 乙이 그 상태에서 丙에 대하여 本登記의 抹消를 구할 근거가 무엇이냐 하는 점에서 의문을 남긴다.

第2說: 乙은 먼저 甲을 상대로 하여 本登記를 한 후에 丙에 대하여 그의 本登記의 抹消를 요구하여야 한다는 說이다. 이 說은 丙의 本登記가 존재하는 상태에서 乙이 甲을 상대로 하여 本登記를 할 수 있는가 하는 점에서 의문을 남긴다(甲으로부터 乙·丙에게로 二重의 所有權移轉登記가 경료된 상태를 상당기간 보이게 된다).

第3說: 乙은 甲을 상대로 本登記를 請求하고 동시에 丙을 상대로 하여 丙의 本登記의 抹消를 請求하여야 한다는 說이다. 이 說은 제1설에 대한 批判에서와 같이 乙이 무엇을 근거로 丙에 대하여 本登記의 抹消를 구할 수 있느냐가 문제된다.

判例는 처음에는 제1설[191]에 따르고 있었으나 그 후에 태도를 바꾸었다. 즉 乙은 甲을 상대로 本登記請求權을 행사하여 假登記에 기한 本登記를 하고, 이 本登記가 있게 되면 丙의 登記는 不登 §55ii의 "事件이 登記할 것이 아닌 때"에 해당하므로 登記公務員이 同法 §175 I 에 의하여 丙의 本登記를 職權으로 抹消하여야 한다는 것이다.[192] 그러나 위 判例는 다음과 같은 문제점을 안

190) 大判 82. 6. 22, 81다1298, 1299(集 30-2, 150); 大判 81. 5. 26, 80다3117(集 29-2, 67).
191) 大判 61. 12. 14, 4294民上253(集 9, 112).
192) 大決 62. 12. 14, 4294民再抗675(要集 民 I-1, 336).

고 있다.

첫째, 本登記 후 中間處分의 登記名義人에게 抹消通知를 하여 그가 異議陳述을 할 수 있는 期間中에는 그 不動產의 所有者가 2人인 것처럼 公示될 수밖에 없는 경우가 생기는 것이 부득이하나 이와 같은 현상은 용인할 수 없는 것이다.

둘째, 異議陳述이 理由있어 이것이 인용된다면 그 不動產의 所有者는 2人인 것처럼 公示될 수밖에 없고, 이 경우 本登記의 抹消登記에 관한 적절한 節次的 規定이 없어 公示의 混亂이 계속될 위험이 있다.

셋째, 中間處分의 登記가 假登記에 기한 本登記에 대항할 수 있는 效力을 갖는 경우, 예컨대 그 登記가 原始取得의 登記인 경우에는 이를 抹消할 것인가가 문제되는바, 만약 이를 抹消한다면 登記簿와 實體的 權利關係가 不合致하고 이를 바로잡는 번거러움이 따르게 되고, 抹消할 수 없다면 역시 그 不動產의 所有者가 2人인 것처럼 公示될 수밖에 없다.

넷째, 이상의 문제점은 假登記가 所有權移轉請求權保全에 관한 것으로서 실무상 그런대로 해결할 방법은 있는 것이지만, 그 假登記가 所有權移轉登記의 抹消登記請求權保全에 관한 것인 때에는 그 本登記時 中間處分의 登記가 있으면 抹消登記의 本登記 그 자체가 애당초 不可能한 것이 되고 말아(中間登記를 남겨둔 채 抹消登記는 할 수 없으므로) 통상의 실무에 따른 방법으로는 本登記를 할 수 없게 되어 假登記의 效能을 발휘할 수 없는 공백이 생기고 만다.

위와 같은 문제점은 말할 것도 없이 우리 不動產登記法의 母法이 된 日本不動產登記法(1960년 改正 이전의 것)의 立法上 未備에 기인한 것임은 물론 判例가 假登記 후에 이루어진 中間處分의 登記를 不登 §55ii의 登記로 보아 무리하에 同法 §175 이하의 절차에 따라 抹消시키려고 한 때문인 것이다. 日本의 경우는 1960년 不動產登記法을 改正하여 同法 §105로서 所有權에 관한 假登記를 한 후에 本登記를 申請하는 경우에는 그 申請書에 利害關係있는 제3자(中間處分登記의 名義人)의 承諾書 또는 이에 對抗할 수 있는 裁判의 謄本을 첨부하도록 함으로써 위에 지적한 문제들을 立法的으로 해결하였다.

㈏ 本登記前의 假登記의 效力　　假登記가 있더라도 그에 기한 本登記가 없는 한, 假登記義務者인 所有權者는 그 不動產을 처분할 權利를 잃지 않으며, 그 不動產에 대하여 去來한 제3자는 適法한 權利者가 된다. 다만 후에 假登記에 기한 本登記가 이루어지면 제3자의 登記는 위에 본 假登記의 順位保

全의 效力에 의하여 效力을 잃거나 優先을 당하게 된다. 위와 같은 法律關係에 터잡아 本登記를 하기 전의 假登記 자체의 效力이 論議된다. 舊法時代의 通說은 本登記 전의 假登記만으로는 實體法上 아무런 效力을 가지지 아니한다고 한다. 이에 대하여 다른 學說은 假登記는 그 자체만으로는 아무런 效力이 없다고 하면서 한편으로 假登記權者는 제3자의 登記 후에도 本登記를 할 수 있고 또한 그 本登記에 저촉되는 제3자의 登記를 抹消시킬 수 있다는 것은 모순이며, 따라서 假登記는 假登記인 채로 어떠한 實體法的 效力이 있다고 하지 않으면 아니되고 그 效力이 바로 請求權保全의 效力이라고 한다.[193]

생각건대, 假登記制度의 存在意義를 살리면서 그에 관련된 法律問題를 조화있게 해결하기 위하여 假登記의 請求權保全의 效力(Sicherungswirkung)을 인정할 필요가 있다. 다만 그러한 實體法的 效力을 인정하기 위하여 명문의 규정을 둠이 타당하다. 日本의 경우는 위에 본 바와 같이 不登 §105를 新設하여 문제의 해결을 도모하였으나, 이 규정은 實體法的 規定, 즉 假登記의 效力을 정면으로 규정한 것이 아니고, 다만 假登記에 기한 本登記의 절차에 관한 규정을 둔 것에 불과하여, 이 규정을 근거로 하여 假登記 후에 된 제3자의 登記의 抹消를 구할 수 있다고 하기에는 미흡하다. 獨民 §§883, 888와 같은 명백한 實體法的 規定을 實體法인 民法에 둠이 타당하다.[193]

[金 滉 植]

193) 郭潤直, 189.

194) 第883條(假登記의 本質과 效力) ① 不動産物權이나 不動産에 設定된 權利의 양도나 소멸이 請求權 또는 그러한 權利의 내용이나 순위의 변경의 請求權을 보전하기 위하여 不動産登記簿에 假登記할 수 있다. 假登記는 將來의 請求權 또는 條件附請求權의 보전을 위하여서도 이를 할 수 있다.
② 假登記後에 그 不動産이나 權利에 관하여 한 처분은 請求權을 침해하는 한도에서 效力이 없다. 強制執行이나 假押留에 의한 處分 또는 破産管財人에 의한 處分에 관하여서도 또한 같다.
③ 請求權이 權利의 讓渡에 관한 것인 때에는 그 權利의 순위는 假登記의 순위에 의하여 이를 정한다.
第888條(假登記權者의 請求權) ① 登記한 權利 또는 그 權利에 대한 권리의 취득이 假登記로 이익을 얻게 될 者에 대하여 效力이 없는 경우에는 假登記로 보전된 請求權의 실행에 필요한 登記나 登記의 抹消를 위하여 取得者에 대하여 그 同意를 요구할 수 있다.
② 請求權이 讓渡禁止에 의하여 보전된 때에도 또한 같다.

第1章 總　　則

第185條(物權의 種類)

物權은 法律 또는 慣習法에 의하는 外에는 任意로 創設하지 못한다.

차 례

Ⅰ. 物權法定主義
1. 意　義
2. 根　據
3. 立法例
4. 問題點
Ⅱ. 物權法定主義의 內容
Ⅲ. 物權의 種類
1. 民法이 認定하는 物權
2. 民法 이외의 法律이 認定하는 物權

Ⅰ. 物權法定主義

1. 意　義

근대의 物權法에 있어서는 物權의 종류와 내용은 民法 기타의 法律이 정하는 것에 한하여 인정되며, 當事者가 法律이 규정하는 것과는 다른 종류 및 내용의 物權을 자유로이 創設하는 것을 禁하고 있다. 이와 같이 物權의 종류와 내용을 法律로 정하는 것에 한정하는 원칙을 「物權法定主義」(numerus clausus der Sachenrechte) 또는 「物權限定主義」라고 하는데, 本條는 이와 같은 原則을 규정한 것이다.

債權法에서는 契約自由의 原則이 인정되어 當事者가 자유롭게 契約內容을 결정할 수 있으므로, 債權法에 규정된 典型契約과는 다른 내용의 契約을 체결할 수 있으며, 이 점이 物權法과의 차이를 나타낸다. 즉 債權法의 계약의 전형은 例示的인 것에 지나지 않으나, 物權法에 있어서의 物權의 정형은 確定的이다. 그러므로 債權法上의 규정은 契約自由의 原則에 의해서 任意法規的 성질을 갖는 데 반하여, 物權法의 규정은 物權法定主義에 의하여 強行法規的 성질을 갖는다. 그러나 物權法定主義로 인하여 契約自由의 原則이 전면 배제되는 것은 아니다. 즉 法定된 物權에 관한 契約을 締結할 것인지에 관한 자유에는 아무런 제약이 없다. 또한 法定된 物權의 내용을 테두리로 하여 그 具體的 內容을 결정할 자유도 허용된다. 한편 債權法 분야라고 하여 契約自由의 원칙이 무한하게 인정되는 것도 아니다. 社會政策的인 이유로 契約自由의 원칙이 制限되는 경우가 많다. 결국 物權法과 債權法에서의 契約自由의 원칙에 관한 차이는 量的인 것에 불과하다고 할 수 있다.[1)]

2. 根 據

近代法이 이 原則을 취하는 근거로서는 다음의 것을 생각할 수 있다.

첫째, 近代法은 封建時代에 있어서의 不動產, 특히 土地에 대한 복잡하고 혼란하였던 支配關係를 정리하여 土地에 대한 權利關係를 단순화하고「자유로운 所有權」을 확립하였다. 이러한「자유로운 所有」를 방해하는 封建的 法律關係가 부활하는 것을 막기 위하여 所有權 이외의 制限物權에 대하여도 한정적인 태도를 취하지 않을 수 없었다.[2)] 그러나 자유로운 所有權이 확립된 오늘날에 있어서는 이 根據는 단순한 歷史的 내지 沿革的인 의미만을 가질 뿐이다.

둘째, 物權은 債權과 달라서 獨占的이고 排他的인 支配權이므로 제3자가 그 존재를 명백히 인식할 필요가 있고 이를 위한 公示方法이 마련되어야 한다. 그런데 動產物權의 公示方法인 占有는 當事者가 任意로 창설하는 모든 物權을 公示하는 데 無力하며, 또한 不動產物權의 公示方法인 登記에 있어서도 여러 형태의 物權을 公示하는 것은 불가능하지 않더라도 너무 복잡하면 혼란을 가져오고 公示의 목적을 달성하지 못할 염려가 있다. 따라서 物權의 종류와 내용을 미리 法律로써 限定하여 當事者에게는 選擇의 자유만을 인정하는 것이 公示의 原則을 관철하는 데는 가장 적절한 것이다. 즉 物權法定主義는 物權公示의 必要性을 충족시켜주는 것으로서 뜻을 갖는다.

셋째, 物權은 去來의 목적이 되는데, 去來當事者의 迅速·簡易한 去來를 위하여는 物權의 종류와 내용을 定型化하여 둘 필요가 있다. 즉 物權의 종류와 내용이 定型化되지 아니하면 當事者는 契約時마다 契約內容을 상세히 검토하여야 하므로 物權法定主義는 物權去來의 安全과 簡易化를 도모하는 뜻을

1) MünchKomm, 9.
2) 郭潤直, 27; 日注民(6), 102.

갖는다.[3)]

3. 立法例

로마法에서도 制限物權의 종류와 그 내용을 한정하고 있어 物權法定主義를 취하고 있었으나, 오늘날의 物權法定主義는 近代法에 있어서 위에 본 근거에 터잡아 확립된 것이다. 그러나 佛蘭西에서는 當事者의 자유로운 意思에 따른 負擔設定이 가능하고 共同所有形態도 임의로 결정할 수 있고, 英美法에서는 契約自由의 原則에 따른 不動產權(interests in land)의 자유로운 創設이 인정되므로 이들 나라에서는 物權法定主義가 관철되어 있지 아니한다.[4)]

物權法定主義를 인정하는 나라는 獨逸·瑞西·墺地利·日本 등이나 그 立法方式은 다르다. 獨逸이나 瑞西에서는 明文의 규정을 두지 않고 있으나 당연한 원칙으로 받아들여지고 있으며, 日本은 이를 明文으로 규정하고 있다(§175).

4. 問題點

物權法定主義에 따라 物權을 한정하면 다음과 같은 문제점이 생겨난다. 즉 經濟去來關係의 발전에 따라 그에 맞는 새로운 형태의 物權이 필요하게 되는데 그 필요에 卽應한 立法이 행해지지 아니하면 法律과 社會的 要求가 유리될 수밖에 없다. 특히 우리 物權法과 같이 우리 나라 고유의 法이나 慣習을 成文化한 것이 아닌 경우에는 그 문제가 더욱 크다. 다만 本條가 慣習法에 의한 物權의 成立을 인정함으로써 어느 정도 문제를 해결할 수 있다 할 것이나 慣習法의 인정 자체가 용이하지 아니하므로 社會的 必要에 卽應하는 立法에 의해 補完될 수밖에 없다.

Ⅱ. 物權法定主義의 內容

本條의 解釋上 문제가 되는 점을 들어 설명한다.

1. 本條에서 말하는 「法律」은 憲法上의 의미의 「法律」(Gesetz)을 가르키

3) Baur, 4.
4) 註釋民法(Ⅱ), 49.

는 것이고, 命令이나 規則 같은 것을 포함하지 아니한다. 物權과 같이 모든 국민의 權利·義務에 영향을 미치는 財産權을 行政機關의 命令 등에 따라 創設하는 것은 부적당하다고 생각되기 때문이다. 그리고 이「法律」가운데 가장 중요한 것이 民法임은 물론이다.

2. 慣習法에 의하여 物權이 成立될 수 있음은 물론이다. 舊民 §175가 「本法 其他의 法律」이라고 규정할 뿐 慣習法에 관하여는 언급하고 있지 않기 때문에 크게 論議되었던 문제이나 立法的으로 해결한 셈이다. 이 문제는 특히 日本에서 많이 논의되었는데, 判例는 그 입장이 일관되지 아니하였다. 즉 慣行上 인정되고 있던 耕作者의 重疊的 土地所有權이라고 할 上土權이나 所有者의 權利를 제한하여 所有地 내에 우물을 파는 것을 금지하는 地役權類似의 慣行上의 物權的 權利를 인정하지 아니하기도 하고, 한편으로는 慣習法上의 流水利用權이나 溫泉權 등에 관하여는 物權的 權利를 인정하기도 하였다.[5] 學說은 初期에 慣習法에 의한 物權의 성립을 부인하기도 하였으나 현재로서는 모두 이를 인정하고 있다.

아무튼 우리 民法이 日本法學의 영향으로 慣習法에 의한 物權의 창설을 明文으로 인정하고 있으나, 이는 위 物權法定主義의 문제점에서 본 바와 같은 새로운 物權의 社會的 要求에 다소나마 충족시킬 수 있는 길을 튼 점에서 타당한 立法이라 할 수 있다. 慣習法에 의한 物權의 성립을 인정한다 하더라도 거기에는 일정한 限界가 있다. 즉 創設되는 物權이 近代法의 理想인「자유로운 所有權」에 逆行하여 封建的 物權關係를 형성하는 것이어서는 아니되며, 그 物權이 상당한 방법에 의하여 公示되어 그 존재가 외부로부터 인식될 수 있는 것이어야 할 것이다.

慣習法에 의한 物權의 成立을 인정하는 이상, 여기서 慣習法이 法律에 대하여 어떠한 效力을 갖는지가 문제된다. 즉 法律이 규정한 物權과 다른 내용의 物權을 慣習法에 의하여 인정할 수 있는가 아니면 法律에 규정이 없는 종류나 내용의 物權만을 慣習法에 의하여 인정할 수 있는가이다.

對等的 效力說에 의하면 民 §185는 §1에 대한 예외로서 物權에 관하여는 慣習法에 대하여 成文法과 대등한 效力을 인정한다.[6] 物權에 대하여 이와 같은

5) 日注民(6), 103.
6) 金曾漢, 22.

예외를 인정하는 것은 物權法에 있어서는 債權法에 있어서 보다 傳統의 힘이 강하기 때문이라고 한다. 이에 의하면 民法이나 기타의 法律에 규정이 없는 종류나 내용의 物權이 慣習法上 성립할 수 있음은 물론이고, 그 밖에 法律에 規定된 物權과 같은 종류의 것이더라도 내용을 달리 한 物權을 慣習法에 의하여 인정할 수 있는 것이다.

이에 대하여 變更的 效力說은 民 §185가 규정의 형식으로는 成文法上의 物權과 慣習法上의 그것을 對等的·並列的으로 규정하고 있지만 실제 적용에 있어서는 慣習法上의 物權이 成文法의 그것을 변경하는 결과가 되며, 여기서 成文法을 변경한다는 것은 成文法上의 규정을 修正한다는 뜻이 아니고 그 규정의 적용을 배척하게 되는 결과를 표현한 것으로 이해한다.[7] 이는 결국 物權法定主義를 약화시키는 결과를 가져오지만 物權法定主義를 유지하기 위한 대책으로서 慣習法에 위하여 物權을 인정하더라도 그 認定要件을 엄격히 하여야 한다고 한다.

그러나 위와 같은 견해들에 의하면 法律에 규정이 있는 物權과 같은 종류의 것이더라도 그 내용에 있어서 다른 物權도 慣習法에 의하여 인정되고, 兩者는 併存하는 것이 되어 當事者는 選擇의 자유를 가지는 것이 되나, 이는 物權法定主義를 취한 근거를 흔드는 것이 되어 타당하다 할 수 없다.[8] 그러므로 慣習法은 補充的 效力만을 가질 뿐이라는 補充的 效力說이 타당하다. 따라서 民法 기타의 法律에 규정이 있는 物權과 다른 物權을 慣習法上 인정하는 것은 허용되지 않으며, 특별히 규정을 두고 있지 않은 종류나 내용의 物權만이 慣習法上 成立될 수 있다고 해석된다. 그리고 慣習法에 의한 物權도 絶對的 效力을 갖는 이상 그 존재를 주지시킬 만한 公示方法을 갖추어야 한다.

3. 本條의 "物權은 ……任意로 創設하지 못한다"는 것은 法律 또는 慣習法이 인정하는 이외의 새로운 種類의 物權을 만들지 못한다는 것과 法律 또는 慣習法에 의하여 인정되는 物權이라 하더라도 法律 또는 慣習法이 인정하는 것과 다른 內容을 부여하지 못한다는 것을 의미한다.

4. 本條違反의 法律行爲의 效力은 어떠한가? 이 점에 관하여 法律이 특

7) 金容漢, 36; 張庚鶴, 108.
8) 郭潤直, 30.

별한 規定을 두고 있는 경우(예, 民 §§ 280 Ⅱ, 312 Ⅱ)에는 그 규정에 따를 것임은 당연하다. 이러한 규정이 없는 경우에는 그 法律行爲는 強行法規違反의 法律行爲로서 無效라 할 것이다. 다만 그러한 경우라도 一部無效의 法理나 無效行爲의 轉換의 法理에 따라서 그 限度 내에서 效力을 갖는 것을 인정하여야 할 경우도 있을 것이고, 또한 物權上의 法律行爲로서는 無效라 하더라도 當事者 사이에서는 債權的 效力을 가질 수도 있다. 예컨대, 일정한 土地 내에서 그 所有者가 일정한 행위를 금하는 내용의 物權은 創設할 수 없으나 當事者 사이에 契約違反의 責任은 논의될 수 있는 것이다.

Ⅲ. 物權의 種類

1. 民法이 認定하는 物權

占有權 · 所有權 · 地上權 · 地役權 · 傳貰權 · 留置權 · 質權 · 擔當權의 8種이 있다. 이들을 여러 표준에 따라서 몇 가지로 분류해보면 다음과 같다.

(1) 本權과 占有權

占有權은 物件을 支配할 수 있는 法律上의 權原의 有無를 묻지 않고서 物件을 事實上 지배하고 있는 상태 그 자체를 보호하는 것을 목적으로 하는 物權이다. 이에 반하여 本權은 物件을 事實上 지배하고 있느냐의 여부에 불구하고 이를 支配할 수 있는 權利이다. 占有權과 本權은 同一物 위에 중복해서 존재할 수 있다. 兩者를 구별하는 實益은 주로 그의 保護의 목적과 수단이 다르다는 데에 있다.

(2) 所有權과 制限物權

本權은 다시 所有權과 制限物權으로 나누어진다. 所有權은 客體인 物件을 전면적으로 支配할 수 있는 權利, 즉 物件이 가지는 使用價值 · 交換價值의 전부를 지배할 수 있는 權利이다. 그러므로 所有權은 完全物權이다. 이에 반하여 制限物權은 所有權이 갖는 權能의 일부를 支配하는, 즉 物件에 대한 使用價值만을 지배하거나 交換價值만을 지배하는 物權이다. 그러므로 制限物權은 所有權에 대한 制限 위에 성립하고, 또한 그의 내용도 制限的이다. 制限物權(beschränkte dingliche Rechte)은 타인의 物件 위에 成立한다는 의미에서 「他物權」(Recht an fremder Sache)이라고도 하나 混同의 경우와 같이 所有者가 자기의 所有物 위에 制限物權을 가지는 수도 있으므로 이 명칭은 적절치 아니하다.

(3) **用益物權과 擔保物權**

制限物權은 다시 用益物權과 擔保物權으로 나누어진다. 用益物權은 物件이 가지는 使用價値의 支配를 목적으로 하는 物權으로서 民法上으로는 地上權·地役權·傳貰權의 세 가지가 있다. 이들 세 가지의 用益物權은 모두가 不動產을 객체로 한다. 擔保物權은 物件이 가지는 交換價値의 지배를 목적으로 하는 物權으로서 民法上으로는 留置權·質權·抵當權의 세 가지가 있다. 留置權은 動產·不動產 모두에 성립될 수 있으며, 質權은 動產 또는 權利, 抵當權은 不動產 또는 權利를 그 객체로 한다. 留置權은 法律의 規定에 의하여 일정한 要件이 갖추어지면 당연히 성립하는 法定擔保物權이며, 質權과 抵當權은 원칙적으로 당사자의 意思에 기한 행위에 의하여 성립하는 約定擔保物權이다. 그리고 傳貰權은 기본적으로는 用益物權이지만 擔保物權의 성격도 가지고 있다. 즉 傳貰權者에게 傳貰金의 返還을 확보해주기 위하여 傳貰權者에게 傳貰目的物에 대하여 傳貰金의 優先辨濟權을 인정함으로써 擔保物權의 성격을 부여하고 있다.

(4) **動產物權과 不動產物權**

物權은 그 客體가 不動產이냐 動產이냐에 따라서 動產物權과 不動產物權으로 나누어진다. 역사적으로 볼 때 로마法에서는 物件을 動產과 不動產으로 구별하지 않고 같은 原則에 따라 통일적으로 규율하였으나, 게르만法에서는 動產物權法과 不動產物權法이 각각 다른 原則에 의하여 규율되었다. 近代民法은 양자를 구별하지 않고 통일적으로 규율하고 있으나 動產과 不動產의 本質的 差異에 따라 상당부분에 있어서 달리 취급되고 있다. 근본적으로는 不動產物權은 登記에 의하여 公示되나 動產物權은 占有에 의하여 公示되므로 이에 따라 여러 차이가 있게 된다. 그리고 우리 나라에서는 動產物權의 公示方法인 占有에는 公信力이 인정되지만 不動產物權의 公示方法인 登記에는 公信力이 인정되지 않는다. 그러나 物權으로서의 本質에 있어서는 兩者 사이에 차이가 없다. 不動產物權에 속하는 物權으로는 占有權·所有權·地上權·地役權·傳貰權·留置權·抵當權이 있고, 動產物權에 속하는 物權으로는 占有權·所有權·留置權·質權이 있다.

(5) **登記된 還買權·賃借權**

還買權(民 § 590)이나 賃借權(民 § 621)은 債權的 權利이지만 그것이 登記되면 제3자에 대하여 對抗할 수 있으므로 그 한도 내에서는 物權으로서의 성질을 갖는다. 특히 登記된 還買權이나 假登記된 권리는 장차 物權取得을 하게 하는 物權取得權(Erwerbsrechte der dinglichen Rechte)으로서 物權的 權利라고 할 수 있다.

(6) **物權的 期待權**

(가) 意 義 物權의 取得에 필요한 여러 가지의 要件 중 일부는 이미 실현되어 있으나 나머지의 다른 要件이 실현되어 있지 아니한 者의 지위를 보호할 필요가 있는지 여부를 전제로 논의되는 것이 物權的 期待權의 문제이다. 즉 物權行爲가 있었고 나아가 處分者가 登記에 필요한 書類를 相對方에게 交付하여 取得者가 단독으로 登記節次를 履行할 수 있는 상태에 다다랐으나 다만 아직 自己名義로 移轉登記를 갖추지 아니한 者에게 物權的 期待權을 인정하여 이를 보호하여야 한다는 것이 物權的 期待權을 인정하자는 입장이고, 그러한 者의 지위를 따로 보호할 필요가 없다는 것이 物權的 期待權을 인정하지 아니하는 입장이다.

원래 期待權(Anwartschaft 또는 Anwartschaftrecht)[9]의 理論은 獨逸에서 발전된 것이다. 이는 Zittelmann이나 A. von Tuhr에 의하여 발전된 것으로서 완전한 權利(Vollrecht)의 取得을 위한 要件이 다 갖추어지기 전의 段階에서 法的 地位를 Anwartschaft라고 하여 특별히 취급하자는 것이다.[10] 이와 같은 期待權은 그 완전한 權利가 무엇이냐에 따라 債權的 期待權, 物權的 期待權, 無體財產權的 期待權 등으로 나눌 수 있는바, 物權的 期待權은 物權取得을 위한 몇 개의 요건은 갖추어졌으나 아직 갖추어지지 아니한 要件이 남아 있는 者의 法的 地位라고 할 수 있다.

物權的 期待權으로서 논의되는 것은 다음의 세 가지의 경우이다. ① 不動產所有權移轉의 合意(Auflassung)가 있은 후 登記하기 전의 取得者, 즉 Auflassung受領者(Auflassungempfänger)의 法的 地位이고, ② 動產의 所有權留保附賣買(Eigentumsvorbehaltskauf)를 하여 그 動產을 占有하는 買受人의 法的 地位이고, ③ 被擔保債權이 아직 성립하지 않았으나 抵當權者로서 登記되어 있는 者

9) 兩者는 엄격하게 구별되는 개념이지만 獨逸에서나 우리 나라에서 구별되지 아니한 채로 사용되고 있다.

10) 物權的 期待權을 物權과 債權과의 중간적 권리라고 하기도 하고(Larenz), 나아가 物權的 期待權을 되도록 완전한 物權과 동일하게 취급하려고도 한다(Raiser). 이 때문에 物權的 期待權이 物權法定主義에 어긋나는 것이 아니냐 하는 각도에서 논의되기도 한다. 物權法定主義에 어긋난다고 보는 것이 少數說이고(金容晋, 物權的 期待權, 檀國大學論叢 4, 17), 그 밖에 物權法定主義에 어긋나지 않는다고 보는 것이 多數說이다.

의 法的 地位이다.

(나) 우리 나라에서의 物權的 期待權의 認定과 實益 위와 같은 獨逸에서의 논의에 착안하여 物權行爲를 하였으나 아직 登記를 하지 아니한 者의 地位를 보호하기 위하여 物權的 期待權을 인정하자는 주장이 있다.[11] 이는 우리 사회일반의 法意識이 賣買契約을 체결하고 代金을 完納하고 登記書類를 交付받으면 그 不動產은 내 所有가 되었다고 의식하므로 이를 보호하여 物權的 期待權을 인정할 필요가 있다고 한다.

그리고 物權的 期待權을 인정하면 구체적으로 다음과 같은 實益이 있다고 든다.[12] ① 分配農地所有權移轉登記에 관한 特別措置法(1961년 법률 제613호), 林野所有權移轉登記 등에 관한 特別措置法(1969년 법률 제211호), 不動產所有權移轉登記 등에 관한 特別措置法(1977년 법률 제3094호), 地方稅法 등에 나타난 「事實上의 所有權」은 理論上으로 「物權的 期待權」으로 설명될 수 있다. ② 中間省略登記의 경우에 轉轉·移轉되는 權利가 物權的 期待權이라고 하면 物權的 期待權의 最終取得者는 中間者의 同意를 필요로 함이 없이 最初의 讓渡人에 대하여 직접 移轉登記를 請求할 수 있는 것으로 된다. ③ 모든 原因으로부터 생기는 이른바 創設的 登記의 登記請求權은 物權的 期待權의 效力으로서 발생한다고 一元的으로 설명할 수 있으며, 所有權의 取得을 기대하는 期待權은 所有權이 消滅時效에 걸리지 않는 것과 마찬가지로 消滅時效에 걸리지 않는다고 하여야 할 것이고, 따라서 그 效力으로서 발생하는 登記請求權도 消滅時效에 걸리지 않는 것으로 해석할 수 있게 된다.

(다) 物權的 期待權의 인정에 대한 批判 원래 期待權이란 一方當事者에 의한 權利取得이 대단히 확실한 것이어서, 이 權利取得을 他方當事者가 방해할 수 없을 정도로 取得者의 지위가 안전한 경우에 이를 인정하려는 것이고, 獨逸에서의 Auflassung은 엄격한 방식에 따라서 행하여지게 되어 있고, 기타 여러 가지 要件이 많기 때문에 그 有效性이 매우 확실한 것임에 반하여 우리 民法上 物權的 合意는 그 有效性이 보장되는 정도가 獨逸의 Auflassung에 비하여 매우 약하므로 우리 나라에서 物權的 期待權을 인정하려는 理論은 그

11) 金曾漢, 74-5.

12) 物權的 期待權을 인정하는 견해에 있어서도 어느 정도의 要件을 갖추어야 物權的 期待權을 인정할 것인가에 관해서 견해가 갈린다. 物權行爲가 행해졌을 때, 즉 買受人이 賣渡人으로부터 登記書類를 교부받았을 때 物權的 期待權이 발생한다는 견해(金曾漢, 74; 金容漢, 88; 黃迪仁, 105)와 物權行爲뿐만 아니라 不動產을 明渡받아서 占有까지 하여야 物權的 期待權이 생긴다는 견해(註釋民法(Ⅱ), 214)가 그것이다.

기초가 튼튼하지 못한 것이라는 지적이 있다.[13] 그러나 獨逸에서의 Auflassungempfänger의 地位나 우리 나라에 物權的 合意를 한 者의 지위는 相對的 差異에 불과하다 할 것이다. 어느 경우에나 二重讓渡에 의한 제3자에의 登記가 가능하기 때문이다. 그러므로 物權的 合意의 방식에 관한 兩國의 차이에서 物權的 期待權의 인정여부를 결정적으로 가려낼 수는 없을 것이다. 문제는 과연 物權的 期待權을 인정할 필요나 實益이 있는가이다.

먼저 不動產을 買受하였으나 登記를 아니한 者를 法的으로 보호할 필요가 있으며, 위에 본 각종 法律들이 物權的 期待權을 정면으로 인정한 것으로 볼 것이냐에 관해서 보면, 현행 民法이 法律行爲에 의한 不動產物權變動에 관하여 獨法主義를 취하여 登記를 갖추지 않으면 物權을 取得하지 못하는 것으로 하고 있는 이상 登記를 아니한 者를 보호할 필요가 없으며,[14] 또한 각종 法律에서 「사실상의 所有者」라는 관념을 설정하여 특별취급하고 있는 것은 단지 아직 舊民法의 意思主義의 意識에서 벗어나지 못한 현실을 감안하여 登記主義의 철저한 실현을 위한 政策的·過渡期的 立法(地方稅法의 경우는 稅收確保를 위한 政策的立法)이라 할 것이지, 이를 들어 物權的 期待權을 우리 法體系가 수용하고 있다고 볼 수는 없다. 다만 아직도 登記履行이 철저하지 아니한 현실을 감안하여 그러한 者의 지위를 보호할 필요를 전혀 부인할 수는 없을 것이로되, 이는 物權的 期待權을 인정하지 아니하더라도 所期의 目的을 달할 수 있는 길이 있다.

다음 物權的 期待權에 의하여 中間省略登記를 簡明하게 설명할 수 있으며 또한 中間者의 同意를 요한다고 할 필요가 없다는 점에 관한여 보면, 우리 나라에서의 中間省略登記의 관행은 中間取得者의 稅負擔의 輕減 등을 위하여 恣意的으로 행해지므로[15] 中間省略登記를 장려하는 것과 같은 결과를 초래하는 理論構成은 부당하며, 또한 物權的 期待權의 理論에 의하지 않더라도 中間省略登記의 有效性은 얼마든지 인정되고 설명될 수 있는 것이다.

다음 모든 原因으로부터 생기는 이른바 創設的 登記의 登記請求權이 物權的 期待權의 效力으로서 발생한다고 一元的으로 설명할 수 있으며, 物權的 期待權에서 나오는 登記請求權이 消滅時效에 걸리지 않음을 적절히 설명할 수

13) 郭潤直, 不動產物權變動의 硏究, 222.
14) 郭潤直, 前揭書, 223.
15) 獨逸에서는 中間取得者가 稅金을 免脫하기 위함이 아니라 일정한 경우에 不動產의 讓渡에는 소정의 管轄官廳의 同意(Genehmigung)를 요하는 것으로 하고 있는데서, 그 同意를 얻지 못하고 있는 동안에 다시 그 不動產을 처분할 필요가 생기는 경우에 행해진다는 것이다. 郭潤直, 前揭書, 224-5.

있다는 점에 관하여 보면, 物權的 期待權으로부터 登記請求權이 발생하는데, 한편 物權的 期待權은 보통 登記에 필요한 書類를 交付하는 때에 행해지는 物權的 合意로부터 발생한다는 설명은 모순된 결과를 야기하며,[16] 또한 物權的 期待權 외에 債權行爲로부터도 登記請求權은 발생한다는 것을 인정함으로써 소위 말하는 一元的 說明에도 한계를 나타내 보인다. 그리고 登記請求權 특히 登記書類를 交付받았더라도 不動產을 占有하지 아니한 者의 登記請求權이 消滅時效에 걸리지 않는다고 반드시 인정할 필요는 없으며, 不動產을 占有하는 買受人의 登記請求權은 物權的 期待權의 이론에 의하지 않더라도 消滅時效에 걸리지 않는 결과를 도출하는 데 어려움이 없다.[17]

이상 살핀대로 物權的 期待權의 이론은 理論上의 흥미만을 가져다 줄 뿐 하등의 實益을 가져다 주지는 못한다.

2. 民法 이외의 法律이 認定하는 物權

(1) 商法이 인정하는 物權

商事留置權(商 §§ 58, 91, 111, 120, 147, 800) · 商事質權(商 § 59) · 株式質權(商 §§ 338, 339, 340) · 船舶抵當權(商 §§ 871-74) · 會社에 대한 身元保證金을 반환받을 債權者 기타 會社와 使用人間의 雇傭關係로 인한 債權者의 優先特權(商 § 468) · 海難救助者의 優先特權(商 § 858) · 船舶債權者의 優先特權(商 §§ 861-872) 등이 있다.

(2) 特別法이 인정하는 物權

工場抵當權(工抵 §§ 4-10) · 工場財團抵當權(工抵 § 11 이하) · 鑛業財團抵當權(鑛抵 §§ 3, 5) · 立木抵當權(立木 § 3 Ⅱ) · 自動車抵當權(自抵 § 3) · 航空機抵當權(航抵 § 3) · 重機抵當權(重抵 § 3) · 鑛業權(鑛業 §§ 5, 12) · 租鑛權(鑛業 §§ 5, 52) · 漁業權(水業 § 24) · 댐使用權(特定多目的 댐 § 20) 등이 있고 또한 假登記擔保 등에 관한 法律에 의하여 假登記擔保權, 讓渡擔保權, 賣渡擔保權이 인정되어 있다.

---

16) 郭潤直, 前揭書, 227.

17) 大判(全) 76. 11. 6, 76다148(公 550, 9492) 判決은 不動產을 買受한 者가 그 目的物을 引渡받은 경우에는 그 買受人의 登記請求權은 時效로 인하여 消滅하지 아니함을 判示하고 있다. 즉 多數意見은 별다른 理論을 제시하지 않으며, 별개의 意見은 目的物의 引渡가 있으면 賣渡人은 買受人에 대한 登記義務의 존재를 承認하였고 그 상태가 계속되어 消滅時效의 중단상태는 계속됨을 근거로 내세운다. 또 다른 별개의 意見은 이와 같은 登記請求權은 물권적인 것에 가깝고 그 자체가 독립해서 消滅時效의 대상이 되지 않는 것이라고 한다. 이 判例에 대한 批判으로서는 郭潤直, "不動產登記請求權의 法律的性質", 民判硏 I 참조.

(3) 慣習法上의 物權

旣述한 바와 같이 民 §185는 物權의 종류와 내용을 法律로 정한 것에 한하여 인정한다는 近代法의 物權法定主義에 修正을 가하여 法律 이외의 慣習法에 의하여도 物權이 성립할 수 있음을 규정하고 있다. 그러한 慣習法上의 物權으로서 判例에 의하여 확인되어 있는 주요한 것은 다음과 같다.

(가) 墳墓基地權 타인의 土地 위에 墳墓를 설치하는 때에는 일정한 要件下에 地上權에 유사한 物權인 墳墓基地權이 성립한다고 한다. 그 成立要件, 權利의 內容 등 자세한 사항은 地上權의 章에서 살피기로 한다.

(나) 慣習法上의 法定地上權 同一人의 所有에 속하는 垈地와 그 地上建物이 賣買 등으로 각각 所有者를 달리하게 된 경우에는, 특히 그 建物을 撤去한다는 特約이 없는 한, 建物의 所有者는 그 垈地 위에 慣習法上의 法定地上權을 취득한다. 원래 法定地上權은 民法 기타 特別法이 정한 경우(民 §§305 I, 366 I, 假擔 §10, 立木 §6, 山林 §14 V)에 성립하지만, 그와 같은 취지에서 위에 본 賣買 등[18)]의 경우에도 慣習法上의 法定地上權이 인정되는 것이다. 이에 관하여도 地上權의 章에서 설명하기로 한다.

(다) 讓渡擔保 假擔法制定 전의 判例 및 多數說은 讓渡擔保를 債權者에게 所有權 기타의 財產權을 信託的으로 讓渡하여 債權擔保의 목적을 달성하려는 制度로 이해하는 입장이다(소위 信託的 讓渡說). 이에 대하여 讓渡擔保는 債權의 담보를 위한 制度인 만큼, 그 法律的 構成에 있어서도 「所有權의 讓渡」에 초점을 맞출 것이 아니라 「擔保」에 초점을 맞추어서 구성하는 것이 옳다고 하여 讓渡擔保에 있어서 擔保權者가 가지는 權利는 일종의 慣習法上의 擔保物權으로 이해하는 입장도 있었다.[19)] 그러나 假擔法의 制定 후에는 信託的 讓渡說로서 讓渡擔保를 설명할 수 없게 되고, 讓渡擔保設定契約에 의하여 讓渡擔保權이라는 擔保物權이 설정된 것으로 볼 수밖에 없다.[20)] 다만 假擔法에 의하여 規律되는 讓渡擔保는 登記나 登錄에 의하여 公示되는 物件에 한하므로 그 밖의 物件(예컨대 動產)에 대한 讓渡擔保에 관한 法律構成은 종전과 같은 견해의 대립이 남아 있다 할 수 있다.

---

18) 判例에 의하여 인정되는 慣習法上의 法定地上權을 취득할 수 있는 原因으로서는 賣買 이외에 贈與, 國稅徵收法에 의한 公賣, 強制競賣 등이 있다.

19) 金容漢, 617.

20) 郭潤直, 684.

(4) 其他 物權性이 문제되는 경우

(가) 이른바 溫泉權 地下水의 일종인 溫泉이 그것의 湧出地盤과 떠나서 별개의 독립한 物權의 객체가 되는지가 논의된다. 判例[21]는 溫泉에 관한 權利(鑛泉權·溫泉權·溫泉水理用權·)는 慣習法上의 物權의 일종이라거나 또는 準物權이라고 볼 수 없다고 하였으며, 그렇다고 共用水 또는 生活上 필요한 用水에도 해당되지 않는다는 입장[22]을 취하였다. 따라서 溫泉에 관한 權利는 民法上 生活用水 아닌 기타의 用水目的의 地下水利用權으로서의 보호 밖에 부여받지 못하였다. 그러나 우리 나라나 日本에서는 溫泉權의 財産的 價値가 현저할 뿐 아니라 溫泉水의 무절제한 개발로 인한 質的低下 및 현저한 水溫低下의 防止를 위하여 一般地下水利用權보다 두터운 法的 保護와 개발에 대한 合理的인 規制가 불가결하여 溫泉法을 制定(1981년 3월)하여 同法에 따라 保護·規制하게 되었다.

(나) 源泉·水道使用權, 公有河川用水權 源泉·水道使用權을 독립한 物權으로 보는 견해[23]가 있으나 源泉·水道所在地의 所有者가 자기의 土地에 관하여 人役權을 가질 수 없기 때문에 土地所有權의 한 權能으로 보아야 할 뿐 별개의 物權이라고 볼 수는 없다.[24]

公有河川用水權에 관하여는 이를 종래의 判例가 慣習法上 성립한 독립의 物權이라고 하고 있었던 것과 같이 대체로 일종의 物權이라고 보고 있다.[25] 그러나 公有河川沿岸地의 特定所有者에게만 인정되는 것이 아니라, 그 沿岸에서 用水를 필요로 하는 일정한 企業을 경영하는 者에게는 모두 인정되며, 民法의 규정은 그들 상호간의 用水關係를 조절하는 것이므로 특별한 物權으로 볼 필요는 없고 일종의 相隣權이라고 할 것이다.[26]

[金 滉 植]

21) 大判 70. 5. 26, 69다1239(集 18-2, 59).
22) 大判 71. 8. 29, 72다1243.
23) 金曾漢, 243-8.
24) 郭潤直, 278.
25) 方順元, 119; 金曾漢, 243.
26) 郭潤直, 295.

第186條(不動産物權變動의 效力)

不動産에 관한 法律行爲로 인한 物權의 得失變更은 登記하여야 그 效力이 생긴다.

차 례

Ⅰ. 原 則
Ⅱ. 要件으로서의 物權行爲와 登記
1. 物權行爲
2. 登 記
3. 物權行爲와 登記의 關係
Ⅲ. 登記를 갖추지 않은 不動産取得者의 法的 地位
1. 對外關係에 있어서의 法的 地位
2. 對內關係에 있어서의 取得者의 法的 地位

Ⅰ. 原 則

1. 本條는 法律行爲에 의한 不動産物權變動에 관하여 이른바 成立要件主義(獨法主義)를 채택하였음을 선언한 규정이다. 本條에서 말하는 法律行爲인 物權行爲는 物權變動을 목적으로 하는 意思表示인 物權的 意思表示만을 의미하며, 登記는 物權行爲의 개념 속에 포괄되지 않는 독립된 公示方法이며, 위 兩者가 結合해서 物權變動이라는 法律效果가 발생되는데, 民 §186는 바로 이러한 原則을 규정한 것이다. 이는 物權變動은 그것을 목적으로 하는 意思表示, 즉 物權行爲가 있으면 일어나고 그 밖에 登記라는 公示方法이 物權變動의 요건으로서 요구되지 아니하는 이른바 對抗要件主義(佛法主義)와 대립되는 原則으로 우리 民法이 舊民法의 對抗要件主義를 버리고 채택한 것이다. 그리고 成立要件主義와 對抗要件主義에 관한 구체적 내용 및 관련된 立法例 등은 이미 자세히 보았다(前論 Ⅱ.5).

또한 不動産의 引渡는 物權變動의 要件이 아니므로 目的不動産의 引渡의 有無와는 관계없이 物權行爲와 登記의 두 요건만 갖추어지면 그 不動産에 관한 物權變動이 생기는 것은 당연한 이치이다.

2. 民法 第186條의 適用範圍 —第187條와의 關係

民 §186가 적용되는 것은 法律行爲로 인한 「不動産物權의 得失變更」에 관해서이다. 「物權의 得失變更」이란 物權의 發生·變更·消滅, 즉 物權變動을 뜻

한다. 그리고 權利의 변동에 登記가 요구되는 不動産物權에는 所有權·地上權·地役權·傳貰權·抵當權·權利質權의 6種이며, 占有權과 留置權은 不動産物權이라도 성질상 登記와 관련이 없으므로 民 §186가 적용될 여지가 없다.

우리 民法은 法律行爲에 의한 物權變動과 法律行爲에 의하지 않는 物權變動을 따로 두어 각각 다른 原則에 의하여 규율한다. 民 §186는 위 두 가지의 物權變動 가운데 前者에 관한 규정으로서 登記를 그 요건으로 하고 있으나, 後者에 관하여는 民 §187가 규정하는 바로서 登記없이 物權變動이 생긴다. 物權變動에 관한 成立要件主義가 對抗要件主義보다 더 우수한 제도라 하여 이를 채택하고 있다하더라도, 性質上 등기가 불가능하거나 혹은 政策的 내지 便宜上의 이유로 위 原則에 대한 예외로 인정하여 登記없이 일정한 取得原因(Erwerbsgrund)의 완료만으로 物權變動이 생기도록 하지 아니할 수 없다. 그러나 登記없이 不動産物權變動이 생긴 후 登記를 하지 아니하고 방치하는 한 그 동안에는 필연적으로 實體法上의 權利와 登記簿上의 權利記載가 불일치하게 되고, 이는 不動産에 관한 權利關係를 명확히 公示하려는 登記制度의 이상에 반한다. 따라서 法律의 規定에 의한 不動産物權變動의 범위를 넓게 인정하는 것은 바람직하지 아니하므로 성질상 부득이한 경우가 아니면 그러한 規定을 抑制할 필요가 있으며, 兩者의 物權變動 가운데 어느 것에 해당하는가가 애매한 경우로서 登記없이 物權變動이 생기도록 할 특별한 사정이 없는 때에는 法律行爲에 의한 物權變動으로 보아 民 §186를 적용하여야 할 것이다.[1]

아무튼 종래 民 §186의 物權變動이냐 또는 民 §187의 物權變動이냐 아니면 §187의 物權變動은 아니지만 法理上 등기없이 物權變動이 생기는 것과 같은 결과에 이르는 것이냐가 문제되는 경우가 몇 개 있다. 이들을 차례로 살핀다.

(1) **物權行爲의 失效에 의한 物權의 復歸**[2]

物權變動을 목적으로 하는 法律行爲, 즉 物權行爲가 取消·解除된 경우에 그 物權行爲에 터잡아 登記까지 경료함으로써 일단 발생했던 物權變動은 登記를 抹消하지 않더라도 당연히 效力을 잃고 物權은 原歸屬者에게 復歸하는가

1) 拙稿, "歸屬財産處理法에 의한 賣却不動産의 所有權變動時期", 民判硏 8, 20.

2) 物權行爲의 有因性을 인정하는 입장에서는 原因行爲의 失效가 곧 物權行爲의 失效를 가져오므로 통상 原因行爲의 失效에 의한 物權의 復歸 여부의 문제로 논의된다. 筆者도 物權行爲의 有因性을 인정하는 입장이지만 이 문제는 궁극적으로 物權行爲의 失效로 인한 物權의 復歸로 귀결되고 또한 物權行爲의 無因性을 인정하는 입장에서도 같은 문제가 생기므로, 物權行爲의 失效의 면에서 다루기로 한다.

또는 物權이 당연히 復歸하지는 않으며 抹消登記나 移轉登記를 하여야 비로소 復歸하는가가 문제된다. 그러나 物權變動은 物權行爲와 登記라는 두 개의 要件을 구비하였을 때 발생하므로 物權行爲가 取消·解除되어 物權行爲가 없었던 것으로 되면 物權變動도 당연히 없었던 것으로 되어 物權은 原歸屬者에게 復歸한다고 해석하여야 할 것이고, 物權의 返還을 위한 또 다른 物權行爲와 登記를 요한다고 해석할 것은 아니다. 物權行爲가 無效인 경우인 경우도 결과는 위 取消·解除의 경우와 같다.

物權行爲가 取消·解除되거나 無效인 경우라 함은 物權行爲의 有因性을 인정하는 입장에서는 原因行爲인 債權行爲가 取消·解除되거나 無效가 됨으로써 그에 따른 결과로 인한 경우를 말하고 物權行爲의 無因性을 인정하는 입장에서는 原因行爲와 독립된 物權行爲 자체에 그와 같은 事由가 있어 그와 같은 결과에 이르는 경우를 말한다.

아무튼 物權行爲가 取消·解除되거나 無效인 탓으로 物權이 登記의 抹消 여부와는 관계없이 당연히 復歸하거나 物權變動이 일어난 일이 없었던 것으로 됨으로써 去來의 안전이 문제된다. 즉 物權行爲가 取消·解除되기 전에 有效한 物權變動이 있는 것으로 믿고 去來한 제3자, 또는 物權行爲의 取消나 解除가 있은 후 登記를 抹消하지 않은 채 그대로 남겨 두고 있는 경우에 그 登記를 믿고 去來한 제3자, 그리고 無效인 物權行爲를 바탕으로 하는 登記가 抹消되지 않고 있는 동안에 그 無效를 알지 못하고 去來한 제3자는 어떻게 되느냐가 문제된다. 이는 物權行爲의 無因性 또는 有因性의 어느 것을 취하여도 제3자의 保護는 문제된다 할 것이다(다만 物權行爲의 無因性을 인정하는 입장에서는 有因性을 인정하는 입장보다 제3자의 保護의 문제가 덜 심각하다고 理論上으로는 일응 말할 수 있을 것이다).

善意의 제3자를 保護해서 去來의 안전을 확보하려는 制度가 登記의 公信力을 인정하는 것이다. 우리 民法은 登記의 公信力을 인정하지 않고 있지만 다음에 보는 特別規定으로 인하여 마치 登記의 公信力을 인정하는 것과 같은 結果에 이른다. 民 §§107 Ⅱ, 108 Ⅱ, 109 Ⅱ, 110 Ⅲ, 548 Ⅰ 但書의 여러 規定이 그것이다. 그런데 이들 條項에서의 제3자의 범위를 어떻게 해석하느냐가 문제된다. 경우를 나누어 살핀다.

㈎ 取消의 경우 民 §§109 Ⅱ, 110 Ⅲ은 각각 錯誤 또는 詐欺·強迫에 의한 "意思表示의 取消는 善意의 제3자에게 對抗하지 못한다"고 규정한다. 이들 條項에서의 제3자는 取消의 意思表示에 의하여 物權은 당연히 原歸屬者

에게 復歸한다고 해석하므로 論理的으로는, 그 取消의 意思表示가 있기 전에 새로운 利害關係를 가지게 된 者를 말한다고 할 수 있다. 그러나 이에 대하여 어떤 法律行爲가 取消할 수 있는지의 與否 및 取消의 意思表示가 있었다 하더라도 그 사실을 외부에서 알 수 없으므로 取消의 意思表示가 있었다는 사실만으로 그 時期를 기준으로 해서 제3자의 範圍를 한정하는 것은 去來의 安全이라는 목적을 위하여 取消의 遡及效를 제한하는 規定을 둔 본래의 목적에 반하고 또한 去來의 安全을 保護하는 데 철저하지 못하다는 이유로 物權行爲의 取消에 의한 抹消登記가 행하여지는 시기를 기준으로 하여 그 時期까지 取消의 意思表示가 있었음을 알지 못하고 새로운 利害關係를 맺은 者를 제3자로 해석함이 타당하다고 한다.[3] 判例도 같은 입장을 취하고 있다.[4] 制度의 취지에 비추면 타당한 해석이나 理論的인 근거는 다소 박약하다. 立法的으로 보완할 필요가 있다.

(나) 無效의 경우　　民 §§107 II, 108 II 은 각각 非眞意表示와 虛僞表示의 無效의 경우에 관하여서도 遡及效를 제한하여 이들 "無效는 善意의 제3자에게 對抗하지 못한다"고 규정한다. 이들 條項에서의 제3자도 앞에 본 경우와 같은 이유에서 無效인 物權行爲가 행하여진 때로부터 抹消登記가 있을 때까지의 사이에 그것이 無效임을 알지 못하고 새로운 利害關係를 가지게 된 者를 말하는 것으로 해석하여야 한다.

(다) 解除의 경우　　不動産物權의 變動을 목적으로 하는 債權契約의 履行으로 物權變動이 생긴 경우 그 債權契約이 해제되면 일단 발생하였던 物權變動은 당연히 原狀回復되는지 여부에 관하여는 債權的 效果說과 物權的 效果說이 대립하고 있다. 前說은 解除에 의하여 原狀回復을 요구하는 債權關係가 생길 뿐이고 物權關係가 당연히 原狀態로 復歸하지는 않는다는 것으로서 이는 物權行爲의 無因性을 취하는 입장에서 나온 것이다. 이에 대하여 後說은 解除로 당연히 原狀回復이 있게 되어 物權은 당연히 復歸한다는 것으로서 이는 物權行爲의 有因性을 취하는 입장에서 나온 것이다. 債權的 效果說을 취하는 한 제3자의 保護의 문제는 생길 여지는 없다. 즉 그 문제는 物權的 效果說을 취할 때에만 생긴다. 그런데 民 §548 I 但書는 解除는 "제3자의 權利를 害하지 못한다"고 규정하고 있다. 債權的 效果說에 의하면 이 條項은 당연한 것을 규

---

3) 郭潤直, 139.
4) 大判 75. 12. 23, 75다533(集 23-3, 144).

정한 것에 지나지 않는다 할 것이나, 物權的 效果說에서는 제3자 保護 내지 去來安全을 위하여 해제의 遡及效를 제한하는 意義있는 規定이 된다 할 것이다. 그리고 同條項에서 말하는 제3자는 앞에서 본 바와 같은 이유로 解除의 意思表示가 있기 이전에 解除된 契約에서 생긴 法律效果를 기초로 하여 새로운 利害關係를 맺은 者 뿐만 아니라 解除의 意思表示가 있은 후 그 解除에 의한 抹消登記가 있기 이전에 利害關係를 갖게 된 者도 포함한다고 해석하여야 한다.[5][6]

(2) 財團法人의 設立에 있어서의 出捐財産의 歸屬

民 §48는, "① 生前處分으로 財團法人을 設立하는 때에는 出捐財産은 法人이 성립된 때로부터 法人의 財産이 된다. ② 遺言으로 財團法人을 설립하는 때에는 出捐財産은 遺言의 效力이 발생한 때로부터 法人에 歸屬된 것으로 본다"고 규정하고 있다. 法人이 성립하는 시기는 設立登記를 한 때이고(民§33), 遺言의 效力이 발생하는 시기는 遺言者가 死亡한 때이므로(民§1073 I), 결국 生前處分으로 出捐된 財産은 法人의 設立登記를 하였을 때부터 法人에 歸屬하는 것이 되고 遺言으로 財團法人을 설립하는 때에는 遺言者가 死亡한 때에 遡及하여 法人에게 歸屬한 것으로 看做된다. 後者의 경우에 遡及해서 歸屬한 것으로 看做하는 것은 遺言者의 死亡 후 法人이 성립할 때까지 出捐財産이 일응 相續財産으로서 相續人에게 歸屬하는 不合理를 제거하기 위한 것이다. 그런데 民 §186는 物權變動에 관하여 成立要件主義를 채택하여, 物權行爲만으로는 物權變動은 일어나지 않고 부동산에 관하여는 登記를 그 效力發生要件으로 하고 있다. 그러므로 財團法人設立者가 物權을 出捐한 때에는 그 物權이 法人의 設立 또는 設立者의 死亡時에 당연히 法人에게 귀속하느냐 아니면 登記를 하여야 비로소 法人에게 歸屬한다고 해석하여야 하느냐, 즉 民 §48는 §186의 적용을 배제하는「法律의 規定」이냐가 문제된다.

이에 관한 少數說[7]은 財團法人設立行爲가 法律行爲인 이상 出捐財産이 財團法人에게 歸屬하는 것은 登記를 갖춘 때이고, 다만 民 §48에 의하여 財團法人이 설립된 때에 遡及해서 귀속한 것으로 擬制된다고 한다. 이 學說은 民

5) 郭潤直, 141.

6) 이상의 物權行爲의 失效에 의한 物權의 復歸의 문제를 다른 각도에서 보아, 즉 無效·取消·解除의 주장은 形成力을 갖는 單獨行爲이고 이에 따른 物權變動은 필연적으로 法律의 規定에 의한 物權變動이라고 설명하는 견해도 있다. 李英俊, 91.

7) 金曾漢, 63-5.

§48는 物權變動에 관하여 對抗要件主義를 취하고 있었던 舊民法의 規定(民 §42)을 부주의로 답습한 것에 지나지 않으며, 이는 현행 民法이 채용하고 있는 成立要件主義에 위배되고, 따라서 民 §186와 조화되도록 하기 위하여 위와 같이 해석하여야 한다는 것이다. 이에 대하여 多數說[8]은, 民 §48를 전적으로 무시하는 위와 같은 少數說은 부당하며, 民 §48를 民 §187가 말하는 "기타의 法律의 規定"으로 보아서 登記없이 設立登記를 한 때 또는 設立者의 死亡時에 物權이 法人에 歸屬한다고 해석한다. 그리고 위 少數說은 法律行爲에 의한 物權變動은 登記하여야 效力이 생긴다는 成立要件主義에 대한 예외는 있을 수 없다는 생각을 바탕으로 하는 것이라 할 수 있으나, 成立要件主義에 대한 예외를 法律로써 規定할 수 있음은 당연하며, 民 §48는 財團法人을 두텁게 보호하기 위한 배려에서 나온 民 §187가 말하는 「法律의 規定」으로 보아야 한다고 多數說을 지적한다.

多數說이 民 §48의 규정에 충실한 해석임은 분명하지만, 그에 따라 去來의 安全이 위협될 수 있음은 부인할 수 없다. 登記없이도 物權이 일단 財團法人에 歸屬된 후 所有權을 상실하였으나 아직 登記簿上 所有權者로 남아 있는 出捐者가 그 不動産을 제3자에게 處分하더라도 제3자는 所有權을 取得할 수가 없기 때문이다. 그러므로 제3자가 不測의 損害를 당하지 않도록 하는 補完措置를 취하면서 民 §48를 존치하든지, 아니면 이를 削除함이 마땅하다 할 것이다.[9]

判例[10]는 처음에는 多數說을 따르고 있었으나 후에 그 태도를 바꾸어 특수한 理論을 전개하고 있다. 즉 出捐者와 法人과의 사이에서는 多數說과 같이 登記없이도 出捐不動産은 法人設立과 동시에 法人에 歸屬하나, 法人이 그가 取得한 不動産을 가지고 제3자에게 對抗하기 위하여서는 民 §186에 따라 登記를 필요로 한다는 것이다.[11] 이는 去來의 安全을 도모하기 위한 취지에서 나온 것으로 보이나 民 §48의 規定이 있는 한 무리한 해석이라는 비판을 면할 수 없다.

---

8) 郭潤直, 141-2; 金容漢, 123-4; 張庚鶴, 219.

9) 郭潤直, 143. 獨民 §82는 財團法人이 설립되면 設立者는 設立行爲에서 약속한 財産을 財團에 移轉할 의무를 진다고 규정한다. 그러므로 財團法人은 財産移轉請求權만을 갖고 막바로 財産權을 취득하는 것은 아니다. 따라서 法人은 Auflassung과 登記를 거쳐 不動産所有權을 취득한다.

10) 大判 73. 2. 28, 72다2344, 2345(集 21-1, 116); 大判 76. 5. 11, 75다1656(要集 民 I-1, 63).

11) 大判(全) 79. 12. 11, 78다481, 482(集 27-3, 212).

(3) **不動產物權의 拋棄**

權利의 拋棄는 法律行爲이므로 不動產物權의 拋棄로 인한 物權變動은 登記를 하여야 效力이 생긴다.[12)]

(4) **制限物權의 消滅請求 또는 消滅通告**

(가) 消滅請求의 경우 民法은 地上權設定者와 傳貫權設定者는 각각 일정한 경우에 地上權이나 傳貫權의 소멸을 請求할 수 있다고 규정한다(§§287, 311). 多數說[13)]은 消滅請求權은 형성권이고 形成權의 행사는 意思表示만에 의한다는 점을 바탕으로 하여 地上權이나 傳貫權은 設定者의 消滅請求의 意思表示만으로 소멸한다고 한다. 이에 대하여 少數說[14)]은 消滅請求權은 형성권이라고 하면서도 그 消滅請求의 의사표시는 物權的 單獨行爲임을 강조하여 地上權이나 傳貫權은 소멸청구의 의사표시만으로는 소멸하지 않고, 그 밖에 登記(抹消登記)도 하여야만 消滅한다고 한다. 또한 다른 學說[15)]은 消滅請求權이 形成權이라고 해석하는 것은 物權變動에 관하여 對抗要件主義를 취하는 경우에나 가능하고 成立要件主義를 취하는 우리 民法에서 그렇게 해석할 근거가 없으므로 消滅請求權은 形成權이 아니라 보통의 債權的 請求權이며, 따라서 地上權이나 傳貫權은 抹消登記까지 하여야만 消滅한다고 한다.

多數說은 이 消滅請求에 의한 消滅은 民 §187에 의한 物權變動이라고 보는 데 대하여, 少數說은 民 §186에 의한 物權變動이라고 보는 것이다. 多數說에 따라 消滅請求의 意思表示만으로 制限物權이 消滅한다면 그 消滅事實은 抹消登記가 있기 전에는 登記簿上 나타나지 아니하여 登記簿와 實體的 權利關係가 合致하지 아니하여 去來安全이 위협받게 된다. 또한 그것을 法律의 規定에 의한 物權變動으로 보아야 할 특별한 이유도 찾아볼 수 없다. 그러므로 民 §187의 적용을 가능한 한 제한하여야 한다는 취지에서 볼 때 少數說이 타당하다 할 것이다. 다만 消滅請求의 意思表示만으로 物權의 消滅에 관한 合意가 이루어진 것과 같은 상태가 생기는 것은 形成權의 行使에 의한 것으로 볼 수 있을 것이고 그 위에 登記가 있어야 物權變動이 생긴다고 할 것이냐는 별개의 立法政策의 문제라 할 것이다. 우리 民法下에서도 消滅請求는 形成權이고 消滅

12) 金容漢, 148. 이에 반하여 拋棄의 意思表示도 일종의 形成權의 행사로서 抹消登記없이 消滅의 효과가 발생한다는 주장이 있다. 李英俊, 97.
13) 崔栻, 237; 李太載, 88.
14) 金曾漢, 65-6.
15) 郭潤直, 145.

請求의 意思表示는 物權的 單獨行爲로 보아 무방하다 할 것이다.

(나) 消滅通告의 경우　　民 §313는 存續期間을 약정하지 않은 傳貫權은 當事者가 언제든지 그 消滅을 相對方에게 通告할 수 있다고 하고, 相對方이 이 通告를 받은 날로부터 6개월이 경과하면「傳貫權은 消滅한다」고 규정한다. 多數說[16]은 위 傳貫權은 抹消登記를 하지 않아도 法律上 당연히 消滅한다는 것이고, 少數說[17]은 抹消登記를 하여야만 消滅한다는 것이다. 多數說은 民 §313는 民 §187에서 말하는 法律의 規定이라는 것이고, 少數說은 民 §313의 消滅通告는 物權的 單獨行爲로서 民 §186에 의하여 物權變動이 생긴다는 것이다. 民法의 規定 자체만으로는 多數說이 타당해 보인다. 그러나 이 경우에도 登記簿와 實體的 權利關係가 합치하지 아니하여 去來安全을 위협하고 또한 그것을 法律의 規定에 의한 物權變動으로 삼아야 할 특별한 이유도 찾아볼 수 없다. 결국 民 §313는 立法上의 잘못이라 아니할 수 없다.

(5) 條件附 또는 期限附法律關係

物權行爲는 條件附 또는 期限附로도 할 수 있다. 한편 登記의 목적인 權利의 消滅에 관한 約定이 있는 때에는 이를 登記할 수 있다(不登 §§ 43-2, 57 Ⅱ). 그러므로 物權行爲의 附款이 解除條件 또는 終期인 것은 이를 登記할 수 있다 할 것이다. 그리고 登記된 解除條件이 成就되거나 終期가 到來하면 물권행위는 效力을 잃고, 따라서 抹消登記를 하지 않더라도 그 登記는 效力을 잃는다고 해석해야 할 것이다.[18] 그렇게 해석하더라도 附款이 登記되어 있으므로 去來安全을 해할 염려가 없기 때문이다.

理論上 停止條件附 또는 時期附의 物權行爲는 할 수 있다 할 것이나 그러한 附款을 登記할 방법은 없다. 따라서 물권행위가 停止條件附 또는 始期附로 행해진 경우에는 그 條件의 성취 또는 期限의 到來가 있어야 비로소 登記할 수 있는 것으로 해석하여야 한다.

(6) 消滅時效의 完成과 物權의 消滅

不動產物權 가운데 用益物權, 즉 地上權・地役權・傳貫權이 消滅時效의 대상이 된다. 이들 物權에 관하여 消滅時效가 완성되면 登記없이도 그 物權이 消滅하는가 아니면 登記를 하여야만 消滅하는가가 대립된다. 時效의 완성으로 權利가 당연히 消滅하지 않고 時效의 利益을 받을 者가 상대방에게 權利消滅을

16) 李太載, 88; 崔栻, 263.
17) 金曾漢, 65-6; 金容漢, 125-6.
18) 金容漢, 149.

주장할 수 있는 權利가 생길 뿐이라는 소위 相對的 消滅說의 입장에서는 登記의 抹消를 請求해서 登記가 抹消된 때에 비로소 權利는 消滅한다고 한다.[19] 이에 대하여 時效의 완성으로 權利는 당연히 소멸한다는 소위 絶對的 消滅說의 입장에서는 抹消登記와 관계없이 權利는 消滅한다고 본다.[20]

(7) **歸屬財產의 賣却에 의한 所有權變動**

歸屬財產인 부동산의 賣渡에 따른 物權變動은 法律行爲에 의한 物權變動으로서 그 所有權移轉登記時에 일어나는가 아니면 歸屬 §22에 따라 代金完納時에 일어나는가가 문제되고 종래 判例도 대립되었다.[21] 이는 歸屬 §22 I 이 "歸屬財產의 賣却에 있어서 그 賣却契約當時로부터 2년 이내에 賣却代金額의 5割 이상 또는 4년 이내에 賣却代金額의 7割 이상을 納付한 者에 대하여는 政府에 대한 納付金殘額에 상당한 抵當權設定에 의하여 歸屬財產의 所有權을 買受者에게 移轉시킬 수 있다"라고 규정하였을 뿐 그 所有權變動時期를 명백히 규정하지 아니한 때문이다(이에 반하여 土收 §67 I, 競 §3, 稅徵 §77 I 의 규정들은 「…때에 所有權을 取得한다」라고 명백히 규정한다).

大法院의 全員合議體判決[22]로서 "매수자가 그 매수대금을 완납하면 그 소유권은 등기를 필요로 하지 아니하고 자동적으로 매수자에게 이전된다"고 判示하여 종래의 구구한 입장을 통일시켰다. 즉 歸屬財產의 賣却에 따른 物權變動을 民 §186의 物權變動이 아니라 民 §187의 物權變動으로 본 것이다.[23]

Ⅱ. 要件으로서의 物權行爲와 登記

1. 物權行爲

物權行爲에 관하여는 前論 Ⅲ.에서 자세히 論하였다.

19) 金曾漢, 67; 金容漢, 127. 그러나 相對的 消滅說의 입장에 서더라도 權利의 消滅을 登記의 抹消와 결부시킬 論理的 必要는 없다고 본다. 時效가 완성된 權利의 행사에 대하여 消滅時效를 주장하고 달리 抹消請求를 아니하더라도 時效完成의 효과는 인정함이 타당할 것이기 때문이다.

20) 郭潤直, 143.

21) 法律의 規定에 의한 物權變動으로 보는 判例, 大判 62. 2. 15, 4294行上126; 大判 62. 8. 30, 62누67(集 10-3, 46); 大判 68. 5. 21, 68다416; 大判 80. 4. 22, 80다164(公 634, 12806). 法律의 規定에 의한 物權變動으로 보지 않는 判例, 大判 66. 10. 25, 66다1437(集 14-3, 187); 大判 68. 11. 19, 67다1211.

22) 大判(全) 84. 12. 11, 84다카557(集 32-4, 140).

23) 이에 대한 비판으로는 拙稿, "歸屬財產處理法에 의한 賣却不動產의 所有權移轉時期", 民判硏 8, 20 참조.

2. 登　記

法律行爲에 의한 物權變動에 있어서는 登記는 物權變動에 관하여 法律이 요구하는 物權行爲 이외의 또 하나의 요구이며, 不動產物權變動의 公示方法이다. 다만 法律의 規定에 의한 물권변동에 있어서는 登記는 물권변동의 要件은 아니므로 登記없이 물권변동은 발생하며 이 발생한 物權變動에 합치시키기 위하여 登記가 행해지므로 이 경우의 登記는 物權의 公示方法에 지나지 않는다. 이하에서는 法律行爲에 의한 物權變動의 요건으로서의 登記를 중심으로 하여 살핀다(登記의 意義·種類·節次 등에 관하여는 이미 보았다).

登記가 物權行爲와 더불어 物權變動의 效力을 발생케 하려면 그것이 有效하게 성립하고 있어야 한다. 즉 登記는 國家機關이 관리하는 登記簿라는 公簿에 일정사항을 기재함으로써 행하는 것이므로 그 절차가 不動產登記法 등에 따라 適法하게 행해져야 하며, 또한 當事者의 物權行爲와 合致하는 것이어야 한다. 前者의 요건을 登記의 形式的 또는 節次的 有效要件이라 할 수 있고, 後者의 요건을 登記의 實體的 有效要件이라 할 수 있다. 여기서는 먼저 登記의 形式的 要件만을 살핀다.

(1) 登記는 登記簿에 所定事項이 記載됨으로써 成立한다. 登記는 登記公務員이 登記簿에 일정한 사항을 記載하고 捺印함으로써 성립된다. 다만 捺印이 누락되었다 하여 그 登記가 無效인 것은[24] 아니다. 따라서 설사 登記申請이 있었더라도 그 記載가 없는 한 登記가 있다고 할 수 없다. 登記簿에 바로 記載할 생각으로 登記畢證을 먼저 交付하고서도 그 記載를 누락한 경우에도 登記가 없는 것임은 물론이다. 이와 같이 登記公務員의 錯誤로 인하여 登記記入의 遺漏가 발생한 경우에는 不登 §72 규정의 更正登記節次에 따라 登記公務員이 職權으로 登記할 수 있을 뿐이다.[25]

(2) 登記는 그 記載가 存續하여야 함이 原則이다. 登記가 物權의 公示方法인 이상 物權關係에 부합하는 登記가 存續하여야 한다. 그러므로 그 登記가 適法한 원인에 의하여 抹消되면 그 登記의 實體法上의 效力이 소멸함은 당연하다. 그러나 그 登記가 不適法하게 그 존재를 잃게 되었다고 할 때에 그 登記의 實體法上의 효력은 消滅하는가 또는 登記는 없더라도 實體法上의 효력은 그대로 存續하는지가 문제된다.

---

24) 大判 77.10.31, 77다262(公 574, 10383).
25) 法院行政處 81.2.10. 登記 제91호 통첩. 大判 80.10.14, 80다1385(公 646, 13321).

(가) 登記簿가 滅失한 경우에 관하여 不登 §24는 大法院長이 3월 이상의 기간을 정하여 그 登記의 回復을 申請하게 하고 그 期間 내에 登記의 回復을 申請하는 자는 그 登記簿에 있어서의 從前의 順位를 보유한다는 취지의 告示를 하도록 규정하고 있으므로, 適法한 滅失回復登記를 하면 실체법상의 效力은 滅失期間 중에도 존속함은 당연하다. 그러나 그 期間 내에 適法한 滅失回復登記가 없으면 實體法上의 效力은 소멸하는가? 所有權의 경우는 滅失回復登記가 없더라도 登記滅失 당시의 所有者는 그 不動產에 대한 所有權을 喪失하지 아니한다.[26] 登記簿가 滅失하였다는 이유만으로 所有權을 喪失케 함은 財產權을 보장한 憲法의 취지에 반하기 때문이다. 이 경우 所有者는 滅失回復登記를 할 길이 막혔기 때문에 통상의 節次에 의하여 새로운 登記, 즉 所有權保存登記를 申請할 수밖에 없다.[27] 制限物權의 경우도 그 滅失된 登記가 回復登記期間 내에 回復되지 아니하였다고 하여 制限物權이 消滅한다고 할 수는 없을 것이다.[28] 다만 回復登記期間 내에 回復登記가 행하여지지 아니한 이상 새로운 登記簿에의 登記를 통하여 物權을 취득한 제3자에 대하여 滅失된 制限物權의 登記의 效力은 주장될 수 없다. 즉 制限物權者는 제3자를 害하지 않는 한 그 制限物權을 주장할 수 있고 그 登記를 申請(다만 登記義務者와 共同으로)할 수 있다. 그리고 滅失回復登記期間 중에 행해진 새로운 登記는 滅失된 등기가 回復登記期間 내에 回復되었을 때에는 그 回復登記보다 後順位가 됨은 물론이다.[29]

(나) 登記가 不法하게 抹消된 때에는 그 抹消登記는 實體關係에 合致하지 않으므로 그 物權의 效力은 그대로 존속하고, 따라서 權利者는 그 物權에 기하여 抹消登記의 回復을 청구할 수 있다 할 것이다.[30] 그렇게 해석하지 아니하면 抹消登記에 마치 公信力을 인정하는 결과가 되고, 또한 權利者인 登記名義人의 意思에 의하지 아니한 抹消에 따라 權利가 消滅한다고 하는 것은 法律感情에 맞지 않기 때문이다. 이에 대하여 登記는 物權變動의 效力發生要件인 동시에 그 存續要件이기도 하다고 하는 것이 不動產去來의 안전을 위하여 바람직스럽다는 것을 근거로 반대의 입장에 선 견해도 있다.[31][32] 그리고 所有權

26) 大判 81. 12. 22, 78다2278(集 29-3, 248).
27) 大判 78. 12. 26, 78다1895(集 26-3, 377); 大判 84. 2. 28, 83다카994(公 727, 582).
28) 李英俊, 99.
29) 大判 68. 2. 20, 67다1797(集 16-1, 85).
30) 大判 82. 9. 14, 81다카923; 大判 68. 8. 30, 68다1187.
31) 郭潤直, 148.
32) 大判 82. 12. 28, 81다카870(公 699, 350)은 登記는 物權의 存續要件이 아니라고 判示하였다.

移轉登記가 確定判決에 의하여 抹消되거나 拂下處分이 取消되어 抹消된 경우와 같이 抹消 당시는 정당하게 抹消된 것으로 평가되지만 그 判決이 再審에 의하여 取消되거나 拂下處分을 취소한 處分이 다시 適法하게 取消되어 결국 抹消되지 아니할 登記가 잘못 抹消된 것으로 되는 때에도 원래의 所有者는 그대로 所有權을 갖는다.[33]

(다) 일단 登記된 사항을 다른 登記簿에 移記 또는 轉寫하는 과정에서 登記公務員의 故意·過失로 登記를 遺脫한 경우에는 登記公務員이 職權으로 更正할 수 있고, 그 更正 전이라도 從前登記의 效力은 존속한다. 다만 이미 登記上 利害關係있는 제3자가 생긴 경우에는 更正登記를 할 수 없을 것이므로 그러한 상태에서는 從前登記의 效力이 制限될 수밖에 없다. 이에 반하여 遺脫된 사항에 대한 登記는 效力을 잃는다는 견해도 있다.[34]

(3) 登記는 管轄登記所에 행해져야 하며, 그 사항이 登記될 수 있는 것이어야 한다. 管轄이 아닌 登記所에서 행하여진 登記는 無效이다(不登 § 55 i). 해당 不動産에 대한 公示方法으로서의 機能을 발휘할 수 없기 때문이다. 또한 登記는 登記할 수 있는 事項에 관한 것이어야 한다. 즉 登記될 수 있는 權利, 物件에 관한 것이고, 法令에 違反하지 않는 내용의 것이어야 한다(不登 § 55 ii). 登記制度는 일정한 目的을 위하여 設定된 것이므로 그 한도 내에서의 機能만을 충실히 하면 족하고 다른 法律制度와 調和를 이루어야 하기 때문이다. 그러므로 위와 같은 管轄違反의 登記나 登記할 수 없는 事項에 관한 登記는 無效이다. 이들 無效의 登記는 일정한 절차를 밟아서 登記公務員이 職權抹消하게 된다(不登 §§ 175-177).

(4) 登記는 適法한 登記簿에 행해져야 한다. 登記는 해당 不動産을 公示하기 위하여 適法한 절차에 따라 개설된 登記簿에 행해져야 한다. 登記公務員에 의하여 適法하게 개설된 것같은 외관을 갖지만 登記로서의 效力을 인정할 수 없는 것에는 法이 허용하지 아니한 方式으로 개설된 登記簿와 登記와 실제가 너무 현격한 차이를 보여 그 登記가 해당 不動産을 公示할 수 없는 경우 등이다. 이를 차례로 검토한다.

(가) 分·合筆登記가 法이 허용하지 아니한 방법으로 행하여 진 경우

甲地를 分割하여 그 일부를 乙地로 한 경우에는 甲地의 登記用紙에는 잔여부분을 표시하여 그 부분에 관한 登記簿로 존속시키고 乙地에 대하여는 새로운

---

33) 大判 78. 5. 9, 77다888(集 26-2, 41); 大判 79. 9. 25, 79다343(公 621, 12257).
34) 郭潤直, 148.

登記簿를 개설한다(不登 §93). 그리고 甲地를 乙地에 合筆하는 경우에는 乙地의 登記用紙를 合併된 土地에 대한 登記簿로 존속시키고 甲地의 登記用紙를 閉鎖한다(不登 §97). 그러나 위와 같은 방식에 의하지 아니하고 登記簿를 개설하는 경우, 즉 前者에 있어서 원래의 甲地에 대한 登記簿를 閉鎖하고 分割된 甲·乙地에 대한 登記簿를 개설한다든가 後者에 있어서 合筆된 全體土地에 대한 登記簿를 開設하고 合筆前土地 들에 대한 登記簿를 閉鎖하는 경우의 개설된 登記簿는 適法한 방식에 의하여 개설된 것이 아니므로 그 登記簿에의 登記는 무효라 할 것이다.[35)36)]

(나) 一不動產 一登記用紙의 原則에 위배된 登記(소위 二重登記의 문제)

不登 §15 I 은 "登記簿에는 一筆의 土地 또는 一棟의 建物에 대하여 一用紙를 사용한다"고 규정함으로써 1不動產 1登記用紙의 原則을 선언하고 있다. 따라서 어느 不動產에 관하여 이미 保存登記가 되어 있음에 불구하고 중복하여 保存登記의 신청이 있게 되면 그 登記申請은 "사건이 登記할 것이 아닌 때"에 해당하는 것으로 되어 등기공무원이 그 申請을 却下하게 된다. 그럼에도 불구하고 1不動產에 대하여 두 개 이상의 登記用紙가 개설되어 登記가 되는 경우 그 登記의 效力을 인정할 것인가가 문제된다.

소위 節次法說[37)]은 1不動產에 대하여 먼저 하나의 保存登記가 되어 있는 이상 뒤에 이루어진 保存登記는 節次上 위법한 것으로서 無效라고 하는 입장이다. 따라서 實體的 權利關係의 여하를 가릴 것 없이 後登記는 後登記라는 이유만으로 無效가 된다. 다음 實體法說[38)]은 登記申請段階에 있어서는 後登記申請이 却下될 것이 당연하지만, 일단 登記申請이 받아 들여져 登記簿上 重複登記가 되고 나면 반드시 後登記를 抹消하여야 할 이유는 없으며 이제는 兩登記의 實體關係를 따져서 實體的 權利關係에 부합하는 登記를 有效로, 그렇지 않은 登記를 無效로 한다는 입장이다. 이에 의하면 1不動產 1登記用紙의 원칙은 登記申請段階에 있어서는 純節次法的 고려에서 後登記를 排斥하는 내용으로 작용하지만 登記가 실현된 후에 있어서는 그 기능을 달리하여 實體法的 次元

35) 大判 68. 2. 27, 67다2309, 2310(集 16-1, 108).
36) 그러나 大判 88. 4. 12, 87다카1810(公 1988, 835) 判決은 土地의 合併·分割이 不法한 방법으로 이루어졌다고 하더라도 合併·分割된 土地에 관한 登記簿上에 合併·分割 전의 權利關係가 그대로 移記된 범위 내에서는 그 登記簿의 記載가 無效라고는 볼 수 없다고 판시하였다.
37) 趙容完·申彥淑, 註釋不動產登記法, 61.
38) 買在桓, "二重登記의 效力", 民判硏 I, 83.

에서 先登記와 後登記를 대항시켜 종국적으로 優先하는 登記를 존속시킨다는 내용으로 작용한다. 그 밖에 折衷說은 기본적으로는 節次法說을 취하지만 다만 先登記는 전혀 權利없는 者에 의하여 행하여진 반면, 後登記는 實體的 權利者에 의하여 행해진 경우에는 예외적으로 先登記를 無效로 하고 後登記를 有效로 한다는 입장이다. 이와 같은 경우 節次法說을 관철한다면 後登記權者는 自己名義의 登記를 자진하여 抹消하고 先登記의 抹消를 訴求하여 그 抹消를 한 뒤 다시 自己名義의 保存登記를 申請하여야 하는 것으로 되는데, 이러한 迂路는 登記經濟上 넌센스일 뿐만 아니라 경우에 따라서는 後登記權者의 實體的權利를 해할 수 있어서 심히 不合理하다는 것을 그 이유로 한다.

大法院은 처음에는 節次法說을 취하여 重複登記에 있어서 뒤에 된 保存登記와 이를 기초로 登記는 모두 無效라는 입장으로 일관하였다.[39] 그러나 大判(全) 78.12.26, 77다2427[40]은 동일 不動産에 대하여 登記名義人을 달리하여 중복하여 保存登記가 이루어진 경우에는 시간적으로 뒤에 된 登記를 當然無效로 보고 抹消할 것이 아니라, 그 實體的 判斷을 하여 어느 것이 진실한 所有權에 기하여 이루어진 것인가를 확정함으로써 그 有·無效를 결정하는 것이 옳다고 하였다. 위 判決은 1不動產 1登記用紙主義는 登記受理段階에 있어서의 節次法上의 요건에 지나지 않으며, 重複登記의 效力이 다투어지는 경우에 法院으로서는 그 實體的 權利關係에 들어가서 어느 것이 진실한 所有權에 기하여 이루어진 것인가를 결정할 것이라고 한 점에서 종래의 節次法說의 입장을 버리고 實體法說의 입장을 취한 것으로 보인다. 그러나 진실한 權利者의 여부의 判斷을 保存登記名義者에 국한하고 있는 점에서 완전한 實體法說의 입장을 취한 것으로 볼 수도 없다. 특히 大判 79.12.26, 79다1555[41]은 先保存登記名義人과 後保存登記名義人이 상이한 사안에서 後保存登記의 名義人이 先登記上의 名義人으로부터 買受한 경우라도, 즉 後保存登記가 實體的 權利關係에 부합하는 경우라도 先登記가 無權利者에 의한 것이 아니고 適法한 것인 한 先登記가 優先하고 後登記는 抹消되어야 한다고 判示함으로써 重複登記에 있어서 實體權利判斷을 하는 것은 先後登記名義人이 다른 경우 중에서도 先保存登記가 無權利者에 의한 경우로 국한함을 명백히 하였다. 그러나 다른 한편 旣登記不動産의 最後名

39) 大判 75.10.7, 75다1602(公 525, 8699); 大判 74.11.26, 74다1230(公 504, 8213); 大判 69.8.26, 69다820(集 17-3, 54).

40) 集 26-3, 347.

41) 公 626, 12490.

義人으로부터 買受人이 移轉登記 대신 保存登記를 경료한 사안에 관하여 위 判例와 달리 實體的 關係에 들어가서 判斷하여야 할 것이라고 判示한 判決[42] 도 있어 判例의 입장이 일관된 것은 아니었다. 즉 保存登記名義人을 달리하는 두 개의 登記 중 先保存登記가 애당초 無效이고 後保存登記가 有效인 경우에만 後登記에 터잡은 登記들을 有效로 하고 先登記簿의 등기를 抹消할 것인가, 아니면 先保存登記가 애당초 有效였다 하더라도 後保存登記가 先登記名義人의 權利에 터잡아 이루어진 경우에는 後登記簿에 이루어진 登記를 實體關係에 터잡은 登記로 보아 이를 존속시키고 先登記簿에 이루어진 登記들은 실체관계에 부합하지 않는 것으로서 현재의 所有權者의 權利行使를 방해하는 것이므로 抹消의 대상이 될 수 있다고 볼 것이냐의 문제가 위 判例들 사이에 남는다. 前者의 입장은 일단 有效하게 성립된 登記가 차후에 無效의 登記로 된다는 것은 論理上 있을 수 없음을 근거로 삼고 있다. 그러나 그 입장을 고집한다면 後登記簿의 최후의 名義人은 後登記簿에 이루어진 登記들을 모두 抹消하여 그 登記簿를 閉鎖시킨 뒤 先登記簿에 다시 權利變動의 경과에 따라 自己名義로 登記할 수밖에 없다. 그러나 이와 같은 절차는 많은 시간과 비용을 요구하여 국민들에게 상당한 부담을 가져온다. 또한 우리 나라의 登記實務上 重複登記가 발생하는 이유는 이미 정당한 所有權保存登記가 되어 있는 데도 未登記인 것으로 알고 새로이 保存登記를 하는 경우가 대부분이다.[43] 그러므로 先保存登記가 애당초 無效이었던 경우의 重複登記란 거의 상정할 수 없다. 그렇다면 前者의 입장에 서는 한 위에 본 大判 78.12.26의 判例變更은 사실상 무의미한 것이 되고 만다. 國民의 편의와 원할한 登記事務의 운영을 고려한다면 後者의 입장이 타당하다고 생각한다. 다만 그러한 경우라도 後登記簿의 최후의 名義人은 先登記簿의 登記를 所有權妨害排除의 뜻으로 抹消를 구할 수도 있고 先登記簿에 自己名義의 登記를 하고 後登記簿의 登記들을 抹消하여 이를 閉鎖할 수도 있다고 하여야 할 것이다. 그러나 유감스럽게도 大判 90.11.27, 87다카2961, 87다453[44]은 前者의 입장을 취함으로써 종전의 엇갈린 判例들을 통일하였다.

다만 大法院은 同一人名義의 重複保存登記에 관하여는 節次法說의 입장을

42) 大判 81.2.10, 80다2027(公 654, 13724).

43) 과거 登記簿가 地番順으로 編綴되지 않던 상태에서 索出帳이 미비된 경우에 특히 償還完了로 인한 登記, 國家나 地方自治團體가 當事者로서 하는 登記와 관련하여 이와 같은 현상이 많이 생겼다.

44) 公 888, 179. 이 판결에서의 반대의견을 筆者의 견해와 일치하는 내용의 것이다.

고수하여 시간적으로 뒤에 경료된 重複登記는 實體關係에 부합하는 與否를 가릴 것 없이 無效라는 입장을 취하고 있다.[45] 이는 同一人名義의 중복등기에 있어서는 時間的으로 뒤에 경료된 保存登記는 그 자체로서 無效라 하지 아니할 수 없기 때문에(保存登記名義人이 同一人이 아닌 경우에는 어느 登記가 實體權利關係에 부합하는 여부를 가릴 여지가 있음에 반하여, 同一人名義의 保存登記 사이에는 實體權利關係에 부합하는 여부를 가릴 여지가 없기 때문임) 그와 같은 태도를 취한 것으로 해석된다. 그러나 同一人名義의 保存登記는 모두가 일응 實體關係에 부합하는 것으로 보고 어느 登記에 터잡아서라도 먼저 登記가 경료되면 그 登記가 有效한 것이라는 입장에 서서 同一人名義의 所有權保存登記로 인한 重複登記에 있어서도 實體法說에 의하여 해결하여야 한다는 취지로 위 判例를 비판하는 견해도 있다.[46]

同一人名義의 所有權保存登記에 있어서는 뒤에 된 登記가 無效이고 이에 기초한 登記도 無效가 되어 抹消될 운명에 놓이므로 뒤에 된 登記를 기초로 한 새로운 登記申請은 却下되어야 하며, 또한 앞에 된 登記簿에는 그 所有權保存登記 외에 다른 登記가 없으면 抹消될 운명에 놓인 뒤에 된 登記簿의 登記들은 앞에 된 登記簿에 移記하고 뒤에 된 登記簿의 登記들을 職權抹消하고 그 登記簿를 閉鎖하게 된다.[47] 앞에 된 登記簿에 所有權保存登記에 터잡은 登記가 있는 경우에는 위와 같은 방법으로 職權處理할 수는 없다(다만 所有權保存登記와 그에 기초한 所有權移轉登記가 兩登記簿에 공통하는 경우에는 위와 같은 방법으로 職權處理할 수 있다). 所有權保存登記名義人을 달리하는 重複登記에서는 登記申請의 却下나 職權抹消 등의 문제는 생기지 아니한다. 그리고 被相續人名義의 所有權保存登記와 相續人名義의 所有權保存登記 또는 日本人名義의 所有權保存登記와 國家名義의 所有權保存登記는 同一人名義의 重複登記로 보아야 한다.

(다) 登記簿가 해당 不動産을 公示하지 못하는 경우　不動産物權에 관한 登記는 해당 부동산을 適法하게 公示하는 登記簿에 행해져야 한다. 즉 登記簿上의 不動産의 표시와 실제의 不動産이 일치하여야 그 登記簿는 해당 不動産을 公示하는 效力을 가지며, 해당 不動産을 公示할 수 없는 登記簿에 경료된 登記는 無效라 하지 않을 수 없다. 그런데 登記와 實際가 불일치한다고 하여 그 모든 경우에 登記를 無效로 한다면 去來의 安全을 害하게 되어 타당하다고 할 수 없고, 따라서 그 불일치가 사소하여 公示의 기능을 害하지 아니한 경우에는 그 登記는 有效한 것이라고 할 것이다. 그러므로 문제는 登記簿上의

45) 大判 79. 1. 16, 78다1648(公 608, 11757).
46) 孫智烈, "重複登記의 諸問題", 裁判資料 43, 411.
47) 84. 4. 30. 登記 제161호 각 지방법원장 대법원행정처장 통첩.

不動產의 表示와 實際의 不動產 사이에 어느 정도의 차이를 기준으로 두고 登記의 有·無效를 결정할 것인가에 돌아간다. 이는 그 登記簿를 실제와 부합하도록 變更 또는 更正할 수 있는지 여부의 문제이기도 하다. 登記簿上의 不動產의 表示가 실제와 다르더라도 그 차이가 사소하여 해당 不動產을 公示하는 것으로 볼 수 있는 경우에만 變更·更正登記가 허용될 것이기 때문이다. 그리고 登記簿上의 不動產의 표시와 실제의 차이가 原始的인 경우나 後發的인 경우를 가리지 아니하고 위와 같은 문제는 생긴다. 결국 變更登記(後發的 事由로 인한 불일치의 제거)나 更正登記(原始的 事由로 인한 불일치의 제거)의 모든 경우에 그것이 許容되는 한계는 既存登記와 新登記와의 同一性의 有無로 돌아가고, 그 판단은 具體的 事情을 고려하여 一般社會觀念에 따라 決定하는 수밖에 없다 할 것이다.

大判(全) 75.4.22, 74다2188[48]은 "일반적으로 부동산에 관한 등기의 지번표시에 다소의 착오 또는 오류가 있다 할지라도 적어도 그것이 실질상의 권리관계를 표시함에 족한 정도로 동일 혹은 유사성이 있다고 인정되는 경우에 한하여 그 등기를 유효시하고 그 경정 등에도 허용된다 할 것이고, 만일 이 표시상의 착오 또는 오류가 중대하여 그 실질관계와 동일성 혹은 유사성조차 인정할 수 없는 경우에는 그 등기는 마치 없는 것과 같은 외관을 가지므로 그 등기의 공시의 기능도 발휘할 수 없으니 이런 등기의 경정을 무제한으로 인정한다면 제3자에게 뜻밖의 손해를 가져올 경우도 있을 것이므로 이와 같은 경우에 경정등기를 허용할 수 없다고 보아야 할 것"이라고 판시하였다. 또한 更正登記를 허용하고 따라서 更正 전의 登記에 대하여도 그 登記의 效力을 인정하는지 여부에 관한 구체적인 사안에 관한 大法院判例들을[49] 검토하면 同一性의 인식기준을 원칙적으로 登記記載의 外觀上의 近似性에 두고 있음을 알 수 있다. 특히 不動產의 所在地番에 관한 차이로 인한 登記의 效力이 흔히 문제되는데, 이러한 경우 예컨대, 實際地番이 105의 10인데 105의 2로, 78의 4인데 78의 1로, 315인데 315의 1로 表示되는 등 地番表示에 다소의 차이가 있는 경우에는 登

48) 集 23-1, 236.

49) ① 同一性을 긍정하는 경우에 관한 判例.
大判 59.7.23, 4292民上281(集 7, 176); 大判 73.1.30, 72다2100(公 501, 8075); 大判 76.6.22, 76다579(公 542, 9274); 大判 80.4.8, 80다129(公 633, 12779); 大判 81.12.8, 80다163(公 673, 129); 大判 83.6.14, 81다317(公 709, 1074); 大決 87.1.23, 86마784(公 799, 617); 大判 87.7.7, 87누95(公 807, 1343).
② 同一性을 부정하는 경우에 관한 判例.
大判 68.4.2, 67다443(集 16-1, 207); 大判 68.11.19, 66다1475(集 16-2, 176); 大判 69.2.18, 66다2597(集 17-1, 179); 大判 86.7.22, 85다카1222(公 784, 1094); 大判 87.6.9, 86다카977(公 805, 1130).

記의 同一性을 인정하고 이에 반하여, 實際地番이 62인데 46의 1로, 274인데 272의 2로 表示되는 등 地番表示에 현저한 차이가 있는 경우에는 그 同一性을 부인하고 있다.[50] 그러나 大判(全) 75.4.22, 74다2188[51]은 "同一性 또는 類似性을 인정할 수 없는 錯誤 또는 誤謬가 있는 경우라 할지라도 같은 不動產에 대하여 따로 保存登記가 존재하지 아니하거나 登記의 形式上으로 보아 예측할 수 없는 損害를 미칠 憂慮가 있는 利害關係人이 없는 경우에는 當該 誤謬있는 登記의 更正을 허용하여 그 更正된 登記를 有效하다고 보는 것이 更正登記 前後에 각 登記가 有效하다고 믿고 登記한 權利를 保護할 수 있는 實效가 있을 뿐 아니라, 일단 更正된 登記는 그 때부터는 公示의 기능도 一般登記와 같이 발휘할 수 있는 까닭이다"라고 判示하여 예외적으로 同一性이 없는 경우라도 更正登記를 허용하였다. 따라서 그러한 경우 更正 전의 登記도 效力이 있고 이 登記簿에 행해진 登記도 有效하다고 할 수밖에 없을 것이다.

(5) 登記는 不動產登記法 등이 정하는 適法한 절차에 따라 행해져야 한다. 그러므로 登記申請節次에 瑕疵가 있으면 登記公務員은 登記申請을 却下하여야 하고(不登 §55) 그 경우 登記의 效力이 云謂될 여지가 없다. 문제는 登記申請節次에 있어서 瑕疵가 있었으나 登記가 실행되어버린 경우이다. 그러한 경우 登記의 有效·無效는 그 節次上의 瑕疵 그 자체만에 착안하여 무조건 無效로 할 것이 아니라 그 登記가 실행될 수 있는 實體的 有效要件을 갖추고 있느냐의 여부에 따라서 判斷하여야 한다. 왜냐하면 그 登記를 無效로 하고 다시 適法한 節次에 따라서 登記를 하더라도 동일한 내용의 登記가 현출될 것이기 때문이다. 즉 當事者에게 登記申請의 意思가 있거나 또는 當事者間의 實體的 權利關係에 따라 當事者가 동일한 내용의 登記申請義務를 지는 경우에는 그 登記는 實體關係에 부합하여 有效하다고 할 것이다. 그리고 그와 같은 意思의 有無나 權利關係의 存否를 판단하는 기준시점은 登記申請時가 아니라 登記의 效力이 다투어지는 시점(訴訟에 의하는 경우에는 事實審의 辯論終結時)이다. 아래에서 登記節次上의 欠缺에도 불구하고 登記의 效力이 인정되는 구체적 사례들을 살펴본다.

(가) 登記는 登記權利者와 登記義務者의 共同申請에 의하여 행해지므로

50) 그러나 大判 68.9.6, 68다1063(要集 民 Ⅱ-1, 276); 大判 74.10.22, 74다896(公 501, 8075); 大判 81.12.8, 80다163(公 673, 129) 등은 所在地番의 枝番이 아닌 本番에 차이가 있어(37의 2인데 39의 2로, 44의 36인데 山 37로 등기) 그 錯誤가 현저하다고 보여지는 경우라도 다른 사정 등을 종합하여 同一性을 긍정하고 있다.

51) 公 513, 23.

登記義務者의 申請에 의하지 아니한 登記는 無效라 할 것이다. 그러나 登記義務者가 登記申請할 義務가 있다고 볼 수 있는 경우에는 登記申請書類 등이 僞造되었다 하더라도 그 登記는 실체관계에 부합하여 有效하다.[52]

(나) 登記가 判決에 의하여 행해졌으나 그 判決이 無效인 때에는 그에 따른 登記는 無效이다. 判決이 無效인 경우의 대표적인 것은 死亡한 者를 相對로 한 判決이고, 그에 기한 所有權移轉登記는 無效이다.[53] 그러나 死亡者 또는 相續人에게 登記申請義務가 있다고 볼 수 있는 경우에는 그 登記는 실체관계에 부합하여 有效하다.[54] 死亡者의 名義로 登記가 申請된 경우에도 위와 같다.[55]

(다) 登記申請時 제출하여야 할 書類가 提出되지 아니하거나 提出된 書類에 欠缺이 있다하더라도 그것이 物權行爲의 效力을 좌우할 성질의 것이 아닌 한 그 登記는 有效하다. 예컨대, 有效期間이 경과한 印鑑證明이 첨부된 경우,[56] 死亡者名義의 印鑑證明[57] 또는 死亡者名義의 農地證明[58]이 첨부된 경우 등은 물론, 나아가 不登 §40 소정의 書類가 提出되지 아니하였다 하여도 그 登記의 效力에는 영향이 없다. 일단 登記가 실행된 다음에는 그 登記에 부합하는 實體的 權利關係가 존재하는가에 따라 그 登記의 效力이 정해지기 때문이다.

(라) 法律이 一般登記와 다른 특별한 登記節次를 정한 경우 그에 해당하지 아니하는 不動產을 특별한 登記節次에 따라 登記하거나 특별한 登記節次에 의할 것을 一般登記節次에 따라 하더라도 實體的 權利關係에 부합하는 한 登記의 效力에는 영향이 없다. 예컨대, 農地 아닌 溝渠를 一般農地所有移轉登記에 관한 特別措置法에 의하여 登記한 節次上의 잘못이 있다하여도 이를 無效라 할 수 없고,[59] 滅失回復登記를 할 所有者가 그 기간을 도과시킨 후 所有權保存登記를 하더라도 그 效力에는 영향이 없다.[60] 또한 未登記의 不動產을 買受한 者는 賣渡人名義의 所有權保存登記를 한 뒤 自己名義로 所有權移轉登記를 하여야 할 것이나, 이 경우 막바로 買受人名義의 所有權保存登記가 경료되

52) 大判 82.12.14, 80다459(公 698, 263); 大判 80.6.10, 79다1212(公 637, 12908); 大判 65.5.25, 65다365(集 13-1, 158).
53) 大判 80.6.24, 80다974(公 638, 12964); 大判 80.5.27, 80다735(公 636, 12882).
54) 大判 69.10.14, 69다1249(要集 民 I-1, 315); 大判 66.12.6, 66다1033(集 14-3, 294).
55) 大判 63.5.30, 63다105(集 11-1, 341).
56) 大判 80.6.10, 80다788(公 637, 12911).
57) 大判 65.8.24, 65다1177, 1178(集 13-2, 98).
58) 大判 69.12.23, 69다1588, 1589(集 17-4, 210).
59) 大判 67.7.25, 66다1657(要集 民 I-1, 313).
60) 大判 84.2.28, 83다카994(公 727, 582).

어도 그 效力에는 영향이 없다.[61]

3. 物權行爲와 登記의 關係

法律行爲에 의한 不動産物權變動에는 物權行爲와 登記의 두 要件을 필요로 하므로 위 두 要件 중 어느 하나가 존재하지 않거나 無效이면 物權變動은 생기지 않는다. 뿐만 아니라 登記는 當事者가 그 物權行爲에 의하여 이루고자 하는 物權變動에 符合하는 것이어야 하고 그렇지 못한 登記는 有效할 수 없고, 따라서 그에 따른 物權變動도 생길 수 없다. 그러므로 物權行爲와 登記는 內容的으로 合致되어야 하는데, 실제로 여러 사정으로 인하여 그렇지 못한 경우가 생긴다. 또한 다른 한편 物權行爲와 登記가 각 별개의 行爲로서 별도의 節次에 따라 행해지는 것이므로 兩者 사이에 時間的 間隔이 있기 마련이고 이에 따라 登記의 效力의 有無가 문제되기도 한다. 이들을 차례로 본다.

(1) 內容的 不合致에 관한 문제

(가) 內容의 質的不合致 登記가 物權行爲와 내용에 있어서 合致하지 않으면 物權行爲에 따른 物權變動은 생기지 않는다. 예컨대, 甲土地에 대하여 賣買契約을 체결하였는데, 乙土地에 대하여 所有權移轉登記가 행해진 경우 그 登記는 當然無效[62]이다. 따라서 甲土地에 대하여 物權變動이 생길 여지가 없다. 그러므로 그와 같은 登記가 當事者의 錯誤에 의하여 행해지고 또한 제3자가 善意로 이를 取得하였어도 보호받을 수가 없다.[63] 또한 地上權設定의 合意가 있었는데도 傳貰權設定登記가 행해진 경우에도 그 登記는 當然無效이다. 이러한 경우 當事者가 원하는 대로의 物權變動이 생기게 하려면 所定의 절차에 따라 更正登記를 하거나 그 登記를 抹消한 후 다시 物權行爲에 符合하는 登記를 하는 수밖에 없다.

(나) 內容의 量的不合致 物權行爲와 登記가 완전히 符合하지 않고 一部分만이 符合하는 경우, 즉 物權行爲와 登記의 내용에 量的差異가 있는 경우에는 登記를 전적으로 無效로 돌릴 것은 아니다. 登記된 量이 物權行爲의 量보다 큰 경우에는 物權行爲의 한도 내에서 效力이 생기고, 반대로 登記된 量이 物權行爲의 量보다 적은 경우에는 法律行爲의 一部無效에 관한 民 §137의 규

61) 大判 81. 1. 13, 80다1959, 1960(公 652, 13633).
62) 大判 67. 12. 19, 67다1250, 1251(要集 民 I-1, 313).
63) 이 경우와 달리 物權行爲와 登記가 일단 合致되었으나 다만 그것이 錯誤에 의한 것인 경우에는 善意의 제3자는 보호받을 수 있다.

정에 의하여 전부를 無效로 할 것인가 또는 登記된 한도에서 有效한 것으로 할 것인가를 판단하여야 한다.[64] 判例도 같은 입장이다.[65] 다만 登記簿의 다른 記載로부터 그러한 不合致가 登記公務員의 誤記에 의한 것임을 명백히 알 수 있는 경우에는 제대로 記載된 것과 같은 登記로서의 效力을 갖는다.

㈐ 登記와 物權變動의 過程과의 不合致 우리 民法이 物權變動에 관하여 成立要件主義를 취하고, 한편 不動産登記法上으로는 登記連續의 原則을 취하여(§28) 登記簿上 최후의 名義人을 登記義務者로 하여 登記가 連續되어 나가도록 되어 있고, 또한 登記申請時 登記原因을 證明하는 書面을 제출하고(§40) 登記簿에는 登記原因을 기재하도록 하고 있으므로(§57 II), 登記簿는 당연히 物權變動의 過程 내지 經過와 物權變動의 原因의 태양 내지 모습을 여실히 公示하게 될 것이다. 그러나 실제에 있어서는 稅負擔의 輕減 등 여러 가지의 사정으로 말미암아 실제의 去來의 과정과 원인과는 다른 物權行爲가 이루어진 양 관계서류를 꾸며 登記가 행해지는 경우가 많다. 登記公務員에게는 實質的 審査權이 없어서 形式을 갖춘 登記申請은 모두 接受하여야 하기 때문이다. 그러나 이러한 登記는 모두 物權行爲에 符合하지 아니하며 이는 不動産登記制度의 이상에 반하는 것이라 아니할 수 없다. 따라서 그러한 登記는 인정되어서는 아니되며 실제의 物權行爲와 合致하지 아니하여 無效라고 할 수도 있을 것이다. 그런데 舊法時代의 判例[66]는 登記라는 것은 不動産에 관한「현재의 眞實한 權利狀態」를 公示하고 있으면 되고, 그에 이르기까지의 過程이나 態樣은 사실과 같이 나타내지 않더라도 制度의 목적을 달성할 수 있다는 理論下에 一定範圍의 그러한 登記를 有效하다고 하였다. 현행 民法下에서도 그와 같은 慣行이 계속되고 있으며 判例도 변화를 보이지 아니하고 있다.[67] 아래에서 그와 같은 것으로 가장 문제되는 것들을 차례로 살펴본다.

(a) 中間省略登記

(i) 不動産의 所有權이 甲으로부터 乙로 讓渡되고 다시 乙로부터 丙에게 讓渡된 경우 원칙적으로는 所有權移轉登記가 甲으로부터 乙에게 移轉되고 다시 乙로부터 丙에게 移轉되어야 하지만, 甲으로부터 乙에게의 移轉登記를 생략하고 甲으로부터 직접 丙에게 移轉登記가 이루어진 경우에 이 甲·丙間

64) 郭潤直, 152; 金曾漢, 71; 金容漢, 128.
65) 大判 67. 9. 5, 67다1347(集 15-3, 47); 大判 70. 9. 17, 70다1250(集 18-3, 15).
66) 大判 61. 12. 14, 4293民上893(集 9, 106).
67) 大判 64. 6. 2, 63다880(要集 民 I-1, 310).

의 登記를 中間省略登記라 한다. 이는 中間者인 乙이 부담하게 될 登錄稅 등 登記費用을 부담하지 아니하고 또한 讓渡所得稅 등 租稅負擔을 회피하기 위한 수단으로 이용되어 왔다. 과거에 있어서 中間省略登記는 買受人을 白地로 한 賣渡證書, 白地委任狀을 交付하고 이를 받은 中間買受人은 자기의 名義를 賣渡證書에 기재하지 아니한 채 다시 최종 買受人에게 交付하여 그가 자기의 名義를 기재한 후 登記를 申請함으로써 이루어졌다. 그러나 賣渡證書를 登記原因을 증명하는 書面으로 사용할 수 없고 契約書가 사용되어야 하며, 뿐만 아니라 그 契約書는 檢印되어야 하므로 中間省略登記는 사실상 행해지기 어렵게 되었다(不登特例 §3). 또한 買受人은 買受不動產을 제3자에게 처분하여 移轉登記를 하는 경우에는 반드시 買受人名義의 所有權移轉登記를 先行하여야 하고(不登特例 §2 Ⅱ, Ⅲ), 租稅賦課를 免하려 하거나 다른 時點間의 價格變動에 따른 利得을 얻으려 하거나 所有權 등 權利變動을 規制하는 法令의 制限을 회피할 목적으로 買受人이 先行시켜야 할 登記를 申請하지 아니하는 경우에는 3년 이하의 懲役이나 1억원 이하의 罰金에 처하도록 하고 있다(不登特例 §8 Ⅰ). 그러므로 이제는 三當事者가 合意하여 마치 原所有者로부터 最終買受人이 賣買하는 양 관계서류를 갖추어 移轉登記를 하지 않는 한 中間省略登記는 사실상 불가능하게 되었다. 그렇지만 장차에도 三當事者의 合意에 의한 中間省略登記는 가능하며 또한 이미 행해진 中間省略登記도 존재하는 만큼 中間省略登記와 관련하여 종래에 문제되어 온 다음의 두 가지 점을 검토할 필요가 있다. 첫째는 일단 甲으로부터 丙에게의 移轉登記가 경료된 경우 丙名義의 登記를 무조건 無效라고 볼 것인가 아니면 어떠한 條件下에서는 有效라고 볼 것인가 이며, 둘째는 丙이 甲에게 직접 所有權移轉登記를 請求할 권리를 갖는가 이다. 前者는 中間省略登記의 效力의 문제이며, 後者는 中間省略登記請求權의 문제이다.

(ii) 中間省略登記의 效力에 관한 學說 中間省略登記의 效力에 관한 學說을 살핀다.

第一說은,[68] 현행 民法下에서는 中間省略登記는 無效라는 입장이다. 즉 登記가 物權變動의 效力發生要件이고 登記없이는 그 不動產을 다시 處分할 수 없는 形式主義下에서는 中間省略登記는 權利變動의 과정을 表示하지 못할 뿐 아니라 현재의 權利狀態도 公示하지 못하기 때문이라 한다.[69] 그러나 이 說은

68) 張庚鶴, 228.
69) 한편 앞서 본 바와 같이 不動產登記特別措置法이 中間省略登記를 막기 위한 규정들을

當事者間의 合意에 의하여 中間省略登記가 행해진 경우 뿐만 아니라, 中間者의 同意없이 中間省略登記가 행해진 경우라도 中間者에게 꼭 自己名義를 경유하여 登記가 행해져야 할 法律上 利益이 없는 경우에 中間省略登記를 無效로 한다면, 그 中間省略登記를 抹消하고 다시 中間者를 경유하여 移轉登記를 경료한다면 그 절차만을 복잡하게 하고, 또한 中間省略登記名義者로부터 物權을 취득한 제3자의 地位를 불안하게 만들어 去來의 安全을 害하게 할 우려가 있다고 지적된다.

第二說은,[70] 關係當事者들의 合意가 있으면 中間省略登記는 有效하다는 입장이다. 즉 甲에게서 乙로, 乙에게서 丙으로 所有權을 이전할 債權契約이 순차적으로 이루어진 경우에 甲·乙·丙 三者가 合意하여 甲이 직접 丙에게 所有權을 이전할 意思表示를 하고 그 登記가 履行되었을 때, 物權變動의 原因이 되는 債權契約은 甲·乙, 乙·丙間에 두 개가 있고, 所有權移轉行爲는 甲·乙, 乙·丙의 순서로 있어야 할 것이로되 甲·乙·丙 三者合意로써 甲이 직접 丙에게 所有權을 讓渡한다고 合意한 이상 丙의 所有權移轉登記를 無效視할 이유가 없으며, 이 경우 甲과 丙間에 賣買가 있는 양으로 登記하였다 할지라도 兩者間에 적어도 所有權讓渡의 物權的 意思表示가 있는 이상 物權變動의 效果를 부인할 수 없음은 物權行爲의 無因性에 비추어 알 수 있다는 것이다. 그러나 이 說은 物權行爲의 無因性을 인정하지 아니하는 입장에서 보면 무리한 해석이 되고 (차라리 甲·丙의 約定을 새로운 債權行爲로 보고 거기에서 登記請求權이 생긴다고 보는 것이 훨씬 간명한 해석이라 할 것임), 또한 三者合意가 없는 中間省略登記는 모두 無效라고 보아야 하므로 위에 본 去來安全에 관한 지적이 여기에도 해당하게 된다.

第三說은,[71] 소위 物權的 期待權에 터잡은 입장이다. 즉 中間省略登記의 경우에 中間者가 취득하여 다시 讓渡하는 權利는 物權的 期待權이며, 이것의 讓渡는 債權讓渡가 아니라 오히려 物權的 權利의 讓渡이므로 物權的 合意에 의하여야 하고, 債權讓渡와 같은 對抗要件을 필요로 하지 아니하여 中間者의 協力도 필요치 않다고 하면서 中間省略登記는 中間者의 同意有無에 관계없이 有效하다고 한다. 그러나 이 說은 物權的 期待權을 인정하지 아니하는 입장에

두고 있으므로 中間省略登記는 無效라는 견해도 제기될 수 있을 것이다. 그러나 同法은 不動產投機를 抑制하기 위한 社會政策的인 特別法인만큼 그에 위반한 中間省略登記의 私法上의 效力까지도 부인할 것은 아니라고 본다.

70) 方順元, 41.

71) 金曾漢, 89; 金容漢, 132; 黃迪仁, 100.

서 보면 수긍키 어렵고, 또한 物權的 期待權은 準物權이어서 그 讓渡는 意思表示의 合致만으로 족하다고 하나 그보다 약한 債權讓渡도 債務者에게 대항하려면 通知나 承諾이 있어야 하고, 그보다 강한 物權의 讓渡에는 登記가 요건으로 되는데, 그 中間에 있다는 物權的 期待權의 讓渡에는 意思表示의 合致 외에 아무런 要件이 필요치 않다는 것은 균형상 맞지 않다. 뿐만 아니라 中間者의 轉賣行爲는 移轉登記書類를 交付받거나 目的物을 引渡받은 후에만 이루어지는 것이 아니라 賣買契約만이 체결된 상태에서 또는 中渡金까지 준 상태에서 이루어지는 일이 많고 이 경우에는 아직 物權行爲는 없으므로 따라서 物權的 期待權도 발생될 수 없는데, 이때의 轉賣目的物은 무엇이라고 說明할지 의문이라는 지적도 있다.[72]

第四說은,[73] 中間省略登記는 中間者의 同意가 있는 경우에 有效함은 물론이나, 그러한 同意가 없더라도 다음과 같은 근거에서 有效하다고 하는 입장이다. 즉 우리 民法에 明文의 규정은 없지만 非權利者의 處分은 그것이 權利者의 同意를 얻어서 행한 것인 때에는 有效하다고 보아야 한다(獨民 § 185 I). 그렇다면 예컨대, 甲·乙 사이에 不動產의 賣買가 있고 乙·丙 사이에 그 부동산을 轉賣하는 債權行爲가 있게 되면 物權行爲의 獨自性을 부정하는 입장에서는 이들 債權行爲에는 物權行爲 내지 物權的 合意도 있었던 것이 된다. 그리고 甲·乙 사이의 이 物權行爲는 非權利者인 乙이 甲의 不動產所有權을 처분하는 데 대한 同意로서의 의미를 갖는 것으로 새길 수 있다. 따라서 乙·丙 사이의 債權行爲와 거기에 포함되어서 행하여진 物權行爲는 有效하게 되고 이들 甲·乙, 乙·丙 사이의 債權行爲와 物權行爲에 의하여 甲·丙 사이에 그러한 債權行爲와 物權行爲가 있었던 것이 된다. 거기에다가 甲으로부터 丙에의 移轉登記가 있으므로 所有權은 甲으로부터 丙에게 移轉이 된다는 것이다.[74] 통상의 경우 甲이 乙에게 不動產을 賣渡하는 意思表示 안에, 乙의 제3자에 대한 處分行爲를 동의하는 意思가 포함되어 있다고 해석할 수 있을 것이나 모든 경우에 그와 같이 해석할 수 있는지는 의문이다. 즉 甲으로서는 구체적인 사정에 따라서는 乙에게 일단 登記가 경료되어야 할 필요가 있는 경우가 있을 것이기 때문이다. 丙이 甲에

72) 李輔煥, "中間省略登記", 裁判資料 43, 367.

73) 郭潤直, 155.

74) 甲·乙 사이의 法律行爲 속에는 乙이 후에 自己名義로의 移轉登記를 함이 없이 그 不動產을 轉賣하여도 무방할 뿐 아니라 그러한 경우가 생기면 그 轉得者에게 登記移轉을 해주기로 하는 默示的 合意가 있었다고 해석하는 것이 去來當事者의 意思에 맞는다고 보는 견해(李太載, 95)도 이 學說과 軌를 같이하는 것이라 할 것이다.

대하여 막바로 移轉登記請求權을 갖는가는 뒤에 보는 바이지만, 일단 中間省略登記가 경료된 경우에는 그 登記는 實體關係에 부합하여 有效하다 할 것이다.

(iii) 中間省略登記의 效力에 관한 判例 우리 大法院判例들은 當事者間에 中間登記省略에 관한 合意가 있었다는 이유로 그 有效性을 인정하여 그 登記의 抹消請求를 기각함[75]은 물론 中間登記省略의 合意없이 中間省略登記가 이루어진 경우라도 그 有效性을 인정하고 있다. 다만 그 이유를 實體的權利關係에 부합하기 때문이라고 한 것도 있고,[76] 이유를 제시함이 없이 讓渡契約이 適法히 성립되어 그것이 履行된 이상 다만 合意가 없었다는 이유로 抹消를 請求할 수 없다고[77] 判示하기도 한다. 아무튼 判例는 實體的 權利關係에 부합함을 有效性의 근거로 삼고 있다. 그리고 여기서 말하는 實體的 權利關係에 부합한다 함은 登記를 정상적인 절차를 밟아 경료하더라도 결국 현재의 登記狀態로 나타나게 된다는 의미로 해석할 것이다.

(iv) 中間省略登記請求權 우리 나라의 學說은 일단 이루어진 中間省略登記의 效力에 관한 문제와 中間省略登記請求權의 문제를 구별하여 따지지 아니하고 있다. 그러므로 中間省略登記의 效力을 인정하는 입장에서는 丙의 甲에 대한 직접적인 中間省略登記請求權도 인정하고 있다. 그러나 三當事者의 中間登記의 생략에 관한 合意가 없는 한, 中間省略登記에 의하여 原所有者나 中間買受人의 法律上의 利益이 침해되는 경우가 있을 수 있으므로 丙의 甲에 대한 직접적인 移轉登記請求權을 인정할 수는 없다 할 것이다.[78] 三當事者間에 中間登記省略의 合意가 있는 경우에는 어느 當事者의 利益도 침해되지 아니하므로 이를 부인할 필요는 없을 것이며, 그러한 경우에는 甲·丙間에 約定(物權的 合意를 포함)이 있었으며, 이에 터잡아 登記請求權이 생긴다고 볼 것이다. 즉 中間省略登記請求權의 許否의 문제는 登記請求權이라는 權利가 단순히 移轉된다는 각도에서 볼 것이 아니라 契約當事者의 지위가 함께 이전하며, 따라서 中間省略登記에 의하여 登記義務者인 상대방의 法律上의 利益이 침해되지 않는 경우에 한하여 이를 인정하여야 할 것이다. 大法院判決[79]은 中間省略登記의 合意

75) 大判 71.2.23, 70다2996(集 19-1, 106); 大判 82.7.13, 81다254(集 30-2, 179).

76) 大判 65.8.31, 65다1239(要集 民 I-1, 332); 大判 70.2.24, 69다967(集 18-1, 112).

77) 大判 79.7.10, 79다847(集 17-2, 166); 大判 80.2.12, 79다2104(公 629, 12626).

78) 한편 不登特措 §2 II, III, IV를 들어 中間省略登記請求權을 부정하는 견해도 있을 수 있으나 註 69)에서 본 바와 같은 견지에서 中間省略登記請求權 자체를 부인할 수는 없을 것이다.

79) 大判 83.12.13, 83다카881(公 721, 162); 大判 69.10.28, 69다1351(集 13-3, 240); 大判 69.1.28, 67다1974(集 17-1, 78).

가 없는 한 中間省略登記請求權을 인정하지 아니하는 입장을 유지하고 있다. 그리고 그 合意는 明示的으로는 물론 默示的으로도 할 수 있으며,[80] 그 合意는 三者 全員의 合意뿐만 아니라 甲·乙, 乙·丙間에 순차적으로 하여도 무방하다.[81] 그러나 中間省略登記의 合意가 있었다 하더라도 中間者의 原賣渡人에 대한 登記請求權은 소멸되지 않는다.[82] 그리고 中間省略登記에 있어서 登記原因과 그 日字가 特約에 의하여 명백히 정하여지지 아니하는 경우라면 최종의 契約을 기준으로 하여 登記原因과 日字를 정한다.[83]

(b) 實際와 다른 登記原因에 의한 登記　　登記簿에는 반드시 登記原因을 기재하도록 되어 있다(不登 § 57 II). 그런데 去來界에서는 稅金關係 또는 登記節次의 번거로움 등으로 실제의 登記原因과 다르게 표시하여 登記申請을 하는 경우가 많다. 예컨대, 贈與에 의한 所有權移轉登記를 賣買에 의한 移轉登記로서 申請하는 것과 같다. 이러한 登記도 有效한 것이라 할 것이다. 그 원인이야 어찌 되었든 所有權의 변동을 목적으로 하는 意思의 合致인 物權行爲가 있고 그에 부합하는 登記가 있기 때문이다. 判例[84]는 이러한 登記를 有效하다고 한다. 같은 취지에서 볼 때 登記原因의 記載가 없더라도 그 登記는 有效한 것으로 보아야 할 것이며, 所有權移轉登記를 구하는 訴訟에서 當事者의 주장이 잘못된 경우(예컨대, 交換으로 할 것을 賣買라고 표시한 경우)에 法院이 임의로 이를 바로잡아 판결할 수 있을 것이다.

위와 같은 原因을 달리 하거나 그것이 누락된 경우 뿐만 아니라 移轉登記의 원인이 된 法律行爲의 無效·取消·解除로 인하여 物權이 復歸되는 경우 그 原狀回復方法으로서 移轉登記를 抹消함이 상당할 것이지만, 이러한 경우 抹消登記 대신 移轉登記를 한 경우라도 그 登記는 有效하다 할 것이다. 그러나 그러한 原因無效의 경우에 所有權回復을 원인으로 한 所有權移轉登記의 履行請求를 허용할 것인가는 별문제이다(이에 관하여는 前論 Ⅳ. 8. 참조).

(c) 無效登記의 流用　　登記가 實體關係와 符合하지 아니하여 無效라 하더라도 후에 그 登記에 부합하는 實體關係가 존재하게 된 경우에 그 登記를 有效한 것으로 볼 것인가가 문제된다. 이 문제는 다음의 두 가지의 형

---

80) 大判 82. 7. 13, 81다254(集 30-2, 179).
81) 大判 64. 9. 22, 64다587(集 12-2, 120); 大判 71. 2. 23, 70다2986(集 19-1, 106).
82) 大判 79. 2. 27, 78다2446(集 27-1, 181).
83) 64. 8. 27字 日本國 民事局長通達(民事 甲 2885호).
84) 大判 55. 1. 20, 4287民上200(集 1, 32); 大判 80. 7. 22, 80다791(公 640, 13035).

태로 나타난다.

첫째, 처음에는 登記에 符合하는 實體關係가 없어서 無效이었으나 나중에 實體關係가 있게 되면 그 때부터 그 登記는 有效한 것으로 볼 것이다. 예컨대, 假裝賣買를 원인으로 한 所有權移轉登記는 그 賣買가 無效인 이상 無效라고 할 것이나 후에 賣買가 이루어져 처음의 登記를 流用한다면 그 登記는 有效하게 된다. 그 登記는 현재의 權利關係를 제대로 公示하고 있으므로 굳이 처음의 登記를 抹消한 후 다시 새로운 登記를 하는 번잡한 절차를 취할 필요가 없기 때문이다. 또한 이렇게 하더라도 어떠한 부당한 결과가 생기지 아니하기 때문이다.

둘째, 처음에는 物權行爲에 부합하는 有效한 登記이었던 것이 후에 實體關係를 잃게 되어 無效로 되었으나 다시 그 후에 登記와 비슷한 별개의 實體關係가 생긴 경우에 有效였다가 無效로 된 그 登記를 후에 생긴 實體關係의 公示方法으로 이용할 수 있는가가 문제된다. 특히 被擔保債權의 辨濟로 抵當權이 소멸하였으나 抵當權의 登記를 그대로 남겨두었다가 다시 같은 내용의 抵當權設定契約을 체결하여 처음의 登記를 流用할 수 있는가가 문제된다. 判例[85]는 流用하기 전에 새로운 利害關係를 가지게 된 제3자가 없는 한 有效性을 인정하여도 상관없다고 한다(이에 대한 異說은 抵當權編 참조). 다만 判例[86]는 滅失된 建物의 保存登記를 滅失 후에 신축한 建物의 保存登記로서는 어느 경우에나 流用할 수 없다고 한다. 建物이 신축된 때에는 新築者 또는 讓受人에 의하여 다시 保存登記가 될 가능성이 크고 그에 따라 중복등기가 생길 위험이 크므로 이를 피하기 위한 효과적인 방법으로서 流用을 금할 필요가 있기 때문이다.[87]

㈑ 時間的 不合致에서 생기는 문제 物權行爲와 登記는 같은 날에 이루어지는 경우도 있을 것이나 보통은 兩者 사이에 시간적 간격이 있게 마련이다. 이 때문에 다음과 같은 문제들이 생긴다.

(a) 物權行爲時에는 當事者가 行爲能力者이었으나 그 후 行爲能力을 상실하여 登記申請時에는 無能力者인 경우는 어떻게 되는가이다. 일단 성립된 物權行爲는 계속해서 效力을 가질 것이나, 登記申請은 어떻게 하여야 하는가가 문제된다. 登記申請行爲는 申請人이 國家機關인 登記所에 대하여 일정한 내용

85) 大判 69.3.4, 68다2910(集 17-1, 259); 大判(全) 70.12.24, 70다1630(集 18-3, 409).

86) 大判 76.10.26, 75다2211(集 24-3, 236); 大判 55.11.24, 4288民上371(要集 民 I-1, 307).

87) 郭潤直, 158.

의 登記를 해줄 것을 요구하는 公法行爲라고 한다면, 형식적으로는 民 §5 이하의 無能力에 관한 규정은 적용이 없다고 할 수도 있다. 그러나 登記申請行爲가 公法行爲라 하더라도 그것은 오로지 私法上의 物權變動을 目的으로 하는 것이므로 다른 私法上의 法律行爲에 준하여 民 §5 이하의 규정이 적용된다고 보아야 한다. 그러므로 登記權利者로서 登記를 신청하는 限定治産者는 그 登記에 의하여 權利만을 얻게 되므로 法定代理人의 同意없이(§5 但) 登記를 申請할 수 있으나 登記義務者로서 登記를 申請하는 경우에는 法定代理人의 同意를 얻어서 하거나 法定代理人이 하여야 한다.

(b) 物權行爲 후 登記申請을 하기 전에 當事者가 死亡하면 어떻게 되는가가 문제된다. 이때에도 當事者 사이의 物權行爲는 계속해서 效力을 가질 것이나, 특히 登記義務者에 해당하는 사람이 死亡한 경우에 그 物權은 相續人에게 相續되므로 일단 相續人 앞으로 相續登記를 하고 登記義務者의 지위를 승계한 相續人과 登記權利者가 共同申請을 함이 순서일 것이다. 그러나 不動産登記法은 따로 특별한 절차를 인정하여, 登記原因이 이미 존재하고 있으나 그에 따른 登記를 申請하기 전에 登記權利者나 登記義務者의 死亡으로 相續이 개시된 경우에는, 實體法上의 登記權利者·登記義務者의 지위는 相續人에 의하여 承繼되고, 또한 被相續人이 가지고 있던 登記申請權도 승계되는 것으로 보아 相續人이 직접 登記權利者 또는 登記義務者로서 登記를 申請할 수 있게 하고 있다. 즉 被相續人의 去來相對方과 相續人이 共同申請하여 登記를 하게 된다. 다만 이때에 登記를 申請하는 相續人은 그의 상속을 證明하는 書面을 申請書에 첨부하여야 한다. 이와 같은 절차에 의한 登記가 相續人에 의한 登記이다(不登 §47). 위와 같은 경우 相續登記가 일단 행해졌다면 그 登記를 토대로 하여 相續人과 被相續人의 去來相對方이 共同申請으로 登記하면 될 것이다. 그리고 相續登記가 協議分割에 의하여 共同相續人 중의 一人이나 일부에게 이루어진 경우 그 一人이나 일부의 相續人이 被相續人의 登記申請義務를 모두 相續한 것으로 보아야 하고(民 §§1013, 1015), 따라서 相續登記名義人과 相對方이 共同申請으로 登記를 하여야 할 것이다. 그리고 일단 共同相續人 전부에게 相續登記가 된 후에 相續人 중의 일부가 자기의 持分을 다른 相續人에게 讓渡하는 형식으로 移轉登記를 하여 共同相續人 중의 一人이나 일부의 相續人이 그 不動産을 所有하게 되는 경우에는 그러한 登記節次가 協議分割의 취지로 행해진 것으로 推定하여 相續登記名義人과 相對方이 共同申請으로 登記를 할 수 있을 것이다.

그러나 위의 경우와 달리 被相續人의 死亡으로 物權을 상속한 者가 자기 앞으로 相續에 의한 移轉登記를 하지 않고서 讓受人과 去來를 하고, 登記는 被相續人으로부터 직접 讓受人에게 하는 경우가 있다. 이러한 便法과 民 §187에 정면으로 違反하는 것이기는 하나, 이 경우의 相續人은 中間省略登記에 있어서의 中間者와 같은 地位에 있는 것이고 또한 中間省略登記의 有效性을 인정하는 이상 그 登記도 有效하다고 하여야 할 것이다. 判例도 그 有效性을 인정하고 있다.[88)]

(c) 物權行爲와 登記와의 사이에 權利의 歸屬에 변동이 생기면 어떻게 되는가? 相續이나 會社의 合併과 같은 包括承繼의 경우에는 登記申請義務도 함께 承繼가 되므로 문제되지 아니하고, 다만 特定承繼에 의한 경우만이 문제된다. 處分者는 物權行爲時뿐만 아니라 登記를 申請할 때에도 그가 처분할 權利를 가지고 있어야 한다. 즉 物權行爲가 있은 후 登記가 되기 전에 그 不動産이 제3자에게 處分되어 登記가 되어버리면 原取得者는 그 登記申請을 할 수 없게 되고, 제3자의 取得이 土地收用 등 登記없이 권리를 取得하는 경우라면 原取得者가 먼저 登記를 하더라도 이는 無效이고 그 登記는 抹消를 면치 못한다. 物權行爲와 登記와의 사이에 權利의 歸屬에 변동이 생기지 아니한 경우라도 處分者가 物權行爲 후에 破産하거나 會社整理節次가 開始되어 處分이 禁止되면 그 物權行爲에 대응하는 登記申請을 할 수 없으며, 또한 目的不動産의 押留·假押留·假處分 등으로 處分이 제한되면 일단 物權行爲에 대응하는 登記申請을 할 수 있을지라도 그 登記로서 押留·假押留·假處分 등에 터잡은 登記에 대항할 수 없어 그 登記는 無效의 것이 되고 만다.

(d) 物權行爲가 행하여진 뒤 그에 대응하는 登記가 행하여짐으로써 物權變動이 생기는 것이 통상이다. 物權行爲가 없이 登記가 선행한다는 것은 논리상 있을 수 없기 때문이다. 그러나 어떠한 연유로든 현실적으로 登記가 先行될 경우 그 登記는 그에 부합하는 物權行爲가 없으므로 無效라고 할 것이지만, 후에 그에 대응하는 物權行爲가 있게 됨으로써 그 登記는 有效한 것으로 되고 物權變動이 생기게 된다. 따라서 이때에는 物權行爲가 效力을 발생하는 때에 登記된 바에 따른 변동이 생기게 된다. 그리고 物權行爲가 後行하는 경우에 기술한 當事者의 行爲能力의 有無, 權利의 歸屬與否, 處分權의 有無 등은 모두 物權行爲를 하는 때를 기준으로 해서 결정하게 된다.

88) 大判 67.5.2, 66다2642(要集 民 I-1, 352); 大判 63.5.30, 63다105(集 11-1, 341).

Ⅲ. 登記를 갖추지 않은 不動産取得者의 法的 地位

不動産所有權의 去來에 있어서 取得者가 그 代金을 완납하고 目的不動産을 引渡받아 使用·收益하고 있으면서도 自己名義로 所有權移轉登記를 하지 아니하고 방치하는 경우가 많이 있다. 그 不動産이 登記된 경우에는 讓渡人으로부터 登記畢證을 交付받아 보유함이 통례이나 그 不動産이 未登記인 경우에는 登記畢證마저 交付받지 않은 채 방치하게 된다. 登記主義를 취한 우리 法制에서 이는 바람직한 현상이 아니므로 그간 각종 特別措置法을 통하여 登記를 간편하게 할 수 있도록 하여 실체에 맞는 登記가 많이 履行되었으며, 또한 不登特措 §2는 不動産所有權移轉을 내용으로 하는 契約을 체결한 者에 대하여 所有權移轉登記의 申請義務를 과하고 同法 §11는 登記申請을 해태한 경우 過怠料에 처하도록 규정함으로써 앞으로는 登記가 보다 잘 履行되리라고 예상되나 그렇다고 하여 登記를 하지 아니한 取得者의 法的 地位의 문제가 없어지는 것은 아니다.

위와 같은 取得者의 法的 地位를 物權的 期待權을 인정하여 보호하려는 시도가 있으나 우리 法制上 物權的 期待權을 인정할 근거나 필요가 없음은 이미 본 바이므로(民 §185의 Ⅱ. (6)(나)), 아래에서는 取得者의 法的 地位를 契約當事者의 內部關係와 對外關係로 나누어 살피기로 한다.

1. 對外關係에 있어서의 法的 地位

(1) 取得者가 移轉登記를 하지 않고 있다 하더라도 占有를 하고 있으면 民法의 占有者保護에 관한 規定은 登記를 마치지 않은 取得者에게도 당연히 적용되게 된다. 그러므로 取得者는 對外關係에 있어서도 占有權에 의하여 보호를 받게 된다.

目的不動産의 讓渡人은 그 不動産을 占有하고 있지는 않으나 取得者가 移轉登記를 갖출 때 까지는 法律上 所有者이다. 그러므로 讓渡人의 債權者가 그 不動産에 대하여 強制執行을 하는 경우에는 取得者는 所有權을 주장할 수 없고, 따라서 그 強制執行에 대하여 異議를 제기하지 못한다. 讓渡人이 破産한 경우에도 取得者에게는 還取權이 인정되지 않으므로 그 不動産은 破産財團에 들어가고 만다.

(2) 不動産의 取得者로서 登記하지 아니한 者(登記된 不動産인지 여부에 불문하고)는 所有者가 아니므로 직접 所有權에 기한 權利를 행사할 수 없다. 그러나 讓渡人에 대하여 所有權移轉登記請求權을 가지므로 그 請求權에 기하여 讓渡人이 제3자에 대하여 갖는 權利를 代位行使함으로써 所期의 목적을 달성할 수 있다. 즉 제3자가 不法으로 移轉登記를 경료한 경우에는 讓渡人을 代位하여 그 抹消를 請求할 수 있고,[89] 제3자가 不法으로 목적물을 占有하고 있는 경우에는 讓渡人을 代位하여 그 明渡를 請求할 수 있고[90](讓渡人에게 明渡할 것을 請求할 수도 있고 取得者가 자기에게 明渡할 것을 請求할 수도 있음), 또한 讓渡人이 아직 所有權移轉登記를 경료하지 아니한 경우에는 讓受人은 讓渡人의 前讓渡人에 대한 移轉登記請求權을 代位行使할 수 있다.

그리고 取得한 不動産이 未登記인 경우에 取得者는 讓渡人에 대하여 移轉登記請求權을 갖지만 讓渡人名義의 所有權保存登記(讓渡人이 原始取得者인 경우)나 所有權移轉登記(讓渡人이 承繼取得者인 경우. 이 경우에 그 전의 原始取得者名義의 所有權保存登記를 경료한 후에 그 所有權移轉登記가 이루어질 것임)가 경료된 후에야 그 登記를 실행받을 수 있다. 그러므로 未登記建物의 臺帳에 所有者의 變動事項이 등록되어 있어도[91] 최후의 登錄名義人은 막바로 所有權保存登記를 할 수 없고 臺帳上 최초의 登錄名義人 앞으로 所有權保存登記를 경료한 후 순차로 所有權移轉登記를 할 수밖에 없다.[92] 登記主義下에서 불가피한 해석이라 할 것이나 국민의 便宜를 위하여 최후의 登錄名義人 앞으로 막바로 所有權保存登記를 할 수 있도록 하는 特別措置가 필요한 대목이다. 그리고 所有權保存登記를 申請하기 위하여는 臺帳이나 市·區·邑·面長의 書面에 의하여 자기의 所有權을 證明하거나 判決에 의하여 자기의 所有權을 證明하여야 할 것인데(不登 §§ 130, 131), 이 경우의 判決은 臺帳上의 所有者로 登錄되어 있는 者(臺帳上 所有者表示欄이 空欄으로 되어 있거나, 所有者表示에 일부 누락이 있어 臺帳上의 所有者를 특정할 수 없는 경우에는 국가)를 상대로 한 訴訟에서 당해 不動産이 保存登記申請人의 소유임을 확정하는 내용의 것이어야 한다.[93]

(3) 一筆의 土地의 特定된 일부만을 取得하고서 그 부분에 대하여 分割·移轉登記를 하지 아니하고 대신 全體土地에 관하여 共有持分移轉登記를 하는 경우가 있다. 이러한 경우 取得者는 買受한 特定部分에 대한 所有者로 登

89) 大判 80. 5. 27, 80다735(公 636, 12882).
90) 大判 80. 7. 8, 79다1928(集 28-2, 101).
91) 登記簿의 記載에 터잡아 臺帳을 정리하는 현행 制度上으로는 그러한 臺帳이 있을 수 없으나 과거에는 臺帳所管廳이 任意로 臺帳을 정리하는 경우가 있었으므로 그러한 臺帳이 존재하는 경우도 있다.
92) 法院行政處 85. 3. 7. 登記 제121호.
93) 大法 90. 3. 20, 89마389(公 872, 942).

記되지 아니하였으므로 그에 대한 所有者로서의 지위를 갖지 못한다. 다만 이러한 경우 賣渡人과 買受人 사이에는 土地全體에 대하여 상호 名義信託關係가 성립하므로[94] 取得者는 外部關係에서 土地全體에 대한 共有者로서의 지위를 갖고, 따라서 제3자의 妨害에 대하여 保存行爲로서 그 排除를 단독으로 請求할 수 있다. 그러나 內部關係에서는 買受人은 그 取得部分만을 使用·收益할 권한을 갖는다. 그리고 取得者가 登記된 共有持分을 제3자에게 讓渡하여 移轉登記을 하더라도 제3자는 순수한 共有持分權者로서의 지위를 취득하는 것이 아니라 원래의 名義信託關係의 當事者가 갖는 內部關係에서의 부담을 그대로 인수하게 된다.[95] 그러므로 제3자는 자기가 그 不動産의 순수한 共有者임을 내세워 全體土地에 대한 共有者로서의 權利를 주장할 수 없고 오로지 당초의 特定部分에 대한 所有權을 주장할 수 있을 뿐이다.

(4) 未登記不動産의 取得者가 自己名義의 所有權移轉登記를 하는 절차는 위에서 본 바와 같지만 만약 取得者가 어떠한 경위로 所有權保存登記를 한다면 그러한 登記는 實體關係에 부합하는 有效한 登記라고 할 수밖에 없다. 또한 未登記建物을 買受하여 점유한 者는 登記名義가 없다 하더라도, 그 權利의 범위 안에서는 占有 중인 建物에 대한 法律上 또는 事實上의 處分權이 있다 할 것이므로, 그 建物의 取得者를 상대로 撤去 등을 請求할 수 있다는 것이 判例[96]이다. 그러나 위와 같은 取得者가 法律上 또는 事實上의 處分權이 있다 하더라도 物權 자체는 갖지 아니하므로 그 建物에 대한 제3자의 侵害行爲에 대하여 직접 그 排除를 請求할 수는 없다.[97] 그러므로 未登記不動産의 取得者가 法律上 또는 事實上의 處分權을 갖는다 함은 權利行使의 측면에서가 아니라 義務負擔의 측면에서 이다.

2. 對內關係에 있어서의 取得者의 法的 地位

不動産의 賣買로 買受人이 목적물을 引渡받았으나 아직 移轉登記를 갖추지 않은 경우에 賣渡人이 자기가 登記簿上의 所有者임을 내세워 所有權에 기한 目的物返還請求權을 행사한다면 현재 目的不動産을 점유하고 있는 買受人

94) 大判 79. 6. 26, 79다741(集 27-2, 109).
95) 大判 90. 6. 26, 88다카14366(公 878, 1551).
96) 大判 69. 7. 8, 69다665(集 17-2, 310); 大判 67. 2. 28, 66다2228(集 15-1, 179); 大判 86. 12. 23, 86다카1751(公 794, 233); 大判 87. 11. 24, 87다카257, 258(集 35-3, 274).
97) 大判 69. 10. 14, 69다1485(集 17-3, 202).

은 그 不動產을 返還하여야 하는가가 논의된다.

이에 관하여 로마法上의 exceptio rei venditae et traditae, 즉「賣却되어 引渡된 物件의 抗辯」을 買受人에게 인정하여 賣渡人의 請求를 물리쳐야 한다는 견해가 있다.[98] 우리의 現行法上으로도 이 抗辯權을 인정할 수 있는 근거로는 다음과 같은 근거를 든다.

民 §213는 그 本文에서 所有權의 返還請求權을 규정하고 그 但書에서 占有者가 그 物件을 占有할 權利가 있는 때에는 返還을 拒否할 수 있다고 하고 있다. 한편 民 §563는 賣渡人의 財產權移轉義務를 정할 뿐이고 目的物引渡義務는 明定하지 아니하였으나 賣渡人에게는 目的物引渡義務도 있다고 새겨야 하며, 그렇다면 買受人은 民 §213 但書에서의「占有할 權利」를 가지는 者라고 하여야 하며, 따라서 不動產買受人이 아직 登記를 갖추고 있지 않은 경우에, 그 賣渡人이 物權的 請求權을 행사하여 返還을 請求한다면, 買受人은「賣却되어 引渡된 物件의 抗辯」을 주장할 수 있다고 하여야 한다는 것이다. 그와 같은 抗辯權을 인정하여야 함은 權利의 행사는 信義에 좇아 성실히 하여야 한다(民 §2)는 原則에 비추어도 당연하다 할 것이다. 그리고 이 抗辯權은 不動產所有權의 移轉을 목적으로 하는 賣買·贈與·交換 등의 債權行爲가 有效한 경우에 한하여 인정되고 債權行爲가 無效이거나 取消된 때에는 인정될 여지가 없다. 또한 讓渡人에 양도할 때에는 無權利者이어서 그 讓渡行爲는 無效이고 取得者는 有效하게 所有權을 취득할 수 없을 것이나 후에 讓渡人이 그 不動產에 관한 實質的 權利를 취득하면 당초의 讓渡行爲는 有效한 것으로 된다고 보아야 할 것이므로, 이때에 讓渡人이 당초의 讓渡行爲가 無效이고 후에 취득한 權利에 터잡아 所有物返還請求權을 행사하더라도 위 抗辯權은 인정되어야 할 것이다. 이 抗辯權은 그 抗辯權者의 特定承繼人 또는 包括承繼人도 행사할 수 있고 또한 상대방의 包括承繼人에 대하여도 행사할 수 있다.

[金 滉 植]

98) 郭潤直, 164.

第187條(登記를 要하지 아니하는 不動產物權取得)

相續, 公用徵收, 判決, 競賣 기타 法律의 規定에 의한 不動產에 관한 物權의 取得은 登記를 요하지 아니한다. 그러나 登記를 하지 아니하면 이를 處分하지 못한다.

차 례

Ⅰ. 一 般 論
1. 適用範圍
2. 이 條項의 呼稱
3. 本條의 趣旨
4. 問題點
Ⅱ. 立法例 및 立法過程
1. 立 法 例
2. 立法過程
Ⅲ. 民法 第186條와의 關係
Ⅳ. 適用範圍
1. 相 續
2. 公用徵收
3. 判 決
4. 競 賣
5. 其他의 法律規定
Ⅴ. 登記없이 取得한 不動產物權의 處分
1. 但書規定의 性格
2. 本條 但書에 違背된 處分行爲의 效力
3. 債權行爲의 有效性

Ⅰ. 一 般 論

1. 適用範圍

이 條項은 "法律의 規定에 의한 不動產物權의 變動은 登記없이도 그 效力이 생긴다는 原則"을 規定한 것이다. 원래 위 條文上으로는 不動產에 관한 物權의 「取得」이라고만 되어 있어 「消滅」 등 기타의 物權變動에도 위 條項이 適用되는지 여부에 대해 의문이 생길 수 있다. 그러나 法律의 規定에 의하여 당연히 消滅하는 경우에도 登記를 필요로 하지 않는다고 하여야 하므로 條文上의 「取得」이라는 용어에 구애될 필요가 없이 모든 物權「變動」에 위 條文이 適用된다고 解釋된다(通說).

2. 이 條項의 呼稱

이 條項에 의한 不動產物權의 變動은 보통 "法律의 規定에 의한 不動產物權의 變動"이라고 불린다. 이는 위 條項의 規定이 "…… 기타 法律의 規定에 의한 不動產에 관한 物權의 取得"이라고 되어 있는데서 유래된 것으로 보인다.

그러나 정확히 말하자면 이는 "法律行爲에 의하지 않는 不動産物權變動"이라고 할 수 있다. 왜냐하면 예컨대, 判決에 의한 不動産物權變動도 解釋上 위 條文에 의하여 登記를 요하지 않는다고 하는데, 어느 法律에도 判決에 의하여 不動産物權이 變動된다는 내용의 規定은 없기 때문이다. 오히려 民 §186가 法律行爲에 의한 不動産物權變動을 規定하고 있음에 대비하여 이 條文이 그 이외의 物權變動을 規定하고 있기 때문에, 이를 法律行爲에 의하지 않는 不動産物權變動이라고 하는 것이 보다 옳은 것이라는 것이 通說이다.

다만 法律行爲에 의하지 않는 不動産物權變動 중에서 가장 중요하고 주종을 이루는 것이 法律의 規定에 의한 것이므로 法律의 規定에 의한 不動産物權의 變動이라고 부르기도 하는 것 뿐이며, 그렇게 하여도 잘못된 것이라고 할 수는 없다(通說).

3. 本條의 趣旨

民法이 이처럼 法律行爲로 인하지 않는 不動産物權變動에 관하여 例外的으로 登記를 요하지 않는다고 規定하는 이유에 관하여는 여러 가지 견해가 있다. 이를 살펴보면, ① 성질상 登記가 불가능하다거나 法의 정책적 이유로 인한 것이라고 하기도 하고,[1] ② 民法이 物權變動에 관하여 形式主義 내지 成立要件主義를 채용한 결과에 따라 생길 수 있는 法律關係의 공백상태를 방지하기 위한 것이라고도 하며,[2] ③ 法律行爲로 인하지 않는 物權變動이 本條에서 例示하는 것 이외에도 여러 가지가 있을 수 있는 이상, 本條의 趣旨를 어떤 일면의 이유로서만 설명하기는 어려울 것이므로 구체적 경우에 따라서 개별적으로 그 이유를 찾아야 한다고도 말한다.

예컨대, 相續·目的物의 增減 등 登記가 성질상 불가능한 경우도 있고, 判決·公用徵收 등 정책적 이유로 인한 경우도 있으며, 相續·財團法人에의 出捐行爲 등 法律關係의 공백상태를 방지하기 위한 경우도 있고, 公用徵收나 競賣 등과 같이 國家機關의 결정에 의하여 物權變動이 생기기 때문에 國家機關에 의한 公示方法인 登記를 다시 할 필요가 없는 경우도 있다는 것이다.[3]

1) 金曾漢, 133.
2) 郭潤直, 168.
3) 金容漢, 158.

4. 問題點

本條로 인한 가장 큰 問題點은, 本條에 따른 不動產物權變動이 생긴 후 그 登記를 하지 않고 방치하는 동안 필연적으로 實體法上의 權利와 登記簿上의 權利가 불일치하는 결과가 발생한다는 것이다.

이로 인하여 登記의 外觀만을 믿고 不動產에 관련된 法律關係를 맺은 善意의 제3자에게 예측하지 못했던 損害를 입힐 우려가 있음은 당연하다. 예컨대, 法定地上權者는 登記없이도 제3자에게 地上權을 주장할 수 있으므로 法定地上權의 존재를 간과한 채 垈地를 善意取得한 제3자에게 損害를 입힐 우려가 있는 것이다. 이러한 문제가 생기는 이유는, 本條가 瑞民 §656에서 유래한 것이지만, 우리 民法이 瑞西民法과는 달리 登記의 公信力을 인정하지 않고 있기 때문이다. 즉 瑞西에서는 위와 같은 條項을 두더라도 登記의 公信力 때문에 제3자가 피해를 입을 가능성이 거의 없지만, 우리의 경우에는 登記의 公信力은 인정하지 않은 채 위 條項을 두기 때문에 제3자가 피해를 입을 수 있는 것이다.

또한 이는 不動產物權變動의 時期 및 權利關係를 명확히 公示하려는 登記制度 내지 成立要件主義의 理想에 반한다.

그러므로 이 문제점을 보완하기 위하여는 첫째, 本條에 의한 不動產物權變動의 發生 자체를 억제할 필요가 있으며, 둘째는 本條에 의한 不動產物權變動의 결과 實體的 權利關係와 登記簿가 일치하지 아니하므로 인한 善意의 제3자의 不測의 損害를 줄이기 위하여 그 訂正을 強制하는 절차를 마련할 필요가 있다.[4)]

Ⅱ. 立法例 및 立法過程

1. 立法例

本條는 우리 民法이 物權變動에 관하여 成立要件主義 내지 形式主義를 택하고 있기 때문에 생겨난 것이라고 할 수 있다. 그런데 物權變動에 관하여 成立要件主義 내지 形式主義를 택하고 있는 나라로는 獨逸과 瑞西를 들 수 있고,

4) 金滉植, "物權法의 改正方向," 民判硏 7, 295.

對抗要件主義 내지 意思主義를 취하고 있는 나라로는 佛蘭西와 日本을 들 수 있다. 그러므로 本條의 解釋에 있어서는 獨逸과 瑞西의 民法이 큰 참고가 된다.

本條의 모델이 된 것은 瑞民 §656 II 으로서, 그 規定을 보면, “先占, 相續, 公用徵收, 强制執行 또는 判決의 경우에, 取得者는 登記 전에 이미 所有權을 取得한다. 그러나 登記를 하여야 비로소 登記簿上 그 土地를 處分할 수 있다”라고 되어 있다. 瑞西民法은 우리 法과는 달리 위 規定에서 「先占」을 例示하고 있는 점이 특징이다. 여기서 瑞西民法의 先占에 대한 規定을 참고적으로 보면, “登記된 土地의 先占은 그 土地가 登記簿上 無主임이 증명된 경우에만 가능하다”(§658 I). “土地登記簿에 登記되지 아니한 土地의 先占은 無主物에 관한 規定에 따른다”(§658 II)라고 되어 있다.[5]

獨民 §873는 不動産物權變動에 관하여, 소위 成立要件主義 내지 形式主義를 선언하고, 다만 「法律에 다른 規定이 없는 한」이란 제한을 덧붙여 두었을 뿐, 本條와 같은 독립적이고 일반적인 法律의 規定에 의한 物權變動에 관한 規定을 두지 않았다. 대신에 개별적으로 登記없이 不動産物權變動이 생기는 경우를 規定하고 있는바, 대표적인 것이 相續(民 §1992), 夫婦財産共同制(民 §§1416, 1485), 相續持分의 讓渡(民 §2033), 組合員의 脫退에 의한 다른 組合員의 持分增加(民 §738) 등이다. 그 밖에도 商 §142, 株式會社 §§346, 353 등을 그 예로 들 수 있다. 다만 獨逸에 있어 특기할 만한 것은, 이른바 訂正登記 强制制度(Grundbuchberichtigungszwang)이다. 이는 法律規定에 의한 不動産物權變動에만 적용되는 것으로서, 登記公務員이 그러한 사유가 발생한 것을 알고 있었던 경우나 이를 조사·탐지하여 알게 된 경우에는 新所有者에게 登記節次를 밟도록 촉구하고, 경우에 따라서는 職權으로 訂正登記를 행할 수 있도록 하고 있다.[6]

2. 立法過程

本條는 依用民法에서는 없었던 것으로, 新民法 制定時에 비로소 들어간 規定이다. 依用民法에서는 不動産物權變動에 관하여 對抗要件主義 내지 意思主義를 채택하고 있다가, 新民法의 施行과 더불어 비로소 形式主義 내지 成立要件主義를 취한 것이므로 形式主義 내지 成立要件主義에 부수되는 本條가 新民法에 비로소 들어간 것은 오히려 당연한 것이기도 하다.

---

5) 金曾漢, “瑞西法에서의 不動産物權變動”, 法曹 17-7, 13.
6) 金滉植(註 4), 296.

立法資料에 따르면, 本條의 立法에 있어서 瑞民 §656 Ⅱ, 獨民 §873 Ⅱ, 中民 §759, 滿民 §178를 참조한 것으로 되어 있다.

原案에서는 예시된 것 중, 「判決」과 「競賣」가 포함되어 있지 않았으나, 法司委員會民法案審議小委員會의 심의과정에서 이것들도 포함되어 例示事項으로 열거되게 되었다. 심의과정에서 本條에 대한 반대 등 의견이 특별히 提起된 바는 없었다.[7)]

Ⅲ. 民法 第186條와의 關係

民 §186는 "不動產에 관한 法律行爲로 인한 物權의 得失變更은 登記하여야 그 效力이 생긴다"라고 規定함으로써, 法律行爲로 인한 不動產物權變動에 관하여 소위 登記主義를 취하였다. 즉 登記가 있어야만 法律行爲의 내용대로의 物權變動이 일어남을 명백히 規定하고 있다. 그러나 不動產物權變動은 法律行爲에 기하여서만 일어나는 것은 아니다.

예컨대, 本條에 規定된 바와 같이 相續·公用徵收·判決 등에 의해서도 일어나는 것이다. 결국 不動產物權變動은 法律行爲에 의하여 일어나는 것이 보통이지만, 例外的으로 法律의 規定 또는 法律行爲가 아닌 기타의 사유로 일어나기도 하는 것이다.

이에 따라서 民 §186는 "法律行爲에 의해 物權變動이 일어나는 경우"에 대한 「登記主義」라는 原則을, 民 §187는 "法律行爲에 의하지 않고 物權變動이 일어나는 경우"에 대한 「非登記主義」라는 예외를 각각 規定하고 있는 것이다.

한편 民法은 法律의 規定에 의한 動產物權의 變動, 예컨대 包括承繼와 國家行爲로 인한 動產物權의 變動에 관하여 明文의 規定을 두고 있지 않으나, 民 §187의 규정을 援用하여 動產의 경우에도 引渡가 없더라도 그 效力이 생긴다고 解釋된다.[8)]

---

7) 民法案審議錄(上), 民議院法制司法委員會 民法案審議小委員會, 119.
8) 李英俊, 134; 金曾漢, 133.

Ⅳ. 適用範圍

1. 相 續

(1) 財産相續人은 被相續人의 死亡과 동시에 被相續人의 財産을 포괄적으로 承繼한다(民 §§997, 1005).

이러한 法理는 動産·不動産 등 財産의 종류를 가리지 않고 적용된다. 따라서 被相續人이 가지고 있던 不動産物權도 그 死亡과 동시에 相續人에게 移轉되며, 相續을 원인으로 하는 移轉登記(不登 §29)를 마쳐야만 相續人에게 歸屬하는 것이 아니다. 결국 이는 本條에 의한 不動産物權變動으로서 登記없이도 일어난다는 점에서 民 §186의 예외이다. 만약 이런 경우에도 登記가 있어야만 物權變動이 일어난다면 被相續人의 死亡으로부터 相續人의 登記時까지 사이에 權利關係의 공백상태가 생기게 된다. 왜냐하면 被相續人은 死亡時에 權利를 상실하고 相續人은 登記해야 權利를 취득하기 때문에 그 사이의 기간에는 物權은 그 어디에도 歸屬되지 않게 되며, 法律은 이러한 공백상태를 없앨 필요가 있는 것이다. 그리하여 不動産의 相續人은 不動産이 자기 앞으로 登記되지 않은 상태에서도 그 不動産에 관하여 經了된 原因無效의 登記의 抹消를 청구할 수 있는 것이다.[9)]

被相續人이 不動産을 제3자에게 賣渡한 후 死亡한 경우에는 原則的으로 相續人이 「相續에 의한 登記」로서 移轉登記를 하고(民 §187 但 및 不登 §29) 그 후에 제3자에게 移轉登記를 하여야 할 것이다. 왜냐하면 제3자 名義로의 移轉登記 전에 賣渡人인 被相續人이 死亡함으로써 死亡과 동시에 相續人에게 그 所有權이 자동적으로 移轉되며, 이에 本條 但書의 規定을 합해보면 위와 같은 과정을 거쳐야 하기 때문이다. 그러나 不登 §47는 보다 간편한 方法으로 相續人에 의한 登記를 규정하고 있다. 즉 이 경우 相續人은 實體法上의 登記權利者, 登記義務者의 지위를 承繼하므로 위와 같은 「相續에 의한 登記」를 하지 아니하고 막바로 相續人임을 證明하는 書面을 첨부하여 相對方과 共同으로 登記를 申請할 수 있는 것이다. 요컨대, 「相續에 의한 登記」는 상속을 登記原因으로 하는 데 대하여, 「相續人에 의한 登記」는 相續 이외의 다른 登記原因이 있고, 다만 그 相續人이 직접 登記申請을 하는 것 뿐이다. 결국 不登 §47는 "登記를 한 후에야 處

9) 大判 70. 3. 10, 70다15(民判集 149, 351).

分할 수 있다"는 本條 但書에 대한 예외를 規定하고 있는 셈이다.

(2) 法文에는 相續만이 規定되어 있지만, 相續뿐만 아니라 包括承繼의 경우는 모두 登記가 없어도 物權變動이 일어난다. 包括承繼란 한 사람이 가지는 전부의 權利關係가 단일한 원인에 의하여 包括的으로 다른 사람에게 移轉되는 것을 말한다. 가령 包括的 遺贈(民 §1078)이나 會社의 合併(商 §§235, 269, 530, 603) 등이 이에 속한다.[10]

물론 包括的 遺贈은 法律行爲이므로 包括的 遺贈의 경우에는 本條를 적용할 것이 아니라 民 §186를 適用할 듯도 하지만, 遺言은 遺言者가 死亡한 때에 그 效力이 생기는 것이 原則인데(民 §1073 I), 登記를 기다려 不動産物權이 移轉한다고 하면 相續의 경우와 마찬가지로 權利關係에 공백이 생기므로 包括的 遺贈의 경우에도 財産相續과 같이 登記없이 物權變動이 생긴다고 하는 것이다.

會社合併은 存續會社의 變更登記 또는 新設會社의 設立登記에 의하여 그 效力이 발생하여(商 §§234, 269, 530 II, 603), 存續會社 또는 新設會社가 消滅會社의 權利義務를 포괄적으로 承繼한다. 消滅會社가 가지는 不動産物權을 存續會社 또는 新設會社가 登記없이도 取得하는 것이다.

2. 公用徵收

公用徵收라 함은 공익사업에 제공하기 위하여 국민의 財産權을 法律에 의하여 強制的으로 취득하는 制度이다. 公用徵收는 토지의 強制的 收用을 목적으로 한 土地收用法이 그 근간을 이루고 있다. 土地收用의 直接的 效果는 起業者가 수용의 목적인 權利를 取得하고 동시에 이와 兩立할 수 없는 權利가 消滅한다는 점에 있다.

收用에 의하여 物權變動이 일어나는 시기는 起業者가 土地 또는 物件을 收用한 날로서(土收 §67), 協議收用에 있어서는 협의된 收用時期이고, 裁決收用에 있어서는 裁決에서 정한 收用時期이다. 다만 起業者가 收用時期까지 補償金을 支給 또는 供託하지 않으면 수용의 裁決은 失效하므로(土收 §65), 補償金의 지급을 停止條件으로 하여 收用期日에 물권의 변동이 있게 된다. 이 收用時期에 起業者는 登記없이도 그 권리를 취득하고 被收用者의 土地上의 권리는 登記없이 消滅한다. 이러한 起業者의 權利取得은 承繼取得이 아니고 法律의 힘에 의한 권리의 原始取得이다. 公用徵收는 국가의 권력작용에 의한 국민의 財産權의 強制

10) 大判 64. 9. 22, 63누155(카 2665, 要集 民 I-1, 350).

的 取得으로서 이러한 行爲의 有無·時期·內容 등이 지극히 명료하기 때문에 이러한 행위만으로도 物權變動의 效果가 일어난다고 보는 것이다.

그러나 收用에 의한 土地所有權의 登記를 할 때는 所有權保存登記가 아닌 所有權移轉登記에 의한다. 그렇더라도 起業者의 權利取得의 성질이 承繼取得으로 변하는 것은 아니다. 다만 편의상 所有權移轉登記에 의할 뿐이다. 따라서 그 토지 위에 있던 다른 權利는 원칙적으로 消滅한다. 그 登記는 登記權利者가 그 申請書에 補償 또는 供託을 증명하는 서면을 첨부하여 단독으로 한다. 官公署가 起業者일 때에는 그 官公署가 지체없이 登記所에 등기를 囑託하여야 한다(不登 §115). 이 경우에 그 토지 위에 있던 종래의 所有權 기타의 權利에 관한 登記는 모두 抹消하게 된다(不登 §174).

公用徵收는 土地收用法에 의한 收用이 근간을 이루고 있으나, 그 이외에도 都計 §29에 의한 收用, 都市再開發 §38에 의한 收用, 公共用地의 取得 및 損失補償에 관한 特例法에 의한 協議取得, 住宅建設促進 §17-2에 의한 收用, 測量 §13에 의한 收用, 道 §49에 의한 收用 등이 있다.

3. 判 決

(1) 判決에는 여러 종류가 있으며, 크게는 中間判決과 終局判決로 나누어지고, 終局判決은 다시 訴訟判決과 本案判決로 나누어진다. 原告勝訴의 本案判決은 다시 내용에 따라 履行判決, 確認判決, 形成判決로 나누어진다. 그 중 履行判決은 被告에게 일정한 급부를 명하는 것이며, 被告가 判決에 따라서 현실적으로 給付를 할 때에 비로소 物權變動의 문제가 생긴다. 確認判決은 기존의 法律狀態에 관한 有權的 宣言이며, 기존의 法律狀態를 명확하게 할 뿐이지 새로운 法律狀態를 창설하는 것이 아니다. 한편 形成判決은 法律關係의 변동을 목적으로 하는 判決로서, 그 判決의 확정으로 法律關係變動의 효과가 발생한다.

(2) 本條는 判決을 登記를 요하지 않는 不動產物權變動의 예로서 들고 있다. 그러나 判決에 의해 不動產物權의 變動이 생긴다는 직접적인 法律의 規定은 없다. 이것만 보아도 本條가 「法律의 規定에 의한」 物權變動에 대한 規定이 아니라, 「法律行爲에 의하지 않은」 物權變動에 관한 規定이라는 것을 확실히 알 수가 있다.

한편 모든 判決이 本條의 適用을 받느냐에 대하여는 制限論과 無制限論의 논란이 있다. 다음은 그 각각의 主張內容이다.

(가) 制限論　本條는 判決로 인해 不動産物權變動이 생기는 경우에 관한 規定임이 그 文面이나 規定趣旨로 보아 명백하다. 그런데 判決의 종류 중 判決 자체에 의해 實體法上의 權利變動의 形成的 效力이 생기는 경우는 形成判決 이외에는 그 예를 찾아볼 수 없다. 만약 無制限論과 같이 解釋한다면, 判決만 받아 놓으면 굳이 登記를 하지 않더라도 權利가 인정되므로, 많은 不動産取得者들이 高額의 登錄稅, 取得稅의 납부를 회피하기 위하여 判決을 받아놓고 登記를 하지 않을 가능성이 높다. 특히 取得時效에 의한 所有權取得登記가 대개 判決에 의할 수밖에 없다는 점을 생각한다면 위와 같은 解釋論은 民 §245 I 의 "登記함으로써 그 所有權을 取得한다"는 規定의 취지까지 沒却하게 할 가능성이 있다. 그리고 民 §187가 判決을 法律行爲에 의하지 않은 物權變動의 한 예로 規定한 취지에 비추어 볼 때 이는 判決의 效力으로써 직접 權利의 變動을 가져오는, 즉 새로운 法律關係를 형성하는 形成判決만을 의미하는 것이지, 確認判決이나 履行判決까지 포함하는 것은 아니다(形成判決의 예로는 民 §269 I 에 의하는 共有物分割의 判決, §406에 의하는 詐害的 物權行爲를 취소하는 判決, §1013 II 에 의하는 相續財産分割判決 등을 들 수 있다). 외국의 예를 보더라도, 우리 民 §187에 대응되는 瑞民 §656 II 도 그냥 「判決」(richtlichen Urteil)이라고만 規定하였지만, 이 역시 形成判決에 한한다고 解釋되고 있다.

(나) 無制限論　判決에 의해 權利關係에 관한 紛爭은 종국적으로 解決되고 이에 의하여 實體法上의 權利關係가 확정되는 것이다. 그러므로 不動産物權變動의 경우에도 判決이 있은 다음 다시 登記를 요할 필요가 없다. 또 文理的 解釋의 측면에서 보더라도, 本條가 「判決」이라고만 規定하였지, 判決의 종류에 制限을 하지 않고 있는 점도 중요한 근거이다.

(다) 結　論　通說은 制限論을 따르고 있다. 判例도 일찍부터 本條의 判決은 그 判決 자체에 의하여 不動産物權取得의 形成的 效力을 가져오는 形成判決에 한하며, 履行判決이나 確認判決은 이에 해당되지 않는다는 입장을 지켜오고 있다.[11] 確認判決[12]과 履行判決[13]이 이에 해당되지 않는다는 점을 명시한 判例도 있다. 그리하여 가령 所有權移轉登記節次의 履行을 명하는 判決이 확정된 경우에는 民訴 §695에 의하여 敗訴者의 登記申請意思가 表示된 것으로 看做되므로, 不登 §29에 따라 勝訴한 當事者가 단독으로 登記申請을 할 수 있

11) 大判 63. 4. 18, 62다223(集 11-1, 248); 大判 69. 10. 8, 69그15(集 17-3, 177); 大判 70. 6. 30, 70다568(集 18-2, 104).
12) 大決 69. 10. 8, 69그15(集 17-3, 177).
13) 大判 65. 8. 17, 64다1721(集 13-2, 63). 同旨 大判 82. 10. 12, 82다129(公 694, 1078).

을 뿐이고, 이에 기한 登記가 있어야 비로소 物權變動이 일어난다.

(3) 이와 같이 本條의 判決이 形成判決만을 의미한다고 하여도 구체적으로 어떠한 形成判決을 의미하느냐에 관하여는 견해가 나뉜다.

不動産物權變動을 직접 일으키는 形成判決로는 詐害行爲取消判決(民 § 406), 共有物 또는 合有物의 分割判決(民 §§ 269 I, 274), 相續財産分割判決(民 § 1013 II) 등을 들 수 있다. 婚姻取消 또는 離婚의 判決(民 §§ 816, 824, 840)의 경우에는 夫婦財産의 문제가 생기나, 現行法이 夫婦別産制를 취하고 있으므로 통상의 경우에는 婚姻取消나 離婚에 따르는 財産의 法律關係가 문제될 것이 없고, 共有인 夫婦財産도 共有物分割을 하면 될 뿐, 더이상의 문제가 없다. 문제는 夫婦財産契約이 締結된 경우인데, 그 婚姻取消 또는 離婚의 判決이 확정되면 그 夫婦財産契約에 의하여 일어난 物權變動은 登記없이도 그 이전의 상태로 原狀回復된다. 그런데 이때 物權의 원상회복은 婚姻取消 등의 判決의 직접적인 내용이 되는 것이 아니고, 단지 그 判決의 확정으로 인하여 발생하는 「結果的인 變動」이므로, 엄격한 의미에서는 婚姻取消判決은 本條가 말하는 「判決」에는 속하지 않는다.

그 외에 境界確定判決이 문제되는데, 이는 단지 所有權의 범위를 確認하는 性質을 가지는 데 그치는 것이 아니고 서로 인접된 土地의 境界를 만들어내는 것이어서 새로운 法律關係를 창설하는 形成判決이라고 할 것이다.[14] 또 判決은 아니더라도 裁判上 和解, 請求의 拋棄, 認諾은 確定判決과 동일한 效力이 있으므로(民訴 § 206), 그 和解 등이 새로운 法律關係의 형성을 내용으로 하는 것이면 本條의 適用을 받는다. 다만 當事者의 자유로운 意思에 의한 法律關係의 형성이 허용되지 않는 係爭物에 관하여는 이러한 和解 등이 本條의 適用을 받을 수가 없음은 당연한 일이다.

4. 競　賣

(1) 여기서 말하는 競賣란 國家機關이 주도하는 公競賣만을 말한다. 公競賣에는 民事訴訟法에 의한 強制競賣, 즉 債務名義를 가진 一般債權者의 신청에 의하여 하는 「通常의 強制競賣」와 擔保權의 실행을 위하여 擔保權者의 申請에 의하여 하는 「擔保權實行競賣」(종전에는 任意競賣라고 불리웠다)가 대표적인 것이며, 그 밖에도 擔保權實行競賣的인 성질을 가지고 있는 共有物分割을 위한 競賣(民 § 269 II), 相續財産의 換價를 위한 競賣(民 § 1037), 國稅滯納處分으로 인한 公賣(稅徵 §§ 61, 67) 등이 이에

14) 大判 70. 6. 30, 70다579(集 18-2, 106).

포함된다.

이러한 公競賣는 국가의 公權力에 기한 것이어서 그 有無·時期·內容 등이 극히 명백할 뿐만 아니라, 不動產에 대하여는 이러한 절차가 진행중임이 登記簿에 公示되므로 이러한 절차의 終了만으로 物權變動이 생긴다 하여도 다툼이 생길 여지가 없기 때문에 登記없이도 物權變動이 가능하다고 한 것이다. 또 競賣節次가 끝나면 強制執行에 있어서는 法院이(民訴 §§ 661, 728), 滯納處分으로서의 公賣에 있어서는 稅務署長이(稅徵 §79, 稅徵令 §77, 不登 §34), 登記所에 競落人의 權利取得의 등기를 囑託하므로, 登記가 곧 실체관계에 符合하게 되어, 本條의 適用에 따르는 부작용이 최소화한다.

(2) 이러한 公競賣의 경우에 競落人은 그 競落代金 또는 買受代金의 납부에 의하여 競賣의 목적인 權利를 取得한다(民訴 §§ 646-2, 728, 727; 稅徵 §76). 改正되기 전의 民事訴訟法上의 強制競賣, 즉 一般債權者에 의한 強制競賣의 경우에는 競落代金을 그 納付期日에 납부하지 않는 것을 解除條件으로 하여 競落許可決定의 確定時에 競落目的物을 취득한다는 것이 확고한 判例였으나, 이제 法律의 改正으로 인하여 이 判例는 더이상 適用될 여지가 없다.

이러한 所有權取得은 原始取得이 아니라 承繼取得이므로, 執行債務者 또는 擔保權設定者가 競賣不動產의 所有者가 아닌 경우에는 비록 競落許可決定이 확정되고 代金을 완납하였다고 하더라도 權利移轉의 效力은 발생하지 않음은 일반적인 不動產賣買의 경우와 같다.

5. 其他의 法律規定

(1) 一 般 論

本條는 法律行爲에 의하지 않는 物權變動의 대표적인 예로서「相續, 公用徵收, 判決, 競賣」를 들고 있지만 이것들은 예시에 불과하기 때문에 그 이외에도 法律의 規定이 있는 때에는 登記없이도 物權變動의 效力이 생기는 것이다. 그리고 여기서의「法律」이라고 하는 것은 널리「法」을 의미하므로, 成文法뿐만 아니라 慣習法도 이에 포함하는 것으로 解釋되고 있다. 이렇게 解釋하여야만 民 §185에서 慣習法에 의하여서도 物權이 成立할 수 있다고 한 것과 조화된다.[15] 따라서 本條의 物權變動 중에는 新築建物의 所有權取得, 土地의 生成, 不動產의 滅失 등이 포함된다. 이러한 것들은 그 效力이 當事者의 意思에 의하여

15) 郭潤直, 172.

생기는 것이 아니라는 점을 제외하고는 서로 아무런 共通點이 없다. 이것들을 類型에 따라 나누어 본다면 대체로 다음과 같다.

(가) 法이 法律關係의 不分明을 피하기 위하여 그 歸屬을 確定하는 경우

(a) 所有者가 不分明한 경우에 있어서의 所有權의 歸屬　　예컨대, 新築建物의 所有權의 歸屬, 土地의 生成과 不動產의 滅失 등의 경우가 있다. 이에 대해 자세한 것은 뒤에서 설명한다.

(b) 두 개 이상의 物件이 結合하여 한 개의 物件으로 되는 所有權歸屬　　附合·混和·加工 등.

(c) 한 개의 物件으로부터 다른 物件이 分離되는 所有權의 歸屬　　天然果實이 元物로부터 分離되면 元物의 所有者에게 歸屬하는 것(民 § 102 I).

(d) 法律行爲의 無效·取消·解除·解止에 의한 物權의 復歸　　이에 대해 자세한 것은 뒤에서 설명한다. 다만 結論을 말하자면, 法律行爲의 無效·取消·解除·解止에 의해 物權은 당연히 復歸한다.[16] 그리고 이러한 法理는 行政處分이 當然無效이거나 取消된 경우에도 적용된다. 즉 行政處分이 當然無效이거나 適法하게 取消된 때에는 그 行政處分에 의하여 취득한 不動產의 所有權은 抹消登記를 기다리지 않고 消滅한다.[17]

(e) 物權의 消滅　　混同 및 消滅時效에 의한 一般物權의 消滅, 被擔保債權의 消滅로 인한 擔保物權의 消滅, 存續期間滿了에 의한 用益物權의 消滅 등이 그 예이다.

(나) 法律이 특별한 정책적 이유에 기하여 物權變動을 發生케 하는 경우

(a) 法定地上權(民 §§ 305, 366, 立木 § 6), 慣習上의 法定地上權, 慣習上의 墳墓基地權　　이상의 權利들의 得失變更은 모두 法律의 規定에 의한 物權變動이므로 登記를 요하지 않는다. 따라서 이상의 權利들의 負擔이 있는 垈地所有權者가 바뀐 경우에도 이상의 權利들을 가지고 있던 사람들은 登記없이도 새로운 垈地所有權者에게 위 權利들을 주장할 수 있다.[18] 그러나 위 權利들을 處分하려면 登記를 하여야 하므로(民 但 § 187) 위 權利들이 붙은 建物의 承繼取得者는 그 地上權의 登記를 하지 않는 한 垈地所有權者에게 地上權을 주장할 수 없다. 다만 債權者代位의 法理에 의하여 法定地上權者의 垈地所有權者에 대한 地上權

16) 物權的 效果說. 大判 82. 11. 23, 81다카1110(集 30-4, 45); 大判 77. 5. 24, 75다1394(公 563, 10107).

17) 大判 62. 5. 31, 62다151(카 6734).

18) 大判 85. 4. 9, 84다카1131, 1132(公 753, 721); 大判 88. 9. 27, 87다카279(集 36-2, 154).

設定登記請求權을 代位行使할 수 있다(위의 註18) 判決).

(b) 法定抵當權(民 §649) 및 法定質權(民 §§648, 650)

(c) 代位에 의한 抵當權의 移轉(民 §§368, 399, 482, 484)

(d) 日政初期의 土地査定에 의한 所有權取得　土地調査令에 의하여 土地調査簿에 土地所有者로 登載되어 있는 者는 裁決에 의하여 査定內容이 변경되었다는 등의 反證이 없는 한 土地所有者로 査定받고 그 査定이 確定된 것으로 推定할 것이다.[19] 나아가 土地調査簿에 所有者로 査定된 것으로 記載된 자와 다른 자의 名義의 所有權保存登記가 되어 있더라도 그 保存登記가 有效하려면 査定 당시의 所有者로부터 登記名義者에게로의 承繼取得事實이 주장·입증되어야 한다.[20]

(e) 農地改革法 및 分配農地의 償還完了에 의한 所有權取得　農地改革法에 따라 국가에 의해 買受된 農地는 法律規定에 의해 국가에 原始取得되는 것이므로, 국가는 登記없이도 그 所有權을 取得한다. 또한 農地의 受分配者의 物權取得도 法律의 規定에 의한 物權取得에 해당한다고 解釋함이 農地改革法의 立法趣旨에 적합하므로 이러한 物權變動도 登記없이 이루어진다.

(f) 歸屬財産處理法 및 歸屬財産의 拂下에 의한 所有權取得　歸屬財産處理法에 의하여 국가에 歸屬되는 財産은 法律의 規定에 의한 物權變動으로서 原始取得되는 것이므로, 登記없이도 국가가 所有權을 취득하는 것은 당연하다. 문제는 위 法律에 의하여 국가에 歸屬된 財産을 국가로부터 拂下받은 자가 代金만 정부에 완납하면 登記없이도 자동적으로 所有權을 取得하느냐의 여부이다. 이에 대하여는 判例가 엇갈리다가, 결국 全員合議體判決로 肯定說을 취하였다.[21] 이때 만약 拂下處分이 取消되면 登記原因이 취소된 일반적인 경우와 마찬가지로 취급된다.

(g) 徵發財産買受決定에 의한 국가의 所有權取得　徵發補償金에 관한 證券의 交付나 現金의 支給 또는 供託이 없는 것을 解除條件으로 하여 徵發財産에 대한 所有權을 취득한다.[22]

---

19) 大判(全) 86. 6. 10, 84다카1773(集 34-2, 17). 反對 大判(廢) 81. 6. 23, 81다92(集 29-2, 156).

20) 大判 90. 2. 27, 88다카4178(公 870, 737).

21) 大判 84. 12. 11, 84다카557(集 32-4, 140). 同旨 大判 81. 7. 14, 80다2289(公 664, 14193).

22) 大判 81. 4. 14, 81다434(集 29-1, 180). 同旨 大判 78. 9. 12, 78다842(集 26-3, 26).

(2) 新築建物의 所有權取得

新築建物이 建築主에 의하여 직접 建築된 때에는 建築主의 所有로 귀속된다. 이때의 所有權歸屬은 本條에 따라 所有權登記를 요하지 않고 이루어진다. 다만 都給에 의하여 建物이 建築된 때에는 이보다 다소 복잡한 原則이 適用되므로 그 所有權이 항상 建築主에게 歸屬되지 않는다는 점에 유의할 필요가 있다. 즉 建築主인 都給人이 재료의 전부 또는 주요부분을 공급한 때에는 완성된 建物의 所有權이 원시적으로 建築主인 都給人에게 속한다는 것이 多數說이자 判例이다. 이와 반대로 受給人이 스스로 재료를 제공한 경우에는 所有權이 受給人에게 歸屬된다. 다만 그러한 경우에도 都給人과 受給人 사이에 都給人名義로 建築許可를 받아 所有權保存登記를 하기로 하는 등 완성된 建物의 所有權을 都給人에게 歸屬시키기로 합의한 경우에는 그 建物의 所有權은 都給人에게 원시적으로 歸屬한다.[23]

이러한 原則을 구체적으로 조금씩 事情이 다른 事例에 適用하면 다음과 같이 된다. 우선 他人所有의 垈地 위에 建物을 지은 사람이 垈地所有者의 名義를 冒用하여 建築許可申請을 하였다 하더라도 그 建物의 所有權은 실질적인 建築者에게 歸屬한다.[24] 또 建物을 新築한 자는 그 건물을 他人名義로 信託하여 所有權保存登記를 하기로 約定하거나 이를 他人과 共有로 하기로 約定하였다고 하더라도, 그 約定에 따른 保存登記 또는 共有登記를 하기 전까지는 所有權의 原始取得을 대외적으로 주장할 수 있다.[25]

한편 "擔保의 목적으로 建築許可名義者를 擔保權者로 하여 建物을 新築하였다면 建築完成과 동시에 同 建物의 대외적인 所有權은 그 建築許可名義者인 擔保權者에게 그 擔保의 목적에서 원시적으로 歸屬된다"는 判例가 있는 한편,[26] 이와는 다소 어긋나게, "債務의 擔保를 위하여 債務者가 자기비용과 노력으로 新築하는 建物의 建築許可名義를 債權者名義로 하였다면 이는 완성될 建物을 擔保로 제공하기로 하는 合意로서 法律行爲에 의한 擔保物權의 設定에 다름이 아니므로, 완성된 建物의 所有權은 일단 이를 建築한 債務者가 원시적으로 取得한 후, 債權者名義로 所有權保存登記를 마침으로써 擔保目的의 범위 내에서

23) 大判 90. 4. 24, 89다카18884(公 874, 1135).
24) 大判 58. 3. 6, 4290民上739(카 5495, 5496).
25) 大判 85. 7. 9, 84다카2452(集 33-2, 119); 大判 87. 9. 22, 86다카979(公 1987, 1618).
26) 大判 87. 6. 23, 86다카60(公 1987, 1205).

위 債權者에게 그 所有權이 移轉된다"는 判例도 있다.[27)]

그리고 寺刹의 실체를 形成하는 寺刹建物은 비록 그것이 私人의 出捐金으로 축조되었다 하더라도 그것이 당초부터 寺刹의 창건을 목적으로 축조된 것이라면 그 建物은 寺刹의 창건과 동시에 寺刹에 原始取得된 것이다.[28)] 다만 그 私人이 建築費를 寺刹에 出捐한 것이 아니라 寺刹建物로 제공하되 그 所有權은 자신이 保有할 意思로 건립한 경우에는 그 建物의 所有權은 이를 건립한 私人에게 歸屬된다.[29)]

(3) **土地의 生成**

일반적으로 土地의 새로운 生成은 그 경우가 드물겠으나 하천부지 위에 새로운 土地가 生成되었거나 海面이 隆起하는 경우 등의 극히 예외적인 경우는 예상 될 수 있다. 이러한 경위로 생긴 土地라 하더라도 無主의 不動產은 國有가 되는 것이므로(民 §252), 生成과 동시에 登記가 없이도 國有가 된다.

또한 公有水面埋立法에 의하여 公有水面의 埋立의 免許를 받은 자가 매립공사를 완료하고 竣工의 認可를 받은 때에는 認可를 받은 날에 登記없이도 바로 埋立地의 所有權을 取得한다(公有水面埋立 §14).

이상의 것들은 모두 法律의 規定에 의한 物權變動이다.

(4) **不動產의 滅失**

物權은 物件을 지배하는 權利이므로 物件이 滅失하면 物權이 消滅하게 됨은 明文의 規定이 없어도 당연하다. 그리하여 土地가 포락한 경우에는 그 所有者의 土地에 대한 所有權은 消滅한다. 뿐만 아니라 土地가 포락되어 海面化함으로써 복구가 심히 곤란하여 土地로서의 效用을 喪失하면, 종전의 所有權은 영구히 消滅되고, 그 土地가 후에 成土化되었다고 하더라도 이미 消滅된 종전의 私權은 되살아나지 않는다는 것이 判例이다.[30)] 建物의 滅失로 인한 所有權의 消滅은 建物이 독립한 不動產이라고 일컬을 수 없는 상태로 된 때 일어나며, 그 상태의 認定은 社會通念에 따라 결정되어야 한다.

(5) **無效·取消·解除**

債權契約이 解除되었을 때, 不動產所有權은 당연히 復歸되는가, 아니면 登記가 있어야만 復歸되는가. 만약 당연히 復歸된다면 이는 法律行爲에 의하지

27) 大判 90. 4. 24, 86다카1884(公 874, 1135).
28) 大判 86. 12. 9, 86다카138(集 34-3, 147).
29) 大判 90. 2. 27, 88다카23391, 23407(公 870, 750).
30) 大判 81. 6. 23, 80다2523(集 29-2, 156). 同旨 大判 80. 8. 19, 79다666(公 642, 13102).

않는 不動産物權變動의 예가 된다. 解除의 效果에 대하여, 學說은 物權的 效果說과 債權的 效果說로 나뉘어져 있고, 判例는 物權的 效果說을 따르고 있다. 따라서 判例에 따른다면, 債權契約이 解除되었을 때 登記없이도 不動産所有權이 당연히 復歸되므로 이는 일종의 法律行爲에 의하지 않는 不動産物權變動이라고 할 것이다.

다만 判例는 不動産所有權의 名義信託이 解止되더라도 受託者名義의 登記가 그대로 남아 있는 한에 있어서는 外部關係에 있어서의 受託者의 지위에는 아무런 變動도 생기지 않는다고 함으로써 일반적인 解除와는 다른 입장을 취하고 있다.[31] 이에 대하여는, "解除와 解止가 遡及效의 점만을 제외하고는 같은 성질을 가지는 점에 비추어 볼 때, 判例가 名義信託의 경우만을 일반적인 경우와 구별하여 취급하는 것은 일관성이 없다"고 하는 비판이 있다.[32]

(6) 傳貰權의 法定更新

民 §312 Ⅳ에 의한 傳貰權의 法定更新은 法律의 法定에 의한 不動産에 관한 物權의 변동이므로 傳貰權更新에 관한 登記를 필요로 하지 아니하고, 傳貰權者는 그 登記없이도 傳貰權設定者나 그 목적물을 取得한 제3자에 대하여 그 權利를 주장할 수 있다.[33]

이 사건의 原審은 "傳貰契約의 默示의 更新事實은 인정되지만, 更新登記가 이루어지지 않았으므로 更新된 傳貰權은 傳貰權으로서의 效力을 가질 수 없다"고 판단하였는데, 大法院은 이와 반대로 "民法 제312조 제4항에 의한 傳貰契約의 更新은 法律의 規定에 의한 것이므로 登記를 요하지 않는다"고 판시한 것이다.

(7) 財團法人 出捐財産의 歸屬

財團法人을 설립하기 위하여 設立者가 出捐한 財産은 언제 財團法人으로 歸屬하는가. 이 점에 관하여 民 §48는 "① 生前處分으로 財團法人을 設立한 때에는 出捐財産은 法人이 성립된 때로부터 法人의 財産이 된다. ② 遺言으로 財團法人을 설립하는 때에는 出捐財産은 遺言의 效力이 발생한 때로부터 法人에 歸屬한 것으로 본다"라고 規定하고 있다. 또 이 條文은 私學 §13에 의하여 學校法人의 設立에도 준용되고 있다. 우리 사회에서 財團法人의 設立은 드문 일이나, 學校法人의 設立은 종종 있는 일이므로 이 條文의 解釋은 현실적으로 매

31) 大判 80.11.25, 80다2217(公 648, 13405); 大判 70.5.12, 70다370(集 18-2, 30).
32) 郭潤直, 民判研 4, 5, 15.
33) 大判 89.7.11, 88다카21029(集 37-2, 202).

우 큰 效果를 미친다.

法人이 成立하는 시기는 設立登記를 한 때이고(民 §33), 遺言의 效力이 발생하는 시기는 遺言者가 死亡한 때이므로(民 §1073 I), 民 §48는 生前處分으로 法人을 설립하는 경우에는 出捐財産은 法人이 設立登記를 하였을 때에 法人의 財産이 되고, 遺言으로 財團法人을 설립하는 경우에는 遺言者가 死亡한 때에 法人에 歸屬한다는 뜻이 된다. 그런데 이를 民 §187와 어떻게 조화시킬 것인가는 문제이다.

현재의 多數說은, 이를 本條에 해당하는 경우로 보아서 "出捐財産 중에 物權이 포함되어 있는 경우에, 이 物權은 登記나 引渡 없이도 당연히 法人의 設立登記時에, 또는 設立者의 死亡時에 法人에 歸屬한다"고 한다. 이 說에 따르면, "民法 제48조의 規定은 새로이 設立되는 財團法人을 두텁게 보호하기 위한 特則으로서, 財團法人의 出捐財産에 관한 物權取得에 登記나 引渡를 요한다고 한다면 民法 제186조와 제188조로 다 해결되는 것이어서 本條를 둔 意義를 찾을 수가 없으므로, 이렇게 解釋하는 것이 本條의 明文과 趣旨에 합치한다"고 한다.

少數說은, "民法 제48조는 우리 民法이 채택한 形式主義에 대한 例外規定이 아니므로 財團法人을 設立하기 위하여 出捐한 財産 중 物權이 있는 경우에는 이 物權은 設立된 法人 앞으로의 登記 또는 引渡가 있어야 法人에 歸屬된다"고 한다.

判例는 對內的인 관계와 對外的인 관계를 분리하여, "財團法人을 設立함에 있어서 出捐財産은 그 法人이 성립된 때로부터 法人에 歸屬된다는 本條의 規定은 出捐者와 法人과의 관계를 상대적으로 결정하는 기준에 불과하다. 따라서 出捐財産이 不動産인 경우, 出捐者와 法人 사이에는 法人의 成立 외에 登記를 필요로 하는 것은 아니지만, 제3자에 대한 관계에 있어서는 出捐行爲는 法律行爲이므로 出捐財産의 法人에의 歸屬에는 登記를 필요로 한다"고 한다.[34)]

(8) 共有物에 관한 登記問題

民 §267는 "共有者가 그 持分을 抛棄하거나 相續人없이 死亡한 때에는 그 持分은 다른 共有者에게 각 持分의 비율로 歸屬한다"고 規定하고 있다. 따라서 共有者의 일부가 持分權을 抛棄하거나, 또는 共有者가 相續人없이 死亡했을 때에는 그 共有者의 持分權이 일단 消滅하고, 다른 共有者가 그 持分權을 原始取

34) 大判 79. 12. 11, 78다481, 482(公 626, 12479).

得하는 것으로 解釋된다. 이는 法律의 規定에 의한 物權取得이므로 登記를 요하지 않는다.

共有物의 分割에는 協議分割과 裁判上 分割이 있다. 協議分割의 경우에는 分割의 合意가 이루어졌다고 하여 곧 分割된 부분에 대한 單獨所有權이 取得되는 것이 아니라 登記하여야 비로소 單獨所有權이 취득된다. 반면에 裁判上 分割의 경우에는 本條에 의하여 共有物分割의 判決이 확정되면 登記하지 않아도 分割된 부분에 대하여 共有者는 單獨所有權을 취득한다. 裁判에 의한 共有物分割의 경우의 判決은 形成判決이기 때문이다.

(9) **制限物權의 消滅請求 또는 消滅通告**

民 §186의 Ⅰ.2.(4) 참조.

(10) **例外**—時效取得의 경우

현행 民法下에서 原始取得인 時效取得의 경우에 不動產에 관한 登記없이도 物權이 取得되느냐의 여부가 문제된다. 判例[35]는 "新民法下에서 取得時效가 완성되었다 하더라도 그 登記를 하지 아니하면 그 所有權을 取得할 수 없는 것은 당연하다"라고 하고 있다. 이 判決은 나아가, "이것이 原始取得이더라도 그 登記의 형식은 移轉登記에 의하여야 한다"고 하고 있다. 또 이것이 登記의 實務이다.

이는 "時效取得은 原始取得이기는 하지만, 公有水面의 埋立이나 建物의 新築 등의 경우와 같은 「創設的 原始取得」이 아니라, 단순히 주체의 變更이 생긴 「移轉的 原始取得」에 불과하다는 점, 그리고 만약 이것이 原始取得이란 이유만으로 保存登記를 해야 한다면, 前所有者의 登記를 抹消하고 그 登記用紙紙를 閉鎖한 후 時效取得者를 위하여 새로운 登記用紙에 所有權保存登記를 하여야 하는 것이 되어 非經濟的이라는 점" 등을 그 이유로 하고 있다.[36]

결국 法律行爲에 의하지 않는 不動產物權變動에 있어서는 登記를 필요로 하지 않는다는 本條의 原則에 대해서는 하나의 예외가 있는 셈이다. 즉 民 §245 Ⅰ의 規定은 法律行爲에 의하지 않는 不動產物權變動에 대한 것인데, 登記를 時效取得의 요건으로 함으로써 本條의 例外가 된 것이다.

35) 大判 72.1.31, 71다2416(民判集 171, 406).
36) 田桂元, "時效取得의 登記", 司法書士 235, 6.

V. 登記없이 取得한 不動産物權의 處分

1. 但書規定의 性格

本條의 但書는 "登記없이 取得한 不動産物權은 登記를 하지 않으면 이를 處分하지 못한다"라고 規定하고 있다. 그 뜻은 本條 本文에 의하여 不動産物權을 登記없이 取得하였더라도 그 權利者가 이를 法律行爲에 의하여 處分(讓渡, 負擔設定, 內容變更)을 하려면, 미리 物權의 取得을 登記하고 그 후에 그 法律行爲를 原因으로 하는 登記를 하여야 한다는 것이다. 이는 法律體系上 당연한 規定이라고 할 수 있다.

왜냐하면 法律의 規定 등에 의하여 不動産物權을 取得하게 한 것은 앞에서 본 바와 같은 여러 가지 정책적인 고려 등으로 인한 「臨時的인 措置」에 불과한 것이고, 物權變動에 관한 原則으로부터 완전히 자유롭게 해주기 위한 것이 아니기 때문이다. 즉 權利者에게 주었던 特惠를 거두어 다시 原狀으로 만드는 것에 불과하며, 위 但書로써 權利者에게 부가적인 不利益이나 새로운 制限을 가하는 것이 아닌 것이다.

또 정책적인 관점에서 보더라도 이는 實際의 權利狀態와 登記와의 일치를 도모하기 위한 規定에 불과하다. 가령 相續에 의하여 不動産所有權을 取得한 자가 이를 제3자에게 賣渡한 경우, 被相續人名義의 登記로부터 바로 買受人 앞으로 移轉登記를 한다면 物權變動의 과정이 登記簿上 여실히 드러나지 않는다. 그러므로 本條 但書는 이와 같은 경우에는 相續人名義로 移轉登記를 한 다음, 買受人 앞으로 다시 移轉登記를 하여야 한다는 취지를 정하고 있는 것이다. 결국 이러한 경우의 登記는 創設的 登記가 아니라 訂正的 登記이다.[37)]

2. 本條 但書에 違背된 處分行爲의 效力(團束規定 여부)

本條 本文에 의하여 取得한 物權을 本條 但書에 어긋나게 登記하지 아니한 채 處分하여 中間省略登記가 이루어진 경우에 이 處分의 效力은 어떠한가. 이는 解釋問題이기 때문에 規定의 文面만을 보아서는 필연적인 結論이 나올 수가 없는바, 學說은 團束規定說과 效力規定說로 나뉘고 있다.

前者는 위 但書規定을 團束規定으로 보아 위 但書規定에 어긋난 處分의

37) 金容漢, 159.

物權行爲는 有效하다는 것이고,[38] 後者는 그와 같은 物權行爲는 無效이지만 그 原因이 되는 物權行爲까지 無效로 되는 것은 아니라고 한다.[39]

判例는 登記가 實體關係에 부합하는 한 그 有效性을 인정하고 있다. 즉 判例는 "民法 제187조 但書는 같은 條 本文에 의하여 登記없이 取得한 不動産物權을 處分하려면 새로운 取得者의 名義로 登記하기 위하여 우선 自己名義의 登記를 經了하여야 한다는 原則을 規定한 것이고, 이미 새로운 取得者名義로 登記가 經了되고 그 登記가 현재의 진실한 權利狀態와 합치하는 이상 그 登記에 節次上의 흠결이 있어도 民法 제187조 但書에 어긋났다 하여 이를 無效라 할 수 없다"고 하고 있다.[40]

이를 구체화하면, "建物의 新築으로 所有權을 取得한 자가 自己名義의 保存登記를 하지 않고서 讓渡하여 讓受人이 保存登記를 한 때에는 그 登記는 有效하고 讓受人은 適法하게 物權을 취득한다." "法律行爲가 無效이거나 또는 取消·解除되는 등으로 物權이 復歸하게 되는 경우에, 후에 有效한 法律行爲가 있게 되면 前의 無效登記를 流用하여도 그것은 有效하며, 取得者는 有效하게 物權을 取得한 것이 된다." "相續人이 相續에 의한 取得을 登記함이 없이 相續不動産을 讓渡한 경우에, 被相續人으로부터 讓受人으로의 移轉登記를 하여도 그 登記는 유효하고 物權의 변동이 일어난다." "被相續人이 그의 不動産을 처분하기 위하여 物權行爲만 하고 登記를 하지 않고 있거나, 또는 登記만 하고 物權行爲를 하지 않고 있는 동안에 死亡하였으나, 相續人이 그 不動産에 관하여 같은 處分을 하려고 할 때에는, 相續에 의한 取得登記를 하지 않고서 被相續人으로부터 相對方으로의 登記와 相對方과의 합의만으로 物權變動은 일어난다"는 것이다.[41]

이에 따르면 결국 本條 但書의 存在意義는 거의 사라지며, 다만 本條 但書에 어긋난 경우에는 "反對當事者가 그 取得이 有效함을 증명하여야 하고, 登記가 實體關係에 符合한다는 점의 立證責任을 진다"는 정도의 의미 밖에 없게 된다. 이러한 判例의 입장은, 실제의 權利者를 보호하여 具體的 妥當性을 도모한다는 커다란 長點이 있다. 반면에 本條 但書의 취지인 "不動産登記가 物權變

38) 朴駿緖, "法定地上權", 司論 5, 116.
39) 尹眞秀, "法定地上權成立 후 建物을 取得한 者의 地位", 民事裁判의 諸問題 5, 78, 95. 同旨 李時潤, "判例를 중심으로 한 慣習上 法定地上權", 法學 14-1, 133.
40) 大判 72.2.22, 71다2687(民判集 172, 520).
41) 大判 64.9.15, 64다180(集 12-2, 101); 大判 68.6.4, 67다763(集 16-2, 108); 大判 70.12.24, 70다1630(集 18-3, 409).

動의 과정을 정확하게 반영하도록 한다”는 점은 이로 인해 상당히 몰각되며, 不動産의 所有權移轉에 부수하여 생기는 租稅들인 相續稅·取得稅·登錄稅 등의 脫稅를 조장하는 결과를 초래하게 된다.

3. 債權行爲의 有效性

不動産物權을 登記없이 取得한 자가 그 登記를 하지 않고 處分을 하였다고 하여도 그 處分의 原因行爲(物權移轉 등의 義務를 負擔하는 債權行爲)는 여전히 有效함은 위에서 본 바와 같다.

이 法理에 대하여는 物權行爲의 無因性을 주장하는 입장이건 有因性을 주장하는 입장이건 같은 태도를 취하고 있다. 즉 物權行爲의 無因性을 주장하는 경우에는 物權行爲와 債權行爲를 구별하는 입장에 서 있으므로 당연히 그렇게 보아야 하거니와, 物權行爲의 有因性을 주장하는 입장에서도 마찬가지의 結論에 이를 수밖에 없다. 왜냐하면 債權行爲가 無效인 경우에 債權行爲가 無效로 된다고 하여서 物權行爲가 無效인 경우에 그 逆으로 債權行爲가 無效로 되는 것은 아니기 때문이다. 또한 위 但書規定을 團束規定으로 보는 입장이건 이를 效力規定으로 보는 입장이건 債權行爲의 有效性을 인정하는 점에서는 아무런 차이가 없다.

判例[42]의 태도도 이와 같다. 이 判例에 따르면, 歸屬財産이 이를 買受한 자 앞으로 登記가 되지 않은 채 그로부터 轉轉賣買되었더라도 각 賣買當事者 사이에는 移轉登記義務가 있다는 것이다. 그리고 法定地上權의 登記가 되지 않은 상태에서 法定地上權의 讓渡가 이루어졌을 때에도 讓受人이 讓渡人을 상대로 登記請求權을 행사할 수 있다고 한다.[43]

[李 在 洪]

---

42) 大判 72. 2. 22, 71다2687(民判集 172, 520); 大判 77. 3. 22, 76다2058(民判集 231, 690).
43) 大判 85. 4. 9, 84다카1131, 1132(公 753, 721).

第188條(動產物權讓渡의 效力, 簡易引渡)

① 動產에 관한 物權의 讓渡는 그 動產을 引渡하여야 效力이 생긴다.

② 讓受人이 이미 그 動產을 占有한 때에는 當事者의 意思表示만으로 그 效力이 생긴다.

차 례

Ⅰ. 總 說
1. 規定의 意義
2. 規定의 目的
3. 規定의 體系
Ⅱ. 比較法的 考察
1. 沿 革
2. 立 法 例
Ⅲ. 適用範圍
1. 動 產
2. 物權의 讓渡
Ⅳ. 要 件
1. 物權的 合意
2. 處 分 權
3. 引 渡
Ⅴ. 效 果
Ⅵ. 立證責任

Ⅰ. 總 說

1. 規定의 意義

民 §188 Ⅰ은 動產의 物權變動을 일으키는 法律要件 중 가장 빈번히 일어나고 중요한 의의를 갖는 法律行爲에 의한 物權變動에 관한 원칙적 규정으로서 不動產에 관한 民 §186에 대응하는 규정이다. 이 조항은 法律行爲에 의한 動產의 物權變動에는 物權行爲라는 契約的 要素 이외에도 占有的 要素로서 公示(Publizität)가 요구된다는 기본적 요건을 규정하고 있는데, 動產物權變動의 公示方法으로 引渡를 채택하고 있다는 점과 그 公示方法과 物權變動의 효과와의 관계에 관하여 不動產의 경우에 그러하였듯이 獨逸民法과 같은 成立要件主義를 채택하였다는 데 의의가 있다.[1)]

民 §188 Ⅰ이 公示方法으로 채택한 引渡는 民 §188 Ⅱ 내지 §190가 따로 觀念上의 引渡를 규정하고 있기 때문에, 원칙적 형태인 現實의 引渡를 그 주된 내용으로 하게 된다. 그러나 去來方法의 발달에 따라 발전되어온 갖가지 觀念

1) 民議院, 民法案審議錄(上), 117 참조. 效力要件主義로 보는 견해로는 金基善, 220-1; 金顯泰(上), 46-7. 意思主義의 채택이 바람직하다는 반론이 立法當時 이미 제시되기도 했다. 民事法硏究會(金曾漢), 民法案意見書, 67 이하.

上의 引渡도 원래 引渡의 전형인 현실의 引渡가 갖는, 目的物을「주고 받는다」는 觀念, 즉 目的物에 대한 支配를 移轉한다는 관념을 바탕으로 한다는 점에서 民 §188 I 이 규정하는 引渡는 넓게 引渡一般을 포괄하는 規定이기도 하다.

去來方法의 발달은 목적물의 占有를 現實的으로는 移轉하지 않으면서도 목적물을 그 존재장소에 그대로 둔채 그에 관한 觀念上의 支配만 移轉하는 경우와 같이 객관적으로 쉽사리 지배의 이전을 인식할 수 있는 징표를 갖지 아니한 채 當事者 사이의 合意와 法的 地位의 변경만으로 目的物에 대한 支配를 移轉할 수 있는 경우를 증가시켰다. 비록 이러한 引渡方法은 객관적 징표를 넉넉히 수반하지 않는다는 점에서 公示方法으로 미흡하기는 하지만, 去來安全의 保護를 위하여 公信의 原則을 채택한 이상 引渡方法으로 所持의 移轉이나 이에 준하는 것만을 고수함으로써 動產去來를 불편하게 할 필요가 없다. 簡易引渡의 경우에서 볼 수 있듯이 讓受人이 목적물을 讓渡人에게 반환한 후 다시 引渡받아야 한다고 하더라도 그것은 當事者들에게 불필요한 節次만 強要하는 것일 뿐 그에 의하여 公示의 機能이 제대로 수행되는 것도 아니기 때문이다.

民法은 이러한 觀念化된 引渡方法을 받아들여 簡易引渡(民 § 188 II), 占有改定(民 § 189), 目的物返還請求權의 讓渡(民 § 190) 등에 의한 動產物權의 讓渡를 규정하고 있다.

2. 規定의 目的

民 §188 내지 §190는 가능한 한 簡明하고 公然하게 權利者에게 動產物權을 귀속시킴으로써 權利의 歸屬을 분명하게 하고, 절대권인 物權의 變動을 외부적으로 인식될 수 있게 함으로써 去來安全의 利益을 도모하기 위한 규정이다. 公示의 原則이나 物權行爲의 目的物이 特定되어야 한다는 要件 등은 이에 관한 내용들이다.

그러나 公示의 原則은 그 방법인 引渡가 觀念化하므로 인하여 動產物權變動의 과정을 공시하여 權利歸屬關係를 명백히 한다는 원래의 기능을 크게 상실하고 있다. 이 점에서 民法上 動產物權變動에 관한 규정은 引渡의 原則(Traditionsprinzip)에서 유래된 것이기는 하지만, 引渡強制(Traditionszwang)를 규정한 것은 아니라는 점을 들어 當事者들이 단순한 物權行爲만으로 物權變動의 효과를 초래하겠다는 것을 막을 이유가 없다는 주장도 있으나, 현행법의 해석으로는 民 §188 내지 §190가 규정하는 방식에 의해서만 動產物權變動이 가

능하다고 보아야 한다.[2]

民法은 動產物權取得에 관하여 公信의 原則(民 §249 내지 §251)을 수용함으로써 公示의 原則이 관철되지 못하므로 인하여 소홀해질 수 있는 去來安全의 保護를 도모하고 있다.

3. 規定의 體系

民法은 物權編의 總則章에 動產物權一般의 變動에 관한 규정으로 引渡方法의 차이에 따라 民 §188 내지 §190를 두고 있다. 한편 占有權의 讓渡에 관하여는 占有權의 章에 별도의 규정을 두어 現實의 引渡(民 §196 I)를 규정한 외에 民 §188 II 내지 §190의 규정을 準用하고 있어(民 §196 II) 서로 중복되고 있다.

우리 民法이 이와 같이 動產物權讓渡의 原則的 規定과 占有權讓渡의 規定을 중복하여 규정한 것은 체계적으로 보아 타당한지가 의문이다. 民 §188 내지 §190은 일반적으로 所有權의 讓渡에만 적용된다고 이해되고 있는데,[3] 그렇다면 차라리 所有權의 章에서 所有權의 讓渡로 규정하는 것이 체계적으로 보아 나았을 것이라 생각된다.

獨逸民法은 物權變動의 일반적 규정을 두지 않고, 動產所有權의 變動과 占有의 章에서 각각 所有權變動의 公示方法으로서의 引渡와 占有의 讓渡를 별도로 규정하고 있으며, 그 규정의 내용도 반드시 일치하지는 않는다. 또 物權編總則에 動產物權變動에 관한 규정을 두고 있는 日本民法은 그곳에서는 對抗要件으로서의 引渡만을 규정할 뿐(日民 §178) 각종의 引渡方法에 대한 규정을 두지 않고 있으며, 그러한 규정은 占有權의 章에 두고 있는데, 日本民法이 占有權의 讓渡란 관념을 도입한 이유가 바로 動產物權變動方法으로서 現實의 引渡 이외의 각종의 觀念的인 引渡方法까지 公示方法으로 포괄하기 위한 데 있다고 한다.[4]

이러한 日本民法의 규정에 비추어보면, 우리 民法의 규정은 公示方法으로서의 引渡와 占有權의 讓渡를 별개의 성질로 파악한 것이 아닌가 하는 오해를 불러일으킬 소지마저 있게 된다.[5]

---

2) Baur, §51 I. 2. 참조.
3) 後述 III. 2. (1) 참조.
4) 日注民(7), 25 참조.
5) 日本民法과 같은 체제를 취하는 것이 무난할 것이라는 意見으로서는 民事法研究會(李宗洽), 民法案意見書, 75-6.

Ⅱ. 比較法的 考察

1. 沿　革

로마의 市民法上 物權讓渡의 公示方法으로는 伊太利의 토지·노예·대형 가축 등 手中物(res mancipi)의 讓渡를 위한 掌握行爲(mancipatio)와 手中物 및 非手中物(res nec mancipi)의 讓渡를 위한 法廷讓渡(in iure cessio)가 있었다. 掌握行爲란 讓受人이 5인의 증인과 저울보유자 앞에서 目的物을 손에 쥐고 자신이 目的物의 所有權을 취득한다는 것과 청동조각과 청동의 저울로 그것을 매수하였다는 취지의 선언을 한 후 청동조각으로 저울을 두드리고 代金의 상징으로 讓渡人에게 이를 교부하는 방식으로 이루어졌다. 法廷讓渡는 양수인이 政務官(Prätor)의 면전에서 목적물을 손에 쥐고 그것이 자신의 所有임을 宣言하고 양도인이 이를 수인하면 政務官이 讓受人의 所有임을 확인하는 방식에 의하여 이루어졌다. 이는 掌握行爲보다 진보된 형태의 讓渡方法으로서 실질적이든 상징적이든 대가의 지불과정을 밟지 않으므로 원래부터 賣買뿐 아니라 贈與 등 모든 형태의 讓渡行爲에 적용될 수 있었다.[6)]

그 후 유스티니아누스의 法은 이러한 公示方法을 폐지하고, 이미 萬民法上 제한된 범위에서 적용되던 無方式의 引渡(traditio)로 대치하였다.

한편 게르만법에서의 法律行爲에 의한 動産物權의 取得은 物權行爲와, 所有의 意思로 所持함으로써 성립하는 目的物의 現實的 게베레(leibliche Gewere)를 讓受人이 취득하는 것으로 유효하게 이루어졌다. 그러나 現實的 引渡 외에 象徵的 引渡行爲로서 증서나 열쇠를 교부하거나, 讓受人의 지배권의 표상인 家章(Hausmarke)을 목적물에 표시함으로써 現實의 引渡에 갈음하기도 했다.[7)]

2. 立 法 例

(1) 佛 蘭 西

佛蘭西民法은 物權變動을 목적으로 하는 意思表示가 있으면 物權變動이

6) 다만 掌握行爲에 의하든 法廷讓渡에 의하든 善意取得이 인정되지 않았으므로 讓受人은 絶對權을 취득하지는 못하였고, 相對的 權利를 취득할 수 있을 뿐이었다. 讓受人은 제 3 자로부터 반환청구를 받을 경우 그 소송에 양도인을 소환하여 방어하게 할 수 있었는데, 讓渡人이 이를 거부하거나 原始取得한 사실을 입증하지 못하여 패소하게 되면 賣買代金의 2 배를 변상받을 수가 있었다. Max Kaser, Das römische Privatrecht(Ⅰ), § 32 Ⅲ. 2, § 33 Ⅱ 참조.

7) 玄勝鍾·曺圭昌, 게르만法, 357.

일어나고 따로 公示方法이 요구되지는 않는다는 意思主義(Konsensprinzip)를 채택하고 있다. 또 이때의 意思로는 債權發生을 목적으로 하는 행위 이외에 物權變動을 목적으로 하는 별개의 의사가 따로 요구되는 것도 아니다. 즉 債權의 효력으로 所有權이 이전한다고 하고(佛民 §711), 또 物件의 引渡 및 所有權을 이전할 債務는 당사자의 合意만으로 완성되어 債權者를 所有者로 한다고 하며(佛民 §1138), 賣買의 목적물 및 대금에 대한 약정이 있는 때에는 目的物의 引渡 및 代金의 支拂 전이라도 賣買는 당사자 사이에 완성되고, 買受人은 賣渡人에 대한 관계에 있어서 당연히 所有權을 取得한다(佛民 §1583)고 한다. 따라서 현존하는 특정물에 있어서는 계약체결과 함께 物權變動이 발생하는 것이 원칙이다. 다만 당사자가 특히 物權變動의 시기를 별도로 약정한 때에는 이에 따른다. 불특정물 또는 장래에 제작될 물건의 양도에 있어서는 目的物이 特定되거나 現存하게 된 때에 당연히 物權變動이 이루어지는 것이 원칙이나, 이와 다른 약정이나 관습이 있으면 引渡 등 그 밖의 특정시점에 物權變動이 이루어질 수도 있다.

이러한 意思主義는 動產뿐 아니라 不動產에 대해서도 적용된다. 다만 意思主義를 관철함으로써 제3자가 입게 되는 위험을 방지하기 위하여 意思만에 의하여 讓渡된 所有權은 善意의 제3자에 대해서는 公示方法을 갖추어야 대항할 수 있게 되는데, 이때에 요구되는 動產의 公示方法은 「事實上 占有」의 취득이다(佛民 §§ 1141, 2279). 佛民 §1141 소정의 「事實上 占有」에는 現實의 引渡와 簡易引渡만 해당되고, 당사자의 합의 이외에 객관적인 지배의 이전이 존재하지 않는 占有改定이나 目的物返還請求權의 讓渡에 의한 引渡는 해당되지 않는다.[8)]

(2) **獨 逸**

獨逸民法은 物權行爲만으로는 物權變動이 일어나지 않고, 그 밖에 公示方法을 갖추어야 비로소 物權變動이 일어난다는 形式主義를 채택하고 있다.

우리 民法과는 달리 動產物權變動에 관한 일반적 규정을 두지 않고, 動產所有權의 讓渡에 관한 규정을 두고 있고, 動產所有權의 讓渡에 필요한 公示方法으로는 現實의 引渡(獨民 § 929 前文)뿐 아니라, 簡易引渡(獨民 § 929 後文), 占有改定(獨民 § 930), 返還請求權讓渡(獨民 § 931) 등을 규정하고 있다.

物權行爲와 債權行爲의 관계에 관해서는 獨逸民法이 개념적으로 이들을 구별하고 있을 뿐만 아니라, 不動產物權變動의 物權行爲는 要式行爲(獨民 § 925)이므로 債權行爲와는 구별되어 따로 이루어지게 되는 점으로 미루어 법제상 獨自

8) Murad Ferid, Das französische Zivilrecht(Ⅱ), § 68 3 B 70 이하.

性을 인정하고 있는 것으로 보아야 한다. 學說[9]은 物權行爲의 無因性도 인정하지만, 動産에 관해서는 原因行爲의 유효를 物權行爲의 조건으로 할 수 있다고 한다.

(3) 瑞 西

瑞西民法은 物權變動에 관하여 形式主義를 취하고 있으나, 獨逸民法과는 달리 物權行爲의 獨自性은 인정하지 않는다. 瑞民 §657 I, 瑞債 §216는 物權變動의 원인은 債務契約에 관하여 公定證書의 작성을 요구하고, 瑞民 §§963 I, 965 I, Ⅲ은 그 공정증서를 원인으로하여 곧 登記할 수 있도록 규정하고 있으므로 賣買契約과 登記와의 사이에 별개의 행위가 행하여진다고 볼 수 없기 때문이다. 또 瑞民 §§974 Ⅱ, 975 I 이 有效한 原因行爲 없이는 登記가 이루어지더라도 物權變動은 일어나지 않는다고 규정하고 있고, 이를 動産物權變動의 경우에도 유추된다고 보므로 원인행위가 유효하지 않으면 引渡되었다 하더라도 所有權讓渡의 效力은 인정되지 않는다.[10]

瑞民 §714 I 은 動産所有權을 讓渡하려면 취득자에게 占有를 이전하여야 한다고 규정하고, 占有의 이전방법으로 現實의 引渡(瑞民 §922 I), 簡易引渡(瑞民 §922 Ⅱ), 占有改定이나 目的物返還請求權의 讓渡에 해당하는 引渡없는 讓渡(瑞民 §924) 등을 규정하고 있다. 그러나 占有改定이 제3자에게 불이익을 가하거나 質權設定契約의 要物性을 회피할 목적으로 이루어질 때에는 제3자에 대하여 효력이 없다(瑞民 §717 I).

(4) 墺 地 利

墺地利民法도 形式主義를 취하고 있고, 瑞西民法과 마찬가지로 物權變動은 公定證書에 의하여 작성되는 債權契約에 기하여 登記됨으로써 이루어지는 것이므로 債權行爲와 登記 사이에 物權行爲가 별도로 행하여진다고는 할 수 없다(墺民 §§431, 432). 따라서 墺地利에서도 原因行爲가 無效이면 物權變動은 일어나지 않는다.

(5) 日 本

日本民法은 物權編 總則에서 物權의 設定 및 移轉은 당사자의 의사표시만으로 그 효력을 발생한다고 하여(日民 §176) 物權變動에 관한 意思主義를 채택하는 한편, 動産物權의 讓渡는 그 動産을 引渡하지 아니하면 讓渡로써 제3자에게

9) Baur, §5 Ⅳ 1, 3 참조.

10) Gmür, Das schweizerische Zivilgesetzbuch, 146; Tuor/Schnyder, Das schweizerische Zivilgesetzbuch, 678 참조.

대항할 수 없다고 규정한다(日民 §178). 다만 質權에 대해서는 引渡를 그 설정의 效力發生要件으로 하여 예외를 인정하고 있다(日民 §344).

物權法 總則에는 日民 §176 이외에 觀念化된 引渡方法에 관한 별도의 규정을 두고 있지 않고, 다만 占有權에 관한 章에 占有權의 讓渡方法으로서 現實의 引渡(日民 §182 I)를 비롯하여 簡易引渡(日民 §182 II), 占有改定(日民 §183) 및 指圖에 의한 占有移轉(日民 §184) 등이 규정되어 있을 뿐이므로 초기의 판례 가운데는 日民 §176이 규정한 引渡는 現實의 引渡를 가리킨다고 하여 관념화된 引渡方法을 公示方法으로 인정하지 않은 것도 있으나, 오늘날은 占有權의 讓渡方法이 모두 動產物權變動의 公示方法이 될 수 있다고 보는 데 異說이 없다.[11]

物權變動을 위해서는 債權의 發生을 목적으로 하는 意思表示 이외에 별개의 意思表示가 필요한지에 대해서는 判例와 多數說은 이를 부인하고 賣買·贈與 등 한 개의 意思表示로부터 債權의 발생과 物權의 變動이 일어난다고 한다.[12]

Ⅲ. 適用範圍

1. 動 產

民 §188 내지 §190가 적용되는 것은 「動產」의 物權變動에 대해서이다. 動產이란 有體物 및 電氣 기타 관리할 수 있는 自然力(民 §98) 가운데에서 土地 및 그 定着物이 아닌 物件을 가리킨다(民 §99). 특히 문제가 되는 것들은 다음과 같다.

(1) 金 錢

鑄貨나 紙幣 등의 金錢도 動產이다. 그러나 金錢은 그것이 動產이라 하더라도 일반 動產과는 달리 재화의 교환을 매개하고 그 가치를 측정하는 일반적 표준으로서 이를 取得하는 것은 그것에 의하여 表象되는 일정금액의 價値를 取得한다는 점에 주된 의미가 있을 뿐 어떤 個性을 갖는 것이 아니라는 특성을 지닌다. 이와 같은 특성 때문에 金錢에 대해서도 民 §188 내지 §190가 적용되는지에 대하여 견해의 대립이 있는데, 이러한 견해의 차이는 金錢에 대하여 善意取得을 인정할 것인지에 대한 견해의 대립으로 이어진다.[13] 外國通貨는 국

11) 日注民(7), 28-9 참조.
12) 我妻-有泉亨, 56 참조.
13) 後述 §249 Ⅲ. 1. (1) 참조.

내에서 強制通用力이 인정되는 것은 아니지만 거래상 支拂手段으로서의 신뢰를 갖게 되면 內國通貨와 달리 취급할 이유가 없으므로 이때의 金錢은 外國通貨를 포함한다.

通貨로서의 金錢은 추상적인 가치 그 자체를 뜻하는 것으로서 物件으로서의 個性은 문제되지 않고 고도의 대체성과 소비재로서의 전형적 성격을 갖는 것이므로 "金錢은 그것을 占有하는 자의 所有에 속한다"고 하면서 金錢에 대한 善意取得의 적용을 부정하는 見解[14]는 所有權讓渡에 관한 民法規定이 金錢에 대해서는 적용되지 않는다고 한다.

動産物權變動에 있어 引渡가 對抗要件으로 되어 있는 日本에 있어서는 상대적으로 動産의 占有와 所有가 일치되기 어려우므로 金錢에 대해서는 그 특성을 감안하여 예외를 인정할 필요가 있을지 모르나,[15] 動産의 物權變動에 대하여 成立要件主義를 채택하는 우리의 경우 占有가 있는 곳에 所有가 있을 가능성은 그만큼 높게 되므로 金錢에 대하여 굳이 物權變動의 예외를 허용할 필요가 없다. 무엇보다도 民 §250 但書는 金錢에 대하여 善意取得이 적용되는 것을 전제로 하고 있는 것이므로 우리 民法의 해석론으로는 金錢에 대하여 物權變動의 예외를 인정할 수 없다. 金錢에 대하여 예외를 허용하는 說은 民 §250 但書가 金錢이 단순한 動産으로 거래되는 경우만을 가리킨다고 하나,[16] 金錢이 封金을 任置하거나 진열의 목적으로 특정의 貨幣를 지급하는 경우처럼 通貨로서의 성격을 떠나 特定物로서 거래된 때에는 이를 법률상 다른 動産과 구별하여 취급할 아무런 이유가 없으므로 이 경우를 위하여 예외규정을 두었다고는 볼 수 없기 때문이다.[17]

실제 거래에서 金錢은 그에 대한 物權的 返還請求權이 행사되기 어려운 점 등 일반 動産과는 다른 성격을 갖는 것처럼 보이기는 하나, 이것은 金錢에는 개성이 없어 특정이 어려운데다가 유통이 빈번하고, 예금 등과 같이 다른 재산권으로의 전환이 용이하며, 混和(民 §258)에 의하여 쉽사리 占有者가 所有權을 취득할 수 있고, 또 그 결과 善意取得도 비교적 용이하기 때문인 까닭이지 物

14) 李宗洽, "善意取得", 法學論叢(檀國大) 8, 47(48); 郭潤直, 198-9; 金基善, 234; 金曾漢, 116; 方順元, 131; 李英俊, 219; 張庚鶴, 452. 日本의 通說・判例이다. 末川博, "貨幣とその所有權", 占有と所有, 191(194); 日注民(7), 99; 日最判 昭 39(1964). 1. 24(判時 365, 26).

15) 我妻-有泉亨, 186 참조.

16) 郭潤直, 199; 金容漢, 285; 張庚鶴, 453.

17) 同旨 金顯泰(上), 121.

權法上 動産과는 다른 특수한 지위를 갖기 때문인 것은 아니다. 金錢에 대하여 動産物權變動에 관한 규정의 적용을 부정하는 견해가 金錢에 대하여는 物權的 請求權을 인정할 여지가 없다고 하면서도 金錢이 봉투속에 들어 있는 경우나 도둑이 절취한 金錢밖에 소지하고 있지 않는 특별한 경우에는 예외적으로 物權的 返還請求權이 성립한다고 하는 것[18]도 특정이 가능하고 混和되지 아니하여 返還請求權이 행사될 수 있는 당연한 경우를 인정한 것에 불과하다. 金錢은 占有가 所有의 權原이며, 他人의 占有에 돌아간 金錢에 대하여는 언제나 債權的 返還請求權이 있게 될 뿐이라는 점을 강조한 나머지 甲이 乙에게 金錢을 교부하면서 甲의 丙에 대한 채무변제를 위하여 丙에게 전달할 것을 委任한 때에도 乙은 그 金錢의 所有權을 취득하고, 丙에 대하여 같은 金額의 金錢만 지급하면 된다고 하는 견해[19]도 있으나, 이 경우에도 當事者의 意思가 특별히 소비를 허용하지 않는 한, 封金의 형태로 교부하지 않았다 하더라도 분리 및 특정이 가능하여 混和되지 않는 이상 乙은 所有權을 取得하지 않는다고 보는 것이 去來의 觀念으로 보아 타당하고, 오히려 그것을 임의로 소비한 때에는 乙에 대하여 橫領罪(刑 §355 I)의 죄책을 묻게 될 수도 있을 것이다.[20] 또 被害者가 錢袋채로 도난당한 자신의 金錢을 발견한 경우에도 所有權에 기한 返還請求를 허용하는 것이 타당하다.

따라서 金錢도 動産으로서 民 §188 내지 §190에 의하여 讓渡된다고 보아야 한다.[21] 다만 金錢이 갖는 특성 때문에 特定이 가능한 例外的 境遇를 제외하고는 民法上 動産物權變動에 관한 규정들이 적용될 경우는 사실상 매우 드물다.

---

18) 日注民(7), 99, 101.

19) 金錫宇, "金錢", 司行 249, 49.

20) 委託賣買人이 판매대금을 소비한 경우 橫領罪를 인정한 大判 82. 2. 23, 81도2619(公 679, 1768); 大判 86. 6. 24, 86도1000(公 781, 984); 名義受託者가 信託不動産의 매매대금을 수령하여 임의로 소비한 경우 橫領罪를 인정한 大判 84. 9. 25, 84도1650(公 740, 1768); 토지매매거래를 포괄적으로 대리해 온 자가 매수인들로부터 수령한 賣買代金을 임의로 消費한 경우 본인으로부터 직접 교부받은 경우와 마찬가지로 橫領罪를 인정한 大判 82. 9. 28, 82도1486(公 693, 1045) 등 참조. 金錢은 占有하는 자가 所有者라고 보는 입장에서는 임치된 金錢을 소비한 경우(消費任置는 債務不履行의 문제만을 낳을 뿐이다) 자기의 물건에 대하여 橫領罪가 인정된다는 결과를 피하기 위하여 타인을 위하여 金錢을 보관하게 되면 구체적인 金錢으로부터 遊離된 일정수량의 금액이 保管의 目的物이 된다고 보아 資力으로 미루어 消費行爲가 그 返還可能性을 위태롭게 하는 정도에 이르렀을 경우 비로소 橫領罪가 성립된다고 설명하나(末川博, "貨幣とその所有權", 占有と所有, 191〈202 이하〉 참조), 橫領罪의 구성요소인 客體의 財産性을 부정하는 결과가 되어 부당하다.

21) 同旨 MünchKomm/Quack, § 929 RdNr. 17; Staudinger/Wiegand, § 929 RdNr. 5.

(2) 有價證券

有價證券은 원래 動產의 성질을 갖는 紙片에 財產權을 化體시킨 것이므로 그 財產權이 債權이라 할지라도 證券에 表彰된 이상 動產과 유사한 성질을 갖게 되기는 하나,[22] 有價證券으로서의 특수성을 고려하여 民法이 별도의 讓渡方法을 규정하고 있으므로 動產物權의 讓渡에 관한 일반규정에 의하여 讓渡되는 것은 아니다.

無記名證券, 즉 無記名債權證書(民 § 523), 指名所持人出給債權(民 § 525), 無記名株式(商 § 336 I), 所持人出給式手票(手 § 5) 등은 證券을 교부함으로써 양도한다. 指示證券, 즉 指示債權證書(民 § 508), 貨物相換證(商 § 130), 倉庫證券(商 § 157), 船荷證券(商 § 820), 어음(어음 §§ 11, 77), 手票(手 § 14) 등은 이와 달리 證券의 교부 이외에 背書의 법정요건을 갖추어야 양도될 수 있다. 記名證券은 그 양도에 관하여 民法이 따로 규정한 바 없으므로 指名債權을 化體한 것인 점을 감안하면 증권 자체의 교부 이외에 指名債權의 讓渡方式(民 §§ 449, 450)에 의하여 양도되어야 한다고 볼 수밖에 없다.[23]

다만 有價證券의 交付에도 動產의 경우에 인정되는 簡易引渡, 占有改定, 目的物返還請求權의 讓渡 등의 관념화된 引渡方法이 인정된다.[24]

(3) 證券에 표상된 動產

貨物相換證(商 § 133), 倉庫證券(商 § 157), 船荷證券(商 § 820) 등이 발행된 경우 그 證券의 引渡는 證券에 화체된 引渡請求權의 讓渡를 위한 效力發生要件일 뿐 아니라 그 證券의 物權的 效力에 의하여 目的動產 그 자체를 引渡하는 것과 같은 效力이 있다. 즉 이러한 證券이 표상하는 동산의 引渡는 證券의 引渡에 의해서도 행해질 수 있는 것이다. 일종의 目的物返還請求權의 양도의 방식에 의한 物權變動의 경우라 하겠으나, 返還請求權이 指示證券에 화체된 채로 유통되는 것이므로 指名債權의 讓渡에서와 같은 運送人 내지 倉庫業者에 대한 通知는 필요없게 되는 것이다.[25]

이와 같이 證券이 발행되었다 하더라도 그 證券에 화체된 상품을 現實의 引渡에 의하여 양도하는 것은 가능하다. 그러나 返還請求權은 指示證券에 화체

22) 動產이 아니라는 설로는 李英俊, 總則, 907 참조. 日民 § 86 Ⅲ 은 無記名債權을 動產으로 본다.

23) 同旨 郭潤直, 債總, 382. 證券의 交付없이 指名債權의 양도방식에 의하여 양도된다는 說로는 金曾漢, 100-1.

24) 同旨 Baur, § 53 I 2; MünchKomm/Quack, § 929 RdNr. 18.

25) 商法學界의 通說인 代表說인 입장이다. 鄭熙喆, 商法要論(上), 222; 崔基元, 商法學新論(上), 283 참조. 現實의 引渡에 해당된다는 說로는 MünchKomm/Quack, § 931 RdNr. 21.

되어 있으므로 證券을 교부하지 않고서는 返還請求權讓渡의 방법에 의하여 引渡할 수는 없다.[26]

(4) **不動產登記에 의하여 公示되는 動產**

不動產의 從物인 動產은 主物인 不動產이 처분되면 그 효과에 따르게 되므로(民§100 II), 不動產의 移轉登記가 있으면 그 從物인 動產은 따로 引渡되지 않더라도 양도된다. 主物인 不動產에 抵當權이 설정되는 경우(民§358)에도 마찬가지이다. 特別法에 의한 抵當의 경우, 즉 工場抵當(工抵§§4, 5), 工場財團抵當(工抵§§11, 12, 15), 鑛業財團抵當(鑛抵§§2 내지 5)의 경우 설치되거나 財團을 조성하는 機械·器具 등의 動產은 工場抵當登記나 財團登記에 의하여 그 物權變動이 公示되게 된다.

(5) **登記·登錄에 의하여 公示되는 動產**

登記나 登錄에 의하여 公示되는 動產에 대해서는 民§188 이하가 적용될 수 없고, 物權的 合意와 소정의 登記나 登錄에 의하여 物權變動이 발생하게 된다. 그러나 登記·登錄에 의하여 公示되는 動產이라 하더라도 더이상 본래의 용도로 사용될 수 없게 된 경우, 예를 들어 船舶이 沈沒하여 引揚이 곤란하게 된 경우에는 民法의 動產讓渡에 관한 규정에 의하여 公示되어야 할 것이다.[27]

(가) 自動車 自管 §2i 소정의 自動車所有權은 自動車登錄原簿에 登錄됨으로써 그 득상변경의 효력이 생긴다(自管§5). 위 자동차는 이를 抵當權의 목적으로 할 수 있으며, 그 抵當權도 自動車登錄原簿에 등록하여야 효력이 생긴다(自抵§§4, 5).

(나) 航空機 航空 §2i 소정의 航空機所有權은 航空機登錄原簿에 登錄됨으로써 그 득상변경의 효력이 생기고(航空§5), 그 항공기를 목적으로 하는 저당권도 航空機登錄原簿에 등록하여야 효력이 생긴다(航抵§§4, 5).

(다) 船 舶 20톤 이상의 船舶에 관한 權利의 移轉은 당사자 사이의 合意만으로써 효력이 생기나, 이를 등기하고 船舶國籍證書에 기재하지 아니하면 제3자에게 對抗하지 못한다(商§§743, 745). 그러나 20톤 미만의 소형선박은 보통의 動產으로서 動產物權變動의 一般原則에 따르게 된다.[28]

---

26) 同旨 李英俊, 201; BGHZ 49, 160.

27) 日最判 昭 35(1960). 9. 1(民集 14-11, 1991).

28) 大判 66. 12. 20, 66다1554(集 14-3, 321). 이 판결은 이 경우 引渡가 對抗要件인 것처럼 판시하고 있으나 成立要件으로 봄이 옳다. 大判 69. 7. 29, 68다2236(集 17-2, 391). 獨逸民法은 船舶登錄簿에 등재되지 아니한 海洋船舶에 대해서는 海洋航海로 인한 引渡의 어려움을 감안하여 引渡없이 당사자 사이의 합의에 의해서만 所有權이 이전되도록 규정하고 있다(獨民 §929 a).

㈑ 重　機　　重機는 일반 動產과 마찬가지로 引渡가 公示方法이다. 다만 그에 대한 抵當權은 重機登錄原簿에 登錄하지 않으면 그 효력이 발생하지 않는다(重抵 §5). 이와 같이 登錄이 所有權取得의 요건은 아니나 所有者는 所有權取得을 登錄하여야 하고, 所有權의 變動이 있으면 이를 申告하여야 한다(重管 §§3, 4).

2. 物權의 讓渡

(1) 物　權

民 §§188, 189, 190가 규율하는 것은 '動產에 관한 物權'이라고 하지만, 실제로는 所有權에 한한다. 動產物權에는 所有權 이외에 占有權(民 §192 이하), 留置權(民 §§320, 328), 質權(民 §§330, 332) 등이 있으나, 이 경우에는 占有가 權利의 發生 및 存續의 要件으로서 각각 特別規定의 적용을 받는다.

(2) 讓　渡

民 §§188, 189, 190가 적용되는 것은 動產에 관한 物權의 「讓渡」, 즉 法律行爲에 의한 承繼取得에 관해서이다.

따라서 법률의 규정에 의한 取得時效(民 §246), 動產의 生成, 無主物先占(民 §252), 遺失物 習得(民 §253), 埋藏物 發見(民 §254) 등 原始取得의 경우에는 적용되지 않고, 附合(民 §257), 混和(民 §258), 加工(民 §259) 등 權利歸屬의 경우나 相續(民 §§995, 1005), 包括遺贈(民 §1078), 會社의 合倂(商 §§235, 267, 530, 603) 등 包括承繼의 경우에도 적용되지 않는다. 包括承繼 자체는 相續처럼 法律의 規定에 의하여 일어나기도 하고, 會社의 合倂이나 包括遺贈처럼 法律行爲에 의하여 일어날 수도 있으나, 그 재산에 포함된 개개의 權利義務의 移轉은 법률상 이전에 해당하므로 그 재산에 포함된 개개의 動產에 관한 物權行爲를 하거나 그 動產을 승계인에게 引渡할 필요는 없다.

物權行爲가 無效·取消되거나 解除된 경우에는 所有權이 법률의 규정(民 §§141, 548 I)[29]에 의하여 복귀하므로 民 §188 내지 §190는 적용되지 않고, 따라서 引渡를 요하지 않는다.[30] 또 解除條件이 성취된 경우에도 物權은 民 §188 이하에 의하지 않고 복귀한다.[31] 有因說의 입장에서는 원인행위가 無效·取消 또는 解除되는 경우에도 마찬가지이다.

---

29) 契約解除의 효력에 관하여 物權的 效力說을 취한 大判 77.5.24, 75다1394(集 25-2, 44); 大判 82.11.23, 81다카1110(集 30-4, 45) 참조.

30) 同旨 金容漢, 154; 張庚鶴, 262.

31) 金基善, 116.

私法行爲에 의한 移轉에 한하여 적용되고, 競賣法에 의한 任意競賣와 民事訴訟法에 의한 强制競賣,[32] 形成判決에 의한 物權變動 등에는 民 §188 내지 §190가 적용되지 않는다.

Ⅳ. 要 件

法律行爲에 의한 動產의 物權變動은 當事者 사이의 合意라는 意思的 要素와 公示方法인 引渡 및 讓渡人의 處分權을 요건으로 하여 이루어진다.

1. 物權的 合意

(1) 意 義

物權行爲 또는 物權的 法律行爲란 직접 物權의 變動을 目的으로 하는 意思表示를 要素로 하는 法律行爲이다. 物權行爲에 대하여 物權 前論에서 한 설명이 動產의 物權變動에도 그대로 적용되므로 여기서는 動產物權變動을 설명하는 데 필요한 범위로 한정한다.

物權行爲도 契約, 單獨行爲, 合同行爲로 나누어질 수 있다. 物權行爲는 讓渡人이 動產의 所有權을 이전하려는 意思表示와 讓受人이 그 所有權을 이전받으려는 意思表示가 合致하여 이루어지는 것이 보통인데, 이와 같이 契約의 性質을 갖는 것을 債權契約과 구별하기 위하여 특히 物權的 合意라고 한다.[33] 公示方法으로서의 引渡는 物權變動의 獨自的 要件이지 物權行爲의 形式이나 그 내용을 실현하는 履行行爲는 아니다.[34] 그러나 物權的 合意와 公示方法을 포함하여 物權行爲가 된다고 하여 物權行爲만을 物權變動의 법률요건으로 파악하는 견해[35]는 공시방법을 物權行爲의 效力發生要件,[36] 物權變動의 特殊效力發生要件[37] 또는 成立要件인 동시에 效力發生要件[38] 등으로 보게 되나, 國家公務員이 행하는 公法上의 行爲인 登記를 私法上의 契約의 일부로 파악하는 무리가

32) 競落人이 競落代金을 完納할 때 소유권을 취득한다(競 §3 Ⅰ, 民訴 §646-2).
33) 郭潤直, 57; 金基善, 69; 金曾漢, 48; 黃迪仁·金相容, 註釋(Ⅱ), 101. 獨民 §§873, 929는 법문에서 Einigung이라하여 이를 債權契約인 Vertrag과 구별하고 있다.
34) 同旨 郭潤直, 74; 黃迪仁·金相容, 註釋(Ⅱ), 103.
35) 金顯泰(上), 49; 李英俊, 68; 李太載, 68; 張庚鶴, 165; 崔栻, 76; 方順元, 22-3.
36) 金容漢, 75-6; 金顯泰(上), 47-8; 崔栻, 76; 黃迪仁, 55.
37) 金顯泰(上), 50.
38) 張庚鶴, 165.

있고, 物權的 合意에만 意思表示에 관한 규정을 적용할 수 있는 점을 간과하고 있어 따르기 어렵다.

(2) **獨自性·無因性**

不動產物權變動의 경우와 마찬가지의 문제이므로 物權 前論에서 한 설명은 여기에도 적용된다.

(가) 獨自性의 認定與否

(a) 物權行爲의 獨自性을 인정하거나 부정한다고 할 때 그 獨自性의 의미는 논자에 따라 반드시 일치되는 것은 아니다.

하나의 用例는 物權行爲의 獨自性을 原因行爲인 債權行爲와 개념적으로 구별되는 法律行爲의 존재를 인정한다는 概念的 獨自性의 의미로 사용하는 것으로서 현실적으로 두 法律行爲가 따로 행하여 지는지의 여부와는 별개의 의미로 사용하는 것이다. 즉 物權行爲는 債權行爲와 별도로 존재하든, 債權行爲의 이행으로 그 후에 행하여지든, 債權行爲와 합체하여 일체로 존재하든, 債權行爲가 없고 物權行爲만 행하여지든, 언제나 존재하는 것이고 그 效力으로 物權變動이 발생한다는 것을 인정하는 것이 獨自性을 認定하는 것이라고 보고, 그렇지 않으면 獨自性을 否認하는 것이라고 보는 것이다.[39]

이러한 의미에서 物權行爲의 獨自性을 부인하는 견해는 獨逸民法과는 달리 우리 民法에는 獨自性을 인정할 근거 규정이 없는데다가 物權法이 登記나 引渡를 받지 않으면 物權者로서 보호하지 않겠다고 한 이상 代金을 완납한 賣渡人에게 物權的 期待權을 인정하기 위하여 物權行爲의 관념을 도입할 필요도 없으며, 不登 §41 v가 登記申請書의 기재사항으로 登記原因을 요구하고 있다는 점을 들고 있다.[40] 또 當事者들이 物權行爲만을 나중에 따로 하기로 약정하는 경우에도 豫約을 체결한 것으로 볼 것이지 나중에 체결되는 계약이 반드시 物權行爲여야 하는 것은 아니며, 당사자들이 반드시 그 物權行爲를 하여야 할 拘束力을 인정하지 아니하는 때에는 約定解除權을 유보한 契約을 체결한 것에 불과하고, 金錢의 給付는 그 원인이 債權行爲이든 不法行爲이든 物權行爲라고는 볼 수 없으므로 債權行爲의 선행없이 物權行爲만 행하여지는 경우란 있을 수 없어 결국 物權行爲와 債權行爲를 구별할 필요가 없게 된다고도 한다.[41]

---

39) 이러한 의미로 獨自性의 문제를 다루는 見解로는 李英燮, "物權行爲의 獨自性", 法曹 9-7, 19 이하; 金顯泰(上), 51; 金基善, 70; 李英俊, 71.

40) 李英燮, "物權行爲의 獨自性", 法曹 9-7, 26 이하.

41) 李好珽, "不動産의 最終買受人(轉得者)의 最初買受人에 대한 登記請求權", 考試界

이와 같은 입장에서 獨自性을 부인하면, 民 §188 I 의「讓渡」는 債權行爲를 가리키는 것으로 파악하게 된다.[42]

(b) 多數의 見解[43]는 이와 달리 處分行爲인 物權行爲와 原因行爲인 債權行爲는 이론상 서로 구별되는 別個의 法律行爲로서 하나의 法律行爲에 합체될 수 없음, 즉 槪念的 獨自性은 이를 인정하되, 현실의 거래에서 物權行爲와 債權行爲는 별도로 이루어지는 것이 원칙인지 아니면 함께 병행하여 이루어지는 것이 원칙인지에 관한 成立의 獨自性 여부에 관한 문제로 파악하고, 前者의 태도를 지지하는 것을 獨自性을 認定하는 立場[44]이라고 하고, 後者의 견해에 따르는 것을 獨自性을 부정하는 立場[45]이라고 한다. 그렇게 되면, 物權行爲의 獨自性을 부인한다고 하여 債權行爲와 구별되는 物權行爲의 존재를 부정하는 것은 아니며, 그렇다고 하여 物權行爲가 언제나 債權行爲와 동시에 행해져야 한다는 것도 아니다. 또 物權行爲의 獨自性을 인정한다고 하여 物權行爲가 언제나 債權行爲와 따로 행해져야 한다는 것도 아니다. 어느 설을 따르던 物權行爲의 존재에 대한 當事者의 意思가 명백한 경우에는 그에 따르게 되므로 결국 獨自性의 인정여부는 物權行爲가 어느 때에 행하여졌는지 분명하지 않는 경우에 한하여 의미를 갖게 되는 것이다. 獨自性을 인정하는 說은 원칙적으로 物權的 合意는 引渡가 있을 때에 묵시적으로 행하여진다고 본다.[46] 그러나 物權變動에 관하여 成立要件主義를 취하는 우리 民法의 해석으로서는 物權行爲 이외에 公示方法까지 갖추어져야 物權變動이 일어나게 되므로 이러한 의미의 獨自性을 인정하든 부정하든 物權變動의 시기에는 아무런 영향을 미치지 않게 된다.

獨自性의 문제를 이와 같이 파악하게 되면 그 인정여부와는 상관없이 民 §188 I 의「讓渡」는 物權行爲를 가리키는 것으로 파악될 것이다.[47]

(c) 抵當權과 質權의 設定, 物權의 拋棄, 所有權留保附賣買 등을 설명함에서 보듯 槪念上 物權行爲의 獨自的 存在를 인정할 필요는 있다. 이러한 경우를 제외하고는 物權行爲의 槪念的 獨自性을 否認하는 見解와 物權行爲의 成

293, 17 이하 참조.

42) 李英燮, "物權行爲의 獨自性", 法曹 9-7, 29.

43) 郭潤直, 76; 金容漢, 79; 金曾漢, 50; 李太載, 68; 張庚鶴, 167; 黃迪仁, 49; 黃迪仁·金相容, 註釋(Ⅱ), 105.

44) 金容漢, 85-7; 金曾漢, 103; 黃迪仁, 55.

45) 郭潤直, 83-4; 李太載, 72; 黃迪仁·金相容, 註釋(Ⅱ), 119. 大判 77.5.24, 75다1394(集 25-2, 44).

46) 金曾漢, 103.

47) 郭潤直, 97; 張庚鶴, 176; 黃迪仁·金相容, 註釋(Ⅱ), 117.

立의 獨自性을 否認하는 見解는 실질적으로 차이가 없다. 概念的 獨自性을 부인하면서도 특약이 있으면 채권계약 이후 所有權移轉만을 목적으로 하는 物權行爲를 따로 하는 것도 가능하다거나, 抵當權 및 質權의 設定, 債務의 辨濟를 위한 金錢 기타 物件의 給付, 財産權의 抛棄 등과 같은 경우에는 物權의 發生만을 목적으로 하는 法律行爲의 존재를 인정하게 되면[48] 더욱 그러하다. 특히 成立의 獨自性을 인정하는 說과 부정하는 說 사이에는 物權行爲와 債權行爲가 동시에 이루어지는 것이 원칙인가, 따로 이루어지는 것이 원칙인가하는 차이가 있을 뿐이므로 결국 모두 當事者意思의 解釋에 관한 事實問題로 귀착되게 된다.[49]

現實賣買가 중요한 비중을 차지하는 動産去來에 있어서는 物權行爲가 따로 이루어진다고는 보기 어려운 사례가 보통이다. 또 動産去來에 있어서는 善意取得에 의하여 去來의 安全이 보호되므로 無因性說을 주장하기 위한 기초로서 物權行爲의 獨自性을 주장할 實益이 없고, 特定物의 賣買인 경우에는 통상 當事者의 效果意思에 債權을 發生시키고자 하는 意思와 所有權을 移轉하려는 意思가 결합되어 있다고 보아야 할 것이고, 不特定物의 賣買인 경우에도 특정을 條件으로 하여 物權行爲가 債權行爲와 함께 이루어지는 것이라고 보아야 할 것이므로 物權行爲는 원칙적으로 債權行爲와 함께 이루어지는 것으로 보아야 한다.

(나) 無因性의 認定與否

(a) 原因行爲인 債權行爲의 효력의 유무가 物權行爲의 효력에 어떤 영향을 미치는지의 여부에 관한 문제이다. 物權行爲와 債權行爲가 동시 또는 근접하여 이루어짐으로써 無效나 取消事由를 공통으로 갖게 된 결과(소위 欠缺共通 Fehleridentität의 경우)로 物權行爲가 債權行爲와 운명을 같이하는 것은 有因性의 인정여부와는 관계가 없다. 이 문제는 債權行爲와 구별되는 物權行爲의 존재를 인정하는 경우에만 제기될 수 있다. 보통 物權行爲의 獨自性[50]을 인정하는 學說은 無因性도 인정하고 있고,[51] 獨自性을 부인하는 설은 有因性을 인정하고 있으나,[52] 獨自性은 인정하면서도 有因性을 인정하는 說[53]도 있다.

---

48) 我妻-有泉亨, 58.
49) 同旨 李英俊, 72.
50) 前述 (가) (b)의 의미의 獨自性을 말한다.
51) 金基善, 71-2, 75-6; 金容漢, 91 이하; 金曾漢, 52, 63; 金顯泰(上), 64; 張庚鶴, 181 이하; 崔栻, 76, 78.
52) 郭潤直, 83, 95 이하; 李太載, 77-8; 黃迪仁 · 金相容, 註釋(Ⅱ), 235.
53) 黃迪仁, 65.

判例는 不動産에 관한 것이기는 하나 物權行爲의 獨自性을 부인하고 物權行爲의 效力은 原因行爲인 債權行爲의 효력에 영향을 받는다고 하여 有因性을 인정한다.[54] 이러한 判例의 입장이 현행 民法 시행이후부터 계속 유지되어 온 점을 들어 物權行爲의 有因性은 이제 慣習法으로 확립되었다는 주장[55]도 있다.

(b) 獨自性을 부인한다고 하여 物權行爲는 언제나 債權行爲와 함께 이루어져야 한다는 것은 아니므로 成立의 獨自性을 인정하는 것이 無因性說의 논리적 전제가 되는 것은 아니다.[56] 物權行爲의 無因性을 인정하는 이유는 去來의 安全을 보호하자는 데 있는데, 動産의 경우 不動産에 비하여 쉽게 소비되는 것이 보통이고, 상대적으로 短期의 取得時效가 적용되며, 무엇보다도 公信의 原則이 채택되어 去來의 安全은 이에 의하여 보호되므로 物權行爲의 無因性을 주장할 실익은 거의 없다. 動産의 경우에는 現實賣買는 물론 債權契約과 物件의 引渡 사이에 상당한 시간적 간격이 있는 때에도 그 引渡方法이 現實引渡만에 의하지 아니하고 고도로 관념화되어 있어 債權行爲와 物權行爲가 동시에 있었던 것으로 해석되는 경우가 많을 것이므로 無因性을 인정하더라도 실익이 없다. 無因論을 주장하는 견해에서도 動産의 경우에는 不動産에서와는 달리 明示의 約定이 없더라도 여러 사정으로 보아 당사자가 物權行爲를 확정적인 것이 아니라고 의식한 때에는 債權行爲의 유효를 條件으로 할 의사가 있었다고 해석하여야 한다[57]고 하는 까닭도 여기에 있다.

(3) 方 式

物權的 合意는 方式을 요하지 아니하고, 그 意思表示가 明示的이 아니더라도 무방하다. 특히 動産去來에 있어서는 明示的인 意思表示에 의하지 아니하는 경우가 오히려 일상적이며, 債權契約과 함께 이루어지는 것이 보통이다. 物權的 合意에 방식을 요구하려는 어떠한 法律行爲도 無效이다. 그렇지 않으면, 契約에 의하여 物權의 處分을 制限하는 셈이되어 物權法定主義(民 § 185)에 반하기 때문이다.[58]

(4) 適用法規

物權的 合意도 法律行爲이므로 行爲能力, 意思의 欠缺, 條件, 代理 등 總則

54) 大判 77. 5. 24, 75다1394(集 25-2, 44).
55) 李英俊, 77.
56) 無因性은 獨自性을 인정하는 경우에만 가능하다는 見解로는 金容漢, 89; 金曾漢, 59 참조.
57) 金容漢, 96; 金曾漢, 64.
58) MünchKomm/Quack, § 929 RdNr. 44 참조.

規定의 적용을 받는다. 原因行爲와의 관계에서 無因說을 취하는 경우에만 의미가 있겠지만, 反社會秩序의 法律行爲(民 §103)나 不公正行爲(民 §104)에 관한 民法의 規定이 適用될 것인지는 다툼이 있다.

이에 반해 物權的 合意도 契約이기는 하지만 處分行爲로서 의무부담의 성격을 갖지는 않으므로 원칙적으로 契約을 포함한 債權法의 규정은 적용되지 않는다. 그러나 제3자를 위한 契約(民 §539)이 적용될 것인지는 문제이다.

(가) 行爲能力 　讓渡人이 行爲能力을 갖지 않은 때에는 그가 한 物權行爲는 取消할 수 있다. 그러나 讓受人이 未成年者인 때에는 物權의 取得을 목적으로 하는 物權行爲는 權利만을 얻는 行爲에 해당(民 §5 I)되므로 法定代理人의 同意없이도 할 수 있게 되나, 原因行爲가 權利만을 얻는 행위가 아닌 때에는 取消될 수 있고, 또 그 경우 有因論을 취하게 되면 物權行爲도 失效될 것이다.

(나) 代 理 　代理에 관한 규정은 物權行爲에도 적용된다. 表見代理의 規定(民 §§125, 126, 129)도 마찬가지이며, 無權代理人의 책임에 관한 民 §135 I 중 無權代理人에게 契約의 이행의 책임을 지우는 부분을 제외하고는 無權代理에 관한 규정도 적용된다. 原因行爲에 대한 授權은 별다른 사정이 없는 한, 物權的 合意에 대한 授權을 포함하는 것으로 해석된다. 物權行爲에 대하여 代理權이 주어졌더라도 事實行爲인 引渡는 代理할 수 없다. 그러나 引渡가 法律行爲的인 意思表示에 의하여 대치되는 경우, 즉 簡易引渡(民 §188 II), 占有改定(民 §189), 目的物返還請求權의 讓渡(民 §190) 등의 경우에는 代理가 가능하다. 현실의 引渡의 경우에도 代理人이 當事者의 占有補助者이거나 間接占有關係가 설정될 때에는 마찬가지의 효과가 일어나게 된다.[59]

(다) 反社會的 物權行爲 　法律이 物權의 取得 그 자체를 禁止하거나 이를 금지하기 위하여 去來를 금지하는 때에는 그 取得을 목적으로 하는 債權行爲는 물론 物權行爲도 無效이다. 國有文化財의 讓渡 및 私權設定行爲(文化財管理 §54)가 그러하다. 그 밖에 物權行爲가 贓物罪(刑 §362)에서와 같이 刑法의 構成要件의 實現을 그 내용으로 하는 때에도 無效이다. 無因論을 주장하는 견해 가운데에는 動産物權의 讓渡 그 자체는 價値中立的인 것으로 物權의 變動만을 목적으로 하는 物權行爲에 民 §103가 적용될 수 없다는 說[60]도 있으나, 錯誤나 欺罔에 의하여 物權行爲가 이루어진 경우 이를 取消할 수 있는 것과 마찬가지로 無因

59) Baur, §51 II 1 d.
60) Schwab, §2 IV 3 참조.

의 物權行爲도 그 자체의 反社會性으로 인하여 無效로 될 수 있으며 物權行爲에 의한 權利變動의 결과가 反社會性을 가지고 제3자의 利益이나 公益을 침해하는 때가 그에 해당한다는 說,[61] 원칙적으로 民 §103은 債權行爲에만 적용될 수 있으나 예외적으로 讓渡擔保를 함에 있어 다른 債權者의 이익을 전혀 고려하지 않는 경우와 같이 物權行爲의 효과로서 일어나는 物權變動 그 자체가 社會秩序에 반하는 때와, 物權의 移轉 그 자체가 社會秩序에 반하지는 않으나 상대방으로 하여금 어떤 犯罪行爲를 범하게 하는 경우와 같이 그 物權變動으로 社會秩序에 반하는 결과를 초래하는 때에는 物權行爲도 社會秩序違反을 이유로 無效가 될 수 있다는 說[62] 등이 있다. 獨逸의 判例는 연장된 所有權留保[63]는 경우에 따라 讓受人의 經濟的 行動의 자유를 과도하게 제한하는 過剩擔保로서 社會秩序에 반할 수도 있다고 한다.[64] 또 獨逸라이히法院의 判例 가운데는 銀行員이 銀行券을 횡령하여 추심한 대금으로 구입한 有價證券을 자신의 情婦에게 贈與한 사례에서 情夫가 그러한 情을 알고 取得한 이상 그 贈與는 反社會的 行爲로서 無效이므로 情夫는 자신의 형식적인 所有權取得을 이유로 하여 不法行爲에 기한 債權을 근거로 하는 銀行의 强制執行을 거부할 수 없다고 한 사례가 있다.[65]

그러나 無因說의 입장에서도 物權行爲가 暴利行爲(民 §104)에 해당할 때에 無效라는 점에 대해서는 異論이 없다.[66]

㈑ 제3자를 위한 契約(民 §537) 獨逸에서는 不動産에 관한 物權的 合意에 특별한 방식을 요구하는 獨民 §925의 존재 때문에 物權行爲에도 제3자를 위한 契約(獨民 §§328 이하)이 적용될 것인지가 크게 다투어지고 있다.[67] 그러나 그러한 제한이 없는 우리 民法의 해석론으로서는 제3자를 위한 物權行爲도 社會秩序에 반하거나 제3자의 이익을 해하지 않으므로 그 有效性을 인정하여야 한다.[68] 이 경우에도 公示方法은 受益者인 제3자와 讓受人 사이에 이루어져야 하지만, 公示方法이 占有改定과 같이 法律行爲에 의하여 이루어지는 때에는 제

61) Flume, Alllgemeiner Teil des bürgerlichen Rechts(Ⅱ), §18, 8.
62) 金曾漢, 物權法(上), 235(1970).
63) 後述 (5) ㈑ (b) (ii).
64) BGHZ 26, 185(190).
65) RG 81, 175.
66) Baur, §5 Ⅳ 3 a 참조.
67) 肯定說로는 Baur, §5 Ⅱ 2. 否定說로는 Jauernig, §929 2f 등 참조.
68) 通說이다. 郭潤直, 61; 金曾漢, 49; 李英俊, 89; 李太載, 63; 張庚鶴, 158; 黃迪仁·金相容, 註釋(Ⅱ), 92. 反對 崔栻, 新債權各論(1961), 120.

3자를 위한 契約의 형태로 이루어질 수 있다.

(5) **物權行爲의 內容**

物權的 合意는 所有權讓渡의 意思表示의 合致를 포함하여야 하고, 特定한 物件에 관한 것으로서 특정한 取得者에게 讓渡할 것을 내용으로 한다. 物權的 合意에 條件이나 期限이 부착될 수는 있으나, 物權法定主義 때문에 더이상의 요건은 필요하지도 않고, 허용되지도 않는다. 따라서 合意에 의하여 物權的 合意에 방식을 설정하더라도 無效이다.

㈎ 所有權의 讓渡 物權的 合意는 所有權을 讓渡한다는 意思表示의 合致를 포함하여야 한다. 즉 讓渡人의 所有權을 이전한다는 請約과 讓受人의 所有權을 取得한다는 承諾이 합치되어야 한다.

㈏ 物件의 特定

(a) 意 義 物權的 合意는 特定한 物件에 관한 것이어야 한다. 그렇지 않으면 物件에 대한 直接的 支配 내용으로 하는 物權의 성질상 그 변동은 불가능하기 때문이다. 당사자들이 意思表示에 의하여 가르키고자 하는 經驗的으로 존재하는 目的物 또는 그러한 目的物의 一團이 다른 물건들과 의심없이 구별되어질 때 비로소 그 目的物은 특정되었다고 할 수 있다. 다만 不特定物을 대상으로 하였더라도 특정을 條件으로 하여 物權行爲를 한 경우에는 條件附 物權行爲로서 성립될 수 있다.

(b) 集合物 및 種類物 다수의 물건이 개개의 獨自性을 잃지 아니한 채 集合하여 경제적으로 단일한 가치를 가지는 集合物에 대해서는 工場抵當法이나 鑛業財團抵當法처럼 特別法에 의하여 公示方法이 인정되는 경우를 제외하고는 一物一權主義의 원칙상 하나의 物權이 성립될 수는 없다할 것인데, 判例는 集合物에 대한 讓渡擔保權設定契約에 있어 集合物에 대하여는 하나의 物權이 인정된다고 한다.[69] 그러나 集合物에 대한 物權이 이를 구성하는 개개의 物權 위에 각각 존재한다고 하든 集合物의 관념을 적극적으로 인정하여 集合物 자체에 대하여 단일하게 존재한다고 하든 그 특정의 필요나 정도에 있어서 차이가 있게 되는 것은 아니다.

目的物이 다수인 때에는 하나하나 그 개성을 지정하여 特定할 수도 있겠지만, 種類를 지정하거나 가옥 내에 있는 家財道具 전체처럼 空間的인 單位를

69) 大判 88. 10. 25, 85누941(公 837, 1484); 大判 88. 1. 27, 87누1043(公 842, 245). 同旨 李正九, "集合物에 대한 讓渡擔保", 法曹 38-11, 77(1986).

정하여 특정할 수도 있다. 이와 같이 그 자체로서 個性을 갖춘 것으로 여겨질 수 있도록 目的物이 존재하는 時間과 空間을 한정함으로써 特定하고자 하는 때에는 그 種類物이나 集合物 전체를 한정하여야 하고 數量이나 價格에 의한 量的인 制限을 가해서는 안 된다. 따라서 特定의 倉庫에 현재 있거나 장래 있게될 全體나 창고의 특정부분에 있는 物件全部로도 특정되고, 特定의 家屋 내에 있는 家財道具 전체로도[70] 특정될 수 있으며, "언제부터 언제까지 生產하는 特定 종류의 商品全體"와 같이 目的物을 時間的으로 限定함으로써도 特定되지만, 時間的으로 限定하더라도 "언제부터 언제까지 생산하는 商品 중 몇 개"처럼 量的인 일부로 제한된 때에는 物權行爲가 특정되었다할 수 없다. 또 物件의 性質, 즉 色·크기 기타 讓渡의 目的物이 다른 物件들과 의문의 여지없이 구별될 수 있는 표시 등에 의한 特定도 가능하나, 이때에도 '붉은 것 全部', '製造 一連番號 100부터 200까지 全部' 등과 같이 전체를 限定하는 方式에 의하여 지정되어야 한다. 예를 들어 '倉庫에 있는 物件의 折半'이나 '飼育하는 養鷄中 몇 마리'처럼 量的인 일부로 한정하거나, '총 몇 킬로그램의 子豚'[71]처럼 目的物集團의 全體重量을 한정하여서는 특정되었다고 할 수 없다. 또 특정은 물건을 經驗的으로 指定하는 것이어야 하고, 權利關係를 지정하는 것만으로는 부족하다.[72] 따라서 어느 곳에 있는 物件中 讓渡人 所有에 속하는 것이 있다면 그것을 讓渡한다는 방식으로는 특정되지 않으며, '倉庫에 있는 물건 중 賣渡人이 所有權留保附로 매수한 물건을 제외한 賣渡人의 物件全部'처럼 관계 장부나 영수증에 의하여 매매대금의 완납사실을 확인하기 전에는 物權的 合意 자체만으로 讓渡의 目的物에 포함되는 것인지의 여부를 가릴 수 없는 때에는 특정되었다 할 수 없다. 또 '몇 원어치의 물건'처럼 價格을 限定하여서도 特定되었다 할 수 없다.

(c) 特定의 時點 物權行爲의 목적물은 늦어도 所有權移轉의 要件이 충족될 때까지는 特定되어야 한다. 일단 目的物이 特定되고 讓渡의 效力이 발생하면, 事後에 目的物이 불명확하게 되더라도 處分의 效力에 영향을 미치지는 않는다. 예를 들면, 일정한 시점에 존재하는 가재도구 전부를 讓渡하였는데, 그 후 집기가 증가함으로써 讓渡當時 존재한 가재도구와의 구별이 어렵게 된 경우에도 處分의 效力에는 영향이 없고,[73] 단지 立證의 문제로 돌아갈

70) BGHZ 73, 253.
71) BGH NJW 1984, 803.
72) BGHZ 21, 52; 28, 16.
73) BGHZ 72, 253.

뿐이다.

(다) 取得의 主體 物權은 特定人에 대한 물건의 歸屬을 의미하는 것이므로 取得의 主體도 特定되어야 한다. 그런데 動産이 통상의 現實賣買에서 이른바 間接代理의 방식에 의하여 거래되는 경우에는 賣買當事者로서는 진실한 상대방이 누구인지, 즉 가게의 주인이 누구인지, 또는 실제 물건을 사기위해 占有補助者나 間接占有者가 될 사람을 보낸 사람이 누구인지에 대해서는 아무런 이해나 관심을 갖지 않을 수도 있다. 이때에도 物權變動이 일단 처분에 직접 가담한 當事者를 경유하여 진실한 買受人에게 양도되어야 한다고 하면 불필요한 과정을 설정하는 것일 뿐만 아니라 當事者들이 자신의 委託者에게 그와 같은 讓渡行爲를 한다는 것도 기대하기 어려우므로 당사자들의 의사에 부합되는 것도 아니라는 점을 들어 獨逸의 通說과 判例는 權利의 歸屬經路를 가능한 한 실제에 부합되게 파악하고자 한다. 즉 物權的 合意에 있어서는 讓渡人이나 讓受人의 어느 편을 위하여서도 非顯名代理가 가능하다는 것이다.[74] 전형적인 것은 讓受人의 代理人이 자신이 代理人임을 표시하지 않고 讓渡人이 그 代理關係를 알지 못하였다고 하더라도 物權變動의 法律效果는 本人에게 直接 발생한다고 보는 것이다.[75] 獨逸의 通說은 匿名의 本人을 위한 法律行爲가 인정되기 위해서는 먼저 讓渡人의 편에서 讓受人의 인격이 누구이던 무관한 경우라야 하며, 讓渡人의 意思表示가 그러한 의미로 해석될 수 있어야 하고, 또 讓受人의 편에서는 讓受人을 위하여 去來에 직접 관여한 제3자가 本人인 讓受人을 위하여 取得하고자 하는 경우라야 하는데, 보통은 제3자가 讓受人에 대하여 그와 같은 의무를 지고 있다면 반대의 사정이 없는 한 제3자에게 그와 같은 意思가 있다고 인정할 수 있을 것이라고 한다.[76] 예컨대, 간호사가 약사로부터 現金으로 붕대를 구입하면서 자신의 名義로 구입하는 것인지 患者의 名義로 구입하는 것인지를 명백히 하지 않는 경우인데, 所有權은 藥師로부터 患者에게로 直接 이전되게 된다. 이 경우 환자는 간호사를 占有補助者 또는 占有媒介者로 하여 목적물을 引渡받게 된다. 그러나 주의를 요하는 것은 物權이 讓受人에게 직접 이전된다고 하여 그러한 顯名主義의 예외가 債權的인 문제에

74) MünchKomm/Quack, § 929 RdNr. 67; Baur, § 51 Ⅶ 3 ; Palandt/Bassenge, § 929 5 a bb. 反對 E. Wolf, § 5 A Ⅷ e.

75) 이러한 법률행위를 이른바 '匿名의 本人을 위한 法律行爲'(das Geschäft, wen es angeht)라고 하는데, '歸屬行爲'(李英俊, 總則, 541)로 번역되기도 한다.

76) MünchKomm/Quack, § 929 RdNr. 69.

까지 확장된다고 하는 것은 아니다. 債權關係에서는 賣渡人이 賣買契約에 따른 權利者와 義務者를 알아야 한다는 이해관계를 갖기 때문이라고 한다.[77]

우리 나라에서는 이와 같이 間接代理의 방식에 의하여 本人이 직접 物權을 取得하는 것을 否定하는 것이 多數說이다.[78] 動産의 現實賣買에 非顯名代理를 허용하는 것은 우선 民 §115에 반할 뿐 아니라, 獨逸에서와는 달리 商行爲에 대해서는 顯名主義를 채택하고 있지 않는 우리 법제상(商 §48) 그 필요성도 적다.[79] 따라서 動産의 物權行爲에도 顯名主義의 예외는 허용되지 않는다고 본다. 이와 같이 否定說을 취하더라도 다음의 두 가지 방법에 의하여 가능한 한 所有權歸屬의 공백을 제거할 수 있다. 하나는 間接代理人이 스스로 所有權을 取得함과 동시에 間接本人에게 그 所有權을 이전하는 행위를 한다고 보아 이에 관하여 民 §124 但書를 적용함으로써 自己物權行爲를 인정하는 방법이다. 이 경우 間接代理人은 間接本人의 占有補助者가 된다. 다른 하나는 間接代理人이 所有權을 取得함과 동시에 間接本人이 그 所有權을 取得할 것으로 미리 약정하는 이른바 事前 物權的 合意와 間接代理人이 그 점유를 取得함과 동시에 間接本人을 위하여 점유한다고 미리 약정하는 이른바 事前 占有改定이 함께 행하여졌다고 이론구성하는 방법이다. 이 경우 間接代理人은 間接本人의 占有媒介者가 된다. 이와 같이 하더라도 所有權取得의 결과는 같게 되나, 取得과 동시에 양도되는 소위 通過取得(Durchgangserwerb)이 된다는 점에서 顯名主義의 예외를 허용하는 경우 直接取得(Direkterwerb)이 되는 것과 차이가 있다.

㈑ 條件·期限

(a) 條件·期限의 許容 物權行爲에는 條件을 부착할 수 있다.[80] 期限附 物權行爲가 이루어진 때에는 期限의 경과로 所有權을 取得하거나 喪失하게 된다. 條件의 成就로 인한 所有權取得 및 所有權復歸의 효과는 당사자의 행위를 요하지 않고 자동적으로 이루어진다. 所有權留保附賣買의 경우 條件成就當時 留保讓渡人의 讓渡意思가 상실되었거나 條件附讓渡 이후 留保讓渡人에

77) Plandt/Bassenge, § 929 5 a bb; Baur, § 51 Ⅶ 3.

78) 郭潤直, 總則, 427; 李英俊, 總則, 544; 李太載, 294. 反對 金曾漢, 總則, 238; 張庚鶴, 總則, 560.

79) 瑞西債務法은 명문으로(瑞債 § 32 Ⅱ) 일정한 경우 非顯名代理를 인정하나, 瑞西는 債務法에 의하여 民商事를 통일적으로 규율함에 주의할 필요가 있다.

80) 郭潤直, 59; 金曾漢, 103. 獨民 § 925 Ⅱ는 不動産에 관한 物權行爲에 條件이나 期限을 부치는 것을 금지하고 있으나 動産에는 그와 같은 규정이 없고, 獨民 § 455가 所有權留保를 규정하고 있음을 들어 動産의 경우에는 條件을 부칠 수 있다고 해석한다. Baur, § 51 Ⅱ 1 c 참조.

게 死亡, 無能力, 處分權의 制限 등의 사유가 발생하더라도 讓受人의 所有權取得에는 방해가 되지 않고, 條件成就 당시 讓受人이 占有를 喪失하고 있더라도 마찬가지이다.[81)]

(b) 條件의 種類

(i) 解除條件 解除條件으로는 讓渡擔保에 있어 當事者들이 債務가 변제되면 자동적으로 所有權이 復歸되도록 약정하는 것을 들 수 있다. 또 無因說을 취하는 견해에서는 物權行爲의 효력을 債權行爲의 유효여부에 의존하게 하는 有因의 條件을 붙이는 것도 가능하다고 한다.

(ii) 停止條件

(ㄱ) 物權的 合意에 부착되는 停止條件으로는 所有權留保附賣買에 있어 賣買代金이 완전히 지급되면 비로소 所有權이 移轉되는 것으로 하는 所有權留保의 條件을 들 수 있다. 이때에도 債權行爲인 賣買契約에 어떤 條件이 부착된 것은 아니다. 所有權留保의 條件을 부착하는 것은 賣渡人의 代金請求權을 담보하기 위한 것으로서 所有權이 賣渡人에게 유보되면, 質權을 설정한 경우와 같이 買受人의 목적물사용을 방해하지 않으면서도 物權的 返還請求權($\frac{民}{§213}$)에 의하여 賣渡人은 買受人의 破産이나 그 債權者들의 執行으로부터도 보호받을 수 있게 된다.

(ㄴ) 獨逸에서 논의되는 所有權留保附賣買의 條件들을 일별해보면, 우선 賣買代金을 擔保하기 위하여 당초의 賣買目的物 그 자체는 아니지만 이에 갈음하는 代替物을 당연히 賣渡人에게 귀속되는 것으로 하는 내용의 條件을 들 수 있다. 이러한 條件을 延長된 所有權留保(verlängerter Eigentums-vorbehalt)라 하는데, 先讓渡條項(Vorausabtretungsklausel)과 加工條項(Verarbei-tungsklausel)이 그 예이다.[82)] 先讓渡條項이란 所有權留保附賣買를 체결함에 있어 留保買受人이 賣買目的物을 제3자에게 전매하여 양도하는 것을 허용하되, 그로인한 留保賣渡人의 所有權喪失에 가름하여 제3매수인에 대하여 발생하는 不特定의 代金請求權을 事前에 留保賣渡人에게 讓渡하는 것을 말한다.[83)] 매매

81) Jauernig, § 929 6 D b; Palandt/Bassenge, § 929 6 B a dd; BGHZ 30, 375(377).

82) 獨逸에서도 이에 대한 民法의 규정은 없으나 判例(BGHZ 7, 365; BGH NJW 1985, 1836)와 學說이 이를 인정하고 있으며, 오늘날 대부분의 一般去來約款은 이러한 규정을 두고 있다. Schwab, § 30 Ⅲ 참조.

83) 예를 들어 "所有權이 留保된 賣買目的物을 讓受人이 처분함으로써 取得하게 되는 일체의 請求權은 현재 이미 讓渡人에게 양도되었다. 그 請求權은 賣買目的物과 같은 범위에서 擔保로 된다." NJW 1982, 2371.

계약체결 당시 제3자에 대한 代金請求權이 특정되지 않는다 하더라도 留保買受人이 처분할 당시 채무자(讓受人)나 금액이 특정될 수 있으면 인정된다.[84] 우리 民法 아래에서라면 이때에도 讓渡人의 通知가 對抗要件으로 필요할 것이다(民 § 450 I).

加工條項이란 加工에 의하여 留保買受人이 所有權을 取得하더라도 留保讓渡人이 加工物에 대한 所有權을 유보하기 위한 것인데, 가공물을 원칙적으로 加工者의 所有로 하는 獨逸民法(§ 950)[85]에서와는 달리 원칙적으로는 材料의 所有者가 所有權을 取得하고 예외적으로 가공으로 인한 가치의 증가가 원재료의 가액보다 현저히 다액인 경우에만 加工者의 所有로 하는 우리 民法(§ 259 I) 아래에서는 따로 加工條項을 둘 실익은 적다. 또 擔保債權의 범위를 매매목적물의 대금보다 확장하는 경우가 있는데, 이를 擴張된 所有權留保(erweiterter Eigentumsvorbehalt)라고 한다. 여기에는 賣買代金뿐 아니라 買受人의 讓渡人에 대한 모든 債務, 또는 나아가 장차 發生할 債務까지 변제할 것을 條件으로 하는 相互計算留保(Kontokorrentvorbehalt)나, 다수의 債權者에 대해 債務를 담보하기 위한 콘체른留保(Konzernvorbehalt) 등이 있다.

이와 같이 延長되거나 擴張된 留保는 留保買受人에게 가혹하여 그 效力이 부정되는 경우도 있다. 獨逸에서는 相互計算留保는 원칙적으로 有效하다고 보나,[86] 이러한 留保가 一般去來契約에 나타나 있는 경우에는 一般去來約款規制法(AGBGB)에 의하여 규제를 받게 된다고 본다.[87] 그러나 콘체른留保는 一般去來約款規制 § 9 II 2에 의하여 상대방이 商人인지의 여부를 가리지 않고 언제나 無效라고 한다.[88] 그러한 규정이 없는 우리 나라에서는 信義誠實(民 § 2), 또는 反社會的 法律行爲(民 § 103) 등의 규정에 의하여 판단되어야 할 것이다.

84) BGHZ 7, 365; 71, 75; 79, 20 ff.

85) 獨逸聯邦大法院은 讓渡人이 讓受人에게 알미늄판을 공급하면서 가공의 전과정을 통하여 그 所有權은 讓渡人이 갖는다고 약정한 사안에서 讓受人이 그 알미늄판으로 알미늄용기를 만들었더라도 讓渡人을 民法 소정의 加工者로 보아야 한다고 판시하여 所有權의 留保를 인정하였다. BGHZ 20, 159.

86) BGH NJW 1978, 632.

87) 一般去來約款規制 §§ 9 II 2, 24에 의하여 非商人에 대한 相互計算留保는 언제나 無效라는 견해, Jauernig, § 929 6 B b.

88) 多數說이다. MünchKomm/Quack, § 929 RdNr. 93; Jauernig, § 929 6 B b는 約款에 의하지 않더라도 유보매수인의 所有權取得을 불확정한 장래로 미루게 되고, 그로 인하여 그의 행동의 자유를 과도하게 규제하게 되므로 獨民 § 138(民 § 103에 해당)에 의하여 無效라고 한다.

(6) 物權的 合意의 拘束力

獨民 §873 Ⅱ은 法律關係를 명료하게 하고 輕率한 物權讓渡를 방지하기 위하여 當事者가 특별한 절차를 밟은 경우를 제외하고는 不動產讓渡에 관한 物權的 合意가 있은 후에도 登記되기 전에는 임의로 이를 撤回할 수 있는 것으로 규정하고 있으나, 動產의 경우에는 그와 같은 규정이 없다. 多數說[89]은 拘束力을 인정하는 것을 例外規定으로 보아 動產의 경우에는 예외가 規定되어 있지 않으므로 不動產의 경우와 달리 취급할 이유가 없다하여 讓渡의 要件이 모두 실현되기 전까지는 一方當事者가 언제나 意思表示를 撤回할 수 있는 것으로 보고 있다. 그러나 우리 民法上은 請約의 拘束力을 배제하는 규정이 없으므로 契約法의 一般原則(民 § 527)에 따라 請約에는 拘束力이 있다고 보아야 한다.[90]

(7) 引渡와의 先後

物權行爲와 公示方法이 이루어지는 時間의 선후는 物權變動의 효과에 아무런 영향이 없다.[91] 예컨대, 甲이 담배판매상인 乙에게 돈을 주고 담배를 매수하는 現實賣買와 같은 경우에는 物權行爲와 引渡가 동시에 이루어지게 되고, 自動車의 買受人인 甲이 自動車販賣商인 乙로부터 특정 회사의 특정 모델 乘用車를 매수하고 그 특정을 위하여 任意의 乘用車를 引渡받아 試乘한 다음 그 자동차를 목적물로 특정하는 경우에는 物權的 合意는 引渡 후에 이루어진 셈이 된다. 이때에도 簡易引渡의 방식에 의한 讓渡가 가능하다고 볼 수도 있으나, 簡易引渡의 경우에는 讓受人의 占有가 반드시 讓渡人의 引渡에 의하여 取得될 필요가 없는 것인데 반해, 위의 사례에서는 양도행위와 관련하여 讓渡人에 의하여 引渡가 이루어진 것이라는 차이가 있다.

2. 處 分 權

民 §188 내지 §190에 의한 物權變動이 유효하게 일어나려면, 讓渡人이 處分權을 가져야 한다. 그렇지 않은 때에는 善意取得이 문제될 뿐이다. 處分權은 자신의 이름으로 讓受人에게 所有權을 양도할 수 있는 權利로서 特別規定에

89) Baur, § 5 Ⅲ; E. Wolf, § 5 A Ⅲ i; Jauernig, § 929 2 d; MünchKomm/Quack, § 929 B I 6; BGHZ 7, 111(115). 反對 Schwab, § 29 Ⅱ.

90) 同旨 金容漢, 77; 金曾漢, 48; 黃迪仁·金相容, 註釋(Ⅱ), 92. 反對 李英俊, 200; 張庚鶴, 157.

91) Westermann, § 38 S. 2; E. Wolf, § 5 A Ⅲ h; MünchKomm/Quack, § 929 RdNr. 102. 反對 Enneccerus-Wolff-Raiser, § 66 I 4; Planck-Brodmann, § 929 Anm. 3b; Palandt-Bassenge, § 929 2c.

의하여 處分權의 전부 또는 일부가 제한되지 않는 한 原則的으로 所有者로서의 地位에서 發生한다.

法律에 의하여 處分權을 갖는 자로는 破產管財人(破 §7)과 委託賣買人(商 §101 이하)을 들 수 있는데, 前者는 所有權者를 排除하고 處分權을 갖으나 後者는 所有權者와 함께 處分權을 갖는다. 그러나 不在者의 財產管理人(民 §22), 相續財產管理人(民 §1053), 遺言執行者(民 §§1093, 1096, 1101) 등의 경우에는 本人을 위하여 한다는 代理的 效果意思가 없고, 財產의 주체가 不確實한 경우가 있어 보통의 代理와 마찬가지로 논할 수 없는 특질이 있기는 하지만,[92] 法定代理人의 일종이지 處分權者는 아니다. 또 通說[93]은 質權者(民 §338 I)나 執達官(民訴 §492, 競 §4)도 "自己의 이름으로 他人의 動產을 處分할 수 있는 權限을 가지는 者"라고 한다. 그러나 競賣는 적어도 民法의 적용에 관한 한 債務者를 賣渡人으로 하는 일종의 賣買로 보아야 할 것이므로[94] 質權者나 執達官은 質權設定者나 債務者의 處分權을 행사하기는 하나, 자신들의 名義로 他人의 動產을 處分하는 것은 아니다.

所有者나 法律에 정한 處分權者로부터 處分權을 授與받은 자는 動產을 유효하게 讓渡할 수 있다.[95] 예를 들어, 所有權留保附賣買의 買受人이 代金을 完納하기 전에 讓渡人의 承諾을 얻어 제3자에게 전매하는 경우를 들 수 있다. 이러한 處分權의 授與는 양도가 종료되기 전에는 언제나 撤回할 수 있다. 또 無權利者의 處分行爲는 無效이지만, 處分權者가 無權利者의 處分行爲를 追認하면 無權代理에 있어서 本人이 追認한 경우와 같이 그 處分行爲는 행위시에 遡及하여 效力을 갖는다고 본다.[96]

3. 引 渡

(1) 總 說

(가) 引渡의 意義 　　引渡는 넓게는 合意에 의한 占有의 移轉, 즉 動產

92) 金曾漢, 總則, 273-4 참조.

93) 郭潤直, 200; 金容漢, 285; 金曾漢, 120; 李太載, 114; 金顯泰(上), 126; 張庚鶴, 454; 註釋民法(上), 364; 黃迪仁·鄭權燮, 註釋(Ⅱ), 405; 我妻-有泉亨, 219 참조.

94) 同旨 郭潤直, 債各, 210; 金鼎鉉, 競賣實務要論(上), 37. 다만 擔保權의 실행을 위한 競賣의 경우에는 申請人이 賣渡人이 된다는 見解로는 方順元, 民事訴訟法(下), 180.

95) 獨民 §185 I은 無權利者가 한 처분이라도 처분권자의 事前承認을 받은 때에는 有效하다고 규정하고 있다.

96) 同旨 郭潤直, 60; 李英俊, 87; 日注民(7), 116. 大判 81.1.13, 79다2151(公 651, 13577); 大判 88.10.11, 88다카2238(公 836, 1406). 獨逸民法은 無權利者가 한 처분은 權利者가 追認하거나 處分者가 目的物을 取得하였거나 또는 그가 權利者로부터 相續받았을 때에는 有效하다고 明文으로 규정하고 있다(獨民 §185 Ⅱ).

에 대한 支配를 同一性을 유지한 채 移轉하는 것을 말하고, 좁게는 物件에 대한 事實上 支配인 直接占有(民 §192 I)를 合意에 의하여 讓渡人側으로부터 讓受人側으로 물리적으로 移轉하는 것을 말한다. 事實上 支配를 이전하는 전형적인 방법은 讓渡人과 讓受人이 目的物을 실제로 「주고 받는」 것이다. 民法이 動產物權變動의 原則的 公示方法으로 규정한 民 §188 I 소정의 引渡도 目的物에 대한 直接的 支配를 現實的으로 넘겨 「주고 받는」다는 所持의 移轉을 기초로 하고 있으나, 규정의 성질상 반드시 이러한 現實의 引渡만이 아니라 넓게는 이로부터 발달해온 갖가지 觀念上의 引渡를 포괄하는 引渡의 典型을 의미하는 것으로 보아야 한다. 通說[97]은 觀念化된 引渡方法에 대해서는 民法이 따로 규정을 두고 있으므로 民 §188 I 의 引渡는 現實의 引渡만을 의미한다고 하나, 다양한 引渡方法을 民法이 망라하여 규정하고 있지는 않으므로 民 §188 I 의 引渡를 現實의 引渡에 국한할 필요는 없다.[98]

現實去來에서 어떤 행위를 「주고 받는」 행위로 보아야 할 것인지가 반드시 명백한 것은 아니다. 事實上의 支配란 그 자체가 去來觀念上 물건이 어떤 사람의 지배아래 있다는 것, 즉 직접적으로 물건에 物理的인 影響을 미칠 수 있고 타인의 영향을 배제할 수 있다는 가능성에 대한 평가를 의미하는 것으로서 반드시 物理的으로 目的物을 잡고 있어야 한다든가 또는 所持하고 있어야 하는 것은 아니므로 경우에 따라서는 目的物의 場所的 移轉이나 객관적으로 쉽게 인식될 수 있는 支配變更의 徵表없이도 그 移轉이 가능하다. 去來方法의 發達에 의하여 실제로 手交하지 않는 것은 물론, 觀念上으로만 目的物에 대한 支配를 移轉하는 방법이 다양하게 발전하게 되었다. 이러한 觀念的인 引渡方法의 하나인 簡易引渡(民 §188 II)는 讓受人이 사실상 점유하고 있다는 점에서 現實의 引渡를 보충하는 성질을 지니지만, 占有改定(民 §189)이나 目的物返還請求權의 讓渡(民 §190) 등의 引渡方法은 讓渡人의 占有를 觀念上으로만 移轉하는 것으로서 그 引渡에 의하여 讓受人은 目的物에 대한 觀念上의 支配만을 취득할 뿐이다. 이러한 점에서 占有改定이나 目的物返還請求權의 讓渡 등의 引渡方法을 引渡의 代用方法(Übergabesurrogat)이라고도 한다.

觀念化된 引渡方法으로는 公示의 原則이 의도하는 效果를 충분히 실현할 수 없는 것은 분명하나, 觀念化된 引渡方法을 부인한다 하더라도 公示의 效果

97) 郭潤直, 194; 金容漢, 155; 金曾漢, 104; 李太載, 106; 張庚鶴, 263.

98) 占有權의 讓渡에 관한 民 §196 I, II 의 경우에는 조문의 규정형식으로 보더라도 이러한 해석이 가능할 것이다.

가 관철될 수 있는 것은 아니다. 예를 들어, 占有改定을 허용하지 아니하더라도 當事者 사이에 目的物의 返還과 그에 이은 現實의 引渡가 이루어지면 외관상 이를 인정하는 경우와 아무런 차이가 없다. 그럼에도 불구하고 觀念化된 引渡方法을 불허한다면, 當事者들로 하여금 불필요한 행위의 반복을 요구하여 動産去來를 번거롭게 만드는 결과밖에 되지 않는다. 이러한 점은 簡易引渡나 目的物返還請求權의 讓渡에 있어서도 마찬가지이다. 民法이 觀念化된 引渡方法을 허용하는 이유는 여기에 있다. 引渡가 觀念化함에 따라 公示力에 의하여 보호되던 去來의 安全은 公信의 原則(民 §249)에 의하여 보호되는 한편, 目的物에 따라서는 登記·登錄 등의 公示方法과 船荷證券, 貨物相換證, 倉庫證券 등의 유가증권에 動産物權을 화체시키는 방법 등에 의하여 보호되게 되었다.

㈏ 法律的 性質　　現實의 引渡에 있어서 所持를 移轉하는 행위 그 자체는 事實行爲이나 讓渡人과 讓受人 사이에 法律行爲인 合意가 필요하며, 그 밖에 簡易引渡나 占有者地位의 變更에 의한 引渡 등의 경우에는 法律行爲만에 의하여 引渡가 이루어지게 된다.

㈐ 物權的 合意와의 關係　　引渡는 物權變動의 獨自的 要件이지 物權行爲의 形式이나 그 내용을 실현하는 履行行爲는 아니다.[99]

(2) **現實의 引渡**

㈎ 意義 및 法的 性質　　現實의 引渡는 目的物에 대한 讓渡人의 事實上 지배인 占有를 社會觀念上 동일성을 유지하면서 讓受人의 支配로 이전하는 것이다. 移轉되는 占有는 讓渡人側의 直接占有이면 충분하고, 반드시 讓渡人의 直接占有에 한정되는 것은 아니다.[100] 전형적인 것으로는 現實賣買에서 目的物을 「주고 받는」것과 같은 所持의 移轉을 들 수 있다. 그러나 거래방법의 발달로 目的物의 事實上 支配를 이전하는 방법도 다양해져 이러한 手交行爲뿐 아니라 占有關係人의 法的 地位를 變更하거나 長手引渡의 경우처럼 手交行爲 없이 當事者 사이의 合意만으로도 지배를 이전하게 되었고, 讓受人이 반드시 直接占有를 취득하여야 하는 것도 아니다. 民 §188 Ⅰ 이 정하는 現實의 引渡도 수교행위에 한정되는 것은 아니며, 事實上의 支配를 이전하는 다양한 引渡方法을 포괄할 뿐 아니라 넓게는 引渡의 典型으로서의 성격을 갖는다.

---

99) 同旨 郭潤直, 74; 黃迪仁·金相容, 註釋(Ⅱ), 7 참조. 引渡는 物權行爲의 效力發生要件이라는 說로는 金容漢, 75-6; 金基善, 85 이하; 金顯泰(上), 46-7. 物權行爲의 形式이라는 說로는 方順元, 25; 張庚鶴, 167; 崔栻, 76.

100) 後述 ㈐ (a) 및 3. (5) ㈑ (b) 참조.

現實의 引渡는 占有權讓渡의 法律行爲와 事實上의 支配를 넘겨주는 事實行爲로 이루어지는 것이 原則이다.[101] 그러나 長手引渡의 경우에서 처럼 支配移轉의 事實行爲없이 이루어질 수도 있다. 手交行爲 자체는 事實行爲이므로 대리에 의하여 이루어질 수는 없고, 경우에 따라서는 占有媒介者 또는 占有補助者에 의하여 이루어지게 된다.

(나) 要 件 現實의 引渡가 인정되기 위해서는 讓渡人의 動産에 대한 事實上의 支配가 讓渡行爲를 원인으로 하여 同一性을 유지한 채 讓受人에게 완전히 이전되어야 하며, 그 移轉에 대하여 當事者 사이에 合意가 성립되어야 한다. 事實上의 支配는 直接占有만을 의미하는 것은 아니며 讓受人이나 讓渡人이 占有媒介者를 사용할 수도 있을 뿐 아니라, 그들의 지시에 의하여 제3자로부터 또는 제3자에게로도 移轉될 수 있으므로 現實의 引渡는 「讓渡人側」이 目的物에 대한 事實上의 支配를 「讓受人側」에 移轉하는 것이라고 할 수 있다.

(a) 事實上 支配의 移轉

(i) 讓渡人의 占有移轉 讓渡人은 讓受人으로 하여금 目的物에 대한 事實上의 支配를 행사할 수 있도록 하여야 한다. 讓渡人이 讓受人에게 직접 目的物의 所持를 移轉하거나, 讓受人이 가져갈 수 있도록 탁자 위에 올려놓는 등이 그 예이다. 그러나 讓渡人의 占有移轉은 반드시 유형의 행위를 요하는 것은 아니므로 讓受人이 讓渡人의 도움없이 目的物에 대한 事實上의 支配를 행사할 수 있는 경우, 예컨대 路上에 積置된 물건의 경우에는 讓渡人이 그 占有移轉을 위한 어떤 具體的인 行爲를 하여야 하는 것은 아니며 占有移轉의 承諾만으로도 충분하다.[102] 다만 讓受人이 추가의 협력이 없더라도 즉시 占有를 행사할 수 있도록 讓渡人이 제공하여야 할 것이다. 日本의 判例는 海底沈沒船의 賣買에 있어서는 沈沒船賣買契約書, 保險會社의 損害品賣渡證, 關係漁場使用에 관한 漁業協同組合長 명의의 承諾書 등을 교부한 때에 引渡가 이루어진 것으로 인정하고 있다.[103] 그러나 讓受人이 즉시 사실상의 支配를 행사할 수 있어야 하는 것이므로 讓渡人이 占有者인 제3자에게 引渡를 指示하거나 제3자로부터 引渡받을 수 있도록 조처를 취하는 것만으로는 부족하다. 예컨대, 木材業者間의 목재거래에 引渡指示書가 사용된 경우, 그 引渡指示書의 發行, 交付, 提示만으로 그에 기재된 木材의 占有가 현실적으로 移轉된다고는 볼 수 없

101) 後述 (나) (b) 참조.
102) 後述 長手引渡 참조.
103) 日最判 昭 35(1960). 9. 1(民集 14-11, 1991).

다.[104] 다만 이러한 때에는 返還請求權讓渡에 의한 引渡가 가능할 것이다.

讓受人으로 하여금 占有를 취득하게 하기 위하여 讓渡人側이 占有關係를 종료하는 것은 통상 讓渡人 자신이 占有를 移轉하는 方法으로 이루어지겠으나, 讓渡人의 占有는 占有補助者를 통한 점유를 포함하므로 讓渡人의 指示에 의하여 占有補助者가 讓受人에게 점유를 이전한 경우에도 現實의 引渡는 인정된다. 賃借人이 目的物을 讓受人에게 직접 引渡하는 경우와 같이 讓渡人의 占有媒介者가 讓渡人의 指示에 따라 讓受人에게 引渡하는 경우에도 마찬가지이다. 또한 讓渡人이 引渡 당시 직접 또는 간접으로 目的物을 점유하고 있지 않다고 하더라도 讓受人의 占有取得이 讓渡行爲를 원인으로 한 것이고, 引渡가 讓渡人의 意思에 기하여 이루어진 때에는 現實의 引渡를 인정하여야 한다. 이른바 讓渡人의 指示取得(Geheißerwerb)에 의한 引渡의 경우이다.[105]

(ii) 讓受人의 占有取得 讓受人은 目的物에 대한 事實上의 支配를 繼續的으로 확고하게 취득하여야 한다. 또 取得된 占有는 實質的이어야 하고 단순히 事實的 支配의 外樣만 갖추어서는 안 된다. 따라서 단순히 讓受人이 점유를 취득하였음을 선언하는 등의 象徵的인 措置를 취하거나 目的物에 표시를 하는 등으로는 事實的 支配를 확립했다고는 할 수 없다. 讓受人이 目的物에 대한 사실상 지배를 확고하게 취득하였는지의 여부는 궁극적으로 社會通念에 의하여 판단되어야 할 것이다.

열쇠없이는 열 수 없도록 物件이 封緘되어 있는 때에는 열쇠를 引渡하는 것도 內容物을 現實的으로 引渡한 것으로 볼 수 있으나,[106] 내용물을 열람시킬 목적으로 一時的으로 열쇠를 교부한 경우에는 열쇠를 一時的으로 占有하는 것에 불과하고 讓渡人의 占有가 確定的으로 終結되는 것은 아니므로 引渡가 이루어진 것이라고는 볼 수 없다. 動産賣買에 있어서 賣買의 目的物이 買收人에게 운반된 경우에는 비록 代金이 완전히 지급되지 않았다 하더라도 買收人이 不完全履行 등의 이유로 그 수령을 거절하였다는 등의 별다른 사정이 없는 한 目的物은 확고하게 引渡된 것이라고 보아야 한다.[107] 또한 目的物에 대한 讓受人의 占有는 物理的·場所的인 近接을 반드시 요하는 것이 아니므로 경우에 따라서는 社會通念上 事實的 支配의 可能性이 인정되는 정도로도 성립

104) 日東京高判 昭 44(1969). 4. 18(判時 561, 51).
105) 後述 (다) (a) 참조.
106) 同旨 金曾漢, 109.
107) 大判 59. 1. 15, 4290民上858(集 7, 9).

된다.[108]

讓受人이 目的物에 대한 完全한 占有를 취득해야 한다는 것은 讓渡人이 완전히 占有를 終結해야 한다는 것과 표리의 관계에 있다. 따라서 예를 들어, 讓渡人이 담장으로 둘러싼 장소에 쌓아둔 物件을 讓渡하기로 하고, 그곳의 문열쇠를 讓受人에게 引渡하였더라도 讓渡人이 매매한 물건을 임의로 반출할 수 있도록 자신의 열쇠를 따로 갖는 경우에는 引渡를 인정할 수 없다.[109] 讓受人의 占有는 완전한 것이어야 하므로 讓渡人이 目的物의 共同占有者로 남아 있으면 現實의 引渡가 이루어진 것이라 할 수 없다. 그러나 讓渡人이 讓受人의 占有補助者로 되는 것은 무방하다.

引渡方法에 慣習이나 特約이 있으면 그에 따라야 한다. 예컨대, 日本의 判例는 立木을 賣買한 경우 伐採한 原木을 當事者雙方이 용적을 산정하여 대금을 정산하기 위하여 檢收한 후에 비로소 搬出하기로 약정하였다면, 買受人이 代金까지 모두 지불하여 임의로 벌채할 수 있는 상태에 있어 일반적으로는 目的物에 대한 事實上의 支配를 취득하였다고 볼 여지가 있다하더라도 檢收되기 전까지는 引渡되었다고 볼 수 없다고 하고,[110] 땔감용의 잡목매매에 있어 買收人이 目的物인 잡목의 상태를 잘알고 있는 때에는 별도로 現地에 나가 山林을 확인하지 않고도 賣買契約을 체결하고 引渡하는 관습이 있다면 현지에 나가지 않더라도 合意만으로 引渡가 이루어진다고 한다.[111] 또 朝鮮高等法院은 개성지방의 蔘圃賣買에 적용되던 以口傳掌의 引渡方法에 대하여 當事者간에 實物調査를 하지 않고 引渡하기 위한 방법으로서 그 효력은 當事者雙方이 입회하여 實物調査를 한 다음 引渡하는 경우와 다르지 않다고 한다.[112]

讓受人은 자신이 目的物에 대한 直接占有를 취득할 수도 있으나, 미리 讓受人으로부터 目的物을 賃借한 賃借人으로 하여금 引渡받게 하는 경우처럼 자신의 占有媒介者를 통하여 間接占有를 취득할 수도 있고, 또 店員이 매매대금을 지급받는 경우처럼 占有補助者에 의하여 目的物의 占有를 移轉받을 수도 있다. 讓受人이 目的物에 대한 事實的 支配를 이전받는다는 것은 자신이 直接 또는 間接占有者가 되는 경우 이외에 자신의 占有媒介者나 占有補助者가 아닌

108) 後述 (다) (b) 참조.
109) BGHZ 27, 362 참조.
110) 日松山地判 昭 40(1965). 2. 24(下民 16-2, 330).
111) 日大判 大 9(1920)12. 27(民錄 26, 2087).
112) 朝高 大 5(1920). 3. 7(朝鮮高等法院判例要旨類集 89).

제3자를 指示하여 目的物을 引渡받게 하는 경우도 포함한다. 소위 讓受人側의 指示取得에 의한 引渡의 경우이다.[113] 예를 들어, 讓受人이 目的物을 매수한 후 引渡받기 전에 第三取得者에게 讓渡(所有權을 讓受人에게 留保한 경우도 같다)하고 讓渡人으로 하여금 目的物을 제3자에게 直接引渡되게 한 때에는 제3자에게 目的物이 引渡됨으로써 讓受人에게 現實의 引渡가 이루어진 것으로 보아야 한다. 따라서 所有權의 取得過程은 讓受人을 경유하게 되는 것이다.

(iii) 讓渡人의 占有와 讓受人의 占有와의 關係 讓受人이 행사하게 된 사실상의 支配는 讓渡人의 사실상의 支配에 기한 것이라야 한다. 따라서 讓受人이 우연히 目的物의 習得하는 등 점유를 原始取得하는 경우에는 引渡가 있다고 볼 수 없다.

(iv) 讓渡行爲와의 關係 占有의 移轉은 當事者들 사이의 讓渡行爲를 원인으로 한 것이어야 하고, 賃貸借나 任置 등 다른 목적을 위한 것이어서는 안 된다. 이와 같이 公示方法으로서의 引渡가 유효하기 위해서는 讓渡行爲와 因果的으로 牽連되어야 하는데, 그 정도는 讓受人이 讓渡行爲 이후 現實的으로(누구로부터인가) 占有를 取得하였다거나 讓渡人이 讓渡行爲 이후 現實的으로(누구에게인가) 占有를 移轉하였다는 점 만으로는 부족하다. 그러나 占有移轉 당시 讓渡人에게 실제 占有의 移轉을 제어할 法的 權能이 있었을 것 또는 讓受人이 占有移轉 이후 占有者로서의 權利를 보유할 것까지를 필요로 하지는 않는다. 소위 指示取得의 경우 讓渡人의 指示가 원인이 되어, 또는 讓受人의 指示를 원인으로 하여 占有가 移轉된 이상 그 占有의 移轉은 讓渡行爲를 원인으로 한 것이라고 볼 수 있다.

(b) 讓渡人과 讓受人의 合意 讓渡人과 讓受人은 물건에 대한 讓渡人의 지배를 讓受人에게 넘겨주는 데 合意하여야 한다. 民法은 占有를 要件으로 하여 占有權이 발생한다고 보아(民 192 § I)[114] 占有와 占有權을 표리의 관계로 이해하고 있으므로, 占有의 移轉이란 곧 權利로서의 占有權의 承繼取得을 뜻한다. 권리의 승계로서의 引渡는 단순한 사실관계의 主體의 變更과는 달리 讓渡人과 讓受人 사이에 占有權의 讓渡에 관한 意思의 合致를 필요로 하며, 權利의 讓渡에 관한 것이므로 그것은 法律行爲인 物權的 合意여야 한

113) 後述 (다) (a) 참조.

114) 李英俊, 268-9는 우리 民法의 해석상 占有를 법률요건으로 하여 占有權이 성립한다고는 볼 수 없고 事實上의 支配가 바로 占有權이며 예외적으로 법률의 규정에 의하여 事實上의 支配없는 占有權도 인정된다고 한다.

다.[115] 이 점은 民法이 占有權의 原始取得에 관한 규정(民 § 192 I)과는 別途로 讓渡에 관한 규정(民 § 196)을 두면서 占有權의 「讓渡」라고 규정하는 점에서도 명백하다.[116] 當事者 사이에 占有의 承繼에 관한 意思의 合致가 있어야 한다는 점은 인정하면서도 그 의사는 自然的 意思이지 法律行爲를 이루는 意思表示가 아니라고 하는 見解[117]로는 民法이 占有權을 權利로 구성하고 있는 점을 설명하기 어렵다.

引渡에는 占有權讓渡의 物權的 合意가 필요하다고 하여 引渡된 目的物에 대한 사실상 지배를 취득·보유하려는 占有設定의 自然的 意思가 필요없다는 것은 아니다. 그러한 占有設定意思의 존재없이는 事實上 支配의 成立을 인정할 수 없다. 다만 이러한 自然的 意思는 占有의 成立을 위한 범위에서 필요한 것일 뿐, 그 承繼에 관한 意思의 合致에까지 적용되는 것은 아닌 것이다. 예를 들어, 未成年者의 경우 法定代理人이 所有權과 占有移轉의 物權的 合意를 하게 되면, 스스로 目的物에 관한 사실상 지배를 이전받아 유효하게 이를 양수받을 수 있으나, 持續的 支配를 위한 自然的 意思가 결여된 자는 직접 目的物을 引渡받을 수도 없다.

㈐ 問題되는 境遇

(a) 指示取得에 의한 引渡(die Übergabe durch Geheißerwerb) 讓受人의 占有取得은 讓渡人의 占有에 근거하여 그 事實的 支配가 移轉됨으로써 이루어져야 하므로 引渡가 있으려면 원칙적으로 讓渡人의 占有가 전제되고 그 移轉이 物權變動의 경로를 따라 이루어져야 한다. 그러나 실제 거래상 占有移轉의 경로가 動産物權의 變動經路와 꼭 일치하지 않는데도 現實의 引渡로 인정하여야 할 것인지가 문제되는 경우가 있다. 소위 指示取得의 問題이다.

指示取得은 여러 가지 의미로 사용되나, 우선 讓渡人이 直接 또는 間接占有를 갖지 않는 경우 目的物의 直接占有者가 讓渡人의 指示(Geheiß)에 의하여

115) 同旨 郭潤直, 241; 李英俊, 204; 張庚鶴, 314; 金顯泰(上), 195; 方順元, 65; 張庚鶴, 314; 崔栻, 193.

116) 예컨대, 占有(Besitz)를 權利로 표현하고 있지 않는 獨逸民法은 現實의 引渡에 의한 占有取得의 규정을 따로 두고 있지도 않으며, 原始取得에 관한 규정만으로 규율하고 있을 뿐이다(Baur, § 7B II 2 b 참조). 또 占有를 移轉받는 경우에도 讓受人은 언제나 자신의 事實上 支配力에 의하여 점유를 취득한다고 하며, 自然的 意思의 合致로 충분하다고 한다. 그러면서도 合意만에 의한 占有移轉에 관한 獨民 § 854 II는 合意를 物權契約에 대한 용어인 Einigung으로 표기하고 있어 그 합의는 法律行爲로서 占有移轉에 관한 合意로 해석된다(Baur, § 7 B II 2 c; Jauernig, § 854 II 2; Schwab, § 4 I 2; Palandt/Bassenge, § 854 4 b. 反對 E. Wolf, § 2 E I b 2; MünchKomm/Joost, § 854 RdNr. 21.

117) 金容漢, 192-3; 金曾漢, 104; "引渡의 法律的 性質", 法政 18-6, 20 참조.

讓受人에게 目的物을 引渡하거나 추후 讓受人의 점유를 媒介하는 경우를 들 수 있다. 예를 들어, 사회시설에 의류를 기증하기 위하여 포장을 해두고 引渡를 기다리고 있던 도중 竊取되었는 데 竊盜犯이 신문광고에 의한 기증자의 호소에 접하고 마음의 변화를 일으켜 그 의류를 사회시설에 직접 우송한 경우, 또는 甲으로부터 식용감자를 매수하여 引渡받은 乙이 瑕疵를 발견하고 契約을 解除하였는데, 이를 다시 사료용으로 丙에게 판매한 甲의 指示에 따라 乙이 丙에게 직접 引渡한 경우 등이다. 獨逸의 通說과 判例[118]는 이와 같은 경우에도 直接占有者가 讓受人에게로 引渡하라는 讓渡人의 指示를 따를 것인 한 讓渡人側의 引渡로 인정한다.

指示取得은 그외에도 讓受人의 점유를 媒介하거나 補助하지 않는 제3자에게 직접 引渡되는 경우 讓受人에 대해서도 가능하다.[119] 讓受人이 引渡받기 전에 전매한 다음 讓渡人으로 하여금 제3취득자에게 직접인도하게 한 경우 讓渡人과 讓受人 사이에 占有媒介關係의 성립이 인정되지 않는 범위에서 讓受人의 입장에서는 後者의 指示取得이, 제3취득자의 입장에서는 前者의 指示取得이 문제된다. 指示取得을 인정하면 이러한 順次賣買의 경우에도 所有權은 當事者의 意思에 따라 순차적으로 이루어지게 된다. 目的物이 讓受人의 指示에 의하여 讓受人의 占有媒介者에게 직접 引渡되는 때에도 指示取得을 거론하기도 하나,[120] 이 경우에는 讓受人이 占有를 현실로 取得한 때에 해당된다.

指示取得에 의한 引渡는 실제 目的物의 이동경로와 부합하지 않는 擬制라는 점에서 사실상 公示의 原則에 반하는 것이기는 하나, 다른 觀念化된 引渡方法을 인정하는 마당에 이를 수용하여야 할 필요가 인정되는 이상 現實의 引渡의 한 태양으로 받아들이지 않을 수 없다.[121] 讓渡人과 占有媒介關係를 갖지않는 제3자의 直接占有라 하더라도 讓渡人의 指示에 따라 移轉된 것이라면 讓受人이 취득할 점유의 근거가 되는 讓渡人側의 占有로 보아야 하고, 讓受人과 占有媒介關係를 갖지 않는 제3자가 占有를 취득하였더라도 그것이 讓受人의 指

118) v. Caemmerer, JZ 1963, 586; Wadle, JZ 1974, 689(693 ff.)는 間接占有者가 아닌 無權利者로부터 返還請求權讓渡의 方式에 의하여 讓渡받은 경우에도 善意取得을 인정하는 獨民 §934의 규정이 指示取得을 가능케 하는 단서가 될 수 있다고 한다. Wieling, JZ 1977, 291(294 ff.); Baur, §51 Ⅲ 2; BGH NJW 1973, 141; 1986, 1166; 善意取得의 경우로는 BGHZ 36, 56(60).

119) Wadle, JZ 1974, 689(693 ff.); Schwab, §29 Ⅲ 1; MünchKomm/Quack, §929 RdNr. 141 참조.

120) MünchKomm/Quack, §929 RdNr. 141 참조.

121) MünchKomm/Quack, §929 RdNr. 146 참조.

示에 의하여 이루어진 이상 讓受人側으로의 引渡가 이루어진 것으로 보아야 할 것이다.[122] 讓渡人의 指示에 의한 指示取得은 讓受人이 어쨌든 占有를 취득하게 되므로 별다른 문제가 발생하지 않는다고 볼 수 있으나, 讓受人의 指示에 의한 指示取得의 경우에는 讓受人이 引渡받지 않았다고 한다면, 讓受人은 所有權을 취득하지 못하게 되어 결국 제3취득자는 無權利者로부터 目的物을 讓渡받은 셈이 되는 부당한 결과가 된다. 중요한 것은 讓渡人의 指示가 원인이 되어, 또는 讓受人의 指示를 원인으로 하여 占有가 移轉된 것인지의 여부이다.

甲으로부터 乙로, 乙로부터 丙으로 順次로 賣買가 이루어진 경우에는 최초 賣買의 讓渡人 甲과 讓受人 乙 사이에서 讓受人에게 지시권능을 부여하는 것이 占有媒介關係의 약정에 해당한다고 보아 이미 占有改定에 의한 引渡가 이루어진 것으로 인정함으로써 引渡의 原則에 예외를 허용하지 않으려는 見解[123]가 있다. 물론 乙이 매수당시 占有改定에 의하여 引渡받을 수도 있겠지만, 항상 그렇게 볼 수 있는 것은 아닐 것이다.

(b) 長手引渡(traditio longa manu) 추수하여 들판에 적치한 收穫物과 같이 所有者와 사이에 物理的 場所的으로는 밀접한 관계를 유지하지 아니하더라도 물건이 특히 외견상 占有離脫物로 보이지 않고 所有者가 언제든지 타인에 대한 별다른 行爲나 措置없이도 目的物을 事實的으로 支配할 수 있는 때에는 社會通念上 所有者가 占有하고 있는 것으로 보아야 할 것이다. 그런데, 이때에는 讓受人의 입장에서도 즉시 目的物을 事實上 支配할 수 있는 可能性을 갖게 된다. 獨民 §854 Ⅱ는 이와 같이 "占有의 取得者가 目的物에 대한 事實的 支配를 행사할 수 있는 처지에 있을 때에는 종전의 占有者와 取得者 사이의 物權的 合意만으로 그 占有를 取得한다"고 규정하고 있다. 이러한 명문의 규정은 없더라도 當事者 사이에 占有權讓渡의 物權的 合意만으로 引渡가 이루어진다고 보아야 한다. 讓受人이 事實上의 支配를 즉시 행사할 수 있는 터에 달리 引渡의 객관적 징표를 요구하 수도 없으며, 當事者들로 하여금 들판으로 나아가 積置場所의 移轉 등에 의하여 引渡할 것을 요구한다하더라도 公示의 效果가 충족되는 것도 아닐 것이기 때문이다.[124] 물론 當事者의 意思가 讓受人

122) 指示取得의 경우를 現實의 引渡로 認定하는 見解로는 金曾漢, 105-6; 李英俊, 203-4.

123) Baur, § 51 Ⅲ 3.

124) 다만 大判 77. 5. 10, 77다208(要集 民 Ⅰ-1, 359)는 立木의 賣買에 있어 買收人이 벌채하기로 약정하였다면 買收人이 타인으로 하여금 이를 벌채하여 임야에 적치한 이상 引渡가 완료된 것이라고 하였으나, 立木의 경우는 별도의 公示方法인 明認方法이 인정되고 있는데다가 伐採하기로 한 약정이 있었기 때문에 伐採로 引渡가 완료된다고 본 것이

에 의한 目的物의 搬出에 의하여 引渡되기로 한 경우에는 그 意思에 따라 伐採 등의 搬出行爲가 있어야 비로소 引渡된 것으로 본다.[125)]

獨民 §854 Ⅱ과와 같은 규정이 없는 우리 民法의 해석론으로서는 簡易引渡의 한 형태라기 보다는 現實의 引渡의 한 형태라 보아야 한다.[126)] 長手引渡에 의하여 변경된 것은 直接占有이고, 讓受人이 양도받기 전에 이를 占有하는 것은 아니므로 簡易引渡로 보기는 어렵다.

朝鮮高等法院의 判例가 인정하던 以口傳掌의 引渡方法이 이에 해당한다.[127)] 日本의 判例 가운데는 좌초된 船舶을 目的物로 하는 賣買에 있어서의 引渡는 賣渡人과의 合意에 기하여 買收人이 目的船舶을 사실상 그의 지배하에 두면 족하고, 現場에서 現實로 할 필요는 없다고 한 것이 있고,[128)] 또 海低沈沒船 賣買에 있어서의 沈沒船賣買契約書, 保險會社의 損害品賣渡證, 關係漁場使用에 관한 漁業協同組合長 명의의 承諾書 등을 교부한 때에 引渡가 이루어진 것으로 인정한 것도 있다.[129)]

(c) 占有者의 地位變更에 의한 引渡 占有者의 占有法的 地位를 변경함으로써 目的物에 대한 觀念的 支配를 移轉하는 수도 있다. 讓渡人이 讓受人의 占有補助者가 되는 방식으로 目的物에 대한 支配를 이전하는 경우, 예를 들어 會社員 乙이 그 소유의 自動車를 會社 甲에 賣渡하고, 甲의 委任에 따라 그 自動車를 業務用으로 계속 타고 다니는 경우에는 直接占有가 移轉된 것이므로 넓게는 現實의 引渡에 해당된다.[130)] 讓渡人의 占有補助者를 直接占有者로 변경하는 것도 現實의 引渡에 해당한다.[131)] 예컨대, 會社 甲이 회사원 乙에게 그 동안 업무용으로 타고 다니던 자동차를 매도하는 경우이다. 讓渡人이 자신의 占有補助者로 하여금 讓受人을 위한 占有補助者의 역할을 하게 하고, 그로 말미암아 그 占有補助者가 실제로 讓受人의 占有補助者로서의 지위를 획득하는 경우나, 임대인이 目的物을 양도하고 임차인과 讓受人 사이에 새로운 賃

지 長手引渡를 부인한 취지는 아니다.

125) 日松山地判 昭 40(1965). 2. 24(下民 16-2, 330).

126) 簡易引渡에 해당한다는 설로는 金曾漢, 109; 李英俊, 205.

127) 前述 (나) (a) (ii) 참조.

128) 札幌高判 昭 40(1965). 6. 28(タイムズ 180, 122).

129) 日最判 昭 35(1960). 9. 1(民集 14-11, 1991).

130) 同旨 金基善, 113; 金容漢, 156; 李英俊, 203; 黃迪仁・金相容, 註釋(Ⅱ), 244; MünchKomm/Quack, § 929 RdNr. 121.

131) 同旨 金曾漢, 109; 李英俊, 205. 簡易引渡에 해당한다는 설로는 郭潤直, 242; 金容漢, 155; 張庚鶴, 264; MünchKomm/Quack, § 929 RdNr. 158.

貸借契約의 締結을 주선하여 이를 체결하게 하는 경우와 같이 間接占有者인 讓渡人이 讓受人으로 하여금 새로운 간접점유를 취득케 하는 것도 目的物에 대한 지배가 讓渡人側으로부터 讓受人側으로 현실적으로 移轉하므로 民 §188 I 소정의 現實의 引渡에 속한다.[132]

(3) **簡易引渡**

(가) 意　義　　讓受人이 이미 物件을 占有하고 있는 때에는 當事者의 意思表示만으로도 引渡의 效力이 인정된다. 이때 인정되는 引渡를 簡易引渡(traditio brevi manu, kurze Hände)라고 한다. 賃借人 또는 受置人으로서 타인의 물건을 점유하는 자가 그 물건의 所有權을 讓渡받는 경우가 그 대표적인 예이다. 이때에도 移轉되는 것은 目的物에 대한 事實上의 支配이므로 기능적으로는 現實의 引渡를 보충하는 성질을 가진다.

(나) 要　件

(a) 讓受人의 占有　　簡易引渡에 있어 전형적인 것은 讓受人이 目的物을 直接占有하는 경우일 것이나, 間接占有者인 경우에도 인정된다. 또 讓受人 본인이 占有者가 아니더라도 讓受人에게 本權을 取得시키기 위하여 法律行爲를 하는 代理人이 目的物을 占有하는 때에도 簡易引渡는 인정된다.[133] 물론 이 경우에도 直接占有者는 讓受人의 실질적인 占有媒介者이어야 하고, 단순히 目的物을 引渡하여야 할 債權關係가 존재하는 것으로는 부족하다.[134] 讓受人의 占有는 그 取得方法이나 누구로부터 引渡받았는지의 여부 등은 문제되지 않으나, 占有는 현재의 占有여야 하고 단순히 과거에 占有하였다거나 장차 占有할 것이 기대된다는 것만으로는 부족하다. 讓受人이 目的物을 共同占有하더라도 가능하다. 다만 讓渡人이 目的物에 대한 占有를 가져서는 안 된다.[135] 讓渡人이나 제3자의 占有補助者에 불과한 자는 民法이 占有補助者를 占有者로 인정하지 아니하므로(民 §195) 스스로 讓受人이 되더라도 簡易引渡의 경우에는 해당하지 않는다.[136]

(b) 占有權讓渡의 物權行爲　　當事者 사이에는 本權移轉의 合意이

132) 同旨 李英俊, 203; Jauernig, § 929 3 e; Schwab, § 29 Ⅲ 1; MünchKomm/Quack, § 929 RdNr. 132, 133; Palandt/Bassenge, § 929 3; BGH NJW 1985, 376.
133) MünchKomm/Quack, § 929 RdNr. 156. 反對 金曾漢, 108.
134) MünchKomm/Quack, § 929 RdNr. 156.
135) MünchKomm/Quack, § 929 RdNr. 157.
136) 前述 (다) (c) 참조.

외에 占有權讓渡의 合意가 있어야 한다.[137] 따라서 法律行爲와 契約에 관한 規定의 適用을 받게 된다. 法文上의 「意思表示」는 占有의 讓渡에 관한 合意를 가리킨다.[138] 그렇지 않으면 예컨대, 乙이 甲으로부터 책을 빌려보던 중 책을 분실하여 대가를 변상하고 甲으로부터 책을 讓受한 경우 目的物의 발견을 停止條件으로 한 物權的 合意에 의하여 簡易引渡되는 것으로 보게 될 것인데,[139] 그보다는 物權讓渡의 合意는 이미 이루어졌으나, 引渡만 乙이 책의 소재를 발견하여 占有하는 것을 停止條件으로 하여 이루어지는 것으로 보는 것이 當事者의 意思에 더 합당할 것이다. 甲은 目的物의 발견여부에 상관없이 對價를 수령하는 대신 物權을 讓渡하거나 抛棄하고자 한 것이기 때문이다.[140]

(c) 占有의 時期 法文이 「이미」 그 動產을 占有한 때라고 규정하고 있으므로 民 §188 Ⅱ 이 규정한 「意思表示」가 있기 전에 讓受人이 目的物을 점유하여야 하나, 반드시 意思表示의 成立 전으로 볼 필요는 없고, 意思表示가 效力을 갖기 전, 즉 始期附의 경우에는 始期가 到來하기 전, 停止條件附인 경우에는 停止條件成就 전에 讓受人이 점유를 취득하면 무방하다.[141] 紛失物을 讓渡하는 경우와 같은 때에는 占有의 取得을 停止條件으로 하는 占有移轉의 合意가 가능하다.[142]

(4) 占有改定

㈎ 意 義 物件의 讓渡人이 종래와 같이 占有를 계속하나, 讓受人과 사이에 占有媒介關係를 설정함으로써 讓受人에게 間接占有를 취득시키는 한편, 스스로는 讓受人의 占有媒介者가 되는 경우에는 讓受人이 '引渡받은 것으로 보'는데, 이러한 引渡方式을 占有改定(民 §189)이라고 한다. 예를 들어, 賣渡人이 目的物을 賃借하여 계속 占有하는 경우이다. 占有의 移轉이란 점에서 보면 讓渡人의 占有에 기하여 讓受人에게 間接占有를 設定移轉하는 것이다. 占有의

137) 同旨 金基善, 113; 金曾漢, 108; 金容漢, 193; 李英俊, 204. 所有權移轉의 物權的 合意만 있으면 된다는 反對說은 郭潤直, 194; 黃迪仁·金相容, 註釋(Ⅱ), 243; 註釋民法(上), 252.

138) 獨逸民法은 讓受人이 目的物을 점유하고 있는 때에는 所有權의 讓渡에 관한 物權的 合意만으로 所有權이 讓渡된다고 明示(獨民 §929 후문)하고 있다. 또한 通說은 占有移轉에 관한 獨民 §854 Ⅱ 가 규정한 占有移轉에 필요한 合意도 마찬가지로 法律行爲라고 해석한다. Baur, §7 B Ⅱ 2; Schwab, §4 Ⅰ 2. 다만 이때의 Einigung(合意)은 '종전 점유자의 事實上의 同意'에 불과하다고 보아 行爲能力, 意思表示의 取消 등이 적용되지 않는다는 反對說로는 MünchKomm/Joost, §854 RdNr. 21.

139) 李英俊, 205-6, 李太載, 107 참조.

140) 다만 이때에도 物權的 合意만에 의한 返還請求權讓渡가 인정될 여지는 있다. 後述 (5) ㈏ (b) (iii) 참조.

141) 同旨 金顯泰(上), 107.

142) 前述 (b) 참조.

移轉이란 구조는 現實의 引渡에서와 다를바 없으나, 移轉되는 占有가 讓渡人의 占有에 기하여 설정된 間接占有라는 점이 다르다. 주로 讓渡擔保를 가능케 하기 위하여 발달한 引渡方法이다.

占有媒介關係의 設定으로 引渡에 가름하는 것이란 점에서 占有改定은 物權法上 公示의 原則에 대한 예외라고도 한다.[143] 占有改定에 의한 動產所有權의 移轉은 目的物을 債務者의 占有 아래둔 채 動產擔保를 가능하게 하는 것이므로 債務者의 一般債權者를 해할 염려가 있어 立法論的으로는 많은 논난이 있다. 즉 獨逸民法은 第1草案에서 占有改定을 금지하는 規定을 두었다가 결국 이를 채택하지 아니하였고,[144] 瑞民 §717 I 은 제3자를 불이익하게 하거나 占有質에 관한 規定을 잠탈할 목적으로 한 占有改定에 의한 所有權移轉은 제3자에 대하여 효력이 없다고 규정하고 있다.

(나) 要　件

(a) 占有權讓渡의 合意　　法文이 引渡받은 것으로 「본다」고 규정하여 占有媒介關係의 設定에 의하여 引渡를 가름하고 있으므로 現實의 引渡나 簡易引渡에서와는 달리 따로 占有權讓渡의 合意는 필요없다.[145]

(b) 占有媒介關係의 設定

(i) 占有媒介關係　　이미 讓受人이 目的物을 점유하고 있는 簡易引渡의 경우와는 달리 占有改定을 위해서는 物權的 合意 이외에 실제로 占有媒介關係의 기초인 契約이 성립하여야 한다. 이러한 계약으로는 賃貸借, 使用貸借, 任置 등이 대표적이겠으나, 반드시 그에 한정되는 것은 아니며, 保管·管理·維持義務와 使用·收益·果實收取權 정도의 내용을 갖는 것으로 충분하다. 이러한 구체적인 법률관계는 默示的 意思表示에 의해서도 성립될 수 있으나, 단순히 當事者 일방이 일정기간 상대방을 위하여 目的物을 점유한다고 하는 抽象的 占有改定의 약정은 허용되지 않는다.[146] 讓渡擔保의 경우 擔保權者와 設定者 사이의 법률관계는 정형적으로 규율되게 되므로 반드시 賃貸借 또는 使用貸借의 약정이 실지로 존재하여야 할 필요는 없으며, "擔保의 目的으로 讓渡한다"는 약정만으로도 구체적 占有媒介關係가 설정되기에 충분하다. 讓受人이 目的物을 買受하고 경우에 따라 代金까지 치렀으나 운송상의 문제 등으

143) Schwab, § 29 Ⅲ 3; MünchKomm/Quack, § 930 RdNr. 1 참조.
144) 我妻-有泉亨, 190 참조.
145) 郭潤直, 195; 金基善, 113; 金曾漢, 110. 反對 李英俊, 204.
146) 李英俊, 287; Schwab, § 29 Ⅲ 3; Palandt/Bessenge, § 930 3 b.

로 인하여 가져가는 것만 보류한 경우에는 어떻게 보아야 할까. 궁극적으로는 當事者의 意思解釋 문제이지만, 種類賣買의 경우에는 目的物을 특정하지 않는 한 占有媒介關係가 성립될 수 없고, 特定物賣買의 경우에도 賣買에 의하여 讓渡人이 부담하는 일반적인 善管注意義務(民 §374)나 引渡義務만으로 占有媒介關係가 설정된다고는 볼 수 없으나,[147] 代金까지 치러졌다면 賣渡人이 保管義務 또는 送付義務를 인수한 것에 의하여 占有媒介關係의 성립에 의한 占有改定을 인정하여야 할 것이다.[148]

또 占有媒介關係는 未成年者財產의 管理 등과 같이 法律에 의해서도 이루어진다. 法文은 當事者들이 契約에 의하여 占有媒介關係를 설정하는 경우에만 占有改定이 인정되는 것처럼 규정하고 있으나, 親權者와 未成年者, 遺言執行者와 相續人, 破產管財人과 債權者 사이의 관계에서처럼 占有媒介關係가 법률에 의하여 발생하는 경우에도 占有改定에 의한 物權變動이 인정된다.[149] 예컨대, 未成年者가 親權者로부터 動產을 贈與받게 되면 親權者가 계속 이를 占有하더라도 未成年者는 占有改定에 의하여 그 所有權을 취득하게 된다.

占有媒介關係는 有效한 法律行爲에 의하여 설정되어야 하는가. 學說은 대체로 占有媒介關係가 원칙적으로 讓渡人에게 直接占有를 허용하고 讓受人에게 間接占有를 설정하는 法律關係의 설정을 서로 약정함으로써 성립하는 것이므로 法律行爲的인 性格을 갖는 것이기는 하나, 그 설정여부가 반드시 법률행위적 의사에 의존하는 것이 아니라 궁극적으로는 直接占有者의 他主占有意思에 근거를 두는 것이므로 이러한 他主占有意思는 當事者 사이에 法律行爲가 있었는지 또는 그 法律行爲가 有效한지의 여부와는 별개의 문제이다. 그러므로 占有改定의 경우에도 占有媒介關係가 사실상 設定되면 족하고 반드시 有效한 法律行爲에 의하여 설정되어야 하는 것은 아니라고 한다.[150] 代理人여 본인의 許諾을 받았거나 본인에게 義務만을 이행하고자 할 때에는 自己去來(民 §124)에 의하여 占有媒介關係를 설정할 수도 있다.[151] 이것은 受任人이 거래의 결과 취득

147) Schwab, § 29 Ⅲ 3.
148) Baur, § 51 V 7.
149) 同旨 金曾漢, 111; 金顯泰(上), 107; 李英俊, 209; 註釋民法(上), 253; Baur, § 51 V 4; Schwab, § 29 Ⅲ 3; BGHZ 73, 253(258).
150) 金容漢, 156; 李英俊, 208; 我妻-有泉亨, 190. 獨逸의 通說이다. Baur, § 51 V 3; Jauernig, § 930 3 d; E. Wolf, § 5 A Ⅵ c 3; MünchKomm/Quack, § 930 RdNr. 11; Palandt/Bassenge, § 930 3 b; Staudinger/Wiegand, § 930 RdNr. 12-3.
151) 同旨 金曾漢, 110; Baur, § 51 V 5; Schwab, § 29 Ⅲ 3; MünchKomm/Quack, § 930 RdNr. 16; Palandt/Bassenge, § 930 1.

한 動產物權을 委任人에게 즉시 讓渡하기 위하여 선택되는 방법이다. 전형적인 경우가 委託賣買(商 §101 이하)의 경우라 할 것이나, 商法은 委託賣買人이 委託賣買로 인하여 취득한 物件, 有價證券 또는 債權은 위탁자와 委託賣買人 또는 委託賣買人의 채권자간의 관계에서는 이를 委託者의 所有 또는 債權으로 본다(商 §103)고 규정하고 있어 商法의 委託賣買에 관한 규정이 적용되는 범위 내에서는 自己去來에 의한 占有媒介關係의 설정은 적용될 필요가 없다. 自己去來에 의한 占有改定은 외부는 물론이고, 占有媒介關係의 當事者 사이에도 아무런 객관적 징표를 갖지 않기는 하나, 占有改定에 의한 物權의 讓渡 자체가 公示性의 예외로서의 性質을 가지므로 目的物에 委任人의 이름을 기재하는 등의 외부적 공표행위를 따로 요구할 근거는 없다.[152]

(ii) 讓渡人의 自由占有　　讓渡人은 늦어도 합의된 所有權讓渡의 시점까지는 目的物을 점유하여야 한다. 그렇지 않으면 占有改定에 의한 讓渡는 불가능하고, 紛失物 또는 盜品의 경우처럼 目的物返還請求權의 讓渡(民 §190)나 讓受人의 점유취득을 조건으로 한 簡易引渡에 의하여 인도하여야 한다. 讓渡人의 점유는 自主占有여야 한다. 그러나 그 占有가 直接占有여야 할 필요는 없다. 目的物을 간접점유하는 讓渡人이 讓受人에게 上位의 間接占有를 취득시킴으로써 階層的 間接占有를 성립시키는 것도 가능하다.[153] 예를 들어, 甲이 乙에게 매도하고 占有改定에 의하여 引渡한 물건을, 乙은 또 곧 丙에게 매도하고 역시 占有改定에 의하여 인도할 수도 있다. 물론 乙과 丙 사이에 새로운 占有媒介關係를 설정하는 것이 아니라 甲과 乙 사이의 債權關係로부터 발생하는 返還請求權을 讓渡한 때에는 目的物返還請求權의 讓渡에 의한 物權變動(民 §190)에 해당된다. 讓渡人이 直接占有者로 되지 않고, 단순히 占有補助者의 지위를 보유할 뿐인 때에는 占有改定은 성립하지 않는다.[154]

(iii) 事前占有媒介關係　　占有媒介關係는 讓渡人이 장래에 占有를 取得할 物件에 대해서도 설정할 수 있다.[155] 소위 事前占有媒介關係(antezipierte od. antizipierte Besitzmittlungsverhältnis)의 경우이다. 이것은 在庫가 流動的인 任置物(Warenlager mit wechselndem Bestand)에 대한 讓渡擔保를 위하여 발전된 법리이다. 예를 들어, 甲이 去來銀行인 乙에게 특정한 구역에 보관중인

152) 反對 Baur, § 51 V 5; MünchKomm/Quack, § 930 RdNr. 17.
153) 同旨 金曾漢, 110.
154) 同旨 金容漢, 156; 張庚鶴, 265.
155) 同旨 金容漢, 156; 黃迪仁·金相容, 註釋(Ⅱ), 244.

자신의 商品을 擔保의 目的으로 讓渡한 경우, 그 商品의 去來를 동결한다면 甲은 물론이요 乙에게도 도움이 되지 않을 것이기 때문에 甲은 자신의 債務를 갚기 위하여 乙의 授權에 의하여 판매하는 대신에 새로 입고되는 물건을 追加로 擔保의 目的으로 하고자 하는 때에 적용된다. 그러나 集合物에 대하여 단일한 物權의 成立을 인정하는 見解[156]에 따르게 되면, 事前占有媒介關係의 설정을 상정할 필요가 없다. 이때에는 특히 目的物의 特定이 문제된다. 所有權이 讓渡되어야 할 시점에서는 누구나 目的物을 다른 물건들로부터 쉽게 분별할 수 있을 정도로 특정되어야 한다. 目的物의 보관이나 저장장소를 지정하는 것으로는 충분히 특정될 수 있으나, 단순히 "특정 창고에 보관된 전체 물건의 30퍼센트"와 같이 全體로서가 아니라 量의 일부를 규정하는 방법으로는 특정될 수 없다.[157] 이 경우에도 새로 入庫된 物件의 所有權은 讓渡人을 거쳐 讓受人에게 移轉되므로 창고임대인의 賃借權에 관한 債權에 대한 質權의 目的이 될 수도 있으나 民 §§648, 650는 그와 같은 경우 賃貸人은 賃借人 所有의 動産을 押留하여야 질권을 취득한다고 규정하고 있다.[158] 또 讓渡人이 이미 점유하고 있는 물건에 관하여도 停止條件을 붙이거나 始期를 붙여 장래의 占有媒介關係를 설정할 수 있다.

㈐ 二重의 占有改定　　二重으로 占有改定이 이루어진 때에는 먼저 現實의 引渡를 받은 자가 所有權을 취득한다고 본다. 現實의 引渡 당시 타인의 占有改定事實을 알았는지의 여부는 문제되지 않으나, 占有改定 당시 선행된 占有改定의 존재를 안 경우에는 所有權을 취득할 수 없다.

(5) 目的物返還請求權의 讓渡

㈎ 意　義　　讓渡人이 目的物의 間接占有者에 불과하고 제3자가 이를 直接占有하고 있는 경우에는 讓渡人은 제3자에 대한 返還請求權을 讓受人에게 讓渡함으로써 목적물을 讓受人에게 '引渡한 것으로 보는' 引渡方法을 目的物返還請求權의 讓渡에 의한 引渡(民 §190)라고 한다. 이는 제3자의 直接占有 아래 있는 目的物을 賃貸借와 같이 讓渡人의 間接占有를 발생케 한 法律關係를 해소하지 아니한 채 讓渡할 수 있는 방법이다. 즉 讓渡人으로서 賃貸借의

156) 李正九, "集合物에 대한 讓渡擔保", 法曹 38-11, 77(1986); 大判 88.10.25, 85누941(公 837, 1484); 大判 88.12.36, 87누1043(公 842, 245).
157) 前述 民 §188의 Ⅳ.1.(5) ㈏ (b) 참조.
158) 獨民 §559는 압류없이 法定質權의 성립을 인정하고 있어 讓受人은 賃貸人의 質權의 負擔을 진 目的物의 所有權을 취득하게 된다.

기간만료를 기다릴 필요없이 그 目的物을 양도할 수 있게 되는 것이다. 讓渡人의 제3자에 대한 讓渡의 通知나 제3자의 承諾을 요하지 않아 舊民法上의 指圖에 의한 引渡(舊民 §184)와 다르다. 또 返還請求權의 讓渡도 통상 物權的 合意와 함께 이루어진다.

(나) 要 件

(a) 제3자의 占有 目的物은 제3자가 이를 점유하고 있어야 하며, 讓渡人이 目的物을 직접점유해서는 안 된다. 이때 제3자는 目的物의 直接占有者이든 間接占有者이든 불문하나, 占有補助者여서는 안 된다. 그러나 간접점유자인 讓渡人은 目的物返還請求權의 讓渡에 의하여 소유권을 양도할 수 있는 이외에도, 占有改定에 의해서도 양도할 수 있으며, 경우에 따라서는 直接占有者로 하여금 讓受人과 사이에 占有媒介關係를 설정하게 함으로써 現實의 引渡를 할 수도 있다.

(b) 讓渡人의 目的物返還請求權

(i) 意 義 目的物返還請求權이란 讓受人이 目的物을 점유하는 제3자에게 引渡 또는 請求權의 讓渡나 奪取의 受忍 등에 의하여 占有의 移轉을 구할 수 있는 권리이다. 返還請求權에는 條件·期限 또는 抗辯이 붙어 있어도 무방하며, 따라서 기간이 만료되지 않은 賃貸借의 경우에서와 같이 장래에 발생할 返還請求權도 양도할 수 있다. 또 늦어도 請求權을 행사할 때 請求權의 내용과 債務者가 확정될 수만 있으면 되며, 양도당시 債務者가 확정되어야 하는 것은 아니다.[159] 目的物返還請求權은 賃貸借, 委任, 任置,[160] 所有權留保附賣買 등의 法律行爲를 원인으로 하여 발생하기도 하고, 民 §§738(684 I), 747 I (事務管理 및 不當利得)의 경우와 같이 法律의 規定에 의해서도 발생한다.[161]

(ii) 性 質 目的物返還請求權은 債權的 請求權을 말하고, 民 §213 소정의 物權的 請求權은 이에 포함되지 않는다.[162] 物權的 請求權은 物權의 效力으로 物權에 기하여 발생하는 것이지 성질상 거꾸로 그의 讓渡가 物權讓渡의 要件이 될 수는 없는 것이고, 物權과 분리하여 讓渡할 수 없기 때문

159) MünchKomm/Quack, § 931 RdNr. 16.

160) 運送人이 수입화물을 지정된 보세창고에 반입한 경우에 관한 大判 86. 7. 22, 82다카1372(集 34-2, 41) 참조.

161) 同旨 梁彰洙, "占有離脫動產의 所有權讓渡", 考試界 31-2, 201(204).

162) 通說이다. 郭潤直, 195; 金基善, 114; 金容漢, 157; 金曾漢, 111; 金顯泰(上), 109; 李英俊, 212; 張庚鶴, 266; 註釋民法(上), 254; 黃迪仁·金相容, 註釋(II), 248. 獨逸의 通說도 같다. Schwab, § 29 III 4; Baur, § 51 IV 1; Wolf, § 5 A VII c 4; MünchKomm/Quack, § 931 RdNr. 8; BGH NJW 1959, 1536(1538).

이다.[163] 그 양도의 효과로 讓受人이 물권을 취득하며, 그 취득된 물권에 기하여 民 §213 소정의 物權的 請求權이 당연히 발생하게 되는 것이다.

(iii) 目的物이 占有離脫物인 경우 目的物이 紛失되거나 盜難당하여 점유를 상실한 때에는 債權的 返還請求權은 존재하지 않는데, 그러한 경우에도 양도가 가능한가. 多數說[164]은 이 경우 引渡主義의 예외를 인정하여 따로 返還請求權을 양도할 필요없이 物權的 合意에 의하여 所有權이 移轉한다고 볼 수밖에 없다고 한다.

그 근거로는 첫째, 損害保險의 영역에서 保險者가 損害를 전보하면 保險目的物의 所有權을 직접 취득하여야 할 이익을 갖게 된다는 점을 든다.[165] 이것은 保險者代位의 규정(商 §§ 681, 682)에 의하여 달성될 수 있으므로 반드시 들어맞는다고는 할 수 없으나, 빌린물건을 분실하고 그 대가를 변상한 경우 그와 유사한 이익이 인정될 수 있다. 이때에도 대가를 변상한 임차인은 停止條件附 簡易引渡의 방식에 의하여 소유권을 취득할 수 있겠지만,[166] 讓受人이 점유를 회복하지 못하고 讓渡人이 점유를 회복하는 경우에는 해결책이 되지 못하게 되므로 物權的 合意만에 의하여 소유권이 이전된다고 보아야 할 실익이 있다.

둘째, 일단 引渡不可能한 상태의 動産에 관하여 所有權讓渡의 意思表示를 한 자가 후에 그 점유를 회복하였다고 하여 이를 다시 유효하게 처분할 수 있게 된다는 것은 부당하며, 제3자가 目的物을 점유하게 된 경우 讓受人이 소유자로서 직접 所有物返還請求權을 갖는다고 하는 편이 법률관계를 간명하게 한다.[167]

셋째, 무엇보다도 民 §190는 그 규정의 目的이 所有者로 하여금 公示性을 고려하지 않고 손쉽게 所有權을 처분할 수 있게 하려는 것이므로 예외를 허용하더라도 법률의 목적에 반하지 않는다.[168] 또 실질적으로 보더라도 물건이 紛

163) 大判 80.9.9, 80다7(公 643, 13162)도 "所有權에 의하여 발생되는 物上請求權은 소유권과 분리하여 이를 所有權없는 전소유자에게 유보하여 행사시킬 수는 없는 것이고, 위와 같은 법리는 前所有者가 讓受人에게 그 目的物을 引渡할 의무가 있다거나 그 所有權의 移轉이 소송계속중에 있었다고 하여 다를 수 없다"고 한다.

164) 梁彰洙, "占有離脫動産의 所有權讓渡", 考試界 31-2, 201(204); 金基善, 114-5; 金曾漢, 111-2; 金顯泰(上), 110; 李英俊, 212; 註釋民法(上), 254; Jauernig, § 931-3; MünchKomm/Quack, § 931 RdNr. 11; Palandt/Bessenge, § 931-1.

165) MünchKomm/Quack, § 931 RdNr. 11.

166) 前述 3. (3) (나) (b) 참조.

167) 梁彰洙, "占有離脫動産의 所有權讓渡", 考試界 31-2, 201(206-7).

168) 梁彰洙, "占有離脫動産의 所有權讓渡", 考試界 31-2, 201(206); MünchKomm/Quack, § 931 RdNr. 11 참조. 反對 E. Wolf, § 5 A Ⅶ c 4.

失되거나 盜難당한 경우 소유자가 目的物에 대하여 갖는 권리는 사실상 所有物返還請求權의 형태에 불과하며 그 이상은 아니므로 이때의 物權的 合意는 결국 所有權에 기한 返還請求權讓渡의 合意에 불과하여 소유권과 그에 기한 物權的 請求權의 분리여부가 문제될 여지가 없으므로 물권적 합의만에 의하여 所有權이 이전될 수 있다.[169] 그 밖에 引渡主義의 예외는 아니더라도 所有權移轉의 合意에는 당연히 所有物返還請求權의 移轉이 수반되며 그 청구권의 이전이 民 §190의 합의에 의한 返還請求權의 讓渡에는 포함되지 아니한다고 하더라도 소유물의 返還請求權을 讓受人에게 이전하였다는데는 다름이 없으므로 같은 條가 類推適用된다는 說[170]도 있다.

(c) 目的物返還請求權의 讓渡 目的物返還請求權의 讓渡에는 그 請求權이 債權인 한 債權讓渡의 규정이 적용된다. 따라서 대항요건으로 채무자의 承諾이나 讓渡人의 通知(民 §450)는 필요하다.[171] 그러나 物權的 請求權이 양도되는 경우에는 승락이나 통지는 필요없다. 目的物을 占有媒介者가 직접 점유하지 않는 重疊的 占有媒介關係가 성립된 경우에도 통지나 승락은 讓渡人의 占有媒介者와 사이에 이루어지면 충분하고, 占有媒介者가 자신의 占有媒介者에게 통지나 승락을 하였는지의 여부는 문제되지 않는다.[172] 返還請求權의 양도가 무효이더라도 양도사실을 통지받은 直接占有者가 양도를 유효한 것으로 믿고 있는 이상 讓受人과 直接占有者 사이에 占有媒介關係가 존재하게 되므로 間接占有는 이전되는 것이 된다. 따라서 引渡로서의 효력을 인정하여야 한다. 讓渡人이 占有媒介者로 하여금 앞으로 제3자를 위하여 점유할 것을 指示한 경우에도 間接占有移轉의 효력이 있다.[173] 判例[174]는 수입화물을 운송한 運送人이 그 운송물을 자신이 지정한 보세창고에 반입한 후 그 반출에 필요한 서류를 貨主에게 교부하였다면 운송인은 이로써 目的物返還請求權의 讓渡에 의한 引渡를 완료한 것이라고 한다.

㈐ 讓渡의 效力

(a) 讓渡人과 直接占有者 사이의 효력 目的物返還請求權의 讓渡

---

169) Baur, §51 Ⅵ 1 참조.
170) 李太載, 109.
171) 同旨 郭潤直, 195; 金容漢, 157; 金曾漢, 111; 李太載, 109; 張庚鶴, 266(舊著 246의 改說); 註釋民法(上), 254; 黃迪仁·金相容, 註釋(Ⅱ), 248.
172) 日注釋(7), 31 참조.
173) 金容漢, 157-8.
174) 大判 86.7.22, 82다카1372(集 34-2, 41) 참조.

에 의하여 讓受人은 間接占有를 취득하며, 讓渡人의 占有媒介者와 사이에 새로운 占有媒介關係가 발생한다. 다만 占有離脫物의 경우에는 讓受人이 반드시 간접점유자가 되는 것은 아니다. 讓渡人과 直接占有者 사이에 임대차기간이 만료되지 않은 경우와 같이 返還請求權에 條件이나 期限이 부착되어 있더라도 引渡의 효과는 請求權讓渡의 시점부터 발생한다. 그러나 양도되는 것은 目的物에 대한 返還請求權에 불과하므로 賃貸借 등 占有媒介의 원인이 된 종전 所有者와 占有媒介者 사이의 법률관계는 아무런 영향을 받지 않고 그대로 존속한다.

(b) 讓受人과 直接占有者 사이의 效力 　讓受人은 返還請求權의 讓渡에 의하여 所有權을 취득한다. 返還請求權에 條件이나 期限이 부착되어 있더라도 讓渡의 效果는 즉시 발생한다. 다만 占有媒介者가 종전 소유자와 사이의 법률관계에 기하여 갖는 返還請求權에 대한 抗辯은 그대로 존속하므로 讓受人도 그에 따른 제한을 받게 된다. 이때의 抗辯은 讓受人이 새로이 취득한 所有權에 기하여 행사하는 返還請求權에 대해서도 적용될 수 있는가. 양도인에게 대항할 수 있는 항변은 讓受人이 취득한 債權的 返還請求權에 대해서만 타당하고, 讓受人이 소유권을 취득함으로써 갖게 되는 所有權에 기한 物權的 請求權에 대해서는 그러하지 아니하다는 見解[175]는 대체로 物權이 債權에 우선한다는 점을 근거로 하고 있다. 예컨대, 讓渡人 甲이 丙에게 賃貸한 動産을 乙에게 讓渡하고, 返還請求權의 讓渡에 의한 引渡를 한 경우, 乙은 甲이 賃貸借關係에 기하여 丙에 대하여 가지고 있는 返還請求權과 所有物返還請求權의 두 가지의 返還請求權을 취득하게 된다. 그리고 전자에 관하여는 丙은 賃貸借期間이 만료될 때까지 반환을 거절할 수 있으나, 그 抗辯權을 가지고 乙의 所有物返還請求權에 대항할 수는 없다. 賣買는 賃貸借를 깨뜨리기 때문이다. 그와 반대로 丙의 항변권이 所有物返還請求權에 대하여도 대항할 수 있는 경우에는 讓受人에게도 대항할 수 있다. 즉 讓渡人 甲이 그의 채권자 丙에게 質物로서 引渡한 물건을 乙에게 양도한 경우에는 甲의 返還請求權은 所有物返還請求權이지만 丙은 채권의 변제가 있을 때까지 그 반환을 거절할 수 있으므로 丙은 이 抗辯權으로써 讓受人 乙에게도 대항할 수 있다는 것이다.

그러나 直接占有者가 讓受人이 양수한 返還請求權에 대해서는 對抗할 수 있다고 하면서 양도의 결과로 발생하는 所有權에 기한 返還請求에 대하여는 對抗할 수 없다고 하는 것은 소유권이 양도되기에 앞서 返還請求權과 그에 대

175) 金顯泰, 111; 李太載, 109; 註釋民法(上), 254.

한 항변이 讓受人과 占有者와의 관계로 이전된 점을 간과한 주장으로 부당하다. 말하자면 이 경우는 賣買가 賃貸借를 깨뜨리지 못하는 경우에 해당되는 것이다. 占有의 原因이 된 債權關係의 債務者에 대해서만 주장할 수 있는 이른바 相對的 占有權이라 하더라도 그 채무자인 所有者에 대한 관계에서는 所有權에 기한 返還請求에 대해서도 유효하게 반환을 거부할 수 있는 것과 마찬가지로 直接占有者는 讓渡人에 대하여 적법하게 행사할 수 있는 占有權이 있는 한 그로써 返還請求權讓渡의 방식에 의하여 소유권을 취득한 讓受人의 어떠한 返還請求에 대하여서도 對抗할 수 있다고 보아야 한다. 獨民 §986 Ⅱ은 返還請求權讓渡의 방식으로 讓渡된 動產의 占有者는 새로운 所有者에 대하여 양도된 청구권에 대하여 존재하던 자신의 抗辯을 주장할 수 있다고 규정하고 있는데, 이는 相對的 占有權이 예외적으로 제3취득자인 讓受人에게도 효력을 미치는 근거규정으로 이해되고 있다.[176]

㈑ 問題되는 事例

(a) 引渡證券의 경우 貨物相換證(商 §133), 倉庫證券(商 §157), 船荷證券(商 §820) 등이 발행된 경우 그 證券의 引渡는 증권에 화체된 引渡請求權의 양도를 위한 효력발생요건일 뿐 아니라 그 증권의 物權的 效力에 의하여 目的動產 그 자체를 引渡하는 것과 같은 효력이 있다. 즉 이러한 증권이 표상하는 動產의 引渡는 證券의 引渡에 의해서도 행해질 수 있는 것이다. 일종의 目的物返還請求權의 讓渡의 방식에 의한 물권변동의 경우라 하겠으나, 返還請求權이 지시증권에 화체된 채로 유통되는 것이므로 지명채권의 양도에서와 같은 운송인 내지 창고업자에 대한 통지는 필요없게 되는 것이다.[177] 引渡證券이 발행되었더라도 目的物返還請求權을 양도하는 방식으로 引渡될 수 있으나, 증권이 배서되지 아니한 채 교부된 경우에만 가능하고 증서를 양도하지 아니한 채 返還請求權을 양도하는 것은 불가능하다.[178] 目的物의 返還請求權은 증서에 표상되어 있어 증서와는 불가분으로 결합되어 있고, 따라서 그 청구권을 분리하여 행사하거나 처분하는 것이 불가능하기 때문이다. 증서에 의하지 아니하고 返還請求權을 양수받는 자가 引渡證券이 발행된 사실에 관하여 善意이더라도 마찬가지이다.[179] 그러나 目的物 자체를 現實의 引渡에 의하여 양도하는 것은 증서가

176) MünchKomm/Medicus, §986 RdNr. 5, 20.
177) 前述 民 §188의 Ⅲ.1.(3) 참조.
178) 李英俊, 201; BGHZ 49, 160.
179) BGHZ 49, 160(163).

없더라도 가능하다.

이러한 引渡證券의 범위를 當事者의 合意로 확장할 수는 없다. 物權法定主義에 반하기 때문이다. 그러나 引渡證券이 아닌 한 當事者 사이의 합의에 의하여 目的物의 返還請求나 處分에 필수적인 증서가 작성될 수는 있다. 이 경우에도 그 증서가 物權法的인 效力을 가질 수는 없으므로 그 증서의 양도는 통상 物權行爲와 目的物返還請求權의 양도를 의미할 뿐이다. 예를 들어, 수입화물을 운송한 運送人이 그 운송물을 자신이 지정한 보세창고에 반입한 후 그 반출에 필요한 서류(항공운송장)를 貨主에게 교부하였다면 운송인은 이로써 民 §190에 의하여 그 運送物에 대한 引渡를 완료한 것으로 보아야 한다.[180)]

(b) 占有者의 地位變更에 의한 경우 賃貸人이 目的物을 양도하고 賃借人과 讓受人 사이에 새로운 賃貸借契約을 주선하는 경우와 같이 간접점유자인 讓渡人이 讓受人으로 하여금 새로운 間接占有를 취득케 하는 것은 返還請求權讓渡에 의한 引渡가 아니고, 民 §188 I 소정의 現實의 引渡이다.[181)] 讓渡人側의 직접점유가 讓受人側의 그것으로 사실상 이전되는 것이기 때문이다.

(6) 引渡方法의 選擇

引渡方法 사이에는 서로 競合될 가능성이 있는 수가 있다. 甲이 자신의 타자기를 乙에게 임대하였다가 그것을 丙에게 처분하고자 하는 경우, 甲은 丙을 위하여 民 §189에 의하여 占有媒介關係를 추가적으로 설정할 수도 있고, 乙에 대한 返還請求權을 讓渡함으로써 引渡할 수도 있다. 丙에 대한 양도가 擔保의 目的으로 이루어지는 때와 같이 甲이 타자기에 대한 법률관계에서 종국적으로 벗어나기를 바라지 않는 경우에는 통상 前者의 引渡方法이 선택된 것으로 볼 수 있고, 甲이 종국적으로 처분하는 때에는 後者의 方法이 선택된 것으로 볼 수 있을 것이다. 그 밖에 甲이 乙과 丙으로 하여금 타자기에 관한 賃貸借契約을 체결하게 하는 때에는 現實의 引渡가 이루어진 것으로 보아야 한다.

(7) 引渡 이외의 公示方法

自動車, 重機, 航空機, 船舶 및 不動産의 從物인 動産과 特別法上의 財團에 속하는 動産의 경우는 登記·登錄에 의하여 公示된다.[182)]

---

180) 大判 86. 7. 22, 82다카1372(集 34-2, 41) 참조.
181) 前述 (2) ㈐ (c) 참조.
182) 前述 民 §188의 Ⅲ. 1. 참조.

V. 效　果

要件이 충족되면, 條件附物權行爲의 경우에는 條件의 成就로, 期限附物權行爲의 경우에는 期限의 到來로 讓受人은 所有權을 취득한다.

讓渡人이 二重으로 物權的 合意를 한 경우, 먼저 公示方法을 갖춘 讓受人이 物權을 취득한다. 引渡받지 못한 讓受人은 讓渡人에 대하여 債務不履行에 기한 損害賠償을 請求할 수 있을 뿐이다.

VI. 立證責任

讓受人이 動産物權의 承繼取得을 주장하려면, 讓渡人과 사이에 物權行爲가 있은 사실과 讓渡人으로부터 目的物을 引渡받은 사실을 모두 주장하여야 할것이다. 物權的 合意가 있었다는 점은 履行義務가 존재하는 사실이 입증되면 사실상 추정된다고 보아야 한다. 실제로는 動産의 所有權을 주장하는 讓受人은 이러한 물권양도의 요건을 모두 주장・입증하지 않더라도 占有事實을 입증함으로써 動産所有權의 취득을 용이하게 입증할 수 있다. 占有者가 占有物에 대하여 행사하는 權利는 適法하게 保有한 것으로 推定되기 때문이다(民 §200).

讓受人의 所有權取得을 다투고자 하는 자는 추정의 전제사실인 占有에 대한 反證을 제출하든지 原因行爲의 欠缺, 處分權의 不在 등 讓受人의 所有權取得에 障碍가 되는 事由를 주장・입증하여야 한다.

[李 仁 宰]

第189條(占有改定)

動產에 관한 物權을 讓渡하는 경우에 當事者의 契約으로 讓渡人이 그 動產의 占有를 繼續하는 때에는 讓受人이 引渡받은 것으로 본다.

차 례

Ⅰ. 規定의 目的
Ⅱ. 要 件
Ⅲ. 效 果
Ⅳ. 立證責任

Ⅰ. 規定의 目的

引渡方法으로서 占有改定의 의의에 대해서는 前述 §188의 3. (4) ㈎ 참조.

讓受人이 目的物을 讓受한 다음 讓渡人에게 그 目的物을 賃貸하는 경우에서와 같이 讓渡를 전후하여 讓受人이 目的物에 대한 占有를 繼續하는 때에는 거래의 실정상 現實의 引渡를 요구할 수 없다. 現實의 引渡를 요구하여 일단 讓受人이 目的物을 인도받은 후 다시 讓渡人에게 되돌려 引渡하여야 한다는 것은 일반인의 법률지식으로는 이해하기 힘든 일로서 실제로 이루어지기 어려울 뿐 아니라 그렇다고 하여 특별히 公示의 效果를 확보할 수 있는 방법도 아니기 때문이다.

따라서 當事者가 物權을 쉽게 처분할 수 있도록 法은 目的物의 支配를 옮기지 아니한 채 引渡의 효력을 擬制하는 것이다. 占有改定은 簡易引渡의 경우와 마찬가지로 簡素化한 引渡의 한 형태이지만 목적물의 지배관계는 簡易引渡의 경우에서보다 더 감추어지게 되므로 公示의 原則에 대하여 事實上 예외에 해당한다.

그러나 物權的 合意만에 의하여 物權이 變動하는 것이 아니라 占有媒介關係의 설정이라는 요건이 충족되어야 物權變動이 일어난다는 점에서 경미하나마 公示的 機能도 갖추어진 것으로도 볼 수 있다. 占有改定에 의한 讓渡는 실제 거래에서는 讓渡擔保를 뒷받침하는 데 중요한 의미가 있다.

Ⅱ. 要 件

前述 民 §188의 3. (4) ㈏ 참조.

Ⅲ. 效 果

所有權移轉의 合意와 占有媒介關係를 설정하는 계약이 이루어지면, 讓受人은 物權을 취득한다. 事前占有媒介關係나 所有權取得을 條件으로 한 物權的 合意의 경우에는 讓渡人이 물건에 대한 占有權과 所有權을 취득하여야 비로소 物權의 變動이 일어난다.

문제는 占有改定이 二重으로 이루어진 경우이다. 判例[1]는 讓受人들 간에 있어서는 후에 現實의 引渡를 받은 者만이 所有權을 取得하게 된다고 한다. 그러나 그렇게 되면 現實의 引渡가 있기까지의 所有權歸屬을 설명하기 어렵다. 占有改定에 의한 所有權取得도 확정적인 것으로 보아야 하므로 먼저 占有改定에 의하여 讓受받은 자가 所有權을 取得하며, 그 후 占有改定에 의하여 讓受받은 자가 所有權을 取得할 수 있는지는 善意取得의 문제로 돌아가 善意에 의하여 現實의 引渡를 받지 않는 한 所有權을 取得할 수 없다고 볼 것이다.[2]

Ⅳ. 立證責任

占有改定의 요건은 물권의 취득을 주장하는 讓受人이 주장하여야 한다. 讓受人은 目的物을 直接占有하지는 아니하므로 占有媒介關係를 입증하지 아니하고서는 곧바로 自主占有의 推定을 받을 수는 없다.

[李 仁 宰]

1) 大判 75. 1. 28, 74다1564(公 509, 8310).
2) 占有改定에 의한 善意取得에 대해서는 後述 民 §249의 Ⅳ. 3. (1) ㈑ 참조.

第190條(目的物返還請求權의 讓渡)

第三者가 占有하고 있는 動產에 관한 物權을 讓渡하는 경우에는 讓渡人이 그 第三者에 대한 返還請求權을 讓受人에게 讓渡함으로써 動產을 引渡한 것으로 본다.

차 례

Ⅰ. 規定의 目的
Ⅱ. 要 件
Ⅲ. 效 果
Ⅳ. 立證責任

Ⅰ. 規定의 目的

引渡方法으로서의 目的物返還請求權의 讓渡의 意義에 대해서는 前述 民 §188의 3. (5) ㈎ 참조.

讓渡人이 間接占有를 갖고 있는 경우 直接占有를 그대로 두면서 所有權을 이전하고자 할 때, 現實의 引渡에 의하려면 讓渡人은 占有를 回收하여 이를 讓受人에게 인도하고 양수인은 다시 종전 直接占有者와 사이에 占有媒介關係를 설정하는 번거로운 절차를 거치지 않으면 안 된다.

目的物返還請求權의 讓渡에 의한 物權讓渡는 이와 같은 경우 간편하게 動產을 양도할 수 있도록 簡素化한 引渡에 의한 物權讓渡方法이다. 더구나 소유자가 간접점유조차 갖지 않는 경우에는 現實의 引渡는 불가능한데, 이때에도 返還請求權의 讓渡에 의해서는 引渡가 가능하다.

다만 이 경우에는 公示主義는 제대로 지켜질 수 없고, 引渡는 목적물에 대한 讓渡人의 기존 占有關係를 해소한다는 소극적 요건만으로 이루어질 뿐이다.[1)]

Ⅱ. 要 件

前述 民 §188의 3. (5) ㈏ 참조.

1) MünchKomm/Quack, § 931 RdNr. 1.

Ⅲ. 效　　果

요건이 충족되면 讓受人은 物權을 취득한다. 返還請求權의 讓渡는 法律行爲이므로 그에 관한 意思의 흠결로 取消됨으로써 법률효과가 배제되고, 결과적으로 物權變動의 效力도 배제된다.

返還請求權을 여러 사람에게 양도한 때에는 確定日字있는 證書에 의한 承諾이나 通知의 요건을 먼저 갖춘 사람이 引渡받은 것이 된다. 다만 物權的 請求權을 양도하여야 하는 占有離脫物의 경우에는 먼저 引渡받은 자가 物權을 取得한다.[2)]

Ⅳ. 立證責任

返還請求權의 讓渡에 의한 물권취득을 주장하는 양수인은 返還請求權의 存在 및 그 讓渡事實을 입증하여야 한다. 양도사실을 다투는 자는 返還請求權의 消滅, 讓渡行爲의 取消 등 권리소멸사유를 주장·입증하여야 한다.

[李 仁 宰]

2) MünchKomm/Quack, § 931 RdNr. 16.

第191條(混同으로 인한 物權의 消滅)

① 同一한 物件에 대한 所有權과 다른 物權이 同一한 사람에게 歸屬한 때에는 다른 物權은 消滅한다. 그러나 그 物權이 第三者의 權利의 目的이 된 때에는 消滅하지 아니한다.

② 前項의 規定은 所有權 이외의 物權과 그를 目的으로 하는 다른 權利가 同一한 사람에게 歸屬한 경우에 準用한다.

③ 占有權에 관하여는 前2項의 規定을 適用하지 아니한다.

차 례

Ⅰ. 序 說
Ⅱ. 比較法的 考察
  1. 沿 革
  2. 立 法 例
Ⅲ. 要 件
  1. 兩立될 수 없는 權利
  2. 同一人에의 歸屬
Ⅳ. 混同의 例外
  1. 消滅할 權利가 第三者의 權利의 目的인 境遇
  2. 本人 또는 第三者의 利益을 위하여 必要한 境遇
Ⅴ. 效 力
Ⅵ. 混同 이외의 消滅原因
  1. 拋 棄
  2. 公用收用
  3. 沒 收
  4. 目的物의 滅失
  5. 浦 落

Ⅰ. 序 說

서로 대립하는 두 개의 法律上의 地位 또는 資格이 同一人에게 歸屬하는 것을 混同(Konfusion, Vereinigung, Konsolidation)이라고 한다. 이러한 경우 이들 두 개의 지위를 존속시키는 것은 무의미하므로 그 한쪽은 다른 한쪽에 吸收되어 消滅하는 것이 原則이고, 消滅될 權利가 제3자의 權利의 目的이 된 때처럼 그 權利를 유지시켜야 할 특별한 이유가 있는 때에만 예외적으로 존속하는 것이다. 이와 같은 混同으로 인한 權利의 消滅은 物權과 債權(民 §507)에 공통된 것인데, 民 §191은 混同으로 인한 物權의 消滅을 규정하고 있다.

混同의 法律事實로서의 성질은 事件이며, 行爲는 아니다.[1] 民法은 物權編

1) 李好珽, "混同", 司行 8-5, 37.

에서 모든 物權에 공통인 消滅原因으로 混同만을 규정하고 있으나, 그 밖에 目的物의 滅失, 消滅時效, 拋棄, 公用收用, 沒收 등에 의해서도 物權은 消滅한다. 이와 같이 物權 그 자체가 客觀的으로 존재를 잃게되는 것을 物權의 絶對的 消滅이라고 하고, 權利의 主體가 變動되어 前主의 입장에서만 消滅하는 物權變動의 경우를 相對的 消滅이라고 하여 서로 구별하기도 한다. 여기서는 總則에 규정된 消滅時效를 제외한 나머지 物權의 絶對的 消滅原因을 함께 살펴보기로 한다.

Ⅱ. 比較法的 考察

1. 沿 革

로마법은 所有權을 物權에 대한 包括的인 支配權으로 구성하였기 때문에 동일한 물건에 대하여 所有權과 그 밖의 權利가 동일인에게 귀속되게 되면 所有權의 包括性의 결과로 뒤의 權利는 所有權에 흡수되어 消滅하게 된다고 보았다. 그러나 게르만법은 所有權을 물건에 대한 包括的인 權利로 파악하지 않았기 때문에 자신의 물건에 대한 所有權 이외의 權利는 所有者에게 所有者의 權能 이상의 權能을 부여하는 것으로서 그 獨立的인 존재를 인정하고 있었다.

2. 立 法 例

佛蘭西民法은 자신의 所有物에 대한 制限物權의 성립을 인정하지 않고, 모두 混同으로 消滅한다고 한다(§§ 617 Ⅲ, 705).

獨逸民法은 게르만법의 전통에 따라 動產物權은 원칙적으로 混同으로 消滅하는 것으로 규정하고 있으나(§§ 1063, 1256), 不動產物權은 混同에 의하여 消滅하지 않는다고 규정하고 있다(§§ 889, 1177). 이 점이 所有者抵當權, 所有者土地債務 등 現代的 抵當制度가 성립될 수 있는 근거이다.

日本民法은 混同에 의하여 消滅하지 않는 경우로 目的物이 제3자의 권리의 목적이 된 때까지를 포함하여 규정하고 있는 점을 제외하고는 우리 民法의 규정과 일치한다(§ 179).

Ⅲ. 要 件

1. 兩立될 수 없는 權利

(1) 所有權과 制限物權 상호간(民 § 191 Ⅰ)

混同으로 消滅하는 다른 物權이란 動產物權과 不動產物權을 포함한다. 그러나 권리의 성질상 처음부터 다른 權利와 양립할 수 있고 서로 대립하는 것이 아닌 것에는 적용될 여지가 없으므로 占有權과 다른 本權인 物權 사이에는 混同의 법리가 적용되지 않는다(民 § 191 Ⅲ).

鑛業權은 鑛物採取를 목적으로 하는 지각의 지배권이며, 보통은 지표의 이용을 목적으로 하는 土地所有權과는 별개의 독립한 權利로서 양자는 양립할 수 있는 것이므로 鑛業法에 명문의 규정은 없으나 混同으로 消滅하지 않는다.[2] 登記에 의하여 對抗力을 갖추거나(民 § 621 Ⅱ) 住宅賃貸借保護法에 의하여 對抗力이 인정되는 賃借權은 本條의 制限物權에 준한다.[3] 賃借人이 所有權을 취득했다 하더라도 그 취득목적이 擔保를 위한 것인 때에는 使用·受益權을 갖지 못하므로 對抗力을 갖춘 賃借權은 消滅하지 않는다.[4]

(2) 制限物權과 그를 목적으로 하는 權利 相互間(民 § 191 Ⅱ)

制限物權을 목적으로 하는 權利 역시 制限物權이다. 地上權 위에 설정된 抵當權, 抵當權 위에 설정된 質權이 이에 해당된다.

2. 同一人에의 歸屬

동일인에게 서로 대립되는 物權이 귀속하게 된 法律上의 原因은 이를 묻지 않는다. 抵當權者가 抵當物을 매수하여 所有權을 취득하는 경우처럼 讓渡에 의하거나, 所有權者가 地上權者 또는 傳貰權者를 상속하는 경우처럼 包括承繼에 의할 수도 있다.

競賣의 경우, 留置權에 대해서는 引受主義가 채택되어 있어(民訴 § 608 Ⅲ) 競賣로 인하여 유치권은 消滅하지 않으므로 混同의 문제가 발생하나, 抵當權에 대하여는 消滅主義가 채택되어 있어(民訴 § 608 Ⅱ) 抵當權은 競賣로 인하여 消滅하므로 混同의 문제가 발생할 여지가 없다. 또 抵當權實行競賣의 경우 競賣의 목적인 不動

2) 通說이다. 李好珽, "混同", 司行 8-5, 39; 金基善, 81; 郭潤直, 218; 張庚鶴, 275.

3) 釜山地判 86. 2. 28, 85가단4151(下集 86, 1-271) 참조.

4) 日大判 昭 5(1930). 6. 12(民集 9, 532) 참조.

產 위에 존재하는 그 밖의 物權으로서 競賣人의 權利보다 후에 등기된 權利는 競落代金의 完納으로 인하여 消滅되므로, 그 전에 등기된 權利와 사이에서만 混同의 문제가 발생하며, 動產에 대한 競賣人에 우선하는 質權者에게 변제하지 아니하면 競落人은 競賣의 目的物을 수취할 수 없으므로(民訴 §3 Ⅲ) 競賣人에 우선하는 質權者와 사이에서는 混同의 문제가 발생한다.

制限物權者가 目的物의 共有者가 된 것만으로는 混同이 일어나지 않는다.[5] 日本의 判例는 共同抵當權者가 目的物의 所有權을 취득한 경우, 그 目的物에 後順位抵當權者가 존재하더라도 後順位抵當權者는 단순히 代位할 수 있는 희망을 가지는 데 불과하므로 그 共同抵當權은 混同으로 消滅한다고 한다.[6]

Ⅳ. 混同의 例外

1. 消滅할 權利가 第三者의 權利의 目的인 境遇(民 §191 Ⅰ 但, Ⅱ)

消滅할 權利가 制限物權에 해당하는 예로서는 甲이 乙소유의 土地 위에 地上權을 가지고 있고, 그 地上權이 丙의 抵當權의 목적인 때에는 甲이 土地所有權을 취득하더라도 甲의 地上權은 消滅하지 않는다. 그렇지 않으면 甲의 權利를 기초로 하여 그 위에 성립하는 제3자인 丙의 權利가 消滅하여 丙이 부당하게 불이익을 받게 되기 때문이다. 물론 制限物權과 所有權이 계속 동일한 사람에게 귀속되고 있는 동안 制限物權을 목적으로 하는 제3자의 權利가 消滅하게 되면 비로소 制限物權은 混同으로 消滅한다. 또 地上權 위에 抵當權이 설정되어 있고, 그 抵當權 위에 質權이 설정되어 있으면 抵當權者가 地上權을 취득하더라도 混同에 의하여 抵當權이 消滅되지는 않는다.

2. 本人 또는 第三者의 利益을 위하여 必要한 境遇

民法이 명시하고 있지는 않으나 通說은 서로 상반되는 權利가 동일한 權利者에게 귀속되는 때에도 본인 또는 제3자의 利益을 위하여 필요한 경우에는 混同이 일어나지 않는다고 한다.[7] 즉 混同에 해당하는 경우라도 그 물건이 제

5) 同旨 MünchKomm/Damrau, § 1256 RdNr. 2.
6) 日大判 昭 11(1936). 12. 28(民集 1, 865). 反對 我妻, 擔物, 200.
7) 李好珽, "混同", 38; 郭潤直, 216; 金基善, 80; 金容漢, 101; 金曾漢, 167; 黃迪仁·金相容, 註釋(Ⅱ), 255; 大判 62. 5. 3, 62다98(要集 民 Ⅰ-1, 362).

3자의 權利의 목적이 되어있고 또 제3자의 權利가 混同된 制限物權보다 아래 순위에 있을 경우이다. 이때에도 混同된 制限物權이 消滅된다고 한다면, 제3자는 부당한 이득을 보게 되고 본인은 손해를 보게 되는 부당한 결과가 되기 때문이다. 日民 §179 I 但書에 명문으로 규정되어 있다.

이에 해당되는 경우로는 먼저 甲이 乙소유의 土地 위에 地上權을 취득하여 건물을 건축한 후에 丙이 乙소유의 土地에 대하여 抵當權을 취득하였는데, 甲이 乙로부터 그 土地를 매수하여 所有權을 취득한 경우, 또 甲이 乙소유의 土地 위에 抵當權을 가지고 있고 제3자 丙이 같은 土地 위에 후순위 抵當權을 가지고 있는데, 甲이 그 土地所有權을 취득하는 경우 등이다. 이러한 경우에도 甲의 地上權이나 抵當權이 消滅한다면 전자의 경우에는 不動産이 경락되게 되면 甲은 권원없이 대지를 점유하는 셈이 되고, 후자의 경우에는 丙의 열위의 權利가 부당하게 유리한 지위를 차지하게 되어 어느 경우에나 甲의 이익을 침해하는 것이 되기 때문이다. 그러나 후자의 경우라도 甲이 채무자 乙을 상속한 때에는 채권과 채무의 混同으로 被擔保債權이 消滅하여 버리게 되고 그 결과 甲의 抵當權은 부종성의 법리에 의하여 消滅하게 되나 混同의 문제는 아니다. 또 특정의 土地에 있어 所有權과 賃借權이 동일인에게 귀속하게 된 때에도 그 賃借權이 對抗要件을 갖추고 있고 그 대항요건을 갖춘 후에 그 土地에 抵當權이 설정된 때에는 本條 I 但書를 準用하여 賃借權은 消滅하지 않는 것이라고 보아야 한다.

混同의 결과를 배제할 이익이 존재하여야 하므로 자신의 後順位抵當權者가 없는 後順位抵當權者나 抵當權이 설정된 不動産에 地上權을 취득한 자는 담보물의 所有權을 취득하더라도 混同의 예외가 인정되지 않는다.

制限物權者가 擔保의 목적으로 所有權을 취득한 경우에는 讓渡擔保權者는 目的物을 사용·수익할 수 없으므로 用益物權은 서로 양립할 수 있어 混同으로 消滅하지 않으나, 擔保物權은 원칙적으로 混同으로 消滅한다.[8] 물론 그 擔保物을 목적으로 하는 後順位權利者가 있는 경우에는 위에서 본 바와같이 混同의 예외에 해당된다.[9]

---

8) 大判 80. 12. 23, 80다2176(公 650, 13518)은 당사자 사이에 있어서는 그 所有權이 의연히 擔保設定者에게 남아 있다는 이유로 混同에 의한 消滅을 부정하는 취지이다.
9) 住宅賃貸借保護法에 의하여 대항력을 갖춘 賃借權者가 담보의 목적으로 임차주택의 所有權을 취득한 경우 對抗할 수 있는 假押留權者 등이 있을 때에는 混同으로 賃借權이 消滅하지 않는다는 釜山地判 86. 2. 28, 85가단4151(下集 86, 1-271) 참조.

V. 效　力

混同에 의하여 物權은 절대적으로 消滅하므로 混同 이전의 상태가 어떤 이유로 복귀하더라도 일단 消滅한 權利는 부활하지 않는다. 그러나 混同을 생기게 한 원인이 부존재이거나 또는 原因行爲가 無效·取消·解除 등으로 효력을 가지지 않는 때에는 混同은 생기지 않았던 것이 된다. 예를 들어, 根抵當權者가 擔保不動產의 所有權을 취득하게 되면 根抵當權은 混同에 의하여 消滅하지만, 그 所有權取得이 原因無效로 인하여 무효가 되면 消滅한 根抵當權은 당연히 부활된다.[10]

VI. 混同 이외의 消滅原因

物權은 目的物이 물질적으로 滅失되면 消滅한다. 그 밖에 抛棄된 경우에는 無主物 또는 國有가 되더라도 원래의 所有權은 消滅한다. 또 넓게는 公用徵收, 取得時效, 善意取得처럼 目的物에 대하여 제3자가 物權을 原始取得하고 그 反射的 效果로 종전 所有者가 所有權을 상실하는 경우에도 전후 所有權에 동일성은 없으므로 消滅原因으로 들 수 있다. 그 밖에 制限物權의 경우에는 存續期間의 經過, 消滅時效 등에 의한 消滅 등을 들 수 있다. 아래에서는 物權의 소멸원인 중 관계되는 부분에서 상술되어질 消滅時效나 制限物權에 특유한 消滅原因을 제외하고, 抛棄·沒收·公用徵收·目的物의 滅失 및 그의 중요한 예로 浦落의 경우를 살펴보기로 한다.

1. 抛　棄

(1) 性質 및 方法

物權의 抛棄는 物權을 消滅시킨다는 意思表示로 성립하는 單獨行爲이다. 所有權 및 占有權의 抛棄는 상대방없는 單獨行爲이고, 制限物權의 抛棄는 그 抛棄에 의하여 직접 이익을 얻는 자에 대해 해야 하는 상대방있는 單獨行爲이다.[11] 承

10) 大判 71. 8. 31, 71다1386(集 19-2, 277) 참조.
11) 李太載, 128; 張庚鶴, 271. 어느 경우나 상대방없는 單獨行爲라는 설로는 李英俊, 246.

役地의 所有者가 地役權에 필요한 부분의 土地所有者을 地役權者에게 委棄하는 것(民 §299)은 承役地所有者의 所有權喪失을 초래하는 것이기는 하나, 所有權을 地域權者에게 이전한다고 하는 意思表示이지 抛棄에 해당하는 것은 아니다.

不動產物權을 抛棄하려면 登記를 하여야 하는데(民 §186),[12] 不動產登記法은 이에 관한 규정을 두고 있지 않다. 抛棄가 상대방없는 單獨行爲인 경우에는 單獨으로, 상대방있는 單獨行爲인 때에는 상대방과의 共同申請으로 할 수 있다.[13] 점유를 수반하는 不動產物權의 경우에는 점유도 抛棄하여야 한다.[14] 이때 점유의 抛棄意思는 占有設定意思와 마찬가지로 법률행위는 아니며,[15] 이는 점유승계의 의사를 법률행위로 보더라도 마찬가지이다. 地上權 또는 傳貰權을 목적으로 抵當權을 설정한 자는 抵當權者의 동의없이 地上權 또는 傳貰權을 消滅하게 하는 행위를 하지 못하므로(民 §371 Ⅱ) 地上權 또는 傳貰權을 抛棄하려면 이들의 同意書를 첨부하여 등기하여야 한다(不登 §171).

(2) **制限 및 限界**

抛棄는 자유로이 할 수 있는 것이 원칙이지만, 그로 말미암아 타인의 이익을 해하여서는 안 된다. 地上權 또는 傳貰權이 抵當權의 목적인 경우에는 抵當權者의 동의없이 그 地上權 또는 傳貰權을 抛棄하지 못한다(民 §371 Ⅱ, 工抵 §31 Ⅲ, 立木 §7).

抛棄도 하나의 法律行爲이므로 선량한 풍속 기타 사회질서에 위반하는 때에는 무효이다(民 §103). 따라서 戶主相續人이 遺骨 또는 遺骸의 所有權을 抛棄하는 것은 사회질서에 반하여 무효이다.[16] 다만 故人이 생전 意思에 의하여 의료기관 등에 實驗用으로 제공하거나 또는 신체의 일부를 타인에게 讓與하도록 指示한 때에는 사회질서에 반하지 않는다고 보아야 할 것이다.[17] 또 危險한 工作物의 所有權을 抛棄하는 것도 民 §758와 관련하여 허용되지 않는다.

(3) **效 果**

所有權을 抛棄하면 所有權은 消滅하고 無主物이 되므로 動產의 경우에는

---

12) 獨民 §§ 875, 928 I 은 명문으로 규정하고 있다. 등기없이도 효력을 발생한다는 설로는 李英俊, 247.

13) 同旨 郭潤直, 215. 後者의 경우에도 단독신청이 가능하다는 설로는 金容漢, 100; 金曾漢, 166; 李英俊, 247; 張庚鶴, 271; 黃迪仁·金相容, 註釋(Ⅱ), 252.

14) 同旨 金容漢, 100; 郭潤直, 215.

15) 同旨 Baur, § 7 b Ⅱ 3 a.

16) 郭潤直, 總則, 271; 日大判 昭 2(1927). 5. 27(民集 6-307). 方順元, 總則, 138은 유골이나 유해를 관습상 상주에게 속하는 慣習法上의 管理權이라고 하나 그 抛棄 등의 處分行爲는 허용되지 않는다고 한다.

17) 張庚鶴, 272는 의학·고고학의 研究資料로 사용할 때처럼 所有權의 客體로 되는 경우 그 抛棄는 공서양속에 반하지 않는다고 한다.

먼저 所有의 意思로 占有하는 자의 소유로 되며, 不動産의 경우에는 國有가 된다(民 §252). 制限物權을 抛棄하는 경우에는 所有者가 제한이 없는 완전한 所有權을 회복하게 된다.

2. 公用收用

公用收用이란 특정의 공공사업에 사용할 목적으로 타인의 특정한 所有權이나, 그 밖의 재산권을 強制的으로 取得하는 것을 말하며, 公用徵收라고도 한다. 公用收用으로 인하여 수용자가 物權을 취득하는 것은 原始取得이므로 이로 인하여 피수용자의 權利와 그 目的物 위에 존재하였던 제3자의 權利는 모두 消滅한다. 다만 鑛業權이나 水利權은 수용에 의하여 수용자가 그 權利를 취득하는 것이 아니라, 단순히 이를 消滅시킬 뿐인 경우도 있다.

土地收用法은 土地의 수용에 적용될 뿐 아니라, 公用收用에 관한 一般法的 성격을 지니며 土地에 관한 所有權 이외의 權利나 立木·建物 등의 정착물 등에도 準用된다(土收 §2). 그 밖에 土地收用法이 정하지 않은 특수한 사업이나 특수한 재산권에 대한 수용에 관한 특별법으로서는 鑛業 §§83, 90, 道 §49-2, 河川 §74, 都計 §6, 農近 §§154, 158 등이 있다. 公用徵收는 사유재산보호의 대원칙에 대한 중요한 예외이다. 따라서 憲 §23 Ⅲ은 공공의 복지를 위한 공용징수를 인정하는 동시에 正當한 報償을 하도록 규정하고 있다.

3. 沒 收

沒收는 재산의 박탈을 내용으로 하는 財産刑이므로(刑 §48) 沒收判決의 效力이 미치는 범위 내에서 所有權은 消滅하고 國庫에 歸屬되게 된다.

沒收判決의 효력이 미치는 범위에 대해서는 몇 가지 문제가 제기된다. 判例[18]는 沒收에 의한 財産權剝奪의 效果는 有罪判決을 받은 被告人에 대해서만 미치고 目的物의 眞正한 所有者의 所有權行使에까지 미칠 수는 없다고 한다. 이에 따르면 沒收는 피고인이 沒收의 目的物에 대하여 가지는 재산상의 법익을 박탈하는 효력을 갖는 것으로서 피고인이 所有者일 때에는 所有權을 박탈하게 되지만, 단지 占有者에 불과한 때에는 占有權만을 박탈하는 것이라고 보

18) 大判 65. 2. 23, 64도653(集 13-1 刑, 15); 大判 66. 10. 4, 66다1421(要集 刑, 115); 大判 67. 3. 28, 67다135(要集 刑, 115); 大判 70. 2. 10, 69다2051(集 18-1, 83); 大判 70. 3. 24, 70다245(集 18-1, 284); 大判 70. 4. 14, 70다328(要集 刑, 116); 大判 71. 1. 26, 70다2839(要集 刑, 116).

게 된다. 그러나 判例의 태도와 같은 對人的 效力說에 따른다면, 刑法이 犯人 이외의 자에 所有에 속하지 아니하는 것을 沒收의 대상으로 규정(刑§48 I)하고 있어 피고인의 소유뿐 아니라 기소되지 아니한 共犯者 및 누구의 소유에도 속하지 아니하는 물건에 대해서도 沒收가 가능한 것으로 예정한 점, 또 현행법상 惡意의 取得者에 대한 沒收(刑§48 I)나 악의의 제3자가 받은 賂物에 관한 沒收(刑§134), 악의여부를 불문하고 제3자 所有物의 沒收(關稅§§185-85 I)를 허용하고 있는 점 등을 정면으로 무시하는 결과가 되어 부당하다. 따라서 현행법상 沒收는 모든 경우, 즉 目的物이 被告人의 所有에 속하지 않는 경우에도 그 目的物에 대한 所有權을 國庫에 귀속시키는 효력을 가진다할 것이다.[19]

다만 이러한 對世的 效力說에 따르면 제3자인 所有者에게 방어와 변명의 기회를 주지않고 있는 우리의 법제는 裁判請求權을 규정한 憲 §27 또는 財産權保障을 규정한 憲 §23에 위반될 소지가 있다. 실제로 對世的 效力說을 취하고 있던 日本에서는 所有者인 제3자에게 아무런 고지, 변명이나 방어의 기회가 주어지지 않은 채 所有權을 박탈한 것은 현저히 불합리한 것이어서 憲法이 용인하지 아니하며, 그와 같은 기회를 부여함이 없이 제3자의 所有物을 沒收한다는 것은 적정한 法律節次에 의하지 아니하고서 財産權을 침해하는 제재를 과하는 것이 된다는 점을 들어 제3자 所有物의 沒收가 日本憲法 §§31, 29에 위반된다는 判決[20]이 있었고, 이를 계기로 '刑事事件における第三者所有物の沒收手續に關する應急措置法'이 제정되어 所有者에게 방어의 기회를 부여함으로써 입법적으로 해결하였다. 우리 나라의 경우에도 제3자 所有物의 沒收에 對世的 效力을 인정하여야 할 것이므로 所有者에게 방어의 기회를 절차적으로 보장하는 立法이 判例의 변경에 수반되어야 할 것이다.

通說[21]은 國家가 沒收에 의하여 目的物의 所有權을 언제나 原始取得하게 된다고 하나, 이는 對世的 效力說을 취할 때에 비로소 가능하다. 沒收判決의 효력이 미치는 범위에 관하여 어떠한 설에 따르던 간에 判決의 確定에 의하여 당연히 所有權이 박탈되는 것은 아니며 確定判決의 執行(刑訴§§477, 483)에 의하여 비로소 國庫에 歸屬된다.[22]

19) 同旨 李熙太, "제3자 所有物의 沒收에 관한 考察", 司論 3, 569-70. 日最判 昭 37(1962).11.28(刑集 16-11, 1593)는 沒收를 目的物이 被告人의 所有에 속하는지의 여부를 묻지 않고 그 所有權을 國庫에 歸屬시키는 處分이라 한다.

20) 日最判 昭 37(1962).11.28(刑集 16-11, 1593).

21) 金容漢, 104; 李英俊, 248; 張庚鶴, 276; 黃迪仁·金相容, 註釋(Ⅱ), 253 참조.

22) 朝高 大 2(1913).5.22(朝鮮高等法院判例要旨類集 851).

4. 目的物의 滅失

物權은 물건을 직접 지배하는 權利이므로 명문의 규정은 없으나 물건이 滅失하면 당연히 物權도 消滅하게 된다. 물건의 滅失 여부는 社會通念에 따라 결정된다. 物件의 일부가 滅失하더라도 그 동일성이 유지되어 있는 한 物權은 존속한다. 物件의 滅失이라 하더라도 物件이 물리적으로 완전히 消滅하는 경우와 붕괴된 가옥의 목재와 같은 滅失物의 物質的 變形物 또는 소실된 가옥의 保險金과 같은 가치적 변형물이 남는 경우가 있다. 物權은 원칙적으로 目的物의 물질적 變形物에 미친다고 보아야 하므로 가옥에 대한 不動產所有權은 붕괴된 목재에 대한 動產所有權으로 존속한다. 이 경우 가옥에 대한 抵當權도 붕괴된 목재에 미치게 된다. 또 擔保物權인 質權과 抵當權은 物上代位에 의하여 目的物의 價值的 變形物인 目的物所有者의 請求權 ——예컨대, 燒失된 家屋의 火災保險金 등—— 에도 미친다(民 §§ 342, 370).

5. 浦　落

(1) 意　義

目的物이 滅失되는 특수한 형태로 地面이 海面[23]이나 國有의 河川에 잠기게 되면 일정한 경우 더이상 私人의 所有權의 客體가 되지 못하여 所有權은 消滅하고 國有로 귀속되게 된다. 이를 浦落이라 한다.

(2) 要　件

(가) 繼續的인 沈水狀態　　沈水가 颱風·海溢 등의 재해에 의한 堤防의 流失[24]이나 자연적인 流域變更 등 어떠한 원인에 의하여 발생한 것인지는 묻지 않는다. 養殖場 등의 설치를 위하여 人爲的인 굴착으로 沈水되는 경우에는 浦落은 인정되지 않는다. 沈水는 海面 또는 國有의 河川에 의하여 일어나야 한다.[25] 河川 §10 소정의 準用河川은 河川令 §9 Ⅲ에 의하여 河川 §3 河川國有의 규정이 準用되지 않아 당연히 國有가 되는 것은 아니므로[26] 國有河川이 아닌 準用河川이나 사실상의 河川에 沈水되었다는 점만으로 私權이 消滅될 수는

23) 海面은 公有水面으로서 所有權의 목적이 될 수 없다. 大判 57.12.26, 4290民上262(要集 特 Ⅱ, 1115).
24) 大判 71.3.9, 70다2756(集 19-1, 125); 大判 73.1.16, 72다2015(要集 民 Ⅰ-1, 403).
25) 大判 89.2.28, 88다1295등(公 846, 525).
26) 大判 81.5.26, 80다710(集 29-2, 6).

없다.[27)]

沈水狀態가 繼續的이어야 한다고 하여 지면이 항상 수면 아래 잠겨있어야 하는 것은 아니며, 河川의 경우 물이 계속하여 흐르지 않더라도 당해 土地에 있어서의 초목생장의 상황 등이 河川의 물의 흐름에 영향을 받는 부분으로서 매년 1회 이상 물이 흐른 형적을 나타낼 수 있으면 이에 해당된다. 따라서 대홍수 등 正常이 아닌 자연현상에 의한 一時的인 沈水狀態만으로는 浦落이 인정되지 않는다(河川 §2 I ii 가목). 海面의 경우에는 干潮時 沙場이더라도 滿潮時 海面 아래 있기만하면 浦落은 인정된다.[28)] 이 경우 침수된 수심의 심천은 문제되지 않는다.[29)] 土地가 客觀的으로 보아 일시적이 아닌 형상으로 沈水되면 곧 浦落은 인정되는 것이고, 그 밖에 沈水狀態가 일정한 기간 경과되어야 하는 것은 아니다. 다만 상당기간이 경과하였다는 것은 浦落이 일시적인 형태로 이루어진 것이 아니라는 징표로서의 의미를 가질 뿐이다.[30)]

㈏ 原狀復舊의 不能 原狀復舊가 기술적으로는 가능하다 하더라도 과다한 경비가 소요되어 堤防築造 등에 의하여 복구할 經濟的 利益이 없으면 浦落에 의하여 종전 所有權이 상실된다.[31)] 原狀復舊의 가능여부는 구체적 사실관계에 따라 社會의 一般平均人이 지닌 건전한 상식, 즉 社會通念에 따라 판단되어야 할 것이지만,[32)] 技術的인 어려움 및 제방복구 등에 소요되는 費用과 복구 후 성토된 土地가 지닐 經濟的 價値 등을 비교하여 결정하여야 할 것이다. 沈水된 이후 실제로 賣買가 이루어진 사실이 있다는 점만으로는 原狀復舊의

---

27) 舊河川(61. 12. 27. 法律 제892호)상의 準用河川에 대하여 同法施行令(66. 5. 10. 閣令 제2522호)가 準用河川에 河川國有의 규정을 準用하지 아니하였으므로 管理廳이 準用河川으로서 그 명칭과 구간 구역을 지정하였다고 하여도 그 지정된 土地에 대한 所有權 기타의 權利는 당연히 消滅되는 것이 아니라는 大判 72. 1. 31, 71다2398(要集 특 Ⅱ, 1088); 大判 78. 2. 28, 76다2188(要集 특 Ⅱ, 1088) 참조.

28) 大判 71. 3. 9, 70다2756(集 9-1, 125); 大判 73. 1. 16, 72다2015(要集 民 Ⅰ-1, 403); 大邱高判 72. 9. 13, 71나190(高集 72-2, 30); 大邱高判 84. 12. 11, 83나1630(下集 84-4, 249).

29) 30센티 내지 1미터가량 해면으로부터 침수된 경우인 大判 71. 3. 9, 70다2756(集 19-1, 125); 1 내지 1.3미터가량 해면으로부터 침수된 경우란 大判 79. 4. 10, 78다2232(集 27-1, 241) 등 참조.

30) 大判 83. 12. 27, 83다카1561(公 722, 262) 참조; 判例에 나타난 사례는 대부분 수십년간 沈水된 경우들이나 4, 5년 이상 경과한 경우도 있다. 大判 71. 3. 9, 70다2756(集 19-1, 125) 참조.

31) 大判 71. 3. 9, 70다2756(集 19-1, 125); 大判 72. 9. 26, 71다2488(集 20-3, 16); 大判 77. 5. 24, 76다2648(要集 民 Ⅰ-1, 404); 原狀復舊의 경제적 이익이 인정된 사례로는 大判 72. 9. 26, 71다2488(集 20-3, 16); 大判 79. 4. 10, 78다2232(集 2-1, 241).

32) 大判 78. 12. 26, 78다1296등(要集 民 Ⅰ-1, 404); 大判 85. 6. 25, 84다카178(公 758, 1046).

경제적 가치가 있다고 인정하기 어렵다.[33] 또 경제적 이익의 유무는 浦落 당시를 기준으로 판단하여야지 장래 工法이나 裝備가 발달할 것을 미리 예측하여 이를 판단하여서는 안 된다.[34] 原狀復舊가 사회통념상 불가능하였다는 것은 종전 所有權의 消滅을 주장하는 자가 이를 주장·입증하여야 한다.[35]

原狀復舊가 경제적 이익이 있어 社會通念上 가능한 것이라고 하더라도 일반 개인으로서는 엄두를 내기 어려운 대규모 土木工事에 의하여야 한다면 浦落에 의하여 종전 所有權은 상실된다.[36] 判例[37]는 개인의 재력으로 原狀復舊가 가능한지의 여부를 종전 所有者 개인의 財力을 기준으로 판단하고 있으나, 특별한 사정이 없는 한, 社會通念上 인정되는 一般個人의 財力을 기준으로 판단하여야 할 것이다. 당해 개인의 재력차이에 따라 物權의 存續與否를 달리 취급하는 것은 去來의 安全에 비추어 부당하기 때문이다. 그러나 일반적으로 보아 개인이 복구하기에는 과다한 경비가 소요된다하더라도 종전 所有者가 복구에 소요되는 경비를 부담할 자력이 있는 때에는 예외적으로 浦落되지 않은 것으로 보아야 할 것이다. 土地가 沈水되었다고 하더라도 과다한 비용을 들이지 아니하고도 原狀復舊가 가능하고, 또 原狀復舊를 할 경제적 가치도 있다고 인정되어 浦落이 인정될 수 없는 이상, 종전 所有者의 所有權은 존속되는 것이므로 다른 사람의 간척사업 결과 다시 成土되었다고 하여 새삼스럽게 종전 所有者가 그 所有權을 상실할 수 없음은 당연하다.[38]

日本의 下級審判決[39]이나 學說의 動向[40]은 해면하의 土地라도 所有者가 當該土地에 대하여 社會通念上 자연상태에서 支配可能性을 갖고 또 財産的 價値가 있다고 인정되는 때에는 私人의 所有權은 消滅하지 않는다고 하여 일정한 경우 해면 아래의 土地에 대해서도 所有權을 인정하는 경향이었으나, 最高裁判所는 近年의 判決[41]에서 해면 아래의 土地에 대한 所有權의 成立을 부정하였다.

---

33) 大判 72. 9. 26. 71다2488(集 20-3, 16) 참조.
34) 大判 80. 8. 19, 79다666(公 642, 13102) 참조.
35) 大判 85. 6. 25, 84다카178(公 758, 1046).
36) 大判 80. 2. 26, 79다2094(公 630, 12653-13) 참조.
37) 大判 71. 3. 9, 70다2756(集 19-1, 125); 大判 73. 1. 16, 72다2015(要集 民 I-1, 403); 大邱高判 72. 9. 13, 71나190(高集 72-2, 30).
38) 大判 79. 4. 10, 78다2232(集 27-1, 241).
39) 名古屋高判 昭 55(1980). 8. 29(判時 977, 15); 鹿兒島地判 昭 51(1976). 3. 31(判時 816, 12).
40) 東海林邦彦, ジュリスト 743, 74-6 참조.
41) 日最判 昭 61(1986). 12. 16(判時 1221, 3): 위 名古屋高判 昭 55(1980). 8. 29의 上告審 判決이다.

(3) 效 果

土地가 浦落되면, 河川 또는 公有水面이 조성되어 國有에 귀속되고 浦落된 土地에 대한 종전 所有者의 所有權은 浦落의 시점부터 영구히 消滅되어 그 후 제방공사 등으로 인하여 다시 그 土地가 지표상에 부상하여 成土化되더라도 종전 所有者의 所有權은 부활될 수 없다.[42)]

朝鮮河川令(1927. 1. 22 帝令 제2호)이나 舊河川法(1961. 12. 27 法律 제892호) 아래에서는 河川法의 적용을 받는 適用河川의 경우에는 河川區域의 指定(舊河川 § 12)이 있어야 私人의 所有權이 消滅되고 國家所有로 歸屬된다고(舊河川 § 4) 보았으나[43)] 河川法의 전문개정(1971. 1. 19 법률 제2292호, 71. 7. 20 시행)에 의하여 河川區域을 법정(河川 § 2 I i, ii)하였으므로 河川에 浦落된 土地의 종전 所有權은 浦落으로 인하여 消滅하는 것이지 따로 河川管理廳이 河川區域決定이나 變更에 관한 절차에 의하여 河川敷地로 편입시키는 절차를 밟아야 消滅하는 것은 아니다(河川 §§ 2 I ii 가목, iii).[44)] 또 浦落된 이후에도 財產稅가 賦課되었다거나 換地處分이 있었다고 하더라도 浦落으로 인한 土地所有權의 喪失에는 아무런 영향이 없다.[45)] 浦落되지 않은 경우라도 堤外地 등 河川과 일체로 관리할 필요가 있는 土地로서 管理廳이 지정하는 土地는 國有가 된다(河川 § 2 I 2호 다목).[46)] 土地가 河川區域이 되어 國家에 歸屬되는 때에는 어느 경우에나 종전 所有者는 所有權을 상실하는 대신 損失補償請求權을 갖는다(河川 § 74).

[李 仁 宰]

---

43) 大判 65. 3. 30, 64다1951(集 13-1, 84), 土地査定 전에는 浦落한 강변의 土地가 재차 성토화하였을 때 종전 所有者가 당연히 所有權을 취득한다는 慣習이 있었으나 土地査定 이후 그러한 慣習이 사라졌다고 한다. 大判 65. 6. 22, 65다349(集 13-1, 199); 大判 67. 4. 4, 67다213(集 15-1, 302); 大判 71. 3. 9, 70다2756(集 19-1, 125); 大判 73. 1. 16, 72다2015(要集 民 I, 403); 大判 76. 11. 9, 76다593(要集 民 I, 404); 大判 77. 6. 7, 77다234(要集 民 I, 404); 大判 78. 2. 28, 77다2321(要集 民 I, 404); 大判 79. 8. 28, 79다726(集 27-2, 276); 大判 80. 2. 26, 79다2094(公 630, 12653, 13); 大判 80. 8. 19, 79다666(公 642, 13102); 大判 81. 6. 23, 80다2523(集 29-2, 144); 大判 83. 12. 27, 83다카1561(公 722, 262); 大判 84. 11. 27, 84다카1072(集 32-4, 122); 大邱高判 84. 12. 11, 83나1630(下集 1984-4, 249). 反對 大判 57. 6. 13, 4290民上127(要集 民 I, 401).

43) 大判 50. 7. 16, 91民上485; 大判 64. 6. 2, 63다927(集 12-1, 147); 大判 65. 10. 5, 65다147(要集 特 II, 1075); 大判 68. 4. 23, 67누163(要集 特 II, III); 大判 79. 8. 28, 79다726(集 27-2, 276); 서울高判 65. 6. 9, 64나902, 903(高集 64-65, 298).

44) 大判 78. 2. 28, 77다2321(要集 民 I, 404); 大判 79. 7. 10, 79다812(集 27-2, 161); 大邱高判 84. 12. 11, 83나1630(下集 84-4, 249).

45) 大判 80. 8. 19, 79다666(公 642, 13102).

46) 강경지원판 87. 1. 14, 86가합57(下集 87-1, 194) 참조.

明認方法

차 례

Ⅰ. 一 般 論
Ⅱ. 明認方法의 內容
1. 方　法
2. 具體的인 例
3. 明認方法의 存續
4. 明認方法으로 公示할 수 있는 立木의 範圍
5. 明認方法에 있어서 對象特定의 必要性
6. 明認方法에 의하여 公示되는 物權
7. 明認方法과 優先關係
8. 明認方法의 公示力
Ⅲ. 未分離果實 등의 物權變動과 公示方法
1. 一 般 論
2. 未分離果實의 範圍
3. 公示方法
4. 權利의 留保
5. 立稻 등 農作物의 所有關係에 관한 特殊한 法理
Ⅳ. 關聯事項
1. 明認方法 이외의 公示方法
2. 立木에 관한 法律
3. 溫泉權에 관한 公示
4. 集合動産의 讓渡擔保와 明認方法

Ⅰ. 一 般 論

民 §99 Ⅰ은 "土地 및 그 定着物은 不動産이다"라고 規定하고 있다. 따라서 立木·立稻·인삼·정원석 등의 地上物이나, 收穫되지 않은 상태의 과일·뽕나무·담배잎 등의 未分離果實은, 土地나 樹木 등의 一部分으로서 독립의 物件이 아닌 것으로 취급되는 것이 원칙일 것이다.

그러나 옛날로부터의 慣行上 樹木은 土地에 서 있는 그대로, 土地와는 독립해서 去來되는 경우가 많았다. 또한 未分離果實 역시, 어느 정도 자라서 獨立의 가치를 가지게 되면 독립되어 去來의 대상이 되는 사례가 많았다. 그 公示方法으로는 이른바 明認方法이라는 것이 행하여져 왔다. 明認方法이라는 것은, 상식적인 입장에서 볼 때, 登記 등 특별한 公示方法이 없는 物件에 대하여 그 所有關係를 표시하기에는 가장 쉽고도 합리적인 방법이므로, 이 방법이 그 公示方法으로 이용되어 온 것이다.

이러한 사회적 요청에 따라서 判例나 學說은 위에 열거한 것들에 대하여도 獨立한 物權을 인정하게 된 것이고, 그 物權關係를 公示하는 방법으로 明認

方法을 승인하게 된 된 것이다. 즉 明認方法은 나무(立木)나 벼(立稻) 등 物件의 일부에 대한 所有權變動에 관한 公示方法으로서, 慣習에 의하여 행해져 온 것인바, 추후에 法律에 의하여 승인받게 된 것이다. 그리하여 위와 같은 것들은 元物과 獨立하여 賣買·贈與 또는 押留의 客體가 될 수 있게 된 것이다.

물론 物權에 관한 規定은 대체로 強行法規이므로 이에 반하는 의사표시를 하는 것은 無效이다. 그렇다면, "明認方法은 物權法定主義에 반하여 無效가 아닌가?"라는 의문이 있을 수 있다. 그러나 明認方法을 公示方法으로 인정한 判例는 明認方法을 慣習法으로 인정한 것이고, 物權法定主義가 慣習法을 배제하는 것은 아니므로, 위와 같은 判例의 태도가 物權法定主義가 반한다고 볼 수는 없다.

이상을 부연하여 요약하여 보면 다음과 같다.

우리 民法은 不動產에 대하여는 登記를, 動產에 대하여는 引渡를 物權變動의 公示方法으로 規定하고 있을 뿐이다. 立木·立稻 등에 대하여는 아무런 規定을 두고 있지 않다. 이는 一物一權主義의 원칙상 당연한 것이다. 立木·立稻 등은 土地의 구성부분으로서 그 所有權은 土地에 흡수되는 것이 원칙이고, 이를 獨立된 去來客體로 할 수가 없는 것이다. 그러나 立木·立稻 등도 土地로부터 독립하여 去來對象이 되는 경우가 많고, 이때는 무언가 公示方法이 있어야 한다. 그리하여 明認方法이라는 公示方法이 慣習法的으로 형성하게 된 것이다. 그리하여 判例와 去來界가 明認方法을 法律的·經濟的으로 유효한 公示方法으로 인정하게 된 것이다.

Ⅱ. 明認方法의 內容

1. 方 式

明認方法이란, 不動產의 登記나 動產의 引渡와 같이 法律에 의하여 定形化된 公示方法이 아니다. 立木 등의 所有權이 누구에게 歸屬하고 있다는 것을 제3자로 하여금 명백히 인식하게 함에 족한 적당한 방법을 통틀어 일컫는 것이다. 立木 등에 대한 明認方法의 통상의 예는, 나무의 껍질을 깎아 거기에 所有者의 이름을 써 넣는다든가, 또는 나무의 集團 주위에 새끼를 둘러치는 등의 방법으로 特定한 후, 누가 이를 買受하여 所有하고 있다는 뜻을 기재한 표지판을 여러 군데에 세워, 제3자가 쉽게 所有者를 알아 볼 수 있게 하는 것이다.

所有權을 표시함에 있어서는, 權利取得의 原因이나 前所有者의 이름 등을 밝힐 필요가 없다. 그러므로 明認方法에 의하여서는 權利의 變動過程이 밝혀지지 않는다. 그런데 明認方法은 登記나 引渡와는 달리 일정한 형식이 있는 것도 아니고, 權利의 존재나 그 變動內容을 상세하게 표시하기도 기술적으로 어렵다. 따라서 구체적으로는 각 지방의 去來慣行에 따라, "立木이 獨立한 物件으로서 현재의 所有者가 누구라는 것을 일반인들이 알 수 있는 방법을 강구하였는지"의 여부에 따라 明認方法을 갖추었는가의 여부를 결정할 수밖에 없다.

이에 대하여는 대법원 규칙의 형식으로라도 明認方法의 기준을 규범적으로 정하여 두는 것이 去來의 혼란을 방지하는 데 바람직하다는 주장이 있다.[1] 참고적으로 대한석탄공사의 立木公示에 대한 例規를 보면, "買受立木 所有者의 주소, 성명, 그 地盤의 地番, 地積, 이를 관리할 관리인의 성명을 기재하여 게시하는 방법을 취하도록 할 것"이라고 規定하고 있다. 그러나 이것은 하나의 實務例에 불과함은 물론이다. 그러면 이하에서는 判例에 나타난 明認方法의 구체적인 예를 알아보기로 한다.

2. 具體的인 例

(1) 判例가 明認方法으로 충분하다고 인정한 예

(가) 林野의 여러 곳에 "입산금지, 소유자 ○○○", "○○○ 買受"라는 표찰을 써서 붙인 경우.[2]

(나) 原告所有라는 명인간판 10개 내지 30개를 林野의 각 곳에 게시하고, 암석에다 페인트로 原告所有임을 표시한 경우.[3]

(다) 權利의 變動이 있음을 일반에게 알리는 문구를 기재한 표찰을, 인삼밭을 통과하는 사람이면 누구나 쉽게 볼 수 있는 곳에 설치한 경우.[4]

(2) 日本判例에 의하여 明認方法으로 인정된 예

(가) 立木의 껍질을 벗기고 현재 所有者가 누구인가를 명료하게 써 넣는 방법.[5]

(나) 立木에 자기의 이름을 표시한 刻印을 찍고, 현장에 자기의 所有에

---

1) 高昌鉉, "未分離農作物의 所有關係와 公示方法", 法曹 86-5, 16.
2) 大判 67. 12. 18, 66다2382, 2383(集 15-3, 360); 大判 74. 6. 11, 74다542(集 22-2, 99).
3) 大判 69. 11. 25, 69다1346(集 17-4, 58).
4) 大判 72. 2. 29, 71다2573(集 20-1, 125).
5) 日大判 大 9(1920). 2. 19.

속한다는 뜻의 標札을 세워두는 방법.[6]

(3) 判例가 明認方法으로 부족하다고 인정한 예

(가) 이 사건 林野는 다른 林野와 連接되어 있어서 일반적으로 보아서는 特定할 수가 없을 뿐만 아니라, 일정한 출입구도 없다. 따라서 위 林野의 한쪽 주변에 서 있는 한 개의 立木에다 "위 林野의 立木은 當公社에서 買受한 것임을 公示함"이라는 內容의 게시판을 부착한 것 만으로 原告의 買受立木임이 特定되어 그 立木에 대한 所有權取得을 위한 公示方法을 갖추었다고 할 수 없다. 또한 특별한 사정이 없는 한, 買受立木의 둥치에 단순히 껍질을 벗겨 두거나, 새끼줄을 감아 두는 것만으로는 적법한 明認方法이 될 수 없다.[7]

(나) 立木 소재지의 多數의 住民에게 口頭로 立木所有權을 취득하였다고 발표한 것.[8]

(다) 벌채목적으로 買受한 立木의 벌채에 착수하였을 뿐인 경우.

(라) 立木의 引渡를 받은 것 뿐인 경우.

(마) 特定의 제3자에게 立木을 買受했다는 서면통지를 했을 뿐인 경우.[9]

(바) 地上物에 대한 假處分命令에 기하여 立木處分禁止의 公示를 한 경우.[10]

3. 明認方法의 存續

明認方法이 그 유효성을 계속 가지기 위하여는, 현재의 所有者의 名義가 계속하여 明認方法에 나타나지 않으면 안 된다. 그러므로 현재의 所有者의 名義가 훼손되거나 바래어버림으로써 이를 알아보기 어렵게 되었을 때에는, 이를 다시 분명하게 써 넣어야 한다. 明認方法은 비나 바람, 기타의 여러 가지 자연적·인위적인 原因에 의하여 흐려지거나 없어지기 쉬우므로, 그 존속성을 유지하는 것이 특히 필요한 것이다. 따라서 明認方法을 한 자는 그 존속여부를 수시로 확인하는 것이 불가피하다. 이와 관련된 判例를 보면 다음과 같다.

(1) 林野 내의 立木을 買受하여 그 明認方法을 실시한 후, 매도인의 相續人이 同 林野를 相續하여 他에 매도하였다 하더라도, 위 明認方法이 계속 존속

6) 日大判 昭 3(1929).8.1.
7) 大判 80.11.11, 80다1112. 이 判例에 대한 평석으로는, 신성택, "立木의 明認方法", 法曹 81-4, 51.
8) 大判 73.9.25, 73다1229(公 474, 7533).
9) 日大判 昭 6(1931).10.5; 民5判 昭 6(1931), 865.
10) 日最判 昭 38(1963).11.7.

하고 있었다면, 林野의 相續人이나 그로부터 買受한 자는 同 林野 내의 立木을 相續하였거나 그 所有權을 取得하였다고 할 수 없다.[11]

(2) 立木에 관한 所有權을 公示하는 방법으로서 그 地盤인 土地에 地上權設定登記를 하였으나 登記公務員에 의하여 同 登記가 職權抹消되자, 立木所有權을 계속 동시확보하기 위하여 明認方法을 실시하였다면, 同 立木所有權의 효력에 소장이 없다.[12]

4. 明認方法으로 公示할 수 있는 立木의 範圍

이 방법을 「立木에 관한 法律」에 따른 所有權保存登記를 하지 않은 樹木의 集團에 대하여만 쓸 수가 있다.[13] 樹木의 集團이 「立木에 관한 法律」에 따라 登記되어 있으면 明認方法을 쓸 여지가 없는 것이다. 다만 立木法에 의하여 登記를 한 立木이라도 그 立木 중 一部分을 去來의 목적으로 삼을 경우에는, 去來의 실제적 요청에 따라 이에 대한 明認方法을 인정하여야 할 것이다. 그 立木 중 一部分을 特定하여 登記를 할 방법이 없기 때문이다.

다만 土地와는 별도로 立木만을 양수하고서 그 地盤인 토지에 立木所有를 목적으로 地上權設定登記를 한 경우라면, 그 地上立木에 다시 明認方法을 강구하여도 무방하다고 할 것이다.[14] 그렇지만 이 경우는 明認方法의 實益이 별로 없다고 할 것이다. 地上權設定登記만으로도 立木의 所有關係를 公示하기에 충분하기 때문이다. 또 明認方法은 樹木의 集團에 대하여만 사용할 수 있는 것이 아니라, 개개의 나무에 대하여도 사용할 수 있다. 즉 나무 한 그루의 所有權을 公示하기 위하여도 明認方法을 사용할 수 있는 것이다.

5. 明認方法에 있어서 對象特定의 必要性

明認方法을 실시함에 있어서는 그 대상인 立木이 언제나 特定되어 있어야 한다. 이에 대한 判例의 태도를 보면, "「특정한 林野 위에 있는 立木 중 일정수량」과 같이 표시된 明認方法은, 數量만을 指定하였을 뿐으로서 立木이 特定되었다고 할 수는 없다. 따라서 이러한 경우에는 비록 형식적으로는 明認方法을 갖추었다고 하더라도 실질적인 明認方法이 되지 못한다. 결국 이 방법은 그 立

11) 大判 74.6.11, 74다542(集 22-2, 99). 同旨 日大判 昭 12(1937).10.30.
12) 大判 65.6.22, 65다545(民判集 93, 287); 서울高判 74.12.30, 74다356.
13) '立木에 관한 法律'에 대하여는 뒤에 나오는 관련사항의 난에서 자세히 보기로 한다.
14) 前述(註 12)의 大判.

木의 所有權取得을 위한 적법한 公示方法으로 인정되지 않는다"[15]라고 하고 있다. 그 「일정수량」에 해당하는 立木이 어느 것인지가 特定될 수 없기 때문이다.

다만 이 경우에도 그 「일정수량」에 해당하는 立木을 특정해둔다면 적법한 公示方法이 될 수 있을 것이다. 또한 어떠한 林野에 있는 樹木 중 "樹齡 20년 이상 胸高直徑 10.3센티미터 이상의 소나무 500그루"라는 內容의 明認方法 역시, 特定이 충분하다고 할 수 없어, 적법한 明認方法이 될 수 없다.

6. 明認方法에 의하여 公示되는 物權

(1) 所有權

明認方法에 의하여 公示될 수 있는 物權은 所有權에 한한다. 왜냐하면 抵當權처럼 상당히 복잡한 사항이 포함된 物權關係를 公示함에는 登記簿와 같은 公簿로서 하는 것이 적당할 것이고, 단순하고 소박한 公示方法에 불과한 明認方法은 그에 적합하지 않기 때문이다. 明認方法은 公示가 비교적 간단한 所有權에 대해서만 사용되는 것이다.

즉 地盤의 所有者가 立木所有權을 보류하고 地盤만을 讓渡하는 경우 등에 대하여만 明認方法의 사용이 가능한 것이다. 다만 立木의 所有權의 讓渡와 이에 준하는 解除 또는 取消에 의한 所有權의 復歸는 所有權의 讓渡와 같은 것으로 볼 수 있고, 따라서 明認方法을 갖추어야 할 것이다.[16]

(2) 擔保權

그러므로 立木을 債權의 擔保로 하기 위하여 抵當權을 設定하는 것은 불가능하다. 立木에 대하여 굳이 擔保權設定을 하려고 하려면, 讓渡擔保의 방법에 의하여야 하는 것이다. 그러므로 立木에다가 抵當權이 設定되었다는 취지의 게시판이나 입찰을 세웠다고 하더라도 아무 효력이 없는 無效인 것이다. 그러나 위에서 본 바와 같이 讓渡擔保는 所有權移轉의 外觀에 의하는 것이므로, 讓渡擔保의 방법으로 擔保權을 設定하는 것은 가능하다.[17]

한편 留置權·質權과 같은 權利는 원래 公示方法이 필요하지 아니하므로 明認方法의 문제가 생기지 않는다. 또 地上權과 같은 用益物權에 대하여서도

15) 大判 73. 9. 25, 73다1229(公 474, 7533); 大判 73. 5. 22, 72다2351(要集 民 I-1, 345, 19); 大判 75. 11. 25, 73다1323(公 528, 8802).
16) 郭潤直, 物權, 202.
17) 日大判 昭 2(1900). 10. 30; 我妻, 物權, 102.

明認方法을 인정할 수 없다.[18] 왜냐하면 農作物이 땅 위에서 자라고 있다고 하더라도 農作物은 土地 그 자체가 아니기 때문이다.

7. 明認方法과 優先關係

(1) 數個의 明認方法間의 優劣

明認方法은 立木所有權取得의 요건이다. 그러므로 立木을 二重讓渡한 경우, 明認方法을 먼저 갖춘 쪽이 그 所有權을 取得한다. 동일한 立木에 대하여 明認方法이 두 개 이상 設定되어 있는 경우도 어느 쪽의 明認方法이 먼저 設定되었느냐에 따라 그 所有關係가 결정되어야 할 것이다.[19] 우리 民法이 物權變動에 관하여 成立要件主義를 취하고 있으며, 明認方法도 成立要件이라고 보아야 하기 때문이다.[20] 따라서 樹木 등을 2중으로 賣買한 경우에는 明認方法을 먼저 갖춘 자가 비록 惡意였다 하더라도 所有權을 取得하게 된다.[21]

이때 그 明認方法에 기재된 去來日字나 明認方法 設定日字는 그 先後를 결정할 하나의 증표가 될 것일 뿐이다. 그러므로 그 明認方法의 先後를 정함에 있어 반드시 明認方法에 기재된 去來日字 등에 따를 것은 아니다.

(2) 明認方法과 기타의 公示方法間의 優劣

明認方法과 登記가 競合하는 경우에 兩者의 관계 역시 문제가 된다. 즉 그 先後關係만을 따져 優先權을 줄 것인지, 아니면 登記가 항상 우선할 것인지가 그 쟁점이다.

예컨대, 立木의 所有者가 立木을 二重讓渡하여, 어느 한 양수인은 立木取得의 明認方法을 실시하고, 다른 양수인은 그 地盤인 土地 위에 地上權設定登記 또는 賃借權設定登記를 하거나, 立木과 함께 그 地盤의 所有權을 取得하여 그 登記를 한 경우이다. 이에 대하여 우리 判例는 어느 公示方法에 대하여도 같은 효력을 인정하여 먼저 公示方法을 갖춘 양수인이 우선한다고 판시하였다.[22] 日本判例 역시 같은 태도를 취하고 있다.[23]

한편 日本의 일부 學說은, 일시적인 公示方法인 明認方法과 영속적이고 복잡한 內容을 기재할 수 있는 登記를 동일하게 취급하는 것은 타당하지 않다고

18) 前述(註 1)의 논문, 1.
19) 大判 67. 2. 28, 66다2442(集 15-1, 147); 大判 67. 12. 18, 55다2382, 2383(集 15-3, 360).
20) 大判 69. 11. 25, 69다1346(集 17-4, 58).
21) 前述(註 19)의 67. 2. 28. 判例.
22) 大判 72. 10. 25, 72다1389(集 20-3, 65).
23) 日大判 大 4(1915). 12. 8; 同旨 大 10(1921). 4. 14.

하여, 登記에 우선적 효력을 인정하여야 한다고 한다.[24] 그러나 立木의 去來에 있어서는 去來目的物에 대한 현황을 조사하는 것이 일반적이므로 明認方法을 輕視할 이유가 없을 것이다. 그리고 明認方法이 제3자에게 그 효력을 나타내기 위하여는, 明認方法이 제3자의 그 立木取得時에도 존속하여야 하므로, 명인방법이 다른 공시방법보다 제3자를 크게 해할 염려도 없다. 더욱이 登記를 明認方法보다 우선시킨다면, 애써 明認方法을 실시해 놓았다 하여도 후에 경료된 登記에 의하여 쉽게 뒤집히게 되어, 明認方法을 立木의 物權變動에 있어서의 公示方法으로 인정한 취지에 반하게 된다. 그러므로 위 일부 學說은 타당하지 못하다는 것이 통설의 입장이다.

8. 明認方法의 公示力

현행 民法은 登記, 引渡, 立木法上의 登記 등 公示方法에 대하여 成立要件主義를 택하고 있다. 마찬가지로 明認方法 역시 物權變動의 成立要件이 된다.

우리 判例의 태도도 이와 마찬가지인바, 이를 열거하면 다음과 같다. ① 物權變動에 있어서 형식주의를 채택하고 있는 현행법하에서는 所有權을 移轉한다는 명시적·묵시적 의사 외에, 立木에 대한 明認方法을 실시함으로써 그 所有權을 取得한다.[25] ② 立木을 그 地盤인 토지와 분리하여 賣買함에 있어서, 所有權을 移轉한다는 賣買當事者間의 契約이 있고, 이어 同 立木의 所有者가 買受人이라는 취지의 소위 明認方法을 실시하였다면, 不動產에 있어서의 登記, 動產에 있어서의 引渡를 한 경우와 같이, 同 立木所有權이 완전히 買受人에게 移轉되었다 할 것이다.[26]

한편 立木이 베어져서 動產인 나무가 된 경우, 그것은 立木의 변형물에 지나지 않으므로 그 所有權은 立木으로 있던 당시의 所有權에 따라 歸屬된다.[27] 農作物을 수거하여 動產으로 된 경우도 마찬가지의 法理가 적용된다.[28]

---

24) 揣木의 초기 학설.
25) 大判 69.11.25, 69다1346(集 17-4, 58).
26) 大判 74.6.11, 74다542(集 22-2, 99).
27) 大判 71.4.20, 71다389(集 19-1, 367); 同旨 日大判 昭 11(1936).7.21.
28) 大判 72.6.27, 72다688(集 20-2, 124); 日大判 昭 11(1936).7.21.

Ⅲ. 未分離果實 등의 物權變動과 公示方法

1. 一般論

"收穫되지 않은 상태의 벼, 인삼, 뽕나무 잎, 과일(이를 통틀어 통상 未分離果實이라고 부른다. 특히 벼·인삼은 立稻·立人蔘이라고 부른다) 등을 土地나 나무(元物)와 별도로 去來할 수 있는가의 여부", 또한 "그 所有權에 대하여도 따로 公示할 수 있는 방법이 있는가의 여부"는 논란이 되어 온 문제이다.

우리의 종래 慣行에 비추어보면, 그러한 것들에 대하여도 별도의 去來가 행하여 졌으며, 그 公示方法은 통상 明認方法에 의하였다. 判例도 이러한 慣行을 존중한 탓인지, 위와 같은 去來와 그 公示方法을 승인하였다.[29] 日本判例도, "果實이 분리되기 전에는 그 성질상 不動産의 一部分에 불과하므로, 이를 獨立하여 처분의 목적으로 함이 경제상 극히 필요할 뿐 아니라, 현행법규가 그 獨立處分을 금지하고 있지 않으므로, 이를 獨立하여 去來의 客體로 삼을 수 있다"라고 하면서 이를 승인하고 있다.[30]

반대 견해로는 "未分離果實의 경우에는 立木의 경우와는 달리, 그 權利가 移轉되기 위하여 明認方法 이외에 引渡가 필요하며, 여기서의 明認方法은 權利關係를 明認시키는 것이 아니라 引渡가 있었음을 명인시키는 것이다"라는 것이 있다.[31]

그러나 "未分離果實 등은 어디까지나 不動産의 일부로서 아직 動産化되지 않은 것이므로, 動産物權變動의 요건인 引渡를 그 公示方法으로 요구할 필요가 없다"고 하는 것이 다수설의 견해이다. 우리 判例 역시, "土地의 定着物인 입인삼에 대한 所有權取得의 유효요건인 公示方法으로서는 明認方法을 갖추는 것으로 충분하다"[32]라고 하고 있다.

2. 未分離果實의 範圍

이에 관한 判例는 그리 흔하지는 않지만, 判例에 나타난 農作物의 종류를 들면, 立稻·약초·양파·마늘·고추 등이 있다. 벼에 대한 去來는 통상「立稻

29) 大判 72. 2. 29, 71다2573(集 20-1, 125).
30) 日大判 大 5(1916). 9. 20; 日大判 昭 13(1938). 9. 28.
31) 川島, 所有權法の理論, 岩波書店(1969), 273.
32) 大判 72. 2. 29, 71다2573(註 29); 大判 72. 5. 9, 72다451(民判集 175, 227).

先賣」라고 불린다. 양파·마늘·고추·무우·배추·오이 등에 대하여는 속칭 「밭떼기」라고 불리는 賣買형식이 취하여 지고 있다. 그런데 이러한 農作物은 씨를 뿌려 성숙할 때까지 중 어느 때부터 去來의 목적물로 할 수 있느냐가 문제이다. 통설에 의하면, 씨를 뿌려 싹이 난 정도로는 土地의 본질적 구성부분의 성격을 벗어나지 못하므로 獨立物로 인정될 수 없고, 去來의 목적이 되기 위하여는 어느 정도 성장하거나 성숙해야 한다고 한다.

判例도 이에 관하여 명확히 밝힌 것은 없으나, 대체로 통설과 같은 견해인 것으로 보인다. 즉 大判 63.2.2, 62다913 判決은 "立稻가 성숙하여 獨立된 物件으로서의 존재를 갖추었다면"이라는 막연한 표현을 하고 있는 반면, 大判 69.2.18, 68도906 判決은 "길이 4.5센티미터에 불과한 묘자리도 農作物에 해당한다"고 판시하였다. 이와 거의 같은 취지로, 大判 60.3.31, 4292民上574 判決은 "舊民法 제242조 但書(현행 民 §256 但)의 規定은, 權原에 의하여 부속시킨 物件이라 할지라도 분리하여 경제적 가치가 있는 경우에 한하여 부속시킨 자의 權利를 방해할 수 없다는 취지이며, 분리하여도 경제적 가치가 없는 경우에는 所有者의 所有에 歸屬한다고 해석함이 상당하다"라고 판시하고 있다.

요컨대, 農作物은 다른 것과 달라서, 씨를 뿌리면 불과 수개월만에 收穫을 하게 되고, 그 동안 계속 관리를 하게 되므로, 구태여 상당한 정도로 성장하는 것을 요하지 않는다고 해석함이 옳다는 것이다.[33)]

3. 公示方法

未分離果實에 대하여 통상 사용하고 있는 방법은, 논이나 밭의 주위에 새끼를 둘러치고 所有者의 이름을 쓴 나무표지판을 세워 제3자가 쉽게 그 所有者를 알 수 있게 하는 것이다. 다만 그 구체적인 방법은 개개의 사례에 맞추어 결정되어야 할 것이다. 이에 대한 사례를 살펴보면 다음과 같다.

(1) 立人蔘에 대하여

下級審 判例로는 "홍삼전매법상 인삼을 耕作하고자 하는 자 및 이를 相續·承繼하고자 하는 자는 그 위치와 면적을 정부에 신고하여야 하고, 人蔘耕作臺帳에 등재하여야 하므로, 이러한 신고와 등재는 입인삼에 대한 物權變動에 유효요건이다"라는 것이 있다.[34)] 그러나 大法院은 "위 신고 및 대장에의 등재는

---

33) 前述(註 1)의 논문, 3.
34) 서울高判 72.2.17, 71나1941.

人蔘耕作에 대한 행정통제상의 목적에서 나온 團束規定에 불과하므로, 그 신고를 하지 아니하였다고 하여 私法上의 法律行爲가 효력을 발생할 수 없는 것이 아니다"라고 하여 이와 다른 견해를 나타냈다.[35]

(2) 기 타

나무에 달려있는 밀감의 賣買에 있어서는 買受人의 이름과 賣買日字를 기재한 나무표지판 네 개를 밀감밭 곳곳에 세운 것으로 충분한 公示方法이 된다.[36] 그러나 밀감밭 관리인의 성명을 기재한 나무표지판 한 개를 보기 쉬운 곳에 세우고, 그 관리인이 그 곳을 순시한 것만으로는 충분한 公示方法이 되지 못한다고 한다.[37]

또한 정원수나 정원석을 그 所有者로부터 買受하면서, 공증인으로부터 確定日附를 받거나 또는 簡易引渡를 받은 사실 등으로서는 明認方法으로 부족하다고 한다.[38]

4. 權利의 留保

地盤인 土地와 農作物을 같이 取得하면서 土地에 대하여만 所有權移轉登記를 하였을 경우, 農作物에 대하여는 明認方法을 갖추지 않았다 하더라도 農作物은 土地에 수반하여 당연히 所有權이 移轉된다고 보아야 한다.[39] 왜냐하면 地上物은 원래 土地의 定着物에 불과한 것이므로 농작물은 地盤과 함께 한 개의 不動產으로 취급되기 때문이다. 따라서 立木의 所有權을 유보하고 地盤인 土地만을 처분하는 경우에, 農作物의 所有權에 대하여 公示方法을 취하지 않는 한, 위의 土地讓受人으로부터 土地所有權을 취득한 자 및 기타 제3자에게 權利를 주장할 수 없다.[40]

여기서 문제가 되는 것은, 農地를 賣買함에 있어서, 賣買契約 당시에 地上物인 農作物의 포함여부에 대하여 아무런 의사표시가 없었던 경우에, 土地만을

---

35) 大判 72.5.9, 72다451(註 32). 이 판결에 대한 비판으로는 張庚鶴, 立人蔘의 所有權取得의 有效要件, 法新 72.6.12, 7면 참조. 이 글의 취지는 다음과 같다. "한 사람이 立人蔘 承繼取得을 신고한 이상 신고대장이 당국에 비치되어 있을 터이므로 두번씩 신고되는 것은 방지될 수 있다. 또한 이 신고는 의무적이며 불이행시에는 처벌을 받는다. 그리고 明認方法은 慣習法上의 公示方法에 불과하며 홍삼전매법상의 신고는 성문법상의 제도이다. 따라서 후자의 비중을 전자보다 높게 보는 것은 옳다."

36) 日大院地法 大 6(1917).7.11.

37) 日大判 昭 9(1934).7.25.

38) 前述(註 37)의 판례.

39) 大判 51.5.18, 4283民上70(民判集 6, 439).

40) 日最判 昭 34(1959).8.7(民判集 10, 1223).

매도한 것으로 볼 것이냐, 그렇지 않으면 土地와 함께 農作物도 당연히 매도한 것으로 볼 것이냐 하는 것이다. 우리 나라의 종래의 去來慣習은 賣買의 시기가 白露 전인 때에는 농작물은 土地賣買에 포함된 것으로 인정하여 買主의 소유에 歸屬한 것으로 하였고, 賣買時期가 白露 후인 때에는 賣主의 所有에 유보하는 것으로 보았다.[41] 그러나 物權變動에 있어서 의사주의를 취하였던 舊法下에서는 몰라도, 登記나 引渡를 物權成立要件으로 하고 있는 現行法下에서는, 賣買時期가 白露의 전후의 어느 쪽인가와는 관계없이, 地盤인 土地에 所有權移轉登記를 갖추었으면 그 地上物도 당연히 買受人의 소유에 속한다고 보아야 한다. 설혹 종래의 관습에 따라 白露 후에 賣買契約을 하였다 하여도, 農作物을 매도인의 所有로 인정하기 위하여는, 이에 따른 明認方法이 강구되어야 할 것이다.[42]

5. 立稻 등 農作物의 所有關係에 관한 特殊한 法理

우리 나라 判例는 立稻 등 각종 農作物의 所有關係에 대하여 특수한 法理를 취하고 있다. 즉 "權原없이 타인의 土地를 耕作하였더라도, 그 立稻가 성숙하여 독립한 物件으로서의 존재를 갖추었으면 立稻의 所有權은 耕作者에게 歸屬하고, 土地使用의 法律關係는 이를 별도로 처리하여야 한다. 土地所有權者가 그 土地에 부합한 物件이 아닌 것 까지도 그 所有權을 取得한다는 法理는 있을 수 없기 때문이다"[43]라는 것이다.

이와 다소 사안을 달리하나 근본적으로는 궤를 같이 하는 것으로는 다음과 같은 判例들이 있다.

(1) 農地를 적법하게 買受하여 그 所有權을 取得하였으나 아직 그 引渡를 받지 못하고 있던 買受者가 그 農地를 종래 占有, 耕作하여 오고 있는 자의 占有를 침범하여 위법한 耕作行爲를 하였고, 한편 종래의 占有者도 자기에게 耕作權이 있다하여 계속 耕作한 때에는, 그 共同耕作으로 생산된 立稻는 특별한 사정이 없는 한 그들 兩人의 공유에 속한다.[44]

(2) 農地所有者가 타인에게 그 農地를 耕作할 것을 승락하여도 특별한 사정이 없는 한, 農地改革法上 그 小作契約은 無效이나, 그에 의거한 耕作으로

41) 조선총독부 중추원, 民事慣習 回答彙集, 272-3.
42) 高昌鉉, "未分離農作物의 所有關係와 公示方法", 法曹 86-6, 10.
43) 大判 63.2.21, 62다913(集 11-1, 119).
44) 大判 65.7.20, 65다874(카 8838).

인한 立稻의 所有權은 그 農地에 대한 所有權과는 별도로 耕作者의 소유에 歸屬한다.[45]

(3) 남의 土地에 대하여 이를 사용·수익할 權限없이 함부로 약초·양파·마늘·고추 등의 農作物을 耕作한 경우에 그 농작물의 所有權은 여전히 耕作者에게 있는 것이며, 따라서 그 收穫도 耕作者만이 할 수 있고, 이들 農作物이 그 基地의 所有者에게 歸屬되는 것은 아니다.[46]

원칙적으로 아무런 權原없이 타인의 土地에서 경작·재배한 農作物은 土地와는 별개의 不動産으로 다루어질 수는 없다. 또한 이는 獨立性이 없는 단순한 定着物로서 이른바 附合에 의하여 土地所有者에게 歸屬할 수밖에 없는 것이 일반적인 法理이다. 그럼에도 大法院은 "農作物은 비록 그것이 남의 땅에서 위법하게 경작·재배한 것이더라도, 所有權이 언제나 耕作者에게 속한다"는 굳은 태도를 취하고 있다. 결국 이 判例의 태도는 "성숙한 立稻 기타의 農作物의 所有權은 耕作者에게 속한다"고 보고 있다고 해석된다.[47]

판례가 이러한 法理를 추구하고 있는 실제적인 이유는, 우리 나라의 실정에 비추어 農作物의 所有權은 그것을 생산한 耕作者에게 歸屬시키는 것이 합당하다는 점에 있는 것이라고 보여진다. 또한 土地에서 생산되는 農作物이나 果實은 노동에 대한 보수로서, 노력과 비용을 들인 자에게 歸屬시키는 것이 정의관념에 부합한다는 점을 감안한 것일 것이다.[48] 즉 樹木에 비하여 農作物은 집중적인 노력과 비용이 든다는 점을 감안한 것이다. 그러나 이에 대하여는 이러한 태도가 所有權을 무시하였다는 점, 특히 耕作行爲가 위법행위이더라도 상관없다는 점 등에 비추어 볼 때 옳지 못하다는 비판론이 있다.[49] 이 비판에 따르면 극단적인 예로서, 耕作할 權利는 가지고 있지는 않으나 힘이 강한 자가, 힘이 약한 土地所有者로부터 土地의 占有를 폭력으로 빼앗아 耕作하여도, 그 耕作物은 여전히 耕作者에게 돌아가는 것이 되므로, 앞서 본 바와 같은 논리는 옳지 못하다는 것이다. 또한 大法院判例와 같은 法理는 古代法에서조차 인정된 예가 없고(故意에 의한 耕作行爲까지 인정된 예가 없다), 舊民法下의 判例[50]나 日本判例[51]도 이와 반대의

45) 大判 68. 3. 19, 67다2729(集 16-1, 155).
46) 大判 68. 6. 4, 68다613, 614(集 16-2, 118).
47) 郭潤直, 法學 11-1, 117
48) 前述(註 47)의 논문, 121. 獨逸 옛날법의 격언인 "씨를 뿌린 자가 거둔다"라는 정신과도 통한다.
49) 前述(註 42)의 논문, 8-13; 前述(註 47)의 논문, 118 이하.
50) 大判 59. 10. 8, 59民上108(民判集 36, 365).
51) 日大判 昭 6(1931). 10. 30(民判集 10-12, 982).

태도를 취하였다는 것이다.

한편 農作物의 경우에는 未分離의 果實의 경우에 갖추어야 할 明認方法조차 갖출 필요가 없다는 점은 특기할 사항이다. 이는 우리 나라의 통설이 취하고 있는 견해이기도 하지만,[52] 判例도 樹木에 대하여는 明認方法이 필요하다고 하면서도 農作物에 대하여는 언급하지 않는 것으로 보아 같은 태도로 보인다. 日本判例 역시 같은 취지로 판시하고 있다.[53] 이 判例는 그 이유로서 "立稻는 植栽로부터 收穫에 이르기까지 불과 수개월 밖에 걸리지 않고 그간 耕作者의 부단한 관리가 필요하며, 그 占有의 歸屬이 비교적 명백하기 때문에, 成育에 수십년을 예상하고 占有 상태도 통상 명백하지 않는 立木과는 사정이 다르다"는 점을 들고 있다.

이에 대하여는, "農作物이나 樹木에 대한 실제 去來를 보면 土地와 그 地上物인 農作物을 때로는 함께, 때로는 각각 독립하여 去來를 하고 있는 실정으로 보거나, 去來의 안전을 고려하여 볼 때, 樹木이나 農作物을 구별할 필요없이 他人土地의 耕作者가 농작물의 所有權을 주장하기 위하여는 權原에 대한 公示方法으로 明認方法 등을 갖추어야 한다"는 비판론이 있다.[54]

Ⅳ. 關聯事項

1. 明認方法 이외의 公示方法

明認方法은 위에서 본 바와 같이, 그 방식도 정하여져 있지 않고, 그 효력의 완전성이라는 측면에서도 문제가 있으므로 이를 해결하기 위하여 立木에 관한 法律(1973. 2. 6 法律 제2484호)을 제정하게 되었다. 이에 따라 立木 등 地上物 중 일정한 종류의 樹木의 集團에 대하여는 所有權保存登記를 할 수 있게 하고, 그 이후에는 독립된 不動產으로 去來되거나 抵當權을 設定할 수 있는 길을 열어 놓은 것이다.[55] 그러나 立木에 관한 法律의 적용을 받는 대상은 일부 종류의 樹木의 集團으로 제한되어 있어서 去來의 수요를 충족시키기에는 부족하다. 또한

52) 金曾漢, 物權, 127 등.
53) 日最判 昭 35(1960).3.1(民判集 14, 307).
54) 前述(註 42)의 논문, 14.
55) 日本은 明治 42년 立木法의 제정으로 樹木의 집단을 독립된 不動產으로 취급하고, 그 후 昭和 6(1931)년의 개정으로 천연림에 까지도 그 적용범위를 확대하였다.

登記를 하여야 한다는 불편 때문에 실제로 이를 이용하는 경우가 거의 없다.

그리하여 현재의 去來實情은 대부분 明認方法을 사용하거나, 立木이 자라고 있는 地盤인 土地에 대하여 地上權이나 賃借權設定登記를 하는 방법이 이용되고 있다. 그런데 이 두 방법 중 土地에 대하여 地上權 또는 賃借權을 設定하는 방법에는 한계가 있다고 평가되고 있다. 왜냐하면, 이 방법은 나무를 장기간에 걸쳐 기르려고 하는 경우에는 알맞지만, 당사자가 곧 나무를 베려거나 나무를 제3자에게 轉賣하려는 경우에는 알맞지 않기 때문이다.

2. 立木에 관한 法律

일정한 樹木의 集團에 대하여 그 경제적 활용을 더욱 활성화시키기 위하여 1973.2.6 立木에 관한 法律이 제정·공포되었음은 위에서 본 바이다. 이에 이어서 1974.1.26에는 대법원규칙인 立木登記處理規則을 공포·시행하게 되었다.

이 法律에서의 立木이라 함은 一筆의 土地의 전부 또는 일부에서 자라고 있는 樹木의 集團으로서, 위 법률 및 그 시행령 등이 정하는 바에 따라 所有權保存登記를 한 것을 말한다. 다만 이 法律의 적용을 받을 수 있는 樹木의 종류는 잣나무·젓나무·낙엽송·리기다 소나무·골솔 등 30가지로 제한되어 있다. 그러므로 이 범위를 벗어나는 樹木은 어쩔 수 없이 明認方法에 의한 公示를 하여야만 하는 것이다.[56] 이 法律에 기하여 가능한 物權變動은 所有權과 抵當權에 한한다. 시장·군수는 立木登錄原簿를 비치하여 이 법에 의한 등록을 행하고 이를 정리하여야 한다(立木 §9 I). 한편 각 登記所는 立木登記簿를 비치하여 그 登記를 행한다(立木 §13). 立木을 목적으로 하는 抵當權의 효력은 立木을 벌채한 경우에 그 土地로부터 분리된 樹木에 대하여 미친다(立木 §4 I). 抵當權의 목적이 된 立木의 所有者는 당사자간에 약정된 시업방법에 따라 그 立木을 조성·육림하여야 한다(立木 §5 I).

3. 溫泉權에 관한 公示

근대법의 원리에 따르면 溫泉은 지하수의 일종으로서 地盤所有權에 흡수되어 그 地盤所有者의 所有에 속한다고 봄이 옳다. 그리하여 우리 나라 판례는 "온천에 관한 權利는 관습상의 物權이나 準物權이라 할 수 없다"라고 판시하고 있다.[57]

56) 윤상윤, "立木에 관한 物權의 形成", 司法書士 81-12, 57-9.
57) 大判 70.5.26, 69다1239(集 18-2, 59); 大判 72.8.29, 72다1243(集 20-2, 197).

그런데 溫泉이 많은 日本에서는 일찍부터 溫泉利用權은 그 地盤所有權과 分離獨立하여 去來의 목적으로 삼은 사례가 상당히 많았다. 그리하여 이를 慣習法上의 權利로 인정하고, 그 公示方法은 각 지방의 慣行에 따르되 溫泉組合 내지 지방관청의 등록부에의 登錄, 그리고 立木이나 未分離果實의 경우와 마찬가지로 明認方法에 따르면 된다고 하였다.[58]

4. 集合動產의 讓渡擔保와 明認方法

상인들이 영업활동을 계속하면서 그 영업자산인 재고상품·원재료·반제품·제품 등 多數의 動產을 일괄하여 讓渡擔保를 제공하고 자금을 마련하는 것을 集合動產의 讓渡擔保라고 한다.[59] 이러한 담보방법은 동산을 외관상 담보설정자가 점유하면서 담보로 제공하는 것이기 때문에 그 공시방법이 문제가 된다. 이에 대하여는 占有改定說[60]이 유력하지만, 이와 반대로 明認方法說[61]도 주장되고 있다. 명인방법설에 따르면, 占有改定은 公示의 機能이 매우 박약하기 때문에 제3자가 讓渡擔保權의 존재를 알지 못한다는 것이다. 그렇기 때문에 그러한 제3자의 보호를 위해서 讓渡擔保權의 존재를 明認方法으로 알려야 한다는 것이다. 또한 占有改定說에 따를 경우 설정자가 集合動產을 모두 처분하게 되면, 제3자가 善意取得에 의하여 讓渡擔保의 부담이 없는 소유권을 취득하게 되어 담보권자가 권리를 잃게 될 수도 있어 불합리하다는 것이다. 그리고 설정자가 같은 集合動產에 관하여 제2의 讓渡擔保權을 설정하였을 때, 그 우선순위 결정이 어렵다는 것이다.

아직 集合動產의 讓渡擔保의 공시방법에 대한 우리 나라 大法院의 판례는 나와 있지 않다. 그러나 위에 열거된 바와 같은 실질적인 이유로 集合動產의 讓渡擔保에서도 明認方法이 공시방법으로 많이 사용되고 있다. 이 경우도 立木에 대한 경우와 마찬가지로, 그 구체적인 표시방법이 정하여진 바는 없으며, 그 권리의 내용을 제3자에게 알리기 족하면 될 것이다.

[李 在 洪]

58) 日大判 昭 15(1940). 9. 18.
59) 이에 대하여 자세한 것은, 김재협, "集合動產 讓渡擔保", 司法研究資料 16, 71 이하; 米倉明, 讓渡擔保の硏究, 有斐閣 등 참조.
60) 龍澤考臣, 集合動產の讓渡擔保, 判例 タ 628, 9.
61) 吉田眞澄, 集合動產擔保, 擔保法大系 4, 673-4.

第2章 占 有 權

前 論

차 례

Ⅰ. 占有制度의 史的 概觀
1. 古代 그리스法
2. 로 마 法
3. 유스티니아누스황제 후의 비잔틴法
4. 蠻 族 法
5. 中 世 法
6. 로마法의 現代的 慣用期
7. 自然法論
8. 19世紀
Ⅱ. 立 法 例
1. 近代民法典의 占有法 概觀
2. 19世紀의 占有法上의 發展
Ⅲ. 우리 民法의 占有制度
1. 日本民法
2. 우리 民法

Ⅰ. 占有制度의 史的 概觀

物件을 사실상 지배하고 있는 경우에 이러한 사실상의 支配領域에 대한 侵害를 감내할 수 없다는 자연적인 감정은 모든 法秩序에 앞서서 존재하는 인간세상의 기본적인 생활현상이지만,[1] 문명의 발전과 더불어 法秩序가 확립되면서 단순히 法外的으로 존재하던 이러한 근원적인 生活關係는 점차 각인의 직접적·사실적 지배영역의 限界를 정하고 그 방어를 위한 정당한 수단을 정하는 법적 규율을 받게 된다.[2] "물건을 사실상 支配하는 者"에게 「占有權」을 인정하면서(民 § 192 Ⅰ) 여러 가지의 法律效果를 주고 있는 우리 民法의 경우도 예외는 아니다. 그런데 占有制度에 대한 법적 규율로서의 占有法(혹은 점유권법)의 역사는 매우 오래된다.

1) Paul Sokolowski, Die Philosophie im Privatrecht, Band Ⅱ: Der Besitz im klassischen Recht und dem deutschen Bürgerlichen Gesetz(1907/Neudruck 1959), 1ff.
2) MünchKomm/Joost, Vor § 854 RdNr. 1.

1. 古代 그리스法

所有와 占有가 개념적으로 완전히 구분되지 못했던[3] 고대 그리스의 경우에도 本權의 유무를 묻지 않고서 단순한 사실상의 支配狀態로서의 占有를 보호한 예들을 발견할 수가 있다. 기원전 5세기 중엽의 크레타 남부 고르틴(Gortyn)의 도시법은 타인의 事實的 支配下에 있는 노예의 소유권자임을 주장하는 者에게 그 노예를 임의로 取去하는 것을 금지하고 이에 違反하는 경우 3일 내에 반환할 것을 명하고 일정한 罰金을 과하였으며(同法 I 1-6),[4] 상속재산분할 후 폭력에 의하여 占有를 침해(방해, 침탈)하는 경우에는 그 占有物의 가액의 2배액과 일정한 벌금을 과하였다(同法 V 35-38).[5] 그 밖에 로크로이(Lokroi)시에서도 노예의 所有權을 다투는 당사자들 사이에서 일방이 노예를 占有하는 者로부터 자력으로 탈취한 경우에는 返還을 하지 않으면 안 되었다. 또 일방이 탈취한 노예를 탈취당한 者가 다시 자력으로 탈취한 경우에는 所有權訴訟이 진행되는 동안 占有가 원점유자에게 부여되었다. 다시 말하면 하자점유의 抗辯(§§ 204-206 Ⅳ.(1) 참조)이 인정된 셈이었다.[6] 그러나 현행 民法의 점유제도에 직접적인 영향을 미친 것은 로마법이었다.

2. 로 마 法

(1) 로마의 경우 占有(possessio)의 뿌리는 所有權과 그의 보호에 있는 것이 아니라, 公有地(ager publicus)의 사용권능에 대한 法的 保護에 기원한다. 점유가 문제된 것은 따라서 우선 항상 不動産에 관해서였으며, 폭력행사금지(特示命令 interdicta)를 통한 그 保護도 오늘날의 관점에서 보자면 私法的 성격보다는 公法的 성격이 짙은 것이었다.[7] 로마의 初期法에 대하여는 異見이 없지 않지만 오늘날 대체로 통용되는 學說에 따르면[8] 物件에 대한 支配의 제2의 형태로서 占有 외에 usus(사용)이 있었다. 이 사용은 不動産과 動産 모두에 대

3) Douglas M. MacDowell, The Law in Classical Athens(1978), 133.
4) Josef Kohler/Erich Ziebarth, Das Stadtrecht von Gortyn und seine Beziehungen zum gemein-griechischen Rechte(1912), 3, 80, 78f.; Franz Bücheler/Ernst Zitelman, Das Recht von Gortyn(1885), 17, 80ff.
5) Kohler/Ziebarth(Fn. 4), 13; Bücheler/Zitelmann(Fn. 4), 26, 145.
6) Polybius Ⅻ. 16; Erwin Seidl, Rechtsgeschichte Ägyptens als römischer Provinz(1973), 162.
7) Max Kaser, Das römische Privatrecht, Band Ⅰ (2. Aufl., 1971), 140f.
8) Max Kaser, Eigentum und Besitz im älteren römischen Recht(2. Aufl., 1956), 313ff.; Herbert Hausmaninger/Walter Selb, Römisches Privatrecht(5. Aufl., 1989), 183f.

하여 그것이 所有物返還請求(rei vindicatio)될 수 있는 것인 한 해당되었다. 사료적 근거로서는 사용취득(usucapio)에 관한 12표법의 規定(Ⅵ. 3), 처에 대한 夫의 手權(manus)의 取得(Gai. Ⅰ. 111) 및 타인의 物件에 대한 使用權(Ulpianus D. 7. 8. 2. pr)을 전하고 있는 개소들을 들 수 있지만 占有와 비교할 수 있는 밀도있는 體制를 포착할 수는 없다. 따라서 占有와 사용의 竝立과 그 융합을 인정하는 데에는 신중을 기해야 할 것이다.[9]

로마 占有制度의 발전을 살펴보면, 古來로 존재하던 정무관에 의한 폭력금지 및 원상회복명령이 공화정기를 거치면서 고도의 정책적 고려에 입각하여 발전하게 된, 각종의 점유보호특시명령으로 응집되면서(§§ 204-206 Ⅱ, Ⅲ 참조), 市民法(ius civile)상의 所有權時效取得의 요건인 시민법상의 占有(possessio civilis)와 나란히 고전시대에 전해지고, 고전시대의 法律家들은 이러한 二元的 占有의 소재를 당시의 사상풍토에 뿌리를 둔 法學的 思惟의 대상으로 삼음으로써 理論的 體系를 세우고자 노력하였던 결과, 현재 우리에게 전해진 로마의 占有法 體系가 완성되었던 것이다.[10] 古典法律家들에 있어서 출발점은 물리적·사실적 지배였고, 이것은 규범세계인 법에 앞서 존재하고 또 법과 무관하게 이 세상에 존재하는 하나의 事實(fact)이었다.[11] 이러한 애초의 관념은 占有의 본질에 관한 다음의 개소에서 웅변적으로 드러난다.

(가) Paulus D. 41. 2. 1. pr(54 ed.) 　점유(possessio)는 Labeo도 말하듯이 sedes(자리), 곧 positio(둠)에 유래하여 그렇게 부르는 것으로, 그곳에 위치하는 자에 의하여 자연적으로 執持(tenere)되기 때문인데, 이것을 그리스인들은 κατοχή (소지)라 부른다.

(나) Paulus D. 41. 2. 3. 5(54 ed.) 　반대로 여러 사람이 동일한 물건을 (각자가) 전부에 있어서(in solidum) 점유하는 것은 불가능하다. 왜냐하면 내가 어떤 물건을 執持하면서 너도 그것을 집지한다고 보는 것은 참으로 자연에 반하는 것이기 때문이다. 그러나 Sabinus는 허용점유(precarium)를 부여한 자 그 자신도 점유하는 것이고 허용점유를 부여받은 자도 점유하는 것이라고 기술하고 있다. 같은 견해를 Trebatius도 시인하였는데, 그는 한 사람은 정당하게, 다른 사람은 부당하게 점유할 수 있으나, 둘 다 정당하게 혹은 둘 다 부당하게 점유할 수는 없다고 생각하였다. 이 법률가를 Labeo는 비난하고 있는데, 왜냐하

9) Wolfgang Kunkel/Theo Mayer-Maly, Römisches Recht(4. Aufl., 1987), 132.

10) Kaser(Fn. 7), 384ff.; Kunkel/Mayer-Maly(Fn. 9), 133ff.; Hausmaninger/Selb(Fn. 8), 183ff.

11) Sokolowski(Fn. 1), 125ff.; 崔秉祚, "로마古典法學의 經濟理念", 林元澤紀念論文集〈社會科學의 諸問題〉(1988), 583ff., 591ff.

> 면 점유 그 자체가 문제되는 한 누군가가 정당하게 점유하는 것인가 아니면 부당하게 점유하는 것인가 하는 것은 크게 관계없는 것이기 때문이다. 이것이 보다 옳은 견해이다. 왜냐하면 내가 서 있는 그 장소에 네가 서 있다고 보거나, 혹은 내가 앉아 있는 그 장소에 네가 앉아 있다고 보는 것이 불가능하듯이 동일한(전부에 걸치는) 점유가 두 사람에게 있을 수는 없기 때문이다.

그러나 法이 이러한 유체적 지배의 사실을 고려하는 순간 그것은 法的 效果가 부여된 기술적인 의미에서의 「점유」가 되었고, 로마의 법률가들은 이제 단순한 事實的 支配를 지칭하기 위하여 naturalis possessio(자연적 점유), in possessione esse(점유중에 있음), tenere/detinere(執持/소지)와 같은 표현을 사용하였다. 이것은 占有가 사실적 지배를 의미하는 한 문제는 단순했으나, 日常的 法生活의 요구가 점점 더 복잡해지고 이와 보조를 맞추려는 法의 노력과 더불어 갖가지 어려움이 발생하게 된 결과였다. 그리하여 占有를 결정하는 요소로서 法政策的 고려에 의해 성질결정이 이루어지는 法的 causa(원인)가 중요한 역할을 하게 되고,[12] 이에 따라 세 종류의 상황이 발생하게 되었다. 事實的 支配에도 불구하고 占有가 인정되지 않거나, 事實的 支配가 없음에도 불구하고 占有가 인정되거나, 아니면 事實的 支配와 점유의 양자를 모두 갖는 경우로 나누어 볼 수 있게 된 것이다. 이러한 기본구조는 causa의 평가 및 그에 따른 점유의 인정과, 다시 이로부터 귀결되는 占有保護의 구체적 사례에 있어서 현행법이 로마법과 차이가 남에도 불구하고(특히 賃貸借, 任置 등의 관계에 있어서) 현대까지 유지되고 있다.

로마법상 特示命令의 보호를 받는 占有者는 점유 자체가 점유침해자에 대한 관계에서 하자가 없는 한(iusta possessio), 점유권원의 정당성 여부와 무관하게 보호를 받았으며, 구체적으로는 모든 自主占有者(악의의 경우 포함)와 일정한 他主占有者(永借人, 허용점유자, 질권자, 계쟁물보관인)에 한하였고, 그 밖의 모든 他主占有者(사용차주, 임차인, 수급인, 수임인, 수치인, 사무관리자 등)는 이런 의미에서 占有가 인정되지 않았다. 한편 占有取得時效(사용취득)의 要件으로서의 점유는 항상 自主占有에 한하였는데, 유효한 取得原因(iusta causa: 가령 매매, 증여, 嫁資設定, 物權遺贈, 채무이행, 포기된 물건의 획득 등)이 있는 경우에 한하여 所有權取得을 가져올 수 있었다.[13]

(2) 占有에 있어서 나타나는 이러한 事實과 規範의 교착이라는 특수한 사정(Papinianus D. 41. 2. 49. 1: quia possessio non tantum corporis, sed et iuris est)

---

12) Sokolowski(Fn. 1), 168ff.
13) 위 (註 10)의 문헌 참조.

은 일찍이 중세의 법률가들로 하여금 占有가 事實(factum)인가 權利(ius)인가 하는 문제를 제기하게 했으며, 이 문제는 그 후 普通法時代의 오랜 논쟁거리 중 하나였다. 특히 로마법의 일부 사료에는 ius possessionis라는 표현이 사용됨으로써(Papinianus D. 41. 2. 44. pr; Ulpianus D. 43. 8. 2. 38; Marcianus D. 48. 6. 5. 1; Alexander C. 2. 50(51). 3(a. 223); Constantinus C. 7. 32. 10(a. 314)) 논쟁의 빌미를 제공하였다. 通說에 의하면 고전기의 법률가들은 占有를 사실로 파악했던 반면에(위 10)註), 점유와 소유권, 소유권과 타물권의 개념적, 용어상의 구별이 흐려진 古典期 후의 卑俗法(Vulgarrecht)[14]의 영향을 받으면서도 고전기의 법을 되살리려고 한 유스티니아누스황제(527-565)의 법에서는 다시 占有와 所有權의 관념이 준별되었으나, 占有는 때로는 物件에 대한 사실상의 지배와 무관하게 나타나는 일종의 權利가 되었는바, 중요한 징표는 所有權者로서 점유한다는 意思(animus domini)였다.[15] 다른 한편 유스티니아누스법은 權利의 占有(iuris possessio), 準占有(quasi possessio)도 인정하였다.[16] 그러나 관련사료를 수정된 것으로 치부하지 않는 한 占有의 본질에 관한 사료들은 통일적인 모습을 제공하지는 않는다. 특히 고전기법과 유스티니아누스법을 〈占有=순수한 사실적 관계〉:〈占有=권리〉로 대비하는 것은 占有法의 생활관계를 고려할 때 이미 유지될 수 없는 단순화이다. 실제로 ius possessionis란 표현은 다양한 의미로 사용되고 있어서 일찍이 키케로는 "占有할 수 있는 權利"(Recht zum Besitz)의 의미로 사용하였고(Cicero pro Caecina 12. 35; pro Milone 28. 78), 파피니아누스는 "占有의 법률효과로서의 占有法"이라는 의미로 사용하였다(D. 41. 2. 44. pr; D. eod. 49. 1). 卑俗法的인 의미의 ius possessionis, 즉 占有의 權利에의 접근도 이미 그 전시대의 勅法(Alexander C. 7. 16. 5; Constantinus C. 7. 32. 10(a. 314))에서 발견되는바, 勅答(rescripta)을 담당한 皇帝請願局의 관용어였거나 같은 시대 Marcianus로 대표되는 法學 기원의 용어(D. 48. 6. 5. 1)를 청원국이 사용하기에 이른 것으로 추정된다. 이렇게 볼 때 古典期法과 뚜렷이 구별되는 비잔틴기의 독자적 점유개념은 사료상 인정되지 않는다. 다만 고전기의 법률가들도 일찍이 분명하게 인식했던 占有의 法的 제측면을 유스티니아누스법이 상당히 강조한 것은 사실

14) Max kaser, Das römische Privatrecht, Band Ⅱ(2. Aufl., 1975), 246ff.; Ernst Levy, West Roman Vulgar Law, The Law of Property(1951), 19ff.

15) Kaser(Fn. 14), 251ff.

16) Gunter Wesener, "Zur Dogmengeschichte des Rechtsbesitzes"(1975), in: Eltjo J. H. Schrage(Hg.), Das römische Recht im Mittelalter(1987), 187ff., 188ff.; Kaser(Fn. 14), 255f.

이다. 그러나 이것은 東로마法學의 意思(animus)理論에 의하여 "의사만으로 占有가 보유된다"(animo retineri possessionem)는 고전기의 단서가 일반화되고 발전된 것일 뿐으로, 이미 고전기법에서 시작된 "점유개념의 관념화"가 계속된 것에 다름아니다. 특히 權利의 점유의 인정은 고전기의 準占有라는 사유형식 속에 그 기원이 있다 하더라도 중요한 발전임에 틀림이 없다고 하겠다.[17)]

3. 유스티니아누스황제 후의 비잔틴法

Leo Ⅵ(賢帝 886-911)에 의해 완성된 바실리카법전은 로마법대전의 占有理論을 상당히 완벽하게 수용하였으나 占有保護를 위한 특시명령에 관한 규정은 거의 완전히 파괴되었다. 바실리카법전 이후의 法令과 법학문헌에서도 점유관련성이 특히 강조됨이 없이 不法行爲의 訴로 파악되었던 interdictum unde vi (원래 부동산점유 회수의 특시명령)를 제외하고는 전혀 언급이 없거나 그저 단편적인 언급만이 있을 뿐이다. 급기야 Harmenopoulos(ca. 1320-1383)는 모든 관련규정들을 정리하여 하나의 통일적인 暴力訴權(ἀγωγὴ περὶ βίας)을 만들었다(Hexabiblos Ⅰ. 11. 8).[18)] 占有(νομή)는 일방 자연적 소지로(Hexabiblos Ⅱ. 1. 1), 타방 소유자의 의사로 하는 所持로(Hexabiblos Ⅱ. 1. 2) 파악되었다.[19)]

4. 蠻族法

西로마帝國의 멸망(476년) 후 등장한 게르만부족들의 국가가 편찬한 이른바 蠻族法典들에 있어서는 발렌티니아누스황제의 自力救濟에 관한 유명한 칙령(Valentinianus/Theodosius/Arcadius C. 8. 4. 7 [a. 389]=CTh. 4. 22. 3)[20)]이 占有保護法規로서 중심적인 역할을 한 것 이외에는(점유법 일반에 있어서 게르만법에 충실했던 랑고바르드법은 예외) 占有에 관한 규정이 빈약하였다. 한편 같은 시대의 教會法은 로마법의 占有理論을 고수하였다.[21)]

---

17) Gunter Wesener, "Ius possessionis", Festschrift für Max Kaser zum 70. Geburtstag (1976), 159ff.

18) Carl Georg Bruns, Das Recht des Besitzes im Mittelalter und in der Gegenwart(1848), 93ff.

19) Manuale legum sive Hexabiblos, ed., G. E. Heimbach(Leipzig 1851/ND 1969), 204-207.

20) 동 칙령에 의하면 國庫나 타인의 占有 중에 있는 물건을 判決宣告 전에 자력으로 탈취한 자는 자기 물건인 경우에는 반환과 동시에 所有權을 상실하고, 타인의 물건인 경우에는 반환과 동시에 그 물건의 가액의 배액을 배상하여야만 하였다. Pietro Bonfante, Corso di Diritto Romano, vol. Ⅲ: Diritti Reali(1972), 478ff.

21) Bruns(Fn. 18), 98ff.

5. 中 世 法

(1) 中世 로마法

(가) 註釋學派　　주석학파(Glossatoren)의 법학자들은 점유문제를 처음부터 크게 중시하고 상당히 선호하여 다루었으나 占有理論을 명쾌하게 정리하는 단계에 이르지는 못하였다. 占有의 물리적·사실적 측면과 관념적·법률적 측면을 조화시키려는 시도는 Azo(ca. 1150-1220)에게서 비로소 발견된다. 그는 占有를 "體素와 心素, 그리고 법의 세 요소가 동시에 지탱하는 유체물의 소지"[22]로 정의하였다. 註釋學派는 점유의 보호에 관해서도 개별적인 로마법규의 이해를 넘어서는 占有 자체의 本質에 기한 내적 근거는 전혀 제시하지 않았다.[23] 權利의 점유문제는 거의 관심의 대상이 아니었다.[24]

(나) 註解學派　　주해학파(Kommentatoren, Konsiliatoren)도 이론적으로 독창적이지는 못하였다. 주석학파의 理論을 거의 전적으로 수용한 가운데 占有가 權利인가 事實인가 하는 논쟁이 극히 유익하지 않은 방식으로 진행된 다음, 占有는 양 요소를 모두 포함한다는 설이 通說이 되었다.[25] 註解學派의 대표격인 Bartolus(1313/4-1357)는 占有를 "점유가 금지되지 않는 物件을 점거하는 權利"(ius insistendi rei non prohibitae possidendi)로 정의하고 순전한 사실상의 所持인 asinina 및 처분권 내지 반환청구권으로서의 所有權(ius disponendi vel vindicandi)과 구별하였다.[26] 占有保護의 법적 수단과 권리의 占有의 면에서는 13세기 후반 이래 서서히 敎會法(아래 참조 (2))을 수용하기 시작하여 14세기에서 15세기에 이르러서는 敎會法의 완전한 적용을 보게 되었다.[27]

(2) 中世 敎會法

暴力의 행사가 일상사였고 효율적인 司法의 시행이 제대로 이루어지지 않았던 중세의 경우 公共의 안녕과 질서의 유지는 法秩序의 초미의 관심사였고 이 점에서 敎會法의 대응은 괄목할 만한 것이었다. 그레고리우스 9세 교황(1227-1241)의 敎令集(Liber Extra 〈1234〉)은 일련의 占有保護決定들을 포함하였다(특히 X

22) "Possessio est corporalis rei detentio, corporis et animi item juris adminiculo concurrente"(Bruns, Fn. 18, 105).
23) Bruns(Fn. 18), 103ff.; Emilio Bussi, La formazione dei dogmi di diritto privato nel diritto comune(Diritti reali e diritti di obbligazione)(1937), 21ff.
24) Wesener(Fn. 16), 193ff.; Bruns(Fn. 18), 119ff.
25) Bruns(Fn. 18), 252ff.
26) Bussi(Fn. 23), 28.
27) Bruns(Fn. 18), 256ff., 274ff.; Wesener(Fn. 16), 201ff.

2.13: De restitutione spoliatorum).[28] 후에 理論과 實務는 그라티아누스 敎令集의 유명한 Canon "Redintegranda"(Decreti Secunda pars, Causa Ⅲ quaestio 1 canon 3)에 기초하여 포괄적인 占有保護訴權인 actio spolii(점유침해의 소)를 발전시켰다.[29] 이 訴權은 부당하게 占有를 침탈당한(iniusta causa amissionis) 者에게 부여되었는데, 이때 占有는 로마법에서처럼 특시명령점유(이른바 possessio ad interdicta)만을 의미하는 것이 아니라 단순한 所持도 포함하였다. 訴의 상대방은 침탈물에 대하여 사실상의 支配를 하는 者였는바, 침탈자(spoliator) 자신뿐만 아니라 누구라도 物件을 사실상 所持하는 한 善意·惡意를 묻지 않고 피고가 될 수 있었다. 訴의 목표는 침탈물의 返還(restitutio)이었다. 이 訴權은 그 행사가 장기간 보장되었다(30년, 경우에 따라서는 40년). 침탈을 당한 者는 以前의 점유(possessio antiqua)와 占有의 상실만을 입증하면 족하였고 이 立證이 있으면 새로운 점유(possessio nova)는 침탈로써 取得된 것으로 간주되었으므로 占有를 침탈당한 者의 추급이 더욱 용이하였다. 學說의 거듭된 비판에도 불구하고 실무는 이 actio spolii를 고수하였고, 이후 각 領邦의 입법도 흔히 이 訴權을 수용하였다.[30]

교회법은 또 권리의 準占有의 범위를 크게 확장하였다. 권리점유의 대상은 특히 교회의 각종 高權, 支配權, 公職, 僧祿, 聖職推擧權, 각종 物上負擔, 稅入權 등이었고 심지어는 혼인배우자 사이의 同居權까지도 占有法的 規律을 적용받았다.[31] 이러한 발전은 점유보호를 거의 보편적인 권리보호수단으로 만들었으며, 이러한 모습의 準占有는 이미 언급한 바와 같이(위 (1)(나) 끝부분) 주해학파시대에 市民法學者들에 의하여 수용되고, 특히 學識法律家들로 구성된 法院의 실무에서 적용되게 되었다.[32]

6. 로마法의 現代的 慣用期(Usus Modernus)

로마법의 현대적 慣用期의 法은 로마법대전의 D.41.2(점유의 취득과 상실에 관하여), D.43.16

28) 특히 Caput 'Saepe'(X 2.13.18)에 의하여 그가 악의인 한 점유침탈자의 특정 승계인으로부터도 반환청구가 가능하였다. Helmut Coing, Europäisches Privatrecht, Band Ⅰ: Älteres Gemeines Recht(1500 bis 1800), (1985), 285. §§ 204-206 Ⅱ. 2. (2) 참조.

29) Coing(Fn. 28), 278, 285f.; Carl Georg Bruns, Die Besitzklagen des römischen und heutigen Rechts(1874), 212ff.; Bruns(Fn. 18), 127ff.; Gerhard Wesenberg/Gunter Wesener, Neuere deutsche Privatrechtsgeschichte(3. Aufl., 1976), 22; Jean Brissaud, A History of French Private Law(1912/reprinted 1968), 317ff.; E. Meischeider, Besitz und Besitzschutz(1876), 144ff.

30) Coing(Fn. 28), 285f.

31) Wesener(Fn. 16), 197ff.; Coing(Fn. 28), 343.

32) Coing(Fn. 28), 343, 278.

(폭력 및 무장폭력에 관한 특시명령), D. 43. 17(부동산점유보유의 특시명령 uti possidetis), D. 43. 31(동산점유보유의 특시명령 utrubi) 및 이에 대응하는 C. 7. 32(점유의 취득과 보유에 관하여), C. 8. 4(부동산점유회수의 특시명령 unde vi), C. 8. 6(uti possidetis)를 기초로 하면서 敎會法에 의한 새로운 발전(위 5. (2) 참조)을 수용하였다(특히 실무에서). 이 時期의 법률가들의 관심과 노력은 특히 占有의 개념적 파악, 점유의 일반적 효과서술, 점유의 보호, 권리의 점유 등의 문제에 집중되었고 이 점에 있어서 특징적인 占有法理를 전개하였다. 그러나 점유의 取得과 喪失에 관한 한 로마법의 범위를 벗어나지 않았다.[33]

占有의 본질에 관한 한 法學者들에 따라 다양한 시도들이 이루어지고 병존하였다. Alciatus(1492-1550)와 같이 점유를 權利로 보는 學說들에 대하여 Pothier(1699-1772)처럼 점유를 일정한 法律效果가 따르는 사실로 파악하는 學說들이 대립하였다. 또 占有의 개념에 관해서도 좁은 개념정의와 넓은 개념정의들이 공존하였다. 일반적으로 取得時效占有로 이해된 possessio civilis에는 소유자로서의 意思(animus domini) 외에 선의와 점유권원을 요구하였고, 그리하여 이에 대응되는 possessio naturalis는 惡意의 자주점유자와 타인을 위하여 점유하거나 制限物權에 기하여 점유하는 者들의 점유로 이해되었다(가령 Vinnius(1588-1657), Wesenbeck(1531-86), Antonio Pérez(1583-1673)). 그러나 이와 전혀 달리 possessio naturalis를 유체적 소지로, possessio civilis는 점유가 의사만으로 보유되는 경우의 占有를 의미하는 것으로 이해한 學說들도 있었던 것이다(가령 Donellus(1527-91)의 附注者 Hilligerus, Struve(1619-92)).[34] Usus Modernus의 법률가들은 영방이나 지역의 法源에서 발견되는 占有關係에 관한 표현들을 로마법적인 의미로 이해하는 경향이 있었다.[35]

점유의 보호는 점유침탈의 경우에는 일차적으로 敎會法을 수용한 actio spolii(이것은 condictio ex canone Redintegranda 라고도 불렀다)가, 占有妨害의 경우에는 uti possidetis 및 utrubi의

33) Coing(Fn. 28), 278f.

34) Coing(Fn. 28), 279ff.

35) Coing(Fn. 28), 281f. 홀란드법을 예로 들어보면, 同法을 설명함에 있어서 Hugo Grotius(1583-1645)는 占有로부터 나오는 것을 占有權(Bezit-Recht)으로 파악하고(Inleidinge Ⅱ. 2. 1) 占有를 "타인을 위해서가 아니라 자기를 위하여 소지하려는 의사로써 하는 物件의 소지"(Bezit is de dadelicke behouding van een zaeck met wille om die te behouden voor ons ende niet voor een ander: Inleidinge Ⅱ. 2. 2)로 정의하였다. 이 결과 임차인, 사용차주, 수치인 등에게 占有가 인정되지 않았다(Inleidinge Ⅱ. 2. 3). 점유의 取得, 점유의 保護, 準占有, 점유의 種類 등에 있어서도 로마법에 충실했던 그로티우스는 점유는 所有權의 입증으로부터 면제시킨다는 法理(Inleidinge Ⅱ. 2. 7)와 점유는 사망으로 소멸하고 상속인은 상속재산의 점유를 상속하지 않는다는 법리를 취하였다(Inleidinge Ⅱ. 2. 12 전단). Hugo de Groot, Inleidingetot de Hollandsche Rechts-Geleerdheid (uitgegeven door F. Dovring/H. F. W. D. Fischer/E. M. Meijers, Leiden 1952), 48f.

특시명령이, 그리고 임시적 규율로서 最略式의 占有特示命令(Summariissimum)이 이용되었다. 이 最略式特示命令은 점유나 준점유에 관한 권리분쟁시 法官이 절차의 진행중 누가 係爭物의 점유를 보유할 것인가를 정하는 普通法의 특수한 임시적 절차로서 그 결정은 본안에 대한 拘束力이 없었다. 中間判決로 내리는 이 결정의 목적은 自力救濟의 금지에 있었다.[36] 점유보호의 소송형태는 그 명칭과 더불어 각 領邦에 따라서 차이가 있었으며 수많은 지역적인 制定法에 의한 規律이 존재했던 것도 이 시기의 특징이었다.[37] Heinrich Hahn(Dissertatio de iure rerum et iuris in re speciebus 〈1639〉)에 기원하는 Usus Modernus의 지배적인 學說에 의하면 占有는 다섯 종의 物權(dominium, possessio, servitus, pignus, ius hereditarium) 가운데 하나였다.[38]

7. 自然法論

근세의 자연법론자들의 경우에도 占有理論은 로마법의 틀을 벗어나지 않았다. Christian Wolff(1679-1754)는 점유에 기하여 占有者에게 귀속하는 것을 占有權(ius possessionis)이라 칭하고 所有權者에게 소유권에 기하여 귀속하는 점유할 權利(ius possidendi)와 구별하였다.[39]

8. 19世紀[40]

敎會法의 영향으로 크게 확장되었던 舊普通法의 점유론은 유럽의 정치상황이 크게 바뀌면서 커다란 변화를 겪게 되었다. 이제 「高權」과 私權의 교착은 「봉건적」 제도와 함께 불가능하게 되었고, 그 결과 占有法의 영역은 다시 私法에 국한되게 되었다. 특히 모든 나라에서 일어난 民事訴訟의 개혁으로 最略式占有特示命令(Summariissimum)은 폐지되고 假處分制度가 그에 갈음하게 되었다(§§ 204-206 I. 1. (7) 참조).

19세기에 비로소 법전편찬이 있게 된 나라들(특히 獨逸의 보통법지역)에서는 우선은 舊普通法이 계속 적용되었다. 한편 판덱텐법학은 사비니의 유명한 저작(Das Recht

36) Coing(Fn. 28), 286f.; Bruns(Fn. 18), 232ff., 260ff.; Meischeider(Fn. 29), 142ff.

37) Coing(Fn. 28), 289f.; Bruns(Fn. 18), 340ff.; Meischeider(Fn. 29), 150ff.

38) Wesener(Fn. 17), 160(Fn. 3); Wesenberg/Wesener(Fn. 29), 115. 이 이론은 墺地利民法典에 수용되었다(ABGB § 308).

39) Chr. Wolff, Institutiones juris naturae et gentium(1750), § 287: Wesener(Fn. 17), 160(Fn. 3).

40) H. Coing, Europäisches Privatrecht, Band(Ⅱ): 19. Jahrhundert. Überblick über die Entwicklung des Privatrechts in den ehemals gemeinrechtlichen Ländern(1989), 373.

des Besitzes, 1803)을 필두로 새로운 占有法理論을 발전시켰고, 그로써 변화를 야기하였다. 반면에 최초의 法典들은 기존의 전통에 입각하였다. 프로이센一般란트法과 墺地利一般民法典은 보통법을 이어받으면서도 현저한 合理化를 꾀하였다. 佛蘭西民法典은 점유가 取得時效에 대하여 의미있는 한에서만 규정을 두었다. 19세기 후반에는 후기의 민법전들(瑞西 1907; 스페인 1889; 獨逸 1896)에 의하여 占有法이 새롭게 형성되었다(이들 법전의 점유법에 관해서는 II. 입법례).

(1) **普通法上의 실무**[41)]

普通法上의 실무는 로마법대전에 의거하였던 결과 所持(Detention)와 占有를 구별하였고, 점유에 대해서는 心素(animus)와 體素(corpus)의 양요소를 요구하였다. 점유의 보호에 관한 한, 學說의 비판에도 불구하고 관행되던 actio spolii를 고수하였다. 그리하여 세 가지 占有保護訴權이 인정되었다.

(가) 부동산에 대한 폭력적 점유침탈의 경우 返還請求의 訴("unde vi"). 이때에는 被告는 原告의 점유가 자신에 대한 관계에서 하자있는 占有였다는 항변을 할 수가 없었다.

(나) 점유방해의 경우 妨害排除의 訴("uti possidetis"). 로마법에서 말하는 특시명령점유를 가지는 占有者에게 인정된 이 訴權은 ① 방해가 계속되는 한 방해의 제거, ② 장래의 방해금지, ③ 방해가 유책한 경우 損害賠償을 내용으로 하였다. 이때에는 被告는 原告가 자신에 대한 관계에서 하자있는 占有者라는 항변을 할 수가 있었다.

(다) 동산 또는 부동산의 占有에 대한 위법한 침탈을 이유로 한 actio spolii. 이 訴權은 특시명령점유자뿐 아니라 모든 所持者에게 인정되었다. 실무상 이 訴權이 이용되는 방식은 이미 18세기에 Justus Henning Böhmer에 의하여 비판되었다. 그는 exceptio spolii를 제외하고는 당시의 실무가 教會法의 당해 법규칙의 원래의 의미와 부합할 수 없다고 보았다. 사비니는 이러한 비판을 그의 占有法論에서 수용하여 學說上 두루 관철시켰다. 그러나 실무는 그를 일반적으로 따르지는 않았다.

(2) **판덱텐법학**[42)]

판덱텐법학도 所持와 占有의 구별을 고수하였다. 學說上 점유는 事實로 보아야 하는가 아니면 權利로 보아야 하는가 하는 문제가 우선 논의되었다. 多數

41) Coing(Fn. 40), 374.

42) Coing(Fn. 40), 375f. 상세한 문헌으로는 岩田新, 占有理論, 岩波書店, 昭 7(1922), 1ff. 가 있다.

說은 점유는 사실이라고 보았다. 물론 이에는 일정한 법적 권능, 법적 지위가 결부될 수 있는 그러한 사실로서 파악된 것이다. 占有(특시명령점유)는 무엇보다도 두 가지 방향에서, 즉 時效取得(usucapio)과 점유보호소권 내지는 청구권에 대한 構成要件要素로서 중요하다는 점이 강조되었다.

學說은 로마법대전의 占有法을 통일적인 관점으로 환원하려고 시도하였다. 점유보호의 根據, 점유의 特性 및 本質을 규명함으로써 이러한 목표를 이루고자 하였다. 이러한 접근방식은 역사법학파 및 판덱텐법학의 방법론적 원칙에 부응하는 것이었다. 이러한 시도는 絶對說과 相對說로 나타났다. 前者는 점유는 그것 자체를 위하여 보호된다는 입장에 섰고, 後者는 일반적인 법정책적 관점들을 원용하였다.

(가) 사비니가 그의 占有法論(Das Recht des Besitzes, 1. Aufl., 1803)에서 발전시킨 이론은 相對說에 속한다. 이에 따르면 점유보호의 근거는 일반적 폭력금지에 있다. 占有의 침탈이나 방해는 占有者에 대한 폭력행위이다. 사비니는 이로부터 占有保護의 특시명령들은 불법행위소권으로 보아야만 하며, 따라서 債權法에 속하는 것으로 보아야 한다는 결론을 이끌어 내었다.

(나) 사비니의 理論은 예링(Über den Grund des Besitzschutzes, 2. Aufl., 1869; Der Besitzwille, 1889)에 의하여 호된 비판을 받았다. 예링 자신은 점유의 본질을 所有權에 대하여 占有가 갖는 관계에 있는 것으로 보았다. 점유는 "所有權의 사실적 측면"이다. 소유권의 사실적 측면으로서의 점유의 보호는 所有權保護의 필연적인 완성이자 보충이고, 所有權者를 위한 입증의 경감인데, 이것은 필연적으로 소유권자 아닌 者에게도 이익으로 돌아가는 것이라고 보았다. 예링의 경우에는 所有權利益이 점유보호와 점유개념을 규정하고 있다.

(다) 푸흐타의 이론은 絶對說에 속한다(Lehrbuch der Pandekten, 1. Aufl., 1838; 12. Aufl., 1877, § 122). 그는 占有를 ―소유권이 인격의 최우선적인 표명인 것과 마찬가지로― 物件의 인간의사에의 종속으로 보았고, 따라서 그 자체로서 보호받을 權利가 있는 法律關係로 파악하였다. 자신의 점유를 그 자체로서 보호받고자 하는 占有者의 요구는 점유 속에 표출되고 있는 그의 인격에 근거하는 것이라고 보았다.

通說은 점유하고 있는 물건을 所有權者로서 점유한다는 占有者의 의사를 법적으로 인정된 점유의 결정적인 요소로서 보았다. 이러한 명제는 그러나 로마법이 質權者, 허용점유자 및 계쟁물보관인에게도 特示命令占有를 부여했다는 사실과 조화시키기가 어려웠다. 이러한 경우에 판덱텐법학이론은 所有權者가 점유를 제공했다는 이유로 파생된 占有(abgeleiteter Besitz)라고 하였는데, 이로써 이러한 경우를 소지와 구별하는 작업이 거의 설명될 수 없게 되었다.

權利占有에 관한 한, 권리점유란 사실상의 意思支配가 물건을 그 제관계중 이러저러한 개별적인 관계만을 포착하는 것이라고 설명함으로써 통상의 物件占有에 대치시켰다. 그러나 권리점유는 사법상의 制限物權(가령 지역권)에 대해서만 인정함으로써 로마법사료의 範圍를 벗어나지 않았다. 普通法이 행했던 權利占有의 확장은 거부되었다. 사비니는 행사되고 있는 물권은 所有權의 구성부분이고 그 행사는 物件占有와 한 가지로 폭력에 의해서 방해될 수 있다라는 思考로써 권리점유의 보호를 근거지웠다. 사비니는 이러한 學說로써 전체적으로 볼 때 舊普涌法에 대하여 자신을 관철시켰다. 그러나 異說들도 있었다. 가령 푸흐타는 舊說을 고수하였다. 푸흐타로서는 占有保護는 지속적인 행사가 가능한 모든 權利에 있어서 가능한 것이었다(그가 드는 예, 地租權・罰令權・대토지지배자의 재판권).

Ⅱ. 立 法 例

1. 近代民法典의 占有法 槪觀

(1) 프로이센一般란트法[43]

프로이센일반란트법(ALR 1704)은 占有에 관하여 제1부 제7장에서 총 250개조에 이르는 상세한 規定을 마련하고 있다. 普通法을 따라서 所持(Inhabung)와 占有를 구분한다. 所持者는 타인을 배제하고 물건을 처분할 수 있는 물리적 능력(즉 Gewahrsam)을 가지는 者이고, 점유자는 자기자신을 위하여 處分할 의도로 Gewahrsam을 가지는 者이다(ALR I 7 §§ 1, 3). 物件을 자기자신의 것으로서 점유하는 者는 완전한 점유를 가지며, 물건을 타인의 所有物로서, 그러나 자기자신을 위하여 처분할 의도로 占有하는 者는 불완전한 점유를 갖는다(ALR I 7 §§ 6, 7). 이 후자에 해당하는 者에는 예컨대, 질권자・용익임차인・사용임차인(ALR 상은 임차인도 물권을 가지므로)이 있다. 그러나 불법한 暴力이나 詐欺로 점유를 취득한 者는 점유자가 아니다(따라서 도둑은 점유자가 아니다). 이것은 舊普通法理論과 합치하는 것이지만 고대로마법과는 다른 規律이다. 계쟁물보관인과 허용점유자는 特示命令占有者가 아니라, 단순한 所持者

43) Coing(Fn. 40), 377f.; 또한 Bruns(Fn. 18), 431ff.

이다. 소지자에게도 ―占有者에 대한 관계를 예외로 하고(ALR I 7 § 144)― 점유보호가 부여되었다(ALR I 7 §§ 141, 146).

舊普通法에서와 같이 점유자에게는 그가 점유할 권원이 있고 善意라는 추정이 되었다. 占有保護는 점유침탈로 인한 訴와 점유방해로 인한 訴가 인정되었다. 절차로는 Summariissimum이 제공되었다. 하자점유의 항변이 허용되었다.

普通法에서 발전된 넓은 개념의 權利占有를 인정하여 그러한 제권리의 행사를 점유로 보았으나, 데른부르크 이후의 법원실무는 판덱텐법학의 영향을 받아 동규정의 적용범위를 제한하였다.

(2) 墺地利一般民法典[44]

墺地利一般民法典(ABGB 1811)도 §§ 309~352에 걸쳐서 取得時效와 占有保護의 양자에 관하여 포괄적인 規定을 두고 있다. ABGB도 普通法과 한 가지로 所持(Inhabung)와 法律的 占有(juristischer Besitz)를 구별한다(ABGB § 309). 점유는 물건을 所有物로서 가지려는 의사로써 하는 경우이다. 점유보호의 의미에서의 점유는 「사실적」 점유로, 取得時效의 의미에서의 점유는 「법적인」(rechtlicher) 점유로 표현된다. 계쟁물보관인, 허용점유자, 질권자는 소유자와 같은 法律的 占有를 갖지 않는다. 부동산물권에 대하여 登記制度를 가장 일관되게 발전시켰던 墺地利法에서는 登記簿占有(Tabularbesitz)의 개념이 인정된다. 부동산등기부에 그의 권리가 등기된 者가 가지는 占有이다. 그러나 등기부점유는 일반점유법상의 占有效果가 수반되지 않는다. 점유보호는 事實的 占有者만이 누린다(ABGB § 339). 점유자는 그가 유효한 權原에 기하여 占有하는 것으로 추정된다.

墺地利法에서도 점유보호소권은 動産 및 不動産에 대한 점유방해로 인한 소권과 점유침탈로 인한 訴權이 인정된다. 사실적 점유자만이 보호되며, 소지자는 점유보호청구권이 인정되지 않는다. 원고에 대한 하자점유의 抗辯은 허용된다. 그러나 actio spolii는 뵈머와 사비니의 비판의 영향으로 채택되지 않았다.

權利占有에 관한 한, 舊普通法의 넓은 개념을 받아들여서 지속적인 권리의 행사를 보호하였다(ABGB § 311). 권리점유는 家族法的 地位(예컨대, 親子關係) 및 부분적으로는 회귀적 급부에 대한 債權的 請求權에도 인정되었다.

(3) 佛蘭西民法[45]

佛蘭西民法(Code civil 1804)은 점유를 取得時效와의 관련하에서만 規定한

44) Coing(Fn. 40), 378f.; 또한 Bruns(Fn. 18), 456ff.

45) Coing(Fn. 40), 379f.; 또한 Bruns(Fn. 41), 442ff. 상세히는 Henri, Léon & Jean Mazeaud,

다. 점유보호는 佛蘭西民法에 원래 규정되지 않았다.[46] 그러나 佛蘭西民事訴訟法은 점유소송에 관하여 몇 개의 條文을 두었다(§§ 23-27). 學說과 실무는 舊佛蘭西法의 점유보호가 유지된 것이라는 데서 출발하였다. 그러므로 佛蘭西民法의 점유규정은 세부적으로는 取得時效의 요건과 관련하여 규정되고 있다. 佛蘭西法은 占有(possession)와 所持(détention)를 구별한다. 前者는 물건에 대한 지배를 소유자로서 점유할 의사를 가지고 하는 경우이고, 後者는 타물권의 보유자로서 지배하는 의사를 가지고서 하는 경우이다. 물건을 채권의 保有者로서만 지배하고 이 지배권력을 그러한 者로서 행사하려는 者는 보호받을 수 있는 占有를 갖지 않는다.

占有訴訟에 의한 점유보호는 不動產의 점유에만 인정된다. 특정한 종류의 점유에만 점유보호를 국한하는 로마법적 규율은 佛蘭西法에 수용되지 않았다. 舊佛蘭西法을 따라서 3종의 訴가 인정된다. ① 방해와 추탈(trouble)에 대한 complainte(占有保安權). 목표는 원고의 점유지위의 承認 및 그의 점유의 回復이다. ② dénonciation de nouvellle oeuvre(新工事留止通告). 이것은 普通法上의 그것(operis novi nuntiatio)와 동일하지 않다. 이것은 완성되는 경우 trouble을 의미하게 될 新工事의 계속에 대한 占有의 訴이다. 이상의 두 訴는 원고가 1년간 점유했을 것을 要件으로 한다(이른바 saisine possessoire). 또 두 경우 모두 暴力(violence)과 隱秘(clandestinité)를 이유로 한 (상대적) 하자의 항변이 허용된다. ③ réintégrande(占有再取訴權). 이것은 actio spolii의 佛蘭西的 形態이다. 이것은 따라서 소지자에게도 인정되며, 1년 이내에 행사되지 않으면 안 되며, 占有의 회복이 목표이다. 占有者는 소유자로서 점유한다는 추정을 받는다. 動產의 경우에는 점유는 권원의 값을 한다(possession vaut titre)는 法理가 적용되는 한 번복할 수 없으나 不動產의 경우에는 반증이 허용된다.

(4) **伊太利 舊民法**(1865)[47]

1865년의 伊太利 舊民法(Codice civile §§ 685-709)은 대체로 佛蘭西法을 따랐다. 점유보호

François Chabas, Leçons de droit civil, tome Ⅱ, deuxiéme volume, Biens: Droit de propriété et ses démembrements(sixiéme édition par François Gianviti, 1984), 152ff.; Murad Ferid/Hans Jürgen Sonnenberger, Das Französische Zivilrecht, Band 2 (2. Aufl., 1986), 537ff., 581ff., 663ff. 참조.

46) L. n° 75-596 du 9 juillet 1975 개정법에 의하여 비로소 不動產占有에 관하여 일반규정이 도입되었다(§§ 2282, 2283). 그러나 물론 이것은 그 동안의 判例法을 종합한 것일 뿐, 새로운 분야의 개척이 아니었다. 상세는 H. L., J. Mazeaud, F. Chabas(Fn. 45), 183ff.; Ferid/Sonnenberger(Fn. 45), 673ff. 참조. 절차에 관해서는 1981년 개정된(réd. D. u. 81-500 du 12 mai 1981) 佛民訴 §§ 1264-1267가 규정한다.

47) Coing(Fn. 40), 380. 상세는 Emidio Pacifici-Mazzoni, Istituzioni di Diritto Civile

에 관해서 伊民 § 694에서 complainte에 대응하는 占有訴權을, § 698에서 dénonciation de nouvelle oeuvre에 대응하는 占有訴權을 규정하였다. actio spolii는 réintégrande의 형태로 계수되었다(伊民 § 695). 伊太利 현행 民法(1942)도 같은 태도를 유지하고 있다(§§ 1140–1172).[48]

(5) **스페인民法(1889)**[49]

스페인民法(Código civil)은 독자적인, 그러나 판덱텐법학의 영향을 받지 않은 것은 아닌 規律을 포함하고 있다(§§ 430–466). 占有(posesión civil)와 所持(posesión natural)를 구별한다. 결정적인 기준은 所有者로서 점유하려는 의사의 유무이다. 점유자(poseedor civil)는 권원에 기하여 점유하는 것으로 추정된다. 모든 占有者(소지자 포함)는 점유보호를 받는다(Toda posesión es ad interdicta "모든 점유는 특시명령점유이다").

(6) **獨逸民法**[50]

獨逸民法(BGB 1896)은 판덱텐법학의 理論에서 출발하였지만 일련의 새로운 규정들도 도입하였다. 점유의 定義(§ 859)에 있어서 판덱텐법학의 通說이 결정적인 것으로 보았던 占有意思를 더이상 언급하지 않았다(이른바 객관설). 그러나 자주점유는 占有者가 소유자로서 占有하고자 하는 경우로 정의되었다(獨民 § 872). 다단계 점유가 도입되었다. 즉 所有者가 타인에게 물건지배를 物權이나 債權에 기하여 맡긴 경우에는 양자 모두 占有者이다(직접점유자 및 간접점유자, 獨民 § 868). 占有는 자주점유인 경우 所有權이 추정된다. 그러나 이러한 추정은——등기부 및 그 효과를 고려하여——動產에 대해서만 적용된다(獨民 § 1006). 점유는 직접점유든 간접점유든(따라서 또한 소지자도) 금지된 자력에 의한 妨害 및 侵奪(즉 점유자의 의사에 반하는 방해 및 침탈, 獨民 § 858)에 대하여 보호받는다(獨民 §§ 861, 862). (상대적)하자점유의 항변은 허용된다. 금지된 자력으로 점유를 취득한 者의 점유는 하자있는 占有이다. 점유보호는 動產과 不動產의 모두에 미친다. 權利占有는 알려져 있지만 로마법의 사례들(지역권)에 한하였다.

Italiano(quinta edizione a cura del Sen. Giulio Venzi), Volume terzo, parte prima: Parte speciale(Torino 1927), 8ff. 참조.

48) 참조문헌, Domenico Tramontana, Diritto privato, volume primo: Diritto civile(1979), 248ff; Giorgio Cian/Alberto Trabucchi(ed.), Commentario breve al Codice Civile, II edizione(Padova, 1984), p. 730ff.

49) Coing(Fn. 40), 381.

50) Coing(Fn. 40), 381f. 상세는 Werner Schubert, Die Entstehung der Vorschriften des BGB über Besitz und Eigentumsübertragung(1966), 57ff.

(7) **瑞西民法**[51)]

瑞西民法(ZGB 1907)의 점유규정(§§ 919-941)은 일방 瑞西債權法(舊OR 1881)에, 타방 獨逸民法에 연결하였다. ZGB는 단계적 점유를 인정하며, 모든 占有者(소지자 포함)를 방해와 침탈에서 보호한다(§§ 928, 927). 所有權의 추정은 動產에 한한다(瑞民 § 930). 權利占有는 좁은 범위 내에서만 인정된다(瑞民 § 914 II).

2. 19世紀의 占有法上의 發展[52)]

이상에서 살펴본 19세기의 法發展을 종합하여 보자면 다음과 같이 정리할 수 있다(舊佛蘭西法을 유지한 佛蘭西民法은 특수한 경우에 해당한다).

(1) 질권자, 허용점유자, 계쟁물보관자의 占有를 별도 취급하던 舊普通法의 역사적으로 제약된 태도를 버렸다(최초의 법전들에서 이미).

(2) 점유보호가 단순한 所持에도 확대되었다(처음 프로이센, 이어서 스페인, 獨逸, 瑞西). 부분적으로는 段階的 占有의 관념이 이를 뒷받침하였다.

(3) 점유소권이 단순화하였다. 占有侵害와 관련하여 로마법상의 특시명령법과 교회법의 병존으로 인하여 야기된 각종 구별들이 제거되었다. 새로운 법률들은 占有妨害와 占有侵奪로 인한 각 하나의 訴權을 규정하였다.

(4) 권리점유의 관념은 제한된 범위에서 적용되었다. 전체적으로 보자면 고대로마법에서처럼 地役權의 경우에 한하였다.

(5) 부동산권에 대하여 등기부시스템이 도입된 후, 점유의 효과와 不動產登記簿에의 등기(등기부점유)의 효과는 구별되었다. 사실상의 占有는 자력행사에 대한 보호에 있어서 그 의미를 유지하였으며, 權利의 추정에 대해서는 登記가 가름하게 되었다.

Ⅲ. 우리 民法의 占有制度

우리 民法의 점유제도는 이상과 같은 역사적 발전과정을 거쳐온 서구의 법제를 日本民法을 통하여 수용하였다.

---

51) Coing(Fn. 40), 382.
52) Coing(Fn. 40), 382.

1. 日本民法[53)]

日本民法의 점유권규정은 佛蘭西 占有法理論에 전면적으로 의거했던 日本舊民法의 점유의 章을 재편하여 성립한 것이다. 日本民法의 기초자는 佛蘭西의 점유법이론을 도입함에 있어서 佛蘭西民法典의 편별구성의 분산성(특히 점유소권에 관한 實體構成의 결여)을 비판하고 그것을 극복하려고 한 봐쏘나드의 의도를 적극적으로 평가하였다. 봐쏘나드에 의하면 "佛蘭西民法에 있어서는 점유에 관한 조항을 一章에 蒐聚하지 않고…… 곳곳에 散記한 것은 편집자의 부주의라고 할 것이다"라고 하여 봐쏘나드 民法草案에서는 규정의 통일을 도모하였는바, 〈占有 및 占有할 수 있는 물건의 종류〉에 관한 一款이 〈占有의 획득〉(제2관) 앞에 놓이고 〈民法上의 占有〉, 〈自然의 占有〉 및 〈容假占有〉가 구별되었다. 여기서 〈민법상의 점유〉(舊民法에서는 (법정의 점유))는 自主占有에, 〈容假占有〉는 他主占有에 각각 대응한다.

日本民法典 기초자는 봐쏘나드의 초안에 의한 舊民法을 재편함에 있어서 ① 占有權의 명칭을 부여하면서 그것을 일반화하여 점유권과 점유소권의 본래적인 관계를 불명확하게 함과 동시에, ② 占有의 종류(法定占有와 容假占有)의 논리구성을 후퇴시켜 그것과 취득시효와의 밀접한 관계를 불명확하게 하였다. 다른 한편 ③ 舊民法에 맹아적으로 나타났던 代理占有關係를 추상적으로 정하여 합의에 의한 점유권의 이전의 논리적 전제를 구축하고, ④ 동산의 公信原則을 시효의 규정으로부터 분리하여 〈점유권〉의 章에 넣는 등, 규정의 一般化 내지 抽象化와 配列 내지 構成의 변경을 초래하였다.

이처럼 봐쏘나드에 의한 佛蘭西 占有法理論의 체계화와 日本民法典 기초자에 의한 봐쏘나드의 占有權規定의 일층의 추상화라고 하는 두 단계의 재편작업이 개재하였기 때문에 佛蘭西民法典과 日本民法典 사이에는 편별상의 단절이 보이는 것뿐만 아니라 占有(권)의 개념구성에 관해서도 일정한 相違가 보인다. 日本民法은 ① 점유의 종류에 의한 구별에 앞선 §180 "점유권의 취득"에 있어서 점유의 心素를 〈자기를 위하여 하는 의사〉로 규정하였고, ② §181 "대리점유"에 있어서 法定占有와 容假占有를 自主占有와 他主(대리)占有의 관계로 전환하여 일반화하였다. 日民 §180가 자주점유주의(이른바 로마주의)를 취한 獨逸民法 제1초안(§797)의 문언에 따르지 않고, 타방 所有權取得 중심의 佛蘭西民法典上의 자주점유주의(§2282)의 문언에 따르지 않은 것도 입법당시에 있어서의 점유

53) 日注民 前注(§§180-205) I. 3. 이하.

의사론의 諸相으로부터의 영향에 더하여 상술한 바와 같은 日本民法典 점유권 규정의 다원성에 의한 바가 큰 것이다.

2. 우리 民法

(1) 우리 民法의 점유법은 滿洲國民法典(1937)과 中華民國民法典(1929)을 참고하면서 獨逸民法理論을 대폭적으로 수용한 것이 舊法인 日本民法과 비교하여 볼 때 그 특징이다. 占有의 개념에 있어서 객관설적인 입장을 취한 것이나(民 §192) 대리점유를 버리고 間接占有(民 §194)를 취한 것이나, 또 점유권의 相續(民 §193), 점유보조자(民 §195), 간접점유의 보호(民 § 207 II), 자력구제(民 §209)를 새로이 신설한 것이나 모두 이러한 방향의 立法인 것이다.[54)]

(2) 한편 民法 〈점유권〉의 章에는 연혁적으로 볼 때 로마법상의 possessio와 게르만법의 Gewere에 기원하는 制度들이 혼합되어 규정되어 있다(通說). 그런데 특히 이중 후자, 즉 W.E. Albrecht(Die Gewere als Grundlage des älteren deutschen Sachenrechts, 1828), A. Heusler(Die Gewere, 1872), E. Huber (Die Bedeutung der Gewere im deutschen Sachenrecht, Bern 1894) 등의 硏究 이래 獨逸古法의 物權法의 중심제도요, 獨逸法史學의 중심적 문제로 파악되게 된 게베레는 이제까지의 연구성과를 정리하고 새로운 사료이해에 터잡아서 이를 검토・보완하는 현대적인 서술작업이 급박한 분야인 만큼(W. Ogris) 이곳에서 가볍게 다룰 수 있는 성질의 문제가 아니라고 생각되므로 여기서는 고찰을 생략하기로 한다.[55)] 그러므로 possessio와 Gewere에 관하여는 우리 民法의 각 법조를 이해하는 데에 필요한 한도 내에서 각 法條를 주석하는 가운데 通說에 입각하여 최소한의 설명을 하는 데에 그치기로 한다.

[崔 秉 祚]

54) 鄭鍾休, 韓國民法典の比較法的 硏究(東京 : 創文社, 1989), 280/281, 309/310. 또 日本民法, 滿洲國民法, 中華民國民法과의 대비에 관하여는 同書 말미의 조문대조표 27면 참조.

55) 로마법상의 possessio 및 그 後續史에 관하여는 위 I.(2) 이하 및 그곳의 문헌 참조. 그리고 物權의 외적 현상형태일 뿐 아니라——공연하게 행사되는 물건지배는 유효한 권원의 존재와 독립적으로 독자적인 法律效果를 발생시켰으므로——그 자체가 物權의 행사를 근거지어주는 하나의 權利였으며, 그 효과로서 보다 강한 권리의 입증이 있기까지 그 물권의 존속이 추정되었던(§200 I.1. 참조) 게르만법상의 게베레에 관하여는 W. Ogris, "Gewere", in: Handwörterbuch zur deutschen Rechtsgeschichte, Band I (1971), Sp. 1658ff. mit Lit.; Bruns(Fn. 18), 283ff. 및 玄勝鍾・曺圭昌, 게르만法(1989), 295 이하 참조. 그 밖에 §194 I.(3) 참조.

第192條(占有權의 取得과 消滅)

① 物件을 事實上 支配하는 者는 占有權이 있다.

② 占有者가 物件에 대한 事實上의 支配를 喪失한 때에는 占有權이 消滅한다. 그러나 第204條의 規定에 의하여 占有를 回收한 때에는 그러하지 아니하다.

차 례

Ⅰ. 占有에 관한 總說
  1. 概　　念
  2. 占有와 權利
  3. 占有의 機能
  4. 占有의 保護
  5. 占有保護의 法政策的 理由
  6. 占有의 種類
  7. 占有의 對象
  8. 涉外私法
  9. 比 較 法
Ⅱ. 直接占有의 取得
  1. 占有取得의 法律的 意義
  2. 占有의 取得
  3. 特別한 境遇
Ⅲ. 直接占有의 消滅
Ⅳ. 立證責任

Ⅰ. 占有에 관한 總說

1. 概　　念

民法[1]은 점유의 개념을 直接占有(§192)와 間接占有(§194)로 나누어서 규정하고 있다. 民法上 점유는 물건에 대한 사실상의 支配를 의미할 수도 있고(§192 I), 밀접한 지시관계에 의해 매개되는 물건에 대한 사실상의 지배를 의미할 수도 있고(§195), 物件에 대한 사실상의 지배를 장차 하게 되리라는 현존하는 가능성을 의미할 수도 있고(§§196, 190; 192 Ⅱ 但), 物件에 대한 사실상의 지배자에 대한 法律關係를 의미할 수도 있고(간접점유, §194), 또 物件에 대한 더이상의 관계없는 법적 지위를 의미할 수도 있다(§193). 이러한 여러 경우들은 의미있는 추상화를 통해서 概念定義될 수 있는 공통점을 발견하기가 어렵다. 이것은 이미 역사적 개관을 통하여 알 수 있었듯이[2] 점유를 둘러싼 현실적인 문제들을 合目的的으로 규율하려는 법의 필요에서 一義的인 개념을 엄격히 일관할 수 없었던 데에 기인하는 것이다. 개념의 엄밀성이 아니라 관련문제들에 관한 合理的인 법적인

1) 前論 Ⅲ.2. 참조.
2) 前論 Ⅰ-Ⅲ.1. 참조.

취급이 중요한 것이라면 이러한 개념적인 불명확성은 감내할 수밖에 없는 흠이라고 할 것이다.

다만 占有法的 規律의 기초인 物的支配로서의 점유개념(직접점유)의 측면과 이에 터잡은 점유권의 占有法的 效果의 확장의 측면은 충분히 그 특질에 있어서 이를 구별하여 파악할 필요가 있을 것이고, 또 그것으로 족하다 할 것이다.[3] 점유의 본질에 관한 건설적이지 못한 논의는 實定法의 해석·적용에 있어서 혼란만을 초래할 뿐이다.[4]

(1) **物的支配로서의 占有**

점유는 거래관념상 인정된 物件에 대한 사실적인 지배를 말한다.[5] 이 지배는 지배할 權利(Recht zum Besitz. 本權)와 무관하게 승인되는 것이므로 사실적인 것이다(Ulpianus D. 47. 4. 1. 15: Possessio non est iuris, sed facti "점유는 법의 문제가 아니라 사실의 문제이다"; D. 41. 2. 12. 1 i.f.: Nihil commune habet proprietas cum possessione "소유권은 점유와 아무런 공통점도 없다"). 支配란 物件에 대한 자신의 의사를 관철시킬 수 있는 현저한 개연성을 말한다. 따라서 여기서 事實的 支配라 함은 실제로 物件을 점거(혹은 把持)한 상태에서 행사되는 지배만을 의미하지는 않는다. 단순히 정신적인 物件支配도 비록 그것이 매개된 것이기는 하지만 역시 占有이다. 그러므로 결국 점유라 함은 물건이 社會觀念上 그 사람의 사실적 지배에 속한다고 여겨지는 객관적인 관계에 있는 것을 말한다.[6]

이처럼 事實的 支配의 존부는 거래관념에 따라서 결정된다(아래 Ⅱ.2.(1) 참조). 물건이 어떤 자에 대한 관계에서 支配(점유)關係에 놓여 있음이 인식될 수 있어야 하지만 또한 그것으로써 족하다. 物件이 그것의 經濟的 用途에 따른 장소에 있는 경우(가령 쟁기가 밭에 놓여있는 경우와 같이)에는 이러한 인식가능성이 인정된다. 占有者 자신의 인식가능성은 필요하지 않다.

(2) 다른 法律에서 사용되는 占有(가령 民訴 §527 Ⅰ), 所持(가령 刑訴 §106 Ⅱ), 保有(가령 自賠 §2 iii) 등의 개념들은 각 해당 법조의 해석을 통하여 밝힐 것이며 民法上의 점유개념이 바로 적용되는 것은 아니다.

---

3) 同旨 日本基コ 36. 아래 2.(3) 참조.
4) 따라서 占有理論에 관해서는 논급을 생략한다. 이에 관해서는 국내의 교과서 등(가령 郭潤直, 227, 228; 金容漢, 196, 197; 黃迪仁, 167 등)과 위 前論 Ⅰ.8.(2)를 참조하라.
5) 臺灣民 §940 事實上 管領之力.
6) 大判 74.7.16, 73다923(公 497, 8007); 서울高判 80.4.11, 79나3432(高集 80-1, 445). 아래 Ⅲ.3. 참조.

2. 占有와 權利

(1) 法律的 地位로서의 占有

점유는 法的으로 보호되고, 그 要件에는 법률효과가 부여되어 있다(Possessio defenditur ad instar iuris). 그러므로 점유는 법적 지위라고 말할 수 있다. 占有는 權利(물권)인가 하는 이를 넘어서는 문제는 占有法의 역사상 가장 많이 다루어진 문제 중의 하나이다. 일부 學說은 점유를 權利로 보지만 대부분의 學說은 점유를 순수한 事實的 關係로 파악한다. 일부 學說의 경우에는 점유의 그때그때의 현상형태에 따라서 판단한다. 그러나 이와 관련된 중요한 문제들이 實定民法에 의해(가령 §193) 해결된 이상 논의의 실익은 크지 않다.

(2) 權利와 占有의 개념

이 문제는 權利와 占有의 개념에 달려 있다. 사실상의 物件支配만을 점유로 보게 되면 필연적으로 점유는 權利가 아니라는 이야기가 된다. 권리의 개념을 모든 法的 支配領域 내지는 法秩序에 의해 승인되고 보호되는 개인의 모든 이익으로 파악하고 占有保護의 이유를 개인이익의 보호에 있는 것으로 보게 되면, 점유는 사실상의 물건지배로서도 하나의 權利이다. 그러나 점유보호는 다른 이유에 근거한 것이다(아래 3-5. 참조). 또 權利의 개념을 그와 같이 넓게 잡을 것은 아니다. 물건에 대한 權利와 物件에 대한 사실상의 관계는 어쨌든 다른 차원의 것이다. 예컨대, 도둑의 地位를 그의 물건지배에 대한 간섭이 違法하다는 이유만으로 물건에 대한 권리로 보는 것은 넌센스이다. 법의 保護는 다름아니라 물건에 대한 權利關係와 독립하여 주어지는 것이다. 그러므로 直接占有는 권리가 아니다. 그렇다고 해서 직접점유를 不法行爲上 권리와 같이 취급하는 가능성을 배제하는 것은 아니다. 이에 반하여 間接占有는 본질적으로 법률관계에 의거하므로 간접점유자의 물건에 대한 관계는 권리에 의하여 매개된다. 相續人의 占有는 사실적 관계도 아니고 권리도 아니며 다른 기초에 근거하는 것이다.[7)]

우리 民法은 특히 占有 자체의 법률효과와 관련하여 점유자의 법적 지위를 事實的 支配로부터 도출되는 제권능을 총괄적으로 표현한 占有權으로 구성하고 있다. 그러나 이것은 지금까지 논한 점유(직접점유 및 간접점유)의 본질적 성질에 변화를 가져오는 것이 아닐 뿐더러, 占有權이란 점유(직접점유 및 간접점유)와 표리일체의 관계

7) 同旨 MünchKomm/Joost, Vor § 854 RdNr. 10.

에 있으므로[8] 실제의 취급에 있어서 占有權이라 구성하든 아니하든 차이를 가져오는 것은 아니다.

(3) **占有할 權利**(本權)

(예컨대, 임차인 또는 매수인의) 점유할 권리는 物權이나 債權에 의거할 수 있다. 이것은 占有者의 물건에 대한 관계를 가리키는 것이 아니라 점유자의 타인에 대한 관계를 가리키는 것이다. 따라서 그 자체로서는 占有에 대하여 의미가 없지만, 점유와 결합된 請求權에 대해서는 영향이 있다.

3. 占有의 機能

(1) **平和秩序**

점유의 법적인 승인은 평화질서를 作出함으로써 개개인으로 하여금 타인이 자신의 事實的 支配領域에 자력으로 간섭하는 것을 감내할 필요가 없다는 데에 대하여 신뢰할 수 있게 해준다. 그러므로 占有는 독자적인 기능을 갖는다. 궁극적으로는 보다 강한 權利가 관철되는 것이므로(가령 民 §213에 따라) 점유는 잠정적인 것이다라고 파악하는 견해가 종종 주장되는데, 이것은 잘못이다. 旣述한 의미에서의 占有의 기능은 단연코 종국적인 것이다. 점유가 가령 반환을 명하는 判決의 집행으로 종료한다는 사정은 이 점에 변화를 가져오는 것이 아니다. 이러한 사정은 점유에 고유한 것이 아니다. 다른 법적 지위들(예컨대 소유권)도 소멸할 수 있는 것이다.[9]

(2) **法技術的 道具**

(가) 또 民法은 점유를 법기술적 도구로서 다수의 다른 規律領域에서 사용하고 있다. 여기에 점유의 理論的·實踐的 주된 의미가 있다. 占有는 가령 소유권이전, 소유권의 선의취득, 권리추정, 취득시효, 과실수취, 채권관계의 대항력취득(가령 주택임대차의 경우)의 기초이다. 이런 한에서 占有는 상이한 기능을 수행한다.[10] 그리하여 점유는 物權과 관련해서는 公示機能이 있다(현대의 담보물권법은 이 점에서 占有의 기능을 크게 희석시켰다).

(나) 그 밖에 점유는 執行法上 특히 民訴 §509 "제3자 異議의 訴", §527 "유체동산의 押留", §674 "강제관리 沮止權", §689 "동산인도청구의 執行", §690 "부동산 등의 인도청구의 執行", §691 "인도할 물건의 제3자 占有", §709

8) 註釋民法(Ⅱ), 274, 275.
9) MünchKomm/Joost, Vor §854 RdNr. 12. 또한 아래 5. 참조.
10) 註釋民法(Ⅱ), 267, 268; MünchKomm/Joost, Vor §854 RdNr. 13; 日本法學ガ 68, 69 참조.

"動產假押留執行", §731 "담보권실행 위한 유체동산의 競賣" 등과 관련하여 매우 중요한 의미를 가진다(아래 참조 4.).

4. 占有의 保護

점유의 보호는 ① 자력행사의 금지와 금지된 占有侵害의 효과에 관한 특별한 占有法的인 규정을 통하여 보장된다(民 §204 이하). ② 점유는 또 民法 점유편의 밖에서도 다양한 방식으로 보호된다. 특히 점유는 對世的으로 보호되는 한 民§750가 보호하는 法益이다. 또한 不當利得法上 이득에 해당한다(점유의 부당이득 condictio possessionis). ③ 또 강제집행에서는 債務者 아닌 占有者는 점유물의 제출을 거부함에도 불구하고 意思에 반하여 押留하였을 때에는 民訴 §528 違反을 이유로 집행방법에 관한 異議(Erinnerung)를 할 수 있고(民訴 §504),[11] 나아가 제3자 異議의 訴(民訴 §509)를 제기할 수 있다.[12] 파산법상으로는 점유회수권은 破 §79에 따른 還取權으로 인정된다.[13] 그러나 占有를 대상으로 하는 確認의 訴는 인정되지 않는다.[14]

5. 占有保護의 法政策的 理由

(1) 平和說·連續說

왜 점유가 法秩序에 의하여 承認되고 保護되는가 하는 빈번히 다루어진 문제에 관한 한, 오늘날은 크게 두 가지 견해가 대립한다. 이전의 通說에 의하면 占有保護는 일반적 평화를 위한 것으로, 폭력행사의 저지에 대한 公共의 이익을 추구하는 제도이다(이른바 평화설·다수설. Quieta non movere란 法諺은 이를 표현한 것이다). 이 說에 대하여 Heck는 公共의 이익은 배후에만 있을 뿐이고 직접적으로 보호되는 것은 占有者가 자기자신의 이익영역 안에 물건을 보전하는 데에 대하여 갖는 점유자의 私的利益뿐이라고 반론하였다. 보호법익은 생활관계의 연속 내지는 占有의 조직가치라는 것이다.[15] 이러한 Heck의 비판의 결과 오늘날은 두 측면이 모두 占有保護의 기본사상으로서 강조되기에 이르렀다.[16]

---

11) 註釋强制執行法, 160, 184, 236, 240, 241.
12) 大判 55.2.17, 4287民上138(카 5595); 또한 舊民訴에 관한 大判 57.10.10, 4290民上524(要 874); 註釋强制執行法, 184; 基本法コンメンタル 民事執行法(昭和 61年), 117.
13) 基本法コンメンタル 破産法(1989), 123.
14) 通說. 서울高判 71.8.24, 70나316(高集 71, 438). §§204-206 Ⅳ.(2) ㈐ 참조.
15) 이른바 연속설. 同旨 郭潤直, 225.
16) 金容漢, 193, 194.

(2) 支配領域의 保護

점유보호의 法的 承認은 점유가 개인의 지배영역에 관한 자연적인 관념 속에 주어져 있고, 오래 전부터 法秩序의 일부였다는 사실(前論 참조 I·)에 근거하는 것이다. 다른 法政策的 이유는 필요하지 않다. 이렇게 볼 때, 쉽게 인식할 수 있는 占有保護의 법정책적 이유에 대한 논의는 놀라운 것이다. 보호받는 이익은 무엇인가 하는 문제는 이와 구분해야 한다. Heck의 理論은 두 가지 점에서 의문이 제기된다. ① 占有者의 연속성이익은 그의 주장과는 달리 유일한 보호이익일 수 없다. 法秩序는 도둑이 훔친물건에 대하여 갖는 연속성이익을 그것 자체를 위하여 보호할 하등의 이유가 없다. ② 公共의 이익은 그가 평화설에 반대하여 든 예(음식점에서 한 손님이 잘못하여 다른 사람의 모자를 집어간 사례)에 있어서도 인정된다. 占有者가 그것을 알아챘다면 그는 자신의 占有를 방어할 것이다. 그럼에도 불구하고 公共의 이익을 통하여 또한 점유자의 私的利益이 보호된다는 것을 분명히 한 것은 Heck 理論의 큰 업적이다. 다만 점유자의 이익도 그의 연속성이익이 아니라, 방해받지 않는 支配行使에 대한 이익으로서 이것은 자력행사의 금지라는 면에서 보호되는 것이다. 이러한 保護가 심지어 도둑에게까지 부여된다면 이러한 보호에 대한 이익이 공공의 이익임이 명약관화할 것이다. 公益이야말로 占有法에 대하여 결정적인 것이다. 그 밖에 연속성이익을 지적하는 것은 法政策的 이유제시가 아니라 진부한 심리학적 사실일 뿐이다. 즉 이것은 가치로서 간주되는 모든 價値나 地位에 있어서 존재하는 법이다. 그러나 언제 法秩序의 입장에서 볼 때 지위가 保護價値가 있는가, 그러니까 언제 이익이 승인되는가 하는 결정적인 문제에 대하여서는 이로부터 아무 것도 얻을 수 없는 것이다.[17)]

(3) 占有保護의 사정거리

상이한 보호이익의 구별은 占有保護의 사정거리를 판단하는 데에 있어서 실천적 의미가 있다. 점유보호가 일반조항의 적용을 통하여 행해지는 한, 실정법상의 占有保護事由(民 §204 이하)가 도대체 존재하는가 하는 여부가 고려되지 않으면 안 된다. 도둑의 占有가 오직 民 §204 이하에 의하여 보호되는가, 아니면 나아가서 또한 民 §750에 의해서도 보호되는가 하는 것은 분명 차이가 있다. 도둑의 연속성 이익이 보호대상으로서 존재하지 않는다면, 그의 占有侵害時 또한 損害賠償의 제재도 주어지지 않는 것이다(民 §206 II· 3. (2) 참조).[18)]

17) MünchKomm/Joost, Vor § 854 RdNr. 16.
18) MünchKomm/Joost, Vor § 854 RdNr. 17.

6. 占有의 種類

(1) 直接占有와 間接占有(民 § 194)

간접점유는 매개된(정신적인) 物件支配로서 이때에는 사실상 물건을 지배하고 있는 者도 역시 占有를 한다(직접점유). 매개를 하는 法律關係는 사실상의 支配者를 매개된 占有者에 대한 관계에서 社會的인 종속관계에 놓아서는 안된다. 從屬關係가 인정되는 경우에는 매개된 者만이 (직접)점유자이고 사실상의 지배자는 단순한 점유보조자에 불과하고 占有者가 아니다(民 § 195). 民法的 意味에서의 점유는 원칙적으로 의심스러운 경우에는 직접점유와 간접점유 모두를 의미한다고 할 것이지만, 직접점유와 간접점유는 그 본질을 달리하므로 구체적인 경우마다 占有가 의미하는 바를 예의 검토할 필요가 있다 할 것이다(간접점유에 관한 상세는 民 § 194).

(2) 自主占有와 他主占有

구별의 기준은 (직접 또는 간접)占有者가 누구를 위하여 占有하고자 하는가 하는 것이다. 타인을 위해서 占有하려는 者는 他主占有者의 의사를 갖는 것이다(상세는 民 § 197).

(3) 一人占有와 多數人占有(民 § 209 (後論))

(4) 物件占有와 權利占有(준점유)(民 § 210)

(5) 公法上 占有와 私法上 占有(民 § 194 II. 5. (3) 참조)

7. 占有의 對象

(1) 物 件

(가) 점유의 대상은 物件 또는 독자적으로 지배가능한 物件의 부분(부분점유 民 § 209(後論) II. 참조)이다. 물건의 집합체는 통일적 전체로서 占有의 대상이 되는 것이 아니다. 그러나 伊太利의 判例에는 私設 텔레비전放送局의 방송시설에 대한 占有는 그로부터 送出되는 電波에너지에 미치고, 그 결과 다른 電波送出者에 의해 도발된 주파수 침해의 중지를 구하는 것은 占有의 訴에 해당한다고 본 것이 있다.[19]

日本의 하급심판례 중에는 特別高壓架空電線을 送電 사용하고 있는 전기

19) Corte di Cassazione 1979년 2168번 判決(C 79/2168). Cian/Trabucchi, Commentario breve al Codice civile, II. ed.(1984), § 1170 VII 3.

사업자에게 電氣工作物規程이 인정하는 空間에 대한 점유를 인정하여 占有保有 및 占有保全의 訴에 의하여 당해공간 및 그 아래의 토지에 있어서의 건축의 금지를 구하는 것을 인용한 사례가 발견된다.[20] 또 건물의 占有者 이외의 者로서 건물의 구성부분인 벽면을 광고용으로 이용하고 있는 者는 독립의 점유를 인정받기 위하여는 그 부분에 관한 객관적·외형적인 사실지배가 있는 것을 요하므로 그 벽면을 점유하고 있다고 말할 수 없다는 日本 최고재판소의 판례가 있다.[21]

(나) 換地의 경우에는 환지예정지나 환지확정지는 종전토지와 같은 것으로 간주되므로(토지구획정리사업법 §§ 57, 62) 사실상 物件의 변경이 있음에도 불구하고 法的으로는 동일한 점유가 계속되는 것으로 취급된다(§§ 199 Ⅳ 참조).

(다) 私所有權이 인정될 수 없는 공공용의 物件(예, 하천부지)에도 점유가 성립될 수 있음은 물론이다.[22]

(2) 占有의 支配가 미치는 範圍

점유의 지배가 미치는 範圍는 사회관념상 사실상 지배안에 들어 있다고 이해되는 범위이다. 따라서 건물과 부지는 점유에 있어서 운명을 같이하는 것이 보통이다. 예컨대, 他人所有의 토지상에 建物을 점유하는 者는 동시에 그 대지를 점유하는 것이고[23] 또 建物을 소유하는 者는 현실로 그 建物이나 垈地를 점거하고 있지 않더라도 건물의 부지를 점유하는 것이고[24] 1동의 건물의 1, 2층의 구분소유자는 건물부지를 불가분적으로 共同占有하는 것이고,[25] 반대로 토지의 共有者는 그 지상의 건물을 공동점유하는 것이다.[26] 그리고 가옥추녀끝 수직하의 토지부분은 제3자가 현실적으로 占有하는 특별한 사정이 없는 한 가옥의 占有者가 이를 점유지배한다고 봄이 상당하고,[27] 광석이 쌓여 있는 토지를 매수하였다고 하여 그 토지의 從物이나 부합물이 아니고 별개 독립한 動産인 광석을 점유하였다고 단정할 수 없다.[28] 또 임야 중 일부에 墳墓 4기를 설치하고 그 필요한 범위에 대하여 점유하였다 하여도 그로써 그 분묘가 설치

20) 日注民 180, 16; 日本基コ 67; 日本法學ガ 70 참조. 同旨 伊判例 C 76/1379. Cian/Trabucchi, a.a.O., § 1140 v4.
21) 日本基コ 40.
22) 註釋民法(Ⅱ), 268.
23) 大判 60. 7. 28, 4292民上1002.
24) 大判 67. 9. 19, 67다1401.
25) 大判 76. 6. 8, 76다499.
26) 大判 77. 4. 26, 76다2501. 李英俊, 300 참조.
27) 大判 69. 6. 24, 69다650, 651(集 17-2, 254).
28) 서울高判 73. 12. 14, 73나27(高集 73-2, 448).

된 임야 전부를 占有하였다고 단정할 수는 없다.[29]

8. 涉外私法

점유에 관한 국제사법상의 準據法은 목적물의 소재지법(lex rei sitae)이다(涉私 §12).

9. 比 較 法

本條 I에 관한 비교법적 자료로는 中民 §940; 墺民 §309; 瑞民 §919 I; 獨民 §854; 佛民 §2228; 伊民 §§1140, 1141; 日民 §180 참조. 本條 II에 관한 비교법적 자료로는 中民 §964; 墺民 §349; 瑞民 §921; 獨民 §§856, 940; 日民 §203 참조.

II. 直接占有의 取得

1. 占有取得의 法律的 意義

점유의取得은 ① 所有權取得의 요건으로서(특히 시효취득, 선의취득과 무주물 선점, 또한 유실물 습득에 있어서),[30] ② 占有의 법률효과(民 §192 이하)의 요건으로서 중요한 의미가 있다(점유편 외의 권리발생요건 규정으로는 民 §§320, 329; 중요한 義務規定으로는 §§758, 759 참조). ③ 또 強制執行法上 중요한 의미가 있다(위 I.3.4. 참조).

우리 民法은 점유자의 지위를 占有權으로 관념하고 있으므로(위 I.2.(2) 참조) §192의 설명에 있어서 實定法에 충실하자면 점유의 득실보다는 占有權의 득실을 논하여야 할 것이다. 이 점은 특히 §192 II 단서와 관련하여 분명해진다. 그러나 이미 살펴보았듯이 占有權과 占有(직접점유)는 표리일체의 관계에 있는 것이므로 이하에서는 위의 점을 염두에 둔다는 전제하에 占有權과 占有 자체를 용어상 엄격히 구별하지 않고 논하는 것으로 한다.

2. 占有의 取得

(1) 民 §192 I에 따르면 直接占有의 취득은 사실상의 支配를 얻음으로써

29) 大判 55. 7. 28, 4288民上182(要 363).

30) 金錢의 경우에는 가치의 화체물이라는 특수성으로 인하여 占有의 取得과 喪失은 곧바로 所有權의 取得과 喪失을 의미한다(價値說). 상세는 日本法學ガ 86ff. 참조.

일어난다(객관설의 입장).[31]

(가) 占有가 취득되었는가의 여부는 占有가 문제되는 법적 문맥의 특성을 고려하여 去來觀念(Verkehrsanschauung)이 決定한다.[32]

(나) 필수적인 요건은 支配의 획득이 이러한 지배에 관하여 관심있는 者가 외부적으로 인식할 수 있는 방식으로 일어나야 한다는 점이다.[33] 따라서 墳墓地에 선조를 暗葬한 경우에는 그 분묘지를 占有하고 있었다고 인정되지 않는다.[34]

(다) 事實的 物件支配는 어느 정도 계속적(Dauer)이어야 하는가? 通說은 보통 이러한 표현을 써서 설명을 하지만 오히려 중요한 것은 占有保護를 받을 수 있는 對物關係(besitzschutzfähige Sachbeziehung)인가 아닌가 하는 점이므로 원칙적으로는 계속성이란 占有의 요건이 아니라고 볼 것이다.[35] 그러나 Joost의 通說에 대한 비판은 통설이 일정기간의 지속 외에 對物關係의 확고성[36]을 요구하고 일정기간의 계속은 그러한 확고성에 대한 강력한 징표가 되는 한 지나치다고 할 것이다. 그러나 通說이 예컨대, 옆사람으로부터 잠깐 칼이나 연필을 빌린 경우 등에 있어서 지속성을 이유로 占有를 부인하는 것은 자신의 논리에 어긋나는 잘못이라 할 것이다. 이러한 경우 물건을 빌린 者는 사용대차로 占有(직접점유)를 취득한 者로서 제3자의 占有侵害를 자력으로 방어할 수 있고 占有保護請求權을 행사할 수 있는 것이다(실질적으로 이를 부인할 아무런 이유도 없다). 通說은 사안의 사소성과 점유취득의 요건을 혼동한 잘못이 있다(또한 民 § 195 I. 2. (2) 참조).

(라) 사실상의 占有는 본권의 유무와 무관하게 성립하는 것이지만 현실로는 본권관계가 중요한 참고사항이 됨은 물론이다.[37]

31) 占有의 성립에는 사실상의 지배 외에 어떠한 의사(心素)를 필요로 하는가 하는 문제를 둘러싼 이른바 主觀主義와 客觀主義의 대립과 관련하여서는 註釋民法(Ⅱ), 269, 270 및 "자기를 위하여 하는 의사"를 법정하여 놓은 日本民法의 객관주의적 해석경향을 참조할 것(日本基コ 39, 40, 41; 日本法學ガ 69, 70).

32) 通說. 비판적 MünchKomm/Joost, § 854 RdNr. 4. 위 Ⅰ. 1. (1) 참조.

33) 通說. 가령 李英俊, 301, 302. 이것은 특히 점유보조자가 점유자가 되어야 하는 경우 중요하다. MünchKomm/Joost, § 854 RdNr. 13. (점유의사에 의한 把持의 客觀的 現出이 인정되는 한 족하다고 봄). 그러나 아무도 알아채지 못한 상태에서 길에 떨어진 금반지를 취할 의사를 가지고 취했다가 얼마 후 그것이 놋쇠라고 생각하여 다시 버린 경우에 占有를 부인할 이유가 없다는 Joost의 주장은 전혀 점유의 존부를 논할 법적 문맥이 문제가 되지 않는 경우로서 논의의 실익이 없는 경우에 해당한다고 할 것이다.

34) 大判 62. 3. 8, 4294民上804. 郭潤直, 판례교재물권법(1973), 37.

35) 同旨 MünchKomm/Joost, § 854 RdNr. 11, 12.

36) Festigkeit der Sachbeziehung. 大判 74. 7. 16, 73다923(公 497, 8007); 李英俊, 302. "타인지배의 배제가능성"; 郭潤直, 229; 註釋民法(Ⅱ), 272. "타인의 간섭을 배척할 수 있는 상태".

37) 同旨 李英俊, 304; 註釋民法(Ⅱ), 273.

(2) 占有의 취득은 ① 원시적이거나(가령 절도나 발견을 통하여) 혹은, ② 승계적으로 引渡, 즉 합의에 의한 授受로써 일어날 수 있다(民 §196). 이때 일치하는 의사는 사실적인 의사이고 法律行爲的 의사가 아니다. 따라서 정신적으로 깨인 6살짜리 아이도 점유를 이전할 수가 있다. 占有의 상속에 관해서는 民 §193 참조. ③ 위 ①과 ②의 두 경우에 있어서 점유취득자는 占有設定意思(Besitzbegründungswille)를 가져야만 한다(通說).

물건을 조직에 들이는 것만으로 占有의 取得을 인정하는 說이 있으나 이러한 견해는 조직의 목적이 고려되고 있지 않으므로 부당하다. 가령 타인의 개가 도망쳐서 어떤 사람의 정원에 머무는 경우 그 정원은 개의 도피처로서「조직」된 것이 아니므로 정원의 주인이 개에 대한 占有를 바로 取得하는 것으로 볼 것이 아니다.[38)]

점유설정의사는 사실적인 의사로써 족하다. 따라서 代理도 배제되고 취소도 문제될 여지가 없다.[39)] 개별물건에 관계되지 않는 일반적인 占有設定意思라도 그것이 외부에 인식가능한 한 承繼取得에는 족하다. 원시취득에 대해서도 이러한 일반적 의사로 족할 수 있다. 規定대로 투입되는 우편물을 위하여 집 앞에 우체통을 설치하는 경우는 이러한 일반적 占有設定意思의 예이다.[40)] 물건에 대하여 일정기간 계속되는 관계를 설정할 수 있는 능력은 요구된다.

(3) 국내외의 判例에 나타난 〈점유의 예〉를 보면:

(가) 부동산의 경우

(a) 평소 浸水가 되지 않아서 농지로 사용되는 貯水地의 홍수위 내 부지의 경작자는 저수지의 管理者가 평소 그 경작을 묵인해 준 것에 불과한 경우 占有者가 아니다.[41)]

(b) 타인의 土地 위에 건물을 所有하고 있는 者는 그 건물의 부지를 占有하는 것이다. 또 그가 그 건물을 타인에게 讓渡하고 그 引渡를 완료한 경우라 할지라도 법률상의 이유로 그 양도를 대항할 수 없는 때에는 그 양도인은 法律上 건물의 소유자로서 그 부지인 대지를 점유하고 있는 것으로 된다.[42)]

(c) 名義信託의 경우 수탁자는 그 앞으로 登記되어 있는 건물을 현실

38) 同旨 MünchKomm/Joost, § 854 RdNr. 8; 註釋民法(Ⅱ), 273.
39) 通說. 註釋民法(Ⅱ), 273; MünchKomm/Joost, § 854 RdNr. 9.
40) 郭潤直, 230; MünchKomm/Joost, § 854 RdNr. 10.
41) 점유는 저수지의 소유관리자에게 있다: 水原地判 84. 11. 2, 84나40(下集 84-4, 304).
42) 大判 62. 5. 3, 4294民上1500(集 10-2, 279).

적으로 占有하지 않고 있다 하더라도 그 건물의 所有를 위하여 그 부지를 점유한다고 보아야 한다.[43]

(d) 史蹟(부여 扶蘇山城) 인근의 사적 보호구역으로 지정된 私有林野의 임산물 훼손과 산불방지를 목적으로 管理者인 부여군이 일반인의 출입을 막으려고 철조망을 쳤으나 철조망 안에 所在한 林野의 所有者들이 철조망 안으로 출입하면서 林野를 관리하고 山林의 용도에 따라 사용수익을 하는 것을 저지하거나 방해하지는 않았고 산림감시원은 임산물 훼손과 산불방지를 위한 순찰과 병충해 방제작업을 하면서 山林을 보호하여온 경우, 철조망 안에 있는 부소산성의 관람객으로부터 관람료를 징수하여온 사정을 감안하더라도 부여군이 위 林野에 대한 所有者들의 점유사용을 배제하고 배타적으로 占有하여 이익을 얻었다고는 할 수 없다.[44]

(e) 도로의 占有者에 대한 判例[45]

(i) 土地들이 공로에 연결되고 또 이어지는 골목길로서 그 주택거주자들이나 일반인이 公路에의 통로로 통행하여 公衆의 통행에 제공되고 있다면 이 사실만으로 바로 그 주택거주자들(이 중 일부가 피고였다)의 占有 아래 있다고 할 수 없다.[46]

(ii) 地方自治團體의 도로점유 여부에 관한 判例

〈점유를 否定한 사례〉

① 土地들이 도시계획에 따라 장차 도로로 개설될 예정지로 책정되어 그 地上에 건축을 하지 못하게 되고 인근주민들의 자연발생적인 통행로로 사용되거나, 인접한 小路의 입구에 위치하여 거기로 출입하는 주민들의 통행로로 사용되고 있다 하여 市가 이를 도로로서 占有管理하고 있다고 볼 수 없고, 또 상하수도공사와 도로포장공사를 함에 있어서 市가 그 공사비 대부분을 제공하였다 해서 市가 관련토지들을 도로로 개설하여 관리하고 있다고 할 수 없다.[47]

② 원래의 土地所有者가 주민들의 골목길 통로로 제공한 토지를 市가 그 土地의 효용을 높이기 위하여 지목변경을 하고 집수정의 설치와 하수도 및 포장공사를 위하여 시멘트 등을 보조한 사실만 가지고는 市가 그 土地를 점유관

43) 大判 86. 7. 8, 84누763(公 782, 1005, 集 34-2, 특 217).
44) 大判 90. 7. 27, 90다카5372(公 880, 1787).
45) 또한 李英俊, 302, 303 참조.
46) 大判 74. 7. 16, 73다923(公 497, 8007).
47) 서울高判 86. 12. 12, 86나463(下集 86, 4).

리하고 있다고 할 수 없다.[48]

③ 地方自治團體(광주직할시)가 도로의 개설 내지 정비를 한 바 없이 단지 지목을 도로로 職權變更하였다는 것만으로는 土地를 도로로 점유하고 있다고 할 수 없다.[49]

④ 서울특별시가 都市計劃法에 의하여 사유지를 도로예정지로 지정고시하고 위 土地 일대에 주택이 들어서기 시작한 무렵부터 당해 土地가 자연발생적으로 주민들의 사실상 도로로 사용되어 오던 중 주민자조사업의 일환으로 위 土地를 포함한 도로에 시멘트콘크리트 포장공사와 하수도시설이 되었고 서울시가 그 무렵 인근주민들의 편의를 위하여 상수도시설을 하고 그 후 所有者들의 신청에 의하여 위 土地의 지목을 도로로 변경하여 준 경우에는 이러한 사정만으로는 서울시가 위 토지부분을 도로로 개설하여 관리함으로써 이를 占有使用하고 있다고는 볼 수 없다.[50]

이상과 같이 地方自治團體의 도로에 관한 占有를 부정하여 결과적으로 지방자치단체를 부당이득금 등의 請求에 대하여 「보호」한 사례는 많다. 가령 大判 76.3.9, 76다44(集 24-1, 164)(부산시); 大判 75.12.9, 75다997(集 23-3)(서울시-시영버스운행허가); 大判 73.11.27, 73다680(集 21-3, 189)(서울시=시영버스운행; 단 이 判決은 도로포장 및 배수시설공사를 마친 날부터 위 부지부분을 占有하고 있는 것으로 인정하였다).

〈도로점유를 긍정한 사례〉

① 大判 72.3.23, 72다146(集 20-1, 166)(서울시가 하수도시설과 공중변소시설을 한 경우).

② 大判 70.5.26, 70다56(集 18-2, 61)(천안시-지목변경일부터 점유인정).

③ 市가 도로확장공사를 시작하여 그 工事를 완료한 경우에 市가 그 도로부지를 占有하기 시작한 것은 그 도로확장공사가 착공된 때부터이다.[51]

④ 지방자치단체(광주직할시)가 土地를 도시계획상 도로예정지로 지정하여 놓았기 때문에 所有者가 그 토지부분이 포함된 1필지의 土地를 4필지로 분할하여 3필지는 타에 처분하고 그 도로예정지로 지정된 土地는 지목을 도로로 변경하여 방치하여 둠으로써 일반인이 도로로 사용하여 왔고 이에 地方自治團體가 도로포장공사를 한 경우.[52]

---

48) 大判 80.7.8, 79다1422(集 28-2, 93).
49) 大判 78.7.11, 78다527(公 592, 10974).
50) 大判 90.6.26, 88다카25267(公 878, 1567).
51) 서울高判 78.6.2, 78나763(高集 78, 367).
52) 大判 90.3.23, 89다카25240(公 872, 947).

⑤ 국가나 지방자치단체가 종전부터 일반공중의 교통에 사실상 公用되던 사유지상에 도로법이나 도시계획법 등의 法上의 절차와는 별도로 도로로서의 필요한 工事를 하여 이를 정비한 다음 일반공중이나 차량의 통행이 가능한 상태로 제공하였고 그로 말미암아 所有者의 배타적인 사용수익이 침해되었다면, 토지소유자가 당해 土地를 매수한 경위나 보유기간, 통행로로 쓰이는 그 토지의 位置나 性狀, 주위환경 등 여러 사정에 비추어 명백히 그 使用受益權을 포기하였다거나 인근주민에게 도로에 대한 통행권을 부여하였다고 볼 수 있는 등의 사정이 없는 한 地方自治團體 등은 그 土地를 도로로 개설하여 점유관리하고 있다고 보아야 한다.[53]

(나) 動産의 경우

(a) 지입계약에 기하여 점유운행하는 자동차에 대한 直接占有者는 이른바 차주이고 회사는 間接占有者이다.[54]

(b) 정어리떼를 그물로 둘러쌌으나 약 13미터 가량의 구멍이 남아서 곧바로 보조그물로 막으려고 하면서 그 동안 두 대의 보트가 구멍에다 물고기가 빠져나오지 못하도록 물을 뿌리고 있던중, 제3자가 보트를 타고 접근하여 구멍 속으로 들어가서 자신의 그물로 정어리를 포획하여 퇴거한 경우 원래의 어로자에게 事實上의 支配(actual power)에 이르지 못하였다는 이유로 占有取得이 부인된 사례가 있다.[55] 이 判例는 점유대상물의 자유여부를 기준으로 삼은(Freiheitstest) 것으로 이해된다. 이 자유기준은 그러나 점유대상물의 자유상실이 그 物件에 대한 占有의 취득으로 반드시 이어지는 것은 아니라는 점에서 자유상실이 없으면 점유취득이 없다는 소극적 징표에 불과하다고 할 것이다.

(c) 두 사람이 호수의 수심 약 12미터에 길이 40미터 되는 통발을 설치하였다. 통발은 직경이 85센티미터인 그물망의 입구에 연결되고 그물망 속으로도 약 1.5미터 이상 들어가게 설치되었다. 그물망은 너비가 약 9미터이고 물밖으로 약 1.2미터 정도 나와 있었다. 물고기들이 보통 그 통발을 떠났는지, 그리고 얼마나 많은 물고기들이 그랬는지는 확인되지 않았다. 종종 그물망은 폭우에 손상되었고 그럴 경우에는 물고기들이 위로 뛰어 빠져나갔다. 세 사람이

53) 大判 90. 4. 10, 89다카15182(公 875, 1231).

54) 大判 72. 2. 22, 71다1323(集 20-1, 73); 大邱高判 70. 6. 11, 69나463(高集 70-1).

55) Young v. Hichens, 6 Q. B. 607, 115 E. R. 228(1844), Kegel. 153f. 이하 Gerhard Kegel, "Von wilden Tieren, zerstreuten Leuten und versunkenen Schiffen. Zum Verhältnis von Besitz und Eigentum beweglicher Sachen," Festschrift für Ernst von Caemmerer(1978), 149ff.로부터의 재인용이다.

한 오월 아침 5시에서 6시 사이에 돛단배를 타고 있던 중 수상경찰에 의하여 검문을 받고 100파운드(45.36 킬로그램)와 150파운드의 물고기를 두 그물에서 쏟아내었다. 절도로 起訴되어 1심에서 무죄가 宣告되었으나, 2심에서는 有罪判決이 내려졌다. 통상의 경우 물고기들이 거의 혹은 전혀 통발을 빠져나올 수 없고, 被告人들은 그 속에서 물고기를 취할 수 있다는 것을 완전히 확신하고서 그물망으로 간 것이므로 통발의 所有者는 물고기의 所有者가 된 것이라는 이유에서였다.[56] 이 判例는 지배의 개연성이 判斷의 기준이 된(Wahrscheinlichkeitstest) 것으로 이해된다.

(d) 홀란드의 15000톤급 증기선 Tubantia호가 1916년 1월 대륙으로부터 약 25마일, 英國으로부터 50마일 떨어진 북해의 한 지점에서 독일군의 어뢰에 맞아 30미터 이상의 깊이로 가라앉았다. 한 영국인과 네 명의 프랑스인이 1922년초 그 배를 인양하거나 쓸만한 물건을 건지기로 결정을 하고, 선박 및 전문인력(선원, 잠수부, 인양전문가)을 확보하였다. 그해 4월 인양이 시작되었다. 잠수부들은 투반티아호를 발견했으나 인양이 불가능한 상태였다. 1922년 여름과 가을 내내 잠수부들은 날씨가 알맞은 때에는 작업을 하였다. 11월에는 작업을 중지하고 부표를 설치하였다. 1923년 4월 다시 작업이 재개되었다. 닻으로 고정된 부표의 도움으로 난파선과 그 위로 인양장비를 장착시킬 수가 있었고 그 장치로부터 배의 동체에 대한 작업과 화물고 안에서의 작업이 이루어졌다. 부표로 표시된 닻장치를 써서 잠수부들은 여러 곳에서 갑판으로 접근할 수가 있었다. 그들은 배의 측면에 4×3m 이상의 크기를 가진 구멍을 뚫고 가득찬 것 같이 보이는 화물고에 들어갈 수가 있었다. 잠수부들이 화물고에 들어갈 수 있도록 배의 측면에 그물사다리를 설치하였다. 날씨와 절후가 허락하는 한 두명의 잠수부가 난파선과 화물에 대한 작업을 하였다. 그들은 수색을 하고 장애물을 제거하고 출입구를 만들고 배의 장비와 화물의 일부를 인양하였다. 잠수부들은 매일 2회 1 3/4시간을, 그 중 45분은 화물고에서, 작업하였는데, 25일 이상 작업한 것 같지는 않았다. 작업장비는 때로는 파도에 의하여 떠내려가거나 파괴되었다. 3명의 피고는 투반티아호에서 200만 파운드 스털링 상당의 독일금화를 기대하였다. 그들은 Semper Paratus Salvage Company의 사원들로서 1923년 7월 장비를 잘 갖춘 강력한 영국의 구조선 Semper Paratus호와 예인망을 갖춘 모터보트를 가지고 나타났다. 그들은 투반티아호를 발견하여 차지하려고 하였다. 그

56) State v. Shaw, 65 N. E. 875(1902), Kegel. 154f.

러나 지휘를 담당했던 자는 원고들이 그들보다 앞섰다는 것을 확인해야만 하였다. 그는 개입해서 원고들을 몰아내거나 아니면 원고들과 나란히 작업하기로 작정하였다. 피고들은 원고들이 발견장소를 어떻게 표시해 놓았는가를, 그리고 그들이 어떻게 작업하는가를 보고는 물러가라는 요구에도 불구하고 작업에 착수하였다. 그들은 배의 동체와 원고들의 닻장치를 발견하기 위하여 負荷한 로프와 기계손을 쓰면서 돌아다녔고, 그러면서 원고들의 부표, 닻장치 및 작업장소를 돌거나 관통하여 잠수부들을 위태롭게 하였다. 잠수부들은 이런 이유로 그들의 해저작업방식을 바꾸었다. 이제까지는 로프와 導管을 화물고 입구에 장착시키고 모두 화물고에서 작업을 하였던 데에 비하여, 이제는 한 명은 로프와 도관을 감시하고 나머지 한 명만이 화물고에서 작업을 하였다. 피고들은 셈페르 파라투스호를 원고들의 배와 사람들의 안전이 위협받도록 닻을 내렸다. 피고들은 그들의 測深로프를 원고들의 것과 엉키게 하고, 원고들의 닻장치를 손상시키고 심지어는 난파선에다 닻을 내리기까지하고 잠수부를 내려보내서 난파선에 들어가게 하였다. 그들은 이런 식으로 원고들을 방해하여 그들이 작업의 열매를 빼앗으려고 하였다. 원고들은 투반티아호와 그 화물이 자신들의 점유하에 있음을 확인해 줄 것과 손해배상 및 피고에게 투반티아호와 그 화물을 손대지 못하도록 금지시켜 줄 것을 청구하였고, 이 청구는 인용되었다.[57]

(e) 기타의 예에 관하여는 民訴 §527의 주석 참조,[58] 그리고 日本의 판례에 관하여는 日本基コ 39, 40, 獨逸의 판례에 관하여는 MünchKomm-Joost, §854 RdNr. 28(肯定例), 29(否定例) 참조.

3. 特別한 境遇

(1) 法人은 대표기관을 통하여 스스로 占有하는 것으로 법률상 인정된다.[59] 이러한 占有法的 效果의 귀속은 법인에만 인정되는 것으로, 기관 자체는 법적 의미의 占有者가 아니다.[60] 權利能力없는 社團의 경우도 같다. 寺刹의 건물 및 대지의 占有者는 불교단체에 등록을 한 사찰이며 그 寺刹의 住持가 아니다.[61]

57) The Tubantia(1924), 78, Kegel. 162ff.
58) 가령 註釋強制執行法, 236; 法院實務提要 強制執行(上), 152f.
59) 이른바 機關에 의한 占有 Organbesitz; MünchKomm/Joost, §854 RdNr. 32ff.; 註釋民法(Ⅱ), 287, 288 참조.
60) 註釋強制執行法, 236.
61) 大判 72. 9. 26, 72다1448(要 364).

(2) 民法上의 組合의 경우에는 조합원들이 공동점유(Mitbesitz)하는 것이다.[62]

(3) 執達官占有에 관하여는 §194의 Ⅱ. 5. (3) 참조.

Ⅲ. 直接占有의 消滅(本條 Ⅱ)

1. 직접점유의 消滅에 관한 本條 Ⅱ은 「占有權」의 소멸이라는 구성을 취하고 있다(위 Ⅱ. 1. 참조).

2. 占有의 消滅

직접점유는 物權 기타의 權利와의 混同으로 소멸하지 않는다(§191 Ⅲ). 또 성질상 消滅時效에도 걸리지 않는다. 직접점유는 다음과 같은 事由로 消滅한다.

(1) **拋　棄**[63]

즉 자발적인 意思(아래 (2) 참조)로써 하는 이전, 투척, 지속적인 부재 등에 의하여 일어날 수 있다. 이때에는 인식가능한 意思的 行爲가 요구된다. 점유취득에 있어서와 마찬가지로 事實的인 의사로써 족하다(異見 있음). 따라서 占有中인 토지중 일부가 取得時效期間의 완성 이전에 이미 도로에 편입되어 占有者가 그 토지보상금까지 받았다면(특단의 사정이 없는 한) 그 때 이미 이 부분토지에 대한 그의 占有는 상실된 것이다.[64]

(2) **비자발적인 占有喪失**

(가) 즉 자연적인 의사없이(반드시 의사에 반할 필요는 없다) 占有가 상실되는 경우이다. 예, 도둑맞는 경우, 자연적 사건에 의한 멸실,[65] 6.25사변중 유엔군 또는 피난민이 占據하여 오랜 세월이 경과한 경우.[66] 錯誤나 詐欺에 의한 경우라도 자발성은 부정되지 않는다. 強迫의 경우에는 사안에 따라 구체적으로 판단할 것이지만 일반적으로 저항할 수 없는 물리적 폭력에 해당하는 정도의 강도인 때에는 자

62) MünchKomm/Joost, §854 RdNr. 39ff. 참조.
63) 日民 §203; 獨民 §856 I 참조.
64) 大判 90. 3. 27, 89다카16840(公 872, 956).
65) 가령 건물의 燒失. 借地人이 借地上에 건물을 소유하여 임대하고 있다가 그 건물이 소실한 경우에는 借地人의 借地에 대한 점유는 상실되지 않지만 借家人은 건물의 점유를 통하여 가지고 있던 그 借地의 점유를 상실한다. 日本基コ 73.
66) 서울高判 71. 2. 9, 70나197(高集 71, 18).

발성을 부정할 수 있을 것이다.[67] 비자발적인 占有喪失은 사실적 경과로서 점유했던 자가 그것을 소급적으로 추인할 수 없다. 그러나 이러한 의사표시는 占有喪失에 기인하는 法律效果의 포기의사로 해석할 수 있다.[68]

(나) 動産에 대한 假押留가 있다하여 채무자가 그 동산의 占有를 당연히 상실하는 것이 아니고 執達吏(民 §194 Ⅱ.5.(3))가 그 假押留한 물건을 다른 곳으로 운반하여 갔다는 사유가 없는 이상 債務者의 점유는 계속하는 것이다.[69]

(다) 점유는 그 밖에 점유자의 死亡으로 종료한다(民 §193 Ⅰ.1. 참조).

(3) 타인의 物件을 권원에 의하여 점유관리 중에 있는 者가 그 권원을 喪失하였다 하여 사실상의 점유상태를 부인할 수 없음은 물론이다.[70]

3. 例　外

사실상의 支配가 현실적으로 상실되었음에도 불구하고 法的으로는 점유권이 消滅되지 않은 것으로 취급되는 경우가 있다. 물적 지배로서의 占有란 순수한 물리적 현상으로서의 支配가 아니라 사회관념상의 對物關係(이고 그로써 매개된 대인관계)이기 때문이다(위 Ⅰ.1.(1),(2) 참조).

(1) 本條 第2項 但書

民 §204에 의하여 占有를 회수한 경우에는 처음부터 점유를 상실하지 않은 것으로 본다. "점유회수의 訴를 提起한 때"라고 규정한 舊民法(日民 §203)과 달리 民法은 "제204조의 규정에 의하여 점유를 회수한 때"라고 못박음으로써 占有回收의 訴에 승소하였을 뿐 아니라 현실로 占有를 회복한 경우를 의미함을 분명히 하였다.

점유의 회수가 성공적으로 이루어진 경우 占有權의 계속, 따라서 결국 점유의 계속을 擬制[71]하는 규정의 취지에 비추어 볼 때, 침탈자가 任意로 반환한 경우에도 그 침탈이 점유회수의 요건에 해당하고 그 반환이 침탈 후 1년 내인 한(民 §204) 占有繼續의 효과를 인정할 것이다.[72]

(2) 일시적인 支配의 障碍

그 밖에도 성질상 일시적인 支配의 장애는 회복이 가능한 한 占有를 喪失

67) MünchKomm/Joost, § 856 RdNr. 7 참조.
68) MünchKomm/Joost, § 856 RdNr. 8.
69) 大判 63. 10. 10, 63다309(集 11-2, 175).
70) 大判 59. 6. 25, 4291民上172(要 363).
71) 同旨 日本法學ガ 83.
72) 同旨 日本基コ 73.

한 것으로 보지 않을 것이다(中民 §194 但; 獨民 §856 Ⅱ 참조). 휴가중에 집을 떠난 경우라든가 깜박 잊고 物件을 어디에 두고 온 경우 등이 그 예이다. 물론 이 경우 그 장소를 알고 있어야만 한다.

受置人이 자택에서 그 物件을 찾을 수 없어도 그 재물이 옥내에 있는 한 역시 같고, 지진으로 가옥이 燒失하고 그 所有者가 일시 행방불명이 되었다고 하여도 그 者의 부지에 대한 관계에 있어서 占有는 상실되지 않았다는 日本判例도 있다.[73] 그러나 침몰한 장소를 아는 배의 인양을 중단한 경우는 종국적인 占有喪失에 해당한다.[74]

4. 占有喪失의 效果

(1) 占有가 상실되면 점유에 따르는 法律效果가 더 이상 인정되지 않는다(위 Ⅱ.1. 참조. 그리고 留置權에 관하여는 民 §328 참조). 그러나 일단 取得時效期間 만료로 점유자가 所有權移轉登記請求權을 취득한 이상 그 후 부동산에 대한 점유가 중단(상실)되더라도 그와 같은 占有의 상실을 時效利益의 포기와 동일시할 수 없는 한 이미 취득한 소유권이전등기청구권이 消滅된 것으로는 볼 수 없다.[75]

(2) 占有移轉禁止假處分(民 §§204-206 Ⅰ.(7) 참조)의 집행 후 債務者가 그 가처분에 위반하여 占有를 상실한 경우에는 목적물의 占有를 제3자에게 이전한 경우이든 또는 제3자가 債務者의 의사와 관계없이 이를 占有하게 된 경우이든 채무자는 占有의 喪失을 가처분채권자에게 대항하지 못한다.[76]

(3) 債務者가 압류의 표시를 자의로 제거한 경우에는 執達官의 압류물건에 대한 占有(民 §194 Ⅱ. 5.(3) 참조)는 喪失되지만, 押留의 效力에는 아무런 영향이 없다.[77]

---

73) 日本基コ 73.
74) MünchKomm/Joost, §856 RdNr. 16.
75) 大判 89. 4. 25, 88다카3618(公 850, 806).
76) 상세는 李東明, "占有移轉禁止假處分執行 후의 未登記建物의 撤去義務者", 民判硏 XI (1989), 100ff., 120ff. 특히 채무자가 惡意로 점유를 상실한 경우 여전히 占有하는 것으로 의제하는 法理는 로마법에까지 거슬러 올라간다. Paulus D. 50. 17. 131: Dolus pro possessione est "惡意는 점유와 같다." 또한 교회법대전 중 Liber sextus 5. 13. 36: Pro possessore habetur, qui dolo desiit possidere "惡意로 점유하기를 그친 者는 점유자로 간주된다."
77) 李英俊, 312.

Ⅳ. 立證責任

占有의 입증책임은 점유의(발생이나 소멸에 따르는) 法律效果를 원용하려는 者가 부담한다. 따라서 점유의 발생이 확정되면 그 존속이 추정되고, 占有消滅의 法律效果를 원용하려는 者가 그 소멸사실을 立證하여야 한다(사실상의 지배상태로서의 점유라고 해서 권리에 적용되는 一般法理의 예외를 인정할 것은 아니다). 民 §198는 取得時效와 관련된 특별한 규정이므로 이를 占有法 전체에 일반화시킬 것은 아니다.

[崔 秉 祚]

第193條(相續으로 인한 占有權의 移轉)

占有權은 相續人에 移轉한다.

차 례

Ⅰ. 總　說
　1. 本條의 規範目的
　2. 沿　革
　3. 比 較 法
Ⅱ. 相續人의 占有
Ⅲ. 要　件
Ⅳ. 效　果
Ⅴ. 適用範圍
Ⅵ. 立證責任

Ⅰ. 總　說

1. 本條의 規範目的

사실적 지배는 占有者의 死亡으로 종료한다. 이것은 상속될 수 없다(피상속인의 생전에 이미 발생한 占有保護請求權은 권리이기 때문에 民 §1000에 의하여 상속인에게 承繼된다). 그러므로 相續人은 民 §193가 없다면 점유법상 보호받는 지위를 누리지 못할 것이다. 이 條文의 목적은 일차적으로 바로 이러한 난점을 해결하려는 데에 있다. 本條는 또한 占有法上의 의무자의 지위가 의무자의 사망으로 없어지는 것을 방지함으로써 去來의 安全을 도모하려는 목적도 가진다.[1)2)]

1) 同旨 MünchKomm/Joost, § 857 RdNr. 1, 2.
2) 명문의 규정이 없는 日本에서의 논의에 관하여는 日本法學ガ 73f.; 98ff. 참조.

2. 沿　革

本條는 보통 게르만법상의 관념적 게베레(ideelle Gewere)에 기원하는 것으로 이해되지만,[3] 기실은 그 기원이 로마법상, 특히 時效取得과 관련하여 인정되었던 法理(successio in possessionem/usucapionem)에까지 遡及하는 것이다.[4]

3. 比 較 法

本條에 관한 비교법적 자료로는 瑞民 §560 II; 獨民 §857; 佛民 §724 I; 伊民 §1146 I 참조.

II. 相續人의 占有

本條에서 말하는 占有는 §192에서 말하는 占有가 아니고 物件에 대한 사실상의 지배없는 占有이다(Mortuus facit possessorem vivum sine ulla apprehensione). 또한 간접점유에서 보이는 정신적인 支配도 결한 점유이다. 이 점을 명시하기 위하여 법문에서는 단순한 점유라는 표현 대신에 「점유권」이라는 표현을 사용하였다. 이것은 占有의 구성요건과 결부된 法律效果가 상속인에게 귀속한다는 의미에 다름아니고, 따라서 이 경우의 占有權이란 점유자로서의 법적 지위를 뜻하는 것이다. 相續人의 점유는 참칭상속권자에 의한 相續財産에 대한 점유(民 §999)와 구별하여야 한다.

III. 要　件

1. 피상속인은 死亡時에 점유자이어야 한다. 占有의 종류는 불문한다. 이른바 管理占有(Verwaltungsbesitz. 가령 파산관재인, 유언집행자, 상속재산관리인 등으로서의 점유)의 경우에도 적용된다고 새긴

3) W. Ogris, "Besitz", in: Handwörterbuch zur deutschen Rechtsgeschichte, Bd. I (1971), Sp. 389ff., 391; 黃迪仁, 로마法·西洋法制史(1981/1985), 252, 248.

4) 상세는 P. Bonfante, Corso di diritto Romano, vol. II, Parte II (1968), 294ff.; Max Kaser, Das römische Privatrecht, Erster Abschnitt(2. Aufl., 1971), 423(Fn. 58); 720(Fn. 4) mit Nachtr.(op. cit., Zweiter Abschnitt, 2. Aufl., 1975, 612) 참조. 그리고 판덱텐법학의 논의에 관하여는 岩田新, 占有理論(昭和 7年), 431ff. 참조.

다.[5] 왜냐하면 이러한 相續人들은 관리물의 보존의무가 있고 그 반환의 책임이 있으며 다른 한편으로 이러한 義務의 수행을 위하여 占有와 占有保護를 필요로 하기 때문이다. 그러나 이들이 점유를 사실상 取得하지 않는 한 그 물건들은 이들의 占有에 속하는 것이 아니라, 그 밖에 권한있는 者(예컨대, 후임유언집행자나 파산관재인)에게 속한다.[6]

2. 間接占有(民 § 194)의 境遇

(1) 被相續人의 간접점유는 사실적 지배로서의 占有가 아니라 權利關係에 기한 것이므로 民 §1005에 따른 상속이 일어나며, 그러한 한에서는 本條는 승계된 權利關係의 점유법적인 효과가 포괄승계에서 제외되지 않는다는 점을 분명히 한 것이라고 볼 수 있다. 相續人이 피상속인의 점유매개자였다면 本條는 적용되지 않는다. 즉 직접점유자인 상속인은 피상속인의 間接占有를 승계하는 결과 반환청구권에 관하여 혼동이 일어나므로 間接占有가 소멸하기 때문이다.

(2) 역으로 被相續人이 相續人의 점유매개자(직접점유자)였던 경우에는 本條가 적용된다. 즉 間接占有者인 상속인은 피상속인의 직접점유를 승계함으로써 직접점유자가 되고 그의 간접점유는 消滅한다.[7]

Ⅳ. 效 果

1. 相續人은 상속에 대하여 모르는 중에도 상속재산에 대하여 占有를 취득한다. 상속인이 미성년자인 경우에는 그 法定代理人을 통하여 점유권을 승계받아 점유를 계속할 수 있다.[8] 공동상속인들은 상속한 부동산을 共同으로 점유하며,[9] 이 경우에는 民 §1000 이하에 규정된 상속분에 관한 規定은 적용되지 않는다.[10] 그러나 占有에 의한 수익은 지분에 의하여 표현될 수 있는 것이므로 점유로 인한 不當利得返還에 관하여는 지분에 따른 수액의 반환을 명하는 것이 가능하다고 새긴다.[11]

5) 異說있음. 아래 V.(2) 참조.
6) Staudinger/Seuffert, § 857 RdNr. 7.
7) MünchKomm/Joost, § 857 RdNr. 6. 同旨 李英俊, 309. 그러나 사실관계의 설명 불충분.
8) 大判 89. 4. 11, 88다카8217(公 849, 746).
9) Mitbesitz, § 209(後論) Ⅲ. 2. 참조.
10) 大判 62. 10. 11, 62다460. 郭潤直, 판례교재물권법(1973), 81.
11) 李英俊, 309.

2. 相續人의 점유는 피상속인의 점유와 내용상 동일한 占有이다. 즉 相續人은 被相續人의 점유의 성질과 하자를 그대로 승계한다. 따라서 선대의 占有가 타주점유인 경우 相續人의 점유도 타주점유이다(民§197 Ⅰ.2.(1)(가) 참조).[12] 점유기간의 합산에 관해서는 民 §199 의 Ⅱ.1.(2) 참조.

3. 占有의 침탈은 상속인에 대하여 가능하다. 그 결과 相續人은 점유보호청구권을 행사할 수 있다. 그러나 참칭상속인에 대한 관계에 있어서는 상속인의 占有取得原因 자체가 다투어지는 경우에 해당하므로(民§200 Ⅱ.6. 참조) 상속인이 실제로 사실상의 占有를 취득한 경우가 아닌 한(아래 (5) 참조), 상속에 의한 관념적 점유권에 기하여 占有保護請求權을 행사할 수는 없고 상속재산회복청구의 방법(民§999)으로 다투어야 한다. 승소한 진정상속인은 상속개시시에 소급하여 占有를 승계한 것으로 본다.

4. 相續人이 아닌 者가 유산에 속하는 물건을 처분한 경우에는 民 §250 에서 말하는 占有離脫物로 볼 가능성이 있으나, 후에 소급적으로[13] 相續人의 지위를 상실한 상속인이 처분한 경우에는 점유이탈물이 아니다. 이것은 진정한 상속인의 부담으로 遡及效를 제한한 것이다.[14]

5. 相續人의 점유는 상속인이 사실상의 지배를 취득함과 동시에 民 §192 의 占有로 변한다. 이 경우 取得時效와 관련한 상속인의 점유의 기준시점에 관하여는 民 §199의 Ⅱ. 2. (2) (나) 참조. 자신의 占有를 취득한 상속인은 참칭상속인에 대한 관계에서 이제부터는 점유의 당연한 效果로서 占有保護請求權을 행사할 수 있다(위 (3) 참조). 한편 참칭상속인이 相續財產에 속하는 물건을 범죄행위나 금지된 私力으로써 취한 경우 不法行爲責任을 규정하고 있는 獨逸의 경우 善意의 참칭상속인에게는 금지된 私力으로 인한 불법행위책임을 상속인이 사실상의 물건지배를 취득한 경우에 한하여 인정함으로써 상속인 자신의 占有를 상속인으로서의 점유보다 강하게 보호하는 명문의 규정이 있으나,[15] 이러한 규

12) 大判 87. 2. 10, 86다카550(集 35-1, 43; 公 797, 416); 大判 75. 5. 13, 74다2136(公 515, 8461); 大判 72. 6. 27, 72다545, 536(要 367); 大判 71. 2. 23, 70다2755(集 19-1, 95); 大判 69. 2. 25, 68다2500(要 367); 大判 66. 3. 29, 66다194. 郭潤直, 판례교재물권법(1973), 83. 同旨 佛判例 Arrêt de la Cour de cassation Civ. 1re, 16 juin 1971: D. 1971, 566, note A. B.

13) 가령 상속의 포기 § 1042, 상속의 승인의 취소 § 1024 Ⅱ, 상속인결격의 확정 § 1004 에 의해.

14) 同旨 MünchKomm/Joost, § 857 RdNr. 12.

15) 獨民 § 2025 2문; MünchKomm/Joost, § 857 RdNr. 13.

정이 없는 우리 民法의 해석론으로서는 이러한 경우에도 一般法理에 따른다고 할 것이다.

6. 占有相續의 예외로서 피상속인의 점유가 피상속인의 死亡과 동시에 消滅하거나(예컨대, 물건이 피상속인과 함께 바다에 침몰한 경우), 제3자에 移轉하는 경우(예컨대, 피상속인이 타인에 대여하고 있던 물건을 그에게 유증하는 경우), 상속인에게 占有取得을 방해하는 사정이 있는 경우(예컨대, 상속인이 미리 점유포기의 의사를 표시한 경우) 등을 드는 견해가 있으나[16] 이것은 잘못이다. 첫째 경우는 占有相續의 요건(Ⅲ.1. 참조)이 결여된 경우이고, 두번째 경우는 遺贈義務者인 상속인의 占有를 인정하여야 하며, 세번째 경우는 拋棄意思의 일반적 효과에 불과한 것이므로 占有가 상속된다는 사실에 대한 예외들이 아니기 때문이다.

Ⅴ. 適用範圍

1. 本條는 포괄승계가 일어나는 다른 경우에도 준용된다(예, 회사의 합병이나 조직변경의 경우).

2. 管理占有의 경우에는 점유지배를 정당화하는 이러한 管理權 자체가 상속될 수 없는 것이므로 本條는 적용되지 않는다고 새기는 것이 獨逸의 通說이지만, 물건의 관리보존에 필요한 한도 내에서 相續人에게도 점유보호를 부여할 필요성이 인정되므로 본조의 적용을 긍정할 것이라고 새긴다.[17]

3. 民法上 조합의 경우 조합원이 死亡하면 당연히 탈퇴하는 것으로 되고(§717 I) 탈퇴자는 組合員으로서 갖고 있던 조합재산에 대한 合有持分의 환급청구권을 취득하는 것이며, 組合契約에 그와 다른 약정이 없는 한 그의 상속인이 조합원의 지위를 승계하지는 않으므로[18] 組合員이 사망하면 상속인은 피상속인의 持分還給請求權만을 상속하는 것이고 조합재산에 대한 점유는 상속인에게 移轉되는 것이 아니라 잔여조합원이 共同承繼한다고 보아야 할 것이다.[19]

---

16) 日本基コ 38.

17) Staudinger/Seuffert, §857 RdNr. 8 및 위 Ⅲ.1. 참조; MünchKomm/Joost, §857 RdNr. 5/14는 이 점 태도가 불명한 점이 있다.

18) 大判 81.7.28, 81다145. 李銀榮, 債各, 453.

19) 同旨 李英俊, 309.

Ⅵ. 立證責任

相續人占有를 주장하는 者는 사망시의 피상속인의 점유와 相續開始事實 및 상속인의 相續權을 입증하여야 한다.[20]

[崔 秉 祚]

第194條(間接占有)

地上權, 傳貰權, 質權, 使用貸借, 賃貸借, 任置 기타의 關係로 他人으로 하여금 物件을 占有하게 한 者는 間接으로 占有權이 있다.

차 례

Ⅰ. 總 說
Ⅱ. 間接占有의 要件
1. 槪 念
2. 發 生
3. 確 定 性
4. 占有媒介意思
5. "其他의 關係"
Ⅲ. 間接占有의 得失變更
1. 發 生
2. 移 轉
3. 終 了
Ⅳ. 間接占有의 效果
Ⅴ. 間接占有의 立證責任

Ⅰ. 總 說

1. 民 §192의 Ⅰ.1. 2. 4 및 6 (1) 참조.

2. 間接占有가 인정됨으로써 物件을 타인으로 하여금 이용시키는 방식으로 물건을 이용하는 관계가 폭넓게 보호되고, 動産物權變動의 요건이 법기술적으로 확장된 반면, 이른바 占有制度의 관념화를 초래하여 점유개념의 파악에 논란이 생긴 원인이 되기도 하였다.[1]

20) MünchKomm/Joost, § 857 RdNr. 15.
1) 同旨 日注民 182, 18, 19.

3. 沿 革

간접점유는 게르마니스텐들의 이해에 의하면 게르만법상의 게베레(Gewere) 법리에 기원한다. 이미 伊太利의 법학자들로서도 게르만법 전승에 적응하기 위하여 上級所有權(直接所有權 dominium directum)과 下級所有權(準所有權 dominium utile)을 구분하였듯이 naturalis possessio와 civilis possessio를 구분하였었고, 프로이센一般란트法(前論 Ⅱ.1.(1) 참조)에서도 불완전한 物件占有와 완전한 物件占有의 공존이 인정되었었는데(ALR Ⅰ 7 § 124f.) 獨逸民法이 본격적으로 수용하기에 이르렀던 것으로, 間接占有는 게르만법상의 상위게베레(Obergewere), 부분적으로는 또한 休止中의 게베레(ruhende Gewere)에, 直接占有는 ledigliche Gewere(직접적 게베레·과실수취권자의 게베레)에 연유한다는 것이다.[2)]

한편 일찍이 로마법에서도 제한적이기는 하지만 질권, 임치, 사용대차 등의 경우에 使用取得(usucapio)와 관련하여 간접점유에 상당하는 市民法上의 점유가 인정되었던 사실[3)]을 들어 그 기원을 로마법에서 찾는 견해도 있다. 그러나 로마법에서 알려진 二重의 占有는 각기 그 성질을 달리하는 것으로(예컨대, 질권자가 갖는 점유는 possessio ad interdicta 만이고 질권설정자가 갖는 점유는 possessio ad usucapionem뿐이었다) 직접적인 기원이라고 할 수 없다. 따라서 보다 정확히 말하자면 간접점유의 뿌리는 게르만·獨逸的 占有觀念에 로마占有法이 적용되고 이러한 로마占有法이 게르만占有法과 결합되어 발전한 普通法의 역사에 있다고 할 수 있다.[4)] 간접점유라는 용어자체가 獨逸民法 제2초안에서 처음으로 채택되었다는 사실도 간접점유가 역사적 발전의 소산임을 입증한다.

4. 比 較 法

本條에 관한 비교법적 자료로는 中民 § 941; 墺民 § 319; 瑞民 § 920 Ⅰ, Ⅱ; 獨民 § 868; 佛民 § 2228; 伊民 § 1140 Ⅱ; 日民 § 181 참조.

---

2) W. Ogris, "Besitz", in: Handwörterbuch zur deutschen Rechtsgeschichte, Band Ⅰ (1971), Sp. 389ff., 391. 또한 같은 필자의 "Gewere", a.a.O., Sp. 1658ff.; 註釋民法(Ⅱ), 280 참조. Gewere 기원설에 대한 비판은 H. Wieling, "Der mittelbare Besitz", Studi in onore di Cesare Sanfilippo, Ⅰ (1982), 713ff., 730ff. 참조.

3) Iavolenus D. 41. 3. 16; Iulianus D. 41. 3. 33. 4; Paulus D. 41. 2. 1. 15; 상세는 Max Kaser, Eigentum und Besitz im älteren römischen Recht(2. Aufl., 1956), 353ff. 참조.

4) 同旨 H. Wieling, "Der mittelbare Besitz," Studi in onore di Cesare Sanfilippo, Ⅰ (1982), 713ff., 특히 731 n. 51; 741.

Ⅱ. 間接占有의 要件

① (점유보조자를 통하거나 통하지 않는) 직접의 (혹은 간접의) 他主占有.[5]

② 他主占有者(점유매개자, 하위점유자 Unterbesitzer)와 間接占有者(상위점유자 Oberbesitzer) 사이의 占有媒介關係.

本條는 占有媒介關係(Besitzmittlungsverhältnis)의 例만을 들고 있다. 이로부터 「기타의 관계」의 본질적인 내용이 추론된다. 動產質權과 관련하여 民 §332의 표제에서는 代理占有라는 표현을 쓰고 있는바, 보통 이것을 日本民法에서 말하는 代理占有[6]와 같은 것으로 보아 이것은 간접점유로 대체해야 마땅하다고 지적하지만, 여기서 의미하는 바는 質權設定者에게 간접점유를 금지하려는 것이 아니라(이것은 본조에 정면으로 위배된다) 質權者에 「대신하여」 직접점유를 하는 것을 금지하려는 취지이므로 間接占有라는 표현을 사용하지 않은 것은 오히려 타당한 것이다. 다만 法律行爲가 아닌 점유의 문제에 代理라는 표현을 쓴 것은 분명 잘못된 것이다.

1. 概 念

이 관계는 통상 限時的으로 점유할 權利나 義務를 설정한다. 占有가 아니라 권리가 上位占有者에게서 傳來되어야만 한다.[7] (매장물)발견자의 경우에는 이러한 전래관계가 결한다.[8] 下位占有者의 점유할 권리는 전래된 것이기 때문에 상위점유자의 점유할 권리보다 제한된 것이다.[9] 점유할 권리나 의무는 일시적으로만 존재해야 하므로 상위점유자는 하위점유자에 대하여 返還請求權(그러나 반드시 자기자신에게 반환할 필요는 없다)을 가져야만 한다(通說 2). 判例에 의하면 이른바 지입계약에 기하여 점유운행하는 자동차에 대한 直接占有者는 이른바 차주이고 회사는 間接占有者이다.[10]

---

5) 同旨 李英俊, 280; 註釋民法(Ⅱ), 283; 日注民 181, 20, 21. 타주점유에 관하여는 §197.

6) 또한 大判 73. 2. 13, 72다2450, 2451(要 369) 참조.

7) 甲이 乙에게 자동차를 임대하고 이것을 자동차회사가 직접 乙에게 인도하는 이른바 선취된 占有改定(李英俊, 209은 先行占有改定이라 칭한다)으로도 족하다. MünchKomm/Joost, § 868 RdNr. 12.

8) 反對 MünchKomm/Joost, § 868 RdNr. 13.

9) MünchKomm/Joost, § 868 RdNr. 22는 이러한 논의의 실익없음을 들어 비판적이다.

10) 大判 72. 2. 22, 71다1323(集 20-1, 731).

2. 發　生

점유매개관계는 통상 法律行爲에 의거하지만,[11] 또한 법률의 규정에 의하여 설정될 수도 있다.[12] 이 법률행위는 예컨대, 不當利得·事務管理·所有物返還請求 등에 기한 (代替的)반환청구권과 타주점유가 존재하는 한(즉 점유매개자의 한시적 타주점유가 인정되는 한) 반드시 法的으로 유효한 것일 필요는 없다.[13] 따라서 예컨대, 占有改定(民 § 189)에 의한 양도담보가 양도자의 所有權 흠결로 무효이더라도 양도담보취득자의 間接占有는 인정된다(또한 아래 Ⅲ.1.).

3. 確 定 性

(1) 점유매개관계는 對象的으로 특정된 1개 혹은 다수의 物件에 대해서만 가능하고 一物의 관념적 지분이나 集合物에 대해서는 인정되지 않는다.

(2) 權利와 義務를 확정함이 없이 장차 점유매개자로서 占有한다는 합의(이른바 추상적(혹은 무인적) 점유매개관계의 설정)로는 족하지 않다. 具體的 占有媒介關係가 필요하다. 그러나 유효한 法律關係를 요하는 것이 아니고 결정적인 것은 반환청구권의 존재이므로[14] 이 요건을 엄격히 이해할 것은 아니다.

4. 占有媒介意思

(1) 점유매개관계는 上位占有者와 下位占有者의 의사의 방향이 상응하는 경우에만 성립한다. 즉 직접점유자가 자신의 점유를 간접점유자의 반환청구권을 승인하면서 행사하는 경우에 인정된다. 이것은 法律에 의해서 설정되는 占有媒介關係[15]에 대해서도 타당한가 하는 점은 다투어진다. 이 의사는 法律行爲的 意思가 아니라 自然的 意思이다. 간접점유자가 누구인가를 알 필요는 없다(논거: 民 §§ 196 Ⅱ, 190).

(2) 이른바 並存占有(Nebenbesitz). 점유매개자는 하나의 物件에 그들의 간접점유가 상호독립적인 상이한 占有媒介關係에 의거하는(상이성과 독립성으로 인하여 간접공동점유관계도, 다단계적 공동점유관계도 아닌) 다수의 상위점유자들에게 점유를 매개할 수 있는가하는 것은 다투어

11) 使用貸借의 예, 大判 89. 5. 23, 88다카17785(公 852, 994).
12) 註釋民法(Ⅱ), 281.
13) MünchKomm/Joost, § 868 RdNr. 15; 註釋民法(Ⅱ), 281-283.
14) MünchKomm/Joost, § 868 RdNr. 16; 李英俊, 287.
15) 가령 미성년인 子의 재산을 친권자가 대리권·관리권을 가지고 점유하는 경우. 日大審院 昭 6(1931). 3. 11; 郭潤直, 판례교재물권법(1873), 62.

진다. 예, 甲은 丙 所有의 곡식 100부대를 乙을 위하여 보관하고, 丙은 그것을 甲에게 入質한 경우, 乙과 丙은 병존점유자인가? 獨逸의 通說은 부정한다.[16] 이유는 병존점유란 法律이 허용하는 다수인의 한 물건에 대한 占有法的 參與가 아니기 때문이다. 예에서 丙만이 단독으로 間接占有者이다. 이유는 甲의 최종적 의사표명이 결정적이기 때문이다. 하위점유자가 이제까지의 상위점유자에 대한 占有媒介를 인식가능하게 해소시키면 병존점유의 문제는 생기지 않는다. 이때에는 오직 한 사람의 間接占有者만이 존재하는 것이다(民 §209 後論 V. 참조).[17]

5. "其他의 關係"

(1) 法律行爲的으로 설정되는 占有媒介關係로는 운송계약 및 운송주선계약, 경우에 따라서는 도급계약, 위임(위임인이 수임인에게 넘겨준 물건에 관하여), 신탁관계, 소유권유보부매매(통상의 매매는 아님), 양도담보 등을 들 수 있다.[18]

(2) 法律行爲的으로 설정되지 않는 占有媒介關係로는 혼인, 부모의 친권행사, 후견, 파산·유산·강제관리·유언집행·압류 등을 들 수 있다.[19] 임대인이 임차인의 반입물에 대하여 押留를 함으로써 法定質權을 취득한 경우에는 질권과 동일한 효력이 있는 것이므로(民 §§ 648, 650) 일견 賃貸人에게 직접점유가 賃借人에게 간접점유가 인정되는 것처럼 생각되지만 이와 같은 경우에는 일반질권과 달리 임차인의 사실상의 지배에 변동이 없으므로 오히려 賃借人에게 直接占有가 그대로 존속하고 賃貸人이 間接占有를 취득하는 것으로 새길 것이다.[20]

(3) 執達官占有. 집행채권자와 집달리의 관계(공법상의 법률관계로 보는 것이 다수설이다)에 있어서 執行債權者는 어떠한 경우에도 집행목적물의 점유를 취득하지 않고, 집달리와 채무자의 관계에 있어서는 執達吏의 점유는 공법상의 점유이므로[21] 압류물을 종전과 같이 사용할 수 있는 상태대로 압류하여 채무자에게 보관시키는 경우에도 직접점유자는 집달리이고 채무자는 보조기관에 불과하며 채무자는 압류 그대로의 상태하에서 종전과 같은 방법으로 그 押留物을 사용할 수 있을 뿐이다.[22] 그러나 執達吏가 목적물의 사실적 지배를 갖는 경우 執行債務者에게 간

16) 병존점유 찬성론. Baur, Westermann, Wolff.
17) MünchKomm/Joost, § 868 RdNr. 18-20 참조.
18) 同旨 李英俊, 288, 289.
19) 이상 (1)과 (2)에 대한 獨逸의 判例에 관하여는 MünchKomm/Joost, § 868 RdNr. 36 참조.
20) 反對 李英俊, 289.
21) 공법설. 大判 59. 12. 3, 4292民上596(要 894).
22) 大判 69. 6. 24, 69도481(要 894).

접점유가 인정된다는 反對說이 있다.[23]

검사가 盜品을 압수하였다 하더라도 이에 의하여 그 물건의 所有者가 간접점유를 取得하지는 않는다.

Ⅲ. 間接占有의 得失變更

1. 發　生

(1) 下位占有者가 직접적 혹은 간접적 타주점유를 取得하는 점유매개관계의 창출로써 설정된다(예, 賃貸借契約의 체결 및 임차물의 임차인에의 인도). 선취된 占有改定(antizipiertes Besitzkonstitut)의 경우에는 下位占有者가 점유를 취득하기 전에 占有媒介關係가 합의된다. 하위점유자의 점유취득과 더불어 비로소 상위점유자는 間接占有를 취득한다(民 §§196 Ⅱ, 189 참조). 직접점유자가 간접점유자의 代理人으로서 자기계약을 함으로써도 가능하다(民 §124). 직접점유와 간접점유를 잇는 점유매개관계는 애초의 承諾이 없더라도 默示的인 사후의 승낙이 있으면 성립한다.[24]

(2) 多段階的 間接占有[25]와 공동간접점유[26]도 가능하다(民 §209 後論 Ⅲ. Ⅳ. 참조).

(3) 間接占有의 상속에 관하여는 民 §193의 Ⅲ.2. 참조.

2. 移　轉

간접점유는 返還請求權의 양도로써만 이전한다(民 §§196 Ⅱ, 190). 하위점유자에의 통지는 不要하다. 점유의 公示機能은 없다.

---

23) 상세는 辛亨根, "假處分에 의한 執達官占有의 性質", 保全訴訟에 관한 諸問題(上) (재판자료 15, 1989), 385ff.; MünchKomm/Joost, §871 RdNr. 6; 日注民 181, 23, 24 참조. 獨逸의 판례는 執達官이 압류물을 握有(소지)한 경우에는 그는 직접점유자이고 債權者는 1단계의 간접점유자이며, 債務者는 2단계의 간접(자주)점유자라고 보며, 압류물의 握有가 채무자에게 있는 경우에는 채무자에게 物件支配를 회복시킨 것으로 보아서 채무자가 직접(타주)점유자이고 執達官은 1단계의 간접점유자, 債權者는 2단계의 간접점유자, 債務者는 다시 3단계의 간접(자주)점유자로 본다. 또 압류된 물건의 握有가 채권자에게 있는 경우에는 그는 직접(타주)점유자이고 집달관은 1단계의 간접타주점유자, 채무자는 2단계의 간접자주점유자라고 파악함으로써 이른바 多段階占有(§209 後論 Ⅳ. 참조)를 인정한다.

24) 大判 87. 4. 14, 86다카2432(公 801, 805). 분묘수호관리계약.

25) 獨民 §871 및 李英俊, 284, 285. 多階層 간접점유라 칭한다. 참조 예, 임대인·임차인·전차인.

26) 李英俊, 286.

3. 終　了

間接占有要件의 하나가 탈락하면 종료한다.[27]

(1) **下位占有者의 占有喪失**

직접점유의 喪失은 자발적인 것이든 아니든 불문하고(예, 상위점유자에의 반환, 절도) 자발적인 占有拋棄가 간접점유자에 대한 관계에서 違法한 것이라도 무방하다. 그러나 직접점유자가 간접점유자가 되면서 계속 간접점유자에게 占有를 매개하는 경우에는 간접점유는 消滅하지 않고 多段階的 間接占有가 성립한다.

(2) **返還請求權의 消滅**

예, 소유권유보부매매의 매매대금 최종할부금의 지급. 그러나 점유매개관계가 성립한 法律關係(예컨대, 임대차)의 해지로는 返還請求權은 소멸하지 않고 오히려 현재화하므로 이 경우 간접점유는 直接占有의 탈락시까지 존속한다.

(3) **占有媒介意思의 拋棄에 의한 占有媒介의 終了**

예, 상위점유자의 의사에 따르거나 따르지 않은 他主占有者의 자주점유의 사로의 客觀的으로(즉 반드시 간접점유자가 이를 인식해야 할 필요는 없는) 인식가능한 변화(가령 빌린 책에 자기 이름을 기입하는 경우, 빌린 물건의 소유권취득 혹은 횡령), 상위점유자를 포함한 占有媒介關係의 인식가능한 변화. 그러나 간접점유자의 단순한 포기의사선언만으로는 간접점유는 消滅하지 않는다. 간접점유는 法律關係이고 간접점유의 取得에는 간접점유자의 取得意思가 필요한 것이 아니므로 그러한 포기의사는 점유상태에 아무런 영향을 미칠 수 없기 때문이다.

Ⅳ. 間接占有의 效果(法的 取扱)

1. 원칙적으로 間接占有와 直接占有는 동일하게 취급된다. 즉 특별규정으로서 民 §§196 Ⅱ, 190, 207를 제외하면 (직접)占有에 관한 規定은 또한 간접점유에도 適用된다. 그러나 중대한 예외들이 있다. 民 §192와 §§195, 209(§209 Ⅰ. 5. 참조)는 간접점유에 適用되지 않는다. 民 §250도 해석상 간접점유에는 적용되지 않는다.

判例에 의하면 垈地의 간접점유자 역시 소유물반환청구의 상대방이 될 수 있다.[28] 그러나 점유회수의 소의 상대방은 직접점유자에 한한다(民 §§204-206 Ⅱ. 2. (2) ㈎ 참조).

---

27) 日民 §204 및 李英俊, 312, 313 참조. 직접점유의 소멸에 관한 §192 Ⅱ은 적용되지 않는다.

28) 大判 60. 7. 28, 4293民上72(大法院判例 Ⅰ, 201).

2. 부동산의 占有移轉禁止의 假處分은 간접점유에 영향을 주지 않는다. 直接占有를 집달리의 보관을 통하여 고정하는 것에 그치기 때문이다. 그 결과 간접점유자는 假處分執行異議權을 갖지 않는다.[29]

3. 間接占有의 보호에 관해서는 §207 참조.

V. 間接占有의 立證責任

간접점유의 발생은 이로 인한 法律效果를 원용하려는 者가 입증책임을 負擔한다. 일단 발생한 間接占有의 존속은(간접점유는 법률관계이므로 일반적으로 권리에 있어서 그런 것처럼) 추정된다.[30]

[崔 秉 祚]

第195條(占有補助者)

家事上, 營業上 기타 類似한 關係에 의하여 他人의 指示를 받아 物件에 대한 事實上의 支配를 하는 때에는 그 他人만을 占有者로 한다.

I. 占有補助者의 槪念

1. 점유보조자(Besitzdiener)[1]는 物件에 관하여 점유자에 대하여 社會的인 종속관계에 서서 占有者를 위하여 물건에 대한 사실상의 지배를 하는 者이다.[2] 점유보조자에 대한 관계에서 점유자는 占有主(Besitzherr)이다(Celsus D. 41. 2. 18 pr: possidet, cuius nomine possidetur).

---

29) 註釋强制執行法, 184, 185; 日注民 181, 23.

30) MünchKomm/Joost, § 868 RdNr. 35.

1) 이 표현을 처음 사용한 사람은 Bekker 이다("Der Besitz beweglicher Sachen", JherJb. 34(1895) 1ff., 21). Detlev Joost 는 Besitzgehilfe 란 용어를 선호한다(MünchKomm., § 855 RdNr. 2). 외국법으로서 이에 관해 규정을 둔 것은 獨民 § 855; 中民 § 942 가 있다.

2) "他人을 위한 所持의 機關." 大判 65. 2. 16, 64다1513; 郭潤直, 판례교재물권법(1973), 45.

2. 占有補助關係

(1) 점유보조자는 占有者의 지시에 복종한다(Celsus D. 41. 2. 18 pr: "praestare ministerium"). 物件에 대한 支配는 점유보조자에 대한 지배이다. 경제적 종속관계로는 부족하다.[3] 이러한 從屬關係는 외부적으로 인식가능할 필요는 없다.[4] 점유보조자는 占有主의 代理人일 수 있다(계약체결권을 갖는 판매원, 외판사원). 점유보조자가 사실상의 권력을 從屬關係의 범위 내에서 행사하는 것으로 족하다.[5] 이와 다른 내부적으로 머문 의사는 중요하지 않다.[6] 마찬가지로 점유보조자의 空間的 隔地狀態도 중요하지 않다.[7] 자기의 物件에 관한 점유보조관계의 성립도 가능하다.

이러한 관계의 法的性質은 公法的일 수도(무기에 대한 군인, 경찰의 관계), 私法的일 수도(작업도구에 대한 노동자의 관계, 견본가방에 대한 외판사원의 관계) 있다. 통상 夫婦 사이에는 이러한 관계가 없다고 새겨야 할 것이다.[8] 그러나 世帶主 또는 家口主가 그 가족과 함께 어떤 가옥을 점유하는 경우에는 동 가구주만이 독립된 占有者가 될 뿐이고 가족은 독립해서 생계를 유지하는 것이 아닌 한 가구주의 占有補助者에 지나지 않는다는 것이 判例이다.[9] 데릴사위로서 처가에 들어가 同居하면서 가족의 일원으로 土地를 경작한 것이거나 아니면 年老한 장인을 위하여, 그리고 동인의 死亡 후에는 年少한 처남을 위하여 관리경작한 것이라면 동인은 단순한 점유보조자에 불과하거나 또는 점유권원의 성질상 他主占有를 한 것이다.[10] 학교의 校地, 校舍, 운동장 등에 대하여는 그 경영주체만이 직접점유자가 되는 것이고, 학교의 교직원·학생 등은 그 占有의 주체가 될 수 없고 다만 占有補助者에 불과하다.[11][12]

(2) 잠정적인 事實上의 支配(가령 옆사람의 책을 잠깐 빌린 경우)에 대하여 이때에는 점유가 있다 할 수 없을 뿐 아니라[13] 또한 從屬關係도 결여되어 있으므로 점유보조자

3) 同旨 李英俊, 276.
4) 註釋民法(Ⅱ), 287; MünchKomm/Joost, § 855 RdNr. 10. 異說있음. 李英俊, 277.
5) MünchKomm/Joost, § 855 RdNr. 3-7.
6) MünchKomm/Joost, § 855 RdNr. 13; 註釋民法(Ⅱ), 288.
7) MünchKomm/Joost, § 855 RdNr. 11.
8) 通說. 李英俊, 277, 278; 郭潤直, 232; 金容漢, 211, 212; 註釋民法(Ⅱ), 287. 民 § 209 後論 Ⅲ. 2. 참조.
9) 大判 80. 7. 8, 79다1928(集 28-2, 101); 大判 60. 7. 28, 4292民上647(大法院判例 Ⅰ 200); 大邱高判 63. 3. 15, 62다195(高集〈상고부〉, 64); 日最判 昭 27(1953). 4. 24; 郭潤直, 판례교재물권법(1973), 45.
10) 大判 84. 3. 27, 83다카2406(要 466).
11) 光州高判 67. 5. 5, 66나414(高集 67, 276).
12) 日本의 判例에 대하여는 日注民 180, 17; 日本基コ 42, 獨逸의 判例에 대하여는 MünchKomm/Joost, § 855 RdNr. 14, 15 참조.
13) 이에 관한 批判은 民 § 192 의 Ⅱ. 2. (1) (다) 참조.

가 될 수 없고, 따라서 타인의 침해에 대하여 自力救濟의 행사를 허용하기 위하여는 점유보조자의 효과를 類推適用하여야 할 것이라는 說[14]과 사회적 종속관계의 결여를 중시하여 오히려 所有者의 占有權에 기한 자력구제권을 代位行使하도록 하는 것이 타당할 것이라는 說[15]이 있으나, 모두 타당하지 않다고 생각된다. 이러한 관계는 전형적인 使用貸借關係(民 § 609)이고, 따라서 빌린 자에게 直接占有가 바로 인정되어야 하기 때문이다(民 § 194). 그러나 현실적인 論議의 實益이 있는 문제는 아니라 할 것이다.

Ⅱ. 占有補助關係의 效果

1. 오직 占有主만이 占有者이다(Celsus D. 41. 2. 18. pr: Possidet cuius nomine possidetur "그의 名義로 점유되는 者만이 점유한다").

(1) 그러므로 占有補助者는 점유주를 상대로 占有保護를 누리지 못한다(民 §§ 204-206 Ⅰ. 1. (1) 및 § 209 Ⅰ. 5. 참조).

(2) 그러나 그는 占有主를 위하여 自力救濟權을 행사하여 점유주의 점유를 제3자에 대하여 방어할 수는 있다.[16]

(3) 그러나 스스로 占有權을 가지고 있는 것은 아니므로 자기의 점유가 침해를 받는다는 이유로 占有訴權을 행사할 수 없다.[17] 따라서 그 妨害者를 상대로 하여 占有物妨害除去(民 § 205)의 가처분신청을 할 수도 없다.[18]

(4) 執行債務者의 점유보조자는 집행에 대하여 異議를 신청할 수 있는 독립된 占有者가 아니다.[19]

(5) 物件의 반환청구의 訴는 점유주를 상대로 하여서만 제기될 수 있다.[20] 그러나 旣判力은 점유보조자에게도 미친다(民訴 § 204 Ⅰ 후단).

(6) 占有補助者는 동물점유자에 대한 損害賠償請求(民 § 759)의 피고적격도

14) 金容漢, 187.
15) 李英俊, 282.
16) 同旨 獨民 § 860 참조. § 209 Ⅰ. 5 참조.
17) §§ 204-206 Ⅰ. (4) ㈎; 日注民 180, 18 참조.
18) 大判 76. 9. 28, 76다1588(集 24-3, 100).
19) 日注民 180, 16, 18.
20) 大判 77. 12. 13, 77다865(要 394); 大判 60. 3. 10, 4292民上257(大法院判例 Ⅰ, 202). 농업사용인.

가지지 않는다.[21]

2. 占有의 取得

(1) 占有主는 점유보조자를 통하여 直接占有를 취득할 수 있다(대리가 아님). (예, 고용된 기사가 수리를 위하여 자동차를 引受하는 경우). 社會的 從屬關係의 범위 내에서 하는 인식가능한 지배취득이 항상 필요하다.

(2) 占有取得時의 선의 및 악의에 관해서는 占有主가 악의이면 점유보조자의 善意는 아무런 효과가 없고,[22] 占有主가 선의이더라도 점유보조자가 惡意이면 그의 악의는 占有主의 불이익으로 돌아간다고 새길 것이다. 그 근거에 관해서는 民 §116를 유추적용하려는 견해[23]와 民 §756를 類推適用하려는 견해가 갈린다. 占有의 取得은 의사표시가 아니므로 後說이 타당하다고 할 것이다. 따라서 占有主는 면책입증이 가능하다고 새긴다.[24]

3. 占有의 喪失

占有主의 점유는 ① 점유보조자의 사실상의 支配의 종료로써(물건의 분실, 점유주의 지시에 따라 또는 지시없이 점유를 제3자에게 내어주는 경우), ② 점유보조자가 사실상의 支配를 외부적으로 認識可能하게 더 이상 占有主를 위하여 행사하지 않는 경우(판매원이 가계의 출납기에서 돈을 꺼내어 자신의 주머니에 넣는 경우, 점유주와의 합의로 점유보조자가 점유를 취득하는 경우)에 종료한다. ③ 占有가 위 ① 및 ②의 경우에 占有主의 의사 없이(의사에 반할 필요는 없다) 消滅하는 때에는 비자발적인 占有喪失로서 民 §250의 점유이탈에 해당한다.[25]

Ⅲ. 占有補助關係의 立證責任

점유보조자관계는 그로 인한 法律效果를 원용하려는 者가 立證責任을 負擔한다.[26]

[崔 秉 祚]

---

21) 李銀榮, 債各, 645, 646; 日注民 180, 17.
22) 同旨 李英俊, 281.
23) 李英俊, 281.
24) MünchKomm/Medicus, § 990 RdNr. 10, 13 참조.
25) 同旨 MünchKomm/Joost, § 855 RdNr. 23.
26) MünchKomm/Joost, § 855 RdNr. 24.

第196條(占有權의 讓渡)

① 占有權의 讓渡는 占有物의 引渡로 그 效力이 생긴다.

② 前項의 占有權의 讓渡에는 第188條 第2項, 第189條, 第190條의 規定을 準用한다.

차 례

Ⅰ. 序 說
Ⅱ. 比較法的 考察
Ⅲ. 現實의 引渡
1. 意 義
2. 物權的 合意
Ⅳ. 簡易引渡
Ⅴ. 占有改定
Ⅵ. 目的物返還請求權의 讓渡

Ⅰ. 序 說

占有權은 占有를 法律要件으로 하여 생기는 法律效果이다. 즉 占有權은 다른 본권과는 달리 事實的 支配라는 占有事實만을 근거로 하여 인정되는 권리이다. 점유권은 단순한 사실관계를 넘어서 權利로 관념되는 것이기는 하나 占有와 분리되어서는 존재할 수도 없고 그 취득에 占有 이외의 어떤 추가적 요건이 필요한 것도 아니므로 占有와는 같은 것의 양면에 지나지 않는다.[1)]

占有權이 물건에 대한 事實的 支配의 확립에 의하여 인정된다는 점을 강조하게 되면, 占有權은 支配의 主體가 변경되더라도 새로운 占有者가 자신이 확립한 事實的 支配力에 근거하여 취득하는 것이어서 언제나 原始取得될 뿐이라고 보게 된다. 그러나 占有를 요건으로 하여 곧 바로 占有權이란 權利가 認定된다는 점과 社會通念上 새로운 占有者가 획득한 물건에 대한 事實的 支配는 종전 占有者의 支配를 바탕으로 하여 이루어진 것으로서 상호 同一性을 갖는다고 평가될 수도 있는 점을 감안한다면, 占有도 讓渡되는 것이라고 볼 수 있다(예를들어 民 § 199). 占有 자체가 承繼되어진다는 관념은 觀念上의 引渡方法에 의하여 양도되는 경우 더욱 두드러진다.

占有가 讓渡된다고 하더라도 讓受人이 행사하여야 할 事實上의 支配는 原始取得의 경우와 같은 정도의 것이라야 한다. 占有權의 讓渡는 所有權 기타 本權의 移轉에 동반하는 것이 보통이나, 반드시 그러하지 아니하며 占有者가 所有

1) 前述 民 § 188의 3. (2) (나) (b) 참조.

者에게 점유물을 반환하는 경우에는 본권의 이전없이 占有權만 이전하게 된다.

占有權도 現實의 引渡뿐 아니라 簡易引渡, 占有改定, 目的物返還請求權의 讓渡 등의 방법에 의해서도 양도될 수 있다. 民 §196 I 이 정하는 引渡는 사실상의 지배를 이전하는 이와 같은 다양한 인도방법을 포괄하는 것으로 보아야 한다.[2] 民 §188 내지 §190에서의 설명은 占有權의 讓渡에서도 그대로 적용되므로 아래에서는 이를 보충하는 범위에서만 서술한다.

Ⅱ. 比較法的 考察

1. 獨逸民法은 物權의 讓渡에 관한 일반적 규정을 두지 아니하고, 所有權의 物權變動 이외에 占有의 取得에 관한 규정을 별도로 두고 있다. 獨逸民法은 근본적으로 占有는 權利가 아니므로 讓渡가 있을 수 없으며, 양수인은 언제나 자신의 支配에 근거하여 성립되는 새로운 占有를 취득할 뿐이므로 承繼된 占有란 原始取得의 경우와는 달리 종전 占有者의 事實上 同意 아래 이루어진 것이라는 점에서 의미를 가질 뿐 종전 점유자의 점유와 同一性을 갖는다고는 할 수 없다고 한다.[3] 다만 占有가 間接占有에서처럼 法律關係로 이루어질 때에는 讓渡도 가능하다고 본다.[4] 따라서 우리 民法과는 달리 占有의 讓渡라는 측면에서 보다는 取得이라는 측면에서 규정하고 있다.

現實의 引渡에 의한 占有의 承繼取得에 관해서는 별도의 규정을 두지 아니하고, 獨民 §854 I 에 "物件을 事實上 支配하는 자는 物件의 占有를 취득한다"라고 규정하여 原始取得과 承繼取得의 경우를 함께 규정하고 있으며,[5] 그 외에 獨民 §854 Ⅱ 이 "取得者가 物件에 대한 支配를 행사할 수 있는 처지에 있는 때에는 종전 占有者와 取得者와 사이의 合意만으로 취득된다"고 하여 長手引渡의 경우까지 포괄하여 讓渡人과 讓受人의 合意에 의한 占有取得을 규정하고 있다. 그 밖에 目的物返還請求權의 讓渡에 의한 取得을 위하여 "間接占有는 物件의 返還請求權을 取得者에게 처분함으로써 讓渡되어질 수 있다"고 규정(獨民 §870)하고 있다.

2) 民 §188 I 소정의 引渡도 같이 해석되어야 하는 점에 관하여는 前述 §188의 I. 3. (1) (가) 참조.
3) MünchKomm/Joost, §854 RdNr. 18, 19.
4) MünchKomm/Joost, §854 RdNr. 19.
5) Baur, §7 b Ⅱ 2.

2. 墺地利民法은 인도의 종류로 現實의 引渡(§ 312), 標識에 의한 引渡(§ 315), 簡易引渡・占有改定・占有指示(Besitzanweisung) 등의 意思表示에 의한 引渡(§ 319) 등을 들고 있다. 標識에 의한 引渡란 창고에 任置된 物件이나 運送物처럼 일일이 현실로 인도하는 것이 불가능한 물건에 대하여 象徵的인 標識를 교부함으로써 하는 引渡方法이다. 標識로서는 所有權을 행사할 수 있는 증서로서 引渡證券은 물론이고 保管證・小包發送證 등이 허용되고, 열쇠와 같은 도구와 낙인, 꼬리표첨부 등 누구나 물건이 타인에게 讓渡되었음을 알 수 있는 징표를 물건에 부착하는 것도 허용된다. 占有指示에 의한 引渡는 返還請求權의 讓渡에 의한 引渡와는 달리 紛失物이나 遺失物에 대해서는 허용되지 않고, 讓渡人과 讓受人의 合意 이외에 讓渡人은 直接占有者에게 장차 讓受人을 위하여 占有하도록 指示하여야 한다.

3. 瑞西民法은 물건 자체 또는 물건을 지배하는 수단을 인도하는 現實의 引渡(§ 922 I), 長手引渡(§ 922 II)를 규정하고 있고, 그 밖에 當事者의 合意에 의한 引渡로서 簡易引渡, 間接占有者인 讓渡人이 讓受人에게 通知함으로써 間接占有를 이전하는 占有指示(§ 924 I, II)(§ 924 I) 등의 점유이전방법을 인정한다.

4. 日本民法은 引渡를 動産所有權의 讓渡의 對抗要件으로 규정하면서(§ 178) 引渡에 관한 구체적인 규정은 占有權의 讓渡에서 규정하는(§§ 182-184) 체제를 취하고 있으나, 그 내용은 返還請求權의 讓渡에 의한 引渡 대신 占有指示에 해당되는 指圖에 의한 占有移轉을 규정하고 있는 점을 제외하고는 대체로 우리 民法과 동일하다.

Ⅲ. 現實의 引渡

1. 意 義

現實의 引渡는 目的物에 대한 讓渡人의 事實上 支配인 占有를 사회관념상 同一性을 유지하면서 讓受人의 支配로 이전하는 것이다.

2. 物權的 合意

占有權도 權利이므로 이를 양도하려면, 占有權移轉에 관한 物權的 合意가 있어야 한다.[6] 反對說[7]은 점유의 성립을 위해서는 自然的 意思만으로 충분하므로 이와 같은 사실 위에 성립되는 점유권의 특수성을 고려한다면 本權의 경우와 마찬가지로 그 양도에 物權的 合意를 요구하는 것은 무리라는 것이고, 비록 占有權이란 표현을 사용하지는 않지만 獨逸民法도 실제로는 점유를 권리로 보는 견해가 多數說인데, 그 해석론으로서도 事實行爲說이 多數說이라는 것이다. 그러나 物權的 合意가 없다면 當事者 사이에 讓渡에 관한 自然的 意思의 合致가 있는 경우라도 讓受人이 자신의 支配力에 기하여 占有權을 原始取得하였다고 보는 것은 별론으로 하더라도 讓渡人의 占有權을 同一性을 유지한 채 承繼한 것이라고 보기는 어렵다.

占有權移轉의 物權的 合意는 法律行爲이므로 意思表示의 欠缺을 이유로 취소될 수도 있고, 代理에 의해서도 가능하다. 다만 물건을 건네주는 交付行爲는 事實行爲이므로 그러하지 아니하나, 占有補助者에 의한 交付行爲는 가능하다. 아래에 인정되는 觀念上의 引渡의 경우에는 法律行爲만에 의한 引渡가 이루어지는 셈이다. 物權的 合意가 引渡의 한 부분을 이루게 되므로 意思表示의 取消·無效에 의하여 引渡의 효력이 영향을 받게 된다.

Ⅳ. 簡易引渡

讓受人이 이미 物件을 占有하고 있는 때에는 當事者의 意思表示만으로도 引渡의 效力이 인정된다. 이러한 引渡를 簡易引渡라고 한다. 讓受人이 이미 目的物을 占有하고 있는 경우, 일단 讓渡人에게 이를 반환하였다가 다시 現實의 引渡를 받게 한다면, 그로써 公示의 效果를 달성할 수도 없으면서 當事者를 불필요하게 번거롭게 하는 것이 되기 때문이다.

占有權移轉의 合意가 있으면 引渡의 效力이 인정된다. 간소화된 것이기는 하나 引渡方法의 하나이지 引渡主義의 예외는 아니므로 이때의 합의는 物權的

6) 同旨 金基善, 141; 郭潤直, 241; 張庚鶴, 313.
7) 金容漢, 192; 金曾漢, 104-5, 198; 黃迪仁·金相容, 註釋(Ⅱ), 291.

合意이지 原因行爲인 債權契約은 아니다.[8] 이때 讓受人은 占有者라야 하고, 占有補助者인 경우에는 現實의 引渡에 해당한다.[9]

V. 占有改定

物件의 讓渡人이 종래와 같이 占有를 계속하나, 讓受人과 사이에 占有媒介關係를 설정함으로써 讓受人에게 間接占有를 취득시키는 한편, 스스로는 讓受人의 占有媒介者가 되는 경우에는 讓受人이 「引渡받은 것으로 보」는데, 이러한 인도방식을 占有改定이라고 한다. 當事者 사이의 合意에 의하여 事實上 支配를 이전하는 簡素化된 觀念上의 引渡方法이다. 讓渡人으로 하여금 목적물을 現實로 引渡하였다가 다시 되돌려 받게 하는 것은 불필요한 절차를 요구하는 것이기 때문이다. 讓渡人이 讓渡한 후 讓受人의 占有補助者가 된 때에는 占有改定에 해당하지 않는다.[10]

VI. 目的物返還請求權의 讓渡

讓渡人이 目的物의 間接占有者에 불과하고 제3자가 이를 直接占有하고 있는 경우에는 讓渡人은 제3자에 대한 返還請求權을 讓受人에게 讓渡함으로써 목적물을 양수인에게 「引渡한 것으로 보는」 引渡方法을 目的物返還請求權의 讓渡에 의한 引渡라고 한다. 당사자 사이의 合意에 의하여 물건에 대한 間接占有를 이전하는 觀念上의 引渡方法의 하나이다.

讓渡人 甲이 일단 直接占有者인 乙로부터 目的物을 반환받아 讓受人 丙에게 引渡하고 丙은 다시 乙에게 他主의 直接占有를 설정하는 불필요한 절차를 생략하기 위한 것이다.

[李 仁 宰]

---

8) 同旨 金基善, 143.
9) 反對 金基善, 143; 郭潤直, 242.
10) 同旨 金基善, 143.

第197條(占有의 態樣)

① 占有者는 所有의 意思로 善意, 平穩 및 公然하게 占有한 것으로 推定한다.

② 善意의 占有者라도 本權에 관한 訴에 敗訴한 때에는 그 訴가 提起된 때로부터 惡意의 占有者로 본다.

차 례

Ⅰ. 總 說
Ⅱ. 自主占有・他主占有
1. 槪 念
2. 自主占有와 他主占有의 轉換
3. 意 味
Ⅲ. 有權占有, 無權占有, 不法占有
Ⅳ. 平穩占有, 暴力占有(强暴占有); 公然占有, 隱秘占有
Ⅴ. 瑕疵占有, 無瑕疵占有
Ⅵ. 民法 第197條 第1項의 推定
Ⅶ. 民法 第197條 第2項의 擬制

Ⅰ. 總 說

1. 本條에서 정하는 占有의 態樣과 관련한 추정은 民 §245 이하에서 정하는 時效取得의 요건과 관련하여 실익이 있다. 따라서 本條의 이해는 실제로 取得時效制度의 존재이유를 어떻게 이해하느냐 하는 여하에 달려 있다고 할 수 있다.[1] 여기서는 취득시효제도의 주된 취지를 占有者의 보호로 보고 通說的인 입장에서 설명을 진행하기로 한다.

2. 比 較 法

本條에 관한 비교법적 자료로는 ① 自主占有의 경우 中民 §944 Ⅰ; 瑞民 §920; 獨民 §872; 佛民 §2230; 伊民 §1141 Ⅰ; 日民 §186 Ⅰ 참조. ② 선의점유・악의점유에 관해서는 中民 §§944 Ⅰ, 959; 墺民 §§326, 328; 獨民 §§990-992; 伊民 §1147 Ⅰ, Ⅱ, Ⅲ; 日民 §186 Ⅰ 참조. ③ 하자점유에 관해서는 墺民 §§316, 326, 345; 獨民 §§858, 992, 1000; 佛民 §§2229, 2233; 伊民 §1163 참조.

1) 상세는 徐廷友, "무효한 양도계약과 매수인의 자주점유", 民判硏 Ⅰ(1979), 26ff. 및 徐敏, "등기부취득시효의 요건", 民判硏 Ⅷ(1986), 51ff. 참조.

Ⅱ. 自主占有·他主占有

1. 槪　念

(1) **自主占有**(Eigenbesitz; possessio dominativa)

자주점유는 所有者와 동일한 支配를 하려는 의사(animus domini)를 가지고 하는 占有를 의미하는 것이지, 法律上 그러한 지배를 할 수 있는 權限, 즉 소유권을 가지고 있거나 또는 所有權이 있다고 믿고서(opinio dominii)하는 占有를 의미하는 것이 아니다.[2] 그러나 현실적으로 opinio dominii가 강력한 징표가 됨은 물론이다. 이런 연유로 이를 가능하게 하는 客觀的 原因(causa possessionis. 통상 권원이라고 표현한다. 아래 2.(1)(가) 참조)의 존부가 실무상 自主占有와 他主占有를 구별하는 데에 있어서 결정적인 판단기준으로서 대단히 중시된다(객관설). 判例에 의하면 따라서 행정관청 기타의 허가나 인가가 法律行爲의 효력발생요건으로 되어 있는 物件을 그 許可나 認可를 얻지 아니하고 賣買 등에 의하여 점유를 개시한 경우 특별한 사정이 없는 한 그 賣買 등의 법률행위가 자주점유를 인정할 權原에 해당된다 할 것이므로, 이러한 무효인 法律行爲에 기하여 점유하게 된 점유자 및 그 승계인들은 그 무효인 사실에 관하여 善意인 이상 그 점유는 自主占有이다.[3] 반대로 문교부장관의 許可가 없음을 안 학교법인 기본재산의 교환계약 당사자는 그 無效임을 알았다고 봄이 경험칙상 타당하다 할 것이므로 그 재산을 引渡받았다 하더라도 그의 占有는 권원의 성질상 自主占有라고 볼 수 없다.[4] 자주점유자는 物件을 마치 所有者인 것처럼 支配하려는 자연적 의사를 가지고 占有하므로 행위능력을 要하지 않는다. 도둑도 自主占有者일 수 있다. 讓渡擔保權者는 자주점유자이다.

(2) **他主占有**(Fremdbesitz)

非自主占有가 타주점유[5]이다. 他主占有者는 물건을 타인, 상위점유자를 위하여 占有한다는 자연적 의사를 갖는다. 他主占有의 예를 들어보면,

(가) 타인의 物件을 管理하기 위하여 점유를 개시하였다는 것이 인정되

2) 大判 87. 4. 14, 85다카2230(公 801, 779); 大判 80. 5. 27, 80다671(集 28-2, 20); 大判 68. 6. 18, 68다729(集 16-2, 161).

3) 大判 80. 7. 8, 80다544(要 379).

4) 大判 76. 11. 9, 76다486(要 459).

5) 이 말을 처음으로 쓴 사람은 Dernburg이다(Das bürgerliche Recht, 3. Bd., 4. Aufl., 1908, 52). Savigny는 Abgeleiteter Besitz(파생된 점유)라는 표현을 사용하였었다.

는 경우에는 占有權原의 성질상 타주점유이다.[6)]

㈏ 共有土地는 공유자 1인이 그 전부를 占有하고 있다고 하여도 다른 공유자의 持分比率의 범위 내에서는 그 占有者의 점유는 他主占有이다.[7)]

㈐ 名義信託의 경우 명의수탁자의 점유는 他主占有이다.[8)] 특히 1필의 土地의 일부를 특정하여 양도받고 편의상 그 전체에 관하여 共有持分登記를 경료한 경우에는 상호명의신탁[9)]에 의한 受託者의 등기로서 유효하고, 이 특정부분이 전전 양도되고 그에 따라 공유지분등기도 전전 경료되면 위와 같이 상호 名義信託한 지위도 전전 승계되어 최초의 양도인과 위 특정부분의 최후의 양수인과의 사이에 名義信託關係가 성립하므로[10)] 위 특정부분의 최후의 양수인은 이 부분에 관한 한 他主占有者이다.

㈑ 土地의 사용대차계약에 기하여 占有하는 者의 점유는 타주점유이다.[11)]

㈒ 歸屬財産에 관하여 불하계약을 체결하고 이를 占有하고 있더라도 그 대금을 완납한 경우가 아니면 他主占有이다.[12)]

㈓ 귀속재산 官財廳의 대리인으로서의 占有는 관재청을 위하는 동시에 자기를 위하여 귀속재산을 점유하는 경우에도 他主占有이다.[13)]

㈔ 所有權留保附賣買時의 매수인은 타주점유자이다.

2. 自主占有와 他主占有의 轉換

(1) 타주점유자 意思를 자주점유자 意思로 변경하는 것, 또는 그 반대가 가능하다. 意思의 變更은 외부적으로 인식가능하지 않으면 안 된다.

㈎ 他主占有에서 自主占有로의 轉換 他主占有가 자주점유로 전환

6) 大判 86.10.24, 88다카11619: 선대분묘수호 및 임야관리보조인 자격으로 점유를 개시한 경우; 大判 80.10.27, 80다1969(要 380).

7) 大判 88.12.13, 87다카1418, 1419(公 840, 94); 大判 82.11.23, 80다2825(要 464)(합동환지의 사례); 大判 68.4.30, 67다2862(要 377).

8) 상세는 張容國, "名義信託과 不動産의 登記簿時效取得", 民判硏 XI(1989), 147 이하. 大判 87.11.10, 85다카1644(公 815, 76)과 관련하여 반대설.

9) 이와 관련된 문제에 관해서는 權五坤, "名義信託에 관한 判例의 動向", 民判硏 X(1988), 177ff., 382f., 399ff., 406f. 참조.

10) 大判(全) 80.12.9, 79다634(公 1981, 14480); 大判 90.6.26, 88다카14366(公 878, 1551).

11) 大判 65.10.5, 65다1472(要 375).

12) 大判 63.5.23, 63다115(要 375).

13) 大判 55.4.1, 4287行上39(要 374). 귀속재산에 관한 판례에 관하여는 또한 李英俊, 422, 423 참조.

되기 위하여는 ① 새로운 權原에 의하여 다시 소유의 의사로 占有하거나, ② 자기에게 점유시킨 者에게 所有의 의사 있음을 표시하여야만 한다.[14] ②와 관련하여 判例의 입장(다수설)을 표시설이라고 명명하면서 이것은 間接占有가 있는 경우에는 타당하지만 그렇지 않은 경우에는 객관적으로 所有의 意思를 갖게 되었다고 인식할 수 있기만 하면 충분하다는 이른바 客觀說[15]이 타당하다는 식으로 이른바 折衷說을 주장하는 견해가 있다.[16] 그러나 이 후자의 경우는 다름아닌 判例가 지적하는 ①에 해당하는 것이지 ②에 해당하는 것이 아니므로 論理의 부정합성이 보인다 할 것이다. 상속은 新權原이 아니다(通說. 民 § 193 Ⅳ. (2) 참조).[17] 判例上 문제가 되었던 사례들을 살펴보면 다음과 같은 것이 있다.[18]

〈否定例〉 ① 農地改革法에 의하여 분배되는 농지는 (상환을 완료한 때에 그 수유권이 수뷰배자에게 이전되는 것이므로) 農地를 분배한다는 통지를 받은 날로부터 他主占有가 자주점유로 되는 것은 아니다.[19] ② 農地改革法施行으로 정부에 매수된 분배대상농지에 관하여 동법시행을 전후하여 적법히 買受하였음을 전제로 자작신고를 함으로써 그 土地가 分配對象에서 제외된 경우 그 農地가 점유경작자에게 분배되리라는 사실만으로는 본래의 타주점유가 당연히 자주점유로 바뀌는 것이 아니다.[20] ③ 面이 그가 타주점유하는 不動產을 그 기본재산대장에 등재하였다는 사정만으로는 所有의 意思를 표시하는 행위가 있었다고 볼 수 없고, 따라서 自主占有로의 전환을 인정할 수 없다.[21] ④ 名義信託을 받아 (종중의) 不動產을 점유하게 된 수탁자의 상속인이 그 부동산에 관하여 자기 앞으로 무단히 所有權移轉의 회복등기를 한 점만으로는 自主占有 개시요건으

14) 大判 89. 4. 11, 88다카95(公 849, 738); 大判 82. 5. 25, 81다195(集 30-2, 51); 同旨 臺灣民 § 945: 占有依其所由發生之事實之性質, 無所有之意思占有者, 其占有人對於使其占有之人, 表示所有之意思時起, 爲以所有之意思而占有; 其因新事實變爲以所有之意思占有者, 亦同. 고대로마의 공화정기까지 소급하는 nemo sibi ipse causam possessionis mutare potest "아무도 스스로 자기 점유의 원인을 변경할 수 없다"는 법규칙(同旨 佛民 § 2240)은 바로 이러한 법리를 표현한 것이다. Bruno Schmidlin, Die römischen Rechtsregeln(170), 90ff. 이 법규칙(regula iuris)의 표현에서 드러나듯이 自主占有와 관련하여 判例가 말하는 "권원"이란 causa이지 titulus(아래 Ⅱ 참조)가 아니다. 또한 日民 § 185 및 日注民 185, 32-34; 日本基コ 45-47 참조.

15) 同旨 金曾漢, 194.

16) 註釋民法(Ⅱ), 294.

17) 近時 日本의 최고재판소의 일련의 判例는 반대설을 취하였다. 이 점에 관한 논의는 日本法學ガ 89ff.; 日本基コ 46f. 참조.

18) 또한 李英俊, 423-425 참조.

19) 大判 89. 2. 28, 88다카14137(公 846, 532); 大判 76. 1. 27, 75다236(集 24-1, 27); 大判 71. 2. 23, 70다2755(集 19-1, 95).

20) 大判 76. 1. 27, 75다236(集 24-1, 27); 또한 大判 63. 6. 20, 63다262(集 111-2, 36).

21) 大判 82. 5. 25, 81다195(集 30-2, 51).

로서 信託者에 대하여 소유의 意思가 있었음을 표시한 것이라고 볼 수 없다.[22] ⑤ 宗中의 부동산관리를 위임받아 占有中이던 피상속인을 승계한 者가 종중대표자격을 모용한 제3자에 의하여 自己名義로 소유권이전등기를 마쳤다 하더라도 이것만으로는 宗中에 대하여 소유의 의사가 있음을 표시한 것이라 할 수 없고, 따라서 그 占有의 성질도 타주점유가 자주점유로 전환되는 것이 아니다.[23] ⑥ 他主占有中인 건물에 대하여 자의로 지분권보전등기를 거친 것만으로는 곧 自主占有로 전환된 것이라 볼 수 없다.[24]

(나) 自主占有에서 他主占有로의 轉換 다음과 같은 判例가 있다.[25]

〈否定例〉 ① 不動產의 시효취득기간 진행도중 그 부동산의 자주점유자인 原告가 그 부동산의 所有者인 被告의 前所有者들을 상대로 소유권이전등기말소등기절차 履行請求의 訴를 제기하였다가 패소확정되었다고 하여도 原告의 자주점유가 타주점유로 전환되지는 않는다.[26] ② 지적측량결과 垈地의 등기부상 所有者로 밝혀진 者가 占有者를 상대로 그 지상건축물의 撤去 및 垈地의 引渡를 요구하는 등 경계문제로 상호분쟁이 있었다는 사정만으로 占有者의 자주점유가 타주점유로 바뀌었다고 인정되지는 않는다.[27]

〈肯定例〉 ③ 歸屬財產에 대하여 기왕에 自主占有를 하여 왔다 하더라도 그 목적물이 귀속재산으로 된 뒤부터는 他主占有로 변경된다.[28] ④ 被相續人의 부동산에 대한 競落許可決定이 확정되면 피상속인은 이 不動產을 경락인에게 引渡할 의무가 있으므로 특별한 사정이 없는 한 自主占有를 상실하고 그 占有는 타주점유로 변경되었다고 볼 것이다.[29] ⑤ 不動產賣買契約에 있어서 同契約이 해제되었다면 買受人의 占有는 契約解除日로부터 타주점유가 된다.[30] 그러나 日本의 判例는 해제조건부매매계약에 기한 買受人의 점유는 自主占有이고 해제조건이 성취되어도 당연히 자주점유가 아닌 것으로 되는 것은 아니라고 한다.[31]

22) 大判 89. 4. 11, 88다카95(公 849, 738); 大判 75. 9. 23, 74다2091, 2092(集 23-3, 1).
23) 大判 66. 10. 18, 66다1256(集 14-3, 157).
24) 大判 69. 11. 25, 69다916(要 377).
25) 李英俊, 425 참조.
26) 大判 81. 3. 24, 80다2226(集 29-1, 134).
27) 大判 89. 5. 23, 88다카17785(公 852, 994).
28) 大判 56. 7. 28, 4289民上214(要 374) 이래 확립된 판례.
29) 大判 68. 7. 30, 68다523(要 377); 郭潤直, 판례교재물권법(1973), 69.
30) 大判 72. 2. 22, 71다2306; 金容漢, 201.
31) 日最判 昭 35(1960). 3. 28; 日本基コ 48.

(2) 하나의 物件에 대하여 동일인이 직접적 타주점유와 간접적 자주점유를 동시에 가질 수 있다(예, 건물주가 임차인으로부터 轉借하여 사는 경우; ZPO § 808 II 에 따른 押留의 경우). 또한 하나의 物件에 대하여 직접적 자주공동점유와 간접적 자주단독점유도 역시 가능하다(예, 배우자 일방이 직접적 타주점유를 갖는 자기소유의 家財에 관하여 배우자 타방의 경우).

(3) 他主占有의 한 態樣에서 다른 態樣으로의 변경도 물론 가능하다(예, 임차인으로서의 타주점유로부터 지상권자로서의 타주점유로의 변경).[32]

3. 意　味

자주점유와 타주점유는 占有法上으로는 동일하게 취급된다(특히 점유보호의 면에서). 구별의 실익은 기타의 영역에서 다양하게 나타난다(民 §§ 201, 202). 動產所有權을 취득하려는 者는 그것을 自主占有로써 취해야만 한다(양도담보소유권의 취득시에도 마찬가지이다). 所有權取得의 요건으로서의 자주점유에 관해서는 民 §§245 I, II[33]; 246 I, II; 248(시효취득); 252 I (무주물선점) 참조.

III. 有權占有, 無權占有, 不法占有

1. 權原에 기한 占有(possesso fondato su un titolo)가 有權占有(혹은 正權原占有)이고 그렇지 않은 것이 無權占有(무권원점유)이다. 이 점유의 態樣은 소유물반환청구권(民 § 213), 점유자의 自力救濟(民 § 209) 및 점유보호청구권(民 §§ 204-207), 유치권(民 § 320 II: 불법행위로 인한 점유)[34] 등의 경우에 의미가 있다. 예컨대, 堤防의 부지가 河川 §2 I ii 나목 소정의 하천부속물의 부지인 土地의 구역으로서 하천구역에 해당하여도 그 부지가 사유지인 경우에는 河川管理廳 등이 당해 토지의 소유자로부터 所有權이나 使用權 등의 적법한 권원을 취득하지 않는 한 그 所有者에 대한 관계에서는 관리청 등이 하는 제방부지로서의 土地占有는 정당한 권원에 의한 占有가 아니다.[35] 점유자인 不動產의 미등기매수인은 法律上 또는 事實上 이를 점유하고 처분할 권한이 있으므로 賣渡人인 소유자에 대한 관계에서 불법

---

32) 日本基コ 47.

33) 이에 관한 상세는 盧承斗, “民法 제245조의 〈所有의 意思〉에 관한 小考”, 司論 7 (1976), 55ff. 참조.

34) 이에 관한 상세는 崔亨基, “不法占有者의 費用償還請求權에 기한 留置權의 成否——民法 제320조 2항에 관한 解釋 및 立法論的 考察——”, 司論 10(1979), 143ff. 참조.

35) 大判 90. 4. 10, 89다카15182(公 875, 1231).

점유가 되지 않고, 買受人으로부터 승계한 제3자의 점유 역시 不法占有가 아니다.[36] 이러한 占有態樣의 구분을 하자점유와 무하자점유(아래 IV.)의 한 내용이라는 이유로 그 실익을 의심하는 견해가 있는데,[37] 이는 合目的的이지 못하다. 다른 구분들도 瑕疵의 관점에서 보자면 그에 포섭될 여지가 있기 때문이다.

2. 善意占有, 惡意占有

(1) 無權占有는 다시 善意의 무권점유와 惡意의 무권점유로 구분해 볼 수 있다. 善意占有(possesso di buona fede)는 占有할 수 있는 권원(본권)이 있는 것으로 誤信해서 하는 점유이고, 惡意占有는 점유할 권원없음을 알면서 하는 점유이다.[38] 權原의 유무에 관하여 의심을 품는 경우에도 通說은 惡意占有로 본다(伊民 §1147 II은 중대한 과실인 경우 악의와 같게 본다). 이 占有의 태양은 점유자의 果實取得(民 §201), 점유자의 회복자에 대한 責任(民 §202), 점유자의 費用償還請求權(民 §203), 取得時效(民 §245 이하), 善意取得(民 §249) 등의 경우에 의미가 있다.

(2) **過失占有, 無過失占有**

善意占有는 다시 ① 善意인데 過失이 있는 경우와 ② 過失이 없는 경우로 나누어 볼 수 있다. 이 占有의 태양은 取得時效와 善意取得 등에 있어서 의미가 있다. 被告가 건물을 善意로 점유하고 있다고 주장하는 경우 原告名義의 소유권이전등기가 이루어진 翌日부터 피고의 점유가 당연히 惡意 또는 過失에 의한 점유로 되는 것은 아니다.[39] 또 등기명의인이 소유권이전등기 말소청구소송의 제1심에서 패소확정되었다 하더라도 그 事由만으로는 그들로부터 不動産을 매수하여 점유한 者에게 그 占有에 관하여 惡意나 過失이 있다고 볼 수 없다.[40]

不動産의 매수인은 매도인에게 부동산의 처분권이 있는지 또는 代理人이라 칭하는 者에게 대리권이 있는지의 여부를 조사·확인하여야 하므로 그 조사를 하지 않고 買受하였다면 부동산의 占有에 대하여 과실이 인정된다.[41]

---

36) 상세는 李東明, "占有移轉禁止假處分 執行 후의 未登記建物의 撤去義務者", 民判硏 XI (1989), 100ff. 참조.
37) 註釋民法(II), 297, 298.
38) 大判 60.8.18, 4290民上489(要 375)(귀속재산의 임차권의 사실상 讓受 사례).
39) 大判 76.1.27, 75다552(集 24-1, 40).
40) 大判 83.3.8, 80다3198(要 471).
41) 大判 90.6.12, 90다카544(公 877, 1465). 同旨 日注民 186, 35. 그 밖의 과실있는 점유의 예, 서울高判 63.4.16, 62나298(高集 63, 407). 공용폐지된 잡종재산의 취득시효사례.

Ⅳ. 平穩占有, 暴力占有(强暴占有); 公然占有, 隱秘占有

物件에 대한 사실상의 지배로서의 占有가 행사되고 있는 외부적 상태의 양태에 따른 구분이다. 平穩占有(possesso pacifico)란 점유자가 그 占有를 취득 또는 보유하는 데 법이 허용하지 아니하는 强暴行爲(vis)를 쓰지 않는 것을 의미한다.[42] 이 구별은 취득시효와 선의취득에 있어서 실익이 있다. 폭력에 의한 占有는 정당화 사유(가령 정당방위, 자력구제 등)가 없는 한 불법점유이다. 공연한 占有(possesso pubblico)가 아닌 것이 은비한(clam) 占有이다. 점유가 불법이라고 주장하는 者로부터 이의를 받거나 所有權을 위요하여 當事者 사이에 분쟁이 있었다는 사실만으로 곧 그 점유의 평온, 공연성이 喪失되는 것은 아니다.[43]

Ⅴ. 瑕疵占有, 無瑕疵占有

악의, 과실(위 Ⅱ.2.), 폭력, 은비(위 Ⅲ.), 불계속 등의 사유가 있는 경우 그 占有는 하자있는 점유이다.

Ⅵ. 民法 第197條 第1項의 推定

1. 自主占有 및 善意占有, 平穩占有, 公然占有는 추정된다.

(1) 다만 자주점유와 관련해서는 權原의 性質上 분명히 자주점유로 볼 수 없는 경우에는 推定이 되지 않는다.[44]

㈎ 따라서 占有權原의 성질이 분명하지 아니한 때에는 점유자는 소유의 의사로 점유하는 것으로 추정되므로 점유자가 스스로 그 占有權原의 성

---

42) 大判 82. 3. 9, 81다172(公 680, 425); 大判 62. 1. 18, 4294民上153(要 489); 大判 54. 11. 6, 4287民上189(要 467).

43) 大判 89. 5. 23, 88다카17785(公 852, 994); 大判 82. 9. 28, 81사9(集 30-3, 96); 大判 82. 3. 9, 81다172(公 680, 425); 大判 62. 1. 18, 4294民上153(要 489); 大邱高判 81. 4. 15, 80나1107(高集 81, 440); 李英俊, 295, 427, 428; 同旨 日注民 186, 35, 36.

44) 大判 69. 3. 4, 69다5(集 17-1, 282); 大判 68. 6. 18, 68다729(集 16-2, 161); 大判 63. 6. 20, 63다262(集 11-2, 36).

질에 의하여 自主占有임을 입증할 책임이 없고 占有者의 점유가 所有의 의사 없는 타주점유임을 주장하는 相對方에게 타주점유에 대한 입증책임이 있다(Probatio onus petitoris, commodum possessoris "입증은 청구자의 부담이고 점유자의 이익이다"). 따라서 占有者가 스스로 賣買 또는 贈與와 같은 자주점유의 권원을 주장하였으나 이것이 인정되지 않는 경우에도 원래 자주점유의 權原에 관한 입증책임이 점유자에게 있지 아니한 이상 그 占有權原이 인정되지 않는다는 事由만으로 自主占有의 추정이 번복된다거나 또는 점유권원의 성질상 他主占有라고 볼 수는 없게 된다.[45][46] 취득시효기간 만료로 소유권이전등기청구권을 取得하였다고 주장하는 者는 자주점유를 추정받으며 그 기간중 일부토지를 賃貸받았던 임차인이 所有權에 대한 이의를 내세워 임대료를 지급하지 않았다 하더라도 이로써 自主占有의 추정은 번복되지 않는다.[47]

(나) 그러나 自主占有를 주장하는 점유자에 의하여 적극적으로 他主占有임이 입증되는 경우에는 자주점유의 추정력은 깨어진다.[48] 토지소유자가 占有者에게 그 토지에 대한 買受 또는 使用料의 지급을 청구하여 왔고, 그 때마다 점유자(속초시)는 예산이 확보되는 대로 土地代金이나 사용료를 정산 지급하겠다고 회보함으로써 그 土地에 대한 소유자의 소유권을 承認하였다면 점유자가 그 토지에 대한 占有를 개시할 때 소유의 의사로 점유하기 시작하였다는 추정은 깨어졌다고 볼 것이다.[49]

(다) 權原의 성질상 추정이 인정되지 않는 사례

(a) 原告가 이미 적법히 그 所有權을 취득한 垈地에 대하여 피고가 이를 점유사용할 權原이 있었다는 증거가 없으면 이로써 被告가 소유의 의사와 선의로 점유하여 왔다는 추정은 번복된다.[50]

(b) 他人의 토지에 분묘를 設置 또는 所有하는 者는 점유의 성질상 所有의 의사는 추정되지 않는다.[51]

45) 大判(全) 83.7.12, 82다708, 709; 82다카1702, 1793(集 31-4, 7).
46) 이에 관해서는 鄭址炯, "取得時效의 要件인 自主占有의 立證責任", 民判硏 Ⅵ(1984), 34ff.; 吳世彬, "占有와 權原의 立證責任", 司論 15(1984), 35ff., 58ff.; 李英俊, 426, 427의 詳論과 동 전원합의체판결 이후의 수다한 判決 참조. 예컨대, 大判 88.12.6, 87다카2733(公 840, 82); 大判 88.12.6, 88다카18, 19(公 840, 86); 大判 90.3.9, 89다카18440(公 871, 870).
47) 大判 88.11.22, 88다1(公 839, 23).
48) 前占有者가 임차인이었음이 입증된 경우; 大判 90.2.13, 89다카2409(公 869, 630).
49) 大判 89.9.26, 88다카24394, 24400, 24417(公 860, 1556).
50) 大判 79.11.27, 79다547(要 379).
51) 大判 66.6.21, 66다465(要 455).

㈑ 本條는 점유자의 所有의 意思를 추정하는 것이지 所有權을 추정하는 것은 아니다.[52]

(2) 民事訴訟法에 의하여 한 不動產에 관한 매매, 증여, 질권, 저당권의 설정 등 일체의 處分行爲를 금지하는 가처분은 목적물상의 權利에 관한 것이고 占有는 권리와 관계없이 목적물에 관한 사실적 지배상태에 의하여 정하여지는 것이므로 權利에 관한 가처분의 명령이 있어 그 登記가 되었다 하더라도 그것은 사실상의 지배상태로 생기는 占有權의 이전에는 하등의 영향이 없는 것이고, 따라서 假處分命令 당시의 점유자뿐만 아니라 가처분등기 후의 占有者에 대하여도 假處分登記가 있었다는 것만으로는 法律上 인정된 善意의 추정을 번복시킬 수 없다는 것이 判例이다.[53]

2. 無過失에 대하여는 추정된다는 規定이 없으므로 추정이 되지 않고, 따라서 그 주장자에게 立證責任이 있다.[54] 그러나 過失이 문제되는 선의취득의 경우에는 民 §200를 적용하는 것에 의하여 無過失도 추정된다고 하는 것이 多數說이다.[55]

Ⅶ. 民法 第197條 第 2 項의 擬制

1. 善意의 점유자라 하여도 本權에 관한 訴(民 §208)에서 패소하면 그 訴가 제기된 때에 소급하여 惡意이었던 것으로 간주된다. 이 경우 본권에 관한 訴라고 함은 처음부터 명백히 占有를 정당케 하는 權原 그것의 존부가 문제되어 占有者의 점유를 직접 방어하거나 또는 그것을 배제할 것을 목적으로 하는 訴訟에 한하고 訴訟 도중에 점유에 관한 권원이 문제된 경우는 이에 해당하지 않는다.[56] 그리고 本權에 관한 訴에 패소한 때라 함은 종국판결에 의하여 패소로 확정된 경우를 말한다.[57] 따라서 大法院의 파기환송판결은 이에 해당하지

52) 大判 68. 3. 26, 68다9(要 377).
53) 大判 55. 7. 28, 4287民上253(要 374).
54) 通說. 大判 83. 10. 11, 83다카531(集 31-5, 48); 또한 大判 64. 11. 30, 64다882(要 375); 大判 60. 2. 25, 4291民上804(要 497). 同旨 日本通說. 日注民 186, 35. 日本基コ 47.
55) 同旨 日本의 判例 및 유력한 學說, 日本法學ガ 72. 反對 大判 59. 8. 27, 4291民上678, 이래 判例; 李英俊, 231, 232.
56) 大邱高判 63. 6. 21, 63다33(高集〈상고부〉, 133).
57) 大判 74. 6. 25, 74다128(集 22-1, 125).

않고,[58] 본권에 관한 訴가 제기되었어도 재판상 화해로써 종결되었다면 本條의 의제는 적용되지 않는다.[59] 惡意가 소급적으로 인정되는 시점은 訴를 제기한 때이므로 本權에 관한 訴에서 패소하더라도 그 占有가 개시한 때로 소급하여 惡意가 인정되는 것은 아니다.[60]

2. 이 擬制는 爭點決定(litis contestatio) 후에는 선의점유자를 악의점유자와 同視하는 로마법이론에 기원한다(Ulpianus D. 5. 3. 25. 7).[61]

[崔 秉 祚]

第198條(占有繼續의 推定)

前後兩時에 占有한 事實이 있는 때에는 그 占有는 繼續한 것으로 推定한다.

I. 本條의 規範目的

占有의 계속이 중요한 계기가 되는 경우, 가령 取得時效에 있어서 점유자는 그 기간중의 자신의 부단한 占有를 입증할 책임을 負擔한다. 本條의 추정은 이러한 입증의 어려움을 輕減하여 주려는 것이다. 따라서 立證責任은 추정의 이익을 누리려는 자가 부담한다. 이 추정은 번복이 가능하다. 그러므로 相對方은 반증이 가능하다.

II. 推定의 立證事項

1. 추정의 立證事項은 점유이고, 관계되는 기간의 시초와 끝의 兩時點에 대하여서 입증하여야 한다. 그러므로 관련기간(특히 시효기간)이 經過한 후의 어느 時

58) 大判 54. 11. 27, 4285民上189(大法院判例 I, 203).
59) 서울高判 72. 10. 26, 72나1027(下集 179).
60) 大判 89. 4. 25, 88다카3618(公 850, 807).
61) L. Arndts, Lehrbuch der Pandekten(14. Aufl., 1889), 194f.

點에 입증을 하여도 可하다.[1] 이러한 입증이 成立하면 그 兩時點의 중간기간중의 占有의 계속이 추정된다.[2]

2. 換地의 경우 종전토지, 환지예정지, 환지확정된 土地에 대하여 占有한 사실이 있는 경우에는 이들 土地는 동일한 것으로 간주되므로 §198가 적용된다(§199 Ⅳ 참조).

3. 中間讓渡의 경우, 가령 時效取得 중의 者가 중간에 物件을 담보목적으로 讓渡한 경우와 같은 중간양도의 경우에는 民 §199가 고려되어야 한다. 전후 兩時點의 점유자가 다른 경우에도 占有의 승계가 입증되는 한 占有繼續의 추정이 인정된다는 說이 있으나[3] 이것은 前占有者의 점유가 전과 후(점유승계시) 兩時點에 입증되고 後占有者의 점유 역시 전(점유승계시)과 후 兩時點에 입증된 결과를 民 §199에 따라 아울러 주장하는 경우에 한하여 타당한 이야기일 뿐이므로 일반론으로서 타당하지 않다. 이런 경우 중요한 문제는 역시 瑕疵의 승계 여부이다.

Ⅲ. 推定의 飜覆

相對方은 추정을 번복하는 反證을 할 수가 있다. 입증사항은 推定要件의 중단, 즉 관련기간 중의 占有의 중단이다. 관련기간 중간의 자주점유의사의 중단도 상대방이 입증해야 한다고 새긴다.[4]

Ⅳ. 比 較 法

本條에 관한 비교법적 자료로는 中民 §944 Ⅱ; 獨民 §938; 佛民 §§2234;

1) 同旨 MünchKomm/Quack, §938 RdNr. 2.

2) Olim possessor hodie possessor: semper possessor "전에 점유자이고 오늘 점유자이면 항상 점유한 자이다." 同旨 敎會法(F. Antonius a Spiritu Sancto, Directorium confessariorum, ed. secunda, Lugduni, 1680, 390 n. 165).

3) 日注民 186, 36.

4) MünchKomm/Quack, §938 RdNr. 3.

伊民 §§1142, 1143; 日民 §186 II 참조.

[崔 秉 祚]

第199條(占有의 承繼의 主張과 그 效果)

① 占有者의 承繼人은 自己의 占有만을 主張하거나 自己의 占有와 前占有者의 占有를 아울러 主張할 수 있다.

② 前占有者의 占有를 아울러 主張하는 경우에는 그 瑕疵도 承繼한다.

차 례

I. 本條의 規範目的
II. 要 件
1. 權利의 承繼
2. 其他의 要件
III. 效 果
IV. 同一한 占有者의 占有期間 通算: 換地의 境遇의 特例
V. 比 較 法

I. 本條의 規範目的

本條에서 말하는 "자기의 占有"나 "자기의 占有와 前占有者의 占有"란 "아울러 主張한다"는 표현에서 간취할 수 있듯이 "占有期間"을 뜻하는 것이다. 따라서 本條가 적용되는 것은 점유기간이 문제되는 경우에 한하고, 이것은 실제로 取得時效와 관련하여서만 의미가 있다.[1] 本條는 로마법상 취득시효와 관련하여 개별승계의 경우에 인정되었던 法理(accessio possessionis 또는 temporis)를 수용한 것이다.[2]

本條를 둔 이유는 權利의 承繼가 있는 경우 취득시효와 관련하여 占有의 效果를 권리승계인마다 새로이 시작하는 것으로 規定한다면 時效取得制度의 평화기능달성이 불완전할 것이기에 이미 渡過한 점유기간을 말하자면 承繼人의 이익으로 돌아갈 수 있도록 한 것이다. 그러나 물론 이러한 效果는 기대권으로 파악할 것은 아니다.[3]

---

1) 大判 89. 12. 26, 87다카2176(公 866, 342).
2) L. Arndts, Lehrbuch der Pandekten(14. Aufl., 1889), § 161; Kaser, a.a.O., 423(Fn. 59).
3) MünchKomm/Quack, § 943 RdNr. 1.

Ⅱ. 要 件

1. 權利의 承繼

(1) 本條에서 말하는 承繼란 새로운 占有者가 그의 점유를 前占有者로부터 파생적으로 취득한 경우에 인정된다. 유효한 物權的 處分行爲가 필요한 것은 아니지만, 외양상 有效한 處分에 대응하는 양도과정(개별승계나 포괄승계)이 있지 않으면 안 된다. 權利의 承繼가 조건부처분에 의거하더라도 무방하다. 최초의 讓渡뿐 아니라 수차에 걸친 權利承繼도 모두 그때그때 요건을 충족한다. 本條의 목적은 승계한 者를 유리하게 처우하려는 것이라기보다는 時效取得制度의 객관적 평화기능에 있기 때문이다.[4] 간접점유자가 직접점유자로 되는 경우는 承繼에 해당하지 않는다.[5]

權利承繼時에 전후의 점유를 併合할 수 있도록 한 것은 前占有者가 양도담보를 한 경우에 특히 의미가 있다. 讓渡擔保權者가 양도담보설정자의 권리승계자임은 물론이고, 양보담보설정자도 擔保關係終了 후 담보물의 반환으로 그 자신 다시 讓渡擔保權者의 권리승계인이 되는 것이다.[6]

(2) 本條는 개별승계와 포괄승계(특히 상속) 모두에 적용된다.[7] 後者의 경우 실제로 문제가 되는 것은 被相續人의 점유가 하자 있는 自主占有이고 상속인이 독자적인 자주점유를 취득한 경우인데, 이때에 民 §199의 적용을 배제할 아무런 이유가 없는 것이다. 判例가 이와 관련하여 일반승계인(상속인)은 새로운 權原에 기하여 자기 고유의 점유를 시작하지 않으면 안 된다[8]고 하는 것은 그렇지 않은 경우에는 ―상속은 점유변경의 새 權原이 될 수 없으므로[9]― 상속인은 民 §199 Ⅱ을 기다릴 필요없이 이미 民 §193에 의하여 被相續人의 점유의 하자를 承繼한 점유만을 가지며, 따라서 자신의 점유만을 주장한다는 것이 아무런 의미가 없기 때문에 新權原을 요구하는 것일 뿐이고 달리 本條의 적용을 상속의 경우에 배제하려는 의도는 아니라고 볼 것이다.[10]

---

4) MünchKomm/Quack, § 943 RdNr. 2.
5) 同旨 日本基コ 49.
6) MünchKomm/Quack, § 943 RdNr. 3.
7) 多數說. 郭潤直, 244, 245; 註釋民法(Ⅱ), 299, 230. 同旨 日最判 昭 37(1962). 5. 18; 郭潤直, 판례교재물권법(1973), 84; 日注民 187, 37; 日本基コ 49.
8) 大判 59. 7. 2, 4291民上599(要 383).
9) 異說없음. § 193 Ⅳ. (2) 참조.
10) 同旨 李英俊, 308, 309; 日本法學ガ 100ff. 이 점에서 判例를 부정설로 본 郭潤直, 244,

2. 其他의 要件

(1) 本條는 獨逸民法과 달리 승계자가 自主占有者여야 한다고 정하고 있지는 않다. 그러나 결과적으로 점유기간의 合算을 주장하여 그 효과를 보기 위해서는 前占有者의 점유상 하자도 承繼하기 때문에(§199 Ⅱ) 실제로 承繼者가 자주점유자이지 않으면 안 되고, 또 前占有者의 점유 역시 자주점유일 것이 요구된다. 그렇지 않은 경우에는 時效取得의 요건(民 §§ 245-248)이 결여되기 때문이다.[11]

(2) 善意. 점유기간의 合算을 효과적으로 주장할 수 있기 위해서는 承繼者 자신의 점유가 善意여야 하는가? 時效取得의 요건으로서 善意가 요구되지 않는 한(民 §§ 245 Ⅰ, 246 Ⅰ, 248) 반드시 승계자의 占有가 善意일 필요는 없다.

(가) 개별승계의 경우 讓渡人의 일신에 기한 중요한 의심은 승계자의 불이익으로 돌아간다. 또한 承繼人이 讓渡行爲 자체의 유효성에 관하여 의심을 품는 경우에는 승계인은 자신의 自主占有에 관하여 중대한 過失이 인정될 수도 있다.[12]

(나) 포괄승계의 경우 중 특히 相續의 경우(상속인이 피상속인의 시효취득을 계속하는 경우) 상속인의 점유에 관한 基準時點으로는 民 §193에 따른 상속개시의 시점과 民 §192에 따른 相續人의 사실상의 지배취득 시점이 고려될 수 있는데(民 §193 Ⅳ. (5) 참조), 占有期間의 倂合과 善意의 문제(가령 피상속인의 권리 없음에 대한 인식여부)에 관한 限 時效制度와 占有期間倂合制度의 취지로 미루어 본다면 원칙적으로 후자의 時點이 기준이 되어야 할 것이다. 그러나 상속인의 占有期間과 관련해서는 일단 사실상의 지배를 취득하는 限[13] 그 점유개시의 時點은 民 §193의 규정을 고려하여 相續開始時라고 새기는 것이 타당할 것이다.[14] 이렇게 새겨야만 가령 僭稱相續人이 상속재산의 점유를 取得하였다가 후에 相續權 없음이 판명된 경우 진정한 상속인의 利益을 도모할 수가 있기 때문이다. 즉 진정한 相續人도 참칭상속인의 權利承繼者가 아니고 참칭상속인 역시 被相續人의 권리승계자가 아니므로, 本條의 단순한 적용에 만족하는 한, 僭稱相續人(民 §999)의 이익으로 경과한 취득시효기간을 진정한

245; 註釋民法(Ⅱ), 299는 오해에 기인한다.

11) 그러나 이것을 金容漢, 219처럼 倂合 자체가 허용되지 않는다고 새길 것은 아니다.

12) MünchKomm/Quack, § 843 RdNr. 7.

13) 大判 90. 2. 13, 89재다카89(公 869, 628); 大判 89. 12. 26, 89다카6140(公 866, 366).

14) 大判 89. 4. 11, 88다카17389(公 849, 752); 또 大判 89. 3. 28, 87다카2587(公 848, 666) ──지상권취득시효의 예──도 같은 취지인 것으로 이해된다. 결과에 있어서 同旨 Cian/Trabucchi, Commentario breve al Codice Civile, Ⅱ ed.(1984), § 1146 Ⅱ 1.

相續人의 이익으로 併合한다든가 아니면 참칭상속인이 占有를 취득하기 前에 渡過한 기간을 相續人의 이익으로 고려할 수 없게 되기 때문이다. 여기서 상속인을 다른 경우와 비교하여 불이익하게 처우할 위험이 있으므로 獨民 §945는 참칭상속인의 占有期間을 병합할 수 있도록 規定을 하고 있으나, 相續開始 후 상속인 아니었음이 判明되면 점유는 처음부터 이러한 참칭상속인에게 移轉되지 않았던 것으로 되고[15] 相續人의 점유취득시기를 위에서처럼 相續開始時라고 새기게 되면 굳이 獨逸民法과 같은 식의 해결을 도모할 필요는 없다고 할 것이다.

Ⅲ. 效 果

1. 權利를 승계한 점유자는 前占有者의 점유기간을 자신의 점유기간과 併合하여 그 全期間에 대한 법률효과를 원용할 수 있다. 그러나 承繼人은 그와 동시에 前占有의 하자(民Ⅳ §197 참조)도 承繼한다.

(1) 그러므로 예컨대, 瑕疵있는 前占有와 병합하여 주장하든가[16] 아니면 瑕疵 없는 자기자신만의 占有를 주장하든가 어느 쪽이든 선택할 수 있다. 併合 주장을 하는 경우에는 그 직전 점유자의 점유만을 併合 주장하거나 그 모든 前占有者의 점유를 併合 주장하거나 그 주장자의 임의선택에 속하지만(通說), 이와 같은 경우에도 그 점유의 始期로서 자기의 점유개시일이나 前占有者의 점유개시일을 임의로 선택할 수 있는 것이지[17] 점유기간중의 任意의 시점을 선택할 수는 없다.[18] 取得時效는 그 기간동안 등기명의자가 동일하고 取得者의 변동이 없는 경우가 아닌 限[19] 그 기초되는 점유의 개시일로부터 기산하여야 하고 任意로 起算日을 정할 수 없는 것이기 때문이다.[20] 선택할 수 있다고 하는 것은 選擇債權의 선택처럼 엄중한 것은 아니므로 일단 선택하여도 후에 그것을 撤回할 수가 있다.[21]

15) 同旨 李英俊, 309.
16) 大判 71. 6. 29, 71다936(要 457).
17) 大判 81. 3. 24, 80다2226(要 383).
18) 大判 82. 1. 26, 81다826(公 677, 298); 大判 81. 6. 9, 80다3034(要 384); 大判 81. 4. 14, 80다2614(集 29-1, 169); 大判 80. 3. 11, 79다2110(公 631, 12708).
19) 大判 90. 1. 25, 88다카22763(公 868, 518).
20) 大判 89. 4. 25, 88다카3618(公 850, 807); 大判 65. 7. 6, 65다914. 李英俊, 429, 430.
21) 同旨 日本基コ 48.

(2) 그러나 역으로 承繼人이 瑕疵있는 占有를 갖는 경우에는 前占有者의 瑕疵없는 점유를 아울러 주장하더라도 그 하자가 치유되지는 않는다.[22)]

2. 占有를 승계한 사실이 있다 하더라도 前占有者를 대위하여 留置權을 행사할 수는 없다.[23)]

Ⅳ. 同一한 占有者의 占有期間 通算: 換地의 境遇의 特例

換地豫定地에 대한 점유는 종전토지에 대한 점유와 마찬가지로 보는 것이고(區整 §57 Ⅰ) 종전토지에 대한 占有나 그 환지예정지에 대한 占有와 환지확정된 土地에 대한 점유가 계속되었을 경우에 점유로 인한 不動産所有權의 취득기간을 산정함에 있어서는 그 占有期間을 통산할 수 있다.[24)] 그러나 종전토지의 특정부분을 占有하고 있던 중 取得時效完成 전에 환지예정지 지정이 있고 換地가 확정된 경우 그것이 제자리환지라고 할지라도 종전토지의 특정부분의 占有者가 환지예정지 지정 이전에도 환지예정지나 환지된 토지상의 당해 특정부분을 占有하였다고 할 수는 없다.[25)]

Ⅴ. 比 較 法

本條에 관한 비교법적 자료로는 中民 §947; 獨民 §§858 Ⅱ, 943, 944; 佛民 §2235; 伊民 §1146 Ⅱ; 日民 §182 참조.

[崔 秉 祚]

---

22) 우리 民法과 달리 취득시효규정에 "其占有ノ始"라는 표현이 있는 日民 §162 Ⅱ과 관련하여서는 日本의 判例와 學說이 갈린다. 日本法學ガ 73 참조.
23) 大判 72. 5. 30, 72다548(要 578).
24) 大判 89. 9. 26, 88다카18795(公 860, 1553).
25) 同判決; 특정부분의 소유에 관하여 同旨 大判 88. 12. 13, 87다카1418, 1419(公 840, 94); 大判 90. 2. 13, 89다카19665(公 869, 639).

第200條(權利의 適法의 推定)

占有者가 占有物에 대하여 行使하는 權利는 適法하게 保有한 것으로 推定한다.

차 례

Ⅰ. 總 說
1. 起源 및 比較法
2. 本條의 法律的 性質
3. 推定의 對象
Ⅱ. 適用範圍
1. 本條의 推定은 動產에 대해서만 適用된다
2. 推定의 基礎인 占有의 種類
3. 占有에 의하여 推定되는 權利의 種類
4. 以前의 占有에 관한 推定
5. 占有를 承繼한 當事者들 사이
6. 權利取得의 原因이 다투어지는 境遇
Ⅲ. 推定의 效果
Ⅳ. 推定의 飜覆

Ⅰ. 總 說

1. 起源 및 比較法

本條의 기원은 게르만법상의 게베레이다(前論 Ⅲ. 2. (2) 註 55).[1] 비교법에 관하여는 中民 §943; 墺民 §§323, 324; 瑞民 §§930 Ⅰ, Ⅱ, 931 Ⅰ, Ⅱ, 932, 937; 獨民 §§1006 Ⅰ-Ⅲ, 1065, 1227; 佛民 §§2231, 2279; 日民 §188 및 前論 Ⅱ. 1. 참조.

2. 本條의 法律的 性質

占有에 기한 權利의 적법의 추정에 관하여 우리 民法과 동일한 규정을 두고 있는 日本에서는 그 법률적 성질을 둘러싸고 實體法說과 訴訟法說이 대립하고 있다.[2] 多數說인 實體法說은 점유의 기능(본권관계의 표창기능 혹은 사회적 평화질서 유지기능)에 입각하여 本條의 추정을 실체법상의 추정으로 보고, 그 결과 占有者는 본권의 입증책임을 면한다고 파악하는 데 반하여,[3] 少數說인 訴訟法說은 본조의 추정은 實體法上의 추정이라고 하는 적극적인 의미는 없고 단지 소송법상 점유자가 소유자

1) 또한 吳世彬, "占有의 權原의 立證責任──權利推定의 本質과 關聯하여──", 司論 15 (1984), 35ff., 40ff. 참조.

2) 상세는 日注民 188, 46-49 참조. 또한 梁祥勳, "占有의 推定力에 對하여", 司論 7 (1976), 34ff.; 吳世彬(註 1), 50ff. 참조.

3) 입증책임의 전환. 同旨 獨逸通說 MünchKomm/Medicus, §1006 RdNr. 22.

로부터 점유물의 반환을 청구받을 경우에 원고가 소유권의 증명을 하지 못하는 때에는 占有者인 피고는 자기의 權利를 입증할 것까지도 없이 승소하기에 이른다고 하는 소극적인 것, 환언하면 證據法上의 당연의 사리를 規定한 것에 불과하다고 이해한다. 本條의 문언상 점유자가 被告가 되는 경우에 한하여 추정의 효과를 인정한 것은 분명 아니므로 實體法說이 타당하다고 할 것이다 (우리 나라의 通說. 또한 아래 3. 참조).

3. 推定의 對象

本條의 추정을 實體法上의 추정으로 파악하는 경우에도(위 2. 참조) 추정되는 것은 占有者의 현재의 권리인가(權利現狀의 추정), 아니면 占有取得時의 무조건적인 권리의 취득인가 하는 점이 문제될 수 있다.[4] 이러한 논쟁의 실익은 가령 占有者 자신이 점유취득시가 아니라 그 이전 혹은 그 이후에 所有權을 취득하였다고 주장하는 경우(예컨대, 시효로 인한 소유권취득을 주장하는 경우)에 本條의 추정을 허용할 것인가 아닌가 하는 데에 있다. 本條의 문언상 분명히 權利現狀의 추정을 채택한 것이다.[5] 즉 本條의 규범목적은 占有의 사회적 기능을 고려하여 가령 所有物返還請求의 경우에 피고인 占有者에게 이러한 추정의 이익을 돌림으로써 현재 占有를 하고 있지 않은 원고가 통상 以前의 소유권취득뿐 아니라 또한 被告인 점유자의 占有取得時 이후에도 자신의 所有權이 존속했음을 입증하도록 한 것이다. 그러나 本條의 추정이 과거의 점유에도 해당되는 한(아래 II. 4. 참조) 原告 역시 자신의 占有事實을 입증함으로써(民 §107에 의하여 自主占有가 추정되고 따라서) 소유권을 추정 받으므로 本條는 일방적으로 피고인 占有者만을 위한 규정은 아니다. 또한 본조의 추정은 反證에 의하여 번복될 수 있으므로 이 한도 내에서 위 견해의 차이는 완화된다.

II. 適用範圍

1. 本條의 推定은 動產에 대해서만 適用된다

不動產의 경우에는 등기부가 權利를 공시하는 기능을 수행하므로 단순한 점유의 사실로써 권리의 適法性을 추정할 수는 없기 때문이다.[6] 그러므로 不動

4) Jauernig BGB, § 1006 Anm. 1 참조.
5) 吳世彬(註 1), 46, 50; 註釋民法(II), 302. 反對 李英俊, 318, 290.
6) 大判 82. 4. 13, 81다780(公 682, 499); 大判 70. 7. 24, 70다729(集 18-2, 180); 大判 69.

產의 경우라도 등기를 필요로 하지 않는 不動產物權(예, 유치권)이나 미등기의 부동산에 대하여는 달리 登記에 의존할 수 있는 가능성이 없으므로 본조의 적용이 있다고 새긴다.[7] 같은 이치에서 예금통장이나 자동차등록증의 경우에도 本條는 적용되지 않는다(자동차의 점유자에게 그의 權利가 추정되는 것이지 자동차등록증의 所持者에게 자동차에 대한 권리가 있는 것으로 추정되는 것이 아니다).

2. 推定의 基礎인 占有의 種類

추정을 받는 占有者는 직접점유자나 간접점유자나 모두에 해당되며(그러나 점유 매개관계에 대하여는 추정이 적용되지 않는다), 또 자주점유자이든 타주점유자이든 어느 경우에나 適用된다. 공동점유로부터는 共同의 本權이 추정된다(그러나 일정한 지분비율이 추정되는 것은 아니다). 그리고 共同占有者 중 한 사람이 나머지 공동점유자의 本權없음을 입증하면 그의 단독적 본권이 추정된다.

3. 占有에 의하여 推定되는 權利의 種類

점유물에 대하여 행사하는 權利는 物權에 한하지 않고(獨逸民法의 경우), 占有할 수 있는 權限을 포함하는 모든 권리(임차인, 수치인의 권리 등)를 의미한다(瑞西民法에서처럼).[8]

4. 以前의 占有에 관한 推定

현재의 占有者는 물론 과거의 점유자도 그 占有가 계속한 기간에 대하여 本條의 추정이 인정된다.

5. 占有를 承繼한 當事者들 사이

占有를 承繼한 당사자들 사이에서는 점유에 기한 權利의 推定은 적용되지 않는다.[9] 일반원칙에 따라 權利의 적법여부를 판단하여야 한다. 따라서 가령 참칭소유자에게 物件을 반환하고 民 §203에 의한 費用償還請求를 하는 者는 본조를 원용할 수 없다. 反對說[10]은 不動產의 경우 임차인명의의 登記가 임대인에 대한 관계에서도 추정력이 인정되는 것과의 균형을 고려하여야 한다고

1.21, 68다1864(集 17-1, 48).

7) 同旨 註釋民法(Ⅱ), 302; 日本多數說 日注民 188, 55; 日本基コ 51; 日本法學ガ 75. 反對 李英俊, 316, 317.

8) 大判 66.6.7, 66다600, 601(大法院判例 Ⅰ, 205). 임야의 占有者가 개간비용을 유익비로 상환청구한 사례.

9) 通說. 大判 64.12.8, 64다714(카 6108); 瑞民 §931 Ⅱ 후단 및 日注民 188, 52-54; 日本基コ 50 참조.

10) 李英俊, 318, 319.

한다. 그러나 不動産登記의 추정력은 그러한 登記의 존재는 그 등기대로의 法律關係(가령 임대차관계)의 존재에 대한 강력한 징표가 된다는 사실에 기한 것인 반면에, 占有의 추정력은 특정한 법률관계의 존재에 대한 징표기능이 있는 것이 아니라(占有로부터는 임대차관계라든가 임치관계라든가 하는 구체적 법률관계의 모습은 간취할 수 없는 법이다) 단지 占有者는 자신의 점유를 뒷받침하는 적법한 權利를 가졌을 것이라는 개연성으로부터[11] 또는 物權行爲의 요소인 占有(인도)를 갖추었으므로[12] 그가 행사하는 權利는 적법하게 보유되었다고 하는 現狀의 추정일 뿐이므로 그 性質이 다르고, 따라서 제3자에 대한 관계에서 適法한 권리보유가 추정된다 할지라도 占有를 전래받은 당사자 사이에서는 점유에 그것을 뒷받침하는 法律關係의 존재나 또는 物權行爲의 또다른 요소인 물권적 합의의 존재[13]를 추정할 수 있는 능력이 없는 결과 그 보유의 適法性 여부도 점유하고 있다는 사실로부터는 추정할 수 없으므로 否定說이 타당하다.

6. 權利取得의 原因이 다투어지는 境遇

占有에 기한 適法한 權利의 추정은 그러한 權利取得의 원인이 다투어지는 경우에는 적용되지 않는다(예, 소유권의 취득과 관련하여 증여적 양도인지 신탁적 양도인지가 다투어지는 경우). 이 경우는 실은 위 5의 특수한 사례이다.

Ⅲ. 推定의 效果

1. 占有者가 점유물에 대하여 행사하는 權利는 적법하게 保有한 것으로 (Bestand des Rechts) 추정된다. 따라서 占有取得의 원인사실 및 본권의 존재를 입증하는 것을 요하지 않지만, 占有의 사실을 주장입증하고 추정되는 權利의 內容(소유권, 질권 등)을 주장하지 않으면 안 된다.

2. 占有者는 권리를 適法하게, 즉 불법하지 않게 보유하는 것으로 추정된다. 이런 의미에서 추정은 占有者의 이익으로만 작용한다(In dubio pro possessore)고 새길 것인가? 현재 우리 나라 및 日本의 通說[14]은 占有者의 불이익으

11) 郭潤直, 247.
12) 李英俊, 316.
13) 李英俊, 316 참조.
14) 李英俊, 320; 郭潤直, 248; 金容漢, 223; 日注民 188, 52; 日本基コ 50.

로도 원용이 가능하다고 보며, 獨逸의 경우에는 법문(獨民 §1004)에 충실하게 占有者의 이익으로만 원용가능하다고 보는 多數說에 대하여, 점유자로부터 權利를 전래받은 者의 이익으로도(따라서 경우에 따라서는 점유자에게 불이익하게도) 원용이 가능하다는 少數說이 대립하고 있다.[15] 경우를 나누어 살펴보면,

(1) 가령 債務者의 점유물을 압류한 債權者는 자신의 이익으로 채무자의 所有로 추정되는 本條의 효과를 원용할 수 있는가? 이 경우는 實體的 請求權의 존재와 범위를 표시하고 그 청구권에 집행력을 인정한 債務名義에 기하여 債務者의 점유에 있는 유체동산을 押留하는 경우(民訴 §527 I)로서 채무자가 소지하면 그 財産에 속하는 것으로 보는 것은 어디까지나 執行法上의 사실상의 추정일 뿐이고, 따라서 執達吏가 채무자의 占有에 불구하고 채무자의 재산에 속하는 것이 아님이 명백하거나 이를 알고 있으면 押留를 해서는 안 되는 것이므로, 押留債權者를 위한 民 §200의 法律上의 추정의 문제가 아니라 할 것이다.[16]

(2) 또 第三者異議의 訴(民訴 §509)를 제기하는 質權者는 자신의 質權의 발생요건인 점유자인 債務者의 所有權을 입증할 필요가 없이 本條의 추정을 원용할 수 있는가? 이 경우를 보면 本條의 문언상 이러한 원용을 인정하지 않을 아무런 이유도 없으므로 通說과 같이 이를 긍정할 것이다. 다만 이 경우 占有者인 債務者의 이익·불이익을 운위한다는 것은 의미가 없고 오히려 占有者로부터 權利를 전래받은 者로서의 質權者의 지위가 중요할 것이다.

(3) 土地의 임차인이 賃借地에 부속 또는 그 사용의 편익에 供用한 賃借人所有의 동산이나(民 §648) 건물의 賃借人이 그 건물에 부속시킨 賃借人所有의 동산을 객체로 하는 임대인의 法定質權(民 §650)에 있어서 賃貸人은 압류시에 임차인이 점유하는 動產이 그의 소유임을 입증하여야만 하는가, 아니면 本條의 추정을 원용함으로써 족한가? 通說은 이 경우에도 추정의 원용을 긍정한다. 그러나 強制執行의 수단으로 행하여지는 押留(위 (가))와는 달리 物權(이 경우 법정질권)의 발생이 문제되는 이 경우에는 관련당사자의 이해뿐만 아니라 去來의 安全이 달려있으므로 가능한 한 분명한 權利關係에 기초하여 규율되는 것이 바람직할 것이다. 物權의 발생을 ―그것도 법문에서 명백히 押留될 物件이 임차인〈소유〉일 것을 요구하고 있음에도 불구하고― 추정이라는 불확실한 기초 위에 두는 것은 占有에 수반하는 추정의 消極的 保護機能의 범위를 넘어설 뿐 아니

15) MünchKomm/Medicus, § 1006 RdNr. 7.
16) 註釋強制執行法, 235, 237.

라(아래 참조 (5)) 제3자의 이의(民訴 참조 §509)를 야기하여 쓸데없이 法律關係를 복잡하게 하고 押留 후 처음부터 그 物件이 점유자의 所有에 속하지 아니하였음이 밝혀짐으로써 추정이 번복되는 경우에 物權의 발생이 원시적으로 무효가 되어 去來의 安全을 해칠 위험이 크므로 本條는 民 §650에는 적용되지 않는다고 새기는 것이 타당할 것이다.

(4) 또 物件의 소유자에 과세하는 경우(가령 自動車稅. 地稅 §196-3) 과세당국은 占有者가 점유하는 物件이 그의 所有임을 입증하여야만 하는가 하는 문제에 있어서도 通說은 본조의 推定의 效果로써 족하다고 새긴다. 그러나 이러한 해석은 租稅法上의 대원칙인 실질과세의 원칙에 위배하여 納稅義務者인 국민에 지나치게 불리한 까닭에 취할 바가 못된다고 생각된다(그 밖에도 예컨대, 자동차세의 경우 課稅여부는 자동차의 占有여부로 판단하는 것이 아니라 자동차관리법에 의한 登錄 또는 申告를 기준으로 하여 이루어짐을 상기할 것이다. 地稅 §196-2).

그러므로 결국 本條의 추정은 占有者에게 이익이 되는 방식으로만 원용가능한 것은 아니라는 通說의 견해는 원칙적으로 타당하다고 할 것이지만, 구체적인 사안의 판단에 있어서는 그 개별적인 성질을 십분 고려하지 않으면 안 될 것이라고 새긴다.

3. 所有權의 추정은 점유가 離脫된 이전의 占有者에 대한 관계에서는 배제된다. 이 경우에는 法律行爲에 의한 所有權의 취득이 일정한 제한을 받기(§250) 때문이다.[17] 입증책임은 추정을 깨려는 상대방이 진다.

4. 本條의 추정은 모든 추정이 그렇듯이 官公署의 또는 法院의 절차에서만 적용된다.[18]

5. 本條는 권리의 取得과 喪失이라는 실체법적 권리변동의 문제와는 무관한 것이다.[19] 따라서 추정을 근거로 登記의 申請을 할 수는 없다.[20] 法定質權의 설정에 관해서는 위 (2) (다) 참조.

---

17) 同旨 李英俊, 317.
18) Jauernig BGB, § 1006 Anm. 2 d.
19) 同旨 日本基コ 50.
20) 通說. 이유는 일치하지 않는다. 우리 나라에서의 논의에 관한 李英俊, 320(註 1) 또한 日本에서의 논의에 관한 日注民 188, 51, 52 참조.

6. 推定의 효과는 占有者뿐 아니라 그로부터 점유를 전래받은 제3자[21]는 물론 그 밖의 제3자도 원용할 수가 있다.

Ⅳ. 推定의 飜覆

1. 推定은 다음과 같은 反證에 의하여 번복될 수 있다.

(1) 소유권추정의 경우 占有離脫物임을 입증

(2) 推定의 근거를 박탈(무점유의 입증)

(3) 權利推定 자체의 반박(권리의 무취득, 혹은 추후의 상실 입증).

2. 현대사회에는 占有가 본권의 존재를 징표한다는 사정이 占有와 本權의 분리현상의 확대로 인하여 많이 약화되었다. 따라서 이러한 占有의 본권표창기능의 약화를 자유심증의 범위 내에서 고려함으로써 추정의 번복에 높은 요구를 하지 말아야 한다고 새기는 것이 추세이다. 즉 推定의 번복은 占有者가 權利者라는 모든 생각할 수 있는 가능성이 배제되어야 비로소 번복되는 것으로 볼 것은 아니며, 오히려 占有者가 ──예컨대, 소유권이전이 실패한 경우── 다른 取得原因(가령 추인)을 제시하지 않는 한 비근한 取得原因(가령 시효취득)을 반박함으로써 족하다고 볼 것이다. 또 所有權留保가 통례임을 입증하면 추정은 번복될 수 있다. 推定이 번복되었는가의 여부는 證據判斷의 문제이다. 그런데 (비근한) 取得原因을 반박하는 것은 어려울 수 있는데, 왜냐하면 占有者는 전혀 취득원인을 진술할 필요가 없기 때문이다.[22]

推定의 根據는 이른바 반증을 통하여 박탈된다. 權利의 推定은 반대사실의 입증을 통하여 반박된다. 占有離脫物임을 입증하는 것은 본증이다.

[崔 秉 祚]

---

21) 예, 임차인은 임대인의 소유권추정을 원용할 수있다. 同旨 李英俊, 319. 또 위 (2) ㈏ 참조.

22) Jauernig BGB, § 1006 Anm. 2 e; MünchKomm/Medicus, § 1006 RdNr. 22, 23.

占有者와 回復者와의 關係 前論

차 례

Ⅰ. 序 說
1. 規定의 槪觀
2. 規定內容의 체계적인 位置
3. 物權的 請求權과의 區別
Ⅱ. 沿 革
1. 로마法
2. 近代 이후의 民法典
Ⅲ. 規範目的
1. 特則으로서의 民法 第201條-第203條
2. 民法 第201條-第203條의 立法理由
Ⅳ. 民法 第201條-第203條 適用의 一般的要件으로서의 所有物返還關係
1. 所有物返還關係
2. 適用範圍의 擴張
3. 契約上의 返還請求權 또는 給付利得返還請求權과 民法 第201條-第203條

Ⅰ. 序 說

1. 規定內容의 槪觀

民 §§201-203는, 그 규정의 文言이나 位置로부터는 명확하지 않으나, 民 §213에 기한 所有物返還關係(Vindikationslage)[1]가 존재하는 경우를 전제로 하여 그에 부수하여 또는 그에 갈음하여 발생하는 所有者의 占有者에 대한 權利(民 §§ 201, 202)와 반대로 점유자의 소유자에 대한 권리(民 § 203)를 정하고 있다. 즉, 前者로서는 소유자의 果實返還請求權과 損害賠償請求權을, 後者로서는 占有者의 費用償還請求權을 각기 규율한다.

그 규율은, 특히 前者에 있어서는 占有者의 善意·惡意에 따라 현저하게 다른 내용으로 이루어지고 있다. 그리고 과실반환청구권의 경우에는 暴力 또는 隱秘에 의한 占有者(民 § 201 Ⅲ)가, 손해배상청구권의 경우에는 所有의 意思 없는 占有者, 즉 他主占有者(民 § 200 2文)가 각각 惡意의 占有者와 동일한 취급을 받고 있다. 그리고 또한 이와 관련하여서는, 뒤의 Ⅱ.에서 보는 沿革으로부터도 알 수 있는 대로, "本權에 관한 訴에 패소한 경우"에 대하여 "그 訴가 제기된 때로부터" 惡意를 의제하고 있는 民 §197 Ⅱ이 중요한 의미를 가진다.[2]

1) 그 상세한 내용에 대하여는 後述 民 §213 注解 참조.

2) 民 §197 Ⅱ은, 依用民法에서는 현행의 民 §201 Ⅰ에 해당하는 同法 §189 Ⅰ에 이어서 同條 Ⅱ으로 규정되어 있던 것을, 단지 그 位置만을 바꾸어 규정된 것이다. 그 규정위치

2. 規定의 체계적인 位置

이와 같이 民 §§201-203는 所有者와 물건반환의무를 부담하는 占有者, 즉 不法占有者[3] 사이의 법률관계를 규율한다. 이는 講學上으로「占有者와 回復者와의 관계」라는 이름 아래 다루어지고 있다.[4] 그리고 교과서는 대개 이를 占有權에 관하여 설명하는 곳에서「占有權의 效力」에 관한 項目 속에 포함시켜 다루고 있다. 이러한 설명방식 또는 위치설정은, 물론 한편으로 우리 民法典에서의 이들 규정의 위치에도 영향을 받은 것이겠으나, 아울러 이들 규정이 점유자, 특히 선의의 점유자에 대하여 일반의 경우보다 일정한 責任上의 特惠(Haftungsprivileg)를 주는 것이고, 이러한 특혜를 받을 수 있다는 것이 점유권의「效力」의 하나라는 이해와 관련이 있는 것이라고 추측된다.

그러나 이들 규정이 소유물반환관계를 전제로 하여 그에 부수적으로 행하여져야 할 소유자와 점유자 간의 利益調整을 그 내용으로 하는 이상, 이를 占有權이 가지는「效力」이라고 하기보다는, 그 民法典에서의 위치에 불구하고, 民 §213의 附隨規定으로 파악하는 것이 그 내용에 더욱 적합한 것이라고 생각된다(이에 대하여는 뒤의 民 §§213, 214(物權的 請求權) 前論 I. 3.도 참조). 獨逸民法에서는 이 점이 그대로 法典의 편성에도 반영되어, 소위「소유자와 점유자와의 관계」(Eigentümer-Besitzer-Verhältnis)에 관한 獨民 §§987-1003는 소유권에 기한 물권적 청구권 중에서 所有物返還請求權을 정하는 獨民 §§985, 986의 다음에 위치하고 있으며, 그에 이어서 獨民 §§1004가 소유물방해배제 등의 청구권에 관하여 규정하고 있는 것이다. 그리고 §§987-1003에서 정하여진 權利들을 합하여「附隨請求權」(Nebenansprüche)이라고 부르고 있다.

그러한 파악은 단지 民法의 規定體系를 이해하는 데 보다 적절할 뿐만 아니라, 이들 규정의 구체적인 해석에 있어서도 일정한 意味가 있다. 즉 이러한 파악은 民 §§201-203가 적용되는 것은 언제나 소유물반환관계가 존재하는 경

가 변경된 이유는 民法案審議錄 上卷, 125 上段에 의하면, "果實取得에 관한 것만이 아니라 其他의 境遇에 있어서 즉 善意 일반에 대한 반대개념인 惡意에 관한 규정을" 한다는 데 있었다.

3) 전통적으로 이렇게 불러오고 있는데, 아마도 이는 독일어의 unrechtmäßiger Besitzer의 번역이 아닌가 추측되기도 한다. 그러나 이는 그 점유자가 동시에 불법행위로 인한 책임을 지고 있음을 잘못 暗示할 우려가 있다. 오히려「占有할 권리」(民 §213)가 없는 占有者라는 의미에서 보다 객관적인「無權利占有者」또는「無權占有者」라는 용어 또는 번역이 더욱 적합한 것으로 생각된다.

4) 다만 郭潤直, 248 이하는, 民 §201 I에서 정하고 있는 善意占有者의「果實取得」에 대하여는 이를「점유자와 회복자와의 관계」와는 별도의 항목으로 다루고 있다.

우에 그 소유자 기타 물권적 반환청구권자에 대한 관계에 대하여 뿐이라는 것을 명확하게 한다. 실제로 이들 규정의 文言은 점유자가 그 규정에 의하여 부담하는 의무 또는 가지는 권리의 相對方이 누구인가에 대하여 명확하게 지시하지 않고 있는 것이다.[5] 권리의무의 相對方에 관하여 보다 상세한 것은 各條注解, 특히 民 §201 注解 Ⅲ.2.(3), 民 §203 Ⅱ.2.(2) 참조.

3. 物權的 請求權과의 區別

한편 物權的 請求權과 民 §§201-203에서 규정된 권리와는 명확히 구별되어야 한다.

(1) 物權的 請求權은 물권의 내용을 장래를 향하여 원만하게 실현되도록 하기 위하여 그 바탕이 되는 物權으로부터 유출하는 것으로서 이들「母權」과 결합되어 있다(뒤의 民 §§201-203 前論 Ⅱ.2. 참조). 그러나 後者의 權利는 점유자가 과거에 권원없이 타인의 물건을 점유하였음으로 말미암아 발생하는 여러 가지의 ——물건 그 자체의 반환에—— 부수적인 利益調整의 필요를 충족하기 위하여 인정된 것으로서, 적어도 權利의 성질상으로는 부당이득반환청구권이나 불법행위로 인한 손해배상청구권과 같은 일반적인 救濟手段과 다름이 없는 것이다.[6]

그러므로 이들 권리는 물권적인 성질을 가지는 것이 아니라 오히려 債權的인 성질을 가지며,[7] 그 成立이나 歸屬에 있어서도 물권적 청구권과 같이 반드시 物權 그 자체에 從屬되지 않는다. 다시 말하면, 이들 권리는 소유권과「結合」되어 있지 않고(그「결합」의 구체적인 의미에 대하여는 뒤의 民 §§213, 214 前論 Ⅰ.2.(2) 참조) 독자적인 것이다.

(2) 그러므로 이들 권리는 물권적 청구권과는 달리 所有權의 讓渡에 따라 당연히 讓受人에게 이전되지 않는다. 이들 권리는 소유권과는 별도로 讓渡할 수 있으며(즉, 讓渡性의 肯定), 또 그 양도는 소유권양도행위만으로는 안 되며 따로 그 권리의 讓渡를 내용으로 하는 行爲가 필요하다.[8]

또 이들 권리는 그때그때의 要件이 충족되면 그에 따라 발생하며, 일단 발생한 권리는 그 이후의 소유권의 運命과는 무관하게 독자적으로 存續한다. 가령 소유권이 양도되기 전에 악의의 점유자가 취득한 果實은 그 후 그 물건의

5) 단지 民 §203 Ⅰ이 "占有者가 占有物을 반환할 때에는…"이라고 하여, 물건반환관계의 존재를 전제로 함을 시사할 뿐이다.

6) 이 점에 대하여 상세한 것은 H. Dimopoulos-Vosikis, Die bereicherungs- und delikts-rechtlichen Elemente der §§ 987-1008 BGB(1966), S. 20ff., 특히 S. 52ff. 참조.

7) Erman/Hefermehl, Vorbem. zu §§ 987-993 Rz. 2(S. 229).

8) MünchKomm/Medicus, Vorbem. zu §§ 987-1003 Rdnr. 2(S. 899) 참조.

소유권이 양도되더라도 양도 전의 소유자에게 반환되어야 하며, 새로운 取得者에게 반환되어야 하는 것이 아니다. 소유권이 양도된 것이 아니라, 그 물건이 멸실된 경우에도, 그 멸실 당시까지의 그때그때의 소유자가 그 소유의 기간에 상응하는 果實返還請求權을 가지게 된다(§102 참조).

Ⅱ. 沿 革

1. 로마法

民 §213에서 규정하고 있는 소유물반환청구권의 역사적 원형을 이루는 古典로마法上의 所有物返還訴權(rei vindicatio)은 물건의 반환(「回復」 restituere)만을 그 내용으로 하고 있었다. 그런데 여기서 「回復」이란 목적물이 爭點決定(litis contestatio)의 時點에 이미 반환되어 있는 것과 같은 상태에 두는 것을 의미하였다(Paul. D. 50. 16. 35).[9] 이것이 訴訟繫屬 이후부터는 점유자의 책임을 보다 강화하는 오늘날의 태도의 淵源을 이룬다(우리의 경우는 民 §§197 Ⅱ, 201 Ⅱ, 202 1文 前段 참조).

(1) 그리하여 우선 果實의 반환에 관하여 보면, 피고는 쟁점결정 후에 收取할 수 있었던 것과 또 실제로 수취한 것을 모두 원고에게 반환하여야 했다.[10] 쟁점결정 전에 실제로 수취된 果實은, 그것이 現存하고(후에 「現存果實」 fructus exstantes라고 불리운 것)[11] 또한 그 果實의 소유권이 소유자에게 귀속되는 한에서,[12] 元物과 같이 또는 단독으로 그 반환청구를 할 수 있었다.[13]

또한 物件이 쟁점결정 후에 멸실되거나 훼손된 경우에, 피고는 원칙적으로 惡意(dolus) 또는 過失(culpa)가 있으면 책임을 졌고,[14] 가령 채무자의 遲滯와 같은 제한된 경우(「債務의 永久化」 perpetuatio obligationis)에는 事變(casus)에 대하여도 책임을 졌다.[15]

9) M. Kaser, Das Römische Privatrecht, Ⅰ(1971), §103 Ⅰ 5(S. 435f.).

10) Kaser(前註), §103 Ⅰ 5(S. 436).

11) M. Kaser, Römisches Privatrecht, Ein Studienbuch, 16. Aufl.(1992), §27 Ⅰ 7 b (S. 128). Kaser(註 9), §103 Ⅰ 5(S. 436)에는 이러한 限定은 없었다.

12) 한편 正當原因에 기한 善意의 占有者(bonae fidei possessor ex iusta causa), 가령 善意의 買受人인 경우에는, 果實의 分離와 동시에 소유자가 아니라 그 점유자가 그 과실의 소유권을 취득한다. Kaser(註 11), §26 Ⅱ(S. 122) 참조.

13) Kaser(註 9), §103 Ⅱ 5(S. 436).

14) 그 한도에서 「回復」의 원칙은 제한된다.

15) Kaser(註 11), §27 Ⅰ 7 a(S. 112). 한편 Kaser(註 9), §103 Ⅰ 5(S. 436)은, 프로쿨루스學派는 일반적으로 事變에 대하여도 책임을 진다는 견해를 가졌고, 사비누스學派는 애초에는 惡意에 대하여만 책임을 진다고 하였으나 이미 古典期에 이 책임을 過失에도 확장하였음을 보고하고 있다.

한편 쟁점결정 전의 훼손 등에 대하여는 所有物返還訴權이 개입할 여지는 없고, 피해자는 통상적인 아퀼리우스訴權에 의지할 수 있을 뿐이었다.

한편 피고가 쟁점결정 전에 물건에 必要 또는 有益한 費用(impensae)을 지출한 경우에는, 그가 善意의 占有者(bonae fidei possessor)라면, 그는 惡意의 抗辯(exceptio doli)으로써 원고에 대항하여 물건을 留置할 수 있었다. 또한 모든 점유자는 그가 물건과 결합시킨 것을 분리하여 收去할 수 있는 권리(後代에 「收去權」 ius tollendi 라고 불리운 것)를 가졌다.[16)]

(2) 유스티니아누스帝法에서는, 古典로마法에서 소유물반환에 부수하여 인정되는 權利가 원칙적으로 爭點決定을 전후하여 區劃되었던 것에 비하여, 그러한 境界의 의미가 상대적으로 약하게 되고 그 前後를 통하여 그 내용이 유사하게 되는 방향으로 권리의 확대가 행하여졌다. 다른 한편으로 점유자의 선의·악의에 따른 책임의 分化가 강화되는 경향을 보였다.[17)]

가령 果實의 返還에 관하여 보면, 쟁점결정 전에라도 惡意의 占有者(malae fidei possessor)는 쟁점결정 후와 마찬가지의 책임을 지게 되었다. 또한 쟁점결정 전에 물건을 滅失시킨 점유자는 의문의 여지 없이 「惡意로 점유를 상실한 것」으로서 책임을 져야 했다(소위 「擬制的 占有者」 ficti possessores. 이에 대하여는 뒤의 民 §213 注解 I.2.(1)도 참조). 나아가 피고는 악의의 점유자라도 그 비용지출에 기한 惡意의 抗辯으로써 원고에 대항할 수 있게 되었는데, 이는 원고의 不當利得을 막기 위한 것이었다.

普通法學에 있어서도[18)] 이 점에서는 대체로 유스티니아누스帝法에 좇았다. 그리하여 소송개시의 前後와 점유자의 선의·악의에 따른 규율의 차이는 그대로 유지되었다.

2. 近代 이후의 民法典

근대 이후의 民法典들은, 물론 세부적인 점에서는 차이가 있으나, 그 대강에 있어서는 로마법, 그 중에서도 유스티니아누스帝法의 典範에 좇아 이에 관

16) 이상 Kaser(註 9), §103 I 5(S. 436).

17) 이하에 대하여는 M. Kaser, Das Römische Privatrecht II (1975), §254 II 4(S. 294f.) 참조.

18) 이에 대하여는 H. Coing, Europäisches Privatrecht I (1985), §54 V 2b(S. 295); II (1989), §70 VI (S. 387) 참조. 아울러 개별적인 문제들에 대하여는 논의가 전개되기도 하였다. 위의 Coing, I, S. 295f.에 의하면, 가령 선의의 점유자는 勞力에 의하여 얻어진 果實이 아닌 自然果實(fructus naturales)도 보유할 수 있는가, 선의의 점유자는 소비한 과실에 대하여도 그가 그것에 의한 利得이 현존하는 한 이를 반환하여야 하는 것이 아닌가, 또 악의의 점유자는 有益費에 대하여 악의의 항변을 할 수 있는가 등이 다투어졌다고 한다.

한 규정을 마련하였다.[19] 그 각각의 立法例에 대하여는 個別條文의 注解에서 살펴보기로 한다.

이러한 태도는 日民 §§189 I, 190, 191, 196에 일정한 모습으로 繼受되었고, 이는 거의 그대로[20] 우리 民法에도 수용되었다.

Ⅲ. 規範目的

1. 特則으로서의 民法 第201條-第203條

民 §§201-203의 내용을 살펴 보면, 이들 규정이 없는 경우에 비교하여 볼 때, 이들은 다음과 같은 特則으로서의 의미가 있다

(1) 원래 果實은 이를 「收取할 권리」가 있는 자에게 귀속되며(民 §102 참조), 그러한 收取權이 없는 자가 果實을 수취한 경우에는 이는 不當利得으로서 그 果實을 그 권리자에게 반환하지 않으면 안 된다. 그러므로 원래라면 점유자가 과실을 수취한 경우에는, 그가 선의의 受益者이면 現存利益의 범위 내에서 이를 반환하고, 악의의 受益者라면 그 "받은 利益에 利子를 붙여 반환하고 손해가 있으면 이를 배상하여야 한다"(民 §748 참조).

그런데 民 §201 I은 善意의 점유자는 果實을 「취득」한다고 정하여, 비록 그 과실취득으로 인한 이익이 현존하고 있더라도 이를 전혀 반환하지 않아도 된다고 하므로, 그만큼 선의의 점유자를 특별히 취급하여 優待하는 것이다. 특히 判例나 通說과 같이 여기서 「果實」이란 엄격한 의미의 그것(民 §101에서 정하는 天然果實과 法定果實)뿐만 아니라 使用利益(獨民 §100에서 정하는 Gebrauchsvorteile)도 이에 준한다고 해석한다면(뒤의 民 §201 注解 Ⅱ.2.(2) 참조), 善意의 占有者에 대한 이러한 特惠는 극히 중요한 실제적인 의미가 있는 것이라고 하겠다.

또한 民 §201 Ⅱ은 惡意의 점유자에[21] 대하여, 첫째 수취한 과실 중에서 현존하는 것과 점유자가 스스로 소비한 것은 모두 반환하여야 하고, 둘째 수취하

19) 프로이센一般란트法 I, 15, §§20, 27; 7, §§189ff., 222ff.; 獨民 §§987ff.; 瑞民 §§938ff. 다만 佛蘭西民法은 예외로서, 同法은 §§549, 550에서 점유자의 果實(fruits) 취득에 대하여 정할 뿐이다.

20) 다만 占有者의 費用償還請求權에 관하여, 依用民法 §196 Ⅱ 但書가 악의의 점유자의 청구에 대하여만 상대방에게 猶豫期間을 허용하였던 것을, 民 §203 Ⅲ이 선의의 점유자의 청구에 대하여도 허용하여 그 범위를 확장한 것이 다를 뿐이다.

21) 한편 民 §201 Ⅲ은 폭력에 의한 점유자(平穩한 점유자가 아닌)와 隱秘에 의한 점유자(公然한 점유자가 아닌)는 惡意占有者와 동일하게 규율함을 정한다.

였으나 이를 ―소비한 것이 아니라― 毁損하여 현존하지 않게 된 것은 점유자에게 그 훼손에 대하여 過失이 있으면 이를 반환하여야 하고, 셋째 실제로 수취하지는 않은 것이라도 그 未收取가 그의 過失에 기한 것이면 역시 반환되어야 한다고 정한다. 우선 첫째의 경우에 관하여 보면, 이를 무조건 반환하여야 한다는 점은 일반의 不當利得의 경우와 다를 바 없다. 나아가 둘째의 경우에 관하여 보면, 부당이득의 경우에는 原物이 훼손된 때에는 受益者에게 過失이 없는 경우에도 그 價額返還의 책임이 발생한다고 하므로,[22] 民 §201 Ⅱ은 악의의 점유자를 우대하는 것이다. 마지막으로 셋째의 未收取果實에 관하여 보면, 부당이득의 경우에 위에서 본대로 악의의 수익자는 반환청구권자에게 "손해가 있으면 이를 배상하여야" 하는바, 점유자가 그가 수취할 수 있는 果實을 책임 있는 사유로 인하여 수취하지 못하였다면, 이는 통상 소유자에게 損害를 발생시킨다고 보아야 할 것이다. 그러므로 결국 過失로 수취하지 못한 果實의 返還을 명하는 위 부분의 규정은 일반의 경우와 크게 다를 바 없다고 하겠다.

결국 果實의 返還에 관하여 §201 Ⅰ은 善意의 占有者에게 비상한 特惠를 부여하고 있으며, §201 Ⅱ도 일정하게 제한된 범위에서이기는 하지만 역시 점유자를 우대하고 있다고 보아야 할 것이다.

(2) 물건이 他人의 "책임 있는 사유로 인하여" 멸실 또는 훼손되면, 그 물건의 소유자는 그 타인에 대하여 불법행위를 이유로 하여 손해배상을 청구할 수 있음은 물론이다. 그 경우 손해배상청구권의 내용은 일반적으로 손해배상의 범위에 관하여 정하는 民 §§764, 393의 제한을 받으나, 賠償義務者에게 존재하는 사정으로부터는 원칙적으로[23] 제한되지 않는다.

그런데 民 §202는 善意의 自主占有者는 자신에게 "책임 있는 사유로 인한" 멸실 또는 훼손에 대하여 "이익이 현존하는 한도"에서만 손해배상의 의무를 부담한다고 정하고 있다. 여기서 賠償義務의 한계로 설정된 「現存利益」이 무엇을 의미하는가는 보다 면밀히 검토를 요하나,[24] 그것이 아무리 해도 점유로 인하여 얻은 이익의 범위를 넘지 못한다고 한다면, 위 규정이 선의의 점유자에게 베푸는 特惠는 凡常한 것이 아니라고 할 것이다.

한편 惡意占有者 또는 他主占有者는 "損害의 全部"를 배상하여야 한다고

22) 註釋債各(Ⅲ), 228(梁彰洙 집필); 李銀榮, 債各, 518 참조.
23) 그 예외는 民 §765에서 정하고 있는 減輕請求의 경우뿐이다.
24) 이에 대하여는 우선 梁彰洙, "獨逸民法上 利得概念의 形成과 그 具體的 適用", 法曹 34-3, 38 이하 참조.

정한다. 이는 얼핏 보면 목적물의 멸실 또는 훼손과 자연적인 因果關係 있는 모든 손해를 배상하여야 한다는 것으로 이해되므로 오히려 惡意占有者나 他主占有者에게 不利한 내용을 정한 것이 아닌가 생각될는지도 모른다. 그러나 뒤의 民 §202 注解 Ⅲ.2.에서 보는 것처럼, 이는 통상의 불법행위의 경우와 마찬가지의 책임을 진다는 의미라고 새길 것이므로, 불리할 것은 없다고 하겠다.

(3) 委託契約關係가 없이 타인 소유의 물건을 보존하거나 개량하기 위하여 비용을 지출한 경우 그 費用償還에 대하여는 우선 事務管理에 관한 법, 특히 民 §739 I 이 적용될 것이다. 이 규정에 따른 비용상환청구권의 내용은 民 §203에서 정하는 것보다 유리하다. 그러므로 事務管理가 성립되는 범위 내에서는 民 §203는 오히려 점유자가 불리한 待遇를 받는 것으로 정하고 있다고 할 수 있다. 그러나 事務管理가 성립되려면, 그 일을 他人을 위하여 하는 意思(소위 管理意思)가 있어야 한다는 것이 通說이다.[25] 그런데 타인의 물건을 권원 없이 점유하고 있는 사람이라면, 그가 그 물건을 보존 또는 개량하기 위하여 비용을 지출함에 있어서 그와 같은 意思를 가진다는 일은 별로 많지 않을 것이다. 이는 그가 선의이든 악의이든 다름이 없을 것이라고 생각된다. 그렇다면 그러한 占有者가 民 §739 I 에 의한 비용상환청구권을 취득하는 일도 드물다고 하지 않으면 안 된다.

事務管理가 성립되지 않는다면, 비용지출자는 결국 不當利得의 법리에 의하여 그 지출한 비용의 상환을 받을 수밖에 없고(소위 求償利得返還請求權 (Rückgriffskondiktion)), 그 경우 受益者인 소유자는 결국 "그 이익이 현존하는 한도에서" 상환할 의무를 부담하는 데 그칠 것이다.

또한 소위 求償利得返還請求의 경우에는 소위 「強要된 利得」(aufgedrängte Bereicherung)은 그 반환을 청구할 수 없다. 가령 建物所有者가 그 건물을 倒壞하고 그 지상에 새로운 건물을 건축할 計劃을 가지고 있기 때문에, 현존하는 건물을 유지하기 위하여 제3자가 費用을 支出한 것이 소유자의 主觀的인 財產計劃에 비추어 보면 전혀 無益한 것인 경우에는(이 경우 도괴를 막기 위하여 강고한 支柱를 설치한 때와 같이 오히려 소유자에게 有害할 수도 있을 것이다), 비록 그 비용지출이 객관적으로 물건의 가치를 상승시켰다고 하더라도 소유자에게는 아무런 「利得」도 없으므로(소위 「主觀的 利得」의 概念이 예외적으로 인정된다) 위 비용지출자는 그 지출한 비용이나 현존하는 가치상승분의 償還을 청구할 수 없는 것이다.[26]

25) 郭潤直, 債各, 542 이하 참조.

26) 이에 대한 獨逸에서의 論議에 대하여는 우선 MünchKomm/Lieb, §812 Rdnr. 258ff. (S. 1339ff.) 참조.

그러나 占有者의 비용상환청구권, 특히 必要費償還請求權은 그러한「강요된 이득」의 상환도 내용으로 한다(이에 대하여는 뒤의 民 §203 注解 Ⅲ. 2. (1)(나) 참조).

그렇다면, 이러한 制限을 두지 않고 비용상환을 인정하는 民 §203도 대체로는 占有者를 우대하는 것이라고 평가할 수 있다. 왜냐하면, 同條는 必要費에 대하여는 그 全額의 償還이 인정되고 있으며, 단지 有益費에 대하여만 "목적물의 價額의 증가가 현존한 경우"라는 한정을 받기 때문이다.[27]

2. 民法 第201條-第203條의 立法理由

이렇게 보면 民 §§201-203는 대체로 占有者에 대하여 特惠를 주는 내용으로 구성되어 있으며, 특히 善意의 占有者에 대하여는 통상의 경우에 비하여 그 특혜가 더욱 현저하다고 하겠다. 그러한 特惠를 점유자에게 주어야 할 理由는 무엇인가?

獨逸에서는 이에 대하여 "대체로 理由說明(Begründung)이 결여되어 있다"고 한다.[28] 다만 특히 아직 提訴되지 아니한 善意의 占有者는 그가 가지고 있다고 誤想한 權原의 범위 내에서는 보호받을 필요가 있다는 점을 들 뿐이다.[29] 즉 그러한 점유자는, 물건의 반환 이외에는, 果實收取 등 그에 수반하는 법률관계에 있어서 "자신의 물건을 소홀히 다룬 것처럼"(quasi rem suam neglexit)(D. 5. 3. 31. 3) 취급되어야 한다는 것이다. 이러한 취급에 대하여는, 로마法이라는 沿革上의 강력한 拘束을 제외하고는, 과연 그러한 保護를 줄 실질적인 근거가 있는가에 대하여는 "충분한 근거가 없다"는 주장도 있다.[30] 그러나 대부분의 학설은 이를 적합한 것이라고 평가하고 있다.[31]

그러나 여기서 주목할 것은, 獨逸民法의 이에 대한 규정은 우리와는 상당히 차이가 있다는 점이다. 獨逸에서 收取한 果實의 반환의무를 부담하지 않는 것은 有償으로 점유를 취득한 善意의 점유자뿐이고, 無償占有取得者는 부당이

27) 그 외에 民 §203 Ⅲ에서 정하는 猶豫期間의 許與는 오히려 점유자에게 불리한 것이라고 할 수 있으나, 그 의미는 전체적으로 볼 때 그리 크지 않다고 생각된다.

28) W. Pinger, Funktion und dogmatische Einordnung des Eigentümer-Besitzer-Verhältnisses(1973), S. 8.

29) MünchKomm/Medicus, Vorbem. zu §§ 987-1003 Rdnr. 4ff. (S. 900) 참조.

30) Palandt/Degenhart(29. Aufl.), Vorbem. zu §§ 987-993 Anm. 2 b.

31) 가령 Heck, Grundriß des Sachenrechts(1930), § 68, 4(S. 283f.); Westermann, Sachenrecht(1966), § 31 Ⅰ 3 b) dd)(S. 140f.) 등 참조. 기타의 문헌에 대하여는 H. J. Wieling, Die Nutzungen des gutgläubigen Besitzers, insbesondere in fehlgeschlagenen Vertragsverhältnissen, in: AcP 169, 137 Fn. 4 참조.

득법에 따라 과실을 반환하여야 한다(同法 § 988). 有償의 점유취득자는 과실을 취득함으로써 "占有取得을 위한 支出에 대한 等價物(Äquivalent)을 얻게 되"는 것이다.[32]

그러나 日本民法은 이러한 제한을 두지 않는데, 이러한 규정태도에 대하여는 상당한 비판이 있다. 가령 川島武宜는, "선의점유자의 과실수취권은 연혁상 주로 土地가 점유자의 勞動(耕作)에 의하여 果實을 발생시킨 경우를 主眼으로 하는 것이고(따라서 '果實'에 대하여 규정한다), 현대에 있어서와 같이 넓게 '物'이 노동과 관계 없이 利潤을 낳는 經濟組織에 있어서는 그 규정의 合理性은 反省의 여지가 있지 않는가"라고 한다.[33] 또한 星野英一도 "[日本民法] 제703조에 의하더라도 受益者는 「그 利益이 있는 限度」에서 반환하면 되기 때문에 하등 受益者에게 불리한 것은 없고, 오히려 果實을 그대로 利得시키는 것으로 하는 것의 根據야말로 이해하기 어렵다"고 한다.[34]

그러나 民 §§201-203의 立法理由에 대하여는 이를 統一的으로 관찰하기보다는 오히려 규율내용을 달리하고 있는 各條마다 별도로 살펴 보는 것이 적절하다고 생각되므로, 各條 注解에 미루기로 한다.

Ⅳ. 民法 第201條－第203條 適用의 一般的 要件으로서의 所有物返還關係

1. 所有物返還關係

民 §§201-203는, 위의 Ⅰ.1.에서도 본 바와 같이, 그 규정에서 정하는 요건을 충족하는 사실(가령 果實의 收取, 物件의 滅失·毁損, 費用支出 등)이 발생하는 시점에서 所有者가 占有者에 대하여 그 물건의 반환을 청구할 물권적인 권리가 「점유할 권리」에 의하여 저지되지 아니한 채로 존재하고 있는 경우, 즉 所有物返還關係(Vindikationslage)가 존재하는 경우에만 적용된다.

다시 말하면, 이들 규정에서 「점유자」라 함은 民 §213에 의하여 물건반환의무를 부담하는 점유자, 즉 無權原占有者(unrechtsmäßiger Besitzer)만을 말한다. 「점유할 권리」에 기하여 점유하고 있는 점유자의 경우에는 그가 果實을 수취할 수 있는가, 그가 물건에 가한 손해를 배상하여야 하는가, 그가 지출한 필

32) Heck(前註), S. 284.
33) 川島武宜, 所有權法の理論(1949), 134.
34) 星野英一, 民事判例硏究 2卷(2)(1972), 525.

요비 등은 상환받을 수 있는가 등은 모두 그「점유할 권리」를 발생시키는 法律關係 자체에 의하여 그 내용으로서 규율되며, 이에 대하여 民 §§201-203는 불필요하고 나아가 오히려 해롭기까지 하다.[35]

2. 適用範圍의 擴張

그러나 이상에 대하여는 예외를 인정하여, 엄밀한 의미에서의 소유물반환관계가 존재하지 않는 경우에도 일정한 범위에서 이들 규정의 적용을 인정하여야 하지 않는가 하는 論議가 있다.

(1) 점유자가 留置權을 가지는 경우에, 소유자의 반환청구가 제한을 받음은 물론이다(이에 대하여는 뒤의 民 §213 注解 Ⅱ.3.(1)(a) 참조). 그러면 가령 원래는「점유할 권리」가 없어 무조건으로 물건을 소유자에게 반환하여야 하고 따라서 民 §§201-203의 적용을 받는 점유자가 그것을 반환하지 않고 있는 동안에 그 물건에 비용을 지출하여 民 §203에 기한 비용상환청구권을 취득하였고 따라서 그 권리에 기하여 유치권을 가지게 되었기 때문에[36] 이제부터는 民 §§201-203의 적용이 없다고 할 것인가?

이에 대하여 獨逸에서는 점유자가 留置權을 가지는 경우에는 역시 우리 民 §§201-203에 해당하는 獨民 §§987ff.의 적용이 있다는 것이 多數說이다. 그러나 그 이유에 대하여는 견해가 나뉜다. 하나는, 獨逸에서 留置權은 그것이 물권적인 성질을 가지는 것이라도[37] 소유물반환청구권을 배제하는「占有할 권리」(Besitzrecht)에 속하지 않으므로 그 경우 점유자와 소유자 사이에는 원래대로 소유물반환관계가 존재하기 때문이라는 것이다.[38] 다른 하나는, 보다 일반적

35) MünchKomm/Medicus, Vorbem. zu §§987-1003 Rdnr. 8(S. 900f.).

36) 民 §203에 기하여 점유자가 가지는 비용상환청구권이 留置權에 관한 民 §320에서 말하는 "그 物件에 관한 債權"임은 우리 나라의 통설과 판례가 인정하는 바이다. 이에 대하여는 梁彰洙, "留置權의 發生要件으로서의「債權과 物件 간의 牽聯關係」", 劉基天紀念論文集(1988), 393, 특히 409 이하(同, 民法硏究 Ⅰ(1991), 227, 특히 246 이하) 참조.

37) 獨逸의 留置權은 우리 民法과는 달리 원칙적으로는 相對的인 효력을 가지는 권리이며(특히 同法 §§273f.의 경우), 예외적으로만 絶對的인 효력을 가진다(가령 §972의 遺失物發見者의 유치권, §1000의 비용상환청구권을 가지는 점유자의 유치권 등).

38) 가령 MünchKomm/Medicus, §986 Rdnr. 17(S. 895f.) m. w. N.; Vorbem. zu §§987-1003 Rdnr. 12(S. 902) 참조. 이에 의하면, 유치권을「점유할 권리」라고 할 수 없는 이유로 셋을 든다. 하나는, 다른 경우는 모두 소유물반환청구를 棄却시키는데, 이 경우는 단지 相換判決을 받을 뿐이다. 둘은, 다른 경우는 모두 법관이 직권으로 탐지하여야 하는 對抗事由(Einwendung)인데, 이 경우는 당사자의 주장을 기다려야 하는 抗辯事由(Einrede)에 불과하다. 셋은, 유치권은 단지 자기 채권의 변제가 있을 때까지 물건을「留置」(Zurückbehaltung)하는 소극적인 내용을 가질 뿐, 그 점유를 적극적으로 정당화하는 권리가 아니다. 그리하여 유치권은 점유자의 독자적인 防禦方法으로서「占有할 權

으로 獨民 §§987ff.는 예외적으로 그 점유를 정당화하는 권리관계(여기서는 留置權)가[39] 소유물반환관계에 따르는 부수적인 利害調整에 관하여 충분한 규정을 담고 있지 못한 경우에는 이를 적용할 수 있다고 한다.[40]

우리 民法의 해석으로도 점유자가 留置權을 가지고 소유물반환청구에 대항할 수 있다고 하더라도 이 경우에는 예외적으로 民 §§201-203의 적용이 있다고 할 것이다. 그 이유는 留置權이 「점유할 권리」에 속하지 않는다고 하기보다는 그것을 긍정하더라도 그 경우 유치권은 다른 「점유할 권리」와는 다른 性質(이에 대하여는 뒤의 民 §213 注解 Ⅱ.3.(1)(라) 참조)이 있기 때문이라고 하면 족할 것이다.

다만 그 留置權이 소유자 사이에 존재하는 계약으로부터 발생한 채권(가령 補修工事受給人의 報酬請求權 등)의 만족을 확보하기 위하여 부여된 것인 경우에는 그렇지 않다고 할 것이다. 이 경우에는 그 契約關係만에 의하여 규율되어야 하기 때문이다(이에 대하여는 後述 3. 참조).

(2) 독일에서는 점유할 권리 있는 他主占有者가 그 점유할 권리를 넘는 행위를 한 경우(가령 賃借人이 계약에 반하여 자기 스스로 임차목적물을 改修한 경우)에도 이들 「附隨請求權」에 관한 규정을 적용하여야 한다는 주장이 있다.[41]

3. 契約上의 返還請求權 또는 給付利得返還請求權과 民法 第201條－第203條

다른 한편 당사자 사이에 所有物返還關係가 있다고 하더라도, 그와 아울러 점유자가 계약상의 의무(가령 賃借人이나 使用借主의 경우)이나 계약상 급부의 原狀回復義務(가령 賣買契約이 무효이거나 취소 또는 해제된 경우. 이는 성질상 부당이득반환의무, 그 중에서도 급부이득반환의무(Leistungskondiktion)에 해당한다)에 기하여 소유자에게 그 물건을 반환하여야 하는 의무를 부담하는 경우에는, 民 §§201-203는 적용되지 않는다고 할 것이다.[42]

즉 그와 같은 채권적인 반환의무를 부담하는 동안에 수취한 과실이나 그 동안에 일어난 물건의 훼손·멸실이나 그 의무자가 지출한 비용 등에 대하여

利」와는 분리하여 생각하여야 한다고 한다.

39) 獨逸에서 留置權이 「점유할 권리」에 속하는가에 대하여는 견해가 백중하게 대립한다. 이에 대하여는 우선 Erman/Hefermehl, § 986 Rz. 1(S. 225) m. w. N. 참조. 判例는 獨民 §§273, 1000에서 정하는 法定留置權에 대하여 긍정적인 태도를 취한다.

40) 가령 Erman/Hefermehl, Vorbem. zu §§ 987-993 Rz. 8(S. 231).

41) 가령 Westermann, Sachenrecht(5. Aufl., 1966), § 31 Ⅲ 2 b(S. 144).

42) MünchKomm/Medicus, Vorbem. zu §§987-1003 Rdnr. 19(S. 904)는 소유자와 점유자 사이에 계약이 존재하는 경우에는 獨民 §§987ff.는 적용이 없다고 한다.

는, 契約的인 法理(가령 채무불이행법 등)나 또는 그에 準하여 형성되는 바인 給付利得返還에 관한 法理를[43] 적용하여야 한다.

(1) 가령 임대차관계가 종료된 경우에는 이로써 賃借權이 소멸하므로 그 후에도 목적물에 점유하는 임차인은 「점유할 권리」를 가지지 못한다. 그러므로 소유자인 임대인은 소유권에 기하여 물건의 반환을 청구할 수도 있고, 다른 한편으로 임대차계약에 기하여[44] 그 목적물의 반환을 청구할 수도 있다. 이 경우에 임차인이 그 임대차관계 종료 후에 아직 목적물을 반환하지 않고 있는 동안에 그 목적물을 계속 사용하였다고 하자. 그 때 만일 임차인이 임대차관계의 종료를 알지 못하고 여전히 그 利用權限이 있다고 믿고 있었다면,[45] 즉 그가 善意의 占有者라면, 그는 民 §201 I 에 좇아 그 使用利益을 보유할 권리가 있고 따라서 소유자인 임대인에게 이것을 반환하지 않아도 되는가?[46]

또한 賣買契約이 취소된 경우에 그 전에 목적물을 인도받아 이를 이용하고 있던 매수인은 「선의의 점유자」로서 그 간의 사용이익을 보유할 수 있는가, 아니면 원칙으로 돌아가 "그 받은 이익이 現存한 限度에서는"(民 §748 I 참조) 반환하여야 하는가?

만일 매수인이 이를 전혀 반환하지 않아도 된다고 한다면, 그가 지급한 매매대금의 반환청구에 있어서는 역시 매도인으로부터 그 代金의 「果實」도 청구하지 못한다고 할 것인가? 民 §548 II 은 계약해제의 경우에 대하여 "返還할 금전에는 그 받은 날로부터 利子를 가하여야 한다"고 정하는데, 그렇다면 매매계약이 해제된 경우에, 매도인은 위 규정과 같은 利子를 가하여 받은 대금을 반환하여야 하고, 매수인은 民 §201 I 에 좇아 原物만을 반환하고 그 동안의 使用利益은 반환하지 않아도 되는가? 만일 그렇다면 契約이 취소된 경우와 해제된 경우에 각각 결과가 달라지는 것은 어떠한 根據에 의한 것인가 또는 애초에 그렇게 할 근거가 있는가? 또한 위의 경우에 매수인이 목적물을 훼손한 경우에는, 그는 매도인에 대하여 대금의 전액을 반환청구할 수 있고, 다른 한편 그 손해에 대하여는 「선의의 점유자」로서 그 "利益이 現存하는 한도에서" 이를

---

43) 특히 果實의 返還에 관한 급부이득반환의 법리에 대하여는, 註釋債各(III), 234 이하(梁彰洙 집필) 참조.

44) 獨民 §556 I 은 명문으로 이를 정하고 있다.

45) 郭潤直, 249 등 通說은, 賃借權을 가지고 있다고 誤信하는 점유자도 民 §201 I 에서 말하는 "善意의 점유자"에 해당한다고 한다.

46) 賃借人이 비용을 지출한 경우에 대하여는, 民 §203과 임차인의 비용상환청구권에 관한 民 §626을 대비하여 볼 필요가 있다. 이 경우 다음과 같은 의문이 제기된다. 民 §626은 임차인이 임대차관계 종료 후 비용을 지출한 경우에는 적용이 없는가?

배상하면 족한가?

(2) 이상에서 예를 든 의문은 民 §§201-203의 적용을 점유자가 계약상 의무로서 또는 계약상 급부의 원상회복의무로서 물건을 소유자에게 반환하여야 하는 경우에는 排除함으로써 해결될 수 있다. 비록 물건의 반환 그 자체에 대하여는 물권적 청구권에 의할 수 있다고 하더라도, 그에 부수하는 利害調整과 관련하여서는 계약적인 법리 또는 그에 준하는 법리가 배타적으로 적용되어야 한다.

왜냐하면 契約法은 계약당사자 사이의 이해관계를 보다 세밀하고 구체적인 사정에 맞게 법적으로 음미한 결과를 나타낸 것이어서, 그에 대하여는 배타적으로 규율한다고 보아야 할 것이기 때문이다. 이는 종종 契約法의 優位(Vorrang des Vertragsrechts)라고 불리우는 것의 반영이기도 하다.

만일 그 법리에 欠缺이 있다고 하면, 이를 民 §§201-203를 준용하여 보충할 것이 아니며,[47] 오히려 그 법률관계의 성질에 보다 적합한 다른 규범을 탐색하여 보아야 할 것이다.[48] 가령 임차인의 임대차관계 종료 후의 비용지출에 대하여는 事務管理人에 관한 民 §739에 의하든가 하는 것이 그것이다. 그리고 그러한 규범을 발견하지 못한다면, 오히려 일반적인 救濟手段으로 돌아가는 것이 보다 적합하리라고 생각된다.

[梁 彰 洙]

47) Erman/Hefermehl, Vorbem. zu §§ 987-993 Rz. 8(S. 231)은 이렇게 주장한다.
48) MünchKomm/Medicus, Vorbem. zu §§ 987-1003 Rdnr. 13(S. 902).

第201條(占有者와 果實)

① 善意의 占有者는 占有物의 果實을 取得한다.

② 惡意의 占有者는 收取한 果實을 返還하여야 하며 消費하였거나 過失로 인하여 毁損 또는 收取하지 못한 경우에는 그 果實의 代價를 補償하여야 한다.

③ 前項의 規定은 暴力 또는 隱秘에 의한 占有者에 準用한다.

차 례

Ⅰ. 序 說
1. 規定內容의 槪觀
2. 占有와 果實 등
(1) 占有와 果實 등의 收取
(2) 占有 없는 果實 등의 收取와 本條
(3)「占有할 權利」와 果實 등의 收取權
3. 立 法 例
(1) 佛蘭西
(2) 獨 逸
(3) 瑞 西
(4) 우리 規定의 問題點
Ⅱ. 善意占有者의 果實取得
1. 善意의 占有者
(1) 占 有 者
(2) 善意의 占有者
(3) 無過失의 要否
(4) 民法 第197條 第1項의 適用
(5) 無償占有者
2. 果 實
(1) 本條의「果實」
(2) 使用利益
3. "果實을 取得한다"
(1) 學 說
(2) 判 例
(3) 果實收取權의 附與
(4) 現存하는 果實 등의 返還要否
Ⅲ. 惡意의 占有者와 果實
1. 惡意의 占有者 등
(1) 惡意의 占有者
(2) 暴力 또는 隱秘에 의한 占有者
2. 果實返還義務
(1) 收取한 果實의 境遇
(2) 未收取의 果實

Ⅰ. 序 說

1. 規定內容의 槪觀

(1) 本條는 점유자가 소유자(기타 本權에 기한 果實收取權者 또는 用益權者. 이에 대하여는 뒤의 2. (3) 참조. 이하에서는 그 대표로서 단지 所有者만을 내세우기로 한다)에 대하여 부담하는 果實返還義務에 관하여 정하고 있다. 즉 점유자가 收取한 果實 또는 收取할 수 있었으나 收取하지 아니한 果實을 어느 범위에서 어떠한 방식으로 소유자에게 반환하여야 하는가에 대하여 정한다. 그러므로 本

條는 만일 本條가 없었다면 응당 점유자가 그가 취득한 과실을 소유자에게 반환할 의무를 부담하였었을 경우(그 상세에 대하여는 뒤의 2. (3)(나) 참조. 그런데 특히 本條를 두어서 占有者를 특별히 우대하고자 하는 것이다. 다만 악의점유자가 過失로 수취하지 못한 果實에 대하여는 뒤의 (2)(나) 참조)에 대하여만 적용이 있고, 本條가 없더라도 점유자가 취득한 과실을 반환할 의무가 없는 경우에는 적용이 없다.

이 때 반환의무를 부담하는지 여부가 문제가 되는바의 果實이란 「占有할 권리」를 가지고 있지 못하여서 소유자에 대하여 그 물건을 반환할 의무를 부담하면서도(民 § 213) 아직 이를 반환하지 않고 있는 동안에 收取하였거나 收取할 수 있었던 과실을 말한다(이에 대하여는 前論 Ⅳ. 참조). 그러므로 점유자가 그러한 반환의무를 부담하지 않고 있는 期間에 대하여는 本條는 애초부터 적용의 여지가 없다.

(2) 本條의 Ⅰ은 善意의 占有者가 "占有物의 果實을 취득한다"고 정하고 있다. 그런데 뒤의 Ⅱ.2.(2)에서 보는 대로, 判例나 通說은 여기서 「果實」이란 원래의 의미에서의 果實(民 § 100)뿐만 아니라, 물건의 使用利益(즉 물건을 그 용도에 따라 사용하는 것 자체의 이익)도 포함하는 것으로 넓게 해석하여야 한다는 태도를 취하고 있다. 그리고 그 규정의 意味가 적어도 소유자가 부당이득을 이유로 하여서 점유자가 수취한 果實이나 使用利益의 반환을 청구하는 것을 허용하지 않는 데 있다는 데 대하여서도 별다른 의문이 제기되지 않고 있다(그로 인한 불법행위책임을 묻는 것도 허용되지 않는가에 대하여는 뒤의 Ⅱ.3. (1)(다) 참조).

그러므로 本項은 점유자가 취득한 과실 등(이하 「果實 등」이라고 하면, 원래의 의미의 과실과 사용이익을 모두 포함하여 지칭하는 것이다. 그리고 「果實 등의 收取」라고 하면, 과실의 수취와 사용이익의 취득을 모두 포함하여 지칭하는 것이다)이라는 경제적으로 매우 중요한 利益의 종국적인 歸屬에 관하여 선의의 점유자에게 特別한 惠澤을 부여하고 반면에 소유자를 그만큼 불리하게 대우하는 내용을 가진다. 가령 타인의 건물을 「점유할 권리」 없이 점유하는 자는 그 건물을 반환하여야 함은 물론이나, 만일 그가 선의라면 그는 그가 惡意가 되기까지 사이에 그 건물을 점유하여 얻은 사용이익을 전혀 반환하지 않아도 되는 그것이다. 만일 이 규정이 없다면, 점유자는 당연히 現存利益을 반환하여야 할 것이다(民 § 748 Ⅰ 참조).

그런 만큼 本條의 적용범위는 어떠한가, 本項에서 정하는 「선의」란 어떠한 의미를 가지는 것인가, 손해배상청구권 기타 다른 救濟手段과의 관계는 어떠한가 등의 해석문제는 실제적으로 중대한 의미를 가지고 있다. 그러한 문제에 대한 參考를 위하여 이들에 관한 外國의 태도를 뒤의 3.에서 개관하여 두기로 한다.

(3) 本條의 Ⅱ, Ⅲ은 惡意의 占有者(그리고 이와 同視되는 暴力 또는 隱秘에 의한 점유자)에 대하여 그가 실제로 수취한 果實은 그것이 현존하고 있거나 소비되었으면 이를 반환하여야

하고, 나아가 수취하였으나 훼손된 果實 또는 수취할 수 있었음에도 수취하지 못한 果實은 그 毁損이나 未收取에 대하여 過失이 있으면 그 代價를 반환하여야 한다고 정한다. 이 규정 중에서 실제로 수취한 과실에 관한 부분은 우선은 不當利得返還에 대한 것이라고 할 수 있으나, 未收取한 과실에 관한 부분은 그것이 아니라[1] 不法行爲를 이유로 하는 損害賠償에 관하여 정한 것이다. 本條 Ⅱ 後段이 "… 補償하여야 한다"라고 정하는 것은 부당이득반환과 손해배상을 모두 포함해서 한꺼번에 표현하기 위한 것이라고 할 것이다.

이 중 부당이득의 반환에 관한 규정은, 애초 수취한 果實에 대하여 부당이득반환에 관한 원래의 법리를 적용한 結果에 비하여 역시 점유자에게 특별한 혜택을 주는 측면이 있다. 원래 本條에서 말하는「악의」의 점유자가 果實을 수취하여 利益을 얻었으면, 그는 惡意의 受益者(民 §748 Ⅱ 참조)라고 할 것이다. 악의의 수익자는 그 받은 利益을 그대로(利子까지 붙여서) 반환하여야 하고, 이는 그가 그 利益을 소비하였거나 또는 그것이 훼손된 경우에도 또 그에게 그 消費 또는 毁損에 대하여 아무런 過責이 없는 경우에도 다름이 없으며,[2] 그로 인하여 原物의 반환이 불가능하게 되었으면 그 價額을 반환하여야 할 뿐이다.[3] 그런데 本項은 훼손의 경우에는 그에 대하여 過失이 있는 경우에만 그「代價를 보상」하도록 하고 있는 것이다. 그러나 이러한 악의의「占有者」에 대한 특별취급은 앞서 본 선의점유자에 대한 특혜에 비하여 본다면 오히려 미미한 것이라고 해야 할는지도 모른다.[4]

2. 占有와 果實 등

(1) 占有와 果實 등의 收取

本條의 적용은 소유물반환관계, 즉 점유자에게「점유할 권리」가 없어 그 점유물을 소유자에게 반환하여야 하는 관계가 존재하는 경우에 한정된다. 그런데 本條에서는 占有의 반환이 아니라 果實 등의 반환이 문제되고 있다. 여기서

1) 不當利得返還請求權이 발생하려면 그 義務者가 실제로 利益을 얻어야 하며, 利益을 얻지 못하였던 경우에는 비록 의무자가 그것을 얻을 수 있었고 또 얻지 못한 것이 그의 過責에 기한 것일지라도 不當利得은 성립하지 않는다.

2) 이는 마치 履行遲滯 후의 債務者의 책임과 마찬가지이다(民 §392 참조). 다만 同條 단서에서 정하는 바와 같이, 果實이 소유자에게 반환되었다고 가정하더라도 역시 毁損되었을 경우에는 그 책임을 면한다고 할 것이다(民 §392 참조).

3) 이에 대하여는 註釋債各 Ⅲ, 228(梁彰洙 집필) 참조.

4) 실제로 악의의 점유자가 수취한 과실의 훼손에 대하여 過失이 없다는 것은, 不可抗力으로 인한 훼손 이외의 경우에는 거의 想定하기 힘들다.

주의할 것은 占有와 果實收取나 특히 使用(보다 정확하게는 使用으로 인한 受益)이 실제에 있어서 어떠한 관계가 있는가 하는 점이다.

우선, 물건의 점유자라고 해서 언제나 그리고 당연히 그 물건의 과실이나 사용이익을 얻고 있는 것은 아니다. 이는 民 §324 Ⅱ에서부터 명확할 뿐만 아니라("留置權者는 …留置物의 使用 …을 하지 못한다"), 判例도 가령 大判 81.10.11, 81다378(集 29-3, 192)에서 "법률상 원인 없이 건물을 점유하고 있다고 하여도 이를 사용·수익하지 못하였다면 실질적인 이익을 얻었다고 볼 수 없는 것"이라고 판단하여[5] 이 점을 분명히 하고 있다.

나아가, 과실수취나 사용은 그 물건을 占有하여야만 할 수 있는 것은 아니다. 그리고 원고가 피고가 얻은 사용이익의 반환을 청구하는 경우에 이를 긍정하기 위하여 피고의 占有事實을 아울러 확정할 필요는 조금도 없다. 소위「占有의 不當利得」의 성립 여부가 논의되는 경우에는 그 점유의 반환을 부당이득으로서 청구할 수 있는가가 다루어지고 있는 것이고, 使用利益의 반환의무 여부는 이와는 무관한 것이다. 가령 通行地役權에 기하여 타인의 토지 위로 통행하고 있다가 그 지역권이 소멸한 후에도 계속 그 토지 위를 통행하는 경우에, 이것은 명백하게 그 도로의 부지인 토지를 점유하는 것이 아니지만, 그러나 역시 그 토지로부터 사용이익을 얻고 있는 것이라 하겠다.

實務에서는·가령 개인 소유의 토지 위에 道路가 개설·운용되고 있음을 이유로 토지소유자가 그 道路管理業務를 수행하는 지방자치단체 등에 대하여 그 賃料에 상당하는 금액을 부당이득으로서 청구하는 사건이 많이 다루어지고 있다. 이에 대한 법원의 판단을 보면 많은 경우에, 다수 인근주민의 반복적인 통행으로 자연적으로 발생한 도로에 피고(지방자치단체)가 일정한 시설물(가령 하수도나 보도블럭 등)을 설치하고 또 버스路線을 지정하였다는 등의 사정을 인정한 다음, 그렇기 때문에 피고는 그 도로의 부지를 "점유·사용" 또는 "점유·관리"하는 것이라고 하여 원고의 청구를 인용하고 있다.[6] 그러나 그러한 시설물의 설치나 버스路線

---

5) 이 사건에서, 피고(임차인)은 임대차목적물인 建物 내에서 싸롱을 경영하고 있었는데 그 허가명의는 임대인인 원고 앞으로 되어 있었다. 그런데 원고의 陳情으로 인하여 관할 구청장이 위 영업에 대하여 영업정지처분을 내렸다. 그 후로 피고는 위 영업을 하지 못하고 閉門하여 관리를 하지 않았다. 원고가 그 동안의 기간에 대한 임료 상당의 이득의 반환을 청구한 데 대하여, 원심은 이를 인용하였다. 그러나 大法院은, 本文에서 본바와 같은 理由를 내걸고, 피고에게「실질적인 이익」이 있는지를 審理하여야 한다고 하여 원심판결을 파기하였다.

6) 大判 70.11.30, 70다2171(月報 5, 38)로부터 최근의 大判 91.7.12, 91다1110(公 903, 2145)에 이르기까지 다수의 대법원판결이 존재한다.

에 의하여 다름아닌 피고(지방자 치단체)의 그 도로부지의 '점유', 그것도 시설물이 존재하는 부분에 한정하지 않고 그 도로부지 전부의 점유를 인정하여도 좋은 것인지 보다 면밀히 검토가 필요하다고 생각된다.[7)]

(2) **占有 없는 果實 등의 收取와 本條**

이렇게 보면, 本條에서 문제되고 있는 것은, 점유자가 동시에 果實 등을 얻고 있는 일정한 경우뿐이고(물론 실제로는 이와 같이 兩者의 事情이 겹치는 경우가 대부분일 것이다), 과실 등을 얻더라도 그것이 점유를 하지 아니한 상태에서 일어난 경우는 비록 그가 자신에게 과실 등을 수취할 本權이 있다고 믿었더라도(즉, 本條의 의미에서의 「선의」라고 하더라도) 本條의 적용을 받지 않는다고 할 것이다. 왜냐하면 本條는 특히 占有者에게 일정한 특혜를 주는 예외적인 내용을 정하는 것으로서 함부로 그 적용을 擴張하여서는 안 될 것이기 때문이다.

또한 성질상 점유가 허용되지 않는 特許權 등의 無體財産權에 대하여도 그것을 권원 없이 사용("特許發明의 實施" 등)한 자는, 비록 그가 선의라고 하더라도, 民 §201 I을 들어 그러한 권리침해로 얻은 利得의 반환을 거부할 수는 없다고 할 것이다.[8)]

(3) **「占有할 權利」와 果實 등의 收取權**

(가) 일반적으로 果實은 "이를 수취할 권리자에게 속한다"(民 §102 I, II 참조). 여기서 "수취할 권리자"라고 함은, 天然果實의 경우에는 원칙적으로 元物의 소유자이나, 예외적으로는 소유자로부터 그 과실을 수취할 권능을 포함하는 권리, 즉 일반적으로 「收益」할 권능을 포함하는 권리(가령 傳貰權이나 賃借權. 이에 대하여는 民 §§303 I 前段, 618 참조. 또한 비록 그 점에 관한 명문은 없으나 賃借權에 收益權能이 있다면 당연히 이에도 收益權能이 있다고 할 地上權[9)] 등. 그 상세에 대하여는 앞의 民 §102 注解 참조)를 설정받은 자를 말한다. 그리고 천연과실은 分離와 함께 그 收取權者에게 그 소유권이 귀속되므로, 비록 어떠한 사람이 그 分離를 행하

---

7) 물론 「점유」라는 것은 하나의 白地槪念(Blankettbegriff)으로서, 법적인 가치판단에 의하여 따른 利益衡量에 의하여 보충되어야 하는 法律要件이라고 할 수 있다. 이에 대하여는 Ph. Heck, Grundriß des Sachenrechts(1930), S. 20 참조.

8) 郭潤直, 民法總則(1990), 318; 金容漢, 民法總則(1986), 233; 張庚鶴, 民法總則(1986), 386은 물건이 아니라 권리를 사용한 대가는 果實이 아니라고 한다. 그러나 金容漢, 同所는 권리사용의 대가를 수취하는 권리나 그 대가의 귀속 등에 대하여는 法定果實과 동일하게 취급하여야 한다고 한다. 또 高翔龍, 民法總則(1990), 308은 권리의 과실을 법정과실로 인정하는 것이 타당하며, "적어도 법정과실에 관한 규정이 유추적용되어야 한다"고 한다.

9) 郭潤直(註 8), 317 등 통설.

였더라도 그에게 收取權이 없다면 그 과실은 원칙적으로 收取權者에게 반환되어야 하는 것이다.[10)]

그런데 法定果實의 경우는 어떠한가. 법정과실이란 "물건의 使用代價로 받는 金錢 기타의 물건"으로서(民 § 101 II), 그 물건의 사용에 관한 계약관계에 기하여 받는 금전 등을 말한다.[11)] 그러므로 법정과실의 귀속 자체는 그 계약관계의 내용에 의하여 정하여지는데(通說), 가령 부동산을 임대하여 받은 借賃이 일단 그 계약의 당사자인 그 임대인에게 귀속되고 그 목적물의 소유권 유무와 무관함에는 의문의 여지가 없다. 그런데 임대인이 그 물건의 소유자(또는 用益物權을 가지는 사람)가 아닌 경우에는, 그 借賃은 그 소유자에 대하여는「법률상 원인」이 없이 타인의 재산으로 얻은 利益에 해당하므로, 임대인은 이를 소유자에게 반환하여야 하는 것이다. 그러한 의미에서 법정과실의 경우에는 果實의 애초의 歸屬과 과실의 계속 保有가 분리된다고도 할 수 있다(이러한 歸屬과 保有와의 분리가 가지는 구체적인 의미에 대하여는 뒤의 II.3.(다) 참조).

한편 使用利益에 관하여 보면, 이는 果實과는 달리 물건이 아니며 사용하는 자가 누리는 무형의 재산적인 利益이다. 그러므로 이것이 애초 그 使用者에게 귀속된다고 함에는 異論의 여지가 없고, 다만 그것을 계속하여 보유할 權原이 있는가 여부만이 문제될 뿐이다. 그리고 使用利益은 그 성질상 당연히 原物返還이 불가능하여, 그것을 반환할 의무를 부담한다고 하더라도 그 내용은 그 價額을 금전으로 평가하여 반환하는 것일 수밖에 없다(民 § 747 I 참조).

(나) 本條의 적용을 받는 占有者는 앞의 前論 IV.1.에서 이미 말한 바와 같이「점유할 권리」를 가지지 못하여 그 점유물을 소유자에게 인도하여야 하는 점유자이다. 다른 한편 本條에서 문제되고 있는 과실 등에 관하여 보면, 그러한 점유자에게 그러한 과실 등의 수취를 정당화하는 權原이 따로 있다고 하면, 本條는 애초부터 적용될 여지가 없다. 다만 이에 관하여는 주의할 것이 있다.

---

10) 이렇게 보면, 天然果實의 경우에는 오히려 소유물반환청구권(民 § 213)이 문제된다고 할 수 있다. 다만 善意占有者가 그 과실을 收取한 경우에 대하여는 위의 II.3.(1) 참조.

11) 우리나라의 多數說은 法定果實도 물건이라야 한다고 해석하여, 원물사용의 대가로 받을 수 있는 權利(가령 차임채권)는 과실이 아니라고 한다. 郭潤直(註 8), 318; 金容漢(註 8), 233; 張庚鶴(註 8), 386 등. 그러나 이에 대하여는 反對說도 있다. 가령 高翔龍(註 8), 308은, "법정과실은 계약관계에 기하여 받는 金錢 기타의 物件(代替物), 즉 금전 기타의 債權(예, 借賃·利子 등의 청구권)이기 때문에 엄격하게 말해서 民法에서 말하는「物件」이 아니다"라고 한다. 日本에는 이러한 입장도 有力하다. 가령 川島武宜, 民法總則(1965), 148; 米倉明, 民法講義 總則(1)(1984), 36 이하 참조. 여기서는 일단 通說에 따라 두기로 한다.

일반적으로 民 §213 但書의 「점유할 권리」에는, 傳貰權(民 §303 I : "타인의 부동산을 占有하여")이나 動產質權(民 §329: "동산을 占有하고")과 같이 그 권리의 내용이 명문으로 목적물을 점유할 권능을 포함하고 있는 권리뿐만 아니라, 단지 목적물을 사용(또는 수익)하는 것을 내용으로 하는 地上權(民 §279: "토지를 사용하는 권리")이나 賃借權(民 §618: "目的物을 사용, 수익하게 할 것") 등도 포함된다고 이해되고 있다. 그런데 주의할 것은, 위와 같이 물건의 점유를 권리의 원래적인 내용으로 하지 않는 지상권 등의 權利가 民 §213 但書의 「점유할 권리」가 되는 것은 그러한 사용을 위하여 당연히 물건의 점유가 요구되는 경우에 한정되는 것이라는 점이다(이에 대하여는 本書 民 §213 注解 참조). 그 중에서 地上權은 "토지에 건물 기타 工作物이나 樹木을 소유하기 위하여" 설정되는 것이므로 그 성질상 토지의 점유를 전제로 하지 않는 경우를 거의 想定하기 힘들다. 그러나 당사자 사이의 합의에 의하여 다양하게 발생할 수 있는 채권으로서의 賃借權은 반드시 물건의 점유를 전제로 하지 않고도 물건을 사용·수익할 수 있는 내용으로 설정될 수도 있다. 가령 타인의 토지 위로 자동차를 통행하기로 하고 이에 대하여 대가를 지급하기로 하는 경우 등이 이에 해당한다. 그 경우에 賃借人이 그 적법한 권능의 범위를 넘어서 물건을 점유하는 경우(가령 그 통행부분을 담으로 막고 소유자의 출입을 배제하는 경우 등)에는, 소유자(임대인)는 반드시 임대차계약을 해지하지 않더라도 所有權에 기하여 목적물의 반환을 청구할 수 있을 것이다. 그러나 그 경우에도 임차인이 그 목적물을 사용·수익하는 형태가 그의 적법한 사용권능의 범위를 벗어나지 않는다고 하면, 애초 그 사용이익의 반환은 문제될 수 없으며, 따라서 本條의 문제도 제기되지 않는다.

3. 立法例

(1) 佛蘭西

(가) 佛蘭西民法은 소유자의 물권적인 반환청구권에 대하여 규정하고 있지 않다(이는 妨害排除 등 청구권에 대하여도 마찬가지이다). 그리고 動產에 관하여는 "占有가 權原의 효력을 가진다"(la possession vaut titre)고 명문으로 정하고 있는데(佛民 § 2279 I), 이 규정으로 말미암아 원칙적으로 動產所有者의 물권적인 반환청구권은 인정되지 않는다고 이해되고 있다.[12] 그러나 不動產에 관하여는 소유자가 반환청구권 기타 물권적

12) M. Ferid, Das Französische Zivilrecht Ⅱ (1971), 3 A 168(S. 922); 3 B 9(S. 925). 그러나 占有離脫物의 경우나 소위 所持者(détenteur) 또는 그로부터 惡意의 取得者에 대하여는 예외적으로 그러하지 아니하다. 同書, 3 B 107(S. 947) 참조.

청구권을 가진다는 것이 異論의 여지 없이 승인되고 있다.[13]

이와 같이 所有物返還請求權이 인정되는 경우에도 그에 부수되는 과실반환, 멸실·훼손에 의한 손해배상, 비용상환 등에 대하여는 별도의 규정을 두고 있지 않다. 따라서 이들 문제는 一般的인 規定에 의하여 규율된다.

(나) 점유자가 취득한 果實의 返還에 대하여는, 果實의 취득에 관한 일반적인 法理가 적용된다. 여기서 注意할 것은, 일단 果實에 대한 소유권을 취득한 자는 그것을 종국적으로 취득하며, 이것을 후에 채권법적으로 반환하여야 하는 일은 없다는 것이다. 즉 果實의 애초의 귀속(Gehören)과 果實의 적법한 계속보유(Gebühren 또는 Habendürfen)와는 분리되지 않는다.[14] 따라서 그 返還義務의 유무는, 점유자가 수취하였으나 애초부터 이에 대한 소유권을 취득하지 못한 果實에 대하여만 문제된다.

果實(fruits)의 귀속에 관하여 이를 일반적으로 규율하는 명문의 규정은 존재하지 않는다. 民 §201와 관련하여 중요한 것은, 점유자의 과실취득에 관하여 정하는 佛民 §§549, 550이다.[15] 이 규정들은 「선의」의 점유자의 과실취득권을 정하고 있는데, 그 내용은 다음과 같이 이해되고 있다.[16]

첫째, 과실취득권이 인정되는 점유자는 自主占有者이어야 한다(佛民 §550 I: "소유물로서(comme propriété)" 점유). 그러므로 단지 賃借人과 같은 所持者(détenteur)로서 점유하는 것으로는 족하지 아니하다. 그러나 用益權(usufruit)을 가지거나 물권적인 용익권리를 가지는 자는 自主占有者와 同視된다.

둘째, 그는 또한 「善意」의 점유자이어야 한다. 그런데 점유자가 「선의」라고

13) 그러나 이 경우에도 소송의 1차적인 대상은 所有權의 確認에 있고, 반환 등의 의무는 그 부차적인 결과에 불과하다고 이해된다. 佛蘭西에서는 반환청구는 소유권 그 자체를 소송에 의하여 관철하는 것이고, 별도의 청구권을 행사하는 것으로 관념되고 있지는 않다. 이에 대하여는 Ferid(註 12), 3 C 290(S. 1027) 참조.

14) 이에 비하여 가령 獨逸에서는 「선의」의 자주점유자는 果實을 취득하기는 하지만(獨民 §955), 소송이 제기된 후에 수취한 과실은 그 「선의」에도 불구하고 이를 반환하여야 한다(獨民 §987). 獨逸에서의 이러한 兩者의 분리에 대하여는 우선 Westermann, Sachenrecht(5. Aufl., 1966), §31 I 3 b) dd) (S. 140f.) 참조.

15) 佛民 §549(1960년 5월 17일의 법률 제464호에 의하여 개정): "단순한 占有者는 그가 善意로(de bonne foi) 점유하는 경우에만 과실을 자기의 것으로 한다. 반대의 경우에는, 그는 그 물건의 반환을 요구하는 소유자에게 그 물건과 같이 產出物(produits)을 반환할 의무를 진다. 그 산출물이 現物로(en nature) 존재하지 아니하는 경우에는 그 價額은 償還의 날을 기준으로 평가된다."

佛民 §550: "① 점유자가 所有權取得의 權原(titre translatif)에 기하여 그 瑕疵를 알지 못하고 所有物로서 점유하는 경우에 그는 善意이다. ② 점유자는 그 하자를 안 날로부터 善意임이 중지된다."

16) Ferid(註 12), 3 C 261ff.(S. 1020f.).

하려면, 우선 그는 所有權取得의 權原에 기하여 그 물건을 점유하기에 이르렀어야 한다. 소유권취득의 권원(titre translatif de propriété)이란 매매, 증여, 교환 등의 계약과 같이 그 성질상 소유권을 양도받는 데 적합한 法律行爲를 말한다. 물론 그 법률행위는 가령 매도인의 無權利, 無能力 또는 代理權의 欠缺 등의 하자로 말미암아 소유권 자체를 양도하는 효력을 가질 수 없는 것이다(만일 그러한 효력을 가진다면 그는 소유권에 기하여 당연히 果實을 취득하고, 별도의 규정이 필요 없다). 또한 점유자가 「선의」라고 하려면 그 양도행위에 내재하는 瑕疵를 알지 못하였어야 한다. 중요한 것은 過失로 알지 못한 경우에는 「선의」는 인정되지 않는다는 점이다. 그 알지 못한 이유가 事實의 錯誤에 기한 것인가, 아니면 法律의 錯誤에 기한 것인가는 불문이나, 단지 後者의 경우에는 「重大한 理由」(raisons sérieuses)가 있어야 「선의」로 인정된다. 한편 소송의 제기된 이후의 기간에 대하여는 이미 과실취득은 인정되지 않는다.[17]

셋째, 선의의 점유자가 취득하는 것은 果實에 한하고, 그 외의 產出物에는 미치지 않는다. 佛蘭西法에서[18] 「果實」(fruits)이란 產出物(produits) 중에서 原物을 해함이 없이[19] 주기적으로 그로부터 산출되는 것만을 말한다. 이는 天然果實(fruits naturels)과 法定果實(fruits civils)을 모두 포함한다. 중요한 것은, 使用利益은 선의의 점유자가 취득하는 果實에 속하지 않으며, 이에 대하여는 일반적인 不當利得의 법리가 적용된다는 것이다.

이상을 종합하여 보면, 佛蘭西에서 「선의」의 점유자의 과실취득은 善意取得制度와 유사한 내용을 가짐을 알 수 있다. 특히 여기서 보호를 받는 것은, 소유권취득행위를 하고 또 善意이며 無過失로 그 점유를 취득한 점유자라는 점에서 兩者는 현저한 유사성을 보인다. 兩者의 차이로 두드러지는 것은 後者의 경우에는 양수인이 물건의 소유권 그 자체를 취득하는 데 대하여, 前者의 경우에는 그가 「선의」인 동안에 수취한 果實을 취득하는 것에 있을 뿐이다.[20] 이렇게 보면, 佛蘭西에서 "점유자로서는 그에 대하여 아무것도 할 수 없었던 狀況 동시에 그 瑕疵의 원인이 오히려 많은 경우에 所有者에게 존재하는 그러한 狀況에 의하여, 점유자가 해를 입고 경우에 따라서는 파멸당하여서는 안 된다는

17) 佛蘭西 破棄院 民事部 1926년 12월 20일 판결(S. 1927. 1. 148).
18) 이하에 대하여는 Ferid(註 12), 3 A 70ff.(S. 898f.) 참조.
19) 따라서 이는 原物을 해하는 產出物(가령 나무에서 꺾은 가지)과 구분된다.
20) 그 외에 善意取得에 있어서는 讓渡人의 무권리라는 瑕疵만이 치유되는 데 비하여, 이 경우에는 기타 無能力이나 대리권 흠결 등에 있어서도 과실취득이 인정된다는 점 등이 다르다.

衡平의 考慮"를 이유로 들어 「선의」의 점유자에게 과실취득을 인정하는 것도[21] 수긍되는 바가 있다.

(2) 獨 逸

獨逸民法은 물권적 청구권에 대하여 명문으로 규정함(§§ 985, 986, 1004 등)과 아울러, 소유물반환관계에 따르는 부수적인 利害關係의 調整에 관한 상세한 규정을 가지고 있다(§§ 987-1003). 그리고 이 중에서 점유자의 과실반환과 관련하여서는, 점유자의 과실 '취득'을 정하는 별도의 규정(獨民 § 955)을 아울러 염두에 둘 필요가 있다.

前者의 규정은, 점유자가 果實(Früchte)과 使用利益(Gebrauchsvorteile)을 포함하는 그 상위개념인 收益(Nutzungen)(이에 대하여는 獨民 § 100 참조)을 소유자에게 반환할 의무를 부담하지 않는다는 原則 위에 서 있다(獨民 § 993 I 後段).[22] 그러나 이러한 原則에는 광범위한 예외가 존재한다

첫째, 소송의 제기 후의 점유자와 「악의」의 점유자(獨民 §§ 987, 990). 이들은 수취한 收益을 반환하여야 할 뿐 아니라, 수취하지 아니한 收益이라도 "정상적인 경제의 규칙(Regeln der ordnungsmänigen Wirtschaft)에 따른다면 수취할 수 있었던" 것에 대하여는 귀책사유가 있으면 이를 塡補하여야 한다(獨民 § 987 II).

둘째, 善意의 점유자라도 그 점유를 無償으로 취득하였으면, 소송이 제기되기 전에 수취한 收益에 대하여 부당이득법에 따라 반환의무를 부담한다(獨民 § 988).

셋째, 私力 기타의 불법행위로 점유를 취득한 자는 소유자에 대하여 불법행위법에 따른 塡補의 의무가 있다(獨民 § 992).

결국 「선의」이면서 아직 소송을 제기당하지 아니한 점유자는 果實과 使用利益을 포함하는 바인 收益을 소유자에게 반환하지 않아도 된다(물론 위의 둘째, 셋째의 경우와 같은 制限이 따른다). 이는 獨民 § 955에서 「선의」의 자주점유자는 엄격한 의미의 果實(Früchte)을 취득한다고 정하는 것에 대하여, 한편으로는 그 취득의 범위를 果實뿐만 아니라 使用利益에도 확장하면서, 다른 한편으로 「선의」의 점유자라도 소송이 제기된 후에는 果實을 그대로 보유하지 못하고 이를 반환하도록 그 效力을 제한하는 의미를 가진다고도 할 수 있다. 또한 여기서 「善意」(guter Glaube)는, 단지 점유자가 과실수취권이 있는 本權을 가지지 못함을 아는 경우뿐만 아니

21) Ferid(註 12), 3 C 260(S. 1020).

22) 다만 "그것이 정상적인 경제의 규칙에 비추어 볼 때 그 물건의 收穫物(Ertrag)이라고 인정되지 않는 경우", 즉 소위 過剩收益(Übermaßnutzungen)의 경우는 부당이득의 법리에 따라 반환하여야 한다(獨民 § 993 I 前段). 이와 관련하여서는 뒤의 II. 2. (1)(나)도 참조하라.

라, 이를 重大한 過失로 알지 못하였던 경우에도 否認된다(§932 II의 준용).[23)]

위와 같은 여러 제한이 없는 순수한 「선의」의 점유자에게 그가 수취한 收益의 반환의무를 부담시키지 않는 이유에 대하여 가령 베스터만은 다음과 같이 말한다. "선의의 점유자를 보호할 이유는 「우선」 그의 물건에 대한 사실적 관계에 있다: 즉, 그는 그 물건에 영향을 줄 수(einwirken) 있으며, 收益은 그의 노동에 달려있는 것이다. 또한 빈번하게, 그의 소유권취득이 원래의 소유자의 이익을 위하여 挫折되었다는 사정에 대하여 補償(Ausgleich)을 주는 것이 적합한데, 그러한 補償이 물건으로부터의 收益(Nutzungen)을 「취득」함으로써 행하여지는 것이다."[24)]

(3) 瑞 西

瑞西民法은 우리 民法과 마찬가지로 占有者의 과실반환 등에 대하여 占有에 관한 節(제24절)에서 점유의 효력으로서 규정하고 있다(瑞民 §§938ff.). 따라서 그 규정들 자체로부터는 소유물반환관계와의 관련을 看取하기 어렵다. 그러나 學說은 이러한 關聯을 명백하게 긍정하는 데 異論이 없다.[25)] 그 중 瑞民 §938 I은 "어떠한 물건을 善意로(in gutem Glauben) 점유하는 사람은, 그가 그 물건을 그가 가진다고 생각하였던 權利에 좇아 사용하고 이용한(seinem vermuteten Rechte gemäß gebraucht und benutzt) 것에 대하여 權利者에게 배상의무를 부담하지 아니한다"고 규정한다. 우선 여기서 주목되는 것은, 위 규정 자체는 「선의」의 점유자에게 특혜를 "사용하고 이용한 것"에 한정하고 있고, 따라서 가령 果實에 대하여서는 말이 없다는 점이다. 그러나 學說은 위 규정은 果實에 대하여도 적용이 있다고 해석한다.[26)] 한편 瑞民 §940 I은 "어떠한 물건을 惡意로 점유하는 사람은 …收取하거나 수취를 게을리한(versäumt) 果實에 대하여 배상을 이행하여야 한다"고 규정한다. 그러므로 중요한 것은 점유자의 「善意」 여부이다.

그런데 어떠한 법률효과가 「선의」 여부와 관련되는 경우 일반에 대하여 瑞西民法은 그 冒頭의 「通則」(Einleitung)에 한 개의 조항을 마련하여 두고 있다. 즉 瑞民 §3 I은 "법률이 법률효과를 사람의 선의에 연결시키고 있는 경우

23) MünchKomm/Medicus, §990 Rdnr. 5(S. 917) 등 통설.
24) Westermann(註 14), §31 I 3 b) dd)(S. 141).
25) Tuor/Schnyder, Das Schweizerische Zivilgesetzbuch, 10. Aufl.(1986), §82 III(S. 580) 참조.
26) Tuor/Schnyder(前註), §580 III(S. 580).

에는 그 존재는 추정된다"고 하고, 이어서 同條 II는 "諸般事情에 비추어 요구되는 注意(Aufmerksamkeit)를 하였다면 善意일 수 없는 사람은 善意를 원용할 수 없다"고 정한다. 요컨대 이는 善意의 推定과 아울러, 선의이기는 하나 過失 있는 사람은 선의로 취급되지 않음을 정한 것이다.

(4) 우리 規定의 問題點

이상과 같은 立法例와 本條의 규정을 대비하여 보면, 우리 民法은 단지 善意의 점유자이기만 하면 그가 수취한 果實의 返還義務를 일체 인정하지 않는다는 태도를 취하여 善意의 占有者에게 類例 없는 특혜를 베풀고 있음을 알 수 있다. 특히 만일 그러한 「善意」의 요건을 過失 있는 善意者도 포함하는 것으로 해석한다면, 이는 더더욱 그러하다. 그러나 그러한 特惠를 선의의 점유자에게 부여할 근거는 도대체 무엇인가. 독일에서는 收取한 果實의 반환의무를 부담하지 않는 것은 有償으로 점유를 취득한 善意의 점유자뿐이고, 無償占有取得者는 부당이득법에 따라 과실을 반환하여야 한다(獨民 § 988). 有償의 점유취득자는 과실을 취득함으로써 "占有取得을 위한 支出에 대한 等價物(Äquivalent)을 얻게 되"는 것이다.[27] 그리하여 獨民의 태도는 일반적으로 적합한 것으로 평가되고 있다.

그러나 이 점에 대하여 우리와 같은 규정을 가지는 일본에서 상당한 批判이 제기되고 있다. 가령 川島武宜는, "선의점유자의 과실수취권은 연혁상 주로 土地가 점유자의 勞動(耕作)에 의하여 果實을 발생시킨 경우를 主眼으로 하는 것이고(따라서 '果實'에 대하여 규정한다), 현대에 있어서와 같이 넓게 '物'이 노동과 관계없이 利潤을 낳는 經濟組織에 있어서는 그 규정의 合理性은 反省의 여지가 있지 않는가"라고 한다.[28] 또한 星野英一도 "[日本民法] 제703조(우리 民 § 748 I에 해당)에 의하더라도 受益者는 「그 利益이 있는 限度」에서 반환하면 되기 때문에 하등 受益者에게 불리한 것은 없고, 오히려 果實을 그대로 利得시키는 것으로 하

27) Heck(註 7), § 68, 4(S. 284). 이러한 설명은, 부당이득에서 「利得」(Bereicherung)의 확정에 관하여 다수설을 이루는 差額說(Saldotheorie)을 연상시킨다. 이 理論에 의하면, 쌍무계약이 兩當事者에 의하여 서로 이행되었는데 후에 그 계약의 무효 등으로 말미암아 쌍방이 각각 자신이 수령한 급부를 반환하여야 할 경우에는 兩給付의 차액만이 반환의무의 요건인 「利得」이 되고 그러한 差額이 있는 당사자만이 返還義務를 부담한다는 것이다. 이에 대하여는 우선 註釋債各(Ⅲ), 238(梁彰洙 집필); 金龍潭, "雙務契約의 無效·取消와 不當利得", 民事裁判의 諸問題 3(1985), 124 이하 참조. 이 이론을 한 걸음 밀고 나가서 有償의 善意占有者가 취득한 果實에 대하여 적용하여 보면, 이 果實은 대부분 그 점유자가 지급한 反對給付의 果實과 상쇄되는 것이어서, 애초에 반환의무가 없게 된다.

28) 川島武宜, 所有權法の理論(1947), 134.

는 것의 根據야말로 이해하기 어렵다"고 한다.[29]

이와 같이 民 §201 I 이 특히 善意의 占有者에게 특별한 혜택을 주는 根據가 반드시 석연하지 않다는 점은 이 규정의 실제적인 운용에 미묘하게 반영되어 있다고 생각된다. 뒤에서 보는 대로 판례는, 우선 점유자의 선의를 추정하는 民 §197 I 을 위 규정에 곧이곧대로 적용하는 데 대하여 상당한 주저를 보이고 오히려 점유자가 자신의 善意를 입증하여야 한다는 태도를 보이기도 하며, 나아가 위 규정의 적용을 받으려면 자신에게 과실수취권 있는 本權이 있다고 믿는 것만으로는 부족하고 나아가 그렇게 믿을 만한 根據가 있어야 한다는 입장을 취하고 있다. 이와 같이 法規定의 구체적인 적용에 있어서의 修正이 방법론적으로 바람직하지 못함은 물론이므로, 오히려 그러한 適用이 달성하려고 하는 바를 정면에서 解釋論에 반영하려는 노력이 행하여져야 할 것이다.

Ⅱ. 善意占有者의 果實取得

1. 善意의 占有者

(1) 占 有 者

(가) 여기서 말하는 「점유자」란 「점유할 권리」 없이 타인의 물건을 점유하여서 소유자에 대하여 그 물건을 반환할 의무를 부담하고 있는 점유자를 말한다. 독일에서는 부동산에 대하여는 登記簿上 소유자로 등기되었으나 소유자가 아닌 자에 대하여도 이 규정(그리고 기타의 附隨的 請求權에 관한 규정들, 즉 獨民 §§ 987-1003 전부)이 준용된다고 해석되고 있다.[30]

(나) 우리 나라에서는 별로 論議되고 있지 않으나,[31] 獨逸에서는 占有補助者가 악의인 경우에는 일정한 요건 아래서 점유자의 악의를 인정하여야 할 것이 아닌가가 論議되고 있다.[32] 가령 피고가 건설회사에게 피고 소유의 토지 위에 건물을 건축하도록 도급주었는데, 그 수급인이 공사를 수행하는 과정에서

29) 星野英一, 民事判例硏究 2卷(2)(1972), 525. 그러므로 "本條를 가능한 한 좁게 적용하는 것이 좋다고 생각한다"고 한다.

30) Erman/Hefermehl, Vorbem. zu §§ 987-993 Rz. 3(S. 229).

31) 다만 李英俊, 323 참조.

32) 다른 한편 악의의 점유자가 占有補助者의 善意를 원용할 수 없다는 점에 대하여는 의견이 일치한다(즉, 대리행위의 하자에 관한 獨民 § 166은 여기서는 적용 또는 유추적용될 여지가 없다). 이에 대하여는 MünchKomm/Medicus, § 990 Rdnr. 10(S. 919f.) m. w. N. 참조.

地上權에 의하여 확보되어 있는 원고의 通行權을 그 통로를 협소하게 공사함으로써 침해한 경우에, 그 토지의 점유자인 피고는 善意이나, 수급인은 중대한 과실로 말미암아(이에 대하여는 위 I.3.(2) 참조) 악의라고 하자.[33] 원고는 피고에 대하여 악의의 점유자로서의 책임을 물을 수 있는가?

獨逸에서는 이에 대하여는 見解가 매우 착종되어 있다.[34] 代理行爲의 瑕疵에 관한 獨民 §166를 유추적용하자는 견해(多數說이고, 判例이다), 使用者責任에 관한 獨民 §831를 유추적용하자는 견해, 경우를 나누어 위 兩者 중의 하나를 유추적용하자는 견해 등이 대립되고 있다.

우리 나라에서는 "점유가 예컨대, 계약협의과정과 같은 법률행위적 접촉에 의하여 발생한 경우에 관하여는 代理行爲의 瑕疵에 관한 民法 제116조를 유추적용하고 그렇지 아니한 경우에 관하여는 使用者責任에 관한 民法 제756조를 유추적용하는 것이 타당하다"는 견해가 있다.[35] 그러나 民 §201 이하에서 정하여진 附隨的인 請求權이 전제하는 소유물반환관계는 법률행위의 존재를 전제로 하고 또 법률행위적인 효과의 발생(및 귀속) 여부가 문제되는 民 §116와는 무관하고 오히려 객관적으로 소유권을 침해하고 있다는 측면에서는 불법행위에 가까우므로[36] 일률적으로 民 §756를 유추적용하는 것이 타당하다고 생각된다.[37] 그러므로 점유보조자가 점유자의 指揮監督을 받는 관계에 있고, 그 업무수행에 관하여(다만 이 요건을 원래대로 소위 外形說에 따라 정할 것이냐에 대하여는 검토를 요한다) 「점유할 권리」가 없음에 대하여 악의가 되었으면, 점유자는 악의자로서의 책임을 져야 한다.

(2) **善意의 占有者**

「善意」의 점유자란 "果實收取權을 포함하는 本權을 가지고 있다고 誤信하는 점유자"를 말한다고 해석되고 있다.[38]

(가) 여기서 주목할 것은 「善意」는 일반적으로는 일정한 사실을 알지 못하는 상태, 즉 소극적인 不知를 말하는 것으로 이해되고 있는데, 여기서는 적극

33) BGHZ 42, 63의 事案.
34) 이에 대하여는 우선 MünchKomm/Medicus, § 990 Rdnr. 11f.(S. 919) 참조.
35) 李英俊, 323.
36) 이 점 Baur, Lehrbuch des Sachenrechts(15. Aufl., 1990), § 5 II 1 c) bb)(S. 37); G. Hohloch, Die negatorischen Ansprüche und ihre Beziehung zum Schadensersatzrecht (1976), S. 16ff. 참조.
37) MünchKomm/Medicus, § 990 Rdnr. 12(S. 919); Baur, § 5 II 1 c) dd)(S. 37) 등도 同旨.
38) 郭潤直, 249; 金容漢, 201; 金曾漢, 218; 李英俊, 322 이하; 張庚鶴, 325 등 通說. 또한 뒤의 (3)(가)에서 보는 최근의 大判 88. 12. 20, 88다카6709(公 841, 197) 등 다수의 判例도 적어도 抽象論으로서는 같다.

적인 誤信이 요구되고 있다는 점이다. 그리고 이는 大判 69.9.30, 69다1234(集 17-3, 162) 등의 판례에서도 채택되고 있는 定式이다.

(a) 그 이유에 대하여 우리 나라의 학설은 별로 언급하지 않고 있으나, 日本에서는 가령 "본래 부당이득으로 되어야 할 것에 대하여 적극적으로 所有權取得을 인정하는 것이기 때문에, 단순한 선의로는 족하지 아니하고 誤信이 요구된다고 새길 것이다"고 하는 설명이 행하여지고 있다.[39]

일반적으로 「善意」를 단순히 소극적인 것으로 이해할 것인가, 아니면 적극적인 어떤 것으로 이해할 것인가에 대하여는 그 이해가 나뉘어져 있었던 바이다. 가령 빈트샤이트는 로마法의 使用取得(usucapio)의 제도에 기하여 取得時效(Ersitzung)를 설명함에 있어서, 그 요건으로서의 점유자의 「선의」(bona fides)에 대하여,[40] "여기서 善意(guter Glaube)라고 함은, 물건을 취함에 있어서 아무런 실질적인 不法도 행하지 아니하였다는 성실한 確信(redliche Überzeugung)이라고 이해할 수 있다"고 설명하고 있다.[41] 한편 이와 반대로 사비니는 역시 使用取得과 관련하여, "우리가 bona fides를 소극적으로(negativ), 즉 불성실한 意識의 부존재(Abwesenheit des unredlichen Bewußtseins)라고 표현하는 것이 가장 정확한 것이라고 할 것이다"라고 한다.[42]

그러므로 우리의 通說이 여기서 「선의」를 위와 같이 적극적인 誤信으로 이해한다고 해서, 그것이 무슨 事物의 性質에 반하는 것이라고는 할 수 없다. 오히려 앞서 본 대로 점유자에 대하여서만 특히 각종의 特惠를 인정할 근거가 썩 설득력이 있는 것이 아니라고 하면(이에 대하여는 前論 Ⅲ. 2. 및 위 Ⅰ. 3. (4) 참조), 그 根據가 설득력을 가지는 범위로 그 要件을 제한할 필요가 있다고 생각된다. 그리고 위와 같은 적극적인 誤信의 요구는 바로 이러한 制限의 思考的 道具로서의 역할을 한다고 하겠다.

(b) 그러므로 점유자가 위와 같은 권리의 존재에 대하여 疑心을 가지게 되었으면, 그는 이미 本條에서 말하는 의미의 善意가 아니라고 할 것이다.[43]

---

39) 日注民(7), 61.

40) 로마法에서 bona fides의 개념은 다른 많은 것 가운데서 특히 占有와 관련하여 현저한 技術的인 意味를 가지고 있다. bona fides의 對를 이루는 mala fides라는 말은 占有法 이외의 영역에서는 단지 dolus라고 불리워진다. 이에 대하여는 Jäggi, in: Berner Kommentar, Bd. 7(1966), Art. 3 N. 17(S. 386) 참조.

41) B. Windscheid, Lehrbuch des Pandektenrechts, 9. Aufl.(1907), § 176(S. 916).

42) Savigny, System des heutigen römischen Rechts Ⅲ(1840), S. 372.

43) Jäggi(註 40), Art. 3 N. 35ff.(S. 389f.), N. 114(S. 409)는 瑞西民法上의 「善意」(guter Glaube)를 "어떤 사람이 客觀的으로 不適切하게(objektiv unrichtig) 행위하였으나 不法

다른 각도에서 보면, 그 경우에 가지게 된 疑心은 당연히 근거 있는 의심이므로(왜냐하면 점유자는 객관적으로는 그 물건을 「점유할 권리」가 없으니까), 자신이 가진다고 믿은 「점유할 권리」의 存否 및 內容에 대하여 더욱 알아 보아야 했을 것이다. 그렇게 하였다면 그는 대부분의 경우 그의 무권리를 인식하였을 것이니까, 결국 그에게는 「과실」이 있는 셈이 된다. 이에 대하여는 뒤의 (3) 참조.

(나) 여기서 「果實收取權 있는 本權」이라 함은 예컨대, 所有權, 地上權, 傳貰權, 賃借權[44] 등을 말한다. 요컨대, 점유자가 자신의 점유가 「점유할 권리」에 기한 것이어서 適法한 占有(rechtsmäßiger Besitz)라고 믿었으며, 그 「점유할 권리」의 객관적인 내용이 점유자가 문제되는 果實 또는 使用利益을 보유하는 "법률상 원인"이 되는 것이면, 이에 해당한다고 하겠다(그 경우에 어떠한 法的 地位가 「점유할 권리」에 해당하는가는 本書 民 §213 注解 II.3. 참조). 그렇게 보면, 民 §201 I 에 의하여 보호를 받는 것은 그가 自主占有者인지, 他主占有者인지를 불문한다.[45] 나아가 가령 무효인 부동산매매계약에 기하여 목적물을 인도받은 買受人은, 비록 아직 등기를 이전받지 못하여 그 부동산의 소유권을 취득하지 못하였더라도 그 매매계약의 유효를 믿었다면(뒤의 (대) (b) 참조) 그 매수인으로서의 地位 자체가 여기서 말하는 「선의」의 내용을 충족한다고 하겠다.

그러므로 質權이나 留置權과 같은 과실수취권이 없는 本權을 가지고 있다고 믿은 사람은 이에 해당되지 않는다. 또 점유자가 원래는 과실수취권이 없는 本權에 과실수취권이 있다고 믿고 있었더라도, 이는 그 「점유할 권리」의 객관적인 내용에 부합하지 않는 것이어서 民 §201 I 의 보호를 받지 못한다.[46]

다른 한편 위와 같은 「占有할 權利」가 있다고 오신하기만 하였다면, 그 권리가 물권적인 성질을 가진 것인지, 채권적인 성질을 가진 것인지를 不問한다.

(다) 점유자의 善意 여부(또는 惡意의 立證이 갖추어졌는지 여부)가 직접 문제된 판결에는 다음과 같은 것이 있다.

(a) 大判 55.7.28, 4287民上253(要集 民 I-1, 374)은, 처분금지가처분등기 후에 점유를 취득하였다는 것만으로 民 §197 I 에서 정하고 있는 善意의 推定을 번

危機(Unrechtsbewußtsein)이 결여된 경우"라고 정의하고, 同法 §3 II (不注意한 자의 善意 원용 否定)에 대하여, "不知者 또는 錯誤者는 … 그가 알고 있는 事情들에 의하면 探索해 보아야 했을 그가 알지 못하는 事實들을 충분히 탐색해 보지 아니한" 결함은 대체로 회피할 수 있는 것이어서 注意(Aufmerksamkeit)를 缺한 것으로 평가된다고 한다.

44) 大判 76.7.27, 75다1824(總覽 2-1(A), 452-19)은, 제 3 자로부터 토지의 管理收益權을 有償讓受하여 그 토지를 점유하고 있는 사람에게 과실취득을 인정하였다.

45) 李英俊, 325는 이 점을 明言한다.

46) 日本의 通說이라고 한다. 日注民(7), 61 참조.

복할 수는 없다고 한다.

(b) 大判 66.9.20, 66다939(集 14-3, 36)은 農地改革法의 규정에 반하여 효력이 없는 農地賣買契約에 기하여 그 매수인이 인도받은 農地를 경작함으로 얻은 수익의 반환을 그 매도인이 청구한 事案에 대한 것이다. 이 판결은 피고가 위 매매계약을 유효한 것으로 알고 있었으니 그 기간 동안의 수익은 반환할 의무가 없다고 판시하였다. 여기서는 「점유할 권리」 그 자체의 존재가 아니라 그러한 권리를 발생시키는 法律原因의 유효를 믿은 것을 들어 「선의」의 점유자를 인정하였는 점이 주목을 끈다.[47)]

(c) 大判 77.9.28, 77다1278(要集 民 I-1, 388)은, 원고가 내용증명우편으로 토지의 소유권을 새로이 취득하였음을 알리고, 측량도면을 첨부하여 피고의 무단점유의 근거를 밝혀 그 토지의 명도를 催告하였다면, "특별한 事情이 없는 한" 통고가 도달한 때로부터는 피고는 "선의점유자의 보호대상에서 벗어난다 할 것"이라고 한다. 이 판결은 「악의」의 인정이라는 사실문제(내지는 입증문제)와 점유자의 보호가치라는 규범적·평가적인 문제가 밀접하게 연관되는 것임을 알게 하여 준다. 이는 위 판결이 피고는 악의의 점유자라고 못박지 아니하고, "선의점유자의 보호대상에서 벗어난다"고 판단하는 데서 더욱 뚜렷이 느껴진다. 위와 같은 事案에서라면 비록 피고가 악의는 아니라고 할지라도 그에게 그와 같은 오신한 데 대하여 過失(또는 重大한 過失)이 있다고 하여(뒤의 (3) 참조) 피고의 주장을 물리치는 것이 더 솔직하지 않을까 하는 생각도 든다.

(d) 大判 77.11.22, 77다981(要集 民 I-1, 388)은, "당사자 상호 간의 소유토지를 착오로 서로 자기의 소유로 알고 점유하였음은 선의의 점유라 할 것이니 그 점유물로부터 생긴 果實의 利得을 정당히 취득한 권리가 있다"고 한다.

(e) 大判 87.9.22, 86다카1996(公 812, 1622)은, 피고 소유의 토지를 관리하는 사람을 그 토지의 소유자로 믿고 그로부터 그 토지를 매수하는 계약을 체결하고 이를 인도받아 사용하여 온 원고에 대하여 피고가 反訴로 그 인도 이후의 사용기간에 대한 부당이득의 반환을 청구한 事案에 대한 것이다. 原審은 위 피

---

47) 또한 大判 65.9.28, 65다1641(集 13-2, 170)는, 農地의 交換(실제로는 농지를 매수하고 쌀을 지급한 것)에 대하여 소재지관서의 증명을 얻지 못하여 그 농지의 소유권을 취득하지 못하였다고 하더라도 "特段의 사정이 없는 한 그 자가 그 농지를 경작함으로 얻은 收益까지를 법률상 원인 없는 이득이라고 단정할 수 없다"고 한다. 이는 결국 그 농지교환계약의 유효를 믿은 이상, 실제로는 그 계약이 무효라고 하더라도, 그 점유자는 선의라는 판단을 포함하는 것이 아닌가 생각된다. 그러한 의미에서 위 본문의 大判 66.9.20.과 같은 취지라고 하겠다.

고의 청구를 인용하였다. 大法院은, "원고는 자기가 이 사건 토지의 적법한 매수자라 믿고 이를 점유사용하였다는 것"이라면 사용이득의 취득이 인정된다고 하여 원심판결을 파기하였다.

㈑ 占有者가 애초 점유를 취득한 당시에 위와 같은 의미에서 善意이었다고 하더라도 그 후에 위와 같은 권리가 없음을 알게 되거나 그에 대하여 의심을 가지게 되었으면, 그는 그 때부터 民 §201 Ⅰ의 적용을 받을 수 없다.

이 경우 法定果實이나 使用利益은 선의가 존속한 日數의 비율에 따라 취득한다(民 § 102 Ⅱ). 그러나 天然果實은 元物로부터 분리될 때의 선의 여부가 기준이 된다.[48]

(3) **無過失의 要否**

우리 나라의 통설은 점유자가 그와 같이 誤信한 데 대하여 過失이 있더라도 民 §201 Ⅰ의 적용을 받는다고 한다.[49]

㈎ 그런데 判例는 이 점과 관련하여 기묘한 態度를 보이고 있다.

가령 大判 81.8.20, 80다2587(集 29-2, 271)은, 피고들 소유의 건물이 피고 중 1인 소유의 토지와 그에 인접한 원고 소유의 토지에 걸쳐서 건립되어 있다는 이유로 원고가 그 불법사용을 이유로 한 不當利得의 반환을 청구한 事案에 대한 것이다. 이에 대하여, 대법원은, "民法 제201조 제1항에 의하여 과실취득권이 인정되는 선의의 점유자란 과실취득권을 포함하는 권원이 있다고 誤信한 점유자를 말한다 함은 소론과 같다고 하겠으나, 그와 같은 오신을 함에는 오신할 만한 根據가 있어야 된다고 할 것"(머리점은 引用者가 붙임)이라는 法律論을 설시하였다.[50] 그리고서는, 피고들이 本條에서 말하는 선의의 점유자라는 피고들의 주장을 原審判決이 피고들이 원고 소유의 대지를 점유사용할 권원이 있다고 믿은 근거가

48) 同旨: 李英俊, 323.

49) 郭潤直, 249; 金容漢, 202; 張庚鶴, 325. 특히 李英俊, 323은 誤信한 데 대하여 重大한 過失이 있다 하더라도 惡意로 되는 것은 아니라고 하면서, 獨民 § 932 Ⅱ는 이러한 경우에도 惡意라고 하지만 우리 民法 아래서는 이와 같이 해석할 근거가 없다고 한다.

50) 이 판결은 그 설시의 法律論에 대한 先行判決로서 大判 69.9.30, 69다1234(集 17-3, 162)와 大判 79.11.27, 79다547(集 27-3, 177)의 둘을 들고 있다. 그러나 앞의 판결에는 誤信 외에 「오신할 만한 근거」가 요구된다는 판단은 보이지 않는다. 그리고 뒤의 판결에서는 民 § 197 Ⅰ에서 정하는 점유자의 善意推定이 번복되었는가가 주요한 判斷對象이 된 것인데, 同判決은 일단 그 선의추정이 번복되었다고 하면 그 때에는 "점유자로서는 이 건 대지를 점유사용할 권원이 있다고 믿을 만한 사실이 있었다는 점을 주장입증하여야" 한다고 덧붙이고 있다(머리점은 引用者가 붙임). 이와 같이 보면, 뒤의 판결에 權原이 있다고 '믿을 만하여야 한다'는 說示가 포함되어 있다고 해서, 이것만으로 民 § 201 Ⅰ의 「선의」의 점유자로 인정되려면 誤信 외의 「오신할 만한 根據」가 있어야 한다는 判例가 이미 성립되어 있었다고 보기는 어렵지 않을까 하는 생각이 든다.

없다고 하여 배척한 것을 찬성하고 있다.

그 후의 가령 大判 88.12.20, 88다카6709(公 841, 197)도, 원고회사가 그 소유의 토지 위에 건물을 소유하고 있는 피고를 상대로 하여 그로 인한 토지의 사용이익의 반환을 청구한 사건에 대한 것이다. 原審은 피고의 선의를 否認하여 원고의 청구를 인용하였다. 대법원도 상고를 기각하여 원심의 판단을 容認하였는데, 그에 있어서 피고가 위 건물을 매수할 당시 원고회사의 총무부장에게 대지사용료를 내지 않아도 된다는 것을 확인하였다는 것을 가지고서는 "과실취득권이 있는 것으로 믿을 만한 객관적인 사정이 없다"고 한다.[51]

위의 판결들이 설시하고 있는 法律論은 다음과 같이 이해될 수 있다. 民 §201 I 의 보호를 받으려면 점유자의 단순한 誤信만으로는 부족하고, 그 誤信이 「근거 있는」(begründet) 誤信이어야 한다. 따라서 점유자가 그렇게 믿은 데 대하여 過責이 없는 誤信(ein entschuldbarer Irrtum)이어야 한다는 것이다.[52]

(나) 여기서 앞의 I.3.에서 본 주요한 나라의 立法例를 상기하여 볼 필요가 있다. 佛蘭西와 瑞西에서는 자신의 無權原을 알지 못하는 데 대하여 過責있는 점유자는 보호를 받지 못한다는 태도를 취하고 있다. 그리고 獨逸에서도 「善意」의 점유자라고 하려면, 그 무권원을 重大한 過失 없이 알지 못하였어야 한다. 그런데 이것은 動產의 善意取得에 관한 獨民 §932 II 을 이 경우에 끌고 들어온 결과이다.[53] 그런데 우리 民法은 동산의 선의취득에 관하여 "善意이며 過失 없이"를 요구한다(民 §249). 그렇다면 獨逸에서 輕過失의 점유자에 대하여 특혜를 인정한다는 것은 우리 民法의 태도와는 脈絡을 달리하는 것이라고 할 수도 있다.

그리고 실질적으로 평가하여 볼 때에도, 타인의 물건을 권원 없이 점유하는 사람이 자신에게 그 「점유할 권리」가 있다고 믿기만 하면, 그 믿게 된 理由가 어디에 있는지, 그 이유가 일반사람이 그와 같은 처지에 있었어도 그렇게 믿을 만한 것이었는지와는 전혀 상관 없이, 그 믿었다는 사실 하나만으로 그에

51) 이는 뒤의 (4)(가)에서 보는 民 §197 I 의 적용에 관한 판결이라고도 이해할 수 있다.

52) 그러나 大判 66.7.19, 66다994(集 14-2, 205)은, 피고가 法令의 不知로 인하여 상속인이 될 수 없는 사람을 相續人으로 여기고 그로부터 토지를 "차용" 점유한 경우에, "선의의 점유자로 그 과실을 취득할 권리가 있어 경작한 농작물의 소유권을 취득할 수 있다 하더라도… 피고에게 과실이 있다고 아니할 수 없"다고 하여 그의 不法行爲로 인한 손해배상책임을 긍정하고 있다. 위의 인용부분을 중시한다면, 判例는 통설과 같은 태도를 취하고 있다고 할 수도 있다. 그러나 위 인용부분은 단지 假定判斷에 불과하고, 또한 위 사건에서 사건해결의 결론을 도출하여 가는 논리적인 과정에서는 不必要한 說示이다. 따라서, 이를 判例라고 확정할 수는 없다고 생각된다.

53) MüchKomm/Medicus, §990 Rdnr.5(S.917)등 참조.

게 보호를 주어야 할 것인가? 이와 같이 점유자의 주관적인 意識狀態에 의하여 상대방의 소유권의 內實이 좌우되게 하여서는 안 될 것이고(극단적으로 말하면 점유자가 극도로 利己的인 偏執狂인 경우에는 언제나 「선의」이어서 과실을 취득할 수 있게 된다), 점유자가 ──대부분의 경우에 그러한 無權原의 점유가 발생하는 데 관여하지 아니한── 소유자의 利益을 희생시키고 特惠를 받으려면 그에게 그만한 保護價値가 있어야 할 것이다. 그렇다면 역시 이 경우에 果實을 취득할 수 있는 「善意」의 점유자라고 하기 위하여는, 위의 大判 81.8.20.가 판시하는 것처럼, 그것이 단순한 誤信이어서는 안 되고, 「오신할 만한 근거」가 있는 誤信이 요구된다고 하겠다.

한편 이에 대하여는 우리 民法이 「선의」만을 요구하지, 「무과실」을 요구하는 명문의 규정을 두고 있지 않으므로, 위와 같이 해석할 수는 없다고 주장할는지도 모른다(앞의 註 49 참조). 물론 民法이 법률요건을 규정함에 있어서 「善意」(가령 民 §§107 Ⅱ, 108 Ⅱ 등)와 「善意無過失」(가령 民 §§249, 470 등)을 구별하고 있음은 주지하는 대로이다. 그러나 그렇다고 해서, 단지 「선의」라고만 규정하였다고 해서 이에는 過失(또는 重大한 過失)이 있는 「선의」도 포함된다고 해석하여야만 하는 것은 아니다. 주지하는 대로, 우리 民法에서 쓰이는 善意란 독일어의 guter Glaube 또는 불란서어의 bonne foi를 번역한 말이다.[54] 그런데 가령 獨逸에서는 guter Glaube 여부가 반드시 어떠한 사실의 不知 여부에 의하여서만 정하여지고 그 不知의 이유와 무관한 것은 아니다. 이는 동산의 善意取得에 관한 獨民 §932 Ⅱ가 "양수인이 그 물건이 양도인에게 속하지 않음을 알았거나 중대한 과실로 인하여 알지 못한 때에는 그 양수인은 선의가 아니다"(nicht in gutem Glauben)라고 정하고 있는 것에서도 명백히 드러난다. 또 가령 瑞西의 예기가 "法用語에서 Glaube(믿음)는 오로지 착오로 인한 믿음만을 의미하는 것은 분명하다. '믿음'이란 다시 말하면 '잘못믿음'이다. … '믿음'(Glaube)을 착오라고 하면, 'guter Glaube'란 내용적으로 근거 있는 착오(sachlich begründeter Irrtum)를 가리키게 된다. 여기에 guter Glaube를 過責 없는 착오라고 새기는 언어상의 연유가 있다"고 말하는 것도,[55] 「선의」가 본질적으로 단순한 不知만을 의미하지 않는다는 것을 보여준다. 그러므로 「선의」라는 법률상의 용어는, 비록 「선의무과실」과 구별하여 규정되고 있고, 이러한 입법자의 용어선택은 또 가능하면 일률적으로 이를 이해하는 것이 바람직한 것이기는 하지만, 다른 한편으로 그만한 이유가 있는 때에는

54) 물론 이들은 모두 다시 로마法의 bona fides를 번역한 것이다. 이에 대하여는 Jäggi(註 40), Art. 3. N. 15f.(S. 385) 참조.

55) Jäggi(註 40), Art. 3. N. 20f.(S. 386).

그 말의 權原으로 돌아가서 단지 事實的·心理的인 知·不知에 의하여서가 아니라 이를 보다 評價的으로 판단하는 것도 허용될 것이다.

그러므로 결국 本條의 「善意」라고 하려면 단순히 자신에게 과실수취권 있는 本權이 있음을 확신하는 것만으로는 부족하고 그러한 確言에 근거가 있을 것, 즉 그러한 확신을 하는 데 過失이 없을 것도 요구된다고 할 것이다. 특히 점유자에게 重過失이 있는 경우에는 이는 惡意와 同視되어야 한다. 그리고 이 경우의 無過失은 가령 短期取得時效(民 II §245 참조)에서의 無過失要件과 마찬가지로 점유자에 의하여 주장·입증되어야 할 것이다. 이렇게 해석함으로써 앞의 I. 3.(4)에서 본 本條의 문제점을 어느 정도 해소할 수 있고, 특히 民 §197 I 에서 명문으로 점유자의 善意가 推定되고 있음에도 불구하고 뒤의 (4)에서 보는 대로 판례가 점유자에게 선의의 입증을 요구하는 무리를 피할 수 있으리라고 생각된다.

(4) 民法 第197條 第1項의 適用

民 §197 I 은 점유자의 善意를 推定하고, 나아가 同條 II 은 선의의 점유자라도 "本權에 관한 訴에서 敗訴한 때"에는 그 訴가 제기된 때로부터 악의의 점유자로 본다고 규정하고 있다. 따라서 이를 民 §201에 그대로 적용한다면, 다음과 같이 될 것이다. 소유자가 점유자에 대하여 그가 취득한 果實이나 使用利益을 부당이득이라고 하여 그 반환을 청구하는 소송을 제기한 경우를 생각하여 보자. 이 때 원고는 우선 원고가 소유권(民 §741의 '他人의 財產으로 인하여')을 가진다는 사실 및 피고가 그 물건으로부터 「利益」을 얻었다는 사실을 주장·입증할 것이다. 그리고 이에 대하여 피고가 자신에게 그 受益에 대한 "法律上 原因"이 있다고 주장하고[56] 그 권원으로 民 §201 I 을 원용하면,[57] 원고는 피고가 그 과실을 수취한

56) 원고가 피고에 대하여 소위 「侵害利得」의 반환을 청구하는 경우(Eingriffskondiktion)에는, 원고는 원고가 所有權(또는 물권적 권리)을 가진다는 사실과 피고가 그 물건(기타 물권적 권리의 지배내용)으로부터의 「受益」을 하였다는 사실만을 주장·입증하면, 피고가 그 「수익」을 정당화하는 "法律上 原因"을 주장·입증하여야 한다. 그 訴訟의 構造가 소유물반환청구의 경우와 일치함에 유의할 것인데, 이는 침해이득반환청구권이 소유권의 延長(Fortwirkung)으로서 소유권침해에 대한 구제수단임을 생각하면 오히려 당연한 것이다. 이에 반하여 원고가 계약 등에 기하여 자신의 意思로 급부한 것을 그 계약 등이 효력이 없음을 이유로 반환을 청구하는 소위 「給付利得返還請求」(Leistungskondiktion)의 경우에 있어서는, 원고는 그 급부의 "법률상 원인"이 없음을, 즉 계약 등이 효력없음을 주장·입증하여야 한다. 이에 대하여는 梁彰洙, 一般不當利得法의 硏究, 1987년 서울대학교 박사학위논문, 264 이하 참조.

57) 鄭貴鎬, "善意의 占有者의 果實取得과 不當利得返還", 司行 1979. 4, 53은 뒤의 본문 (가)(b)에서 보는 大判 78. 5. 23, 77다2169(公 592, 10963)에 대한 判例硏究에서, "반드시 명확한 것은 아니지만 同判決이 피고(점유자)가 자신이 선의의 점유자임을 主張은 하여야 한다는 취지의 뉘앙스를 느낄 수 있다"고 한다.

당시 「악의」이었음을 입증하여야 한다. 왜냐하면, 피고의 선의는 추정되고, 따라서 그는 일단 民 §201 I 에 의하여 果實을 취득할 "法律上 原因"이 있는 것으로 다루어질 것이기 때문이다. 다만 그 소송을[58] 제기한 때로부터는 위 民 §197 II 에 의하여 惡意가 의제되므로, 그 때로부터는 선의의 점유자임을 이유로 한 과실취득의 주장은 인정될 여지가 없다.

(가) 그러나 이러한 취급이 實務에서 관철되고 있다고는 말하기 어렵다.

(a) 大判 69.9.30, 69다1234(集 17-3, 162)은, 원고 소유의 토지를 피고(나라)가 1953년경부터 육군의 兵舍의 垈地로 사용하여 온 事案에 대한 것이다. 原審은 "피고의 동 대지 사용·수익이 선의의 점유로서의 과실취득에 해당"한다고 하여 그 소송제기 이전의 기간(그 이후의 기간에 대하여는 民 §197 II 의 적용에 관한 뒤의 (b) 참조)에 대하여는 원고의 부당이득반환청구를 기각하였다. 그런데 大法院은 "피고가 대지의 선의의 점유자라고 하려면 피고에게 이를 점유·사용할 권원 있음을 오신한 경우라야 할 것인데, 위에서 적시한 원심판결사실만으로는 피고가 본건 대지를 점유·사용할 권원이 있다고 믿은 점유자로 인정할 근거가 없다"고 하여 原審判決을 파기하였다. 이 판결은 점유자인 피고가 선의인지 아니면 악의인지 분명하지 않으면 그 立證未盡으로 인한 불이익, 즉 立證責任은 피고가 부담하여야 한다는 내용으로 이해된다. 이는 民 §197 I 이 정하는 바와도 정면으로 배치되는 태도이다.

나아가 大判 79.11.27, 79다547(集 27-3, 177)도, 위와 유사한 事案에 대한 것이다. 原審은 "民法 제197조에 의하면 점유자는… 추정하고 있고, 다만 本權의 訴에서 패소한 때에는 提訴時부터 악의의 점유자라고 보고 있는데 달리 피고의 선의를 번복할 아무런 자료도 없으니 피고는 본건 제소시까지는 본건 대지를 선의로 점유하였다"고 판단하였다. 그런데 대법원은, "이 건 대지의 소유권은 1972년 이전에 이미 원고가 적법히 취득하였고, 피고는 이 건 대지를 점유·사용할 권원이 있었다는 증거가 없으므로 이로써 피고가 선의로 점유하여 왔다는 추정은 번복되었다 할 것이므로, 피고는 이 건 대지를 점유·사용할 권원이 있다고 믿을 만한 사실이 있었다는 점을 주장·입증하여야 할 것"(머리점은 引用者가 찍음)이라고 하여 원심판결을 파기하였다. 여기서 大法院은 ① 원고가 소유자인데 ② 피고에게 「점유·사용할 권리」가 없다고 하면, 民 §197 I 의 推定은 번복된다고 판시하고 있다. 그러나 단지 점유자에게 원고 소유의 물건을 사용할 권원이

58) 위와 같은 부당이득반환청구소송은 民 §197 II 에서 말하는 "本權에 관한 訴"에 해당한다는 것이 判例이고 또 通說이다. 뒤에서 보는 大判 69.9.30 등 참조.

없다는 객관적인 사실에 의하여 그 使用權原이 없다는 사실에 대한 점유자의 주관적인 善意의 推定이 번복된다고 하면, 이는 善意의 推定을 정하는 民 §197 I을 완전히 有名無實하게 하는 태도라고 할 것이다. 民 §197 I은 점유자가 客觀的으로 그 물건을 「점유할 권리」가 없음에도 그의 주관적인 善意는 추정된다고 정하는 것이라고 하여야만 그 규정을 둔 의미가 있는 것이다.[59] 그런데 객관적으로 권리가 없으면 선의추정은 바로 번복된다고 하는 것은, 결국 선의는 추정되지 않는다는 것과 마찬가지이기 때문이다.

어쨌거나 이상의 판결들은[60] 결과에 있어서는 民 §197 I을 民 §201에 적용하지 않는 태도를 취하고 있다.

(b) 그러나 위와 같은 판단이 대법원의 확정적인 태도라고 말하기도 어렵다.

大判 74.6.25, 74다299(要集 民Ⅲ-1, 665)은, "점유자라는 사실을 주장하였음에도 이에 대하여 아무런 심리판단도 없이 위 농지를 점유사용할 권원이 없다는 이유만으로 그 농지를 점유사용함으로 인하여 얻은 이득을 반환할 의무 있다고 판단하였음은 심리미진의 위법이 있다"고 판단하였다(事實關係 불명).

또 大判 76.7.27, 76다661(公 544, 9315)은, 원심이 원고 소유의 토지를 점유 사용하고 있는(그 經緯는 불명이다) 피고에게 그로 인한 利得의 반환을 명한 데 대하여, "원심은 모름지기 … 원고 앞으로 등기된 뒤에 언제부터 피고가 이러한 사실을 알게 됨으로써 선의의 점유자로서의 지위를 상실하였는지 알아 보고 이 때부터 피고에게 악의의 점유자로서의 책임을 물었어야 했"다고 하여 原審判決을 파기하였다.

나아가 大判 78.5.23, 77다2169(公 592, 10963)은, 피고가 매수취득한 건물이 원고 소유의 토지 위에 걸쳐 존재함을 이유로 피고가 그 소유권을 취득한 때부터의 기간에 대하여 원고가 임료 상당의 부당이득의 반환을 청구한 事案에 대한 것이다. 原審은, 피고가 위 토지부분을 선의무과실로 점유하고 있으므로 그 부당이득의 반환은 이 사건 소송의 제기시부터의 기간에 대한 것에 한정되어야 한다고 주장한 데 대하여, "피고가 위 대지부분을 선의·무과실로 점유하고 있다

59) Jäggi(註 40), Art. 3 N. 30f.(S. 388f.)가 말하는 대로, 「선의」 여부가 문제되는 모든 법규정은 언제나 「권리의 흠결」(Rechtsmangel)을 전제로 하는 것이다.

60) 앞의 본문 (3)㈎에서 본 大判 81.8.20, 80다2587(集 29-2, 271)도 大判 79.11.27.과 같은 내용으로 선의추정의 번복을 긍정하고 있다. 또한 같은 곳에서 본 大判 88.12.20, 88다카6709(公 841, 197)도 마찬가지로 이해될 수 있다.

는 점에 대한 아무런 증거가 없을 뿐 아니라, 가사 피고가 위 건물의 소유권을 취득할 당시부터 선의의 점유자라 할지라도 그 때부터 그가 받은 임료 상당의 이익은 현존한다고 볼 것이므로 피고는 임료 상당의 손해액을 부당이득으로서 원고에게 반환할 책임이 있다"고 판단하여 원고의 청구를 인용하였다. 이는 앞의 (a)에서 본 대법원판결들의 태도에 보다 가까운 것이라고 할 수 있겠다.

그러나 大法院은 原審判決을 파기하였다. 그 이유는 "民法 제197조에 의하면 점유자는 … 추정하고 있으며 단지 본권에 관한 소에서 패소한 때에는 제소시로부터 악의의 점유자로 보고 있으므로 피고의 위 대지부분에 대한 점유 역시 선의인 것으로 추정되는 것이라고 할 것이니 단지 선의에 대한 아무런 증거가 없다는 이유로서 곧 피고의 위 주장을 배척할 수는 없는 것"이라는 데 있다.[61]

이들은 民 §197 I 의 규정을 보다 純直하게 民 §201에 代入한 것이라고 말할 수 있을 것이다.[62]

(c) 그러나 民 §197 I 의 규정을 民 §201에 적용하는 국면에서만 위와 같이 특수하게 취급할 이유를 쉽사리 納得하기 어렵다. 특히 大法院은 大判(全) 83.7.12, 892다카708등(集 31-4, 7)에서, 取得時效의 요건으로서의 自主占有와 관련하여 民 §197 I 의 규정을 보다 원칙에 가깝게 적용할 것을 선언한 바 있다.[63] 그렇다고 하면 이러한 태도는 점유자의 과실취득에 관한 民 §201에 대하여도 貫徹되어야 할 것이다. 물론 위의 (a)에서 본 裁判例는 선의점유자의 과실취득을 가능하면 제한적으로 인정하려는 입장에서 나온 것이라고 이해되지 않는 바도 아니나, 그러나 그러한 制限은 本項의 적용에 無過失을 요구함으로써 달성될 수 있으리라고 생각된다.

(나) 民 §197 II 은, 앞에서 본 대로, 선의의 점유자라도 "本權에 관한 訴에서 敗訴한 때에는 그 訴가 제기된 때로부터 악의의 점유자로 본다"고 규정하고 있다.

(a) 이 규정은 民 §201 이하와 밀접한 관계를 가지는 것인데,[64] 이들

61) 그리고 나아가 비록 물건의 사용이익이 현존하고 있더라도, 선의의 점유자는 그 점유권의 효력으로서 果實(그리고 이에 準하여 처리하여야 할 사용이익)을 취득할 수 있으므로, 그것을 반환할 의무가 없다고 덧붙이고 있다. 이에 대하여는 뒤의 3. (1)(나) 참조.

62) 기타 大判 81. 9. 22, 81다233(公 668, 14377); 大判 87. 9. 22, 86다카1996등(公 812, 1622)도 참조.

63) 이 판결에 대하여는 鄭址炯, "取得時效의 要件인 自主占有의 立證責任", 民判硏 6 (1984), 34 이하 참조.

64) 이에 대하여는 前論 I. 1. 및 同所 註 2 참조.

규정의 역사적 形成에 있어서 訴訟의 提起를 전후하여 그 규율의 내용을 달리 하였다는 沿革的인 背景을[65] 도외시하여서는 이 규정을 이해하기가 쉽지 않을 것이다.

한편 이 규정이 실질적으로 정당화되는 것은, 「本權에 관한 訴」가 제기되고 거기서 패한 점유자라면, 그로 인하여 설사 그의 「점유할 권리」에 대한 주관적인 확신에 動搖가 없다고 하더라도, 이제는 더 이상 선의의 점유자에 대하여 주어지는 각종의 特惠를 받을 자격을 상실하였기 때문일 것이다(이는 "法의 無知는 변명이 되지 아니한다"(error iuris nocet)는 法理의 한 발현이기도 하다). 또한 소유자로서는 「本權에 관한 訴」까지 제기하여 자신의 권리를 뚜렷이 행사하였는데, 단지 점유자가 그 誤信을 굽히지 않는다고 하여 그 제소 이후에도 여전히 과실을 취득할 수 있다고 하면, 이는 所有者에게 지나치게 가혹한 것이 된다고 하겠다. 다시 말하면, 이는 善意者保護에 타당한 한계를 긋는 데 그 1차적인 의미가 있다. 다른 한편 그 악의의제의 始期를 그 소송이 종결된 때가 아니라 소송을 제기한 때로 한 것은, 앞서 본 연혁상의 이유와 아울러, 소송지연의 弊害를 방지하기 위한 意圖도 있을 것이다.[66]

(b) 이상과 같은 本項의 취지에 비추어 볼 때, 여기서 「本權에 관한 訴」에는, 소유권의 행사에 해당하는 일체의 소송으로서 법에 정통한 사람이라면 그 소송의 경과에 의하여 점유자에게 「점유할 권리」가 없음을 인식할 수 있게 하는 것을 모두 포함한다고 하겠다. 이는 결국 民 §208 Ⅰ에서 말하는 "本權에 기인한 訴"와 별로 차이가 없다.

학설 중에는 "「本權에 관한 訴」는 權利歸屬에 관한 訴로서 嚴格하게 해석할 것"이라고 하나, 찬성할 수 없다.[67] 위 見解는 그 예로 大判 89.4.25, 88다카3618(公集 850, 807; 37-1, 282)을 들고서는 "판례도 地上建物撤去 및 土地引渡訴訟은 해당하지 않는다고 한다"고 한다. 그러나 판례의 태도는 뒤에서 보는 대로 이를 긍정하고 있는 것일 뿐만 아니라, 위 대법원판결은 오히려 民 §197 Ⅱ의 적용을 긍정한다고 이해될 수 있는 것이다.[68]

65) 이에 대하여는 前論 Ⅱ. 참조.
66) 日注民(7), 62 참조.
67) 李英俊, 324.
68) 위 대법원판결은 다음과 같은 내용의 것이다. 이 사건에서 원고가 피고 소유 토지에 대한 取得時效의 완성을 주장하여 그 소유권등기의 이전을 구한 데 대하여, 피고가 항변으로 前訴訟에서 그 地上建物撤去와 垈地引渡를 청구하는 소송을 제기하여 승소의 확정판결을 받았으므로 원고의 自主占有는 부인된다고 주장하였다. 대법원은 그 소송에서 패소하였더라도 民 §197 Ⅱ에 의하여 점유자의 악의가 의제될 뿐이고 自主占有가 他主占有로 되는 것은 아니라고 판단하였다. 그러므로 위 판결은 본래는 民 §197 Ⅱ에 대한

구체적으로 보면 우선 所有物返還請求訴訟이 이에 해당함은 물론이다.[69] 나아가 타인 소유의 토지에 관하여 소유권등기를 가지는 사람(이는 동시에 그 토지의 점유자이다)을 상대로 하여 제기된 그 등기의 抹消請求訴訟[70] 기타 무효인 소유권등기나 지상권 등 제한물권에 관한 등기의 抹消請求訴訟도 이에 해당한다고 할 것이다. 또한 소유권을 침해하여 利益을 얻었다는 것을 이유로 하여 제기된 不當利得返還請求訴訟도 이에 해당한다.[71] 그 외에 境界確定訴訟에서 패소한 경우에도 本項이 적용 내지 유추적용된다고 한다.[72]

(c) 여기서 「本權에 관한 訴」는 반환이 문제되고 있는 과실 등의 元物에 해당하는 물건을 소유하는 사람(즉 이제는 그 과실 등의 반환을 청구하고 있는 사람)과 점유자가 당사자가 된 소송이어야 한다. 물론 그 소송의 형태는 本訴이거나 反訴이거나[73] 상관없다.

그 이외의 소송이 제기되어 그 과정에서 점유자에게 「점유할 권리」가 없음을 알 수 있었다고 하더라도, 이 경우에는 악의가 법에 의하여 당연히 「의제」되지는 않는다. 그 경우에는 다른 증거에 의하여 구체적으로 占有者의 惡意가 인정되어야 할 것이다.

(d) 여기서 「敗訴한 때」라고 함은 점유자의 敗訴가 확정되는 때를 말한다.[74] 그러나 이는 惡意擬制의 효과가 그 경우에 발생한다는 것뿐이고, 「本訴에 관한 訴」에서 점유자의 패소판결이 확정되기 전에는 이를 전제로 하는 청구를 전혀 하지 못한다는 의미는 아니다.

가령 소유자가 점유자를 상대로 물건의 반환과 아울러 그 권원 없는 사용으로 얻은 利益(부당이득)의 반환을 청구하면서, 前者의 청구가 인용될 것을 전제로 하여서 前者에 관한 訴訟이 繫屬된 때 이후의 기간(즉, 악의로 의제되는 기간)에 대한 使用利益의 返還請求를 하는 것은 허용된다.[75]

(5) 無償占有者

선의의 점유자라도 그 점유를 無償으로 취득한 경우에는 과실을 취득하지

것이 아니라고 하겠다.

69) 大判 61.6.29, 4293民上704(要集 民 I-1, 387); 大判 66.9.20, 66다939(集 14-3, 36).
70) 大判 87.1.20, 86다카1372(公 795, 306).
71) 大判 74.7.16, 74다525(集 22-2, 203)은 이러한 취지로 이해될 수도 있다.
72) 日大判 昭 4(1929).2.14(評論 18, 民 976).
73) 大判 66.9.20, 66다939(集 14-3, 36)은 反訴로 인도청구가 행하여진 事案에 관한 것이다.
74) 大判 74.6.25, 74다128(集 22-2, 125).
75) 이에 대하여는 梁彰洙, "本權의 訴에서 패소한 占有者의 使用利益返還義務", 大韓辯護士協會誌 144(1988.8), 102 이하(同, 民法研究 Ⅱ(1991), 74 이하) 참조. 또한 大判 69.9.30, 69다1234(集 17-3, 162) 참조.

못한다고 해석하는 것이 "衡平에 부합하고 善意取得 및 不當利得의 경우와 균형이 맞"는다고 하는 견해도 있다.[76] 그리고 立法例로서는 앞의 Ⅰ.3.(2)에서 본 대로 이와 같은 것을 명문으로 정하는 경우도 있다(獨民 §988).

그러나 우리 民法에는 그러한 明文이 없을 뿐만 아니라(우리 民法은 無償讓受人을 유상양수인보다 불리하게 취급하는 경우에 대하여는 §747 Ⅱ과 같이 명문을 두고 있다), 그러한 결과가 衡平에 부합하지 않는다고 하는 것도 確言할 수 없으며(前論에서 본 대로, §201 이하에서 선의의 점유자를 우대하는 이유는 그의 점유취득이 有償인가 無償인가와는 별로 상관이 없다) 또한 단지 衡平에 부합하지 않는다는 이유만으로 위와 같이 중대한 例外를 설정하는 데는 신중하여야 한다. 나아가 無償讓受人이라도 善意取得의 보호를 받는다고 일반적으로 해석되고 있다.[77] 특히 不當利得의 경우와의 균형은 民 §201 Ⅰ 全般에 대하여 제기되는 문제이므로, 그것을 이유로 특히 無償占有者를 불리하게 다룰 이유가 되지 못한다.

大判 66.2.28, 66다60(要集 民 Ⅰ-1, 387)은 "타인의 토지를 무상으로 사용하여 오던 점유자가 그 토지의 소유자가 뒤바뀐 사실을 알지 못하고 계속하여 점유사용하였을 경우에 그 점유자는 신소유자에게 점유로 인한 사용대가를 반환할 의무가 없다"고 한다. 이는 점유를 無償으로 취득한 사람도 「선의」이기만 하면 果實을 취득한다는 태도를 취하는 것이라고 이해된다.[78]

2. 果 實

(1) 本條의 「果實」

本條에서 말하는 「果實」에는 천연과실과 법정과실이 모두 포함된다(통설).

㈎ 주의할 것은, 判例가 일관하여 農作物은 농지를 자기의 노력으로 경작하여 수확한 사람의 소유에 돌아간다고 판시하고 있다는 것이다. 그러므로 그 경우에 농지의 소유자는 그 경작자가 악의의 점유자라고 할지라도 그 農作物(또는 그 가액)의 반환을 청구하지는 못한다. 그 한도에서 民 §201 Ⅰ은 무의미하다고 할 것이다.

물론 그 경우에도 그 점유자가 악의라면 그 농지의 사용이익의 반환을 청구할 수는 있다. 이는 原物返還이 애초부터 불가능한 경우이므로, 그 價額을 반환하여야 하는데(民 §747 Ⅰ 참조), 그 「가액」은 통상 그 농지의 賃料에 상당하는 금액이다.

---

76) 李英俊, 325.
77) 郭潤直, 201; 金容漢, 288; 張庚鶴, 455.
78) 또한 大判 55.7.28, 4287民上253(要集 民 Ⅰ-1, 374)도, 受贈者가 선의의 점유자라고 하여 과실취득을 인정하고 있다.

(나) 이와 관련하여서는 선의점유자의 과실취득권은 經濟法則에 따라서 통상 수취할 수 있는 果實(그리고 뒤의 (2)에서 보는 使用利益)에 한정되며, 이를 踰越하여 취득한 과실 등은 모두 부당이득으로서 반환하여야 한다는 견해가 있다.[79] 이는 獨民 §993 I 의 규정과 같은 制限을 인정하자고 하는 것이다. 그러나 명문의 규정이 없는 우리 民法의 해석으로서는 의문이다. 특히 우리 判例는 뒤에서 보는 대로(3. (1)(나) 참조) 불법행위로 인한 손해배상청구권은 民 §201 I 에 의하여 배제되지 않는다고 해석되고 있으므로, 위와 같은 過剩收益(Übermaßfrüchte)은 이에 의하여 처리되는 경우가 많으리라고 생각된다.

(2) **使用利益**

물건을 사용하는 이익, 즉 소위 使用利益도 本條의 해석에 있어서는 果實에 준한다고 하는 것이 通說이다.[80] 또한 判例도 이러한 태도를 취하고 있는데, 이 점을 분명히 밝히는 것으로서는 가령 大判 81. 9. 22, 81다233(公 668, 14377)("토지를 점유·경작하므로 얻는 이득은 그 토지로 인한 果實에 준하는 것이므로"); 大判 87. 9. 22, 86다카1966등(公 821, 1622)("토지를 사용함으로써 얻는 이득은 그 토지로 인한 果實과 동시할 것이므로") 등이 있다.

위 I.3.에서 본대로, 佛蘭西에서는 「선의」의 점유자가 취득하는 것은 엄격한 의미의 果實(fruits)에 한정되고, 반대로 獨逸에서는 「선의」인(그리고 提訴되기 전의) 점유자는 명문으로 果實(Früchte)과 使用利益(Gebrauchsvorteile)를 모두 포함하는 상위개념인 收益(Nutzungen) 일반에 대하여 원칙적으로(즉, 그것이 過剩收益이 아닌 한) 반환의무가 없다고 명문으로 정하고 있다. 우리 民法에 있어서는 한편으로 獨逸과 같은 명문의 규정이 없으면서, 다른 한편으로 民 §201 I 의 적용을 확장하여 佛蘭西와는 달리 使用利益도 果實에 준하여 취급하고 있는 것이다.

이 문제와 관련하여 우리 民 §201 I 에 해당하는 日民 §189 I 에 대하여 최초로 판단한 日大判 大 14(1925). 1. 20(民集 4, 1)은 다음과 같은 사안에 대한 것이다. 원고는 피고와의 건물 2동의 매매계약을 적법하게 취소하고 그 건물들의 반환과 아울러, 그 계약 이후의 用益을 부당이득으로서 반환할 것을 청구하였다. 그런데 피고는 그 건물 중 1동은 제 3 자에게 임대하고, 나머지 1동은 이에 스스로 居住하였다. 原審은, 피고의 「선의」를 인정한 다음, 제 3 자에게 임대한 건물에 대하여는 그로 인한 이익은 法定果實에 해당한다고 하여 원고의 이 부분 청구를 기각하고, 피고가 거주한 건물에 대하여는 위 규정의 「果實」에 해당

79) 李英俊, 324.
80) 郭潤直, 249; 金容漢, 202; 金曾漢, 219; 李英俊, 324; 張庚鶴, 326.

하지 않는다고 하여 그 부당이득반환청구를 인용하였다. 日本大審院은 피고의 상고를 받아들여 원심판결을 파기하였는데, 그 理由는 원고에게 부당이득반환청구의 요건인「損失」이 없다는 것이었다. 피고가 선의로 이를 점유하여서 賃料와 같은 法定果實을 취득할 권리가 있으므로, 원고로서는 어차피 이를 제3자에게 임대할 수 없다는 것이다.

이 판결에 대하여 評釋한 平野義太郞은,[81] 피고의 반환의무를 부정한 위 판결의 結論에는 찬성하면서도, 그 이유에 대하여는 반대하고 단지 위 규정에서 말하는「果實」을 광의로「물건의 사용으로 인한 이득」도 포함하는 것이라고 해석할 것이라고 제안하였다. 그리고 그 이유로는, "元物을 타인에게 사용시켜서 그 對價를 취득하는 자는 그 적극적 이익이 보호되는 것에 반하여, 스스로 管理使用한 자는 오히려 그 用益利得을 빼앗기는 결과가 발생하는 것이 과연 정당하다고 할 수 있는가. 단지 元物을 타인에게 대여하였는가 여부에 의하여 法의 保護에 厚薄이 생기고 兩者에 矛盾撞着이 생긴다"고 주장하였다.[82]

우리 나라의 學說은 本條에서 사용이익이 果實에 준하여 취급되어야 하는 이유에 대하여 별로 말이 없으나,[83] 이러한 주장은 설득력이 있는 것으로 생각된다. 특히 점유자가 타인에게 임대하는 것은 결국 間接占有關係를 설정하여 제3자를 점유관계에 개입시키는 것으로서, 소유자의 입장에서 보면 그 使用의 形態로서는 점유자가 스스로 사용하는 경우보다 더욱 허용할 수 없는 것으로 느껴지는 것이 통상일 것인데, 前者의 경우에는 그 이익의 반환이 인정되지 않고 後者의 경우에는 허용된다는 것은 같은 것을 같게 취급하여야 한다는 正義의 要請에 심하게 반하는 것이라 하겠다.

3. "果實을 取得한다"

善意의 占有者는 "占有物의 果實을 取得한다"(民 § 201 I).

(1) 學 說

여기서 "果實을 取得"한다는 것을 어떠한 의미로 해석할 것인가에 대하여는 學說에 대립이 있다.[84]

---

81) 判例民事法 大正 14年度, 4 이하.

82) 平野義太郞(前註), 6.

83) 다만 金曾漢, 219 참조.

84) 우리 나라에서는 이하에서 서술하는 問題와 수취하였으나 아직 소비하지 않고 남아 있는 果實은 本條에도 불구하고 반환하여야 하는가의 問題를 서로 區分하지 아니하고 한꺼번에 論議하는 경향이 있다. 그러나 兩者는 서로 별개라고 생각되므로, 의식적으로

하나는, 이 규정은 점유자에게 과실을 "收取할 權利"를 적극적으로 부여한 것이라고 하는 것이다.[85] 가령 天然果實은 그 分離와 동시에 점유자에게 "屬한다"는 것이다(民 §102 I). 이러한 이해를 관철한다면, 점유자가 果實을 수취하거나 使用利益을 누리는 것은, 마치 유효하게 존재하는 傳貰權에 기하여 전세권자가 그 목적물을 "그 用途에 좇아 使用·收益"하는 것과 마찬가지로, 그 권원에 기한 것으로서 適法한 것이 된다. 따라서 점유자는 물건을 「점유할 권리」는 가지지 못하여 이를 소유자에게 반환하여야 하지만, 그 동안에 점유자가 수취한 果實이나 使用利益은 원래부터 「법률상 원인」에 기한 것이므로 元物의 소유자라도 그 반환을 청구하지 못함은 물론이다. 뿐만 아니라, 그러한 과실의 수취나 사용은 適法하지 위법한 것이 아니므로, 비록 그것이 元物의 소유권을 침해하는 것이라 할지라도, 그 소유자에 대하여 不法行爲의 책임을 지지 않는다고 해야 할 것이다.

다른 하나는, 이 규정은 소유자가 점유자에 대하여 그 과실 등을 부당이득으로서 반환청구하는 경우에 그 반환의무를 「면제」하는 것일 뿐이라는 것이다.[86] 즉 이 규정은 단지 "不當利得에 관한 규정(民 §741)의 적용을 배제하고자 하는 취지"이다.[87] 이러한 이해를 관철한다면, 점유자가 과실 등을 수취하는 것은, 소유권을 침해하는 것으로서 객관적으로 違法한 것이고, 또 「법률상 원인」이 없으므로 원래는 이를 반환하여야 할 것이지마는, 民 §201 I은 不法原因給與에 관한 民 §746와 마찬가지로 특별한 立法理由에 기하여 예외적으로 단지 그 반환청구만을 배제하는 것이 된다. 따라서 부당이득반환의무를 제외한 점유자의 책임, 가령 불법행위로 인한 책임[88] 등은 위 규정에 의하여 영향을 받지 않게 된다. 이와 같이 兩者의 견해는 결론적으로 不當利得返還義務가 배제된다

구분하여 논할 것이다.

85) 이 점을 정면에서 인정하는 것으로 李英俊, 322, 330. 그 이유로는, "現行民法은 이러한 立法例[獨逸民法에서 정하는 선의점유자의 보호, 가령 선의점유자의 과실취득권은 그의 權利가 아니라 반환의무를 면제한 것에 불과하다고 한다]와 달리 적극적으로 善意의 占有者에 대하여 占有物의 과실취득권을 인정하고 있는 것이므로 이는 果實에 대한 所有權取得이고 수취한 果實의 반환을 거절할 수 있는 抗辯權이 아니"라고 한다(꺾음괄호 안은 引用者). 그 외에 金曾漢, 218 이하; 張庚鶴, 326 이하도 이러한 취지로 이해되기도 한다.

86) 이러한 이해를 명확하게 밝히는 것으로는 金容漢, 201 이하. 郭潤直, 249는 이 입장이 "論理的으로는 타당하다고 생각"된다고 하면서, 구체적인 문제로서 소비하지 아니하고 남아 있는 果實의 반환을 인정할 것인가에 대하여는 兩者의 입장에서의 歸結을 병치하여 서술하고 그 중 어느 하나를 선택하고 있지 않다(同所, 249 이하).

87) 金容漢, 201.

88) 물론 滅失·毁損으로 인한 불법행위책임에 대하여는 民 §202의 적용을 받을 것이나, 점유자의 과실수취나 사용으로 인한 불법행위책임 등은 남게 된다.

는 점에는 차이가 없고, 차이가 있다면 오히려 不法行爲의 成否가 아닌가 생각된다.

학설 중에는 부당이득반환이 배제되는 範圍도 그 兩者 중 어느 것을 선택하는가에 의하여 달라진다고 보는 듯한 입장도 있다.[89] 즉 前者에 의하면, 수취한 과실은 소비되지 아니한 것이라도 반환의무를 지지 않으며, 後者에 의하면 소비된 과실에 대해서만 그 반환의무가 면제되고 나머지는 여전히 반환의무를 진다는 것이다. 그러나 물론 前者의 견해를 택하는 이상 소비되지 아니한 것이라도 반환할 의무가 없음은 논리적으로 요구되는 결론이라고 하겠다. 그렇지만, 後者의 견해를 택한다고 해서, 반드시 소비되지 않은 果實은 반환하여야 한다는 結論을 취하여야 하는 것은 아니다. 왜냐하면, 後者의 견해를 택하더라도, 이는 民 §201 I 에 의하여 반환의무가 면제되도록 정하여진 과실의 '범위'에 대하여는 아직 발언하지 않고 있는 것이기 때문이다. 따라서 民 §201 I 의 해석상 점유자가 수취한 모든 과실에 대하여 반환의무가 면제되고, 이는 그 消費여부와는 관계 없다는 결론을 취하는 것도 ──적어도 論理上으로는── 허용된다고 볼 것이다.

(2) 判 例

판례의 태도는 이상에서 든 어느 하나의 理論으로써 설명하기 어렵다.

한편으로 大判 67.11.28, 67다2272(集 15-3, 338)은, 선의점유자의 과실반환의 유무를 판단하고 있는데, 그에 있어서 民 §201 I 은 "본권의 존부와는 관계 없이 점유권의 효력 자체에 의하여 인정되는 권리"로서 선의점유자의 과실취득권을 정하는 것이라는 抽象論을 내걸고 있다(이 抽象論은 다수의 판결에서 반복되고 있다).[90] 그리고 위 판결은 나아가, 原審判決이 선의의 점유자라도 現存利益은 반환하여야 하며, 이익의 소멸에 관한 주장·입증이 없으므로 피고의 과실반환의무는 긍정된다고 판단한 것을, "선의의 점유자로 남아 있는 동안에는 … 그 과실취득으로 인한 이득[이 현존하고 있더라도 이것]을 그 타인에게 반환할 의무는 없다"(꺽음괄호 안은 引用者)고 하여 파기하고 있다.[91]

그런데 다른 한편으로 大判 66.7.19, 66다994(集 14-2, 205)은, 피고가 法令의 不知로 인하여 상속인이 될 수 없는 사람을 相續人으로 여기고 그로부터 토지를 "借用"하여 점유하였는데, 소유자인 원고가 피고를 상대로 다름아닌 손해배상

89) 張庚鶴, 326 이하는 이렇게 보는 것으로 이해된다.
90) 그 외에 大判 76.7.27, 76다661(公 544, 9315) 등.
91) 이 점 大判 78.5.23, 77다2169(公 592, 10963)도 同旨.

을 청구한 事件에 대한 것이다. 이 사건에서 上告人은 상고이유에서 "피고의 본건 토지의 점유는 過失이 있을지언정 惡意라고는 할 수 없으며 따라서 果實을 수취할 권리가 있으매 원고의 損害賠償請求는 부당"하다고 주장하였다. 이에 대하여 대법원은 "선의의 점유자로 그 과실을 취득할 권리가 있어 경작한 농작물의 소유권을 취득할 수 있다 하더라도 … 피고에게 과실이 있다고 아니할 수 없고, 따라서 피고의 본건 토지의 점유는 진정한 소유자에 대하여 불법행위를 구성하는 것이라 아니할 수 없는 것"이라고 하여, 그의 不法行爲로 인한 손해배상책임을 긍정하고 있다. 만일 앞에서 본 바와 같이 선의점유자에게 과실 등을 수취할「權利」가 있다고 한다면, 그로 인한 과실 등의 수취가 어떻게 하여서 소유자에 대한 불법행위가 될 수 있는지 의문이 아닐 수 없다.[92] 그러므로 判例는 추상적인 법률론에서는 위의 학설 중 前者의 견해를 채택하는 것으로 보이지만, 정작 중요한 구체적인 實質問題의 해결에 있어서는 오히려 後者의 견해를 채택하고 있다고 이해할 수 있다.

(3) 果實收取權의 附與

생각하여 보면, 우선 선의점유자에 대하여 그가 수취한 果實 등의 반환의무는 부정하면서도 다른 한편으로 그의 과실 등의 수취로 인한 不法行爲責任은 인정될 수 있다는 판례의 태도는 首肯하기 어렵다.

첫째, 民 §202 1문 後段은, 선의의 점유자(물론 自主占有者라는 한정은 있다)는 책임 있는 사유로 점유물을 滅失 또는 毁損하더라도 "利益이 現存하는 한도에서" 손해배상책임을 진다고 규정하고 있다. 즉 이 규정은 점유자가 그 물건의 物體的인 完全性을 침해한 경우에도 위와 같이 제한된 범위에서만 손해배상책임을 진다는 것이다. 그런데 만일 점유자가 過失로 타인의 물건으로부터 과실을 수취하였다고 하여 그로 인한 損害를 전적으로 배상하여야 한다면, 이는 오히려 경미한 不法에 대하여 더욱 무거운 制裁를 가하는 모순을 범하는 셈이 된다. 이러한 모순을 회피하려면, 이는 후자의 경우에 대하여 적어도 前者의 경우와 같은 범위에서만 손해배상책임을 진다고 해석하여야 한다.

둘째, 위와 같은 판례의 태도는 선의점유자의 보호라는 民 §201 I 의 立法

92) 이는 가령 타인의 토지 위에 권원 없이 농작물을 경작한 경우에 그 경작자가 農作物의 소유권을 취득하더라도 그 토지소유자에 대하여 불법행위책임을 진다는 것과 같이 생각할 수는 없다. 왜냐하면 이 경우에는 농작물을 경작할 권리가 없음은 명백한데, 本文의 경우에는 과실을 수취할 권리가 있는 데도 불법행위책임을 진다는 것이기 때문이다.

目的을 空洞化할 우려가 있다. 선의점유자가 그에게 「점유할 권리」가 없는 물건으로부터 과실을 수취하거나 이를 사용하는 것은 객관적으로 元物의 소유권을 침해하는 것이 되어 원래 違法한 것임은 물론이다. 그리고 소유자가 그러한 과실수취 등의 기회를 상실하는 것은, 극히 예외적인 사정이 없는 한,[93] 그 자체로서 損害를 입었다고 할 것이다. 결국 일반적으로 점유자가 과실 등의 수취를 이유로 불법행위책임을 지는가 여부는 단지 그에게 故意 또는 過失이 있는가에만 걸리게 된다.[94] 그렇다면 한편으로 점유자가 선의이기만 하면 그가 수취한 과실의 반환의무는 부정하면서, 다른 한편으로 그에게 過失이 있다는 이유로 그 과실 등의 수취로 인한 불법행위책임을 인정하는 것은, 한손으로는 주고 다른손으로는 빼앗아 가는 것과 크게 다르지 않다고 생각된다. 이러한 결과를 인정하면, 법체계 내에 하나의 評價矛盾(Wertungswiderspruch)을 인정하는 것이 될 것이다. 이렇게 보면, "이익이 현존하는 한도에서"라도 선의의 점유자는 배상의무를 부담하지 않는다고 해야 하지 않을까?

셋째, 외국의 입법례를 보아도 선의점유자를 보호함에 있어서 한편으로 과실반환의무는 면제하면서 다른 한편으로 불법행위책임은 인정하는 태도를 취하는 나라는 없다. 가령 獨民 §993 I 後段은, 그에 앞선 규정에 의하여 점유자에게 책임이 부과되지 않는 경우에는 점유자는 "수익의 반환의무도 손해배상의무도 부담하지 않는다"고 규정하고 있으며, 瑞民 §938에서는 앞의 I.3.(3)에서 본 바와 같이 더욱 명확하게 드러난다.

이와 같이 보면, 위의 학설 중 後者의 견해는 채택하기 어렵고, 결국 前者의 견해가 옳다고 생각된다.[95] 이렇게 해석하는 것이 또한 民 §201 I 의 文言("… 果實을 取得한다.")에도 보다 잘 부합한다고 하겠다.

이와 같이 民 §201 I 을 선의의 점유자에게 그가 수취한 果實을 수취할 권리를 부여하는 규정이고 단지 그 반환의무를 면제하는 데 그치는 것이 아니라고 해석하게 되면, 이는 다음과 같은 歸結을 가져온다. 즉 法定果實이나 使用利益은, 앞의 I.2.(3)(가)에서 본 것처럼, 점유자가 권원 없이 이를 취득한 경우에

93) 소유자가 물건을 사용할 意思도 能力도 전혀 없어서 抽象的인 使用可能性조차 전혀 인정될 수 없는 경우가 이러한 예외에 속할 것이다.

94) Baur(註 36), §5 II 1 c) bb)(S. 36)이, 악의점유자의 책임(수익반환의무를 포함한다)에 대하여 정하는 獨民 §990에 대하여 그 규정은 "불법행위에 유사한 확장된 구성요건(ein deliktsähnlicher gestreckter Tatbestand)을 포함한다"고 말하는 것도 무리가 아니다.

95) 日民 §189 I 에 대한 해석으로서, 末川博, 物權法(1956), 219 이하; 於保不二雄, 物權法 上卷(1966), 201; 近江幸治, 民法講義 II[物權法](1990), 205 등 참조. 다만 我妻榮, 新訂 物權法(1983), 495는 반대.

는 원래부터 비록 애초에는 이를 취득하나 결국은 이를 소유자에게 반환하여야 한다는 의미에서 애초의 歸屬(Gehören)과 계속적인 保有의 正當性(Gebühren 또는 Habendürfen) 사이에 불일치가 존재하는 것이다. 이 때 民 §201 Ⅰ은 단지 後者의 면에서 점유자에게 그 취득한 것을 계속 보유할 수 있게 하는 權原을 준다는 의미를 가진다. 그러나 天然果實의 경우에는 원래 수취권자, 즉 所有者에게 귀속되는 것이고, 그러므로 점유자가 취득한 과실의 반환을 청구하는 것은 所有物返還請求權으로서의 성질을 가진다. 그런데 民 §201 Ⅰ은 선의의 점유자에게 과실수취권을 부여하고 있으므로, 위와 같은 설명은 수정될 수밖에 없다. 즉 이 경우 民 §201 Ⅰ은 天然果實의 애초의 歸屬을 선의의 점유자에게 인정하고, 그 한도에서 소유자는 애초부터 이를 가지지 못하는 것이다. 결국 소유자에게는 그 반환을 청구할 기본적인 권리가 없으므로, 그가 그 반환을 청구할 수 없음은 당연하다.

이상은 果實 등의 返還訴訟의 구조에도 영향을 미친다. 점유자가 취득한 法定果實이나 使用利益의 반환을 구하는 소송에서는 원고인 소유자가 자신에게 所有權이 있고 피고인 점유자가 그로부터 위와 같은 「利益」을 얻었음을 주장·입증한다. 그리하면 피고는 抗辯으로서 자신에게 그러한 「이익」을 얻을 정당한 권원이 있음을 주장하고 그 권원으로 民 §201 Ⅰ을 원용하게 된다. 그러나 天然果實의 반환을 구하는 소송에서 피고인 점유자가 民 §201 Ⅰ을 원용하는 것은 抗辯이 아니라 否認이라고 할 것이다. 왜냐하면 이는 원고의 목적물에 대한 所有權을 부정하여 아예 권리발생사실을 다투는 것이기 때문이다.

(4) 現存하는 果實 등의 返還要否

그렇다고 해서 선의의 점유자가 취득할 수 있는 「果實」이 그가 수취한 과실 전부를 의미한다고 해석할 논리필연적인 이유는 없다. 왜냐하면 과실이 그 분리와 함께 누구에게 귀속되는가 하는 것과 과연 그 과실의 계속 보유가 정당화되는가 하는 것과는 논리적으로는 서로 별개이기 때문이다.[96] 또 民 §201 Ⅰ은 "占有物의 果實"을 취득한다고 하여 과실 전부를 취득하는 것처럼 규정하고 있으나, 그 문언이 반드시 目的論的 縮小解釋(teleologische Reduktion)을 배제하는 것은 아니라고 생각되기 때문이다.

그러나 역시 判例와 같이, 위 규정은 점유자가 수취한 과실 전부를 취득하

96) 이것이 논리적 필연성의 문제가 아니라고 하는 것은, 독일에서 物權行爲의 無因性이 인정되어 원인행위의 무효에도 불구하고 물권취득이 인정되기는 하지만, 역시 부당이득을 이유로 하여 그것이 반환되어야 하는 것을 想起하면 바로 이해될 수 있을 것이다.

는 것으로 해석하는 것이 옳다고 생각된다. 民法은 부당이득반환의무의 내용에 관하여 그 이익의「消費」여부에 따라 차이를 두는 태도를 어디서도 취하고 있지 않기 때문에, 우리 나라의 일부 학설과 같이 점유자가 그 과실을 消費하였는지 여부에 의하여 점유자의 반환의무가 결정된다고 해석할 수는 없다고 생각된다(또한 使用利益에 대하여는 애초부터 消費란 있을 수 없다). 오히려 그 학설의 취지는 점유자는 現存利益의 범위 내에서는 여전히 반환의무를 부담한다는 데 있지 않은가 추측된다.[97]

그러면 선의의 점유자는 현존이익의 범위 내에서는 그 이익을 반환하여야 한다고 해석할 것인가? 만일 이를 인정한다고 하는 것에는 다음과 같은 문제가 있다고 생각된다. 民 §203 I 但書는, 점유자가 필요비를 지출한 경우에도 점유자가 과실을 취득하였으면「통상의」필요비는 청구하지 못한다고 규정하고 있다. 그 취지는 뒤의 民 §203 注解 Ⅲ.1.(2)에서 보는 대로, 점유자가 비용을 지출하고 동시에 과실을 수취한 경우에 점유자와 소유자의 각 상대방에 대한 償還關係를, 점유자가 취득한 과실을 그대로 보유하여 반환하지 아니하고 나아가 通常의 필요비는 소유자에게 상환청구하지 못한다고 함으로써 簡明하게 처리하려는 데 있다. 만일 선의의 점유자가 현존이익의 범위 내에서 그 이익을 반환하여야 한다고 하면, 이러한 趣旨는 현저하게 허물어진다. 그러므로 결국 善意의 占有者는 現存利益이 있더라도 이를 반환할 필요가 없다고 해석하여야 할 것이다.

Ⅲ. 惡意의 占有者와 果實

1. 惡意의 占有者 등

(1) 惡意의 占有者란 위의 Ⅱ.1.(2) 이하에서 본 善意의 占有者가 아닌 점유자를 말한다. 이에 대하여는 同所의 설명 참조.

(2) 暴力(平穩하지 아니한 것) 또는 隱秘(公然하지 아니한 것)에 의한 占有者는 果實에 관하여 惡意의 占有者와 마찬가지의 책임을 부담한다(民 § 201 Ⅲ). 한편 점유의 平穩·公然은 推定된다(民 § 197 I 참조). 이에 대하여는 앞의 民 §197 注解 참조.

97) 果實이 소비되었더라도 그로 인하여 점유자의 다른 비용지출이 절약되었으면, 그 利益은 여전히 현존하고 있는 것이다. 이에 대하여는 註釋債各(Ⅲ), 239 이하(梁彰洙 집필) 참조.

점유의 「平穩」이란 「法이 허용하지 않는 暴力으로써 점유를 取得 내지 保有하는 것이 아닌 것」을 말한다.[98] 예를 들면, 자신의 소유물이라고 믿고 직접점유자에 대하여 그 반환을 청구하여도 平穩하게 인도하지 아니하자, 직접점유자의 意思에 기하지 아니하고 물건을 힘으로 奪取하여 직접점유를 취득한 경우가 이에 해당한다. 점유자에 대하여 그 점유가 불법(무권한)이라고 주장하는 자가 있었다거나 그 반환을 요구받았다는 사실만으로는 暴力에 의한 점유라고 할 수 없다.[99] 이는 境界問題로 言爭이 있었다고 하여도 마찬가지이다.[100] 그러나 점유자가 自力救濟를 하는 것이 허용되는 경우에는(民 § 209 참조) 그러한 자력구제에 있어 暴力을 사용하였다고 하더라도 그 점유를 「폭력에 의한 점유」라고 할 수 없다. 그러한 暴力의 사용은 예외적으로 法에 의하여 허용되어 있기 때문이다. 이러한 점유자는 비록 惡意라고 하여도 악의의 점유자보다 優待할 이유가 없으므로, 本條 Ⅲ은 果實에 대하여 惡意의 점유자와 같은 책임을 지우고 있다.

2. 果實返還義務

(1) 악의의 점유자는 "收取한 果實을 반환하여야 하며", 그 수취한 과실을 "消費하였거나 過失로 인하여 毁損"하였을 때에는 "그 果實의 代價를 補償하여야 한다"(民 § 201 Ⅱ). 여기서 말하는 「果實」에 대하여는 앞의 Ⅱ.2.의 설명 참조. 다만 몇 가지 덧붙이기로 한다.

㈎ 이 규정 前段에서 반환하도록 정하여진 「수취한 과실」은 그 後段의 규정에 비추어 果實을 原物대로 반환할 수 있는 경우를 가리킨다고 할 것이다. 바로 그 後段이 原物대로 반환할 수 없는 경우에 대하여 규정하고 있기 때문이다. 그러므로 使用利益과 같이 애초부터 원물반환이 불가능한 것은 언제나 그 代價를 상환하여야 한다고 해석함이 타당하다.[101]

㈏ 「消費」란 과실을 이용하여 소멸시키는 것을 말한다. 선의의 제3자에게 양도하여 그 제3자가 과실에 대한 소유권을 취득하는 경우를 포함한다.[102] 또한 그 소비가 점유자에게 利益을 가져다 주었는지 여부는 불문한다.

㈐ 여기서 「過失」이란 보다 넓게 「責任 있는 事由」라고 해석할 것이다.

---

98) 大判 62. 1. 18, 4294民上(要集 民 Ⅰ-1, 489); 大判 82. 9. 28, 81사9(集 30-3, 96) 참조.

99) 大判 54. 11. 6, 4287民上189(要集 民 Ⅰ-1, 467); 大判 75. 12. 9, 75다1084등(要集 民 Ⅰ-1, 469) 등 참조.

100) 大判 82. 3. 9, 81다172(公 680, 425).

101) 同旨: 李英俊, 325.

102) 同旨: 日注民(7), 66.

따라서 故意에 인한 毁損의 경우에도 점유자는 代價를 상환하여야 한다. 반면에 가령 不可抗力과 같이 악의의 점유자에게 책임 없는 사유로 毁損된 경우에는 그는 반환의무를 면하고, 代價償還의 책임을 지지 않는다.

(라) 학설 중에는 여기서 말하는 「補償」이란 일반적으로 損害賠償과 동일한 의미라고 해석할 것이라는 견해가 있다.[103] 물론 뒤에서 보는 收取하지 못한 果實의 경우에 대하여는 그렇게 해석하여야 할 것이다. 그러나 일단 收取한 果實을 消費하거나 毁損한 경우에 대하여는 어디까지나 부당이득반환의무의 내용으로서의 價額返還(民 §747 I 참조)을 하여야 할 要件에 관하여 정한 것이라고 볼 것이다.

(2) 나아가 惡意의 占有者는, 현실적으로 수취하지 아니한 果實이라도 수취할 수 있었던 것이면, 그 未收取가 그의 過失(故意를 포함한다고 하겠다)에 기한 것인 한, 그 代價를 補償하여야 한다. 여기서 정하는 代價補償義務는 "악의의 점유자가 진정한 권리자로 하여금 적당한 시기에 果實을 수취할 수 없도록 하고 이로 인하여 진정한 권리자에게 손해를 가한 過失 있으므로, 그 손해를 배상시키려는 취지에 다름아니다."[104] 이와 같이 이 경우의 代價補償義務는 불법행위로 인한 손해배상의무의 성질을 가지는 것이다. 그러한 의미에서 이는 民 §748 II 後段에서 정하는 惡意受益者의 損害賠償義務에 대응하는 것이라고 하겠다. 그렇다고 하면, 民 §750에 기한 손해배상의무와의 관계가 문제된다. 이에 대하여 判例는 本條는 民 §750의 적용을 배제하는 것이 아니라는 입장을 취하고 있다.[105]

(3) 惡意의 점유자가 반환의무를 부담하는 목적물에 果實收取權 있는 制限物權, 즉 地上權이나 傳貰權이 설정되어 있는 경우에, 그가 취득한 果實 등은 所有者와 제한물권을 가지는 사람 중의 누구에게 반환되어야 하는가. 이는 문제되는 果實 등의 收取가 당해 制限物權의 적법한 권한 안에 속하느냐에 의하여 결정될 것이다. 즉 만일 당해 제한물권이 문제되는 果實 등의 수취를 그 권리내용으로 하는 것이라고 하면, 이는 그 제한물권을 가지는 사람에게 반환되어야 하며, 그렇지 않다면 소유자에게 반환되어야 한다.

[梁 彰 洙]

103) 李英俊, 326.
104) 日注民(7), 66에 인용된 日大判 明 39(1906). 10. 4(刑錄 12, 1002). 同旨: 郭潤直, 250.
105) 大判 61. 6. 29, 4293民上704(要集 民 I-1, 387) 참조. 日本에서의 論議에 대하여는 日注民(7), 67 이하 참조.

第202條(占有者의 回復者에 대한 責任)

占有物이 占有者의 責任 있는 事由로 인하여 滅失 또는 毁損된 때에는 惡意의 占有者는 그 損害의 全部를 賠償하여야 하며 善意의 占有者는 利益이 現存하는 限度에서 賠償하여야 한다. 所有의 意思가 없는 占有者는 善意인 경우에도 損害의 全部를 賠償하여야 한다.

차 례

I. 序 說
1. 本條의 內容과 立法例
2. 本條의 立法理由
3. 本條의 實際的인 機能
II. 本條適用의 要件
1. 善意의 自主占有者
2. 占有物의 滅失 또는 毁損
3. 滅失 등에 대하여 "責任 있는 事由"가 있을 것
III. 效果上의 特則
1. 現存利益에의 制限
2. 惡意占有者 또는 他主占有者의 責任

I. 序 說

1. 本條의 內容과 立法例

(1) 本條는, 占有者가 객관적으로 점유물을 소유자에게 반환하여야 할 의무를 부담하고 있는 동안에 그 물건이 "滅失 또는 毁損"된 경우에 그가 소유자에 대하여 부담하는 責任에 대하여 정한 것이다. 本條도 바로 앞의 民 §201이나 바로 뒤의 民 §203와 같이 소유물반환관계가 존재하는 동안에 物件滅失 등이 발생한 경우에 대하여서만 적용이 있다.

그런데 本條가 정하는 것 중 惡意占有者 또는 他主占有者의 책임에 관한 것은 일반적인 불법행위법을 적용한 결과와 하등 다를 바가 없다(이에 대하여는 뒤의 III. 2. 참조). 그러므로 본조의 실제적인 의미는 오로지 善意의 自主占有者에 대하여 불법행위책임을 보다 緩和한 것에만 존재한다고 할 것이다. 따라서 이하의 설명은 주로 위와 같은 責任緩和의 요건과 효과를 다루려고 한다.

(2) 점유자의 損害賠償義務를 규율하는 특칙은 다른 나라에도 존재한다.

獨逸에서는 惡意의 占有者 또는 訴訟繫屬 후의 占有者는 그의 過責으로 말미암아 물건이 훼손 또는 멸실되거나 기타의 이유로 반환될 수 없음으로 말미암아 발생한 손해에 대하여 책임이 있다고 정하는 반면에(獨民 §§989, 900 I), 善意의 점유자는 아무런 손해배상책임을 지지 않는다고 한다(獨民 §993 I 후단). 법문은 단지 「점유자」라고만 하나, 통설은 무권한의 他主占有者가 그가 가진다고 誤想한 권한의 적법한 범위를 넘은 경우에는(소위 Fremdbesitzerexzeß) 위의 규정에 의한 免責은 인정되지 않는다고 하므로,[1] 책임상의 특혜를 받는 점유자는 그 한도에서 自主占有者에 한정된다. 瑞西民法도 선의의 점유자는 그 점유 중에 물건이 멸실되거나 기타 손해를 입은 경우도 이를 배상하지 않아도 되는 데 반하여(§939 II), 악의의 점유자는 "占有의 抑留(Vorenthaltung)에 의하여 야기된 모든 損害"에 대하여 배상책임을 지며(§940 I), 다만 반환의 상대방을 알지 못한 경우에만 그의 過責으로 인하여 발생한 손해에 한정하여 책임이 있다고 정한다(§940 III). 佛蘭西에서도[2] 명문의 규정은 없으나, 선의의 점유자는 물건의 멸실이나 훼손에 대하여 책임을 지지 않으며 악의의 점유자는 모든 손해에 대하여, 심지어는 그의 過責 없이 발생한 손해에 대하여도 책임을 진다. 악의의 점유자는 그러한 손해가 물건이 所有者에게 남아 있다고 하더라도 발생하였을 것임을 입증하여 免責될 수 있을 뿐이다(佛民 §1302 II의 類推). 그리고 訴訟이 繫屬된 후에는 선의의 점유자라도 그의 過責으로 인한 손해에 대하여는 책임을 져야 한다(非債辨濟에 있어서의 返還義務의 내용에 대한 佛民 §1379의 類推).

2. 本條의 立法理由

本條는, 善意의 自主占有者가 그 점유물을 그에게 책임 있는 사유로 멸실 또는 훼손한 경우에 그가 소유자에게 배상하여야 할 損害는 "利益이 現存하는 한도" 내로 제한된다고 한다. 일반적으로 타인의 소유에 속하는 物件을 멸실시키거나 훼손하는 것은 소유권에 대한 침해로서, 달리 違法性阻却事由(정당화사유)가 존재하지 않는 한, 違法한 행위라고 인정되고 있으므로, 거기다가 그 멸실 등에 대하여 그 행위자에게 故意 또는 過失 등 책임 있는 사유가 있다면, 이로써 民 §750에서 정하고 있는 불법행위의 성립요건은 이미 모두 갖추어졌다고 하겠다. 따라서 원칙으로 말한다면, 위와 같은 경우에 점유자는 그 멸실 등으로 말미암아 소유자에게 발생한 손해를 民 §§764, 393에 따라 정하여지는 범위에서 배상하지 않으면 안 된다. 그런데 本條는 그러한 배상책임을 다시 위

1) 이에 대하여는 우선 MünchKomm/Medicus, §993 Rdnr. 13(S. 929) 참조.

2) 이하에 대하여는 M. Ferid, Das Französische Zivilrecht II(1971), 3 C 295ff.(S. 1028f.)에 의하였다.

와 같은 現存利益의 범위 내로 제한하고 있는 것이다.

民 §750에서 정하고 있는 過責主義(Verschuldensprinzip)에 기한 손해배상 책임에 대하여는 일반적으로 立證責任轉換, 危險責任의 승인 등으로 그 책임을 強化하는 방향으로의 논의가 매우 빈번하게 행하여져 왔음은 주지하는 대로이다. 그러한 일반적인 흐름과는 반대로, 本條는 선의의 자주점유자에 대하여 오히려 그 책임을 현저히 緩和하는 내용을 규정하고 있다. 그 이유는 어디에 있는가. 우리 나라의 학설은 이 점에 대하여 별로 언급하고 있지 않다.[3] 이를 단지 沿革的인 이유에 기하여 설명하는 것만으로는 부족하다고 생각된다.

本條의 입법목적은 善意取得制度의 연장선상에서 파악되어야 할 것이다. 실제로는 타인의 소유에 속하는 물건을 선의무과실로 자기의 것으로서 점유하기에 이른 자는, 그 물건을 자신의 것으로 취급하여 그것이 전적으로 자신의 意思의 支配를 받는다고 생각한다. 그러므로 그는 그 물건을 마음대로 멸실시키기도 하고 훼손하기도 하며, 그에 있어서 타인의 권리를 침해한다는 생각, 무슨 違法을 범하고 있다는 意識은 전혀 가지지 않는다. 法은 타인의 물건을 선의무과실로 자주점유하기에 이른 자를 善意取得制度에 의하여 그에게 그 물건에 대한 소유권 자체를 취득시킴으로써 보호하는데, 그 경우에는 점유자가 그 물건을 멸실시켰다고 하더라도 이는 자신의 소유물에 대하여 한 것이므로 애초 그에 대하여 어떠한 責任을 지울 여지가 없다. 그런데 가령 그 물건이 不動產이라거나 또는 動產이라도 도품·유실물 등의 占有離脫物이라고 하면, 善意取得이 인정되지 않기 때문에, 위와 같은 경우에 점유자는 타인의 소유권을 침해한 것이 된다. 그러면 그 경우에 점유자는 일반적인 경우와 마찬가지로 멸실 등에 대한 책임을 져야 하겠는가? 本條는 비록 그 물건의 소유권 자체를 취득하는 것은 인정하지 아니하더라도, 선의의 자주점유자가 그 물건에 대하여 위와 같이 不法意識(Unrechtsbewußtsein)없이 멸실 등을 행한 경우에는 그로 인한 책임을 지지 않아도 된다고 정하는 것이다.

3. 本條의 實際的인 機能

그러나 本條는 實務에 있어서 거의 적용되고 있지 않다. 이는 「대법원판결요지집」에 本條에 관한 판결이 단 한 件도 수록되어 있지 않다는 데서 증명된

3) 다만 李英俊, 326이 "이러한 損害賠償請求權을 다른 경우와 동일하게 인정하면 占有者에게 가혹하므로"라고 설명하고 있으나, 이는 아무런 실질적인 이유를 제시하는 것이 되지 못한다.

다. 그 이유는 아마도 本條가 적용되는 대표적인 예인 不動産에 대하여 그 선의의 자주점유자가 그 점유부동산을 멸실하거나 훼손한다고 하는 일은 거의 일어나지 않는 데 있는 것이라고 추측된다(또한 動産의 경우에는 단지 도품 등 점유이탈물만이 문제될 것이나, 실제로 이러한 일이 빈번하게 일어나는 것이 아니다).

Ⅱ. 本條適用의 要件

1. 善意의 自主占有者

(1) 本條의 보호를 받는 것은 우선「善意」의 점유자에 한정된다. 이에 대하여는 앞의 民 §201 注解 Ⅱ.1.을 전적으로 참조하라. 다만 다음의 몇 가지에 대하여는 주의를 요한다.

(가) 여기서「선의」라 함은 점유자가 그 물건에 대하여 所有權을 가진다고 誤信하고 있는 경우를 말한다. 民 §201 Ⅰ에서「선의」라고 하려면, 소유권이 아니라도 지상권이나 전세권 등의 과실수취권 있는 本權이 있다고 誤信하는 것으로 족한데, 여기서는 그와 같이 해석되어서는 안 된다. 왜냐하면 물건의 멸실 또는 훼손은 일반적으로 소유권에 기하여서만 허용되기 때문이다.

(나) 또한 本條에서 정하는「선의」라고 하려면, 단지 誤信하는 것만으로는 부족하고 나아가 그러한 誤信에 대하여 過失이 없어야 한다(이 점은 民 §201 Ⅰ의 경우도 마찬가지이다). 판례의 표현에 의하면「오신할 만한 근거」가 있어야 하는 것이다.

그렇게 보면, 실제적으로 本條에서 정하는「善意」의 요건을 충족하는 것은, 물건을 점유하고 있는 자(부동산의 경우에는 소유권등기도 그 명의로 되어 있는 자)를 소유자로 믿고 그와의 사이에 소유권취득의 원인행위(가령 매매, 증여 등)를 행하고 그에 기하여 점유를 취득한 경우에 한정될 것이다(이는 短期取得時效에 관한 民 §§245 Ⅱ, 246 Ⅱ의 요건이 실제로 충족되는 것이 위와 같은 경우에 한정되는 것과 마찬가지이다). 왜냐하면 그 이외의 경우에는 점유자가 자신에게 所有權이 있다고 믿었다고 하더라도 일반적으로 過失이 있다고 하여야 할 것이기 때문이다. 가령 遺失物을 습득한 자가 그 습득만으로 유실물에 대한 소유권을 취득한다고 잘못 믿고 그 물건을 멸실 또는 훼손시킨 경우에는 그는 자주점유자라고 할 수 있을는지는 몰라도 本條에서 말하는「善意」에 해당한다고 할 수 없다. 왜냐하면 그는 遺失物에 대한 소유권취득에 대한 법리(民 §253 참조)를 오해한 것이고, 이 점에서 過失이 있다고 할 것이기 때문이다(「法의 無知는 辯明이 되지 아니한다」 error iuris nocet). 그리고 앞의 Ⅰ.2.에서 본 本條의 입법이유에 비추어 보더라도, 本條의 보호를 받는 점유자는 위와 같은 경우에 한정되어야 할 것이다.

㈐ 占有者의 선의를 추정하는 民 §197 Ⅰ, 本權에 관한 訴에서 패소함으로써 惡意가 의제된다고 정하는 民 §197 Ⅱ은 本條에도 적용이 있다.

㈑ 暴力 또는 隱秘에 의한 점유자는 本條에서도 악의의 점유자와 마찬가지로 취급되어야 할 것이다(民 §201 Ⅲ의 유추적용).[4] 獨民 §992는 "점유자가 禁止된 私力 또는 犯罪行爲에 의하여 점유를 획득한 경우"에는 불법행위법에 따라서 손해배상책임을 진다고 정하는데, 이는 우리 법에서도 마찬가지로 해석할 것이다.

(2) 本條의 보호를 받는 점유자는 "소유의 의사가 있는" 점유자, 즉 自主占有者이어야 한다(본조 제2문의 반대해석). 他主占有者는 "처음부터 타인의 물건으로서 점유하기 때문에,"[5] 즉 그 소유자에게 반환되어야 할 것으로 점유하기 때문에, 그 물건을 멸실하는 등의 행위가 위법함을 몰랐다는 것은 변명이 될 수 없는 것이다. 自主占有에 대하여는 앞의 民 §197, 뒤의 民 §245 각 注解 참조.

2. 占有物의 滅失 또는 毁損

(1) 여기서 「멸실」이라 함은 物理的인 파손에 한정되는 것이 아니라 넓게 返還不能 일반을 의미하는 것이다.[6] 獨民 §989는 "훼손되거나 멸실하거나 또는 기타의 이유로 반환할 수 없는 경우에는"이라고 하여 이 점을 명문으로 정하고 있으나, 우리 民法에 있어서도 해석상 그와 같이 인정되고 있다. 따라서 점유물을 紛失하거나 所在를 알 수 없는 제3자에게 양도하여 소유자가 그 물건의 반환청구권을 실제적으로 관철할 수 없는 경우도 이에 해당한다.

(2) 「훼손」도 비단 物質的인 完全性을 해치는 경우뿐만 아니라, 그 물건의 가치를 低下시키는 일체의 行爲를 가리킨다고 할 것이다.

3. 滅失 등에 대하여 "責任 있는 事由"가 있을 것

일반적으로 民法에서 「責任 있는 事由」라고 하면, 故意 또는 過失이 있는 것을 가리킨다. 여기서 故意라고 하면, 위법한 결과의 발생을 의욕 또는 인식하는 것을 말하고, 過失이라고 하면 그러한 結果의 발생을 예견할 수 있었음에도 불구하고 사회생활상 요구되는 注意를 게을리하여 이를 예견하지 못한 것을

4) 李英俊, 328; 日注民(7), 73.
5) 郭潤直, 251 이하.
6) 郭潤直, 251; 李英俊, 326 등 통설.

말한다. 이와 같은 故意나 過失은 원칙적으로 違法한 結果의 認識을 대상으로 하는 것이다.

이러한 통상의 理解를 本條에 그대로 적용하는 데에는 문제가 있다. 善意의 自主占有者는 자신이 占有物의 所有者라고 믿는 것이 일반이다. 따라서 그가 가령 그 물건을 스스로 손괴하였다고 하더라도, 그에게는 위와 같은 의미의 故意나 過失이 있을 수 없다. 왜냐하면 이 경우의 損壞는 점유자에게는 자기 소유물의 손괴에 다름아니므로, 무슨 違法한 結果를 인식하였거나 인식할 수 있을 리가 없기 때문이다. 이러한 문제는 가령 民 §553에서도 제기된다. 同條는 "解除權者의 故意나 過失로 인하여 契約의 目的物이 현저히 毁損되거나 이를 返還할 수 없게 된 때" 등에는 解除權은 소멸한다고 정하고 있다. 그러나 가령 매매계약당사자가 계약의 이행으로 목적물을 급부받았다면, 그는 그 목적물이 자신의 所有에 속한다고 믿을 것이다. 그러므로 그가 자신이 解除權을 가진다는 점을 알지 못한 상태에서 그 목적물을 損壞하였다면, 그에게는 원래의 의미에서는 무슨 故意나 過失이 있을 수 없는 것이다.[7)]

그러므로 여기서 말하는 「責任 있는 事由」란, 적어도 善意의 自主占有者에 관한 한, 民 §553와 마찬가지로, "自己財産에 대한 注意"(民 §695) 또는 "固有財産에 대하는 것과 同一한 注意"(民 §§1022, 1048)를 게을리하는 것이라고 해석하여야 한다. 즉 자기 자신에 대한 過責(Verschulden gegen sich selbst)을 말한다.[8)]

Ⅲ. 效果上의 特則

1. 現存利益에의 制限

(1) 선의의 자주점유자는 "利益이 現存하는 限度에서" 배상하여야 한다고 함은, 그의 보호를 위하여 善意의 受益者가 부담하는 부당이득의 반환의무(民 §748 I)에 따르도록 한 것이라고 한다.[9)] 설사 선의의 자주점유자라고 하여도 현존하는 부당이득을 계속 보유하도록 허용할 이유는 없다는 것이다. 이 점에서 점유물 자체가 아니라 그로부터 산출된 果實의 취득을 선의의 점유자에게 인

7) 民 §553과 동일한 내용을 정하는 獨民 §351에 대하여, 우선 MünchKomm/Janßen, §351 Rdnr. 4(S. 1119) 참조.
8) MünchKomm/Janßen(前註), 同所.
9) 이것이 日本民法起草者들의 견해라고 한다. 日注民(7), 73.

정하는 民 §201 I 과 다르다. 現存利益 일반에 대하여는 뒤의 民 §748 注解 참조.

따라서 예를 들면, 건물의 점유자가 그것을 破損하여 그 材料를 점유하는 때에는 그것을 반환하고, 그것을 매도하였다면 이익이 현존하는 한도에서 그 代金을 반환하여야 한다. 여기서 말하는 「利益」은 점유자가 물건을 점유하는 동안에 취득한 모든 이익을 말하는 것이 아니고, 그 멸실 또는 훼손으로부터 얻은 것만을 말하는 것이다.

(2) 이와 관련하여서 日本에서는, 本條(日民 § 191)는 점유물에 대하여 생긴 손해만에 관한 것이므로 그 한도에서는 불법행위의 特則으로서 本條만을 적용하여야 하나 그 이외의 손해에 대하여는 일반적인 불법행위의 원칙을 배제하는 것이 아니라는 見解도 유력하다.[10] 그러나 손해를 점유물에 대하여 생긴 손해와 그 이외의 손해로 나누어 그 각각을 달리 취급하는 것은 부자연스러우며, 本條의 法文으로부터도 그러한 區分을 할 근거를 찾아 볼 수 없다. 역시 兩者를 나눔이 없이 점유물의 멸실 등으로 인하여 발생한 손해 전부에 대하여 本條를 불법행위법의 特則으로 보는 것이 타당하다.[11]

(3) 本條의 입법이유로 보아 利益의 성립이나 존속은 그 손해의 배상을 청구하는 자가 입증하여야 할 것이라고 생각된다. 또 利益의 현존 여부는 점유자가 악의가 되었거나 소가 제기된 때를 기준으로 정할 것이라고 하는 見解가 있다.[12]

2. 惡意占有者 또는 他主占有者의 責任

악의의 점유자(이에는 과실 있는 점유자가 포함된다)나 이와 同視되어야 할 暴力 또는 隱秘에 의한 점유자, 그리고 타주점유자는 그로 인한 利益의 現存 여부와 무관하게 "손해의 전부"를 배상하여야 한다. 그 의미는, 그러한 점유자가 民 §§764, 393에 의한 배상범위의 획정과는 무관하게 그 멸실 등으로 말미암아 소유자에게 발생한 손해라면 모두 배상하여야 한다는 것이 아니라, 불법행위에 관한 일반원

10) 末川博, 物權法(1937), 221; 林良平, 物權法(1951), 169; 於保不二雄, 物權法 上卷(1966), 202.

11) 李英俊, 330("民法 제202조는 그가 규정하는 범위를 초과하는 占有者의 책임을 배제하는 데에 그 立法趣旨가 있는 것이므로"). 日本民法의 해석으로서 川島武宜, 民法 I (總則・物權)(1960), 106 이하; 稻本洋之助, 民法 Ⅱ(物權)(1983), 233; 廣中俊雄, 物權法 第2版(1982), 256 등 참조.

12) 日注民(7), 74.

칙에 따라서 배상하여야 한다는 것이다. 그러므로 비록 악의의 점유자라도 그가 알 수 없었던 特別한 事情으로 인한 손해는 배상할 의무가 없다.

[梁 彰 洙]

第 203 條(占有者의 償還請求權)

① 占有者가 占有物을 返還할 때에는 回復者에 대하여 占有物을 保存하기 위하여 支出한 金額 기타 必要費의 償還을 請求할 수 있다. 그러나 占有者가 果實을 取得한 경우에는 通常의 必要費는 請求하지 못한다.

② 占有者가 占有物을 改良하기 위하여 支出한 金額 기타 有益費에 관하여는 그 價額의 增加가 現存한 경우에 한하여 回復者의 選擇에 좇아 그 支出金額이나 增加額의 償還을 請求할 수 있다.

③ 前項의 경우에 法院은 回復者의 請求에 의하여 相當한 償還期間을 許與할 수 있다.

차 례

Ⅰ. 序 說
1. 本條의 槪要와 立法例
2. 本條의 地位: 民法이 정하는 各種의 費用償還請求權
3. 占有者의 收去權
Ⅱ. 本條適用의 共通要件
1. 費用支出
2. 償還請求權의 當事者
Ⅲ. 必要費償還請求權
1. 必 要 費
2. 必要費償還請求權
Ⅳ. 有益費償還請求權
1. 有 益 費
2. 有益費償還請求權
Ⅴ. 本條의 費用償還請求權에 기한 留置權

Ⅰ. 序 說

1. 本條의 槪要와 立法例

(1) 앞의 民 §§201, 202가 점유자가 점유물반환의무를 부담하는 소유자에

대하여 부담하는 責任에 관하여 규정하는 것임에 반하여, 本條는 점유자가 回復者, 즉 물건반환청구권을 가지는 소유자에 대하여 가지는 權利, 즉 費用償還請求權에 관하여 규정하고 있다. 그 내용은 다음과 같다.

우선 점유자가 지출한 費用 중에서 必要費(impensae necessariae)와 有益費(impensae utiles)만을 상환의 대상으로 한다. 그러므로 우선 필요비나 유익비 이외에 점유자가 점유물에 관하여 지출한 비용(이를 奢侈費(impensae voluptuariae)라고도 한다[1])은 回復者에 대하여 그 상환을 청구할 수 없다.

나아가 必要費는 원칙적으로 그 전액의 상환을 청구할 수 있다. 다만 점유자가 현실적으로 果實을 취득하였고 또 이를 취득할 권리를 가지고 있어서(특히 民 §201 I 참조) 이를 반환할 의무를 부담하지 않는 경우에는, 필요비 중에서도 「通常의」 필요비는 그 상환을 청구할 수 없고, 단지 「特別한」 또는 「臨時의」 필요비의 상환만을 청구할 수 있을 뿐이다(本條 I 但).

또한 有益費는, ① 그로 인한 價額의 增加가 현존한 경우에 한정하여, ② 償還義務者의 선택에 좇아 그 지출액 또는 증가액의 상환을 청구할 수 있다(本條 II). 따라서 점유자의 有益費償還請求權은 채무자가 선택권을 가지는 選擇債權이다(선택채권에 대하여는 民 §380 이하 참조). 그리고 유익비에 대하여는 법원이 회복자의 청구에 의하여 상당한 償還期間을 허여할 수 있다(本條 III).

(2) 점유자의 비용상환청구권에 대한 外國의 立法例와 우리의 規定을 대비하여 볼 때 우선 눈에 띄는 것은, 외국에서는 대체로 선의점유자와 악의점유자(또는 訴訟繫屬 후의 점유자)를 구분하여 前者에는 보다 넓은 범위의 비용상환청구권을 인정하여 주고, 後者에 대하여는 매우 한정된 범위에서만 이를 인정하는 데 반하여, 우리의 民 §203는 이러한 구분을 하지 않고 兩者에게 완전하게 동일한 내용의 권리를 인정한다는 점이다. 가령 獨逸에서는, 善意의 占有者는 (i) 必要費는 전부에 대하여 그 상환을 청구할 수 있고 다만 그가 物件의 用益(Nutzungen)을 보유하는 경우에는 통상의 보존비용의 상환을 청구할 수 없을 뿐이고(獨民 §994 I), (ii) 기타의 費用은 그 물건을 소유자에게 반환할 때에 물건의 가치가 증가된 경우에 그 한도에서 상환을 청구할 수 있음(獨民 §996)에 반하여, 惡意의 占有者 또는 訴訟繫屬 후의 점유자는 必要費에 한하여 事務管理에 관한 일반규정에 따라 그 상환을 청구할 수 있을 뿐이다(獨民 §994 II). 그리고 瑞西에서는, 선의점유자는 (i) 필요비와 유익비의 상환을 청구할 수 있고 그 이행이

1) 郭潤直, 252 참조.

있을 때까지 물건의 반환을 거부할 수 있으되(獨民 § 939 Ⅰ), 점유자가 수취한 果實은 그 비용상환청구권과 상계될 수 있으며(獨民 § 939 Ⅲ), (ii) 기타의 費用에 대한 상환청구는 허용되지 않는 데 반하여, 惡意의 점유자는 그 비용이 소유자에게도 必要한 것이었을 경우에만 청구할 수 있다(獨民 § 939 Ⅱ). 다만 佛蘭西의 태도는 우리와 유사하다. 佛蘭西民法에는 계약관계상의 비용상환청구권(매수인이 追奪당한 경우의 매도인의 비용상환의무에 관한 佛民 § 1634, 使用貸借에 있어서의 緊急한 必要費의 상환의무에 관한 佛民 § 1890, 任置人의 보존비용상환의무에 관한 佛民 § 1947, 質物에 대하여 지출된 비용의 상환의무에 관한 佛民 § 2080 등)과는 달리 점유자의 비용상환청구권에 대하여는 명문의 규정이 존재하지 않기 때문에, 일반적인 不當利得法的인 규율이 보다 강하게 개입한다.[2] 그리하여 여기서는 점유자의 선의·악의 여부보다는 그 지출한 비용이 必要費인가, 有益費인가, 아니면 그 어느것에도 속하지 않는 소위「奢侈費」인가가 더욱 중요한 의미를 가진다. 그리하여 필요비는 그 전액을, 유익비는 上昇價額(plus-value)을 지출자가 선의이든 악의이든 그 상환을 청구할 수 있으며, 奢侈費의 상환청구권은 부인된다. 우리 民法은 日本民法을 통하여 佛蘭西法의 태도를 이어받은 것으로 추측된다.

다음으로 우리 民法의 특징으로 들 수 있는 것은 占有者의 分離收去權(Abtrennungs- und Wegnahmerecht)에 관한 규정을 두지 아니하였다는 점이다. 獨逸民法은 § 997에서 원칙적으로는 이를 인정하면서, 다만 점유자가 收益을 보유하여 통상의 보존비용의 상환을 청구할 수 없는 경우, 그 분리가 그에게 아무런 이익이 없는 경우 또는 분리 후에 가지는 價額 이상의 償還을 받는 경우에는 이를 부인하고 있다. 또한 瑞西에서도 선의점유자에 한하여 필요비·유익비 이외의 비용지출의 경우에는 "그 物件 자체를 훼손함이 없이 할 수 있는 한" 그 반환 전에 그가 지출한 물건을 收去할 수 있고, 다만 상대방이 비용상환을 提議한 경우에는 그러하지 않다고 한다(瑞民 § 939 Ⅱ). 佛蘭西에는 우리와 같이 이 점에 대한 明文의 規定이 없으나, 奢侈費가 지출된 경우에는 用益權(usufruit)에 관한 佛民 § 599 Ⅲ을 준용하여, 수거의 가능성을 인정하는데, 다만 收去에는 비용지출 이전의 상태를 회복할 의무가 부과되며 그것이 불가능하면 收去는 허용되지 않는다고 한다.[3] 한편 우리 民法의 해석에 대하여는 아래 3. 참조.

---

2) 이하에 대하여는 M. Ferid, Das Französische Zivilrecht Ⅱ (1971), 3 C 300ff.(S. 1029f.)에 의하였다.
3) 이에 대하여는 Ferid(前註), 3 C 304(S. 1030) 참조.

2. 本條의 地位: 民法이 정하는 各種의 費用償還請求權

(1) 어떠한 물건을 점유하고 있는 사람이 그 점유기간 동안에 그 물건에 관하여 費用을 지출한 경우에는, 그 후 그 물건을 소유자에게 반환함에 있어서 그로부터 그 償還을 청구할 수 있는가 또는 어떠한 내용으로 청구할 수 있는가 하는 문제가 일반적으로 제기된다. 이에 대하여 法은 本條 외에도 따로 규정을 두고 있는 경우가 있는가 하면, 가령 地上權者가 지출한 비용의 상환에 대하여는 아무런 규정이 없다. 여기서 規定이 없는 경우에 대하여 어떠한 내용의 비용상환청구권을 인정할 것인가 하는 문제가 등장한다. 本條의 체계상의 지위도 이와 관련하여서 생각하여 볼 때에 보다 명확한 問題位相 속에서 파악할 수 있게 된다. 즉 本條를 점유자의 비용상환청구권에 관한 일반적 규정이라고 이해하여 다른 명문의 규정이 없는 한은 원칙적으로 本條를 적용할 것인가(특히 지상권자나 전세권자는 목적물을 점유하므로, 本條의 文言만으로 보면 本條는 이들 경우에도 당연히 적용되어야 하는 것으로 생각되기도 한다), 그 각 法律關係의 성질을 파악하여 그에 가장 적합한 다른 規定을 準用(또는 유추적용)할 것인가, 아니면 오히려 보다 일반적인 事務管理나 不當利得의 법리를 적용할 것인가.

(2) 먼저, 民法에서 정하고 있는 비용상환에 관한 규정의 내용을 概觀하고, 그로부터 위의 문제에 대한 歸結을 끌어내어 보기로 한다.

(가) 우선 留置權者에 대하여는 民 §325가 本條와 대부분 동일한 내용으로 규정하나, 다만 과실취득의 경우에 通常의 必要費는 그 상환을 청구하지 못한다는 예외가 인정되지 않고 있을 뿐이다. 이는 動產質權에 대하여도 준용되고 있다(民 §343). 나아가 賃借人이 비용을 지출한 경우에 대하여도 留置權에 관한 위의 民 §325와 완전하게 동일한 내용의 규정이 존재한다(民 §626).

다른 한편 民 §203는 還買의 경우에 매수인이나 전득자가 지출한 비용의 상환에 관하여 기준이 되고 있다(民 § 594 II). 또한 使用貸借에 있어서, 借主는 通常의 必要費를 부담하여야 하고 따라서 그 상환을 청구할 수 없는데, "其他의 費用"에 대하여는 역시 위의 還買에 관한 규정을 거쳐서 民 §203가 기준이 되고 있다(民 §611).

나아가 傳貰權에 대하여는 有益費의 상환에 관하여 民 §626와 같은 규정을 두면서(民 §310), 다른 한편 "傳貰權者는 목적물의 現狀을 維持하고 그 通常의 관리에 속한 修繕을 하여야 한다"고 규정하고 한다(民 §309). 이는 「通常의 管理에 속하는 修繕」의 費用, 즉 통상의 필요비는 전세권자가 지출할 의무를 부담하며 그것을 지출하였다고 해서 그 상환을 청구할 수는 없다는 의미라고 할 것이다. 종래의 학설은 이들 규정의 의미를, 傳貰權者는 필요비상환청구권을 그것이 통상의 필요비인가 특별한 필요비인가를 불문하고 가지지 못하는 것으로 해석한다.[4] 그러나 「통상의」 필요비만이 그 상환청구가 배제된다고 함이 타당하다. 傳貰權者라고 하여서 물건의 保存(이는 궁극적으로 所有者의 利益에 돌아간다)을 위하여 특별히 요구되는 비용을 부담할 이유는 없는 것이다(또한 뒤의 (3)(나)도 참조).

以上에서 주목되는 것은 비용상환에 관한 民法의 여러 규율이 「通常의 必要費」의 상환을 청구할 수 있는지 여부에 따라 구분될 수 있다는 점이다. 즉 통상의 필요비를 어떻게 處理하는가 하는 것이 규율의 要目이 되고 있으며, 그 이외에는 서로 다를 바가 없다는 것이다. 특히 소위 奢侈費는 그 상환을 청구할 수 없다는 점, 「특별한」 필요비는 그 전액의 상환을 청구할 수 있다는 점, 有益費의 상환은 그로 인한 물건의 가치증가가 현존한 경우에 한정하여 償還義務者의 선택에 좇아 그 지출액 또는 증가액의 상환을 청구할 수 있다는 점, 또 有益費를 상환하여야 할 경우에 대하여는 법원이 상환의무자의 청구에 기하여 상당한 償還期間을 허여할 수 있다는 점은 어느 경우에나 완전히 서로 일치한다. 그리고 이러한 내용은 費用償還에 관한 별도의 규정이 없는 경우(가령 地上權者의 비용지출)에도 준용되어야 할 것이다.[5] 물론 일반적인 事務管理나 不當利得의 법리를 적용할 수 없는 것은 아니나, 적어도 물건에 지출된 비용의 상환에 관하여는 그보다 특수한 내용을 가지는 법리가 일반적으로 형성되어 있기 때문이다.

(나) 그러면 문제가 되는 「通常의 必要費」는 어떠한 실질적인 기준에 의하여 그 償還請求의 可否가 결정되고 있는가.

民法의 규정을 종합하여 보면 결국, 必要費는 원칙적으로 그 전액의 상환을 청구할 수 있어야 하겠지만,[6] 필요비를 지출한 사람이 또한 果實을 취득하

---

4) 郭潤直, 437; 金曾漢, 374; 李英俊, 642 등. 또한 民法案審議錄 上卷, 189에 의하면, "전세권자가 목적물의 보존, 개량에 관하여 유익비를 지출한 때"의 費用償還請求權에 관하여 정하는 民法案 §299를 심의하는 과정에서 "保存費用에 관하여서는 이미 草案 제297조[民 §309에 해당]에 의하여 전세권자의 부담으로 되어 있으므로 本條는 이와 저촉이 된다"고 하여(꺾음괄호 안은 引用者), 위 文言을 "목적물을 改良하기 위하여 지출한 금액 기타 有益費에 관하여는"으로 수정할 것이 제안되었다.

5) 地上權者의 비용지출에 관하여, 통설은 有益費의 상환에 대하여는 賃貸借에 관한 民 §626 II을 유추하여 이러한 결과를 인정하고 있다. 필요비의 상환에 대하여는 뒤의 (다)(가) 참조.

6) 그리고 그것이 事務管理法의 원칙에도 맞는 것이라고 하겠다. 왜냐하면 물건을 '保存'하기 위한 비용의 지출은 통상 그 물건소유자를 위한 事務管理의 요건을 충족한다고 할

기도 하였다면 兩者의 償還問題를 간이하게 처리하기 위하여 일률적으로 그 중 통상의 필요비와 果實을 서로 맞비기는 것으로 하고, 굳이 번거롭게 서로 상환청구를 하는 것은 막는다는 태도를 일반적으로 취한 것이라고 생각된다. 그러므로 필요비를 지출한 사람이 果實을 취득하였다면, 위와 같은 相殺가 인정될 수 없는 경우가 아닌 한, 오히려 통상의 필요비는 그 상환을 청구하지 못하는 것이 원칙이라고 할 것이다. 따라서 문제는 어떠한 경우에 그러한 相殺가 인정될 수 없는가, 그 근거는 무엇인가에 있다고 하겠다.

우선 留置權의 경우를 보면, 유치권자는 유치물의 과실을 수취하여서 이를 그 피담보채권의 변제에 優先充當하는 것이고(民 § 323 참조), 그 수취한 과실과 지출한 비용을 서로 맞비긴다는(相殺한다는) 관계는 성립하지 않는다. 이는 動產質權의 경우에도 마찬가지이다. 그러므로 이들에 있어서는 그 권리자가 과실을 취득하였더라도 필요비 전부를 상환청구할 수 있음은 당연하다고 하겠다.[7] 또한 賃貸借의 경우에 賃貸人은 목적물을 그 사용·수익에 필요한 상태로 유지할 의무를 부담한다(民 § 623 後段). 다른 한편 임차인이 과실을 취득하는 것은 임대차계약의 당연한 내용이고, 그에 대하여 임차인은 借賃이라는 대가를 치를 의무를 부담한다. 말하자면 임차인의 과실취득과 맞비기는 것은 차임지급의무인 것이다. 그러므로 임차인이 필요비를 원래 이를 지출하여야 할 임대인에 대신하여 지출하였다면, 이를 相殺하는 의미를 가지는 과실취득이란 이미 존재하지 않는다. 이는 그가 지출한 필요비가 通常의 것이든 特別한 것이든 차이가 없는 것이다.[8] 또한 使用貸借의 경우에는 과실취득의 여부와는 상관 없이 借主로 하여금 「통상의 필요비」를 부담하도록 하는데, 이는 사용대차에 있어서 借主는 無償으로 목적물을 사용·수익하므로, 적어도 통상의 필요비는 그에게 부담시켜

것이기 때문이다.

7) 이를 뒤집어서 말하면, 유치권자는 그가 취득한 果實, 특히 使用利益을(유치물의 使用利益은 이 경우에도 果實에 준한다고 해석되고 있다. 郭潤直, 479; 金曾漢, 422 등 通說), 그것을 피담보채권의 변제에 충당하지 않는 한은, 不當利得으로서 반환하여야 한다는 말이 된다. 大判 63. 7. 11, 63다235(集 11-2, 45)도, "가옥의 유익비상환청구권에 기인하여, 임차한 가옥에 대하여 유치권을 행사하여 임차가옥을 사용·수익한 경우에 있어서는" 임차인의 사용이익은 부당이득을 이유로 반환되어야 한다고 判示하여 같은 태도를 취하고 있다. 民 § 323는 수취한 果實을 辨濟에 충당'할 수 있다'고 정할 뿐이고, 그것이 당연히 변제에 충당되거나 충당하여야 한다는 것은 아니다. 이 점에 대하여는 日注民(8), 50 참조. 변제충당을 하려면 果實이 金錢이 아닌 한 競賣節次를 밟아야 하므로(民 § 323 I 但書), 유치권자는 대개 이를 꺼릴 것이다. 이상에 대하여는 梁彰洙, "賃貸借終了 후 賃借人의 目的物 繼續占有와 不當利得", 民法硏究 2(1991)(원래는 法學 27-1, 197 이하 所載), 332, 338(특히 註 15) 참조.

8) 이에 대하여는 金曾漢, 331도 참조하라.

도 衡平에 반하지 않는다는 使用貸借 특유의 사정에 기인한 것이라고 생각된다.[9)]

(3) 이렇게 보면 本條는 보다 일반적인 의미를 가지고 있는 것이고, 물건반환관계가 있는 경우에 그 의무자가 지출한 비용의 상환에 관하여 一般的인 法理를 선언하는 규정이라고 할 수 있다. 다만 本條를 적용함에 있어서 특히 本條 I 단서의 적용과 관련하여서는 앞에서 본 通常의 必要費와 果實取得과의 상쇄가 인정될 수 있는가를 엄밀하게 음미하여 보는 것이 요구된다.

여기서 참고로 地上權者의 비용상환청구권에 대하여 살펴보기로 한다.[10)]

㈎ 지상권에 대하여는 지상권자가 지출한 비용의 상환에 관한 명문의 규정이 없다. 그러나 이 경우에도 위 (2)㈎에서 말한 대로, 소위 奢侈費는 그 상환을 청구할 수 없다는 점, 「특별한」 필요비는 그 全額의 상환을 청구할 수 있다는 점, 有益費의 상환은 그로 인한 물건의 가치증가가 현존한 경우에 한정하여 償還義務者의 선택에 좇아 그 지출액 또는 증가액의 상환을 청구할 수 있다는 점, 또 이에 대하여 법원이 상환의무자의 청구에 기하여 상당한 償還期間을 허여할 수 있다는 점은 인정되어야 할 것이다.

종래의 우리 나라의 學說은 이에 관하여 지상권자의 有益費償還請求權은 임대차에 관한 民 §626 Ⅱ을 유추하여 같은 내용을 인정하면서도 必要費償還請求權은 통상의 필요비인지 특별한 필요비인지를 불문하고 인정되지 않는다고 한다. 그 이유는, 임대인과는 달리 地上權設定者는 "사용, 수익에 필요한 상태를 유지"할 적극적인 의무(民 §623 後段 참조)를 부담하지 않는 데 있다고 한다.[11)] 그러나 地上權設定者에게 그러한 의무가 인정되지 않는다고 해서, 그로부터 소유자에게 지상권자가 지출한 필요비를 상환할 의무가 없다는 결론이 바로 도출될 수는 없다. 왜냐하면 그렇다고 해서 그러한 의무를 地上權者가 부담하여야 한다고는 단정할 수 없기 때문이다(가령 使用貸借의 경우에는 民 §611이 借主가 通常의 必要費를 부담한다고 명문으로 정하고 있다). 위의 民 §623 後段은 임대차계약에 흠결이 있을 경우에 적용되는 意思補充規定에 불과한 것으로서, 다른 계약유형에 대하여 민법이 그러한 규정이 없다고 해서 그러한 의무가 이번에는 반대의 당사자에게 부과된다고 推論(argumentume con-

9) 비유적으로 말하면, 통상의 필요비의 지출이 借主가 사용수익권을 가지게 되는 代價라고도 할 수 있다.

10) 물론 이는 民 §203와 직접 관련되는 문제는 아니다.

11) 金曾漢, 331; 李英俊, 587. 郭潤直, 586은, 지상권자는 필요비상환청구권을 가지지 못한다고 명언하지 않으며, 단지 "賃借人의 必要費償還請求權은 … 곧 地上權에 類推할 수는 없다"고 할 뿐이다. 舟橋諄一, 物權法(1960), 409와 비교하여 보라.

trario)할 필연성은 없는 것이다. 오히려 그 경우 일방 당사자가 지출한 비용의 상환에 대하여는 보다 일반적인 法理로써 당사자들의 契約欠缺(Vertragslücke)을 보충하는 것이 타당할 것이다.

이와 관련하여 우리 나라 學說의 原形이라고 추측되는 日本의 學說은 매우 교묘한 설명을 하고 있다. 이에 의하면, "地上權에 있어서는 必要費 및 有益費 모두 賃借人의 有益費返還請求權의 규정을 유추하여 그 요건 아래서 償還을 청구할 수 있다고 해석할 것이라고 생각한다. 즉 地上權消滅時에 土地所有者의 선택에 좇아 지상권자가 목적물에 대하여 出損한 금액 또는 그 현존하는 結果의 價格을 상환시킬 수 있고, 法院은 토지소유자의 청구에 의하여 이에 상당한 期限을 허여할 수 있다"고 한다(머리점은 原文에 의한다).[12] 여기서는 필요비상환청구권이 부인되지 않고 肯認되고 있으며, 단지 그 내용만이 임차인의 유익비상환청구권과 동일하게 인정되고 있을 뿐인 것이다.

(나) 그러면 地上權者는 그가 지출한 「通常의 必要費」에 대하여 그 상환을 청구할 수 있다고 할 것인가? 이를 否認하는 것이 타당하리라고 생각된다.[13]

첫째, 地上權은 長期間에 걸쳐서(最短存續期間에 관한 民 §§280, 281 참조) 토지를 사용하는 것을 내용으로 한다. 그 기간 중에 있어서 所有者는 실질적으로 보면 단지 地料의 支給을 청구할 수 있는 권리를 가질 뿐이다. 그렇다면 지상권자는 토지를 장기간 사용할 권리의 반면으로서, 그것을 보존하기 위한 通常의 必要費는 스스로 부담하여야 할 것이다. 또한 그렇게 봄으로써 장기간에 걸쳐 지출된 통상의 必要費用을 그 소멸시에 精算한다는 번거로움을 피할 필요도 있다.

둘째, 地上權은 반드시 유상으로 설정되어야 하는 것은 아니지만(이 점에서 傳貰權의 경우와 다르다), 역시 有償인 경우가 거의 전부일 것으로 추측된다. 어떻든 간에, 無償일 경우에는 使用貸借에 관한 民 §611 I을, 有償일 경우에는 傳貰權에 관한 民 §309를 각기 類推하여, 지상권자가 통상의 필요비를 부담하여야 한다고 해석되어야 할 것이다. 그 권리의 내용이 지상권보다 약한 使用貸借나 傳貰權의

12) 我妻榮, 新訂 物權法(1983), 373(이 부분의 설명은 同, 物權法(1952), 254와 동일하다). 이를 가령 金曾漢, 新物權法 下卷(1962), 411 이하와 대비하여 읽어 보라. 그런데 同, 物權法(1981), 331에서는 여기의 "필요비 및 유익비 모두"라는 부분이 "유익비의 경우에는"으로 바뀌었다.

13) 한편 民法典의 立法過程에서는 地料增減請求權에 관한 民 §286("지료가 토지에 관한 租稅 기타 負擔의 增減…으로 인하여 상당하지 아니하게 된 때에는 당사자가 그 增減을 청구할 수 있다")을 들어, 公課金(이는 통상의 필요비에 속한다고 이해되고 있다. 이에 대하여는 뒤의 Ⅱ.1.(2)(가) 참조)은 지상권설정자가 부담하여야 하는 것이라는 理解가 표명된 바 있다. 民法案審議錄 上卷, 188 참조.

경우에도 그 권리자가 通常의 必要費를 부담하여야 한다면, 지상권의 경우에는 더더욱 그러하여야 均衡이 맞는다.

셋째, 지상권은 건물이나 수목 등 地上權을 소유하기 위하여 설정된다. 그런데 이러한 地上物의 소유는 동시에 지상권의 목적인 土地의 保存 없이는 불가능하다. 그렇다면 지상권자가 토지의 보존을 위하여 비용을 지출하는 것은 바로 자신의 권리행사를 위한 것으로서 그 비용의 상환을 소유자에게 청구할 이유가 없다고 할 것이다.

3. 占有者의 收去權

앞의 I.(2)에서 본 대로, 우리 民法은 다른 나라의 경우와는 달리, 返還義務를 부담하는 점유자가 그 물건에 부속시킨 물건을 分離하여 이를 收去(撤去)할 수 있는 권리, 즉 收去權 또는 撤去權을 가지는가 여부에 대하여 별도의 규정을 두고 있지 않다. 우리 民法에서도 가령 傳貰權(§316 I 본문 후단: "그 目的物에 附屬시킨 物件은 收去할 수 있다"), 使用貸借(§615: "이에 附屬시킨 物件은 撤去할 수 있다"), 賃貸借(§654에 의한 §615 준용)에 관하여는 收去權을 인정하는 명문의 규정을 두고 있고, 地上權에 관하여는 §285 I 에서 "收去하여 … 原狀에 회복하여야 한다"고 하여 收去義務를 정하고 있으나 이는 동시에 權利이기도 하다고 이해되고 있다.[14] 이와 같이 原物의 반환의무를 부담하는 법률관계에서는 일반적으로 그 반환의무자에게 收去權이 인정되고 있는데, 그러면 점유자의 경우는 어떠한가?

역시 이를 부인할 이유는 없고, 다른 物件返還關係에 있어서와 마찬가지로 이를 긍정할 것이다. 물론 앞서 본 전세권, 사용대차, 임대차, 지상권 등의 경우에는 그 물건의 반환에 있어서 原狀으로 回復할 것이 요구되고 있는 데 반하여, 소유물반환의 경우에는 原狀回復義務는 없고 단지 現狀대로 반환하면 족하다고 이해되고 있다(이에 대하여는 뒤의 民 §213 注解 Ⅲ.1.(2) 참조). 그러나 그렇다고 해서 점유자에게는 附屬物買受請求權도 없는 마당에, 그에게 반드시 費用償還請求權에 의하여 소유자에게 그가 출연한 비용을 금전으로 반환받을 것을 강요할 이유는 없다. 점유자 자신이 스스로 부속한 물건을 수거하고 원상회복하여 물건을 반환하더라도 이것이 일반적으로 소유자에게 별달리 불리한 것은 없으므로, 이를 막을 필요는 없는 것이다. 이렇게 보면, 점유자에게도 원칙적으로 그가 부속시킨 물건

14) 가령 金容漢, 371; 金曾漢(1981), 329; 李英俊, 585 등 통설. 의용민법에서 이는 權利로 정하여져 있었다(同法 §269 I).

의 收去를 인정하되, 다만 그로 말미암아 비용지출 이전의 상태로의 原狀回復이 불가능한 경우에는 이를 부인하여야 할 것이다. 그리고 그 附屬物이 原物과 불가분하게 결합하여 원물의 일부라고 평가되는 경우에는 그 收去가 허용되지 않음은 물론이다.

Ⅱ. 本條適用의 共通要件

1. 費用支出

(1) 本條에 의하여 비용상환청구권을 취득하려면, 무엇보다도 물건의 점유자가 그 물건에 대하여 「費用」을 支出하여야 한다. 그 중 필요비·유익비의 구분에 대하여는 뒤의 Ⅲ.1. 및 Ⅳ.1. 참조.

여기서 「費用支出」(Verwendung)이란 獨逸의 판례(RGZ 152, 100)에 의하면, "어떠한 물건 자체에 기여하는(einer Sache zugute kommen sollen) 모든 財產消費"를 말한다.[15] 그것이 비록 소유자의 재산계획에 반하는 것이라고 하여도, 객관적으로 물건 자체의 유지 등에 寄與하려는 것이면 이에 해당한다(이에 대하여는 뒤의 Ⅱ.2.(1)(나)도 참조). 여기에는 金錢의 지출이나 物件의 사용·소비뿐만 아니라, 점유자 자신의 勞力도 포함된다.[16] 그것이 실제로 또 객관적으로 물건에 이익을 주었는가는 不問한다. 그러므로 가령 獸醫師가 치료한 개가 결국 죽고 말았다든가 또는 건물을 떠받치는 시설을 하였는데 결국 그 건물이 도괴되고 말았다든가 하는 경우에도, 비용지출은 인정된다.[17]

또 그 비용지출이 지출자에게 타인을 위한 재산적인 犧牲으로 의식되어야 할 필요도 없다. 그러므로 善意의 自主占有者가 그 물건을 자기의 것으로 알고 비용을 지출한 경우에는 本條에서 말하는 「비용지출」이 인정된다.[18] 大判 59. 1. 15, 4290民上760(總覽 2-1 (A), 454)이, 歸屬財產을 불하받은 사람의 夫가 그 재산을 妻의 소유로 확신하고 妻를 위하여 이를 수리하였어도 그 후 나라에 의하여 그 처에 대한 불하처분이 취소되어 그 소유권이 상실되었다면, 그는 本條의 비용상

---

15) 이 定義는 獨逸의 대부분의 학설에 의하여 支持되고 있다. 가령 Baur, Lehrbuch des Sachenrechts(15. Aufl., 1990), § 11 C Ⅳ 1(S. 97); MünchKomm/Medicus, § 994 Rdnr. 6 (S. 932) m. w. N. 참조.

16) Baur(註 15), § 11 C Ⅳ 1 a. E.(S. 97).

17) MünchKomm/Medicus, § 994 Rdnr. 6(S. 932).

18) D. Medicus, Bürgerliches Recht, 10. Aufl.(1982), Rdnr. 875(S. 431).

환청구권을 가진다고 판시하는 것도 軌를 같이 하는 것이라고 할 수 있겠다.[19)] 그러나 그 물건 자체의 유지나 향상 등을 목적으로 하지 않고 가령 점유물의 취득을 위하여 지출한 買受代金 등은 이에 속하지 않는다.[20)] 또 가령 자동차의 운행에 필요한 揮發油나 엔진오일 등과 같이 그 物件의 직접적인 이용을 위하여 소비되는 비용은 여기서 말하는 「비용지출」이 아니라고 할 것이다.[21)]

獨逸에서는, 소위 物件을 變更시키는 비용지출(sachändernde Verwendungen)도 상환되어야 하는가가 매우 다투어지고 있다.[22)] 이로써는 주로 가령 토지 위에 건물이나 홍수방지용의 댐을 건립하거나 또는 농경지 위에 牛馬舍를 짓는 경우가 문제되고 있다. 判例는 償還義務를 발생시키는 비용지출이란 "물건의 존립 그 자체를 유지하거나 재건하거나 물건의 상태를 개선하는 것을 목적으로 하는 조치"를 의미한다고 하여 이를 부정하고 있다.[23)] 한편 다수의 학설은 그러한 별도취급이 恣意的이며 그 결과의 부당함을 들어 이를 긍정하고 있다.[24)]

우리 나라에서는 특히 타인 소유의 裸垈地에 점유자가 건물을 건립한 경우를 염두에 두고 論議가 있을 수 있다. 그러나 역시 否認하여야 하지 않을까.

(2) 우리 나라의 학설 중에는, 이러한 支出이 물건의 본질적 구성부분이 되어 소유자에게 함께 반환하여야 할 경우에 한하여 費用償還請求權의 문제가 발생한다고 주장하는 견해가 있다. 그리하여 建物에 페인트칠을 하거나 修理, 增·改築을 하는 데 든 지출은 「비용」에 해당하지만, 자동차에 새 엔진을 부착하기 위한 지출은 이에 해당하지 않는다고 한다.[25)]

19) 大判 76. 10. 26, 76다2079(總覽 2-1(A), 455-4)도 참조. 이 사건에서는, 이미 假登記되어 있는 부동산을 매수하여 취득하였으나 후에 그 가등기에 기한 本登記가 이루어짐으로 말미암아 자신의 소유권등기를 職權抹消당한 사람도 그 등기가 살아있는 동안에 한 비용지출에 대하여 상환청구권을 가진다고 한다.

20) 同旨: 李英俊, 333; Baur(註 15), § 11 C Ⅳ 1(S. 97).

21) MünchKomm/Medicus, § 994 Rdnr. 22(S. 935f.).

22) 우리 나라에서는 李英俊, 333이 "원래의 用途를 변경하는 데 든 지출도 費用에 해당하는가"하는 식으로 표현하고 있다.

23) 대표적인 것으로서 BGHZ 41, 157. 기타의 판례에 대하여는 MünchKomm/Medicus, § 994 Rdnr. 9(S. 932f.) 참조. 이들 판례는 우선 添附로 인한 請求權에 관한 獨民 § 951(우리 民法 § 261)의 적용을 부인하고(왜냐하면, 이 규정은 점유자의 선의·악의, 必要費·有益費 등의 구분을 하지 않으므로, 이 규정을 적용하게 되면 그러한 구분에 따라서 處理를 달리할 것을 요구하는 法의 태도가 충족되지 않기 때문이다), 나아가 費用支出에 해당하지 않는다고 하여 獨民 § 997의 收去權만을 인정하되, 다만 그 收去權이 實效가 없는 경우(獨民 § 997 Ⅱ 참조)에는 獨民 § 242(信義則)에 기하여 보상청구권이 인정된다고 한다.

24) MünchKomm/Medicus, § 994 Rdnr. 8f.(S. 932f.); Baur(註 15), § 11 C Ⅳ 1(S. 97) m. w. N. 우리 나라에 있어서는 李英俊, 333도 同旨.

25) 李英俊, 333.

이 견해의 의미는 반드시 명확한 것은 아니다. 우선, 점유자가 한 지출의 결과가 물건의 構成部分으로 된 경우에도, 이를 소유자에게 반드시 반환하여야 하는 것은 아니고, 오히려 收去할 수 있는 권리가 있는 것이 통상이다(民 § 615 2文, 653 등 참조).[26] 그리고 점유자가 이러한 收去權을 행사하여 이를 收去한 경우에는 그 한도에서 이미 本條를 적용할 전제가 되는 「비용지출」은 없다고 보아야 할 것이다. 그러므로 위 견해가 "소유자에게 함께 반환하여야 할 경우에 한하여" 비용상환청구권이 문제된다고 하는 것이, 그것이 이미 收去된 경우에는 비용상환청구권이 문제되지 않는다는 내용이라면, 이는 정당하다고 할 수 있다.[27]

그러나 아직 그러한 收去가 있기 전이라면 점유자가 비용상환청구권을 가지는 데 지장이 없다고 할 것이다. 本條의 적용범위를 축소하여 점유자의 정당한 이익을 해치는 것은 바람직하지 않다. 또한 자동차에 새 엔진을 부착하기 위한 지출은 의심의 여지 없이 상환청구의 내용을 이루는 「비용지출」로 인정되고 있으므로,[28] 그 例는 적절하다고 할 수 없다.

2. 償還請求權의 當事者

(1) 점유자가 지출한 비용이 必要費인가 有益費인가에 관계 없이, 상환청구의 당사자에 관하여도 공통적으로 論議될 수 있는 점이 몇몇 존재한다. 우선 請求權者에 관하여 본다.

㈎ 本條에 기하여 비용상환청구권을 가지게 되는 점유자는 그 물건을 반환할 의무를 부담하는 사람이므로, 그가 소유권을 가지고 있는 동안에 한 지출에 대하여는 상환청구를 하지 못함은 물론이다. 그러나 비용을 지출할 당시는 물건의 소유자이었다고 하더라도, 후에 그 소유권을 遡及的으로 喪失함으로써 결국 그 지출 당시에도 소유권을 가지지 않은 것으로 된 경우에는, 역시 그 비용상환을 청구할 수 있다고 할 것이다.

그 가장 현저한 예는 大判 76.10.26, 76다2079(總覽 2-1(A), 455-4)에서 인정되고 있는 타인 명의의 假登記 후에 소유권을 취득한 사람의 경우이다. 이 사건에서, 피고는 이미 甲 앞으로 假登記되어 있는 부동산을 매수하여 취득하였으나 후에 그

26) 獨民 § 997 I 1文은, "점유자가 다른 물건을 그 점유물의 본질적 구성부분으로서 결합시킨 경우에는, 그는 그것을 分離하여 收去(abtrennen und sich aneignen)할 수 있다"고 정하고 있다.

27) 大判 80. 10. 14, 80다1851(公 646, 13325) 참조.

28) 獨逸에서 Baur(註 15), § 11 C Ⅳ 4(S. 98)은 바로 이 例를 들어 비용상환청구권을 설명하고 있다.

가등기에 기한 本登記가 이루어짐으로 말미암아 자신의 소유권등기를 職權抹消당하였고, 그 후 甲으로부터 소유권을 양도받은 원고로부터 이 사건 소송으로써 그 부동산의 반환을 청구당하였다. 이에 대하여 피고는 本條에 기한 비용상환청구권을 위하여 留置權을 가진다는 항변을 하였는데, 원심은 그 비용지출 당시에는 피고가 그 부동산의 所有者이었고 따라서 그 비용지출은 자신의 소유물에 대한 것이었으므로, 本條에 기한 償還請求權은 발생하지 않는다고 하여 피고의 주장을 받아들이지 않았다. 그러나 대법원은, "結果的으로는 타인의 물건에 대하여 피고가 그 점유기간 내에 비용을 투입한 것이 된다고 보는 것이 타당하다"고 하여 원심판결을 파기하였다.

그 외에 所有權의 취득원인이 된 契約이 取消된 경우에도 마찬가지라고 할 수 있을 것이다.

(나) 비용상환을 청구할 수 있는 점유자는 현재의 점유자에 한정된다. 이는 民 §203가 民 §213의 附屬規範이므로 소유물반환의무를 부담하는 점유자(즉, 현재의 점유자)가 그 권리자가 된다고 보아야 하며, 또한 民 §203가 "점유자가 점유물을 반환할 때에는 …"이라고 정하는 데 비추어서도 명백하다.

그 경우에 현재의 점유자는 前占有者가 지출한 비용에 대하여는 아울러 그 상환을 청구할 수 없는가? 현재의 점유자가 前占有者의 점유를 「점유할 권리」의 승계에 관한 법률행위(가령 매매계약)에 기하여 승계한 경우에 대하여(소위 權利承繼人 Rechtsnachfolger),[29] 獨民 §999 I 은 "前占有者가 물건을 반환하여야 했다면 청구할 수 있었을 범위에서" 그 보상을 청구할 수 있다고 정하고 있다. 그 입법이유는, 비록 그 讓渡行爲가 前者의 無權利 등의 이유로 권리승계의 원래의 효력을 가질 수는 없다고 하더라도, 그것은 적어도 前者가 가질 수 있었던 비용상환청구권의 이전이라는 효력을 가질 수는 있는다는 일종의 無效行爲의 轉換과 유사한 思考에 있다.[30]

우리 나라에서도 이를 긍정하는 견해가 있다.[31] 그 이유는, "비용상환청구권은 物件에 附着되어 있는 성질이 강하고, 점유이전시에 新占有者가 舊占有者에게 지급하는 反對給付는 이러한 舊占有者의 비용상환청구권을 고려에 넣어

29) 따라서 단순한 占有承繼만이 있는 경우에는 適用이 없다. 이에 대하여는 MünchKomm/Medicus, § 999 Rdnr. 4(S. 948f.) 참조.

30) MünchKomm/Medicus, § 999 Rdnr. 1(S. 948) 참조.

31) 李英俊, 335. 이 견해는 단순한 占有承繼의 경우와 權利承繼의 경우를 구분하지 않으나, 이 이유설명은 주로 獨民 § 999 I 과 같은 경우를 염두에 두고 있는 것으로 추측된다.

정하여지는 수가 많다. … 이러한 明文의 규정이 없는 現行民法의 해석으로서도 특별한 사정이 없는 한 동일한 결론을 인정하는 것이 당사자의 意思에 부합한다고 할 것"이라는 데 있다.[32] 그러나 이는 경우를 나누어 보아야 할 것이다.

우선 현재의 점유자가 前占有者의 지위를 包括承繼한 경우에는 그러한 비용지출이 가지는 법적 의미도 당연히 승계된다고 보아(民 §193에 의하여 당연승계되는 「占有權」에는 이것도 포함된다고 해석한다) 前占有者가 지출한 비용의 상환을 아울러 청구할 수 있다고 하여도 좋을 것이다.

반대로 단지 占有承繼만이 행하여진 데 불과하고 그것이 「점유할 권리」의 승계행위에 기하여 이루어진 것이 아닌 경우에는, 前占有者가 비용을 지출하였다고 하여 그것을 現占有者가 아울러 주장할 수 있는 근거를 발견하기 어렵다. 위의 견해는 비용상환청구권이 物件에 부착되어 있는 성질이 강함을 드나, 설사 그렇다고 하더라도 비용상환청구권이 물권적 청구권이 아닌 이상 그것만으로는 위와 같은 결과를 정당화할 수 없을 것이다.[33]

나아가 권리승계행위가 있는 경우는 어떠한가. 獨民 §999와 같은 明文의 규정이 없는 우리 民法 아래서는 이러한 意思의 擬制를 쉽사리 인정할 것은 아니라고 하겠다. 그 승계행위의 당사자들이 前占有者의 비용상환청구권을 고려하여 反對給付를 정하는 일이 많다는 주장에는 쉽사리 찬성할 수 없다. 그렇다면 前占有者가 지출한 비용에 대하여는 그가 일반적인 事務管理나 不當利得의 법리에 기하여 그 상환을 청구할 수밖에 없을 것이다.[34]

(다) 비용을 지출한 점유자가 이에 대하여 다른 방법으로 補償을 얻은 경우는 어떻게 처리되어야 할 것인가? 그 補償이 종국적으로 점유자의 이익으로 돌아가는 내용을 가진 것이라면 그는 이미 비용의 상환을 청구할 수 없다고 할 것이다. 그러나 그렇지 않고 그 補償이 일시적이거나 잠정적인 것에 불

32) 한편 이 견해는, 前占有者의 비용상환청구권에 관하여 債權讓渡가 있으면 물론 新占有者가 이를 행사할 수 있다고 한다. 그러나 다른 한편으로는 비용상환청구권은 점유자가 점유물을 반환할 때 비로소 발생한다고 하고 있다(李英俊, 355). 그렇다면 전점유자의 비용상환청구권이란 발생할 수 없으므로(그것은 條件附 또는 將來의 債權이라고도 할 수 없다), 이는 서로 모순된 설명이라고밖에 할 수 없다.

33) 獨逸에서와 마찬가지로 해석함은 위의 註 29 참조.

34) 이에 대하여는, 현재의 점유자와 前占有者가 그 지출한 비용에 관하여 각기 다른 내용의 規律을 받아야 할 理由가 무엇인가가 窮하여지지 않을 수 없다. 또 특히 有益費에 대하여는 현재의 점유자의 지출로 인한 가액증가부분과 前占有者의 지출로 인한 가액증가부분을 준별하는 것이 곤란한 경우가 많을 것이다. 그러므로 이러한 困難을 피하기 위하여는 입법적인 조치가 필요하다고 하겠다.

과한 경우에는 여전히 本條에 의한 救濟를 청구할 수 있다고 하겠다.

大判 77.11.22, 76다2731(集 25-3, 287)은, 토지를 無權利者로부터 매수하는 계약을 체결함에 있어서 매수인이 그 매수 후에 지출할 開畓費用을 賣買代金으로 부터 공제받기로 하였다고 하더라도, 진정한 土地所有者에 대한 관계에서는 그 開畓에 실제로 들인 費用은 역시 有益費로서 그 상환을 청구할 수 있다고 판시하였다. 위와 같은 立場에서 이는 타당한 태도라고 하겠다.

(2) 償還義務者와 관련하여서 보기로 한다.

(가) 우선 문제되는 것은, 점유자의 비용지출 후에 소유자가 교체되었다면 前所有者와 현재의 소유자 중 누구가 상환의무를 부담하는가 하는 것이다.

이 경우에는 현재의 소유자가 책임을 진다고 할 것이다.[35] 民 §203는 점유자가 그 점유물을 반환함에 있어서 그 反對權利로서 비용상환청구권을 인정하는 것이므로, 그 비용지출이 前所有者의 소유기간 동안에 일어났다고 하여 현재 물건의 반환을 구하고 있는 현재의 권리자에 대하여 이 권리를 주장할 수 없다고 하면, 그 규정의 취지가 沒却되기 쉽다. 大判 66.6.15, 65다598등(要集 民 I-1, 391)은, 구체적인 事案은 不明이나, 점유자의 비용상환청구권은 "점유자로 하여금 점유케 하지 아니한 현재의 점유회복자에 대하여도" 주장할 수 있다고 판시하는데, 위와 같은 태도를 취하는 것이 아닌가 추측된다.[36]

(나) 소유자 이외의 사람, 가령 地上權者나 傳貰權者가 무권원점유자에 대하여 물건의 반환을 청구할 수 있는 권리를 가지는 경우(民 §§290 I, 319에 의한 民 §213 준용)에는 점유자는 그에 대하여 費用償還請求權을 가진다고 할 것인가? 원칙적으로는 이를 否認할 것이나, 다만 지상권자나 전세권자가 소유자에 대하여 비용지출의

35) 同旨: 李英俊, 335. 獨民 §999 II은 이 점을 명문으로 정하고 있다.

36) 大判 72.1.31, 71다2414(集 20-1, 48)은 所有者가 변동되기 전에 前所有者(賃貸人)와의 합의 아래 賃借人이 임차목적물을 改修하고, 다시 所有者 변동 후에도 改修工事를 한 事案에 대한 것이다. 原審은 임차인이 소유자변동 후의 개수공사로 인한 유익비상환청구권에 기하여 留置權主張을 한 데 대하여, "신소유자와의 간에 위 건물임차권의 존속에 관하여 특단의 합의가 없는 한 그 때부터 불법점유가 되었다"고 하여(民 §320 II 참조) 유치권의 성립을 부인하였다. 大法院은 소유자변동 전에 이미 유익비상환청구권에 기한 유치권을 취득하였으므로 그 변동 후의 점유도 유치권에 기한 것이어서 適法한 占有라고 하고, 나아가 "그 소유자변동 후 유치물에 관한 필요비, 유익비를 지급하고 그 유익비에 관하여는 가격의 증가가 현존한다면 그 유익비의 상환청구권도 민법 제320조의 소위 그 물건에 관하여 생긴 채권"이라고 하여, 原審判決을 파기하였다. 이 判決은 前所有者(임대인)에 대한 유익비상환청구권과 현재의 소유자에 대한 유익비상환청구권을 준별하여 후자의 내용은 그 소유자변동 후에 지출된 비용에 한정하는 것으로 읽히기도 한다. 그러나, 그 주된 判斷對象이 留置權의 성립 여부, 특히 소유자변동 후의 비용지출에 기한 유치권의 成否에 관한 것이었으므로, 本文에서 살펴본 問題에 대한 先例가 될 수 없음은 명백한 것으로 생각된다.

무를 부담하는 범위 내에서는 점유자는 이들에 대하여도 費用償還請求를 할 수 있다고 할 것이다.[37]

우선 원칙적으로는 地上權者 등에 대한 비용상환청구권은 否認되어야 할 것이다. 첫째, 그 상환이 인정되는 필요비 · 유익비는 뒤에서 보는 대로 모두 물건의 보존 · 관리나 효용증가를 위하여 지출된 비용이고, 그로 인한 利益은 말하자면 물건 자체(Substanz der Sache)에 돌아간다. 그러므로 그 물건의 이 궁극적으로 歸屬되는 사람, 즉 所有者가 그에 대한 상환의무를 진다고 하여야 한다. 둘째, 民 §310는 전세권자에게 소유자에 대한 有益費償還請求權을 인정하고 있으며, 學說은 지상권자에 대하여도 대체로 마찬가지로 해석한다. 만일 점유자가 이들에 대하여 비용상환청구를 할 수 있다고 한다면, 이들은 이 비용상환의무 자체 또는 그 의무를 이행한 후에 그 지출액을 다시 所有者에 대하여 상환을 청구할 것이다. 이러한 불필요한 連鎖請求를 인정하기보다는, 점유자로 하여금 직접 소유자에 대하여 청구하도록 하는 것이 簡明하다. 셋째, 점유자가 원칙적으로 소유자에 대한 비용상환청구권만을 가진다고 하더라도 점유자에게 크게 불이익할 것은 없다. 왜냐하면 그 청구권에 기하여 취득하는 留置權(이에 대하여는 뒤의 V. 참조)을 행사하여 그 비용상환을 받기까지는 지상권자 등의 반환청구를 거부할 수 있기 때문이다.

그러나 지상권자나 전세권자가 소유자에 대하여 비용지출의무를 부담하는 범위 내에서는 점유자는 이들에 대하여도 費用償還請求를 할 수 있다고 할 것이다. 민법은 전세권자는 "目的物의 現狀을 유지하고 그 通常의 管理에 속한 修繕을 하여야" 할 의무를 부담한다고 명문으로 정하고 있으며(民 §309. 이와 대응하여 그에게는 有益費償還請求權만을 인정한다), 한편 學說은 대체로 지상권자는 소유자에 대하여 필요비의 상환청구를 하지 못한다고 해석하고 있다(이 점에 대하여는 앞의 I.2.(3) 참조). 이와 같은 지상권이나 전세권을 설정된 경우에 무권한점유자가 그 목적물에 必要費를 지출하였다고 한다면, 원래 지상권자나 전세권자는 원래 그들이 하여야 할 비용지출을 占有者의 出捐에 의하여 면하였다고 평가할 수 있다. 그러므로 그들은 점유자의 비용상환청구에 응하여 한다고 새기는 것이 타당할 것이다. 물론 이 경우 그들은 목적물을 점유하지 못하여 결국 권리를 행사하지 못하고 있는데도 그 동안에 지출된 費用을 상환하여야 한다는 것은 衡平에 맞지 않는다고 할 수 있을는지도

37) 日本의 학설 중에는 所有者가 아니라도 점유할 本權 있는 사람은 일반적으로 償還義務를 부담한다고 하는 견해도 있다. 日注民(7), 171 이하 참조.

모른다. 그러나 그와 같이 무권한점유로 인하여 발생하는 책임문제는 소유자와 지상권자 등과의 사이에 처리되어야 하고, 이는 점유자가 지출한 費用의 償還義務와는 무관하다고 할 것이다.

Ⅲ. 必要費償還請求權

1. 必要費

(1) 必要費라 함은, 물건의 보존·관리를 위하여 지출되는 비용을 말한다. 필요비에는 保存費,[38] 修理費,[39] 동물의 飼育費, 公租公課[40] 등이 포함된다. 그 외에 "통상의 경제적 用法에 따라 사용함에 있어서 불가피하게 지출하여야 할 비용"도 必要費라고 하는 견해도 있다.[41] 그러나 그렇다고 하면 가령 자동차의 휘발유비용 등도 필요비라고 하여야 하는데, 이는 부당하다(앞의 Ⅱ.1.(1)도 참조).

어떠한 비용이 필요비라고 하려면, 그것이 단지 점유자가 점유물과 관련하여 운영하는 事業에 필요한 것만으로는 안 되며, 그 비용이 그 물건이 자체의

38) 保存費란, 日大判 昭 7.12.9(裁判例 6, 民 334; 基本判例 民法 2, 1979)에 의하면, "그 物體의 原狀을 유지하고 그것이 滅失毁損하는 것을 방지함에 있어서 불가결한 비용"을 말한다. 이 定式은 뒤의 註 39에서도 보듯이 우리 判例에서도 채택되고 있다(다른 문맥에서이기는 하다). 다른 한편 日大判 昭 14(1939).6.24(評論 29, 民 3: 基本判例 民法 2, 1979)은, 借地 위에 있는 建物을 경락하여 점유하는 자가 건물의 前占有者가 연체하고 있던 數年間의 借地料를 지급한 후에 건물의 진정한 所有者(그에게는 借地權이 없다)로부터 그 건물의 반환을 청구당한 事案에서, 그가 借地料를 지급하였다고 해서 건물소유자가 借地權을 가지게 되는 것은 아니며 垈地所有者는 건물소유자에 대하여 언제라도 건물의 철거와 대지의 인도를 청구할 수 있는 지위에 있으므로 그 借地料는 보존비에 해당하지 않는다고 판시하였다.

39) 大判 64.7.14, 63다1119(總覽 2-1(A), 455)은, 원심이 선박의 양쪽 장판, 밑바닥, 船頭 등을 수리한 것을 有益費라고 판단한 것을, "위 修繕費는 본건 선박의 原狀을 유지하고 그 멸실훼손을 방지하는 데 필요한 비용"이라고 하여 파기하였다. 한편 大判 59.1.15, 4290民上760(總覽 2-1(A), 454)은, 부동산(아마도 건물인 듯하다)의 修理費를 有益費로 보는 전제 아래 판단하고 있으나, 이를 일반화할 수는 없고, 당해 사건의 해결로서도 贊成할 수 없다.

40) 日大判 大 15(1926).10.12(評論 16, 民 129: 基本判例 民法 2, 1982)는 점유물에 대한 租稅는 점유물의 통상의 필요비라고 한다.

41) 李英俊, 333. 이 견해는 大判 66.12.20, 66다1857(集 14-3, 335)에 영향을 받았는지도 모른다. 그 判決은, 농지의 경작자들이 그 토지에 매년 堆肥 등을 넣고 配土 등을 한 결과 그 土質이 좋아지고 완전한 熟田에 이른 事案에 대하여, "위 비용은 농작물의 생산을 위한, 다시 말하면 토지를 경제적 용법에 따라서 사용수익하기 위한 통상의 비용으로서 일종의 필요비에 속한다"고 판단하였다. 이 事案에서 문제된 비용은 물건을 그 경제적 용법에 따라서 사용수익하기 위하여 지출된 것이 아니라, 그러한 사용수익을 확보하기 위하여 필요한 土質의 維持·增進에 지출된 것이므로(즉, "物件 그 자체에 資하기 위하여" 지출된 것이므로) 이는 당연히 本條에서 말하는 「비용지출」에 속한다고 할 것이다. 위의 견해는 지나치게 판결의 表現에 집착한 것이라고 하겠다.

보존이나 원래의 用法에 따른 사용에 기여하는 것이어야 한다. 大判 57.10.21, 4290民上153등(要集 民 I-1, § 391)은, 타인의 임야로부터 土石을 채취하기 위한 施設을 설치하는 데 든 비용은 그것이 점유자의 事業에는 필요한 것이라도 그 임야를 保存하는 데 필요한 비용도 또 有益費도 아니라고 한다.42)

獨民 § 995는 "物件에 대한 負擔을 처리하기 위한(zur Bestreitung von Lasten der Sache) 비용"도 필요비(notwendige Verwendung)에 속한다고 정한다. 가령 부동산에 담보물권이 설정되어 있는 경우 점유자가 지급한 그 피담보채권의 利子,43) 保險料 등의 私法的인 負擔이나 財産稅 등의 공법적인 부담이 이에 속한다고 한다.44) 明文의 규정이 없는 우리 民法의 해석으로도 마찬가지라고 하여도 좋을 것이다.

(2) 民法은 이를 다시 「通常의」 필요비(이를 또는 「通常費」라고 한다)와 「특별한」 필요비(이를 또는 「臨時費」라고 한다)로 나누어서, 그 중 前者는 "占有者가 과실을 취득한 때"에는 그 상환을 청구하지 못한다고 정한다(民 § 203 I 但).

獨民 § 994 I 2文은, "점유자에게 收益이 머물러 있는 한도에서 통상의 보존비용(gewöhnliche Erhaltungskosten)은 그 상환을 청구할 수 없다"고 정하는데, 위와 같은 의미라고 이해된다. 그 입법이유는, 所有者라도 통상적인 필요비는 그 물건의 所出로써 충당하는 것이 보통이므로, 과실취득권을 가지는 점유자가 이를 소유자로부터 償還받을 수 있다고 하면 통상의 필요비도 부담하지 않으면서 果實만을 취득할 수 있는 셈이어서 소유자가 그 물건을 점유한 경우보다 더욱 유리한 地位에 놓이게 되는데, 이는 허용되어서는 안 된다는 데 있다.45)

(가) 通常費란 平常的인 보존·관리에 필요한 비용으로서 통상 반복되는

---

42) 또한 마찬가지로 大判 78. 7. 25, 78다417(總覽 2-1(A), 455-8)도, 타인의 임야를 私設墓地로 사용하면서 그 묘지사용료 등을 징수하기 위한 施設의 설치비용은 점유자의 사업에는 필요한 비용이라 하겠지만, 임야의 소유자가 이를 보존하는 데 필요한 비용은 아니며, 또 사설묘지설치허가가 없는 소유자에 대하여 그 임야의 가치를 증가시킨 有益費라고도 할 수 없다고 하였다. 大判 48. 4. 12, 4280民上352(要集 民 I-2, 1001)(임차인이 경영하는 사진영업상 필요한 특수장치의 경우); 大判 68. 12. 17, 68다1923(要集, 同所)(다방경영에 필요한 시설); 大判 80. 10. 14, 80다1851등(公 646, 13325)(음식점 경영에 필요한 시설) 등도 참조.

43) 그러나 피담보채권 그 자체는 그렇지 아니하다.

44) 이상에 대하여는 MünchKomm/Medicus, § 995 Rdnr. 2(S. 939) 참조.

45) MünchKomm/Medicus, § 994 Rdnr. 21(S. 935) 참조. 한편 위의 註 41에서 본 大判 66. 10. 20, 66다1857(集 14-3, 335)은, 농지임차인이 그 토지에 堆肥를 넣고 配土 등을 하는 費用은 "당사자의 特約이 없을 경우라도 우리 나라 관습상 토지임차인이 부담함이 원칙"이라고 하여, 慣習을 중시한다.

지출을 말한다. 가령 정기적인 點檢修理의 비용이나 租稅,[46] 保險料 등이 이에 속한다.[47] 그 범위는 果實로써 충당할 수 있는 것을 표준으로 하는 견해도 있다.[48] 臨時費란 그 이외의 필요비, 가령 颱風洪水로 인한 건물의 대피해를 補修한 비용 등을 말한다. 大判 64.7.14, 63다1119(集 12-2, 20)은, 원심이 船舶의 양쪽 장판, 밑바닥, 船頭 등을 수리한 것을 有益費라고 판단한 것을, "위 修繕費는 본건 선박의 原狀을 유지하고 그 멸실훼손을 방지하는 데 필요한 비용이라 할 것이고 그 특별한 비용이라는 主張과 立證이 없는 한 통상의 필요비에 속한다고 봄이 상당할 것"이라고 하여 파기하였다.[49] 또 大判 66.12.20, 66다1857(集 14-3, 335)은, 농지의 경작자들이 그 토지에 매년 堆肥 등을 넣고 配土 등을 한 결과 그 土質이 좋아지고 완전한 熟田에 이른 事案에 대하여, "위 비용은 농작물의 생산을 위한, 다시 말하면 토지를 경제적 용법에 따라서 사용수익하기 위한 통상의 비용으로서 일종의 필요비에 속한다"고 판단하였다(이 판결에 대하여는 앞의 註 41도 참조).[50]

(나) 通常의 必要費는 "점유자가 과실을 취득한 때"에는 그 상환을 청구할 수 없다. 여기서 "점유자가 과실을 취득한 때"에 해당하는 것은, 民 §201 I에 의하여 善意의 占有者로서 果實을 취득할 권리가 있는 경우에 한정된다고 할 것이다.[51] 만일 그렇지 않고 선의·악의를 불문하고 점유자가 과실을 취득하면 통상의 필요비에 대하여는 상환을 청구할 수 없다고 한다면, 惡意의 占有者는 그가 취득한 果實을 반환하여야 하면서 그가 지출한 비용도 그 상환을 청구할 수 없어 지나치게 苛酷한 취급을 받는 반면, 소유자는 원래 자신이 부담하여야 할 통상의 필요비를 면하게 되어 부당한 利益을 얻게 된다. 또한 判例는 사용이익을 얻은 경우도 여기서 말하는 果實取得과 같이 취급하여야 한다는 태도를 취하고 있다.[52]

---

46) 앞의 註 40에서 본 日大判 大 15(1926).10.12. 참조.
47) MünchKomm/Medicus, § 994 Rdnr. 22(S. 935f.) 참조.
48) 日注民(7), 172.
49) 이 판결은 원고가 그 소유의 선박의 인도를 청구한 데 대하여, 점유자인 피고가 本條의 비용상환청구권에 기한 留置權을 항변으로 주장한 事案에 대한 것이다. 原審은 피고 주장의 비용이 有益費에 해당한다고 하고 피고의 抗辯을 배척하였다. 이에 대하여 大法院은 본문에서 본 바와 같이 그 비용이 유익비가 아니라 通常의 必要費에 해당한다고 판시하면서도, 피고가 선박을 점유 중 漁業에 사용한 경우에는 "민법 제203조 제1항 후단 …의 정신에 비추어 이를[원래의 과실취득의 경우와] 구별할 것이 아니다"(꺾음괄호 안은 引用者)고 하여 결국 修理費償還請求權을 부인하고, 피고의 상고를 기각하였다.
50) 한편 日注民(7), 173은 "田地에 施肥"한 경우를 유익비라고 한다.
51) 獨民 § 994 I 2文의 해석으로서 MünchKomm/Medicus, § 994 Rdnr. 23(S. 936) 참조.
52) 앞서 본 大判 64.7.14, 63다1119(集 12-2, 20)(위의 註 45 참조); 大判 66.12.20, 66다1857(集 14-3, 335).

2. 必要費償還請求權

(1) 占有者는 원칙적으로 必要費 전부의 상환을 청구할 수 있다.

(가) 점유자는 善意이든 惡意이든, 또 자주점유자인지 타주점유자인지를 불문하고 이러한 상환청구권을 가진다. 이는 獨民 §994 II 이 악의의 점유자에 대하여는 단지 事務管理의 규정에 의하여만 그 상환을 청구할 수 있도록 규정하고 있는 것과 대조를 이룬다. 따라서 점유자는 그가 지출한 비용이 필요비에 해당하기만 하면, 그것이 설사 자기 소유의 물건에 대한 支出인 것으로 잘못 알았다고 하여도(따라서 소위 事務管理 意思가 없었더라도) 그 비용의 상환을 청구할 수 있다.

(나) 점유자는 상환을 받을 수 있는 것은 필요비 전부이며, 그 비용지출이 실제로 물건의 가치를 증가시켰는지 그 증가가치가 현존하고 있는지 여부는 이에 영향을 미치지 못한다. 또 그 비용지출이 소유자에게 실질적으로 利益이 되었는지 여부도 상관 없다. 그러므로 가령 建物所有者가 그 건물을 倒壞하여 새로운 건물을 건축할 계획을 가지고 있고 따라서 현존건물을 維持하기 위한 점유자의 비용지출이 소유자의 財産計劃에 비추어 보면 전혀 無益한 것인 경우에도(소위 「強要된 利得」 aufgedrängte Bereicherung. 그 경우 도괴를 막기 위한 支柱를 설치한 때와 같이 오히려 소유자에게 有害할 수도 있을 것이다), 점유자는 그 비용의 상환을 청구할 수 있다.53)

(2) 이 償還請求權은 그 필요비를 지출할 때마다 발생하는 것이 아니라, "점유물을 반환할 때"에(民 §203 I 本文) 그 간에 지출한 필요비 전부에 관하여 발생한다. 이는 이 권리가 애초 물건의 반환을 청구당한 경우에 그에 대항하여 주장되는 권리(즉 그 만족을 얻기 전에는 返還을 拒絶할 수 있는 권리)로서 인정되었다는 沿革에 비추어서도 이해될 수 있을 것이다.

(가) 원래 民法案에서는 "점유물을 반환한 때에는"이라고 하여, 점유물의 반환을 비용상환청구권의 발생요건으로 정하고 있었다(案 §192 I). 그런데 法司委의 民法案小委가 이를 심의하는 과정에서 이를 "점유물을 반환할 때에는"으로 修正할 것을 제안하였다.54) 그 修正理由는 전혀 알 길이 없다. 그러나 그 文言으로 보건대 그 취지는 비용상환청구권은 점유자가 점유물을 반환하고서 비로소 발생하는 것이 아님은 명백하고, 나아가 소유자의 반환청구에 對抗할 수 있는 권리임에도 의문이 없다고 하겠다. 따라서 그 趣旨를 살리기 위하여는, 점유자

53) 獨逸의 通說이기도 하다. 이에 대하여는 MünchKomm/Medicus, §994 Rdnr. 15(S. 934) m. w. N. 참조.

54) 民法案審議錄 上卷, 128.

가 소유자로부터 그 물건의 반환을 청구받은 때에 그 청구권이 발생하고, 또 그 때 履行期가 도래한다고 해석하는 것이 타당할 것이다. 이 문제와 償還請求權에 기한 留置權과의 관계에 대하여는 뒤의 V. (1) 참조.

大判 69.7.22, 69다726(集 17-2, 360)은 本條 Ⅱ에서 정하는 有益費償還請求權에 관하여, 원고가 그대로 물건을 점유하면서 소유자에 대하여 유익비의 상환을 청구할 수는 없다고 하여 그 청구를 기각하고 있다.[55] 이것도 위와 같은 취지로 이해되며, 이는 必要費償還請求權의 경우에도 다름이 없다고 할 것이다.

(나) 필요비에 대하여는, 유익비의 경우와는 달리, 그 償還期間의 猶豫는 허용되지 않는다(本條 Ⅲ의 반대해석).

Ⅳ. 有益費償還請求權

1. 有益費

(1) 有益費란, 점유자가 물건의 개량 기타 그 效用의 적극적인 增進을 위하여 지출한 비용을 말한다.[56] 大判 80.10.14, 80다1851(公 646, 13325)이 임차인의 비용상환청구권과 관련하여, "有益費란 임차물의 객관적 가치를 증가시키기 위하여 投入한 비용"이라고 하는 것도 마찬가지이다. 가령 건물 앞의 通路에 콩크리트 포장을 한다든가, 점포의 入口를 새로이 改裝하는 등의 경우가 이에 해당한다. 유익비라고 하기 위하여는, 그 비용지출이 물건 자체의 가치를 증가시키기 위한 것이어야 하고, 단지 점유자가 그 물건(특히 부동산) 안에서 경영하는 사업의 운영상 필요하거나 유익한 것으로는 족하지 않다고 함은 필요비의 경우와 다를 바 없다(앞의 Ⅱ. 1. (1) 참조).

(2) 有益費의 償還을 청구하기 위하여는, 우선 그 出費로 말미암아 그 물건의 價額의 增加가 現存하고 있어야 한다.

(가) 그 現存 여부는 어느 時點을 기준으로 하여 정하여지는가? 이에 대하여는 "소유자가 다시 점유를 취득할 때"를 기준으로 정한다는 견해가 있다.[57] 그러나 유익비상환청구권이 소유자의 반환청구에 대항하기 위하여 인정되는

55) 또한 大判 76.3.23, 76다172(總覽 2-1(A), 455-3)도 참조하라.

56) B. Windscheid, Lehrbuch des Pandektenrechts Ⅰ, 9. Aufl.(1907), §195 Anm. 6 (S. 995): "물건의 效用을 증가시키는(den Nutzen der Sache erhöhen) 비용지출."

57) 李英俊, 334.

권리라는 점을 생각하면, 소유자가 返還을 請求한 때를 기준으로 하여야 할 것이다. 그렇지 않고 물건의 반환시를 기준으로 한다면, 이미 그러한 反對權利(Gegenanspruch)로서의 의미가 없어지기 때문이다.

이는 民 §626 Ⅱ이 賃借人의 유익비상환청구권에 관하여, "賃貸借終了時에 그 가액의 증가가 현존한 때에"라고 정하고 있는 것과 軌를 같이 하는 것이다.

(나) 이러한 增加의 현존 여부는 상환청구를 하는 사람쪽에서 주장·입증되어야 할 것이다.

2. 有益費償還請求權

(1) 그 경우에 占有者는 回復者의 選擇에 좇아 그 支出金額이나 增加額의 상환을 청구할 수 있다.

(가) 이와 같은 점유자의 유익비상환청구권은 選擇債權이라고 이해되고 있다(통설).[58] 日本에서는 지출액과 증가액과의 사이에 단지 金額의 차이가 있을 뿐이고, 다른 給付를 목적으로 하는 수개의 채무가 존재하는 것은 아니라는 見解도 있으나, 역시 多數說은 선택채권이라고 한다.[59]

그렇다면, 점유자가 회복자에 대하여 선택권의 행사 여부를 催告하여도 상대방이 선택을 하지 아니한 경우에는, 選擇權이 점유자에게 이전된다(民 §381 Ⅱ 참조). 이에 대하여는, 그렇게 해석하면 惡意의 占有者의 경우에는 그의 意思를 기준으로 상환액이 결정되게 되어 回復者의 부당한 이익을 배제하려고 하는 제도의 취지상 부당하므로 악의의 점유자에 대하여는 通常의 選擇債權과는 달리 增價額만을 상환청구할 수 있다고 해석하여야 한다는 견해가 있다.[60] 그러나 원래라면 악의의 점유자라고 하여도 그 비용지출이 事務管理의 요건을 충족할 때에는 그 지출액의 상환을 청구할 수 있을 것인데, 회복자가 그 선택권을 행사하지 않는 터에 이러한 區別을 할 필요가 있는지는 의문이다.

(나) 大判 87.4.14, 86다카2342(公 801, 805)은, 원심이 상환할 유익비를 정함에 있어서 토지의 價値增加額만을 인정하고 이것의 상환을 명한 것은 잘못이고, "유익비상환의무자인 회복자의 선택권을 위하여 그 유익비는 실제로 지출한 비용과 현존하는 증가액을 모두 산정하여야 한다"고 판시하였다. 물론 原審의 위와 같은 조치는 잘못이라고 하겠다. 그러나 그렇다고 해서 法院이 지출액과

58) 郭潤直, 債權總論(1990), 83; 金亨培, 債權總論(1992), 104 등.
59) 日注民(7), 173 참조.
60) 日注民(7), 174.

증가액 양자를 모두 산정할 필요는 없고, 유익비의 상환을 청구하는 占有者쪽에서 ① 回復者의 선택 여부와 그 내용 및 그 선택에 따른 구체적인 지출액 또는 증가액을, 또는 ② 만일 선택권이 점유자에게 이전되었으면 그 移轉의 要件事實과 점유자의 선택 여부와 내용 등을 주장·입증하여야 한다고 하면 족할 것이다.

(2) 상환청구권이 행사된 경우에, 법원은 회복자의 청구에 의하여 상당한 償還期間을 허여할 수 있다(本條 Ⅲ).

(가) 依用民法은, 惡意의 占有者가 가지는 상환청구권에 대하여서만 이러한 猶豫期間의 설정을 허용하였었다(同法 § 196 Ⅱ 但). 이것은 악의의 점유자가 多額의 有益費를 지출하고 이에 대하여 留置權의 보호를 받음으로써 회복자의 返還請求權의 행사를 곤란하게 하는 弊害를 막기 위한 것이라고 설명되고 있다.[61] 그러나 우리 民法은 이러한 유예기간의 설정을 善意의 占有者가 가지는 상환청구권에 對抗하여서도 청구할 수 있는 것으로 하였다. 그 이유는 이를 알 수 있는 資料가 없다.[62] 아마도 위와 같은 弊害는 점유자의 선의·악의를 불문하고 있을 수 있다는 認識에 근거한 것이 아닌가 추측된다.[63]

(나) 本條에 기하여 유예기간이 설정되면 그 기간 동안에는 점유자의 비용상환청구권은 아직 履行期가 도래하지 않으며, 따라서 점유자는 그 償還請求權에 기하여 留置權을 취득할 수 없게 된다(民 § 320 Ⅰ: "그 物件이나 有價證券에 관하여 생긴 債權이 辨濟期에 있는 경우").

(다) 회복자는 우선 점유자를 피고로 하는 形成의 訴로써 猶豫期間의 설정을 청구할 수 있다.[64] 그 청구가 이유 있다고 판단되면, 法院은 자신의 自由裁量으로 "상당한 상환기간", 즉 새로운 履行期를 정하여 이를 主文에서 밝혀야 할 것이다. 그러므로 그 訴는 소위「形式的 形成의 訴」에 해당한다고 하겠다. 그리고 당사자는 그 許與된 기간이 부당하다고 주장하여 上訴할 수 있을 것이다. 그러나 회복자는 그 청구를 반드시 別訴로써 하여야 하는 것은 아니고, 점유자가 상환청구권에 기하여 유치권을 주장하는 데 대한 防禦方法으로서 할 수도 있다고 함이 타당하다. 가령 소유자가 물건의 반환을 청구한 데 대하

61) 日注民(7), 174.
62) 滿洲國民法 § 196도 依用民法과 같은 태도를 취하고 있다.
63) 日注民(7), 175(田中整爾 집필)도 "악의의 점유자라고 해서 반드시 害意가 있는 점유자인 것은 아니므로, 期限의 許與가 점유자의 多額의 지출에 의하여 회복자의 반환청구권의 행사의 곤란을 피하게 하려는 취지라고 하면, 악의의 점유자에 한정하는 것은 별로 妥當하지 않다"고 한다.
64) 日注民(7), 174.

여 점유자가 비용상환청구권에 기하여 그 상환을 받을 때까지 물건을 유치할 것을 항변하면, 다시 소유자가 本項에 기한 유예기간의 설정을 청구하고 이에 기하여 留置權이 인정되지 않음을 再抗辯으로 주장할 수 있다. 그 주장에 대하여 법원이 이유 있다고 판단한 경우에는, "상당한 상환기간"을 理由 중에서 설시하고 再抗辯을 받아들이면 족할 것이라고 생각된다. 그렇게 보면, 本項에서 인정되는 회복자의 유예기간설정청구권은 形成權의 성질을 가진다고 하여도 좋을 것이다.[65]

V. 本條의 費用償還請求權에 기한 留置權

1. 本條에 의하여 인정되는 費用償還請求權은 "그 물건에 관하여 생긴 債權"(民 § 320 I)으로서 그에 기하여 점유자가 留置權을 가지게 됨에는 異論이 없다. 관점을 바꾸어서 말하면, 本條에서 점유자의 비용상환청구권이 소유자의 반환청구에 대한 反對權利로서 인정된다는 것은 그 청구권에 기한 留置權이 인정되어 소유자의 반환청구를 거절할 수 있게 됨으로써 비로소 그 진정한 의미를 획득하게 되는 것이다. 또는 연혁적으로 소유자의 반환청구의 拒絶原因으로 인정되었던 점유자의 費用支出이라는 법률사실은, 현행법에서는 留置權이라는 법적 표현을 취한다고 말할 수도 있을 것이다.

2. 점유자가 비용상환청구권을 가진다고 하여도, 그 점유가 "不法行爲로 인한 경우"에는, 그는 留置權을 가지지 못한다(民 § 320 II).

本條는 불법행위로 인한 점유자에게도 일반적으로 비용상환청구권을 인정하고 있기는 하지만, 다만 그에 기한 留置權은 그러한 점유자에게는 인정되지 않는 것이다. 거기서 "占有가 不法行爲로 인한 경우"라고 함은 점유의 취득이 불법행위에 기한 것을 말하는 것이므로, 「점유할 권리」가 없음을 알면서 또는 過失로 이를 알지 못하고서 물건을 점유하기에 이른 사람(물론 도둑은 이에 포함된다)은 留置權을 취득하지 못하는 結果가 된다. 그러나 점유개시 후에 비로소 惡意 또는 有過失로 된 사람은 그러하지 아니하다.

[梁 彰 洙]

65) 그 法的 性質에 대하여는 지금까지 별로 논하여지지 않은 것으로 생각된다.

第204條(占有의 回收)

① 占有者가 占有의 侵奪을 당한 때에는 그 物件의 返還 및 損害의 賠償을 請求할 수 있다.

② 前項의 請求權은 侵奪者의 特別承繼人에 대하여는 行使하지 못한다. 그러나 承繼人이 惡意인 때에는 그러하지 아니하다.

③ 第1項의 請求權은 侵奪을 당한 날로부터 1年內에 行使하여야 한다.

第205條(占有의 保有)

① 占有者가 占有의 妨害를 받은 때에는 그 妨害의 除去 및 損害의 賠償을 請求할 수 있다.

② 前項의 請求權은 妨害가 終了한 날로부터 1年內에 行使하여야 한다.

③ 工事로 인하여 占有의 妨害를 받은 경우에는 工事着手後 1年을 經過하거나 그 工事가 完成한 때에는 妨害의 除去를 請求하지 못한다.

第206條(占有의 保全)

① 占有者가 占有의 妨害를 받을 念慮가 있는 때에는 그 妨害의 豫防 또는 損害賠償의 擔保를 請求할 수 있다.

② 工事로 인하여 占有의 妨害를 받을 念慮가 있는 경우에는 前條 第3項의 規定을 準用한다.

차 례

Ⅰ. 占有의 保護
1. 占有保護請求權
2. 占有의 侵奪 및 妨害
3. 禁止되는 自力行使의 效果
4. 請求權者
5. 被 告
6. 立證責任
7. 占有訴權과 假處分制度
8. 被告의 抗辯
Ⅱ. 占有의 回收
1. 沿革 및 比較法
2. 要 件
3. 效 果
4. 請求權競合
5. 立證責任
Ⅲ. 占有의 保持
1. 沿革 및 比較法
2. 要 件
3. 效 果
4. 立證責任
Ⅳ. 占有保護請求權의 行使要件
Ⅴ. 間接占有의 境遇

Ⅰ. 占有의 保護

占有를 侵害(아래 참조 (2)) 당한 者는 자력으로 구제가 가능한 한 自力救濟權을 행사하여 자신의 占有를 보호할 수 있고(民 § 209), 이것이 여의치 않은 경우에도 일정한 요건하에 法의 구제를 請求할 수 있다.[1] 또 강제집행의 목적물을 점유하는 占有者는 第三者異議의 訴(民訴 § 509 Ⅰ)를 제기할 수 있다(民 § 192 Ⅰ 3-5 참조).

1. 占有保護請求權

(1) 占有訴權(possessorium)은 점유에 기인하여 物件(動產 및 不動產; 동산의 점유는 가치면에서 부동산에 비하여 떨어지고 따라서 점유보호 역시 약하다는 옛 원칙 mobilium vilis possessio는 현행법상 적용되지 않는다)에 관한 현재의 실력관계를 유지함을 목적으로 한다.[2] 따라서 占有訴權의 보호대상은 오직 直接占有뿐이다.[3] 그러므로 直接占有者는 間接占有者에 대하여(民 § 207 Ⅰ. 1 참조), 점유주는 점유보조자에 대하여(民 § 195 Ⅱ. 1. (1) 참조) 占有保護를 받지만, 그 반대는 아니다. 따라서 하천부지에 대한 占用權이 있는 者와의 사이에 합의로써 그 土地를 경작하기로 하여 점유경작을 하고 있는 직접점유자는 合意를 무시하고 占有權을 방해하는 間接占有者(占用權

1) 民 §§ 204-206의 占有保護請求權. 이것은 실체법상의 권리이지만 편의상 연혁적인 이유에서 흔히 쓰이고 있는 占有訴權이라는 용어도 併用하기로 한다. 우리 法은 佛蘭西法을 수용한 日本舊民法을 대폭 改變한 日本民法의 태도를 좇아서(日注民 197, 177-179 참조) 이를 위하여 특별한 소송절차를 마련하고 있지는 않다.
2) 大判 72. 2. 22, 71다2641(集 20-1, 115).
3) 同旨 李英俊, 338.

者)에 대하여 占有訴權을 행사할 수 있다.[4] 점유보호청구권의 「보호목적」은 잠정적인 規律을 통한 외적 평화의 보장에 있다. 즉 占有訴權은 사회의 사실적 지배상태를 일응 그대로 유지보호하자는 데 취지가 있는 것이다.[5][6]

占有訴權은 오직 물건의 占有에 대하여 인정되는 것이므로 아이를 강탈해 간 경우에 대해서는 本條가 유추적용되지도 않는다.[7]

(2) 그러므로 점유할 권리는 중요하지 않다[8](占有保護의 占有的 性質). 占有의 訴에 있어서는 정당한 權原에 기하지 않은 불법점유도 보호된다.[9] 또 그 점유가 善意이거나 惡意이거나를 불문한다.[10] 따라서,

㈎ 도둑도 제2의 도둑에 대하여, 경우에 따라서는 심지어 所有權者에 대하여서도 占有保護를 받을 수 있다.

㈏ 무효인 賃貸借契約에 의한 占有도 占有訴權의 보호를 받음은 물론,[11] 賃借人이 전차인과의 전대차계약을 해지하였다 하더라도 점유를 회수하지 않은 이상은 사실상의 힘으로써 전차인의 占有狀態를 방해할 수 없는 법이다.[12]

㈐ 마찬가지로 법률상 무효인 德大契約에 의한 점유의 경우[13]나 광구에 관한 鑛業權移轉登錄을 얻지 못하고 광구를 인도받아 광석을 채굴한 경우 이것은 鑛業法規에 위배되어 불법이라 할 것이지만 鑛區 또는 鑛石에 대한 사실상의 점유상태는 보호되어야 할 것이므로 부당한 점유 침탈을 한 사람은 그 返還義務가 있다.[14]

㈑ 不動產의 소유자가 편의상 그 소유명의를 남에게 信託하여 소유권

---

4) 大判 64. 9. 8, 64다223(集 12-2, 88).

5) 大判 70. 6. 30, 68다1416(集 19-1, 1).

6) 日本에서는 占有保護請求權의 목적과 기능을 (특히 부동산)임차권의 보호에서 찾는 說이 유력하지만(日本基ㄱ 63), 이것은 同制度의 목적이라기보다는 社會的으로 중요한 특정한 경우에 발휘되는 실익이라고 할 것이다. 盜人의 점유에 대한 보호를 占有의 개념구성으로부터 필연적으로 생기는 부산물이라는 식으로 설명하는 데에서도 同說의 취약함이 드러난다.

7) 同旨 李英俊, 262.

8) 佛蘭西民法 1975年改正 §2282 I (La possession est protégée, sans avoir égard au fond droit, contre le trouble qui l'affecte ou la menace) 참조. 大判 70. 6. 30, 68다1416; 大判 64. 5. 19, 63다928; 大判 64. 10. 20, 64다802(大法院判例 I, 208); 大判 52. 1. 25, 4294民上793. 郭潤直, 判例敎材物權法(1973), 93; §208 참조.

9) 大判 65. 3. 30, 64다1556; 大判 62. 1. 25, 4294民上793(大法院判例 I, 208); 大判 67. 4. 4, 66다2641(集 15-1, 278)(가처분신청인의 불법점유).

10) 大判 60. 2. 4, 4291民上596(要 393).

11) 서울高判 75. 1. 10, 74나1095(高集 75-1, 1).

12) 서울高判 72. 4. 4, 71나322(高集 72-1, 116).

13) 大判 52. 1. 25, 4294民上793. 郭潤直, 判例敎材物權法(1973), 93.

14) 서울高判 68. 6. 26, 67나2803(高集 68, 267).

에 관한 登記를 경유한 경우에도 점유자인 信託者는 당연히 占有訴權의 보호를 받는다.[15)]

(마) 不動產의 讓渡擔保權設定者도 자신의 점유권에 기하여 그 부동산의 不法占有者에 대하여 불법점유상태의 배제를 請求할 수 있다. 그러나 讓渡擔保權設定者가 "그 실질적 소유자임을 주장하여" 不法占有狀態의 배제를 청구하는 경우[16)]는 §214의 「소유자」로서의 권리행사이다.

2. 占有의 侵奪 및 妨害

점유보호의 중심개념은 「侵奪」 또는 「妨害」 행위로 구현되는 禁止된 自力(不法한 私力)의 행사(verbotene Eigenmacht; voie de fait)이다.

〈要　件〉

(1) 占有의 侵奪(interversio; Entziehung), 즉(가령 절도·파괴를 위한 취거, 타인의 주차공간에의 주차 등에 의한) 완전한 혹은 부분적인 占有喪失[17)]이거나(물건 자체에 대한 침해일 필요는 없다) 혹은,

(2) 기타의 占有妨害(Störung; turbativa, molestia), 즉 占有侵奪 이외의 방법으로 평화로운 점유상태를 물리적 혹은 심리적으로 불안정하게 만드는 行爲이다.[18)] 적극적 점유방해행위의 예: 고성의 라디오 수신, 소음방지가 안 된 건설기계의 사용(民 §217의 忍容義務의 한계를 넘는 경우), 타인의 土地上에서 하는 건축·굴착·파종 등의 행위(그러나 예컨대 타인의 土地上에서의 절도행위는 점유방해에 해당하지 않는다). 소극적 점유방해행위의 예: 건축이나 수선의 방해, 점유행사를 물리력으로 방해하겠다는 위협을 가하여 占有를 다투는 경우(그러나 訴의 형태로 다투는 경우는 아님). 타인의 不動產 입구에 차를 주차하는 경우는 점유방해가 아니라 自由侵害(정당방위 가능)이다(異說 있음).[19)] 電波妨害에 관해서는 民 §192 I.7.(1)(가) 참조.

〈判例에 나타난 예〉를 살펴보면:

(가) 違法한 강제집행에 의하여 目的物의 인도를 받은 채권자는 공권력을 빌려서 債務者의 占有를 侵奪한 것이다.[20)]

---

15) 大判 63.3.28, 63다76(集 11-1, 224). 신탁자=교회.

16) 大判 88.4.25, 87다카2696, 2697(集 36-1, 186).

17) 그러나 유실물의 습득이나 습득물의 횡령은 遺失主의 점유침탈에 해당하지 않는다. 註釋民法(Ⅱ), 316.

18) 大判 87.6.9, 86다카2942(公 805, 1145).

19) Jaurnig BGB, §858 Anm. 2 a/b; MünchKomm/Joost, §858 RdNr. 5.

20) 大判 63.2.21, 62다919(集 11-1, 121); 서울高判 68.6.26, 67나2803(高集 68, 267). 따라서 이러한 경우가 아닌 한 강제집행에 대하여 점유회수의 訴로써 물건의 반환청구를 할 수 없다. 日注民 200, 191; 日本基コ 68.

(나) 대금을 완납하고 土地를 매수하여 引渡받은 다음 그 地下에 水路用潛管施設을 하여 점유하고 있던 중 제3자가 아무런 權原없이 그 地面을 整地하여 농지로 사용한 경우에는 원점유자의 占有는 계속 保有하고 있다고 보아야 하므로 占有의 방해를 받은 경우에 해당하며,[21] 종래의 耕作權者인 원고가 경작을 계속하여 오던 중 자기에게도 耕作權이 있음을 주장하는 피고가 자의로 보리씨앗을 뿌리는 등 영농하려고 시도하는 경우에는 원고의 점유는 여전히 계속 보유되고 있는 상태로서 점유자가 점유의 방해를 받은 때에 해당하고, 점유의 침탈까지 당한 것은 아니다.[22]

(다) 農地耕作者에 대하여 그 농지를 경작하겠다고 통고하고 그 농지상의 立稻를 假處分한 사실이 있으면 占有를 방해할 염려가 있는 것으로 認定된다.[23]

(라) 그러나 대한민국 소유의 垈地 위에 창고를 건축하여 대한민국에 寄附採納한 뒤 이를 사용하고 있는 占有者에 대하여 대한민국이 창고의 無償使用權만을 부여한 것이지 그 敷地에 대하여는 無償使用權을 부여하지 않았다는 이유로 敷地使用料請求訴訟을 제기하고 그 訴訟에서 점유자에게 그 창고와 부지 모두에 대하여 무상사용권이 있되, 다만 그 기간은 창고 및 부지사용료의 총액이 창고건립에 소요된 투자분 평가액에 달할 때까지의 기간으로 약정되었음이 확정된 경우에 대한민국이 그 占有者에게 산하 仁川地方海運港灣廳長을 통하여 창고 및 부지의 無償使用期間을 통고하고 또 10여회에 걸쳐 새로운 使用許可申請書의 제출요구, 위 통고한 무상사용기간 경과 후의 使用料의 납부고지 및 독촉 등의 내용으로 된 公文을 발송하고 占有者의 거래처인 仁川直轄市長에게 인천시가 위 창고에 보관중인 화물을 다른 곳으로 옮겨줄 것을 협조요청하는 등의 공문을 發送하는 行爲를 한 것은 占有者의 창고 및 부지에 대한 事實上의 支配 자체를 방해하는 違法한 行爲를 한 것에 해당되지 않는다.[24]

(3) 侵奪이나 妨害는 直接占有者의 의사없이(반드시 의사에 반해야 하는 것은 아니다) 일어나야 한다.[25] 그러므로 임의로 占有를 移轉하는 경우에는 비록 타인의 기망이나 강박에 의한 하자있는 意思에 기한 경우에도 다른 특별한 사정(강박의 경우 그 강박의 정도가 表意者의 의사결정의 자유를 완전히 잃게 할 정도로 강한 경우 등)이 없는 한 占有의 侵奪이라 할 수 없다.[26] 따라서 농지의

21) 大判 70.9.29, 70다1765; 郭潤直, 판례교재물권법(1973), 96.
22) 光州高判 81.4.9, 79나180, 181(高集 81, 434).
23) 大判 62.4.4, 4294民上1443(集 10-2, 48).
24) 大判 87.6.9, 86다카2942(公 805, 1145).
25) 大判 62.1.25, 4294民上793(要 393); 서울高判 67.2.10, 65나2099(高集 67, 73).
26) 서울高法 80.2.8, 79나1601(高集 80-1, 116); 日本大審院 大 11(1922).11.27; 郭潤直,

所有權이 적법하게 買受人에 이전되는 效力이 없는 경우에도 매매계약의 이행방법으로 그 점유를 매수인에게 移轉하였다면 매수인의 占有는 그 매도인에 대한 관계에 있어서 權原이 없는 점유라 할 수 없다.[27] 그러나 건물을 原始取得한 世帶主의 同居家族들(占有補助者)이 세대주가 건물을 매도하고 퇴거하였음에도 불구하고 그 建物이 그의 所有가 아니라고 주장하면서 그의 의사에 반하여 건물부분을 점유하고 있다면 그들은 그에 대한 관계에서 不法占有者이다.[28]

占有의 侵奪은 점유자의 同意가 있으면 허용된 침탈이 된다. 이 同意의 의사는 자연적 의사이고 法律行爲的 意思가 아니다.[29] 同意는 自力行使의 시점에 존재하지 않으면 안 된다. 선취된 허용(이것은 자유롭게 철회가능하다)으로는 부족하다.[30] 그러나 일단 同意가 있을 때는 그 존속이 추정된다. 사후의 追認은 이미 일어난 침해에 변화를 가져올 수 없으나 그 法律效果의 행사포기로 새길 수 있다. 동의는 일정한 전제하에 할 수 있다(예컨대 일정금액의 지급을 조건으로).[31]

(4) 法律의 許容不在(違法性: 民 §209 I "不正히")

(가) 占有의 侵害를 공법의 규범이나(가령 土收 §§11, 12) 사법의 규범이 허용하고 있지 않아야 한다. 결정적으로 중요한 것은 바로 自力行使를 할 권리가 부여되는 것이고, 따라서 단지 訴를 통하여 비로소 관철되어야 하는 權利가 부여되는 것으로는 부족하다.[32] 이러한 권리로서는 특히 自力救濟權이 문제된다. 이와 관련하여 우리 나라와 日本에서는 本權者의 자력구제와 점유소권의 관계를 특별한 사례로서 취급하는 경향이 있는데,[33] 이 경우는 違法性이 없는 대표적인 경우로서 문제될 것이 없다(상세는 民 § 209 Ⅳ 참조). 점유자의 自力救濟와 관련해서는 경우를 나누어 볼 필요가 있다. 즉 먼저 占有를 침탈당한 者가 民 §209의 自力救濟를 한 것이라면 당연히 違法性이 阻却될 것이므로 문제가 없다. 그리고 먼저 占有를 침탈당한 者가 民 §209의 범위를 넘어서 自力으로 탈환한 경우에는 원래 단지 訴로써만 주장할 수 있는 占有保護請求權을 갖는 데에 불과한 한에서는 違法한 자력행위라고 할 것이지만, 이와 같은 경우에는 먼저 占有를 侵奪한

判例敎材物權法(1973), 61; 日注民 200, 191; 日本基コ 68.

27) 大判 71. 3. 23, 71다290(集 19-1, 261).

28) 大判 80. 7. 8, 79다1928(集 28-2, 101).

29) 異說있음. 그러나 점유포기도 自然的 意思로써 족함을 상기할 것.

30) 李英俊, 346.

31) MünchKomm/Joost, § 858 RdNr. 7, 8.

32) MünchKomm/Joost, § 858 RdNr. 9.

33) 郭潤直, 254; 註釋民法(Ⅱ), 312; 日本基コ 64/64; 日本法學ガ 92 등.

者의 점유는 나중에 점유를 침탈한 者에 대한 관계에서 하자 있는 占有이므로 (아래 (3) 참조) 그 占有를 먼저 占有를 侵奪당한 者에게 대항하지 못한다고 새길 것이다 (아래 Ⅳ. (1) 참조). 自力行使의 권리 자체가 주어져야 하므로, 국유잡종지를 권한없이 開墾耕作하고 있는 者에게 所管 郡守가 農地稅를 부과한 사실이 있다 하여도 그 땅의 耕作權 유무와는 관계없이 그 耕作者의 實質所得에 대하여 課稅한 것이라면 그 과세가 있었다 하여 그 占有의 不法性이 치유되지는 않는다.[34] 또 甲이 土地의 原耕作者로부터 그 토지를 現實引渡받아 이를 占有耕作하고 있는 중에 甲의 점유를 방해한 乙이 같은 者에게서 그 土地에 대한 권리를 양도받아 일시 경작지정서까지 교부받았다 하더라도 이러한 사유로는 그의 占有妨害를 正當化시킬 수 없다.[35]

〈私法的 許容法規의 例〉: 民 §§761, 209, 212(正當한 利益있는 범위 외), 217 Ⅱ 등. 그 밖에 相隣關係上 受忍義務가 認定될 수 있다(民 §2). 占有保護가 배제되는 경우에는 損害補償請求權이 발생할 수 있다(民 §219 Ⅱ 유추). 撤去權(가령 民 §§615, 654)이 있는 것만으로는 허용이 인정되지 않는다.

〈公法的 許容法規의 例〉: 強制執行에 관한 규정들(民訴 §§496, 527, 689, 672 등). 집행시의 節次上 하자는 일반적으로 금지된 자력행사에 해당하지 않는바, 執行法上의 異議方法을 통하여 제거하여야 한다. 그러나 중대한 節次上 하자로 인하여 무효인 집행의 경우에는 사정은 다를 수 있다. 이러한 원칙은 民訴 §528 위반의 경우에도 적용된다.

㈏ 違法한 침해여야 하므로 인간의 행위가 개입되지 않은 순수한 自然的 事件에 의한 침해는 본 請求權의 대상이 되지 않는다.[36]

(5) 占有保護訴權은 占有의 侵害라는 순전히 객관적인 상태에 대한 救濟手段이므로 行爲者의 違法性意識이나 歸責事由는 요구되지 않는다.[37]

3. 禁止되는 自力行使의 效果

取得된 占有는 瑕疵가 있는 占有이다.

---

34) 大判 71. 6. 8, 71다661(集 19-2, 101).

35) 光州高判 81. 4. 9, 79나180, 181(高集 81, 434).

36) MünchKomm/Joost, §858 RdNr. 2; Cian/Trabucchi, Commentario breve di Codice Civile, Ⅱ ed.(1984), §1168 Ⅳ 1. 또한 아래 Ⅱ. 3. (1). ㈏ 참조.

37) 通說. 李英俊, 338; 註釋民法(Ⅱ), 320, 321; 郭潤直, 259, 260; 金容漢, 231, 235, 236; 黃迪仁, 187; 日注民 198, 185; 日注民 199, 190; 日本基コ 65; MünchKomm-Joost, §858 RdNr. 2; Cian/Trabucchi, a.a.O., §1168 Ⅳ 8. 反對 日本大審院 昭 9(1934). 10. 19. 郭潤直, 判例教材物權法(1973), 96.

(1) 瑕疵는 일방 行爲者(및 일정한 승계자)와 他方(侵奪의 경우에는) 前占有者(및 그의 권리승계인) 사이에만 존재한다. 즉 瑕疵의 낙인은 단지 상대적일 뿐이다(예, 도둑의 점유는 절도피해자에 대해서는 하자가 있지만, 제3자에 대한 관계에서는 하자가 없는 것이다).

(2) 行爲者의 包括承繼人은 항상 瑕疵있는 占有者이다(民 §193 참조). 개별승계인은 前占有者의 점유에 하자있음을 占有取得時 안 경우에 한하여 그의 점유는 하자있는 占有이다(과실로 모른 경우에는 하자있는 점유가 아니다)(民 § 204 Ⅱ).

4. 請求權者(원고)

(1) 이제까지의 直接占有者(有權占有 여부, 自主占有 여부 불문)가 請求權者이다(간접점유에 관하여는 §207). 占有補助者는 自力救濟(民 §209 Ⅰ.5)의 경우와는 달리 스스로 점유소권을 행사할 수는 없다(民 §195 Ⅱ.1.(3)). 그러나 점유주의 代理人으로서 혹은 訴訟擔當者로서는 물론 提訴가 가능하다. 부분점유자도 자신의 점유부분에 관한 한 單獨占有者와 같다(民論 §209 後 Ⅱ. 참조). 共同占有者는 제3자에 대한 관계에 있어서는 占有保護가 제한되지 않는다. 각 공동점유자는 자신의 共同占有가 침해되는 경우 占有訴權을 가지며, 그것을 단독으로 행사할 수 있다(또한 아래 Ⅱ.3.(1)(가) 참조).

(2) 占有權(또는 통상 점유권을 수반하는 물권 등 권리)의 移轉없는 占有保護請求權만의 양도는 허용되지 않는다. 占有訴權의 양도가 인정되는 한 前占有者의 승계인도 請求權者이다.

5. 被　告

被告는 占有侵害者 또는 그의 일정한 承繼人이다(아래 Ⅱ.2.(2) 및 Ⅲ.2.(1)). 占有補助者는 피고적격이 없다(民 §195 Ⅱ.1.(5)).

部分占有(民論 §209 後 Ⅱ. 참조)의 경우에는 부분점유자 상호간의 관계에 있어서 侵害者는 피고적격이 있다(예, 주거임차인이 다른 주거임차인을 상대로 占有訴權을 행사하는 경우).

共同占有(民論 §209 後 Ⅲ. 참조)의 경우 공동점유자 상호간에는 占有保護가 무제한으로 인정되지는 않는다. 共同占有者 사이의 법률관계를 고려하지 않고서는 개별적인 使用權能을 판단할 수 없으므로 法律關係로부터 절연된 占有保護(民 §208)를 일관할 수 없는 所以이다. 따라서 공동점유자 상호간의 관계에 있어서 共同占有者 각인의 사용한계(시간적·공간적·질적·양적)가 문제되는 한 점유보호는 배제된다고 새긴다(中民 §965; 獨民 §866 참조). 같은 이유에서 공동점유자로부터 기인하는 占有妨害에는 점유보호가 인정되지 않는다. 그러므로 결국 占有保護는 점유침탈의 경우에 한하게 된다(그러나 점유방해가 공동점유자의 점유사용을 불가능하게 하는 정도에 이를 때에는 점유침탈의 경우와 같이 점유보호가 인정되어야 할 것이다. 그 밖에 정당방위의 일반규정의 적용과 손해배상청구는 가능하다). 물건의 사용을 제3자에게 맡길 수 있는 共同占有者의 승낙을 얻어서 점유하는 제3자는 다른 共同占有者에 대한 관계에서는 공동점유자와 같이 보아야 할 것이다.

6. 立證責任

禁止된 自力의 要件 또는 占有의 瑕疵있음의 요건은 그로 인한 법률효과를 원용하려는 者에게 立證責任이 있다. 점유자가 점유침해에 미리 同意한 경우에는(이러한 동의는 임의로 철회할 수 있는 것이므로 철회가 있게 되면 占有侵害가 인정되지만) 일단 주어진 同意는 그 존속이 추정된다. 占有者가 占有侵害의 사실을 모른 것은 그의 점유침해에 대한 同意의 의사가 없었다는 사실에 대한 징표이다. 占有侵奪이 법률상 허용된 요건은 侵害者가 立證하여야 한다.[38)]

7. 占有訴權과 假處分制度

占有訴權은 假處分制度(위 前論 Ⅰ. 8 참조)의 존재에도 불구하고, 또한 假處分制度와 나란히 그 필요성이 인정된다.[39)] 그 이유는 임시의 地位를 정하는 假處分(民訴 § 714 Ⅱ)으로 占有訴權의 保全을 도모할 수 있으되(아래 Ⅲ. 3. (3) 참조), 同法條의 요건이 占有侵害의 모든 경우에 공인되는 것도 아니고, 또 계쟁물에 관한 假處分(民訴 § 714 Ⅰ)으로 이루어지는 占有移轉禁止假處分(民 § 192 Ⅲ. 4. (2) 참조)은 占有訴權을 뒷받침하기 때문이다.[40)]

8. 被告의 抗辯(이에 관하여는 民 § 208 참조)

Ⅱ. 占有의 回收(民 § 204; azione di reintegrazione)

1. 沿革 및 比較法

(1) 로마法上의 占有回收特示命令(interdicta recuperandae possessionis)에 기원한다.[41)] 특히 不動産의 경우 인정되었던 interdictum unde vi(D. 43. 16; C.

38) MünchKomm/Joost, § 858 RdNr. 18.

39) 同旨 MünchKomm/Joost, 861 RdNr. 2; 日注民 § 197, 182, 183. 생각건대, 異說 黃迪仁, 186.

40) 占有移轉禁止假處分의 被保全權利로서의 占有權 및 占有移轉假處分 자체에 대하여 金建鎰, "占有移轉禁止假處分", 保全訴訟에 관한 諸問題(上)(재판자료 45, 1989), 385ff.의 詳論 참조.

41) 다만 舊民法(日本民法)과 관련하여 로마法이 교회법(前論 Ⅰ. (5)(나) 참조)의 侵奪의 訴에

8.4)는 暴力 혹은 隱秘의 방법으로 不動産의 占有를 侵奪당한 者(deiectus)에게 부여되었는데, 1년의 실용기간(annus utilis) 내에 한하여 허용되었고, 이 기간도과 후, 그리고 침탈자의 상속인에 대하여는 法務官法上의 不當利得訴權이 인정되었다. 그러나 침탈자의 특별승계인을 상대로는 허용되지 않았다(Paulus D. 43.16.7). 이 占有保護權의 목표는 침탈행위가 없었더라면 존재했을 원상의 회복이었다.[42]

(2) 比較法的 자료로서는 中民 §§962, 963; 瑞民 §§927 Ⅰ-Ⅲ; 929 Ⅰ, Ⅱ; 937; 獨民 §§858, 861 Ⅰ, Ⅱ, 864 Ⅰ, Ⅱ; 伊民 §1168 Ⅰ-Ⅳ; 1169; 日民 §§200, 201 Ⅲ; 佛民 §§2282, 2283, 佛民訴 §1264 참조.

2. 要 件

(1) 請求權者[43]의 占有喪失[44]

(2) 相對方[45]의 하자있는 占有[46]

(가) 不法占有者라 하여도 그 物件을 다른 사람에게 引渡하여 현실적으로 占有를 하고 있지 않는 이상, 그 者를 상대로 한 引渡 또는 明渡請求는 부당하다.[47] 그러므로 間接占有者인 회사가 정당한 권한없이 지입계약에 기하여 원래의 지입차주(직접점유자)가 점유운영하는 자동차를 침탈하여 다른 차주에게 占有를 移轉시켜 지입계약하에 점유운영케 한 경우 占有回收의 訴의 피고는 현실로 자동차를 직접점유하는 者이다.[48] 중첩된 占有侵奪關係에 놓인 때(가령 단체와 그 기관)에는 그중 어느 하나를 골라 占有를 풀라는 請求를 할 수 있다.[49]

(나) 特別承繼人은 侵奪者의 선의의 승계인으로부터 점유를 승계받은 경우에는 그가 비록 惡意라 할지라도(즉 당초의 점유침탈의 사실을 알고 있었다고 할지라도) 중간의 占有者로부터

의하여 크게 수정된(즉 보다 일반화된) 형태로 채용된 것으로 보는 說이 있다. 原田慶吉, 日本民法典の史的素描(昭和 59年 第2刷), 100 참조.

42) 상세는 Max Kaser, Das römische Privatrecht, Erster Abschnitt(2. Aufl., 1971), 399; L. Arndts, Lehrbuch der Pandekten(14. Aufl., 1889, 323ff.; P. Bonfante, Corso di diritto Romano, volume terzo(1972), 439ff. 참조.

43) 혹은 그의 前占有者. 위 Ⅰ.(4) 참조.

44) 침탈. 위 Ⅰ.(2) 참조.

45) 행위자 혹은 그의 포괄승계인 또는 그의 악의의 권리승계자(前論 註 28) 참조. 그리고 손해배상에 관하여는 아래 3.(2) 참조.

46) 위 Ⅰ.(5) 참조.

47) 大判 70.9.29, 70다1508(集 18-3, 128); 大判 69.2.4 68다1594(大法院判例 Ⅰ, 201). §194 Ⅳ.(1) 참조.

48) 大邱高判 70.6.11, 69나463(高集 70-1, 343).

49) 大判 73.12.11, 73다703(公 479, 7635) 참조.

의 완전한 占有의 承繼人임에 변함이 없으므로 점유회수의 訴의 상대방이 될 수 없다.[50] 침탈자가 間接占有를 가지는 경우의 그 直接占有者는 특정승계인이므로 本條 Ⅱ이 적용된다.[51] 惡意라 함은 占有取得 당시에 侵奪의 사실을 알았음을 의미한다.[52] 執達吏가 압류를 하는 경우는 특별승계에 해당하지 않는다. 惡意의 입증책임은 原告가 부담한다.[53]

3. 效 果

물건의 返還, 즉 점유의 回復 및 損害賠償.

(1) 物件의 返還請求

(가) 被侵奪者는 侵奪者에 대한 占有移轉禁止의 假處分으로 자신의 이익을 확보할 수 있음은 물론이다. 공동점유자는 共同占有의 회복만을 請求할 수 있으나(위 참조 Ⅰ.(4)), 다른 共同占有者가 공동점유를 더 이상 원하지 않는 경우에는 民 §207 Ⅱ을 준용하여 단독점유의 회복을 請求할 수 있다고 새긴다.[54]

物件이 換價處分된 賣得金에 대하여는 반환을 請求하지 못한다.[55] 反對說은 換價處分이 있었다는 이유로 占有物返還請求權의 기초가 없어진 것으로 해석하는 것은 실제상 허용될 수 없다고 하고, 換價金은 본래 침탈한 물건에 갈음하는 것이므로 그 換價金의 반환을 청구할 수 있다고 해석하여야 한다고 새긴다. 그러나 단순한 占有物返還請求의 경우에 특별히 擔保物權에 대하여 담보기능을 살리기 위하여 法律의 규정에 의하여 押留를 요건으로 하여 인정되는 物上代位(§§ 342, 370)를, 그것도 押留要件조차 없이 인정하는 것은 物上代位의 일반적인 법리에 반할 뿐만 아니라 占有物 자체("그 물건")의 반환을 규정하고 있는 法文에도 어긋나는 해석으로서 부당하다. 그러므로 점유물을 換價處分한 경우에는 一般法理(民 §204 Ⅰ, Ⅱ, 부당이득)가 적용된다. 占有를 回收한 경우에는 民 §192 Ⅱ 단서가 적용된다(民 §192 Ⅲ. 3. (1) 참조).

(나) 回復에 드는 비용은 侵奪者가 부담한다.[56] 직접의 침해자가 故意·

50) 通說. 郭潤直, 258; 金容漢, 233; 黃迪仁, 189, 190; 日注民 200, 192; 日本コ 69. 異說 日本法學ガ 81.
51) 通說. 郭潤直, 258, 259; 金容漢, 233; 日注民 200, 192; 日本基コ 69.
52) 日本大審院 昭 13(1938). 12. 26; 郭潤直, 判例教材物權法(1973), 94; 日本法學ガ 81 참조.
53) 日本基コ 69.
54) 同旨 MünchKomm/Joost, § 861 RdNr. 4.
55) 李英俊, 346; 郭潤直, 259. 反對 註釋民法(Ⅱ), 317; 金容漢, 233, 234; 日本判例 公的 換價處分의 경우; 日注民 200, 193; 日本基コ 68.
56) 同旨 MünchKomm/Joost, § 861 RdNr. 4.

過失이 있는 경우에 한하여 그의 비용부담으로 하고, 故意·過失이 없는 경우에는 請求者가 비용을 부담할 것이라는 說이 있으나,[57] 費用負擔의 결정은 侵害行爲가 위법한 이상 被侵害者가 타인에 의하여 야기된 이러한 侵害를 감내할 아무런 이유도 없으므로 그 侵害者의 위법성에 대한 認識이나 歸責與否와는 독립하여 일반적으로 侵害源인 침해자가 부담하는 것으로 새겨야 할 것이다. 특히 위의 學說은 폭풍우로 수목이 이웃토지에 넘어진 경우를 침해자의 故意·過失이 없는 사례로 보고[58] 일방의 占有回收의 訴와 他方의 占有保有의 訴의 교착을 인정하고는 이의 해결을 위하여 몹시 어려움을 겪고 있는바, 이것은 문제아닌 것을 문제로 본 잘못을 저지른 것이다. 이처럼 自然力에 의한 侵害의 경우는 처음부터 占有保護請求權의 대상이 아니기 때문이다(위 I·(2) ㈑(b) 참조). 폭풍과 같은 불가항력에 의하지 않은 통상의 경우라면 相隣關係에 관한 특별한 규정을 두고 있으므로(民 §204, 日民 §233) 그에 따라 해결하면 된다. 民 §240가 아무런 故意·過失없는 樹木의 所有者에게 占有의 침해를 받은 相隣者의 除去請求에 응할 義務를 규정함으로써 그의 비용부담으로 제거할 것을 규정한 것도 侵害惹起者에게 비용을 부담시키는 것이 공평에 맞기 때문이라면, 스스로 침해행위를 한 점유침해자에게 비용을 부담시키는 것은 더더욱이나 타당할 것이다. 또 위의 說은 妨害豫防請求의 경우(民 §206, 日民 §199)에는 방해의 위험을 發生시키고 있는 者가 위험한 상태를 그대로 방치하는 것은 도저히 타당하지 않다는 이유로 그의 故意·過失의 유무를 묻지 않고 당연히 비용을 負擔한다고 새기는데,[59] 이미 방해가 일어난 경우에는 故意·過失을 고려하면서 아직 妨害가 일어나지 않고 다만 위험만이 존재하는 경우에는 故意·過失을 묻지 않는다는 결과가 되어 평가상의 背理가 발견된다는 점에서도 타당하지 않다. 어느 경우에나 비용은 請求의 상대방이 진다고 볼 것이다. 그리고 相隣關係의 法理가 적용될 수 없는 경우, 가령 상당히 먼 곳에 있는 建物의 옥상에 설치한 광고판이 태풍으로 인하여 날아와 떨어진 경우에도 공작물책임의 문제는 별론으로 하고(§758) 占有訴權의 문제는 발생하지 않으며 그 제거는 土地의 占有者가 스스로의 비용으로 하지 않으면 안 된다.

㈐ 民 §204에 의하여 占有를 回收한 경우에는 처음부터 점유를 상실하지 않은 것으로 본다(民 §192 Ⅱ 但, §192 Ⅲ.3.(1)).

57) 日本基コ 65.
58) 또한 日本基コ 66; 日本法學ガ 80.
59) 日本基コ 67.

(2) 損害賠償의 請求

여기서 말하는 損害賠償은 不法行爲로 인한 損害賠償이다.[60] 따라서 不法行爲의 요건을 갖춘 경우에 한하여 認定된다.[61] 占有侵奪로 인함 점유의 回復請求 자체는 行爲者의 귀책사유를 요건으로 하지 아니하므로(위 I. (2) (마)) 이와는 별도로 損害賠償이 가능하기 위해서는 不法行爲의 요건을 구비하지 않으면 안되는 까닭이다. 이것은 특히 返還請求가 배제되는 경우에 의미가 있다.[62] 盜人이 占有를 侵奪당한 경우 그는 損害賠償은 請求할 수 없다고 새긴다(民 §192 I. 5. (3) 참조).

賠償額의 산정에 있어서는 물건의 점유를 계속하는 것에 의하여 얻는 利益 기타 占有의 효과로서 인정되는 利益을 기준으로 하여야 하고, 이와 달리 本權으로부터 나오는 이익, 즉 物件의 교환가격, 수리비, 사용료, 영업상의 수익 등을 기준으로 할 것이 아니다.[63]

출소기간에 관하여는 後述 Ⅳ. (2)를 보라.

(3) 占有에 기한 물건의 返還請求權과 占有侵奪의 不法行爲를 이유로 하는 損害賠償請求權은 별개의 것이므로 兩請求權은 1개의 訴로써 행사할 수도 있고 別訴로써 행사할 수도 있다.

4. 請求權競合

訴訟에서는 물건의 반환이 本條와 民 §213(所有物返還請求)에 기하여 별개로 혹은 동시에 請求될 수 있고 一方의 訴에서 敗訴하여도 他方의 訴를 제기할 수 있다. 이 경우 訴訟法上으로는 하나의 請求만이 존재하는 것으로 새길 것인가 하는 문제에 관하여는 다툼이 있다.[64] 占有의 侵奪과 占有의 妨害는 정

---

60) 通說. 郭潤直, 256, 257; 金容漢, 230, 231; 黃迪仁, 187, 188; 註釋民法(Ⅱ), 313; 日注民 200, 193; 日本基コ 64, 65, 67; 日本法學ガ 79; BernerKomm. Art. 641 N. 93. 異說 李英俊, 347, 349는 §§204, 205의 損害賠償請求權은 제척기간에 걸리지만 그 期間이 도과한 후에는 일반규정에 의한 損害賠償請求權을 행사할 수 있다고 봄으로써 본조의 損害賠償請求權이 일반규정에 의한 損害賠償請求權과 다른 것으로 이해하는듯 하지만 과연 그 성질이 무엇인지는 밝히고 있지 않다. 李英俊, 338도 이점을 밝혀주고 있지 않다.

61) 大判 77. 12. 27, 77다550(大法院判例 Ⅰ, 207)(귀속재산의 불법점거). 따라서 손해배상청구의 상대방은 손해를 발생시킨 者이고 그 특별승계인은 상대방으로 되지 않는다.

62) 日本大審院 大 12(1924). 5. 22; 郭潤直, 判例教材物權法(1973), 95; 黃迪仁, 185. 轉轉流通된 盜難당한 船舶의 最終占有者에게서 所有者가 自力으로 탈환하여 他에 매각한 경우 점유자의 소유자에 대한 청구의 예.

63) 通說. 서울高判 87. 5. 21, 86나958(下集 190); 李英俊, 346; 註釋民法(Ⅱ), 317; 日本基コ 68; 日本法學ガ 80; Cian/Trabucchi, a.a.O., §1168 Ⅵ 3 참조.

64) 상세는 李時潤, 訴訟物에 관한 硏究(1977), 154f.; 黃迪仁, 193ff.; 日注民 197, 183, 184 및 §202, 199; 日本基コ 70, 71; 日本法學ガ 82f.; MünchKomm/Joost, §861 RdNr. 13 참조.

도의 차이만이 있는 것이므로 民訴 §235에 따라 어느 한 請求를 다른 청구로 변경하는 것이 가능하다.

5. 立證責任

原告는 자신의 이제까지의 占有, 禁止된 自力에 의한 종전 점유의 侵奪, 被告의 占有 및 피고의 점유가 자신에 대하여 하자있는 占有로 되는 사정들을 입증하여야 하며, 피고는 占有回收請求者의 점유가 자신에 대하여 하자있는 점유였음을 立證하거나[65] 占有侵奪이 상대방의 동의나 법률의 규정에 의하여 허용된 것이라는 사실을 立證하여야 한다.[66]

Ⅲ. 占有의 保持[67]: 占有의 保有(民 §205; azionc di manutenzione) 및 保全(民 §206; azione di nunciazione)

1. 沿革 및 比較法

(1) 로마법상의 占有保有特示命令(interdicta retinendae possessionis: 不動產의 경우 interdictum uti possidetis, D. 43. 17; 動產의 경우 interdictum utrubi, D. 43. 31)에 기원한다.[68] 유스티니아누스법에서 통일된 형태를 취하게 된 이 訴權은 방해자에 대하여 하자없는 占有를 가졌던 占有者를 보호하였다. 이 占有訴權의 목표는 이미 妨害가 발생한 경우에는 그 제거(Ulpianus D. 43. 17. 3. 9) 및 새로운 妨害에 대비한 擔保의 提供(Diocletianus/Maximianus C. 8. 6. 1[a. 294]), 그리고 損害賠償이었다. 特別承繼人을 상대로는 인정되지 않았고(Ulpian-us D. 43. 17. 10), 그 행사는 1년의 實用期間으로 한정되었다(Ulpianus D. 43. 17. 1. pr).[69]

(2) 比較法的 자료로서는 中民 §§ 962, 963; 墺民 §§ 339-343; 瑞民 §§ 928, 929; 獨民 §§ 858, 862 Ⅰ, Ⅱ, 863, 864; 伊民 §§ 2282 Ⅰ, Ⅱ, 2283 Ⅰ; 佛民 §§ 1170

---

65) MünchKomm/Joost, § 861 RdNr. 12.; 아래 Ⅳ. (1) 참조.
66) 李英俊, 347.
67) 여기서는 占有의 保有와 保全을 합하여 점유의 保持라고 칭하였다. 따라서 이 표현은 日民 § 198에서 우리 民法上 占有의 保有에 해당하는 것을 占有의 保持라고 하는 것과 혼동하지 말아야 한다.
68) 다만 舊民法(日本民法)과 관련하여 13세기 佛蘭西에서 나타났던 complainte(前論 Ⅱ. 1. (3) 참조)가 고려될 수 있다는 說이 있다. 原田慶吉, 日本民法典の史的素描(昭和 59年 第2刷), 100 및 註 20) 참조.
69) 상세는 Max Kaser, Das römische Privatrecht, Zweiter Abschnitt(2. Aufl., 1975), 261; L. Arndts, Lehrbuch der Pandekten(14. Aufl., 1889), 320ff.; P. Bonfante, Corso di diritto Romano, volume terzo(1972), 429ff. 참조.

Ⅰ, Ⅱ, Ⅲ, 1171, 1172; 日民 §§198, 199, 201 Ⅰ, Ⅱ; 佛民 §§2282, 2283, 佛民訴 §1264 참조.

2. 要　件

(1) 請求權者(위 Ⅰ.(4) 참조)는 直接占有者이고, 相對方(위 Ⅰ.(5). 참조)은 직접 자신이 점유를 妨害하거나[70] 妨害할 염려가 있는 자 혹은 방해의 除去나 不作爲가 그의 의사에 달려있는 妨害者이다.[71]

占有를 방해할 염려나 위험성이 있는지의 여부는 구체적인 사정하에 一般經驗法則에 따라 객관적으로 判定한다.[72] 예컨대, 農地耕作者에게 그 농지를 耕作하겠다고 통고하고 그 농지상의 입도를 假處分한 사실이 있으면 占有를 방해할 염려가 있는 것으로 認定된다.[73]

(2) **工事로 인한 占有妨害 및 妨害危險의 경우**

(가) 이 경우를 특별히 規定한 것은 沿革的인 설명이 가능하다. 이것은 고대 로마법상의 工作物設置에 관한 특별한 法規로까지 소급한다. 이웃土地上의 工事에 대해서는 operis novi nuntiatio(新工事留止通告)가 마련되어 있었고, 請求者의 土地上의 공사에 대해서는 interdictum quod vi aut clam(暴力 혹은 隱秘의 土地變更工事에 대한 特示命令)이 마련되어 있었다. 로마법상의 留止通告(D.39.1)는 私的通告로써 이웃토지상의 공사가 잠정적으로 중단되어야만 하며, 그에 위반하는 경우에는 공사를 시행할 權利 및 留止通告權에 대한 심사없이 공사계속이 留止에 위반한 여부만이 심리되는 절차에서 留止通告 후에 건축된 부분의 제거를 내용으로 하는 特示命令(이른바 撤去特示命令, interdictum demolitorium)이 부여되었으나, 留止通告者는 바로 자신의 建築沮止權을 訴로써 주장하지 않으면 안 되었다(고전법에서는 1년 내; 유스티니아누스법에서는 3개월 내). 이에 따라 訴訟이 그 정한 기간 이상으로 遷延되는 경우에는 工事施行者는 敗訴時에는 자기 비용으로 원상회복시키겠다는 擔保를 제공하면 공사를 계속할 수가 있었고, 이 경우 工事妨害를 금하는 特示命令이 그에게 부여되었다. 留止通告權이 인정된 者는 공사로 인하여 위험에 놓이게 된 토지의 所有權者, 地上權者 및 永借權者, 質權者, 그리고 일정한 用益權者에 한하였다. 한편 留止通告는 통고자의 사망이나, 그 土地의 讓渡, 혹은 合意에 의하여 실효하였다. 工事의 지

70) 大判 55. 11. 24, 4288民上363(要 395).
71) 同旨 李英俊, 349. Ⅰ. (2) 참조.
72) 大判 87. 6. 9, 86다카2942(公 805, 1145). 同旨 Cian/Trabucchi, a.a.O., § 1171 Ⅶ 1.
73) 大判 62. 4. 4, 4294民上1443(集 10-2, 48).

연이 위험을 야기하거나 公益에 반하는 경우에는 留止通告는 처음부터 효력이 없었다.[74)]

請求者의(혹은 청구자가 지역권이 있다고 주장하는) 토지의 現狀을 暴力 또는 隱秘로 변경시킨 者를 상대로 하여 부여되었던 interdictum quod vi aut clam(D. 43. 24)은 공사로 인한 妨害에 대한 보다 일반적인 형태의 구제책으로서, 여기서는 신축공사뿐만 아니라 일체의 土地에 대한 혹은 地上에 대한 변경(건물 철거, 樹木의 제거, 植栽, 물건의 퇴적 등)이 있는 경우에 所有權者, 自主占有者, 他物權者는 물론, 모든 利害關係者(임차인과 같은 단순한 채권적 권리자 포함)에게 그러한 변경행위의 禁止를 구할 權利가 인정되었고, 行爲者는 변경행위를 중지하고 異議의 제거를 訴求하여야 하였다. 금지에 반하여(vi) 혹은 隱秘로(clam) ──禁止가 예상됨에도 불구하고 變更行爲를 告知하지 않는 것도 이에 해당하였다── 行爲한 者는 그러한 행위를 할 權利(本權)가 있는 경우에도 이 特示命令에 기하여 원상회복을 하여야 하였다. 이 特示命令에 위반한 행위자는 자신의 비용으로 회복하고 損害賠償을 해야 했으며, 變更된 토지의 그 밖의 점유자는 被害者의 비용으로 회복하는 것을 受忍하기만 하면 되었다. 이 경우 피해자는 행위자에게 費用과 損害賠償을 求償할 수 있었다. 禁止에 관하여 不知했던 者는 對物的이었던 新工事留止請求의 경우와는 달리 본 특시명령의 대상이 되지 않았다. 이 特示命令은 통상 공사의 完成 혹은 中止 후 1년 이내에 行使하여야 하였다(Ulpianus D. 43. 24. 15. 4).[75)]

(나) 이러한 로마법적 배경하에서 占有者一般에게 공사로 인한 妨害排除權을 부여하는 명문의 規定을 두고 있는 현대의 法制로는 墺民 §§340-342와 伊民 §1171(新規工事의 告訴), §1172(예상손해의 고소)의 예가 있다. 이들 法制에서는 民法上 공사로 인한 占有妨害排除의 절차에 대한 특례를 규정하고 있으나, 우리 民法은 一般民事訴訟法의 원칙을 적용하는 것을 전제로 하여 별도의 절차적 규정을 두지 않았다(통상은 民訴 §714 Ⅱ의 임시의 지위를 정하는 假處分이 이용된다. 또한 同法 §§718, 719 참조).

工事의 개념에 관해서는 이태리학설상 물건의 실체에 대한 침해를 가져오는 작업이어야 하고, 직접 토지에 행해지는 작업이어야 하고(따라서 가령 伐木은 공사가 아니라고 본다), 확고한 성격의 작업이어야 하고, 그 결과 손해를 쉽게 복구할 수 없는 경우에 한한다는 견해와 점유자에게 방해를 끼치는 일체의 現狀에 대한 변경을 의미

74) 상세는 Max Kaser, Das römische Privatrecht, Erster Abschnitt(2. Aufl., 1971), 408f; L. Arndts, Lehrbuch der Pandekten(14. Aufl., 1889), § 330; P. Bonfante, Corso di diritto Romano, Ⅱ 1(1966), 431ff.

75) 상세는 Max Kaser, a.a.O., 409; Arndts, a.a.O., § 329; Bonfante, a.a.O., 465ff.

한다는 견해의 대립이 알려져 있다.[76] 우리 民法의 해석으로서는 후자와 같이 넓게 이해하는 입장이 타당하다고 본다(또한 위 (가)의 연혁 참조). 따라서 工事라 함은 現狀의 量的이거나(가령 건축, 철거, 土砂의 搬出, 굴착, 수목의 植栽, 파종, 伐木 등) 質的인(가령 화학비료의 살포) 일체의 변경을 의미한다고 할 것이다. 공사는 地表上에서만이 아니라 토지 위의 공간과 地下에서도 이루어질 수 있음은 물론이다.

(다) 水流 및 用水와 관련한 工作物로 인한 방해(相隣關係規定 참조)에 대하여서도 점유자는 그것이 占有妨害에 해당되는 한 所有權者나 기타 物權者(地上權者, 傳貰權者)가 아니더라도 占有訴權의 보호를 받을 수 있음은 물론이다.[77] 林野의 점유를 방해하는 墳墓의 설치는 民 §205 Ⅱ의 적용을 받는가, 아니면 Ⅲ의 적용을 받는가? 개념상으로는 墳墓 역시 本條의 의미의 工作物(opus in solo factum)임이 분명하지만, 보통 단기간에 완성된다는 점과 착수된 工事의 저지가 어렵다는 점 등을 고려할 때 一般工作物과 같이 보게 되면 실제로 그로 인한 占有侵害를 구제받지 못한다는 결과가 될 것이므로 墳墓가 갖는 생활관념상의 특수성을 고려하여 Ⅱ의 적용을 받는다고 새길 것이다.[78] 工事에 착수하였다가 中止한 후 다시 재착수하는 경우에는 구체적인 사정에 따라 달라질 수는 있으나 원칙적으로 새로운 占有妨害가 개시하는 것으로 볼 것이다(특히 중지기간이 비교적 긴 때에는).

(3) 占有妨害가 行爲에 기인하지 않는 경우에 대하여는 民 §240 Ⅰ, Ⅱ의 特例가 있다.

3. 效 果

(1) 民法 第205條의 경우

지속적인 妨害(상태)의 除去(예, 쓰레기의 제거) 및 손해배상.

(가) 妨害除去請求權은 訴訟進行中에 방해가 제거되면 消滅하고 原告는 그 부분에 관한 한 敗訴하는 것으로 된다. 그러나 占有保有의 주장 중에 妨害가 終止하는 때의 妨害豫防을 請求하는 趣旨(占有保全)가 포함될 수도 있고, 그러한 경우에는 釋明權不行使에 의한 위법이 발생할 가능성이 있을 수 있다.[79] 妨害除去의 비용은 원칙적으로 妨害者가 부담하되,[80] 쌍방에 방해의 원인이 있

76) Cian/Trabucchi, Commentario breve al Codice civile, Ⅱ ed.(1984), § 1170 Ⅵ 2.
77) 日本大審院 大 10(1921). 1. 24. 약 1尺 두께의 瓦礫의 퇴적으로 인한 雨水의 침입.
78) 大判 59. 11. 5, 4292民上130. 反對 조선고등법원 20. 6. 4; 郭潤直, 判例教材物權法(1973), 97.
79) 日注民 198, 186.
80) MünchKomm/Joost, 862 RdNr. 5.

는 경우는 분담을 명할 수 있다고 새긴다.[81]

㈏ 損害賠償請求權(위 Ⅱ.3.(2), (3) 및 日注民 198, 187-189 참조)

㈐ 原狀回復은 청구할 수 없다.[82]

(2) **民法 第206條의 경우**

그 妨害(행위)(예, 쓰레기의 再野積)의 豫防[83] 또는 損害賠償의 擔保請求. 이 양자는 명문의 규정상 분명하듯이 선택적이다. 따라서 일방의 請求를 선택하면 중복하여 타방의 請求를 할 여지가 없다.

㈎ 妨害의 豫防에 드는 비용은 원칙적으로 방해의 염려를 제거할 위치에 있는 被告가 부담한다.[84] 占有妨害禁止假處分은 不作爲를 명하는 假處分으로 행해진다.[85] 占有를 妨害하려는 者가 아닌 제3자가 占有者를 상대로 한 占有物引渡請求訴訟이 제기되어 있더라도 妨害하려는 者를 상대로 한 占有妨害의 豫防請求에는 영향이 없다.[86]

㈏ 損害賠償의 擔保(物的·人的擔保)請求는 그 기원이 로마법의 未發生損害의 擔保(cautio damni infecti: D. 39. 2)에 소급한다. 法務官은 土地(건물, 기타 공작물 포함)의 ―― 自然的 혹은 人爲的―― 瑕疵나 工事로 인하여 이웃의 財産(부동산 및 동산)에 대한 損害發生의 우려가 있는 경우 加害憂慮 있는 土地(혹은 공작물)의 所有者 혹은 工事施行者에게, 그가 그것을 포기하는 쪽을 택하지 않는 한, 위협받는 者의 請求에 의하여 그로부터 발생할지도 모르는 損害에 대한 賠償을 명시적으로(곧 問答契約으로) 約束하도록 하였고, 이를 拒絶하는 경우에는 法務官은 피해우려 있는 者에게 일차적으로 감시를 위하여 ――義務者를 배제하지 않은 상태의―― 占有를 委付하고(이른바 missio in possessionem ex primo decreto), 이러한 조처가 상당한 기간이 지난 후에도 성과가 없을 때에는 아예 그 土地에 대한 法務官法上의 所有權을 부여하였다(이른바 missio ex secundo decreto). 그리고 義務者가 이러한 占有賦與의 조처에 저항하는 경우에는 權利者에게 特示命令을 부여하여 보호하거나, 未發生損害의 담보설정이 있었더라면 請求할 수 있을 손해배상을 청구할 수 있는 擬制訴權을 부여하였다. 未發生損害의 담보를 청구할 수 있는 者에

81) 同旨 日注民 198, 186, 187.
82) 大判 59. 10. 8, 4291民上583(大法院判例 Ⅰ, 209)(파괴한 제방의 원상회복청구 사례).
83) 부작위. 예, 大判 70. 5. 12, 70다327; 大判 67. 2. 21, 66다2635; 黃迪仁, 192.
84) 異說있음. 日注民 199, 190 및 위 Ⅱ. 3. (1)㈏ 참조.
85) 이에 관하여는 金堅經, "不作爲를 命하는 假處分", 保全訴訟에 관한 諸問題(下)(재판자료 46, 1989), 5ff. 참조.
86) 大判 70. 5. 12, 70다327(要 400).

는 所有權者 및 地役權者, 永借權者는 물론, 善意의 占有者, 나아가 달리 전보받을 수 없어 그 物件에 대한 위험을 負擔하는 債權的 管理者(가령 매매목적물의 引渡 및 所有權取得 전의 買受人으로서 賣渡人에게 전보받을 수 없는 경우)까지도 포함되었다.[87]

本條의 규정은 이처럼 아직 完成되지 않은 공작물의 공사 잘못(vitium operis quod quis facit)으로 인한 방해우려시에 인정되었던 로마법의 規律을 일반화하여 占有者 일반에게 未發生損害의 擔保請求權을 인정한 것이다. 우리 民法은 이미 完成된 工作物의 瑕疵(vitium operis iam facti)와 관련해서는 §758에 규정을 두고 있다. 따라서 工事로 인한 占有의 방해 혹은 방해의 우려를 이유로 하는 訴權은 공사가 完成되기 전, 혹은 공사착수 후 1년 중에서 단기의 기간 내에 行使하지 않으면 안 되지만, 이 기간이 도과한 후에는 §758에 의한 工作物 占有者 내지 所有者의 責任을 묻는 것이 가능할 수 있다.

(다) 占有保全權은 假處分의 被保全權利로서 인정된다.[88]

4. 立證責任

占有回收의 경우와 동일한 法理가 적용된다. 原告는 자신의 占有 외에 被告의 妨害를 입증하여야 하며, 不作爲를 請求하는 경우에는 그 밖에 반복의 위험이나 방해의 위험의 事實的 要件을 입증하여야 한다. 그러나 이미 방해가 이루어진 경우에는 흔히 반복의 위험이 推定될 수 있다. 被告는 原告에게 受忍義務있음을 입증하여야 한다.[89]

Ⅳ. 占有保護請求權의 行使要件

1. 外的·法的 평화를 유지하기 위하여 占有回收權과 占有保有權 및 占有保全權은 請求權者가 상대방에 대하여 하자있는 占有를 갖는 경우에는(가령 상대방의 自力救濟(§209)가 부적법하여 보통의 경우라면 침해에 해당하는 경우에도) 인정되지 않는다고 새긴다.[90] 이 경우 중요한 것은

87) 상세는 Max Kaser, Das römische Privatrecht, Erster Abschnitt(2. Aufl., 1971), 407f.; L. Arndts, Lehrbuch der Pandekten(14. Aufl., 1889), 640ff.; P. Bonfante, Corso di diritto Romano, volume secondo, parte Ⅰ(1966), 381ff. 참조.

88) 大判 67. 4. 4, 66다2641(集 15-1, 278); 大判 67. 2. 21, 66다2635(集 15-1, 141); 吳天錫, "保全處分의 被保全權利", 保全訴訟에 관한 諸問題(上)(재판자료 45, 1989), 5ff., 27.

89) MünchKomm/Joost, § 862 RdNr. 10.

90) 通說. 전통적으로 이른바 하자점유의 항변 exceptio vitiosae possessionis. 同旨 獨民

相對方이 本權을 갖는다는 사정이 아니라 請求하는 측이 상대방에 대하여 하자있는 占有를 갖는다는 사정이다.[91]

2. 占有의 訴의 提起期間은 각각의 訴의 종류에 따라 제기기간이 정하여져 있다. 除斥期間이 정하여져 있는 경우 그 기간은 원칙적으로 1년이다(民 §§204 Ⅲ, 205 Ⅱ, Ⅲ, 206 Ⅱ). 本權의 訴에는 이러한 除斥期間의 제한이 따르지 않으므로 占有의 訴인가 本權의 訴인가 하는 여부(民 §208)는 매우 중요하다.[92] 각 請求權別로 살펴본다.

(1) 이 除斥期間은 占有保護請求權과 관련된 분쟁을 조기에 해결하려는 趣旨에서 정한 것이므로 損害賠償請求權의 경우(民 §§204 Ⅰ 및 205 Ⅰ)에도 적용된다고 새기는 것이 通說이지만,[93] 손해배상청구권의 경우는 占有에 기한 物權的 請求權과 전혀 法的 性質을 달리 하여 一般不法行爲의 요건을 갖춘 경우에 인정되는 不法行爲로 인한 損害賠償인 이상 다른 불법행위의 경우와 차별 取扱할 이유가 없으므로 民 §766가 적용된다고 새길 것이다.

(2) 民 §206 Ⅰ의 妨害豫防請求權과 損害賠償의 擔保請求權의 경우에는 同 請求權들은 점유방해와 손해발생의 위험이 객관적으로 현존하는 한 언제든지 행사할 수 있고, 따라서 民 §206 Ⅱ의 경우만이 除斥期間에 걸린다. 만일에 民 §206 Ⅰ의 請求權을 무제한하게 인정하는 것은 다른 占有保護請求權과의 균형을 고려할 때 타당하지 않으므로, 역시 除斥期間에 걸린다고 새길 것이라고 한다면, 가령 인근의 업소로부터 粉塵·騷音 기타의 동일한 性質의 妨害가 지속적으로 있을 것이 우려되는 경우에는 그러한 상태를 방치한 채 妨害豫防을 請求할 수 있는 시점으로부터 1년 내에 訴로써 豫防이나 擔保를 청구하지 않는 한 失權한다고 새겨야 할 것이다. 그러나 이처럼 1년씩이나 妨害가 發生하지 않은 경우라면 占有保護請求權의 失權을 논할 것이 아니라, 오히려 객관적으로 損害發生의 염려가 없는 경우에 해당한다고 보아야 할 것이고, 언제라도 다시 위험이 현존하는 한 保護請求가 인정되어야 할 것이므로 除斥期間을 정하지 않은 民法의 태도는 타당하다 할 것이다.

---

§861 및 日注民 200, 192; 日本基コ 64, 68 참조. 異說있음 李英俊, 344, 345; 黃迪仁, 190, 191; 日本法學ガ 93 참조. 위 Ⅰ.(2)㈑(a) 참조.

91) 이 점 李英俊, 344, 345는 오해하고 있다.

92) 大判 78.2.28, 77다2414; 大判 77.6.7, 76다2926(要 394).

93) 同旨 日本基コ 69, 70.

(3) 除斥期間이므로 占有保護請求權은 同期間 중에 占有保護의 訴의 제기(民訴 §226)가 없는 한 同期間의 도과로 소멸한다. 占有保護訴權의 존재 확인의 訴는 확인의 利益이 없어 인정되지 않으므로(民 §192 I.4 참조) 확인의 訴를 제기하는 것으로는 부족하다. 또 訴의 提起가 필요하므로 抗辯權으로 행사하거나 假處分申請에 의하여 행사하는 것으로는 부족하다.[94] 除斥期間이므로 법원은 職權으로 고려하여야 한다.[95]

(4) 除斥期間의 起算點은

(가) 民 §204의 경우에는 〈侵奪을 당한 날〉, 즉 侵奪이 완성된 날로부터이다. 口頭의 협박에 의한 占有侵奪의 경우에는 占有者가 침탈을 안 때에 비로소 침탈이 있다고 할 것이므로 이를 안 때부터 起算한다는 說이 있으나,[96] 다른 경우와 달리 볼 이유가 없다고 생각된다.

(나) 民 §205 I 의 경우에는 〈방해가 종료한 날〉로부터이다. 이때에 「妨害」란 방해상태의 의미가 아니라 妨害行爲의 의미로 새겨야 할 것이므로(Ⅲ. 참조) Ⅱ 이 損害賠償의 請求에만 관한 것이라고 새기는 견해[97]는 부당하다. 이것은 舊民 §201 I 의 "妨害ノ存スル間又ハ其止ミタル後一年ニ" 부분에 대한 해석[98]를 따른 것으로 보이는데, 우리 民法의 경우 동 귀절의 전반부와 같이 방해가 존재하는 동안에 提起하여야 한다는 規定이 있다면 혹시 방해를 妨害狀態로 이해하여 후반부를 방해상태가 끝난 후에는 損害賠償만이 의미가 있으므로 위의 學說과 같이 해석할 여지가 있을지는 모르겠으나(日本 通說), 그러한 귀절이 없는 우리 民法의 해석으로서는 除斥期間을 둔 취지를 살려서 妨害除去請求의 경우에도 1년의 期間을 유의미한 것으로 살리는 해석을 하여야 한다고 생각되기 때문이다(위 學說은 이점에 관하여 언급이 없다). 이렇게 새겨야 占有侵奪의 경우와도 균형이 맞는다. 따라서 占有者는 원칙적으로 방해상태가 지속하는 한 妨害의 除去를 청구할 수 있지만, 가령 占有者가 占有하는 土地에 물건을 野積시켜 놓은 占有妨害者에 대하여 野積行爲(侵害行爲)가 끝난 후 1년이 넘도록 妨害의 제거를 訴로써 청구하지 않으면 妨害狀態는 의연히 계속됨에도 불구하고 더이상 그 제거를 占有權에 기하여는 청구할 수 없다고 새긴다. 同條 Ⅲ에서 공사로 인한 妨害의

94) 李英俊, 347.
95) 同旨 李英俊, 347; 日注民 201, 195.
96) 李英俊, 347.
97) 註釋民法(Ⅱ), 320; 郭潤直, 260; 金容漢, 235.
98) 日本基コ 69 참조.

경우에 특별히 규정을 둔 것도 이러한 原則에 대한 중대한 예외이기 때문에 (즉 이때에는 妨害行爲의 終了時가 아니라 開始時가 기준점이 되고 공사의 완성으로 인하여 妨害狀態의 공고화가 일어났음에도 불구하고 請求權의 消滅을 규정하고 있다) 명문으로써 이를 밝힌 것이다. 이는 社會通念上 공사로 인한 점유방해는 쉽사리 인지될 수 있을 뿐만 아니라, 일단 공사가 完成된 경우 그 除去는 과도한 費用을 요하므로 그 때까지 수수방관한 占有者의 妨害除去에 대한 이익과 일단 完成된 工事의 유지에 대한 工事關聯者 및 公共의 이익간에 조화를 꾀하려는 목적에서 특별한 規定을 둔 것이다.[99] 반복되는 방해의 경우에는 매번 새로운 期間이 시작한다. 점유자가 금지된 自力을 알았는가의 여부는 중요하지 않다.

(다) 工事로 인한 占有妨害의 경우에는 民 §205 Ⅲ 및 §206 Ⅱ이 적용된다(위 (b) 참조). 이때 同一工事를 일단 중지하였다가 재착수한 경우에는 그 前工事部分이 전부 滅失되거나 이와 동일시할 상태로 돌아가지 아니한 한, 後工事를 前工事의 계속으로 보아 위 규정의 期間算定에는 전후공사의 기간을 合算하여 정한다.[100] 기간의 준수와 관련해서는 民訴 §238가 적용된다.

(5) 本權의 訴와 교환적으로 占有回收의 訴로 변경하는 경우(兩訴權은 완전 별개의 訴權이므로 民 §208) 그 변경할 時에 실질상 占有回收의 訴를 제기하는 것과 동일하므로 이와 같은 교환적 변경도 침탈시로부터 1년이 경과한 후에는 허용되지 않는다.[101] 또 占有回收의 訴를 점유에 관한 訴 이외의 訴訟에서 예비적으로 제기한 경우에도 占有侵奪時로부터 1년이 경과한 후에는 허용되지 않는다.[102] 日本의 하급심판례에는 侵奪의 時로부터 1년 내에 회수의 訴가 제기되어 係屬中에 침탈의 사실 외에 그 訴提起를 알면서 占有를 승계한 者에 대하여도 그것을 承繼할 時부터 1년 내에 訴를 提起할 수 있다고 하고, 占有回收의 訴에 있어서 侵奪者에 대한 訴提起 후에 달리 共同侵奪者가 있는 것이 판명된 경우에 侵奪者에 대한 訴提起가 1년 내이면 공동침탈자에 대한 訴提起가 1년을 경과하였다고 하여도 적법하다고 한 것이 있다.[103]

(6) 除斥期間에 걸리는 것은 占有權에 기한 占有保護請求權에 한하므로 이 기간이 지난 후라도 占有者는 다른 權利에 기하여(가령 本權者를 代位하여) 侵害의 除去를 청구할 수 있음은 물론이다.

---

99) 同旨 日本基コ 69.
100) 大判 55.1.27, 4287民上86(要 395)(舊民法 사례).
101) 大判 72.2.22, 71다2641(集 20-1, 115).
102) 大判 58.1.30, 4290民上736(要 393).
103) 日本基コ 70 참조.

3. 既判力있는 判決로써 상대방의 占有權이 확정되는 경우에는 1년 이전이라도 同請求權은 당연히 消滅한다.[104)]

4. 土地改良事業法에 의하여 설립된 組合이라 하더라도 그를 상대로 하는 占有侵害의 배제를 구하는 청구는 民事訴訟으로 할 수 있다.[105)]

5. 不動產에 관한 占有의 訴는 부동산 소재지의 法院에 제기할 수 있다(民訴 §18).

6. 占有의 訴의 訴訟物의 가액은 해당 本權의 訴價에 의한다.

7. 占有物返還請求의 訴만을 제기하였다가 다시 損害賠償請求의 訴를 추가하는 경우에는 訴의 원인을 변경할 필요가 없다.[106)]

8. 占有訴權의 消滅에 대한 立證責任은 피고가 부담한다.[107)]

V. 間接占有의 境遇(§207)

[崔 秉 祚]

---

104) 同旨 獨民 §864 Ⅱ.
105) 서울高判 71. 3. 11, 70나191(高集 71, 67).
106) 註釋民法(Ⅱ), 313, 314.
107) MünchKomm/Joost, §864 RdNr. 5.

第207條(間接占有의 保護)

① 前3條의 請求權은 第194條의 規定에 의한 間接占有者도 이를 行使할 수 있다.

② 占有者가 占有의 侵奪을 당한 경우에 間接占有者는 그 物件을 占有者에게 返還할 것을 請求할 수 있고 占有者가 그 物件의 返還을 받을 수 없거나 이를 願하지 아니하는 때에는 自己에게 返還할 것을 請求할 수 있다.

I. 間接占有(民 § 194)의 保護

1. 占有媒介者에 대한 關係

(1) 占有保護의 대상은 오직 直接占有만이다(民 §§ 204-206 I. (1) ㈎ 참조). 그러므로 間接占有者는 直接占有者에 대하여 占有保護를 받지 못한다(直接占有者에 대하여는 금지된 自力의 행사를 이야기할 수가 없다). 그는 內部的 法律關係에 기한 請求權들(이것은 訴로써 혹은 假處分으로써 행사가능하다) 외에 오직 일반규정에 따른 권리만을 가질 뿐이다(가령 정당방위).[1] 따라서 賃借人이 賃貸借關係 종료 후 계속하여 불법적으로 점유하는 경우 賃貸人이 하는 토지나 건물의 명도청구는 占有訴權의 문제가 아니다.[2]

(2) 直接占有者는 間接占有者에 대하여 後者가 허용되지 않는 自力을 행사하는 한 완전한 占有保護를 받는다.[3]

2. 第三者에 대한 關係

(1) **占有保護請求權**

間接占有者는 오직 제3자에 대하여서만 占有保護請求權을 갖는다.[4]

㈎ 要　件　　항상 直接占有者에 대한 금지된 自力行使가 요건이다. 그러므로 間接占有者는 直接占有者가 占有侵奪 또는 妨害에 동의한 경우(그러한 同意行爲가 間接占有者에 대한 관계에서 義務違反에 해당할지라도), 同請求權을 갖지 못한다.[5] 또 間接占有의 침해나

1) MünchKomm/Joost, § 869 RdNr. 11; 李英俊, 343.
2) 同旨 註釋民法(Ⅱ), 316. 日本法學ガ 94는 이 점을 오해하고 있다.
3) 李英俊, 343; 註釋民法(Ⅱ), 284, 322; MünchKomm/Joost, § 869 RdNr. 9.
4) 大判 62. 5. 3, 4294民上1029(要 395)(자기의 계산으로 타인에게 경작시킨 者).
5) 同旨 日注民 181, 22, 23; MünchKomm/Joost, § 869 RdNr. 2-3. 한편 註釋民法(Ⅱ), 284, 285 및 323은 直接占有者가 횡령한 間接占有者의 動産을 제3자가 善意取得한 경

제거만이 발생한 경우에도 같다.[6)]

(나) 效 果 本條 Ⅱ 참조.

(2) **自力救濟權**

本條의 法文의 규정과 조문의 위치로 볼 때 民 §209의 自力救濟權은 間接占有者에게는 인정하지 않으려는 것이 民法의 태도이다. 間接占有는 그 실질이 사실상의 지배로서의 점유가 아니라 法律關係이고, 또 이러한 法律關係는 거래상 事實的으로 인식가능한 것이 아니므로 이를 인정할 경우 점유제도의 평화기능에 어긋나는 결과를 가져올 수 있으므로 民法의 태도는 타당하다고 할 것이다. 間接占有者도 일반규정에 따른 정당방위나 긴급피난이 가능한 이상 民 §209의 적용필요성도 없다고 볼 수 있다.[7)]

Ⅱ. 立證責任

民 §204 이하의 원칙이 적용된다. 間接占有者는 자신의 간접점유를 입증하여야 하며, 또 Ⅱ의 요건을 立證하여야 한다.[8)]

Ⅲ. 訴訟關係

제3자에 대한 占有媒介者와 間接占有者의 占有保護請求權은 독자적으로 병존한다. 각자는 상호 독립하여 訴權을 행사할 수 있다. 訴訟係屬의 효과와 기판력도 타방점유자에 미치지 않는다. 共同訴訟의 경우에는 필요적 공동소송이 아니고 통상의 共同訴訟이다. 間接占有者는 추후적으로 Ⅱ의 요건이 구비되는

우에는 善意取得으로 인하여 占有保護請求權을 행사할 수 없지만, 不動產의 경우에는 善意取得이 안 되므로 占有保護請求權의 행사가 가능하다고 본다. 그러나 이 두 경우에는 모두 제3자에게 금지된 자력의 행사라는 요건 자체가 이미 不備된 것이기 때문에 占有保護請求權의 행사가 인정될 수 없는 것이고 그가 소유자가 되었는가 아닌가의 여부는 占有法的으로 전혀 중요한 사정이 아님을 오해하고 있다. 그리고 間接占有者가 直接占有의 侵害를 이유로 점유의 訴를 제기하여 계속중인 때에는 直接占有者는 침해에 동의함으로써 間接占有者의 占有訴權을 무위로 돌릴 수는 없다고 할 것이다. 同旨 李英俊, 342.

6) MünchKomm/Joost, § 869 RdNr. 4.

7) 同旨 郭潤直, 262. 反對 註釋民法(Ⅱ), 285, 326, 327; 金容漢, 243; MünchKomm/Joost, § 869 RdNr. 6-8.

8) MünchKomm/Joost, § 869 RdNr. 12.

경우에는 占有媒介者에게 반환할 것을 청구하던 것을 자기자신에게 返還할 것으로 請求의 變更(民訴 §235)을 할 수 있다. 그는 또 자기자신에게 반환할 것을 請求하면서 예비적으로 占有媒介者에게 반환할 것을 청구할 수 있다. 어느 一方의 請求가 만족되면 他方의 請求權 역시 消滅한다.[9)]

Ⅳ. 比 較 法

本條에 관한 비교법적 자료로는 獨民 §869; 日民 §197 참조.

[崔 秉 祚]

第208條(占有의 訴와 本權의 訴와의 關係)

① 占有權에 基因한 訴와 本權에 基因한 訴는 서로 影響을 미치지 아니한다.

② 占有權에 基因한 訴는 本權에 관한 理由로 裁判하지 못한다.

Ⅰ. 占有의 訴와 本權의 訴와의 相互獨立性

民 §204 이하의 請求權은 占有訴權이다. 그 기초는 占有의 사실이지 占有할 권리가 아니다. 따라서 원칙적으로 占有의 訴와 本權의 訴는 서로 영향을 미치지 않고(民 §§204-206 Ⅱ. 4. 참조), 따라서 어느 한쪽의 이유로 다른 한쪽을 裁判하지 못한다.[1)2)] 이것은 물론 假處分의 신청과 관련해서도 마찬가지이다.[3)] 本條는 로마 占有訴權의 基礎槪念이 그대로 채용된 것이다.

1. 실질적으로 이것은 占有의 訴에 대하여서는 원칙적으로 占有法上의 抗辯

9) MünchKomm/Joost, § 869 RdNr. 13.

1) 兩訴의 병합 중복 문제에 관한 상세는 黃迪仁, 193ff. 참조.

2) 大判 67. 6. 20, 67다479(集 15-2, 84); 大判 66. 4. 19, 66다269; 大判 64. 10. 20, 64다802(要 399); 大判 64. 9. 8, 64다223(集 12-2, 88); 大判 62. 8. 2, 62다259(集 10-3, 206); 大判 59. 11. 26, 4292民上585, 586(要 399); 註釋民法(Ⅱ), 324.

3) 大判 67. 2. 21, 66다2635(大法院判例 Ⅰ, 209, 210).

(possessorische Einwendungen)만이 가능함을 의미한다. 따라서 다음과 같은 抗辯은 허용된다.[4] ① 占有保護請求權의 사실적 요건을 다투는 것. 例, 原告의 占有者로서의 지위를 다투거나(가령 無占有 혹은 占有補助者임을 주장) 被告의 侵害者로서의 속성을 다투는 것. ② 禁止된 自力行使의 존재를 다투는 것. 例, 占有者의 同意 혹은 法律의 許容을 주장하는 것. ③ 除斥期間의 도과를 주장하는 것. ④ 侵害者의 物件占有가 不法行爲에 기하지 않은 때에는 경우에 따라서 留置權의 행사가 가능하다(民 § 320).

2. 다음의 抗辯들은 許容되지 않는다.[5] ① 本權에 기한 抗辯(petitorische Einwendungen). 例, 原告의 占有權原 缺如, 被告의 占有할 권리(가령 所有權), 占有取得을 내용으로 하는 請求權(가령 채권적인 所有權移轉請求權, 制限物權設定請求權, 返還請求權, 占有侵害同意請求權 등), 侵害者의 그러한 행위를 할 계약상 權利 등을 주장하는 것. 占有侵害에 대한 제3자의 同意를 원용하는 것도 불가능하다. ② 信義誠實의 원칙에 기한 抗辯(民 § 2: "惡意의 抗辯"). 占有訴權의 특수성으로 인한 당사자들의 權原 여부와 무관한 占有保護는 일반조항인 民 §2의 적용으로 잠탈되어서는 아니되므로 원칙적으로 信義誠實의 원용은 인정되지 않는다(가령 侵害者가 物件返還請求權이 있다거나 妨害受忍請求權이 있어서 그 자신이 法院의 보호를 얻을 수 있는 경우라 하더라도 § 2의 원용은 인정되지 않는다).

다만 다음과 같은 경우는 例外이다.

(1) 占有의 侵奪이나 妨害行爲가 금지된 자력의 행사가 아니라는 주장을 근거지우기 위한 한도 내에서는 비록 本權에 관한 주장이라 할지라도 점유의 訴와 관련하여 허용될 수 있다.

(2) 禁止된 自力行使가 있은 후 행위자에게 물건에 대한 권리가 있고 그가 그에 기하여 자기의 행위에 상응하는 점유상태의 작출을 청구할 권리가 있음이 確定判決로 확인된 경우에도 占有訴權을 인정할 것인가? 이처럼 禁止된 自力行使에도 불구하고 현재의 占有狀態가 정당한 경우까지도 占有者의 점유를 회복시킨다면 무의미한 점유상태의 변경이 반복될 뿐이므로 이때에는 占有訴權은 消滅한다고 새기는 것이 타당하다.[6] 그러나 占有侵奪이 있기 전의 확정판결에 관해서도 동일하게 본다면 本權關係로 점유의 訴를 판단하는 것이 되고, 방금 적시한 예외를 인정할 事由에 해당된다고 볼 수 없으므로 占有侵奪이

---

4) MünchKomm/Joost, § 863 RdNr. 2-5; 李英俊, 352.

5) MünchKomm/Joost, § 863 RdNr. 6-7.

6) 이 한도 내에서 Petitorium iudicium absorbet possessorium "返還請求의 訴의 判決은 占有保護判決을 흡수한다"는 법리가 적용된다. 獨民 § 864 II 및 李英俊, 351, 352; 日注民 202, 199 참조.

있은 후의 확정판결에 한하여 위와 같이 볼 것이다.[7]

3. 抗辯의 배제는 占有保護請求權에 한하여 인정된다. 따라서 占有侵害로 인한 다른 請求權(가령 損害賠償請求權)에는 적용되지 않는다. 占有保護請求權이 다른 請求權과 동시에 행사되는 경우에도 占有保護請求權에 대하여 항변의 배제가 인정됨은 물론이다.[8] 占有物妨害豫防請求權은 다른 占有保護請求權에 비하여 점유적 성격이 미약하다는 이유로 本條 Ⅱ의 규정을 적용할 것이 아니라는 說이 있으나[9] 점유적 성격이 미약하다[10]는 것이 무슨 의미인지 불명할 뿐 아니라(同占有訴權의 인정기초는 다른 경우와 한가지로 占有이고 다른 점이 전혀 없다) 本權이 있다고 하여 占有妨害의 豫防請求를 면할 수 있다는 것은 同占有訴權의 취지에 반하는 해석으로서 부당하다.

4. 占有의 訴가 아닌 사례. 국가로부터 허가받아 개간하고 준공한 뒤에 매수한 土地를 다만 移轉登記만을 아니하고 있는 경우에 이 토지를 不法占有耕作하는 者에게 임료상당의 損害賠償을 청구하는 訴는 賣買契約上의 정당한 占有耕作權에 기한 本權의 訴이다.[11]

Ⅱ. 本權의 反訴

本條는 점유의 訴에 대한 점유할 권리에 기한 反訴를 방해하지는 않는다.[12]

Ⅲ. 比 較 法

本條에 관한 비교법적 자료로는 瑞民 §§ 927 Ⅰ, Ⅱ, 928 Ⅰ; 獨民 § 863; 日民 § 202; 佛民訴 §§ 1265-1267 참조.

[崔 秉 祚]

7) 反對 李英俊, 352.
8) MünchKomm/Joost § 863 RdNr. 8; 李英俊, 353.
9) 李英俊, 353.
10) 李英俊, 349, 350.
11) 大判 77. 6. 7, 76다2926(要 394).
12) 通說. 大判 57. 11. 14, 4290民上454, 455; 郭潤直, 判例教材物權法(1973), 101; 日本通說判例, 日注民 202, 197, 198; 獨逸判例. MünchKomm/Joost, § 863 RdNr. 9-11. 異說있음. 상세는 黃迪仁, 196ff. 및 MünchKomm/Joost, § 863 RdNr. 9-11; 日本法學ガ 95ff. 참조.

第209條(自力救濟)

① 占有者는 그 占有를 不正히 侵奪 또는 妨害하는 行爲에 대하여 自力으로써 이를 防衛할 수 있다.

② 占有物이 侵奪되었을 경우에 不動產일 때에는 占有者는 侵奪後 直時 加害者를 排除하여 이를 奪還할 수 있고 動產일 때에는 占有者는 現場에서 또는 追跡하여 加害者로부터 이를 奪還할 수 있다.

차 례

Ⅰ. 直接占有者의 自力救濟權
1. 自力防衛權
2. 自力奪還權
3. 誤想自力救濟
4. 自力救濟의 相對方
5. 自力救濟權의 行使者
Ⅱ. 立證責任
Ⅲ. 自力取去權
Ⅳ. 本權에 기한 自力救濟權
Ⅴ. 比 較 法

Ⅰ. 直接占有者의 自力救濟權

占有者는 占有의 침해가 현장성 내지는 추적가능성을 아직 保有하고 있는 한 이에 대하여 실력에 의한 防衛·奪還을 할 수 있다. 社會平和를 유지하기 위하여 인정된 自力救濟權은 국가의 보호를 받는 것이 불가능하거나 대단히 곤란한 경우에 한하여 예외적으로 인정되는 것[1]이 아니라 占有의 침해가 있는 한 1차적으로 인정되는 權利救濟手段이다.[2]

1. 自力防衛權(Besitzwehr)

(1) 이것은 占有의 侵奪이나 妨害의 위험이 있는 때 또는 지속적인 妨害가 있는 때에 인정된다(占有侵害의 개념에 관하여는 民 §§ 204-206 Ⅰ. 1. (2) 참조). 正當防衛에 있어서와 한가지로 實力은 實力으로 물리치는 것이 허용된다[3]는 것이 그 基底思想이다. 正當防衛에 대한 관계는 다투어지나 일반적인 正當防衛에 대한 특별규정이라고 새기더라도[4] 양제도는 趣旨와 要件, 適用範圍를 달리하므로 병존할 수 있는 것으로

1) 註釋民法(Ⅱ), 326; 郭潤直, 262.
2) 同旨 李英俊, 354. 占有訴權과의 관계에 대하여는 §§ 204-206 Ⅰ 참조.
3) vim vi repellere licet: Cassius/Ulpianus D. 43. 16. 1. 27.
4) 同旨 MünchKomm/Joost, § 859 RdNr. 1, 2.

보아야 할 것이다.[5] 지속적인 방해가 동시에 侵奪인 경우에는 Ⅱ이 적용된다(예, 제3자가 賃借한 駐車空間에 주차하는 경우). 侵攻이 계속되는 한 防衛가 허용된다.[6]

防衛手段의 면에서 防衛者는 원칙적으로 모든 수단을 사용할 수 있다. 특히 防衛者는 제3자의 도움을 이용할 수 있다.[7]

(2) 그러나 防衛權은 필요한 한도 내에서만 허용된다. 따라서 過剩防衛일 때에는 違法하고, 이에 대한 正當防衛가 가능하고,[8] 손해가 있을 때에는 損害賠償義務를 져야 한다.[9] 利益衡量은 필요하지 않지만, 폭력사용의 권리는 일반적인 權利濫用의 法理에 따른 제한을 받는다.[10]

2. 自力奪還權(Besitzkehr)

(1) 이것은 占有가 侵奪된 경우에 自力에 의하여 점유를 회복하는 것을 내용으로 한다. 自力奪還은 시간적으로 좁게 제한된 範圍 내에서만 허용되는데[11] 이것은 占有保護가 그렇지 않을 경우 현존의 외적 평화를 목적에 어긋나게 교란시킬 것이기 때문이다.

따라서 動產의 경우에는「현장」이나「추적」을 하여서만 가능하다(이른바 事後의 迅速對應, Nacheile. 그러나 이것은 행위자가 침탈시에 발견되거나 관찰되었음을 요건으로 하는 것은 아니고, 事後에 바로 발견하여 추적하는 것으로 족하다).[12]

不動產의 경우에는「직시」(confestim, ex continenti; 獨民 sofort) 즉 객관적으로 가능한 한 신속히(따라서 단순히 지체없이, unverzüglich, 하는 것으로는 안 된다) 하여야 한다.[13] 따라서 所有主들과의 사이에 賃貸借契約을 체결하고서 引渡받아 적법하게 占有하고 있던 점포에 대하여 제3자가 占有者 이외의 者를 상대로 하여 점포에 관한 占有移轉禁止假處分決定을 받아 그 執行을 한 다음, 다시 그 者를 상대로 하여 받은 本案判決에 기하여 그 점포에 대한 明渡執行을 단행한 경우에는 그러한 假處分이나 本案判決의 효력이 미칠 수 없는 占有者에 대하여 그가 占有하고 있는 점포에 대하여 명도집행을 단행한 것은 違法하고, 이러한 위법한 強制執行에 의하여 不動產의 明渡를 받

5) 自力救濟와 그 유사행위에 관한 상세는 金容漢, 244 참조.
6) 同旨 註釋民法(Ⅱ), 327. 異說있음.
7) MünchKomm/Joost, § 859 RdNr. 3-7.
8) 이 점에 관한 獨逸의 判例에 대하여는 MünchKomm/Joost, § 859 RdNr. 9.; 李英俊 356 참조.
9) 註釋民法(Ⅱ), 328.
10) MünchKomm/Joost, § 859 RdNr. 10.
11) 註釋民法(Ⅱ), 328의 외견상 反對說은 오식에 기인하는 것 같다.
12) MünchKomm/Joost, § 859 RdNr. 13.
13) Jauernig BGB, § 859 Anm. 1 b; MünchKomm/Joost, § 859 RdNr. 14.

는 것은 公權力을 빌려서 상대방의 占有를 침탈하는 것이 되므로 占有者가 強制執行이 일응 종료한 후 불과 2시간 이내에 자력으로 그 占有를 奪還한 것은 自力救濟權의 행사에 해당한다.[14]

위와 같은 要件이 갖추어지지 않은 경우라 하더라도 正當防衛나 緊急避難(民 §761)의 要件이 구비되는 경우에는 그러한 救濟手段을 사용할 수 있다.[15] 통상은 占有侵奪의 현장성 내지 추적가능성이라는 時間的 限界 내에서 점유침탈에 신속하게 대처하지 못하여 이 自力救濟의 요건이 불비되는 경우라면 正當防衛나 緊急避難의 요건(급박성, 부득이성)도 구비되지 않겠지만 서로 趣旨와 要件, 적용범위를 달리하는 兩制度의 병존은 원칙적으로 부인할 필요가 없기 때문이다.

(2) 自力奪還權이 배제되는 경우에는 民 §204가 가능하다(民 §204 I. 1. 참조).

3. 誤想自力救濟

誤想自力救濟의 경우에는 一般法理에 따른 책임을 진다. 이 경우에 無過失責任을 주장하는 說이 있으나[16] 예외적으로 無過失責任을 인정하는 명문의 규정이 없는 우리 民法의 해석으로서는 의문이다.[17]

4. 自力救濟의 相對方

自力防衛權과 奪還權은 占有侵奪者 혹은 妨害者의 權利承繼人에 대해서도 그 者가 前占有者의 점유의 瑕疵를 승계하는 한 행사할 수 있다. 이렇게 하여야 물건의 이전에 의하여 占有保護가 잠탈되는 것을 막을 수가 있기 때문이다.[18]

5. 自力救濟權의 行使者

自力救濟權은 직접점유자에게 인정된다. 自力防衛權과 奪還權은 占有補助者도 행사할 수 있다(中民 §961; 獨民 §860, §195 Ⅱ.1.(2)). 물론 占有補助者는 占有主에 대한 관계에서는 자력구제권을 행사할 수 없다(民 §195 Ⅱ.1.(1)). 占有補助者 사이에서는 一方占有補助者의 行爲가 (占有主의) 점유침해인가 여부에 따라서 他方占有補助者의 自力救濟의 가능 여부가 결정된다. 間接占有者는 자력구제권을 행사하지 못

14) 大判 87.6.9, 80다카1683(公 805, 1133).
15) 同旨 李英俊, 357.
16) 註釋民法(Ⅱ), 328; 郭潤直, 263; 金容漢, 241.
17) 그러한 규정(獨民 §231)이 있는 獨逸의 경우에도 이점 다투어진다. Jauernig BGB, §231 Anm. 5.
18) 同旨 MünchKomm/Joost, §859 RdNr. 4.

한다고 새긴다(民 § 207 I. 2. (2)).

Ⅱ. 立證責任

自力救濟의 적법성 요건은 점유자가 立證責任을 부담한다. 이것은 원칙적으로 自力救濟手段의 필요성에 대해서도 적용된다. 그러나 확정적인 占有侵害의 경우에는 이러한 원칙을 엄격히 적용할 것은 아니다.[19]

Ⅲ. 自力取去權

民法이 규정한 自力救濟權 외에 自力取去權을 인정하여 점유자가 타인의 토지로 진입한 占有物을 自力으로 회수할 수 있도록 하자는 견해가 있다.[20] 가령 테니스를 하다가 공이 다른 집의 정원으로 날아간 경우나 가축이 다른 집의 土地 내에 머무는 경우, 土地所有者는 아직 이러한 物件에 대하여 占有를 취득하였다고 할 수 없고, 토지소유자가 返還이나 取去를 거절하는 경우, 그 사실만으로는 토지소유자의 占有取得을 논할 수 없으므로 占有物返還請求權을 행사할 수 없고, 설령 占有取得을 인정한다 하더라도 占有物返還請求權은 請求權에 불과하므로 스스로 取去할 수는 없으므로 실익이 없다는 것이다. 그리하여 이 學說은 이러한 입법의 불비를 보충하여 自力取去權을 인정할 것이라고 한다. 自力取去權을 인정하는 이 견해에 의하면 相隣關係의 규정(民 § 216)에 나타나는 정신에 비추어 상대방의 承諾이 없으면 占有物을 회수하기 위하여 그 주거에 들어가지 못한다고 하고 또 이로 인한 상대방의 損害가 있으면 이를 배상할 의무를 지며, 自力取去權은 이로 인한 손해가 가장 적은 장소와 방법을 선택하여 行使할 것이라고 새긴다.

그러나 이러한 견해의 妥當性에는 의문이 있다. 여기서 실제로 문제가 되는 것은 자력으로 取去하는 者가 土地所有者의 승낙을 얻어 회수하다가 損害를 발생시킨 경우와 土地所有者가 自力取去를 저지하는 경우일 것이다.

---

19) MünchKomm/Joost, § 859 RdNr. 16.
20) 李英俊, 367-359.

1. 전자의 경우에는 損害賠償과 관련하여서는 一般法理를 따르면 되고 自力取去權을 별도로 인정할 실익이 없으며,

2. 후자의 경우에는 ① 原占有者의 占有回收를 이유없이(가령 발생한 損害賠償의 擔保를 위하여 留置權을 행사한다든가 하는 것이 아니면서) 저지하는 것이야말로 占有保護請求權的 의미에서의 토지소유자의 占有取得을 인정하여야 할 사유이고(民 §192 Ⅱ. 2. (1) (다) 참조), 따라서 占有物返還請求權을 이용할 것이다. 만일에 自力取去權을 인정한다면 토지소유자가 금지된 자력을 행사하여 占有를 침탈한 경우와 대비하여 보면 이러한 경우에는 전혀 占有侵奪의 적극적 행위가 없었음에도 불구하고 占有侵奪이 있었던 경우에 인정되는 단순한 請求權보다도 더욱 강한 自力取去權을 인정하는 결과가 되어 衡平에 반한다. ② 그러나 실은 이러한 경우에는 오히려 土地所有者의 점유가 점유자측에 기인하는 사유로 妨害받고 있는 것이므로 權利를 인정한다면 오히려 土地所有者에게 인정하여 점유물을 회수하여 占有妨害를 제거할 것을 청구할 수 있도록 하여야 하며, 물론 이러한 청구는 법정의 自力救濟나 占有保護請求權을 행사함으로써 하면 된다(위 (1)의 경우의 승낙도 실은 이러한 妨害除去請求의 의사표시로 새겨야 한다. 따라서 取去過程에서 손해가 발생한 경우의 損害賠償도 民 §205 Ⅰ의 損害賠償에 다름아니다). 그러므로 별도로 점유물에 대한 自力取去權을 占有者에게 인정할 필요가 없다고 할 것이다.

Ⅳ. 本權에 기한 自力救濟權

우리 民法은 本權者의 自力救濟(Selbsthilfe)에 관하여 명문의 규정을 두고 있지 않지만 이를 인정해야 한다는 것이 通說이다.[21] 그 내용은 반드시 명확한 것은 아니지만 대개 獨民 §229에 준하여 이해하는 것 같다. 同條에 의하면 本權者의 自力救濟行爲(물건의 取去, 破壞, 損傷; 도주의혹 있는 의무자의 拿捕, 의무자의 受忍義務 있는 행위에 대한 저항의 제거)는 국가의 도움을 適時에 받을 수 없고, 그러한 즉시의 개입이 없으면 權利의 실현이 좌절되거나 현저히 곤란하게 될 위험이 있는 경우에는 違法한 것이 아니라고 한다. 獨逸民法의 해석상으로는 이러한 自力救濟가 가능한 권리는 執行 및 押留가 가능한 權利에 한하고, 押留나 假處分을 적시에 받을 수 있는 때에는 적시의 국가의 보호를 받을 수 있는 것으로 보며, 權利實現의 좌절위험은 반드시 대체불가능한

21) 李英俊, 總則, 55.

손해가 발생할 것을 요하지 않고, 따라서 損害賠償請求權의 발생만으로는 위험이 없다고는 할 수 없지만, 債務者의 파산이나 재산상태악화 또는 다른 債權者의 쇄도의 사유로써는 위험이 있다고 보지 않는다.[22] 本權者에게 이러한 형태의 自力救濟權을 인정한다면 그 行使(占有와 관련하여서는 물건의 取去나 損壞가 제일 문제가 될 것이다)에 대하여 占有를 侵奪당한 債務者는 占有保護請求權을 행사할 수 없다. 이것은 그러한 自力救濟가 위법한 점유침해가 아닌 데서 오는 당연한 결과이고, 굳이 占有를 侵奪당한 義務者가 스스로 自力救濟를 한 權利者의 점유를 그에 앞서 침탈한 경우에 한할 필요가 없는 바이다. 그러나 通說은 本權者의 自力救濟를 논하면서 相對方을 본권자의 占有侵奪者로 제한하여 本權者의 자력구제가 인정되는 데에 占有保護請求權의 한계가 있다고 하며, 또 이러한 급박한 사정이 있는 경우에는 대부분의 경우 相對方의 점유가 아직 확립되어 있지 않으므로 占有保護請求權 자체의 성립이 없다는 식으로 논리를 전개하는데,[23] 이것은 점유자의 自力救濟와 전혀 취지와 요건을 달리하는 本權者의 自力救濟를 뒤섞어서 고려한 결과가 아닌가 생각된다. 양자는 엄격히 분리하여 고찰할 것이다. 義務者가 權利者의 점유를 侵奪함으로써 그 權利의 실현이 좌절될 위험이 있는 경우라면 權利의 보전은 보통 占有權에 기한 自力救濟權의 행사로써 도모될 수 있을 것이지만, 현장성과 추적가능성의 시간적 한계를 벗어난 경우에는 權利者는(물론 그 밖의 다른 요건을 모두 만족시킨다는 전제하에) 또한 本權에 기한 自力救濟權을 행사할 수 있을 것이다. 그리고 旣述한 바와 같이 이 本權에 기한 自力救濟權에 대하여 義務者는 비록 점유를 확고히 취득했다 할지라도 占有保護請求權을 다시 行使할 수 없음은 물론이다(民 §204-206 Ⅰ. (2)(라)(a) 참조).

Ⅴ. 比 較 法

本條에 관한 비교법적 자료로는 中民 §960 Ⅰ, Ⅱ; 墺民 §344; 瑞民 §926 Ⅰ-Ⅲ; 獨民 §859 Ⅰ-Ⅳ 참조.

[崔 秉 祚]

22) Jauernig BGB, §§ 229-231 Anm. 2; MünchKomm/von Feldmann, § 229 RdNr. 1ff.
23) 註釋民法(Ⅱ), 312; 郭潤直, 254.

一人占有와 多數人占有 後論

차 례

Ⅰ. 總　　說
Ⅱ. 一人占有, 單獨占有
Ⅲ. 部分占有
Ⅳ. 共同占有
　1. 集團的 · 合手的 共同占有
　2. 連帶的 共同占有
　3. 共同占有의 效果
Ⅴ. 多段階占有
Ⅵ. 並存占有

Ⅰ. 總　　說

占有는 一物에 대한 점유자의 수에 따라 一人占有(가)와 多數人占有로 구분되고, 後者는 다시 다수의 점유자들 사이의 관계 여하에 따라 同段階占有(同級占有)와 多段階占有로 구분되고, 이중 前者는 다시 一物의 일부에 대하여 占有하는 一部占有者가 다수인 경우(나)와 物전체에 대하여 共同으로 占有하는 共同占有者가 다수인 경우(다)로 나뉘어진다. 後者는 上級占有(間接占有)와 下級占有(直接占有)가 공존하는 경우인데, 이때에 間接占有는 多段階的으로 설정

〈一人占有 · 多數人占有〉

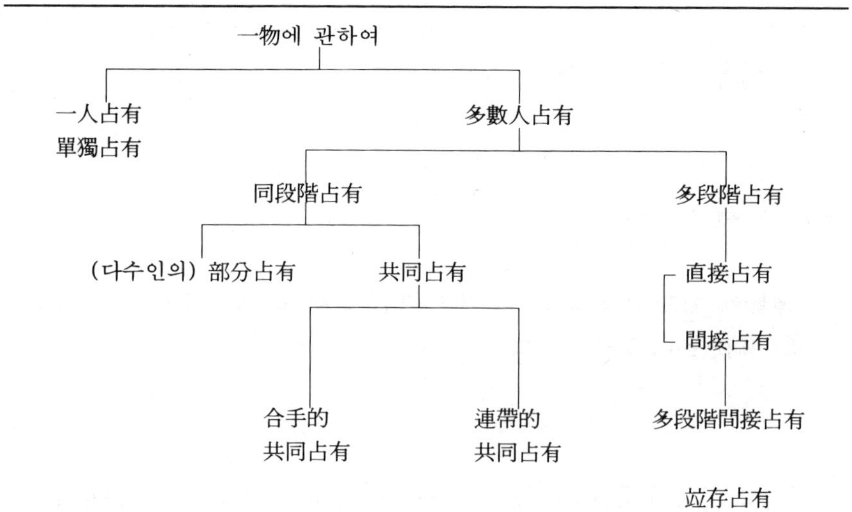

될 수도 있다(라). 한편 共同占有는 合手的인 형태의 것(다a)과 連帶的인 형태의 것(다b)으로 구분해 볼 수 있다. 그 밖에 특수한 형태로서 竝存占有(마)가 논의된다. 多數人이 一物에 대하여 單獨占有者처럼 점유할 수는 없다(Paulus D. 41. 2. 3. 5; Plures eandem rem in solidum possidere non possunt). 〈도표참조〉

Ⅱ. 一人占有, 單獨占有(Alleinbesitz)

一物의 전체에 대하여 一人이 單獨으로 占有하는 경우이다.

Ⅲ. 部分占有(Teilbesitz)

一物의 현실적 일부에 대하여서만 占有를 갖는 경우이다(가령 주거의 일부를 점유하는 경우). 이때에는 占有의 모든 효과(특히 占有保護請求權)가 그 점유부분에 관하여 原則的으로 적용된다(獨民 §865 참조). 따라서 部分占有에 기한 一筆의 土地의 일부에 대한 時效取得도 인정된다.[1](民 §192 I. 7. (1)(가) 참조)

Ⅳ. 共同占有(Mitbesitz)

一物에 대하여 다수인이 占有法的으로 참여하는 형태로서 民法은 間接占有만을 규정하고 있으나, 사물의 본성상 一物에 대하여 多數人이 공동으로(同級의) 占有를 갖는 경우가 있을 수 있다. 이러한 경우를 규율할 필요성도 인정된다. 判例에 의하면 土地를 3인이 共同占有하다가 공동불하 받았다면 그 土地가 농경지 등 그 土地 자체의 사용가치가 있다면 모르되, 그 土地 위에 가옥이 存在하는 토지를 共同占有한다는 것은 다른 사정이 없는 한 그 지상에 있는 建物을 共同占有함으로써 그 敷地인 토지를 점유하고 있다고 봄이 경험상의 通例라고 한다.[2] 共同占有에 관하여는 보통 공유에 관한 규정이 준용된다고 하지만[3] 本權과 다른 점유의 특성이 개별적인 경우에 구체적으로 고려되어야 하

1) 大判 89. 4. 25, 88다카9494(公 850, 814).
2) 大判 77. 4. 26, 76다2501(公 561, 10063).
3) 가령 註釋民法(Ⅱ), 297.

므로 이러한 일반론으로써는 얻는 바가 없다고 할 것이다. 共同占有는 두 가지 경우로 나누어 볼 수 있다.

1. 集團的·合手的 共同占有

이것은 사실상의 支配가 오직 共同으로만 가능한 경우이다.[4] 예, 倉庫의 열쇠를 공동으로만 열수 있게 한 경우; 任置한 有價證券을 任置人 모두에게만 반환해야 하는 경우(그러나 은행과 고객이 공동으로만 열 수 있는 銀行金庫 속의 보관물은 거래관념상 고객만의 單獨占有에 속한다).

2. 連帶的(單純) 共同占有

이것은 각 占有者가 사실상의 지배를 갖지만, 다른 占有者를 고려해야만 하는 경우이다.[5] 예, 賃貸住宅의 共同炊事施設. 통상 부부는 주거와 가재에 대하여 이것들을 공동으로 이용하는 경우 共同占有를 갖는 것으로 볼 것이다(民 §195 I. 2.(1) 참조). 工作物 등의 占有者責任(民 §758)과 관련하여 남편소유의 여관건물에서 부부가 동거하면서 처의 名義로 숙박업(여관)허가를 받아 여관을 경영한 경우에 부부의 共同占有를 인정한 判例가 있다.[6] 아파트열쇠의 교부는 共同占有나 單獨占有의 인계일 수 있다. 水利契의 계원들이 그 수리계가 관리하고 있는 溜池로부터 引水하여 蒙利를 하고 있는 경우에 그 계원들이 그 유지를 共同으로 占有하는 데[7] 이에 해당한다. 一棟의 건물을 층별로 구분소유하고 있는 경우에는 특별한 사정이 없는 한 區分所有者 전원이 불가분적으로 그 건물부지를 共同으로 占有하는 것으로 볼 것이다.[8] 共同의 間接占有도 가능하다. 공동상속인들이 갖는 점유는 共同占有이다(相續分規定은 적용되지 않는다. 民 §193 Ⅳ.(1) 참조).

3. 共同占有의 效果

(1) 占有의 保護

㈎ 제3자에 대하여는 共同占有者는 單獨占有者와 마찬가지로 保護받는다.[9] 다만 占有侵奪의 경우 共同占有의 회복이 그 내용이 된다(民 §§204-206 I.(4) 참조). 間接占有에 관한 民 §207 Ⅱ이 준용된다(民 §§204-206 Ⅱ. 3.(1) ㈎ 참조).

4) 李英俊, 293은 總手的 共同占有라고 한다.
5) 李英俊, 292.
6) 大判 79.9.25, 73다565(要 1278).
7) 大判 68.3.26, 68다65(集 16-1, 190).
8) 大判 76.6.8, 76다499(要 422); 서울高判 76.2.19, 74나1045(高集 76-1, 160).
9) 李英俊, 294.

(나) 共同占有者는 다른 공동점유자에 대하여 공동점유자 상호간의 權限境界의 유월이 아닌 한 占有保護請求權을 행사할 수 있다. 權限境界의 유월은 기본적 法律關係, 즉 점유할 권리에 관한 것이므로 占有保護의 대상이 아니기 때문이다.[10] 占有의 妨害가 공동점유 전체에 미치는 경우에는 占有權의 경계만이 저촉되는 것이 아니고, 따라서 民 §205가 적용된다(異見 있음).

(2) 共同占有者가 점유의 侵奪者인 경우 返還請求는 각 공동점유자를 상대로 할 수 있다.[11] 그러나 強制執行은 공동점유자 모두에 대한(반드시 단일한 것일 필요는 없는) 執行名義가 있는 경우에만 성공적일 수 있다.[12]

V. 多段階占有(Mehrfach gestufter Besitz)

直接占有와 間接占有가 공존하는 경우에는 또한 間接占有가 多段階的으로 존재할 수 있다(獨民 §871. 가령 賃貸人-賃借人-轉借人/直接占有者). 이러한 다단계적 점유매개는 ① 이제까지 直接占有를 하던 下級占有者가 이제부터 간접점유를 하는 하급점유자가 되거나(예, 賃借人이 전대인이 되는 경우) 혹은 ② 間接自主占有者가 이제 間接他主占有者가 됨으로써(예, 賃貸를 한 소유권자가 賃借物을 점유개정의 방법으로 제3자에게 讓渡擔保한 경우) 발생한다(또한 民 §194 Ⅲ.1.(2) 참조).

Ⅵ. 竝存占有(Nebenbesitz)

共同占有者도 아니고 또 상호 점유매개관계에 있지도 않은 同級의 間接占有者들의 견련없이 공존하는 점유를 竝存占有라고 부른다. 이것은 주로 다음 두 가지 경우에 문제된다. ① 占有媒介關係에 있는 직접점유자가 물건의 善意의 取得者에게 간접점유를 인정하면서도 이후 계속하여 이제까지의 간접점유자인 所有權者의 지시에 따르는 경우 ② 물건의 所有權留保附 매매에 있어서 所有權者(賣渡人)의 占有媒介者인 擔保設定者(買受人)가 점유개정에 의하여 기대권을 양도담보하는 경우. 獨逸의 學說은 갈리고 있으나 후의 間接占有만이

10) 同旨 獨民 §866 및 李英俊, 293.
11) 李英俊, 293. 共同占有만으로는 필요적 共同訴訟이 아니다.
12) Jauernig BGB, §866 Anm. 3 b.

유일한 간접점유로 보는 通說이 타당하다.[13] 竝存占有는 점유의 배타성(가령 權利適法의 추정, 占有取得時效는 이를 전제로 한 규정들이다)에 반한다(民 § 194 Ⅱ. 4.(2) 참조).

[崔秉祚]

第210條(準占有)

本章의 規定은 財產權을 事實上 行使하는 경우에 準用한다.

차 례

Ⅰ. 準占有 Ⅲ. 效果
Ⅱ. 要件 Ⅳ. 比較法

Ⅰ. 準占有

本條의 규정은 사실상의 物件支配로서의 점유를 갖는 것이 아니라 物件에 대하여 財產權을 통하여 媒介된 관계(財產權의 事實的 支配關係)만을 갖는 者에게 占有保護規定을 적용하려는 趣旨에서 나온 것이다(Iavolenus D. 8. 1. 20 i.f.: Usus est pro possessione "권리의 行使는 占有와 同視된다"). 이것은 間接占有와 相續人의 점유의 경우에도 사실상의 物件支配가 존재하지 않지만 점유의 法律效果를 적용한 것과 같은 이치이다. 그런 의미에서 이른바 權利占有(Rechtsbesitz)라는 용어보다는 準占有(Quasibesitz)라는 표현이 오해의 소지가 적다고 할 수 있다(Jura non possidentur, sed quasi possidentur). 〈準占有의 예〉 예금통장 및 그에 찍힌 인영과 같은 인장을 소지하는 者는 예금채권의 準占有者이다.[1] 이 규정의 타당성 여부는 다투어진다.

Ⅱ. 要件

1. 準占有의 객체가 되는 것은 財產權에 한한다.

13) 反對 李英俊, 313.

1) 大判 85. 12. 24, 85다카880(集 33-3, 229).

(1) 따라서 身分權에는 準占有가 인정되지 않는다.

(2) 또한 財産權 중에서도 본래의 占有(民 §192)를 내용으로 하지 않는 財産權에 한한다. 예: 債權,[2] 地役權,[3] 抵當權,[4] 鑛業權, 砂鑛權, 採石權, 漁業權, 入漁權,[5] 電話加入權, 無體財産權,[6] 形成權[7][8] 등.

權利行使의 결과가 점유를 수반하는 債權(가령 不動産賃借權)에 있어서도 그 절대적 보호의 필요성을 들어서 이른바 物件關係的 債權(ius ad rem)概念을 원용하면서 準占有를 인정하려는 學說이 있다. 이 說에 따르면 제3자의 불법점유 때문에 처음부터 債權(不動産賃借權)의 行使, 占有의 실현이 불가능한 경우에는 債權의 準占有를 이유로 하여 妨害排除, 占有回收를 목적으로 하는 準占有訴權의 행사를 인정하여야 할 것이라고 한다.[9]

그러나 원래 賃借權은 점유를 수반하는 권리이므로, 賃借人은 賃借物의 점유를 취득하여 賃借權을 사실상 행사하고 있는 경우에는 자신의 占有權에 기한 占有訴權을 당연히 행사할 수가 있고, 아직 賃借物의 점유를 취득하지 못한 경우에는 賃貸人의 占有訴權을 代位行使(民 §404)할 수 있을 뿐이라고 새겨야 할 것이다. 不動産賃借人이 賃貸人과의 계약으로 賃借權을 갖게 되었다는 사실로써 곧바로 그의 賃借權이 절대적 보호를 받아야 하는 權利라는 논리는 성립하지 않는다.

賃借人이 점유를 취득하기 전에 점유를 하고 있는 제3자와의 관계에서는 그 제3자의 점유가 賃貸人에 대한 관계에서 정당한 것인가 아닌가 하는 점이 밝혀지지 않는 한 賃借人만을 일방적으로 보호할 수는 없는 것이고, 만일에 그의 占有가 불법점유로 밝혀지면 이를 배제하는 賃貸人의 점유소권을 통하여 권리의 실현을 도모할 것이지 賃貸借契約書만을 손에 쥔 賃借人에게 賃借權

2) 異說있음. 日本法學ガ 84. 아래 Ⅲ. (2) 참조.
3) 準占有가 아니라 단적으로 占有를 인정하는 異說있음: 註釋民法(Ⅱ), 330; 日本基コ 75 참조.
4) 李英俊, 359에서는 抵當權의 準占有를 인정하지만 415에서는 권리의 取得時效와 관련하여 그 대상은 占有 또는 準占有가 가능한 권리여야 한다고 하면서 곧바로 抵當權의 時效取得을 점유를 수반하지 않는다는 이유로 부정함으로써 모순을 보이고 있다.
5) 占有權으로 족하지만 準占有도 인정할 것인가 아닌가는 鑛區, 漁場 등의 지배상황에 의한다고 본다. 日本法學ガ 84.
6) 著作權, 特許權, 商標權. 異說있음. 日本法學ガ 84.
7) 取消權, 解除權. 이들은 原狀回復債權과 返還債權을 발생시키기 위한 관념적·수단적 권리에 지나지 않으므로 그 내용을 이루는 이익은 결코 絶對的 保護를 필요로 하지 않는다는 이유에서 準占有가 성립할 여지가 없다는 異說있음. 日本基コ 76; 同旨 李英俊, 360.
8) 상세는 日注民 205, 211 이하 참조.
9) 日本基コ 76.

의 사실상 행사(아래 (2) 참조)를 인정하고(이 점도 다툼의 여지가 있다) 이로 인한 그의 準占有(이 제도 자체가 다투어짐은 기술하였다. 위 I. 참조)라는 불확실한 기초에 의거하여 보호하고자 하는 것은 타당하지 않기 때문이다.

본래의 占有를 수반하는 權利인 경우에는 準占有를 인정할 필요가 없다고 새겨야 할 것이다.[10)]

2. 이들 財產權을 事實上 行使(exercitium)하여야 한다. 이것은 財產權이 어떤 者의 사실적 지배하에 있다고 인정될 수 있는 객관적 사정이 있으면 인정된다.

準占有의 間接占有를 인정하는 學說이 있으나[11)] 準占有의 直接占有(위 (1) 참조)라는 것이 관념상 불가능하므로 타당하지 않다.

Ⅲ. 效　　果

1. 準占有에는 占有의 규정이 준용된다. 그러나 그 준용의 범위, 태양 등은 각종의 權利 또는 그 準用의 성격에 비추어 결정하여야 한다. 善意取得의 규정은 準占有에는 準用되지 않는다.[12)]

2. 債權의 경우 準占有者의 거래상대방을 보호하기 위하여 民法은 별도로 民 §470(債權의 準占有者에 대한 辨濟)의 규정을 두었다. 民 §470의 規定과 本條를 같은 맥락에서 이해하여 債權의 準占有를 인정하는 通說에 대하여는, 전자는 善意辨濟의 보호와 관련하여 債權者인 듯한 외관을 보이는 者를 한정하는 바의 외관법리의 문제일 뿐만 아니라, 債權의 내용을 이루는 利益(債務者의 특정한 행위를 청구하는 것)은 일반적으로 絶對的 保護를 필요로 하는 것은 결코 아니라는 점을 들어 의문을 제기하는 異說이 있다.[13)]

10) 同旨 日本法學ガ 84.
11) 金容漢, 247; 日本基コ 75.
12) 同旨 日本基コ 76; 日本法學ガ 85.
13) 日本基コ 75, 76; 日本法學ガ 84, 85.

Ⅳ. 比 較 法

權利의 準占有가 로마법상 확실했던 것은 役權뿐이었으며, 교회법은 支配高權, 身分法上의 권리에까지 미치게 했었다(前論 I·5.(2)). 우리 民法은 舊民法을 그대로 수용하여 身分權에까지 미치는 佛蘭西民法(民 §§ 320, 321)과 로마법에 복귀한 獨逸民法(§§ 1029, 1090 Ⅱ)의 중간을 취하였다(墺民 § 311도 同旨).[14] 本條를 獨逸의 學說·判例의 體系를 계수한 것으로 보는 견해가 있으나[15] 그 정당성은 의문이다. 本條에 관한 비교법적 자료로는 그 밖에 中民 § 966; 瑞民 § 919 Ⅱ; 佛民 §§ 2228, 195, 196; 日民 § 205 참조.

[崔 秉 祚]

14) 註釋民法(Ⅱ), 329, 330 및 특히 伊太利法과 관련하여 상세는 Emidio Pacifici-Mazzoni, Istituzioni di Diritto Civile Italiano(quinta edizione a cura del Sen. Giulio Venzi), vol. Ⅲ parte prima: parte speciale(Torino 1927) paragr. 8+n. (d)(pag. 11ff.+28ff.) 참조.

15) 李英俊, 359.

事項索引

[ㄱ]

假登記 66
　——에 기한 本登記 114
　——의 假登記 66
　——의 請求權保全의 效力 116
　——의 效力 113
　本登記前의 ——의 效力 115
家屋臺帳 58
簡易引渡 184, 221, 324
間接占有 292, 310, 325
　——의 得失變更 315
　——의 保護 454
　——의 消滅 302
　——의 立證責任 317
　——의 取得 294
　——의 效果 316
　被相續人의 —— 307
間接占有者 230, 325, 454
　——의 要件 312
　——의 自力救濟權 460
甲區 57
強暴占有 333
競賣 172
共同申請主義 52, 70
共同占有 439, 467
　——의 效果 468
　連帶的 —— 468
　集團的・合手的 —— 468
公示方法 24
　動產物權의 —— 25
　不動產物權의 —— 25
　引渡 이외의 —— 232
公示의 原則 26
公信의 原則 26
公然占有 333
公用收用 245
公用徵收 169
共有物에 관한 登記問題 179
公有河川用水權 129
果實 390
　善意占有者와 —— 376
　惡意의 占有者와 —— 398
果實返還義務 399
果實收取權 395
過失占有 332
觀念上의 引渡方法 325
慣習法 120
　——의 對等的 效力說 120
　——의 變更的 效力說 121
　——上의 法定地上權 128
鑛業權 11
權利의 承繼 339
　——의 適法의 推定 343
　——의 拋棄 243
權利占有 279, 292, 470
記入登記 64

[ㄴ]

農作物 13

[ㄷ]

多段階占有 466, 469

多數人占有 292, 466
單獨申請主義 70
代理占有 312
對物權 7
代位申請 71
臺帳 58
對抗要件主義 26, 28, 166
獨法主義 29
同級占有 466
同段階占有 466
動產物權 123
　—— 의 公示方法 25
動產物權變動 184
登記 139
　—— 되는 權利 62
　—— 되는 權利變動 63
　—— 되는 物件 60
　—— 된 還買權·賃借權 123
　—— 를 갖추지 않은 不動產取得者 法的 地位 159
　—— 를 要하지 아니하는 不動產物權取得 163
　—— 없이 取得한 不動產物權의 處分 181
　—— 와 權利의 順位 67
　—— 의 公信力 112
　—— 의 權利變動的 效力 101
　—— 의 對抗的 效力 101
　—— 의 順位確定的 效力 101
　—— 의 申請 69
　—— 의 實行 78
　—— 의 節次 69
　—— 의 種類 63
　—— 의 推定力 111
　—— 의 推定的 效力 102
　—— 의 效力 101
　權利變動의 —— 64
　權利의 —— 63
　物權行爲와 —— 138, 149
　事實의 —— 63
　相續에 의한 —— 70
　相續人에 의한 —— 71, 168
　判決에 의한 —— 70
登記公務員 55
　—— 의 審査權 52
　—— 의 處分에 대한 異議 79
登記權利者 86
登記番號欄 57
登記簿 56
　—— 와 臺帳 52, 56, 59
　—— 의 公開 58
　—— 의 組織 51
登記事項 60
登記所 54
登記受取請求權 98
登記申請 70
　—— 에 필요한 書面 72
　—— 의 當事者 70
　—— 의 代理 72
　—— 의 代理人 72
　—— 의 接受 및 審査 77
　代理人에 의한 —— 72
　相續人에 의한 —— 71
登記申請行爲 69
登記原因 72
　—— 을 證明하는 書面 73
登記原因證明書面 73
登記義務者 86
登記主義 159, 160, 167
登記請求權 81
　—— 의 當事者 86
　—— 의 發生原因과 性質 82
　—— 의 意義·根據 81
　—— 의 特殊問題 93

登記畢證 74

[ㅁ]

抹消登記 64
抹消回復登記 65
滅失登記 65
明認方法 251
——과 기타의 公示方法間의 優劣 257
——과 優先關係 257
——에 의하여 公示되는 物權 256
——에 있어서 對象特定의 必要性 255
——의 公示力 258
——으로 公示할 수 있는 立木의 範圍 255
——의 內容 252
——의 存續 254
集合動產의 讓渡擔保와 —— 266
明認方法說 266
目的物返還請求權의 讓渡 226, 236, 325
——에 의한 物權讓渡 236
——에 의한 引渡 226, 236
目的物의 滅失 247
沒收 245
無過失占有 332
無權占有 331
無權原占有者 359
無瑕疵占有 333
物件占有 292
物權 1
——相互間의 優先的 效力 15
——의 客體 10
——의 得失變更 130
——의 發生 22
——의 排價性 9
——의 變更 23
——의 保護 14
——의 消滅 23, 238
——의 消滅原因 243
——의 讓渡 195
——의 優先的 效力 14
——의 意義·本質 7
——의 絶對性 10
——의 種類 117, 122
——의 效力 14
慣習法上의 —— 128
民法이 認定하는 —— 122
民法 이외의 法律이 認定하는 —— 127
商法이 인정하는 —— 127
特別法이 인정하는 —— 127
物權法 1
——의 機能 2
——의 內容 5
——의 法源 5
——의 性格 3
——의 意義 1
物權法定主義 117
——의 內容 119
——에 있어서의 慣習法의 效力 6
物權變動과 公示 24
——에 관한 立法例 27
——의 意義 22
——의 種類 23
法律行爲에 의하지 않는 —— 131
法律行爲에 의한 —— 131
物權變動論 22
物權的 期待權 83, 124
物權的 返還請求權 17
物權的 妨害豫防請求權 17
物權的 妨害除去請求權 17
物權的 請求權 16, 352

—— 의 特異性　18
物權的 合意　196, 324
—— 의 拘束力　209
物權限定主義　117
物權行爲　30
—— 와 公示方法의 關係　48
—— 와 登記　138, 149
—— 의 內容　203
—— 의 代理　201
—— 의 獨自性　34, 38, 197
—— 의 無因性　39, 41, 44
—— 의 相對的 無因論　47
—— 의 失效　131
—— 의 有因論　45
—— 의 適用法規　31
反社會的 ——　201
第三者를 위한 ——　33
物上請求權　16
物的編成主義　51, 56
未分離果實　13
—— 등의 物權變動과 公示方法　259
—— 의 範圍　259

[ㅂ]
返還請求의 訴　277
妨害排除의 訴　277
變更登記　64
竝存占有　313, 466, 469
保存登記　64
本權과 占有權　122
—— 에 관한 訴　335
—— 에 기한 自力救濟權　464
—— 에 기한 抗辯　457
—— 의 反訴　459
附記登記　65
不動產登記에 의하여 公示되는 動產　194
—— 의 意義　53
不動產登記制度　50
—— 의 成立　50
—— 의 意義　50
不動產物權　123
—— 의 公示方法　25
—— 의 得失變更　130
—— 의 拋棄　136
不動產物權變動　130
—— 의 公示方法　139
法律行爲에 의하지 않는 ——　164
法律行爲에 의한 ——　130
不動產所有權移轉의 合意　32, 124
部分占有　439, 467
附隨請求權　351
墳墓基地權　128
不法占有　331
佛法主義　28
非登記主義　167
費用償還請求權　409

[ㅅ]
使用利益　391
事前占有媒介關係　225
上級所有權　311
上級占有　466
相續　168
—— 에 의한 登記　168
上位占有者　312
善意占有　332
意思占有者의 果實取得　376
成立要件主義　26, 29, 36, 116
訴訟法說　343
所有物返還關係　350, 351, 359
所有物返還訴權　353
所持　277, 281

樹木 13
實體法說 343
心素 277

[ㅇ]
惡意占有 332
惡意占有者 407
讓渡擔保 128
讓渡人의 自主由占有 225
漁業權 11
年代的編成主義 51
連續說 290
豫告登記 67
豫備登記 66
誤想自力救濟 462
溫泉權 129
——에 관한 公示 265
有權占有 331
有益費 409, 428
有益費償還請求權 428, 429
——에 기한 留置權 431
隱秘占有 333
乙區 57
意思主義 28, 166, 188
印鑑證明書 76
引渡 210
——의 代用方法 211
——의 意義 210
—— 이외의 公示方法 232
簡素化한 —— 234
觀念上의 —— 325
目的物返還請求權의 讓渡에 의한 —— 226, 236
指示取得에 의한 —— 217
引渡強制 185
引渡約束 28
引渡證券 231
引渡主義 324
人的編成主義 51, 56
一物一權主義 12, 252
一不動產 一登記用紙의 原則 142
一人占有 292, 466, 467
林野臺帳 58
立木 265
立人蔘 260

[ㅈ]
自力救濟 460
——의 相對方 462
自力救濟權 455
——의 行使者 462
間接占有者의 —— 460
本權에 기한 —— 464
直接占有者의 —— 460
自力防衛權 460
自力取去權 463
自力奪還權 461
自主占有 292, 327
——에서 他主占有로의 轉換 330
自主占有者 270, 404
長手引渡 219
裁決收用 169
財團法人 出捐財產의 歸屬 178
占有와 果實 366
——와 權利 288
——의 機能 289
——의 對象 292
——의 保有 445
——의 保持 445
——의 保護 290
——의 本質 275
——의 喪失 320
——의 消滅 302
——의 承繼 338

—— 의 種類　292
—— 의 支配가 미치는 範圍　293
—— 의 推定力　102, 111
—— 의 取得　294, 320
—— 의 侵奪 및 妨害　435
—— 의 態様　326
—— 의 回收　440
—— 할 權利　289
公法上 ——　292
權原에 기한 ——　331
物的支配로서의 ——　287
法律的 地位로서의 ——　288
私法上 ——　292
相續人의 ——　306
占有改定　222, 234, 325
二重의 ——　226
占有改定說　266
占有繼續의 推定　336
占有權　267
—— 의 讓渡　321
—— 의 消滅　286
—— 移轉의 物權的 合意　324
—— 의 取得　286
本權과 ——　122
相續으로 인한 —— 의 移轉　305
占有期間　340
—— 의 併合　340
占有媒介關係　223, 235, 312, 325
—— 의 設定　223
占有媒介意思　313
—— 의 拋棄　316
占有媒介者　325, 454
占有補助關係　318
—— 의 立證責任　320
—— 의 效果　319
占有法　267
占有補助者　317, 376
—— 의 概念　317
占有保護　290
—— 의 法政策的 理由　290
占有保護請求權　433, 455
—— 의 行使要件　450
占有喪失　302
—— 의 效果　304
占有設定意思　296
占有訴權　433, 434, 457
—— 과 假處分制度　440
占有의 訴　434, 457
—— 와 本權의 訴　457
占有者와 果實　364
—— 와 回復者와의 關係　350
—— 의 費用償還請求權　350
—— 의 償還請求權　408
—— 의 收去權　416
善意의 ——　376
占有制度　267
—— 의 史的 概觀　267
占有主　317, 318
占有拋棄行爲　28
制限物權의 消滅請求　136
—— 의 消滅通告　136
租鑛權　11
終局登記　66
種類物　203
主登記　65
準占有　470
—— 의 객체　470
中間省略登記　126, 150
—— 의 效力　151, 154
中間省略登記請求權　154
執達官占有　314
集合物　203

[ㅊ]

體素 277

[ㅌ]

他主占有 292, 327
　——에서 自主占有로의 轉換 328
他主占有者 270, 407
土地臺帳 58

[ㅍ]

判決 170
平穩占有 333
平和說 290
抛棄 243
浦落 247
暴力占有 333
表題部 57
必要費 409, 424
必要費償還請求權 424, 427

[ㅎ]

下級所有權 311
下級占有 466
下位占有者 312
　——의 占有喪失 316
瑕疵占有 333
現實의 引渡 212, 323
現存利益 406
協議收用 169
形式的 審査主義 52, 88
形式主義 29, 166
混同 238
　——의 例外 241
回復登記 65

民法注解〔Ⅳ〕— 物權(1)

1992年 12月 15日 初版一刷發行
2011年 5月 15日 初版十四刷發行

編輯代表 郭 潤 直
發 行 人 安 鍾 萬
發 行 處 (株) 博 英 社
110-102 서울특별시 종로구
전화 (733) 6771-3
FAX (02) 736-4818
등록 1959. 3. 11. 제 300-1959-1 호(倫)

組 版 所 홍익 m&b

定 價 40,000 원

ISBN 978-89-7189-090-5
978-89-7189-089-9(세트)

http://www.pakyoungsa.co.kr